强国策

——中国开放型经济发展的国际战略

张幼文 / 等著

人民出版社

各章作者分工

导论（张幼文）；

第一章金融危机后世界经济格局的变化与中国国际地位的提升（金芳）；

第二章国际金融发展新趋势与中国对外金融发展战略（孙立行：第一、二节；李刚：第三、四节）；

第三章国际货币体系改革与人民币国际化战略（周宇：第一、二、三节；姚大庆：第四节）；

第四章国际贸易环境的变化与中国外贸战略的升级（傅钧文：第一节、第三节、第四节；王中美：第二节）；

第五章国际直接投资新格局下中国引进外资与对外投资战略（赵蓓文：第一节、第二节之二、三、四、五；贺晓琴：第二节之一、第三节；王中美：第四节）；

第六章亚洲经济结构变化与中国地区经济合作战略（尤安山：第一节；孙震海：第二节；张天桂：第三节）；

第七章危机后的全球经济治理与中国的参与战略（孙伊然：第一节；黄超：第二节；何曜：第三节）；

第八章危机后各国产业结构调整的战略取向（周大鹏：第一节；第二节、第三节；李珮璘：第四节之一、二、四；黄烨菁：第四节之三）；

第九章全球竞争新格局下中国产业升级的战略定位和政策选择（黄烨菁：第一节、第二节；李安方：第三节、第四节）；

第十章从经济大国到经济强国：中国发展新阶段的国际比较与战略内涵（苏宁：第一节；李珮璘：第二节；张幼文：第三节）；

第十一章对外开放中的国际经济战略（张幼文）。

目　录

图表索引

图索引

表索引

强国策
——
中
国
开
放
型
经
济
发
展
的
国
际
战
略

2

图表索引

导论　建设经济强国进程中
开放战略的升级

2008 年开始的一场金融危机严重冲击了世界经济，深刻改变了世界经济格局。然而，正在快速崛起的中国不仅成功应对了危机的冲击，而且国际经济地位显著提升。2010 年中国经济规模跃居世界第二，一个经济大国走向经济强国的发展阶段开始了。

从对外经济关系来看，三十多年来中国成功地完成了从一个封闭型经济向开放型经济转变的历程。一方面，完善开放政策，提升开放效益已经成为国内共识，正在全面探索积极推进；另一方面，新的国际经济环境和变化了的国际经济地位又向中国提出了一系列新的课题。成为世界第二经济大国的历史性进步表明，中国已经走过了以规模扩张为内容的经济大国建设阶段，开始了以结构升级为内容的经济强国建设阶段。在对内提高开放效益的同时，对外优化发展环境，推进国际经济战略以全面贯彻对外开放基本国策，将是新阶段上中国开放型经济发展的新主题。对外经济发展方式的转型因国际经济环境的变化和国家发展阶段的推进有了新的内容和要求。

一、开放型经济体系建设的新主题

从开放型经济的全面发展，特别是从经济大国走向经济强国的要求看，中国需要广泛地拓展参与经济全球化的方式，以此为国家新的发展开辟更广阔的空间。经济强国的首要特征是国家更强的国际竞争力，从微观层面的企业、科技、市场竞争力到宏观层面上的体制竞争力，更强的竞争力使一国在国际产业分工与价值链分工中处于更高端的主导性地位，在世界经济的增长与发展中有更大的影响力，从而也使该国在全球经济的体制建设中有更大的影响力，在提升本国国民福利的同时，对世界发展与人类进步事业具有更大的贡献。

从经济大国走向经济强国，对外开放将远不限于积极利用外资和扩大对外贸易。中国至少要从以下几个国际经济主题出发，在新的更宽的意义上对外推进开放战略。

第一，根据国际经济地位的变化推进对外开放战略的转型升级。世界经济格局已经发生了重大而深刻的变化，并显现出继续变化的趋势。这些在多重意义上改变了中国与世界经济的相互关系。世界经济格局的变化是广义上的，其中包括全球增长格局、国际贸易格局、国际金融格局、国际投资格局、国际生产分工格局以及国际经济协调机制与体制等各个方面。这些格局上的变化是数十年来世界经济演变的结果，而本次全球金融危机凸显了发展中的矛盾，多重意义上的格局变化与调整正在把世界经济推进到一个新的发展阶段。在世界经济的这一格局变化中，中国由于巨大的经济规模、超常的发展速度和特殊的发展模式以及与世界经济的高度相关性，既是影响这一格局变化的最重要国家，也是受这一格局变化影响最大的国家。从低端产品意义上的"中国制造"，扩展到广泛领域意义上的"中国因素"，中国已经成为世界经济中的一个重要组成部分，决定了中国必须实现开放型发展战略的转型升级，必须从以往对国际经济条件的利用和机遇的把握，转变为与世界经济的互动，对发展环境的改善和共同机遇的创造，以一个负责任的大国推进世界的共赢。

第二，积极参与国际金融体系改革与国际合作，建设开放型金融体系。国际金融运行出现新特点，发展出现新趋势，中国开放型金融体系建设也面临新挑战。这场金融危机产生于虚拟经济的过度膨胀和金融监管的缺失，现行国际金融体系既未能有效防范这一危机，也不能适应世界经济发展提出的新要求。中国作为一个开放型经济大国，与其在当代国际金融体系中的地位是不相称的。中国不仅没有直接影响和全面参与这一体系的运行，而且还在这一发生问题的体系中受损。金融开放是中国整个开放战略中的一个重要部分，而危机则提醒中国既要在开放中发展，又要严密防范虚拟经济的过度膨胀导致系统性风险，金融在开放中发展的战略需要更为积极稳健。作为一个经济大国，中国已经被日益推到了国际金融体系运行的中心，中国金融发展的每一步都影响着世界，世界金融体系的建设需要中国，这些都远远超出了中国正在探索中的金融开放战略所涵盖的内容。这场危机暴露了现存国际金融体系的深层次问题，改革以降低风险成为国际社会的共同任务，同时更要为世界各类国家的普遍发展提供全面有效的金融支持，中国需要为这一新体系的建立作出贡献。在开放型金融体系建设中，中国不仅需要严密防范因金融发展失误导致制造业发展财富创造后的流失，而且需要探索有效运用前一发展阶段上积累的巨额资金实现更为有利和高效的发展。这一战略目标的实现包括从金融发展到风险防范的全面国际合作。经济强国目标显然包含着金融强国的内容，金融强国绝不是简单引进国际金融机构就能够实现的，核心在于在开放中实现本国金融体系与金融主体的成长，包括与金融强国相应的国际金融中心和各类市场的建设。

第三，积极参与国际货币体系改革，在人民币国际化中提升本国货币的国际地位。金融危机使国际货币体系改革再度成为焦点，这一体系的走向关系到中国长期发展的国际环境。西方舆论将这次危机发生的原因归结于世界经济发展的不平衡，主要是指新兴经济体贸易顺差意义上的不平衡。同时危机发生以来的货币战也再度暴露了现行国际货币体系的根本缺陷。国际货币体系的改革将是未来一个时期内国际经济合作与制度建设的一大主题，其中某些改革主张可能会在很大程度上改变新兴经济体以稳定汇率发展外向型经济的条件，某些方案将会使这些国家进行汇率升值成为义务。对于以经常项目顺差为经济增长特点，短期内还难以改变出口拉动增长的中国来说，国际货币体系改革的走向显然影响巨大。积极参与国际货币体系的改革，维护自身的发展环境，已经成为中国对外经济关系中的一个重要课题。更直接的问题还在于，人民币汇率水平被一些国家认定为操纵，升值压力一再出现不断加码。汇率水平的变动将整体影响中国的外资与国际贸易流向，将是中国未来一个时期发展中的基础性关键性因素，整个开放型发展战略需要以汇率制度的改革与汇率水平的走向为依据，汇率制度是开放战略决策中的一个重要变量。本币国际化是一国稳定对外经贸关系、提高经济效益的重要因素，人民币国际化是中国从经济大国向经济强国发展的必要条件和重要内容。人民币国际化的进程既将提高中国在国际货币体系中的地位，也将影响国内货币供应量、价格水平与国际收支等各个方面，人民币国际化的推进方式将是整个开放型经济发展战略中的一个基础性战略。

第四，转变贸易结构与贸易方式，从贸易大国走向贸易强国。危机后国际贸易环境出现新问题，中国贸易发展面临自身转型与应对外部挑战两大主题。危机后各国的贸易政策改变了国际贸易的自由化环境。作为传统产业的出口大国，中国成为世界贸易保护主义的主要受害者。发达国家把这次危机的根源归结为世界经济发展的不平衡，核心是新兴经济体的更快发展与出口贸易的顺差，特别是把危机中失业率的上升归结为以中国为代表的新兴经济体的出口。对危机根源的这种解释导致无论在短期应对政策上还是在长期制度安排上，发达国家的要求都将对新兴经济体不利。从中国来看，世界市场传统产业的过度供给表明，中国不能继续以不断扩大传统产品的出口发展作为战略重点，贸易结构必须升级。以外资流入方式构建起来的巨大出口能力，以及加工贸易为主的出口结构，既意味着中国较低的贸易利益，又带来了国际上巨大的保护主义压力，这种发展模式已经明显不可持续。世界经济最终走出这场危机需要新兴产业的崛起，只有抓住历史机遇实现产业结构升级，中国的贸易结构才能根本性的升级。伴随着人民币国际化水平的提高，中国的贸易收益、国际收支等也将发生变化。经济大国、贸易大国和货币大国的国际地位都决定了中国不能再简单延续开放初期的贸易战略，包括贸易结构战略、政策激励方式和出口增长方式等都需要实现转型升级。在沿海地区致力于产业升级的同时，中西部地区可借鉴沿海地区外向经济发展的经验实现新的发展，实现国家多层次多方式参与国际分工。贸易战略的转型升级不仅是中国自身争取更高贸易利益的需要，而且也是一个经济大国营造更和谐的国际贸易环境的需要。面对贸易保护主义，中国要积极并善于利用国际贸易规则维护自身的合法利益。中国要在世界贸易组织多哈回合谈判中发挥更积极的作用，推动建立一个互利共赢、公平合理的国际贸易体制。要积极推动各类区域经济一体化和双边、诸边自由贸易区建设，创造更有利的贸易环境。

第五，把握国际直接投资新特点，创新引资方式，注重国际并购。危机后国际直接投资流向出现新特点，中国面对提升引资效益实现结构升级与扩大对外投资获得稀缺要素的双重主题。世界经济危机深刻影响了世界的发展格局，各国呈现出差异显著的发展前景，从而深刻影响了国际投资流向。从长期来看，新一轮产业革命与结构调整将是决定国际投资的一个重要因素。世界经济在经历了以产业的国际转移为主要内容的投资高潮以后，新一轮产业革命中战略性新兴产业的发展将是投资的主要热点。危机后主要跨国公司都在规划着重大的战略调整和全球布局，各国的产业政策和产业发展战略将成为决定国际直接投资流动的主要因素。同时，国民经济发展的大环境，包括国内市场规模、生产经营条件和产业配套能力等都将影响国际直接投资流向，相对而言，低劳动力成本、土地自然资源等转为次要因素。在这一国际投资环境下，中国的外资战略面临着双重任务：既要完成前一阶段上引资模式的转型升级，改变注重政策激励、依赖成本优势、偏向低端制造、聚集出口加工等状况，又要有效利用国际条件走出一条发展战略性新兴产业的道路。外资流入的结构与投资方式要逐步从对发展中国家的垂直模式向发达国家相互间的水平模式转变。与此同时，中国还将实现从资本流入国向流入与流出双向转变，抓住危机后的国际并购机遇，以对外投资获得技术、品牌、管理和国际市场网络等中国的稀缺要素，推动国内的结构进步与技术进步，维护稳定的资源能源供给，实现从主要依靠土地劳动力收益向更多实现资本收益的转变。从国际体制建设上讲，要积极推动双边投资协议的的签署，以对外开放促进国内改革，再造加入世贸组织的红利，建立适合经济全球化新发展的经济体制，有效应对国际投资规则的新挑战。

第六，推动亚太区域合作，优化可持续发展的周边环境。近年来区域经济结构和周边环境发生变化，中国区域合作战略面对新形势。亚太地区是世界经济中最具活力的区域之一，多个国家走上了新兴经济体的发展道路，在近年的发展中成就显著。同时这一地区也是大国国际战略争夺的重点。区域合作为各国所共识，但是由于各种非经济因素区域一体化推进有限，发展结构的相似性也增大了发展的竞争性。美国推进跨太平洋战略伙伴关系重返亚洲更增加了这一地区合作的变数与复杂性。推进多重意义上的区域合作是中国开放型发展整体战略的一个重要组成部分。避免对抗，增强合作机制，尤其是坚持和平发展道路，消除周边国家对中国崛起的担忧，搁置领土争议，从对外经济关系发展上坚持包容性发展战略，增进合作共赢，发挥大国在区域合作中的主导作用，是中国在新发展阶段上的一个重大主题。

第七，积极参与全球经济治理，适应自身发展的需求，回应国际社会的期待。经济全球化的日益发展将全球经济治理问题提上日程，在这场危机冲击下国际协调的重要性也已成为国际社会的共识。现行的国际经济体制形成于第二次世界大战以后，经过半个多世纪的发展后已日益显得不相适应，尤其是与一大批新兴经济体崛起从而改变世界经济格局的现实不相适应，与经济全球化大发展后的世界经济运行机制不相适应。危机后20国集团在国际协调中地位的上升表明了世界经济的需求。中国被认为是这一集团中最重要的新兴经济体，甚至与美国一起被看作能够决定世界事务的主要国家。代表新兴经济体的共同利益在国际经济协调中发挥作用，特别是未来在新的国际体制机制建设中发挥作用，是国际社会对崛起的中国的期待。能否影响国际事务特别是发挥积极作用正是经济强国与经济大国的重要区别。这是中国走上大国道路以后国际社会对中国的必然要求。事实上，这也是因为中国经济规模已显著扩大，其发展已不仅影响本国而且日益影响世界的原因。控制碳排放，应对气候变暖，制定环境产品贸易规则，稳定大宗商品价格等全球经济治理的新议题不断提出，其中许多与中国密切相关，需要中国的参与，而中国也需要一个合理的国际规则维护自身的发展环境。世界需要有一个新的体制机制适应中国等新兴经济体的崛起。如果不能形成新的全球经济治理制度安排，那么中国等新兴经济体的可持续发展将受到约束。因此，积极参与全球经济治理是中国推进开放型经济可持续发展的需要，也是国际社会对一个负责任大国的期待。

第八，产业发展从以外部引进为主转向引进与自主创新联动，实现战略性新兴产业发展。在危机后寻找走出危机之路构建新增长点中，世界产业结构调整与布局呈现新趋势，一场世界范围的产业革命正在发生，中国产业结构升级战略面临新形势。新一轮产业发展将表现为各国新兴战略性产业的崛起，也将包容全球产业的重新布局。前一阶段上中国的产业结构进步在相当大程度上得益于国际产业转移，然而今天不仅这一转移基本完成，而且世界范围已出现产能过剩。中国不能仅仅依靠引进方式来发展战略性新兴产业，因为这一方式中既有国际技术转移的障碍，又有直接投资能否有效推动国内技术进步的问题。在市场开放中实现自主创新式发展，中国需要突破一系列障碍。从经济的总量规模型发展转向结构进步型发展，关键在于突破自主创新这一环节。开放战略如何推动自主创新是开放型经济发展中的新课题，其本质上是对外经济发展方式的转型。自主创新和技术进步是经济发展新阶段上的主题，也是外资政策的目标。要充分利用经济大国的发展基础与市场优势影响国际资本流向和引资模式，要实现本国企业自主创新与引进外资式发展两者的联动，在开放中实现本国企业主导的战略性新兴产业的发展，实现国家在新产业体系中按产业链分工中的主导地位。

总之，国际经济格局的变化已经在多重意义和很大程度上改变了中国开放型经济发展的外部环境，向中国对外开放战略提出了一系列新的课题。这些课题已经不是具体政策的调整与完善所能够回答的，而需要在国家战略的顶层设计上作出全面部署、协同推进。这正是危机后加快推进对外经济发展方式转型的核心，是开放战略升级的主题。认识今天中国所处的国际经济环境，在此基础上构建全面贯彻对外开放基本国策的战略，是从经济大国走向经济强国在对外经济关系发展上的要求。

二、中国道路：从对外开放到参与治理

从对外经济关系上讲，20 世纪 80 年代起中国所走出的一条崛起之路，是从选择对外开放战略开始，通过融入经济全球化而崛起的道路。随着中国国际地位的提升和开放型经济发展新主题的提出，参与全球经济治理即参与国际经济新体制新规则建设已经成为中国从经济大国走向经济强国的必然要求和全新主题。"中国道路"既有国内发展的丰富经验，又有对外关系的深刻内涵；既是对已经取得的成功发展经验的客观总结，也是对未来将坚持的发展理念与发展方向的科学定位。

三十多年来的实践表明，中国道路是一条积极参与经济全球化，在开放中实现经济社会快速发展的道路。正因为这样，中国越是发展，中国与

以开放促发展是中国道路的一个重要特点。南方经济特区的建立是新时期的一个重要标志，其最主要特征就是开放。特区通过开放形成了适合于国际市场经济规则要求的经济体制。这一体制及其相关的政策安排迅速在沿海地区普遍化，形成了开放格局。出口加工区、保税区、经济技术开发区等园区式开放管理模式，在中国得到了广泛运用和不断完善，迅速强化了中国经济的国际联系，在前30年中国对外经济关系发展中起了关键作用。园区式发展模式使中国迅速有效摆脱了体制整体改革的相对滞后的约束，直接采用市场经济管理体制，并构建了高效集中的管理模式，有效地推动了发展。中国的这种园区开放式发展模式既吸收了国际经验，又创新了管理模式，对发展中国家实现开放型发展具有显著的借鉴意义。

承接国际产业转移，参与国际价值链分工，是中国形成开放型经济的一个重要途径。通过吸收外商直接投资发展加工贸易是参与国际价值链分工的主要形式。参与价值链分工不仅使中国充裕的劳动力资源得到了使用，成为高增长与快速发展的一个重要原因，而且迅速提升了中国的出口能力，创造了外汇收入，使中国迅速成长为世界最大制造国和出口国。这一发展道路成功的依据就在于立足中国一般劳动力充裕这一基本国情，在这一基础上形成开放型经济的特点。尽管从相对收益看中国以廉价劳动力参与国际价值链分工收益较低，但这是前30年基于国情的最现实的也是最有效的发展道路。

价值链分工使中国经济与世界经济紧密联系在一起，中国为世界制造业创造了更低的生产成本，从而提供了更低的市场价格和经济福利，世界各国与中国形成了更深刻的相互依赖，成为中国经济影响世界经济的一个重要机制。更广义地看世界跨国公司在中国的投资使我们发现，中国已经深刻地融入了世界生产体系之中。中国经济与世界经济日益提升的相关性是中国国际经济地位的微观基础。开放型的中国道路影响了世界跨国公司的战略选择，影响了国际范围的资本流向，影响了全球层面的产业布局、价格水平和经济福利，已经成为当代世界经济分工格局和运行特征中的一个重要因素。

从经济特区开始的对外开放采用的是国际通行的市场经济规则，从特区到后来普遍开放采用的各项政策的基本特点，就是营造市场经济环境，有利于国际资本在中国的发展。国内体制的改革是实现对外开放的前提。中国加入世贸组织的实践进一步表明，中国在对外开放战略中选择的是"以开放推进改革"的发展道路。中国加入世贸组织的承诺远远超出了降低关税和取消非关税措施意义上的市场开放，广泛地涉及国内体制改革和市场经济规则的建立。中国加入世贸组织不仅意味着扩大开放，而且意味着深化改革，把开放的压力变成改革的动力。履行加入世贸组织的承诺对国家整个法制环境建设的意义在于更新了立法与政策制定的理念，增强了制定规章制度的合规性意识，并建设了一支法律人才队伍。依据国际规则推进的国内法规建设也带来了中国参与国际竞争方式的重大转变。这是重大的历史性的转变，也是中国发展的一个关键。由开放促改革，由改革建体制，由此而形成的必然结果就是，中国的体制动力与市场活力这两大力量共同汇合成一个巨大的对外引力，吸引国际企业与中国共同发展，构建了中国与世界紧密联动的发展格局。

因此，中国的发展也就是在华外资企业的发展，中国的开放型经济是与世界各国共赢的经济，中国的这种发展模式已经超出了传统经济条件下贸易竞争你死我活的规律，也超越了按比较优势进行生产分工带来的利益水平，而形成了各国共同发展的格局。中国引进外资实现经济国际化的发展模式是一种顺应经济全球化生产要素的国际流动的模式，这一发展形成了全球生产要素在中国的集聚，从而与世界各国构建了一种"要素合作型国际专业化"的发展格局。这是一条世界经济史上全新体现时代特征和要求的发展道路，是一条在融入世界中增强各国相互依存的道路。这条路径决定了，中国越是发展，与各国的经济联系就越是紧密，共同利益越是扩大，反过来中国也更快发展。这就是中国扩大开放而在竞争中立于不败之地的原因。

接受国际规则在融入中发展决定了中国发展与世界的和谐性。在实行对外开放融入经济全球化的进程中，中国通过加入国际经济组织融入世界经济体制，表明中国是接受而不是挑战世界经济已有体制规则，中国的开放进程与世界是兼容的、和谐的。事实上我们也看到，现行的国际经济体制与规则基本上是第二次世界大战以后在发达国家主导下形成的，这些体制与规则的建立基于公平竞争的理念与成熟市场的原则，在很大程度上更适合于发达国家而不利于发展中国家。虽然在一些规则中包容了对发展中国家的特殊或差别待遇，但是总体上说发展中国家依然处于相对不利的地位。作为后起的发展中国家，中国在参与全球化进程中，面对巨大挑战，不是首先提出改变现行国际经济体制，相反首先是接受这一体制，通过融入这一体制的规则来推进自己的市场化道路。在承受巨大的竞争压力下快速开放，以外部压力促进自身发展。中国加入世界贸易组织的深刻内涵不只在于打开国门，而是正如这个词语的中文含义所体现的那样，在于"融入世界"，融入世界经济体系。作为一个发展中国家，对于由发达国家在第二次世界大战后建立的世界经济体系，是拒绝、挑战，还是承认、参与，是一个不可回避的重大战略问题。在当时"改革国际经济旧秩序"还是许多发展中国家口号的历史背景下，融入战略是一个现实而又大胆的选择，也是一个明智而有远见的选择。这一选择开辟了一条全新的发展道路，是与世界各国合作共赢的发展道路。

以开放实现发展，以融入实现共赢，中国成功地走出了一条开放型经济的发展道路。今天的中国开始从大国走向强国，经济强国的一个重要内涵就是通过推动全球经济治理发挥一个负责任大国的积极作用。

随着中国经济规模与实力的不断提升，中国的发展对其他国家开始构成竞争压力。在这一新情况下，中国及时地提出了"包容性发展"的战略构想，努力倡导共同发展的机制与格局。推动包容性发展是中国作为负责任大国的战略主张。这表明中国将扩大与各国的交流与合作，应对共同挑战，推进共同发展。中国指出，要通过包容性发展使各国共享发展机遇，共同应对发展中的挑战。各国不仅在政策选择上不能以邻为壑，还要相互帮助，大国帮小国，富国帮穷国，使所有成员方都能共享全球化和一体化的成果，使各国人民的生活都能得到改善。近年来中国的一系列战略调整都体现了包容性发展的理念与实践。积极改变粗放型发展战略是中国实践包容性发展的重要表现。在2008年世界经济危机爆发以后，中国及时提出了扩大内需的战略，既有利于自身经济的稳定，又大大减小了对其他国家市场竞争的压力。中国积极推进"走出去"战略，帮助发展中国家的基础设施建设与资源开发，推动制造业转移，实现与各国的共同发展。中国积极参与全球治理，从一个负责任大国的要求出发为经济全球化迅猛发展后产生的新问题与各国一起寻求新的体制机制安排。中国以科学发展观指导发展，致力于建设资源节约型、环境友好型社会，不仅有利于自身发展的可持续性，而且有利于世界发展的可持续性。

中国积极推动与发展中国家的共同发展。在深入参与全球化分工解决资源供给问题中同样体现了中国方式的和谐性。经过三十多年的发展中国成为"世界工厂"，为世界各国提供大量优质廉价产品，特别是传统制造业产品。加上国内经济规模大现代化任务重，使中国对资源能源的需求日益增长。在世界历史上，大国在其工业化道路上为获得资源能源往往采用战争方式，战争是大国争夺殖民地从而控制资源供给的基本途径。然而今天所采用的却是当代世界通行的国际投资和跨国并购方式，通过产权市场而不是炮火战场解决供给问题。中国特别注重与相关国家政府的发展合作，包括提供大量的发展援助，从而使中国对外投资有效拉动了东道国经济的发展。

中国日益注重按国际规则推进各种形式的国际合作，形成了中国与各国共同发展的格局。在积极发展贸易投资关系参与全球化分工体系的同时，中国注重参与各种类型的国际经济组织和合作，注重增强与周边国家合作促进地区经济发展，积极与各国签订自由贸易区协定、投资保护协定、避免双重征税协定等以促进区域贸易投资自由化。

中国把自身发展与世界经济的持续平衡增长紧密联系在一起。2008年金融危机发生以来，中国积极参与二十国集团首脑会议等国际经济协调机制；在维护国际金融市场稳定与贸易环境等方面发挥了一个经济大国在世界经济稳定中的重要作用。面对危机的持续与世界经济的长期不平衡，把外部环境的变化作为倒逼机制，把国家的内需潜力和自主创新需求作为新战略机遇期的内涵。这一重要的发展方式转型将历史性地改变中国经济增长对世界经济的影响方式。在对外开放的最初阶段上，中国通过廉价劳动力优势为世界的产业转移创造了条件，既为世界提供了廉价优质商品，也为发达国家的产业结构升级创造了条件。随着经济规模的扩大，中国经济增长在世界经济中的贡献度日益提高，中国持续增长缓和了危机的冲击，稳定了世界经济的增长。在未来的发展阶段上，中国不仅将以不断提升的内需（包括进口需求拉动）使世界各国受惠，而且将通过技术进步与产业结构进步对世界的分工体系产生更为积极的作用。一般发展中国家将获得更大的国际市场，而发达国家将与中国形成更高水平的互补合作。

发展战略的及时调整是中国注重国际协调的重要表现。由于成功的开放战略，中国的出口能力迅速提升，中国已经成为世界最大的出口国。巨大的贸易顺差是中国发展的特点之一，同时也受到国际社会的关注甚至指责。事实上，中国的巨额顺差完全来自于加工贸易，一般贸易还是逆差。加工贸易的性质决定了其必然是顺差而不可能是逆差，而且加工贸易中更多包容的是外商投资企业在中国的收益。尽管如此，中国仍然高度重视贸易平衡，及时提出了扩大内需，扩大进口的战略转型。这是中国在政策与战略上注重国际合作的一个重要体现。扩大内需是在金融危机后提出来的，是国际政策协调和减少危机冲击的选择，但是现在中国已经把扩大内需作为一个长期战略。这不仅将有利于中国形成新的发展动力实现可持续发展，也是中国在世界各国应对不平衡，实现世界经济再平衡中的一个十分积极的战略调整。中国所推进的国际合作已经从危机期间的短期政策协调进入到了长期的发展结构的国际协调。

以合作应对共同面临的各种可持续发展问题，要求国际社会在全球经济治理上形成共识，增强体制机制建设。中国提出，全球经济治理的根本目标是推动经济全球化朝着均衡、普惠、共赢的方向发展；全球经济治理应该由世界各国共同参与，通过协商合作共同解决经济全球化面临的各种难题，作出合适的机制安排。中国的这些原则体现了应对经济全球化以国际合作寻求互利共赢的基本要求。

中国主张将促进更为公平合理的国际经济关系的形成。随着中国国际竞争力的持续增强，中国进入国际市场和对外投资能力不断提高，与各国的贸易摩擦也明显增加。一方面我们要看到中国有些企业片面注重靠低价格竞争，确有违反国际贸易规则的案例；另一方面我们也注意到，一些国家贸易保护主义势力抬头，不断挑起与我国的贸易争端。针对中国的贸易保护已成为我国实现外贸持续发展的一大障碍。对外开放的互利共赢原则要求我们尊重国际贸易规则，同时积极应对贸易摩擦，有效运用国际规则维护自己在国际竞争中的合法权益。各国共同执行国际规则是实现互利共赢的基础。

在对外开放的未来发展中，中国将既努力提高开放效益，又努力改善国际环境，推动国际体制建设。十八大报告指出："中国坚持权利和义务相平衡，积极参与全球经济治理，推动贸易和投资自由化便利化，反对各种形式的保护主义。"这表明，中国将致力于实现自己权利和义务的平等，其途径是推进国际制度建设，这是一个有利于各国的途径。中国将在更加公平合理的国际经济体制建设中发挥积极作用。

三、推进世界互利共赢的强国之路

党的十八大报告指出："中国将继续高举和平、发展、合作、共赢的旗帜"，这是面对当今世界已形成"人类命运共同体"中国作为负责任大国所作出的庄重外交宣言和长期战略部署，也体现了中国在建设经济强国目标中作为一个负责任大国的战略定位。

1. 全球化一体化：相互依存结成人类命运共同体

经济全球化是当代世界最重要的现象。这一历史潮流把世界各国卷入了全球化经济的整体之中，结成了一个你中有我，我中有你，高度相互依存的命运共同体。

三大发展使世界各国的相互依存大大深化。一是贸易自由化。从20世纪50年代西欧国家推进自由贸易区起，世界经济走上了区域一体化的道路。关税与贸易总协定大大推进了全球贸易自由化，此后发展为世界贸易组织是经济全球化推进的重要标志。虽然今天世贸组织多哈发展议程受阻，但世界绝大部分国家已被纳入自由贸易体系，其所建立的国际公平贸易体制，包括与贸易有关的投资措施和知识产权保护规则等在维护和促进经济全球化中的作用不可低估。今天，世界各种类型的区域合作全面展开，虽然与世贸组织相矛盾，但却与全球化互为补充，不断增强着各国经济的相互依存。

二是生产一体化。20世纪70年代起国际直接投资大发展。发达国家跨国公司在全球范围内进行布局，构建更高效有利的生产销售网络，深化了产业间国际分工乃至产品内的价值链分工。跨国公司的国际直接投资把各国经济深刻地整合在一起，企业的跨国性体现了世界经济一体化的深度：跨国企业成为母国与东道国的利益共同体。

三是金融国际化。伴随着经济的全球化，资金的国际融通也高度跨国化、全球化。不仅发达国家金融规模随财富增长迅速扩大，而且其成熟的金融市场大量吸收了发展中国家的货币财富，世界金融产业和虚拟经济高度扩展；信息化网络化更极大地促进了金融的国际化。金融国际化为全球资金资源的有效配置发挥了积极作用。然而金融产业本身的特点特别是衍生金融产品的不断升级也使金融风险国际化。金融国际化使"地球村"概念更为明显：一家着火可能殃及整个村落。2008年起源于美国的金融危机冲击了整个世界，至今仍未走出就是最新的证明。

由此可见，经济全球化不仅使各国结成了一个成果共享的利益共同体，也结成了一个风险共担的命运共同体。一方面，各国发挥自身的比较优势扩大贸易投资关系必然带来效率提高和经济增长，从而普遍受益。另一方面，国与国之间经济的密切联系又必然使一国的经济波动迅速传递到它国，乃至严重冲击整个世界经济。在一大批国家走上发展道路以后，经济发展需求与自然资源的供给产生了矛盾，资源消耗与环境损害不再只是一国自身的问题而成为全球性的灾难。简而言之，相互依存也意味着休戚与共，利益共享也意味着风险共担。经济全球化造就了人类命运共同体，也把如何实现合作共赢的新课题推到了全人类面前。

2. 保和平谋发展：把握时代主题开辟民族复兴之路

作为当代世界发展明星的中国是在抓住经济全球化历史机遇中发展起来的，也深信维护世界和平与发展环境的重要性。只有在和平的国际环境下经济全球化才可能推进，各国才能利用经济全球化实现发展。

改革开放之初，邓小平同志对我们所处的时代作出了科学的判断，指出我们正处于"和平与发展"时代。正是这一判断使中国抓住了和平的历史机遇，赶上了世界的发展潮流，实现了世界史上的发展奇迹。这一历史经验也决定了未来中国的发展道路。正如习近平主席在2013年博鳌亚洲论坛上说："中国将通过争取和平国际环境发展自己，又以自身发展维护和促进世界和平。"

回顾过去，中国崛起所走的是一条完全不同于历史上其他国家的道路。当年殖民主义与帝国主义国家的崛起，靠的是对其他国家的侵略、控制与掠夺，靠的是把落后国家作为自己的原料产地与销售市场，以不等价交换获取超额利润。与此截然不同，中国依靠的是通过国内改革形成具有巨大活力的社会主义市场经济体制，通过对外开放引进外资、发展外贸，与跨国公司共同发展，通过接受世界贸易组织等国际规则融入经济全球化。中国的这条发展道路既实现了自身的高速增长，也在此同时为世界各国创造了产业转移的条件，国际投资的机遇和优质廉价的商品，形成了与世界各国共同发展的格局，走的是一条和平发展的道路。中国没有走当年殖民主义帝国主义的老路去掠夺它国的资源，而是积极倡导平等互利，共同发展。中国对一些亚非发展中国家提供了大量援助，致力于帮助这些国家建设基础设施和经济社会发展条件，形成发展能力，在此基础上实现了与这些国家的经济合作和共同发展。国际上一些敌对势力指责中国搞所谓"新殖民主义"是完全没有道理的。事实上正是西方势力支持一些国家搞所谓"民主"给这些国家带来了动乱和灾难，连最基本的发展需求也无法实现。

实现全面小康和中等发达目标决定了，发展仍然是中国的最大主题。近年来，中国的国际地位持续提升，不仅经济规模上升到世界第二，而且对世界经济增长的贡献率连续多年第一。然而，十八大报告指出：中国"是世界最大的发展中国家的国际地位没有变"。这体现了我们党对我国基本国情和所处发展阶段的清醒认识，也是对我国国际战略的科学定位。尽管中国在经济总规模上已经仅次于美国，但我国经济的发展仍然具有发展中国家的基本特征：人均收入水平低，经济结构落后，在国际分工中处于低端。从"最大的发展中国家"上认识自己的国际地位，既是处理好与发达国家关系的依据，也是处理好与发展中国家关系的基础。尽管国力大大提升，但中国要继续扩大与发达国家的合作而不是走向对抗，要继续坚持在国际事务中维护发展中国家的共同利益，推进国际社会形成更完善的合作体制与运行机制，进一步改善中国发展的国际环境。

对外经济战略是整个国家对外战略的重要组成部分。在今天经济全球化时代，经济关系是政治外交等各种关系稳定发展的"压舱石"。进一步深化相互依存的国际经济体制机制，是维护世界和平的有力保障，也是维护国家根本利益的基础。尽管还有提升发展水平的由大走强的艰巨历史任务，但巨大的经济规模与发展潜力是中国最重要的优势，使中国赢得了巨大的国际战略空间。

3. 促合作求共赢：负责任大国推动世界繁荣进步

和平是发展的前提，合作是共赢的基础。作为一个负责任大国，在建设经济强国的道路上，中国将通过维护和平、推动发展、促进合作来实现世界的共赢。这就是中国在相互依存世界中的共赢之道，也将是世界历史上从未有过的一条强国之路。

在应对当前这场危机的国际政策协调中，中国扩大内需的宏观调控措施不但减小了来自于外部的不利影响，而且为世界整体抵御危机冲击作出了重要贡献，显现了中国经济增长对世界的拉动力。中国还将调整经济增长模式，积极参与全球经济再平衡，将扩大内需作为长期战略以减小出口对世界市场的压力。因此，以合作求共赢是应对经济全球化不断发展带来新挑战的科学理念，是中国作为负责任大国在人类命运共同体中的正确选择。

当今世界正在进行一场经济奥运会，发展是竞争主题。比赛必有胜负，但遵守规则就是合作，创造纪录就是共赢。当今世界一大批国家走上了发展道路，对世界资源、能源与环境的压力不断增大。尤其是发达国家一方面无节制消耗资源能源，另一方面将传统产业向发展中国家转移，发展中国家缺乏相关技术对有效的资源节约进行排放控制，整个世界的生态环境问题将十分严重，人类命运共同体正面临一场极其严峻的挑战。应对全球气候变暖，稳定初级产品价格，保护生态环境，实现可持续发展等已经成为必须由世界各国共同合作才能有效应对的全球性重大问题。单靠排放向外转移，注重自身安全忽略国际合作，必将导致整个世界的灾难性后果。此时此刻中国强调国际合作，无疑是一条真正可靠的共赢之道。中国自己则已经开始以发展方式的转型实现资源节约、环境友好，体现负责任大国的国际合作战略。以合作应对共同面临的各种可持续发展问题，要求国际社会在全球经济治理上形成共识，增强体制机制建设。中国提出，全球经济治理的根本目标是推动经济全球化朝着均衡、普惠、共赢的方向发展；全球经济治理应该由世界各国共同参与，通过协商合作共同解决经济全球化面临的各种难题，作出合适的机制安排。中国的这些原则体现了应对经济全球化以国际合作寻求互利共赢的基本要求。习近平主席在金砖国家领导人德班会晤中说，"要完善全球经济治理，增加金砖国家代表性和发言权，塑造有利于自身经济发展的全球经济治理体系"。这表明中国等新兴经济体将在全球经济治理中发挥重要作用。

以合作求共赢的战略定位清晰回答了国际社会对中国崛起的关切。由于中国迅速崛起，对一些国家特别是发展中国家中构成了市场竞争压力，一些对中国抱有敌意的人则为自己的政治需要鼓吹"中国威胁论"。就国际市场本身的运行规律而言，中国国际竞争力的上升确实可能对其他国家不利，挤占它国的市场。但是，用博弈论的语言来说，世界经济的发展并非一场零和博弈，我赢必须建立在你输的基础之上。国际分工是一种正和博弈，参与分工的各国都可能获益，尤其是加强经济一体化消除贸易投资障碍会通过扩大经济总量为各国带来发展利益。合作能够创造正和也就是共赢。中国主张以合作求共赢也就是要推进国际合作，形成自己发展与其他国家发展的互动。中国主张实现地区各国的包容性发展，这正是实现各国合作共赢的有效道路。中国以科学发展观作为发展的指导思想，不仅有利于在国内推进全面协调可持续发展，而且有利于减少粗放型发展对其他国家的负面影响，并通过结构优化构建与各国更高水平的互补性合作，形成与各国的共赢格局。

从当前中国开放型经济发展的外部环境而言，争取各国对中国的对等开放已成为一个新课题。随着中国国际竞争力的持续增强，中国进入国际市场和对外投资能力不断提高，与各国的贸易摩擦也明显增加。一方面我们要看到中国有些企业片面注重靠低价格竞争，确有违反国际贸易规则的案例；另一方面我们也注意到，一些国家贸易保护主义势力抬头，不断挑起与我国的贸易争端。针对中国的贸易保护已成为我国实现外贸持续发展的一大障碍。对外开放的互利共赢原则要求我们尊重国际贸易规则，同时积极应对贸易摩擦，有效运用国际规则维护自己在国际竞争中的合法权益。各国共同执行国际规则是实现互利共赢的基础。当前，经济全球化发展正出现新的趋势，美国正通过跨太平洋和跨大西洋伙伴关系谈判建立新的更高水平的全球化规则，中国需要积极应对，并以开放促改革，在新的水平上参与经济全球化，以合作求共赢，走一条全新的强国之路。

2013 年 6 月，习近平主席在与奥巴马总统会谈中提出了中国与美国应建立"新型大国关系"的主张，这是一个正在建设经济强国的世界大国的重要战略理念。在世界历史上发生了多次一个大国取代另一个大国成为世界霸主的循环。中国要寻求的将不是这一目标，而是与现有大国之间的和谐并共同承担国际责任，这是中国这一未来经济强国的发展战略定位和对世界的意义。

第一章　金融危机后世界经济格局的
变化与中国国际地位的提升

　　2007 年发端于美国，2008 年后席卷全球的金融危机令世界经济经历了自 1929—1933 年大萧条以来最严重的一次衰退。这场危机虽然并未逆转经济全球化的发展总趋势，但却从实力消长、经济平衡和治理体系等多重意义上对当代世界经济格局产生重大影响。这场危机爆发于发达经济体的中心，不仅对美国的世界经济霸主地位产生动摇，而且对前一二十年全球化迅猛推进，发达经济体经济服务化、虚拟化增长机制产生动摇，由发达国家主导的国际贸易、国际投资和国际生产的流量与流向出现结构性变化，甚至逆转。由此，不仅打破了以发达国家和发展中国家区分世界经济不同层次和不同组别的分析框架，也打破了对发达国家为中心、发展中国家为外围的世界经济结构关系的传统认识。本章立足于 2007 年全球金融危机后世界经济发展格局和运行秩序的诸多变化，通过对危机后世界经济多极化格局的六大维度及其发展特征的分析和研究，揭示中国在世界经济变化格局中的国际地位上升趋势与二元化现状，探讨中国对外经济发展方式转变的国际背景、基本原则及战略要点。

第一节　世界经济多极格局的六大维度与变化特征

　　极的概念是由法国经济学家弗朗索瓦·佩鲁（Francois Perroux）于

19

1949 年率先提出，指的是由公司或产业的聚集所形成的增长极中，并通过相互联系传达到周边企业和产业。以"增长极"为标志和以"不平等动力学"为基础的区域非均衡增长的增长极理论（growth pole theory）的含义是，"增长并非同时出现在所有地方，它以不同的强度首先出现在一些增长点或增长极上，然后通过不同的渠道向外扩散，并对整个区域的经济产生不同的最终影响"[1]。增长极理论后来被广泛运用于对国家或地区经济发展状况和作用的分析之中，揭示了地区经济发展中的中心、力场对其他地区所产生的类似于"磁极"作用的范围和过程。

在佩鲁的论述中，极的概念具有很强的空间性，强调作为增长极的区域或地区通过垂直分工与规模经济的外部性对周边区域的极化影响。而现实中，随着要素流动和市场机制的全球化趋势，一个地区或一个国家的磁极作用显示出跨地域的效应。世界银行将全球经济增长极定义为一个经济体，其国内经济增长有助于推动其他经济体的增长，从而对全球经济增长产生影响。这里的"增长"聚焦于经济的活力与发展，而"极"则力图涵盖其溢出的外部性、知识转移，以及来自交换的利得[2]。

在世界经济研究的传统论述中，世界经济中心或增长极集中分布于传统工业化国家或发达国家。20 世纪 80—90 年代，美国、欧盟（欧共体）和日本被公认为决定世界经济走向的三大极。21 世纪以来，特别是金融危机后，新兴经济大国的快速崛起改变了由发达国家全盘占据的世界经济中心格局。伴随着新兴经济大国跻身于以往由发达国家绝对统领的国际经济、国际贸易和国际投资等活动的中心地位，世界经济在空间意义上呈现出多中心化的态势，并且这些中心的极化影响的扩散渠道也呈现出多样性。因此，我们可以从国际经济的多个维度上考察多极格局的现实表现与发展特征。

一、经济增长维度：增长趋势和溢出效应

一国经济的总产值显示了特定区位上的要素水平、经济结构和体制取

---

[1] [法] 弗朗索瓦·佩鲁著：《新发展观》，华夏出版社 1987 年版，第 13 页。

[2] World Bank, *Global Development Horizons 2011—Multipolarity: The New Global Economy*, May 2011, p.16.

向的综合能力。因而，国内生产总值的现有状况和增长趋势是判断各国经济在世界经济中地位和作用力的最基本维度。传统上，一般以经济总产值水平为标准，将世界各国区分为发达国家、发展中国家、新兴工业化国家和转型国家。从现有的状况看，总体上传统发达国家仍占据世界总产值的主导地位，尤其是美国超大规模的经济总量仍无他国可比拟，2010年美国GDP达146602亿美元，是第二位中国的（58790亿美元）约三倍；G7国家经济总量的世界占比为53.1%，也比金砖国家15.6%的世界占比高出三倍多[①]。但继2010年中国经济总量超越日本成为世界第二大经济体之后，2011年巴西超越英国成为世界第六大经济体，从而使得当今世界经济大国的组成向着更为多元化的主体结构变化。

表1—1　2010年世界最大经济体GDP占世界比例

（单位：%）

国别排序 （IMF）	占世界GDP 之比	国别排序 （U.D.&S）	占G20国家GDP 之比（PPP）
美　国	23.29	美　国	26.4
中　国	9.34	中　国	18.2
日　本	8.68	日　本	7.8
德　国	5.27	印　度	7.2
法　国	4.11	德　国	5.3
英　国	3.57	俄罗斯	4.0
巴　西	3.32	巴　西	3.9
意大利	3.27	英　国	3.9
加拿大	2.50	法　国	3.9
印　度	2.44	意大利	3.2
俄罗斯	2.33		

资料来源：表左侧2列来自于IMF，2011年4月公布的《2010年世界各国GDP及其排名》；右侧两列数据引自Uri Dadush and William Shaw, *Juggernaut: How Emerging Markets Are Reshaping Globalization*, Carnegie Endowment for International Peace。

---

① 作者根据国际货币基金2011年4月公布的《2010年世界各国GDP及其排名》中数据计算所得。

从增长极的概念出发，我们可以从增长率（增长趋势）及其溢出效应（增长贡献）两个变动因素上观察世界经济多极化的动态表现①。表1—2显示，危机以来，由于发达国家和发展中国家间经济增长率的差异性表现，令以金砖国家为代表的新兴经济体②崛起为全球经济增长的主要引擎。在发达国家普遍面临资金紧缩、需求下降和投资乏力的状况下，危机后的2008—2010年间，发展中大国——中国、印度、巴西等国仍能保持较高的增长率，不仅开发它的内部需求能力，同时能支持其他国家或地区的增长，显示出作为全球经济增长极的功能。目前，发达国家公共债务与GDP比例从2007年的77%上升到2010年的104%，预计2020年将进一步上升到126%③。而卡门·莱因哈特和肯尼思·罗格夫（Carmen Reinhart和Kenneth Rogoff，2010年）发现，公共债务相当于国内生产总值的90%是一个重大的转折点。无论是发达国家还是新兴经济体，允许其债务与国内生产总值的比率超过90%的各国在其年度增长率上经历的中位跌幅（median drop）约为1个百分点，而平均跌幅（mean drop）为4个百分点。如此看来，由于高债务负担而导致的发达国家经济增长降速还将持

① 世界银行认为，对全球增长极的定量描述取决于两方面：一方面是这个经济体增长率和世界经济增长率比值的大小；二是这个经济体国内经济和全球经济增长的关联度强弱。

② 尽管迄今尚未有达成共识的界定，但新兴经济体（Emerging Economy）主要是指发展中国家和转型经济国家中少数经济快速增长、收入较高和增长潜力较大的经济体。不同机构和不同研究者有时还使用新兴市场（Emerging Market）和新兴市场经济体（Emerging Market Economy）指代这一类经济体。新兴经济体作为一个群体广泛引起世界的关注，是从"金砖四国（BRICs）"概念的提出开始。2001年高盛经济学家吉姆·奥尼尔首次提出由巴西、俄罗斯、印度和中国组成的BRICs概念后，新的新兴经济体组合词相继问世。如2005年年底高盛又推出新钻11国（Next-11，简称N-11）的概念，包括巴基斯坦、埃及、印度尼西亚、伊朗、韩国、菲律宾、墨西哥、孟加拉国、尼日利亚、土耳其、越南。2007年日本学者门仓贵史在《经济学人》杂志中提出展望五国（VISTA）的概念，成员为越南、印度尼西亚、南非、土耳其和阿根廷。金融危机后的2010年，博鳌亚洲论坛提出新兴11国(E11)的概念，指G20中的中国、巴西、印度、俄罗斯、阿根廷、印度尼西亚、韩国、墨西哥、沙特阿拉伯、南非和土耳其。

③ Deutsche Bank Research: "Public Debt in 2020: Monitoring Fiscal Risks in Developed Market" June 20, 2011, p.18.

续，这不仅会进一步削弱美、欧、日等国作为世界经济大国的地位，还将持续提升新兴经济大国对世界经济增长的拉动作用。换句话说，新兴经济体主导全球经济增长的格局呈长期化趋势。

表1—2　部分国家和地区经济增长率（年同比）比较（实际GDP）

（单位：%）

国家/地区 \ 年份	2008	2009	2010	2011	2012	2013	*
全　球	2.865	−0.524	5.01	4.401	4.513	4.54	
发达国家	0.219	−3.362	2.968	2.376	2.577	2.504	
欧　盟	0.686	−4.132	1.762	1.776	2.076	2.169	
新兴经济体与发展中国家	6.063	2.724	7.253	6.54	6.485	6.536	
巴　西	5.162	−0.645	7.49	4.461	4.127	4.109	2009
中　国	9.6	9.2	10.3	9.593	9.523	9.475	2010
法　国	0.091	−2.546	1.486	1.647	1.784	2	2010
德　国	0.703	−4.669	3.504	2.541	2.092	1.882	2010
印　度	6.176	6.755	10.365	8.242	7.823	8.165	2010
日　本	−1.165	−6.285	3.938	1.398	2.068	1.693	2010
韩　国	2.298	0.196	6.11	4.46	4.183	4.167	2009
俄罗斯	5.228	−7.8	3.955	4.828	4.512	4.34	2009
新加坡	1.487	−0.77	14.471	5.162	4.409	4.295	2010
南　非	3.576	−1.682	2.784	3.519	3.845	4.169	2010
美　国	0	−2.633	2.834	2.758	2.872	2.723	2010

* 说明：此列中的年份表示从该年以后均为IMF的估计值。
资料来源：国际货币基金组织WEO数据库。

就其增长的溢出效应看，世界银行的分析数据也支撑了新兴大国作为世界经济增长极的已有作用。表1—3是世界银行用包含贸易、金融和技术加权增长水平的多维度极化指数测算以国家为单位的经济增长溢出效应，从两组指数排名看，中国、印度和俄罗斯等金砖国家均已跻身前10，中国（包含香港和澳门）的极化指数最高，显示了新兴大国对世界经济增长的多重贡献。

表 1—3　2004—2008 年多维度极化指数最高的 10 个经济体

经济体	真实指数	经济体	购买力平价指数
中　国	26.20	中　国	63.70
美　国	20.33	美　国	51.26
欧元区	10.86	欧元区	40.15
日　本	5.59	日　本	28.15
英　国	5.51	俄罗斯	26.02
韩　国	5.41	韩　国	24.57
俄罗斯	4.79	英　国	24.01
印　度	4.62	印　度	23.38
新加坡	4.30	新加坡	22.95
加拿大	4.08	加拿大	22.92

资料来源：World Bank: Global Development Horizons 2011，p.20，Table1.1。

二、国际贸易维度：贸易的来源与贸易的流向

国际贸易是跨国界货物与服务流动的基本形式，也是世界市场形成的最核心基础。20 世纪 80 年代以来，国际贸易自由化不仅体现为国际贸易壁垒的不断瓦解和世界市场的日益统一，而且体现为多边贸易组织及多边贸易体系的发展与完善。传统上，国际贸易的 80% 以上为发达国家间的贸易，其中 2/3 由发达国家的跨国公司主导。危机后，以金砖国家为代表的新兴市场（emerging market）的崛起对美、欧、日市场主导全球贸易流向的传统格局形成显著影响。一方面，新兴经济体在国际贸易增量中的地位不断上升，新兴经济体占全球贸易份额从 2000 年的 18% 增长到 2010 年的 28%。表 1—4 和表 1—5 显示，危机后金砖四国不仅成为世界商品贸易的重要来源和领先国，而且都占据进出口增速的最前列。危机后的 2010 年，世界商品贸易强劲上扬，创下了自 1950 年以来最大的年增幅，全球商品出口上升 14.5%，其中，发展中国家商品出口增幅 17%，高于发达国家 13% 的增幅；全球商品进口上升 13.5%，发展中国家进口增幅 18%，更高于发达国家 11% 的增幅[①]。而且在世界服务贸

---

① WTO: World Trade Report 2011, The WTO and Preferential Trade Agreements: From Co-existence to Coherence, pp.32—35.

强国策

——
中国开放型经济发展的国际战略

24

易进出口额的排名中，新兴经济体作用也有所上升。2010 年中国和印度在世界前十大服务贸易出口国行列中分列第四位和第十位；在世界前十大服务贸易进口国行列中分列第三位和第七位。并且其年增幅同样高于发达经济大国 ①。

表 1—4　2010 年世界货物贸易领先出口国

(单位: 10 亿美元; %)

位次	出口国	出口额	世界占比	年度增长率
1	中　国	1578	10.4	31
2	美　国	1278	8.4	21
3	德　国	1269	8.3	13
4	日　本	770	5.1	33
5	荷　兰	572	3.8	15
6	法　国	521	3.4	7
7	韩　国	466	3.1	28
8	意大利	448	2.9	10
9	比利时	411	2.7	11
10	英　国	405	2.7	15
12	俄罗斯	400	2.6	32
20	印　度	216	1.4	31
22	巴　西	202	1.3	32

资料来源: WTO: World Trade Report 2011, The WTO and Preferential Trade Agreements: From Co-existence to Coherence, p.33.

表 1—5　2010 年世界货物贸易领先进口体

(单位: 10 亿美元; %)

位　次	进口国 / 地区	进口额	世界占比	年度增长率
1	美　国	1968	12.8	23
2	中　国	1395	9.1	39
3	德　国	1067	6.9	15

① WTO: World Trade Report 2011, The WTO and Preferential Trade Agreements: From Co-existence to Coherence, p.35.

位　次	进口国/地区	进口额	世界占比	年度增长率
4	日　本	693	4.5	25
5	法　国	606	3.9	8
6	英　国	558	3.6	15
7	荷　兰	517	3.4	17
8	意大利	484	3.1	17
9	中国香港	442	2.9	25
10	韩　国	425	2.8	32
13	印　度	323	2.1	25
18	俄罗斯	248	1.6	30
20	巴　西	191	1.2	43

资料来源：WTO: World Trade Report 2011, The WTO and Preferential Trade Agreements: From Co-existence to Coherence, p.33.

另一方面，随着新兴经济大国的崛起，南南贸易趋于繁荣，甚至超过了原有的南北联系。2009年，中国超越美国成为巴西的第一大贸易伙伴、2010年成为印度的第二大贸易伙伴。OECD的报告甚至断言，南南贸易将是未来10年世界经济的主要增长引擎。因为，受收入的影响，两个活力充沛的国家之间的贸易增长将以成倍增长的速度快于两个活力不那么充沛的国家之间的贸易增长。金融危机后，所有经合组织成员国都出现了巨额赤字，美、欧、日陷入高负债困境，预示着以高负债支撑高消费，并为全世界提供市场的发展模式将难以持续，全球的需求增量将主要由新兴经济体的消费增长来提供。在2008年构成世界贸易29%的欧洲内部贸易的比重将在2030年下降到约为9%。相比之下，金砖国家之间的贸易将急剧增长；如今约为欧洲内部贸易1/3的亚洲内部贸易将远在2030年之前超过欧洲内部贸易①。事实上，危机后美国出台的"出口倍增计划"正有赖于新兴市场为其助力。2011年1—5月美国对非洲出口同比增长最快为31.1%，其次为中南美洲21.1%，欧洲19.3%位于增速第三。就对单个国家出口来看，增幅前五名分别为：阿尔及利亚增长为86.9%，其次为南非72.3%、

① OECD："Perspectives on Global Development: Shifting Wealth"，2010, p.35.

芬兰66.2%、俄罗斯54.3%、智利40.6%。美国对金砖五国出口平均增长37.2%。远高于其与传统贸易伙伴日本、欧盟等的增长水平。

三、国际金融维度：金融资产集聚与国际货币地位

国际金融体现了世界性金融市场、金融交易和货币关系的总体状态，它是国际经济从产品市场向资本和服务市场推进的重要媒介。在危机前的全球化浪潮中，发达经济体的虚拟经济规模迅速膨胀，从金融市场到金融交易，发达国家拥有显著的金融集聚和网络优势，成为国际金融中心的集中地。危机后金融领域从前20年放松管制逆转为强化管制，去杠杆化成为美欧金融监管措施和监管指标的最主要特征，如欧洲银行业管理委员会（EBA）要求银行的一级资本充足率需要达到9%，所持有的主权债券需要采取逐日盯市的方法计价，并且设定了最后达标期限为2012年6月，这一措施使得银行业有1060亿欧元的资本缺口，也极大地促使银行业进行去杠杆化。由此，发达经济体的金融市场和金融资产创造能力受到严重约束。

但随着国内经济稳定和新兴企业的崛起，新兴经济体在国际资本市场获得良性发展。一方面是新兴经济体企业不断增加在国际市场上的债券发售和股票上市，1995年以来新兴经济体企业80%的债券发售规模超过10亿美元，10%规模达20亿美元以上（World Bank,2011）。另一方面新兴金融市场，如亚洲的香港、新加坡和拉美的巴西、墨西哥和智利等一些本土资本市场成为地区金融的重要枢纽，呈现出国际金融资产多中心集聚的态势。同时，随着新兴经济体消费需求上升，发达国家制造和消费品企业利用当地资本市场，提升品牌知名度和利用当地资金的规模也日益扩大，跨国企业在发达和发展中金融市场上实现交叉上市。

在国际货币领域，尽管危机后美元仍是第一大国际货币，但其地位的相对下降已很明显。根据国际货币基金组织2011年6月30日公布的官方外汇储备数据，截至2011年第一季度末，全球确认的5.3万亿外汇储备中，3.21万亿为美元储备，占比为60.5%，1.4万亿为欧元储备，占26.4%。在这之前，美元资产占全球外汇储备的比重已从1999年年末的71%逐级下降至2007年的64%、2008年年末的63%、2010年第一季度末的61.5%。1999年以来，欧元资产占全球外汇储备的比重从18%上升

到 27%。2007 年 86%国际交易以美元结算，2008 年，仅 45%的国际证券发售以美元计价。同期，欧元则从 38%降低至 32%[①]。表 1—6 显示了 1995 年以来世界外汇储备的变化。

表 1—6　1995—2011 年外汇储备的货币份额

（单位：%）

年份	1995	2000	2005	2009	2011*
美元	59.0	71.1	66.9	62.1	61.71
欧元	18.5	18.3	24.1	27.5	25.72
英镑	2.1	2.8	3.6	4.3	3.88
日元	6.8	6.1	3.6	3.0	3.78
其他	13.7	1.8	1.9	3.1	4.91

资料来源：World Bank: "Global Development Horizons 2011", p.42, Table3.1, 2011 年数据为截至第三季度的数据。

尽管新兴经济体的货币尚未获得世界货币地位，但新兴经济体在国际货币多元化的结构变化中具有重要影响。因为大量贸易或经常项目盈余使得全球财富和资产拥有权正转向新兴经济体，令它们的国际净资产地位和净债权地位快速上升。2010 年新兴经济体拥有的国际储备为 7.4 万亿美元，约为发达国家 2.1 万亿美元的三倍，发达国家的国际货币地位有赖于以新兴经济体为主的外汇储备盈余国的支持，后者在国际贸易结算货币、国际投资计价货币和国际储备货币的选择中扮演着重要角色。比如截至 2011 年 3 月中国外汇储备余额为 30447 亿美元，超越日本成为美国债务的最大持有者，其增加或减少持有美元资产比例对美元地位具有显著影响。俄罗斯 2008—2009 年，将美元储备从 47%下降至 41%，而将欧元储备从 42%上升到 47%，对全球储备资产中的货币结构产生一定影响。

四、国际投资维度：投资的来源与投资的流向

国际资本自由且大规模的跨国流动是促进世界各国经济联系从贸易向

---

① OECD: "Financial Market Trends", Vol. 1, 2011, Preliminary Version, p.47.

投资深化的重要纽带。战后以来，国际资本流动主要集中在发达的市场经济国家之间（占到 70%- 80%）；直到 20 世纪末，美、欧、日三足鼎立构成国际投资的大三角格局，发展中国家则以地理区域和历史上的投资联系为基础，聚集在大三角成员的周围①；资本从发达国家向发展中国家的流动一直主导着国际直接投资的基本流向，发展中国家，包括新兴工业化国家只是国际投资的接受国或东道国。进入 21 世纪以后，新兴工业化国家率先成为国际直接投资的新来源和生长带，但其国际投资的流向主要集中在发展水平更低的其他发展中国家。危机后，国际直接投资的大三角格局趋于瓦解，新兴大国崛起为国际直接投资的新来源和新动力。这不仅是指流向发展中国家的资本成倍增加，而且是指发展中国家进入国际投资输出国的行列，尽管它们的投资更多集中在地区集团内，但也包括对发达国家的投资，从而对国际投资的传统格局产生逆转影响。

表 1—7　2007—2010 年按国别组统计的 FDI 流量

（单位：10 亿美元；%）

FDI 流量 年份 地区	FDI 流入量				FDI 流出量			
	2007	2008	2009	2010	2007	2008	2009	2010
世　界	2100	1771	1114	1244	2268	1929	1101	1323
发达经济体	1444	1018	566	597	1924	1572	821	935
发展中经济体	565	630	478	647	292	296	229	388
占世界比重(%)								
发达经济体	68.6	57.5	50.8	48	84.8	81.5	74.5	71
发展中经济体	26.9	35.6	42.9	52	12.9	15.4	20.8	29

资料来源：作者根据 UNCTAD，FDI/TNC 数据库，2010 World Investment Report、2011 World Investment Report 等相关数据整理。

　　在投资流入方面，危机后急剧萎缩的全球 FDI 流量于 2010 年上半年重拾升势，出现小幅但不均衡的回升（如表 1—7 所示）。2010 年全球 FDI 达到 1.244 万亿，其中流向发达国家和转型国家的 FDI 仍处在收缩状

---

① 联合国跨国公司项目：《1993 世界投资报告——跨国公司与一体化国际生产》，对外贸易教育出版社 1994 年版，第 103 页。

态，而流向发展中国家，特别是发展中亚洲的流入额显著上升，令 2010 年流入发展中国家和转型国家的总额首次超过发达国家，其在全球 FDI 流入额中的比重达到创纪录的 52%。反映出新兴经济体，特别是新兴亚洲对全球经济复苏及后续增长的引擎作用得到普遍认同。投资者明显觉察到世界经济重心的东移趋势，全球资本向新兴市场，尤其是新兴亚洲地区的流入加速。以往发展中国家主要作为加工制造基地，引入的多为低成本寻求型国际直接投资和效率导向型国际直接投资，目前市场寻求型国际直接投资也开始向发展中国家转移。

在投资流出方面，新兴经济体，特别是新兴亚洲不仅成为国际直接投资的重要来源，而且成为重要的国际债权国。以国别计，如今全球最大的债务国几乎全部是发达国家，在全球 44.7 万亿美元的债务中，美国占 14.29 万亿、日本占 11.37 万亿、意大利占 2.30 万亿、法国占 1.90 万亿、德国占 1.77 万亿、英国占 1.76 万亿。这些负债严重的发达国家的金融和财政稳定反过来依赖于新兴经济体的资金支持。2008 年 9 月末，中国成为美国国债最大的海外持有者，此前中国已经是美国其他公共债务的最大海外持有者。美国财政部公布的截至 2011 年 12 月底世界各国及地区持有美国国债情况的修正数据显示，最大债权人中国共持有 1.15 万亿美元，日本仍是美国第二大债权人，共持有 1.06 万亿美元，巴西持有 2269 亿美元。表 1—8 显示了分地区和国别的各国政府总债务占 GDP 比重的情况。

危机后还出现了发达国家在中国和印度等新兴经济体反向招商引资的新景观。如白宫设立了招商引资办公室、美国各州政府向中国投资者推荐投资项目、吸引华裔风险资本等等。在发达经济体并购实力锐减的同时，新兴经济体引发了新一轮跨国并购潮。1997—2003 年新兴经济体企业跨境并购额为 1890 亿，全球占比仅为 4%；2004—2010 年，新兴经济体企业跨境并购额增长到 1.1 万亿，世界占比提升至 17%。2003 年以来，约 5000 家新兴经济体企业投资了 12516 个海外项目，绿地投资总额达 1.72 万亿，其中 1/3 流向发展中国家。在这其中出现了新兴经济体企业对发达经济体企业的反向并购潮。印度 Tata 集团已经完成了价值超过 175 亿美元的跨国并购交易，尤其是对老牌工业企业的收购，如 Tata 钢铁公司收购了英荷钢铁集团 Corus、Tata 化工公司收购了美国通用化学公司、

Tata 汽车公司收购了三条汽车和卡车生产线、Tata 饮料公司收购了英国的 Tetley 集团。许多新兴经济体制造商开始在发达市场建立自己的品牌。例如，海尔集团在当地建立了研发部门并雇佣本土员工，他们还与零售商建立关系来拓展其与客户的联系；墨西哥的 Mabe 收购了博世（Bosch）的巴西子公司；土耳其企业集团 Koc 主要在欧洲市场投资建立 Beko 品牌，并在其他市场收购当地品牌。

表 1—8 分地区和国别的政府总债务与 GDP 之比

（单位：%）

年份 国家/地区	2008	2009	2010	2011	2012
全　球	57.6	64.7	67.0	69.3	70.3
发达经济体	79.4	91.5	96.8	101.9	104.1
美　国	71.2	84.5	91.2	98.3	102.3
欧元区	69.7	79.1	85.4	97.9	88.7
日　本	195.0	216.3	220.4	233.2	236.7
英　国	52.0	68.3	77.1	82.9	86.5
新兴经济体	35.3	36.7	35.3	34.6	34.3
中　国	17.0	17.7	17.0	16.5	15.7
印　度	74.3	74.0	68.1	66.2	65.9
俄罗斯	7.9	11.0	11.7	11.4	12.1
巴　西	70.7	67.9	66.1	65.6	65.2
南　非	27.3	31.5	36.3	40.5	42.8
G20 中发达经济体	84.3	97.3	102.9	108.4	110.9
G20 中新兴经济体	35.2	35.8	33.8	32.8	32.3

资料来源：国际货币基金组织：《2011 年报促进公平与平衡的经济增长》，2012 年 3 月，第 18 页，其中 2012 年数据为预测值。

五、国际生产维度：生产规模与企业角色

生产一体化是经济全球化向纵深发展的显著标志。跨国公司创造出跨国的地区或全球化市场体系，使得国与国经济的依存不仅表现为最终产品的分工，更表现为在产品增值各环节的分工，这正是当代世界经济依存性

发展的内在核心。传统上跨国企业几乎都来源于发达国家，20 世纪 80 年代中期以来跨国公司的大发展为发达国家赢得了向知识密集型产业升级的机会和成就；新兴工业化国家承接了由发达国家转移出的资本密集型、熟练劳动密集型产业；而包括中国在内的广大发展中国家则因非熟练劳动密集型制造业的集中而融入了全球生产网。表 1—9 显示，如今在世界前十大制造业大国中，新兴经济体已占了半数，与传统工业化国家平分秋色。据美国经济咨询机构环球透视（IHS Global Insight）发布的一项研究，2010 年，中国超越美国成为全球制造业产出最高的国家，实现了一个历史性的跨越。[①]

表 1—9　2010 年世界制造业产出排名

排　名	国　家	制造业产出额（10 亿美元）	与 2009 年相比（%）
1	中　国	1995.40	12.3
2	美　国	1951.60	6.6
3	日　本	1027.40	18.6
4	德　国	618.0	11.1
5	意大利	315.2	5.8
6	巴　西	273.7	9.9
7	法　国	253.3	4.7
8	韩　国	239.2	12.8
9	英　国	235.2	3.8
10	印　度	217.8	10.7
10	俄罗斯	217.8	9.7
	世界总额	100783	9.7

资料来源：IHS Global Insight，转引自 Michael Hennigan: "China became the World's Biggest Manufacturer in 2010; US Loses Crown Held since 1895", Report of IHS Global Insight, Mar 14, 2011.

不仅是生产规模的上升，更重要的是新兴经济体在全球价值链和国

---

① Michael Hennigan: "China became the World's Biggest Manufacturer in 2010; US Loses Crown Held since 1895", Report of IHS Global Insight, Mar 14, 2011.

际生产网络中的分工地位变化。以往发达国家一般占据全球价值链高端环节，而将制造环节移出，危机后却出现了发达国家努力吸引制造性活动回归本土，而新兴经济体则积极地争取全球价值链体系中高附加值环节引入的逆向行为。老牌企业从在低成本国家建立初级业务，转向扩大研发、市场营销等其他服务，并关注在新兴市场的组织结构，带动了跨国公司总部向新兴市场转移和集聚的趋势。2005 年，在按收入衡量的世界上最大的 500 家企业当中有 189 家的总部在美国，约占总数的 38%。世界上最大的企业约有 5% 位于纽约市或其附近，而总的说来其他 5 个美国都市区是《财富》全球的 500 强另外 9% 的总部所在地。但到 2010 年，全世界最大的 500 家企业只有 139 家的总部位于美国，约占全球总数的 28%。其中，4% 位于纽约市或其附近，而其他 5 个美国都市区总体上是另外 5% 的家乡。①

以往，多数跨国企业的研发中心都放在发达国家，研发重点也是针对发达国家的市场需求。即使在中国设有研发机构，作用也是为全球研发计划提供支持，或针对中国市场情况对已有技术和产品进行调整。如今却出现了反其道而行之的做法——创新重点将放在中国这样的发展中国家，研发目标将完全针对当地的国情、客户需求、消费水平和市场条件。这一新动向令应用创新的原发地可能从发达国家转移到新兴经济体，由此带来了新兴市场向发达市场的动态技术转移。根据德意志银行的统计数据，2010 年，得益于大量跨国公司在中国设有 R&D 分支，中国第一次成为对欧盟的 R&D 净出口国②。

危机后，来自于新兴市场的跨国公司正在成为重塑全球产业的一股力量，波士顿咨询集团用全球挑战者定义这些新崛起的全球性企业③。统计显示，这些挑战者的总部主要位于六个新兴经济体，即中国、印度、

---

① Gary Clyde Hufbauer and Woan Foong Wong: "Corporate Tax Reform for a New Century", Policy Brief, No.11—2, 2011, Institute of Pertson International Economics.

② Thomas Meyer: "International Division of Labor in R&D: Research Follows Production", Report of Deutsche Bank Research, Feb. 3, 2011, pp.1—12.

③ 波士顿管理咨询集团（BCG）：《腾飞中的挑战者：快速发展经济体的新星企业正在重塑全球行业》，第 8 页。

巴西、墨西哥和俄罗斯、土耳其。这些新兴经济体企业崛起的浪潮已经冲击了全球企业排名。在过去十年内，财富世界 500 强中新兴经济体企业数量增加了两倍以上，从 21 家增加到 75 家。2010 年，福布斯 2000强排名中包含了 398 家新兴经济体企业。在过去五年内几乎增加了两倍。在世界经济缓慢复苏时期，新兴企业则一直保持其在过去十年的发展势头。全球挑战者正在积极地不断追求跨国并购交易，境外交易的数量及其平均价值在 2009 年急剧下降，反映了经济的不确定性，但随后又开始反弹。2010 年的交易平均值是 2009 年的两倍左右，大致相当于 2008 年的平均值，与全球老牌企业相比，新兴企业追求更大规模的交易。在过去十年内，大约 60% 的新兴企业跨国交易发生在发达市场，这些交易的平均价值为 5.54 亿美元，比在发展中市场进行的平均值为 3.37 亿美元的交易都大。自经济衰退爆发以来，对发达市场的关注度不断上升，在经济衰退开始后的两年内，全球挑战者约 71% 的跨国交易集中在发达市场，较之于两年前的 58% 有所增长。

新兴经济体不断涌现出行业领导者预示着全球价值链治理主体的结构性变化。最著名的例子是印度塔塔集团（Tata），涉及化工、通信、IT、饮料、汽车和钢铁等领域(Tata 集团中 6 家公司在各自领域内被视为挑战者）。其他一些多元化挑战者有墨西哥的阿尔法集团（Grupo Alfa）、土耳其的科奇财团（Koc Holding）和萨班哲控股公司（Sabanci Holding），以及巴西的Carmago Correa 集团、Odebrecht 集团和巴西工业集团（Votorantim）。这些公司正处在全球化和多元化的不同发展阶段。一方面 Tata 和 Votorantim 是主要的全球竞争者，Votorantim 最近并购了 Aracuz，创建了 Fibria，成为造纸和纸浆行业内的最大竞争者，Votorantim 集团的成员公司也是世界五大锌公司以及十大水泥生产商之一。2006 年，无线设备行业由西方企业所主导，但相当分散。到 2009 年，由于行业整合，西方竞争企业的数量不断减少。同期，从总收入的角度来看，华为技术有限公司从第八跃至第二，成为世界领先的设备供应商。同时中兴通讯股份有限公司从第九升至第五。华为和中兴确实享受了中国快速发展的通信市场所带来的主场优势，但是公司也在快速开拓海外市场。2002 年，华为 3/4 的销售来自于国内，而现在，3/4 来自于海外公司，在印度、美国和欧洲已经建立了研发中心。

六、全球经济治理维度：权力分散与治理架构

过去 40 年来，国际经济政策协调的正式机构是根据国际条约或协定成立的那些组织，例如国际货币基金组织、国际清算银行、经合组织、世贸组织（关贸总协定）、世界银行和各地区的开发银行。国际经济政策协调的非正式组织则包括各种集团①。由于经济权力集中在发达国家，世界经济中发达的"北方"对发展中的"南方"的领导和支配关系相对稳定，上述这些正式和非正式的政策协调机制成为与这一关系相对应的全球经济治理的主要机制。金融危机爆发后，国际货币基金组织、世界贸易组织和世界银行这三大第二次世界大战后成立的多边经济协调机构的缺陷和困境越加凸显，尤其是 IMF 未能有效预见和监管国际金融领域的失序与风险；WTO 多哈回合谈判难达成果，一些国家转向缔结双边或区域投资贸易协定，令全球经济治理中的分离思潮趋于上升②。在世界经济格局发生显著变化，经济强权遭遇严重削弱的背景下，经济治理权力的分散已日益明显，但仍呈现非对称结构。

2010 年，全球治理改革中取得的两项历史性突破更为开创多元治理新格局提供了有益的基础。4 月，世界银行投票权改革先行一步，其决策机构发展委员会表决同意发达国家向发展中国家转移 3.13 个百分点的投票权重，使发展中国家整体投票权重提高到 47.19%。10 月，G20 财长及央行行长会议就国际货币基金组织份额改革也达成一致，为了反映经济力的比重，成员国商定将到 2012 年前，把 6% 以上的配额转移给新兴经济体和发展中国家，欧盟向发展中国家转让两个董事会席位；到 2013 年 1 月前，IMF 监管改革必须平衡配额和新资源，使新兴经济体在 IMF 中拥有更多的话语权。

---

① 10 国集团是在 1962 年形成的主要工业化国家的集团，约在那时，国际货币基金组织与这些国家签订了《借款总安排》(General Arrangements to Borrow)，现在它有 11 个成员国，而且从一开始就包括日本；在 1974 年形成的 5 国集团，它是10 国集团的子集，成员为美国、日本、英国、法国和德国，不包括加拿大、比利时、意大利、荷兰、瑞典和瑞士；7 国集团，包括加拿大和意大利，不包括比利时、荷兰、瑞典和瑞士。

② 参见 [英] 奈瑞·伍茨：《全球经济治理：强化多边制度》，《世界经济导刊》2009年第 3 期，第 11—24 页。

由工业化国家俱乐部——七国集团演变而来的八国集团①已越来越意识到加强与其他国家、国家集团或机构，尤其是南方国家对话的必要性。自 2003 年的峰会起邀请中国、印度和巴西、南非、墨西哥等发展中国家参加非正式对话。2007 年在德国举行的八国首脑会议上，德国总理默克尔还曾提出要把八国和五国之间的对话机制固定下来，形成一个"G8＋5 集团"。诞生于 1999 年的 20 国集团（G20）在危机后从财长及央行行长级对话提升为元首级高峰会议水平，从某种意义上体现了在现行的多边规范和制度似乎难以强有力地承受全球经济向多极化过渡的制度需求时，对应于经济权力多极化而生的治理权多极化分散，以便在权力中心之间管理好全球一体化所面临挑战的一种尝试。新兴经济体机制不断涌现提供了另一种可能，"金砖四国"自 2009 年金融危机期间在莫斯科首开峰会，迅速形成会议机制，2010 年的峰会已在巴西利亚如期举行，2011 年的北京峰会也已确定。危机以来，"金砖四国"还多次举行四国财长会议，协调立场、表达诉求、对抗欧美；在 IMF 与世界银行的改革、发展中国家在 IMF 投票权、金融领域的监督与管理等各方面，共同发出一致的声音。随着新兴经济体在世界经济格局中的地位上升，以新兴经济体为核心的对话与磋商机制的扩展与延伸，类似 Bric②＋X 或 Basic③＋X 平台也可能成为新的多边对话模式，从而使南北对话的渠道更趋多样化和多层化。

第二节　危机后中国国际经济地位的上升

如果说加入世贸组织是中国全面融入世界经济体系，"成为全球化经

---

① 七国集团并不具备法人资格，也没有常设秘书处。因此，并不会与联合国、世贸组织或其他国际金融机构产生竞争关系，但却是协调各国对国际政治和经济问题的看法、立场，甚至政策的重要机制。

② 即基础四国，是由巴西、南非、印度和中国四国在气候变化问题上形成的临时磋商机制。

③ 即金砖四国，巴西、俄罗斯、印度、中国。

济一部分"的开端的话，应对 2008 年全球金融危机冲击后的率先复苏则是中国在世界经济格局变动中"成为世界经济新中心"的历史性跨越。从大三角时代的第四引擎，到中美双引擎，再到 2008 年的中国引擎，单纯由西方主导的全球化宣告结束，中国的国际经济地位快速上升。从总产值、贸易额到外汇储备，中国不仅在规模意义上的国际经济排名一再跃升，而且从制造升级、跨国并购到全球投资，中国对当今国际分工结构和世界经济运行方式的功能性影响也日益加强。

一、中国作为世界经济增长极的地位和作用显著上升

金融危机后，中国国际经济地位显著上升的一大标志是经济总规模的上升及其对世界经济增长的贡献加大。表 1—10 显示了中国自 1980 年以来经济总量的变化情况。2009 年，中国内地国内生产总值为 49092 亿美元，日本为 50675 亿美元，中国比日本少 1583 亿美元。2010 年第二季度中国大陆国内生产总值达 13300 亿美元，日本为 12800 亿美元，首超日本 500 亿美元；2010 年年底中国 GDP 总值为 58780 亿美元，日本为 54590 亿美元，

表 1—10 1980—2010 年中国经济总量、世界占比及世界位次

	1980	1990	2000	2005	2006	2007	2008	2009	2010
GDP (亿美元)	3015	3569	11985	22571	25879	35055	45328	49847	58786
世界占比	1.7	1.6	3.8	4.98	5.47	6.2	7.1	8.6	9.3
世界位次	11	11	6	4	4	4	3	3	2

数据来源：作者根据世界银行数据库、国际货币基金组织数据库、中国国家统计局统计年鉴及报告等数据整理。

中国由此跃升为全球第二大经济体。在所有新兴市场和发展中国家的经济权重中，中国占 1/4 强（基于购买力平价），在世界生产总值中，中国占 1/8。近几年中国经济的快速增长占世界实际生产总值增长的 1/4 强。相对 2010 年的 10%，中国经济在最近的增长速度有所放缓，但 2011 年依然实现了高于 9% 的增长率。

这一增长趋势甚至引发了国内外对中国在何时能超越美国，成为世

界经济第一大国的竞相预测。如国际货币基金组织 2011 年 5 月的官方预测认为，按照购买力平价法，预计中国经济将在 2016 年超过美国，届时中国的 GDP 将由 2011 年的 11.2 万亿美元升至 19 万亿美元，而美国的 GDP 将由 2011 年的 15.2 万亿美元增至 18.8 万亿美元。届时美国经济占全球生产总值的比重将降至 17.7%，而中国所占比重将升至 18%。2011 年 IMF 预测中国以购买力平价折算的 GDP 为 10.1 万亿美元，而美国为 14.6 万亿美元。假定美国以年均 3.5% 的速度增长，而中国以 8% 增长，推算 2019 年，中国超过美国。尽管那时人均 GDP 仍比美国小得多，但以总产出衡量一国经济实力要更为精确。而进出口、国外投资和对外经济援助之类的经济实力衡量因素都依赖于该国的总产出。英国《经济学人》杂志社在进行更为广泛的分析后发现，事实上，在 21 个不同的测评指标中，中国已经有超过半数的指标赶上了美国，包括制造业产值、出口、固定投资等。

就经济增长的贡献度而言，IMF 数据显示，2005—2010 年全世界用现价美元衡量 GDP 年均增长 6.68 个百分点，中国贡献其中 1.61 个百分点，贡献率为 24%，在世界各经济体中名列第一。IMF 预测 2011—2015 年世界美元 GDP 增长 6.58 个百分点。假如中国用美元衡量 GDP 年增长率比过去五年实际均值每年持续递减一个百分点，中国将平均每年对全球增长贡献 2.44 个百分点，贡献率将上升到 37% 左右。这个预测贡献率高过 IMF 预测的美国、欧元区、日本贡献率总和。①

二、国际贸易地位的上升趋势：从世界工厂向世界市场的转变

金融危机后，在全球贸易急剧萎缩，发达国家保护主义有所加强的背景下，中国国际贸易地位的上升不仅表现为中国对外贸易规模的扩大，即按进出口额统计的世界排名不断攀升，更重要的是随着作为世界工厂的贸易出口地位与作为世界市场提供者的进口地位同步上升，使得中国兼具世界工厂和世界市场双重特征的贸易大国地位更为巩固。危机爆发以来的

---

① EIU，DataServices 等机构的"经济学家信息部"估计，美国和中国的商品出口分别为 11900 亿美元和 12250 亿美元。

4 年中，中国进出口总额从 2007 年的 21738 亿美元增至 2010 年的 38046 亿美元，增长了 75%；中国在世界进出口总额中所占的比重从 2006 年的 7.2% 提高到 2010 年的 19.73%；如表 1—11 所示，从进出口额看，中国已成为世界第一大出口国和第二大进口国。2011 年上半年，中国进出口总值 17036.7 亿美元，同比增长 25.8%。其中出口 8743 亿美元，增长 24%；进口 8293.7 亿美元，增长 27.6%。累计顺差 449.3 亿美元。机电产品进出口额占外贸一半。2010 年中国服务贸易进出口总额为 3624 亿美元（占外贸总额的 10.9%），比十五末期翻了一番。中国服务出口和进口世界排名提升至世界第四和第三位，均比上年上升一位。

表 1—11　1980—2010 年中国进出口额以及居世界位次

	1980	1990	2000	2005	2006	2007	2008	2009	2010
外贸出口额（亿美元）	181.2	620.9	2492	8369	10617	13422	15817	13333	29740
居世界位次	28	14	7	3	3	2	2	1	1
外贸进口额（亿美元）	200.2	533.5	2250.9	7121	8528	10347	13238	11132	13962
居世界位次	22	17	9	3	3	3	3	2	2

数据来源：世界贸易组织数据库、中国国家统计局统计年鉴及报告。

但更为重要的是，危机后中国作为世界贸易枢纽作用的增强。2009—2010 年间，中国先后取代美国成为印度、巴西、澳大利亚、日本等国的第一大贸易伙伴。其原因是以中国市场为中心的全球贸易显著增长。

三、国际金融地位的上升趋势：金融资产大幅提升与人民币开启国际化进程

长期以来中国的国际金融和货币地位与中国的国际经济和贸易地位极不相称。危机后，与西方银行系统的范围和规模萎缩，趋向于一个更小、更安全的金融服务业形成巨大反差的是，中国不仅经历了海外金融资产规模的增长，而且加快了金融业国际化的步伐，诸如并购国外银行、增设海外分支机构、扩大发售债券和正式启动人民币国际化进程，成为

金融危机后中国国际金融地位上升的重要标志和中国提升国际经济影响力的重要杠杆。

据国家外汇管理局 2011 年 5 月 31 日公布的《2010 年末中国国际投资头寸表》显示，我国对外金融资产从 2004 年年末的 9299 亿美元上升到 2010 年年末的 41260 亿美元，增幅 344%，年均增长 28.2%；同期，对外金融净资产从 2928 亿美元上升到 17907 亿美元，增长 512%，年均增长 35.2%，而至 2011 年 6 月末，我国对外净资产进一步上升至近 2 万亿美元。2010 年年末，我国官方储备资产达 29142 亿美元，其中外汇储备 28473 亿美元，2011 年 6 月外汇储备余额进一步上升达 31975 亿美元，占对外金融资产的 69%。危机后，中国银行业金融机构利用国际银行业格局调整的契机，稳步推进"走出去"战略，在境外机构设置、投资入股外国银行均取得较快进展。中资银行业金融机构在亚洲、欧洲、美洲、非洲和大洋洲共设有 97 家一级境外营业性机构，收购或参股了 16 家境外机构。其中工商银行更是在一年半的时间内，分别进入了全球 12 个国家和地区。包括以收购方式进入加拿大、泰国和美国 3 个国家；以申设分行的方式进入罗马尼亚、越南、阿布扎比、巴基斯坦、法国巴黎、比利时布鲁塞尔、荷兰阿姆斯特丹、意大利米兰和西班牙马德里等，共 9 个国家和地区。而危机前的 1993 年至 2003 年间，工行仅完成了 10 项境外股权收购与申设分行。

从入选英国《银行家》杂志全球千家银行的数量来看，来自中国的银行从 1989 年的只有 8 家上榜增加到 2009 年的 52 家，再激增至 2010 年的 84 家，20 年间增加了近 10 倍。从资本回报率来看，2008 年进入全球千家大银行排名的中国银行业资本回报率为 24.38%，远高于全球千家银行平均资本回报率 21.69 个百分点。中国进入千家大银行排名的银行的税前利润为 845 亿美元，排在全球第一位；5 家中国银行进入全球千家大银行税前利润 25 强，并有 3 家银行进入全球前 5 位，由此也带动了全球银行业盈利向亚洲转移。

危机后启动的人民币国际化进程更值得关注。以 2009 年 4 月 8 日，国务院决定在上海市与广东省的广州、深圳、珠海、东莞 4 个城市先行开展跨境贸易人民币结算试点为起点，至 2012 年 3 月，国务院六部委多次发文，令跨境贸易人民币结算境内地域范围已扩大至全国；不再限制境外地域；业务范围扩展到货物贸易之外的其他经常项目结算；出口贸易人民币结算全面放开，所有进出口企业均可参加。如图1—1所示，人民币跨境贸易结算额由2009年下半年的36亿元，攀升至2011年12月的约2万亿人民币（2011年第二季度的5973亿元）。人民币跨境贸易结算额占同期中国进出口总额的比重，由2009年下半年的0.04%，上升至2011年第二季度的10%。比2010年时的1%有大幅提高。德意志银行预测2012年用人民币结算的贸易额将达3.7万亿元，占比将进一步提高到15%。

（单位：10亿美元）　　　　　　　　　　　　　　　　　　　　　（单位：%）

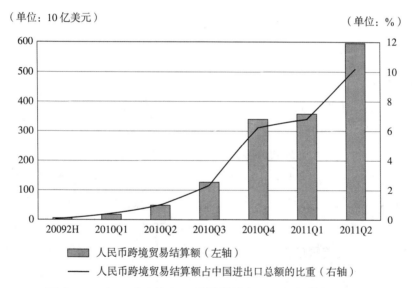

图1—1　人民币跨境贸易结算的增长：绝对规模与相对规模

　　人民币国际化还通过中央政府与若干国家政府签署人民币互换协议获得有效推进，目前总金额达8762亿元，主要集中在香港4000亿元、韩国3600亿元、新加坡1500亿元和印度尼西亚1000亿元。广度上已扩展至15个国家和地区，从与中国有密切经贸往来的东盟国家、与中国有领土接壤的蒙古、哈萨克斯坦，还有白俄罗斯、冰岛和阿根廷等国家。2011年年末在日本首相访华时签署的协议中，日本明确将购买人民币债券，两国将采取措施便利人民币与日元在贸易结算中的使用，以降低两国进出口商的汇率风险和交易成本。2012 年 4 月伦敦和巴黎分别组建了人民币离岸工作小组，开始了竞争人民币离岸中心的角逐。

尽管人民币成为真正意义上的国际货币还需经历诸多挑战，但人民币国际化进程本身已引发学界、金融业界和战略决策者众多关注。萨勃拉曼尼亚对 1900 年以来影响储备货币地位的三方面因素进行了全新的分析：认为 GDP、贸易和对外资本净输出规模这三大变量能解释过去 110 年间，主要货币的储备货币地位出现变化的 70% 原因，也就是说货币主导的决定因素与经济主导的决定因素很相关 [1]。伴随着中国金融市场的深化、自由化和国际化，推动人民币国际化的战略和策略举动都将成为强化中国金融全球影响力的有效手段。

四、国际投资地位的上升趋势：从引资大国向双向投资大国的转变

危机后，中国吸收外资虽受全球 FDI 景气周期影响，但对外投资却获得大幅提升，令中国从引资大国向双向投资大国转变。一方面，随着中国本土市场的发展，更多的跨国公司意识到中国同时作为其内销市场和出口平台的双重角色，大多对在华投资不减反增，与其在欧美市场撤资关厂的举动形成截然相反之势。联合国贸发大会的全球投资前景调查显示，危机以来，中国仍然是外国投资最佳目的地，2009—2011 年，最受跨国公司青睐的十大投资国依次为：中国、美国、印度、巴西、俄罗斯、英国、德国、澳大利亚、印度尼西亚和加拿大等 [2]。愿意把中国作为未来研发中心的跨国公司数量最多，中国已成为亚洲最为活跃的私募股权投资市场，并取代英国成为世界第二大风险投资目的国。

另一方面，中国作为对外投资大国的地位开始日益上升。根据国际货币基金组织最新排名，2010 年中国是世界上最大资本输出国，同时也是仅次于日本的世界最大对外净债权国，成为全球资本供应的新兴力量。以往中国对外债权大多表现为对美国债券的投资，截至 2008 年其数据已超

---

[1] Arvind Subramanian, Eclipse: "Living in the Shadow of China's Economic Dominance", IIE, 2011, pp.10-22.

[2] UNCTAD, World Investment Prospects Survey 2009—2011, p54.

过 1 万亿美元。危机后，中国非金融类对外直接投资快速增长。从 2007 年的 265 亿美元提升为 2010 年的 688 亿，比 2009 年增长 21.7%；同期，中国的世界对外直接投资国排名也从第 13 位升至第 5 位。图 1—2 显示了近年来中国的国际投资状况。

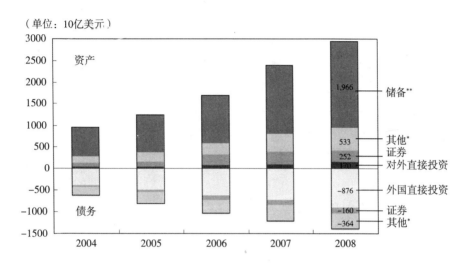

（单位：10亿美元）

图 1—2　2004—2008 年中国的国际投资状况

* 贸易信用、贷款和其他。

** 外汇储备、黄金、特别提款权和国际货币基金组织储备头寸。

资料来源：国家外汇管理局，"国际投资头寸表"，来自香港环亚经济数据有限公司。转引自 Daniel Rosen and Thilo Hanemann, China's Changing Outbound Foreign Direct Investment Profile: Drivers and Policy Implications, Policy Brief, June 2009, Peterson Institute for Inernational Economics。

五、国际生产地位的上升趋势：从加工制造到创新制造的转变

中国在国际生产体系中的地位上升表现在多个方面：其一是中国作为世界制造业大国的地位上升。根据美国环球通视（HIS）有限公司公布的研究显示，2010 年中国在世界制造业产出的占比达到 19.8%，略高于美国的 19.4%。按产出计算，中国已经打破美国连续 110 年保持的世界头号制造大国的记录，跃升为世界头号生产大国。其二是中国在外资主导的全球生产分工网中的地位上升。从作为加工基地向作为制造基地，乃至于研究基地和功能性总部所在地的角色变化。跨国公司增加在中国

的研发活动客观上提升了中国从加工基地向技术创新基地转移的速度和水平。尤其是中国市场的庞大需求正引导出立足中国国内，而服务于亚太区域，甚至是全球性的创新，令应用创新的原发地可能从发达国家转移到中国，这一趋势将对中国的创新发展产生更大的技术溢出与扩散效应。特别是在本地创新活动相对活跃的信息、通讯等高技术领域，引进具有技术领先优势的跨国公司，与其合资合作或为其配套生产仍然是当前吸收先进技术、推动相关领域互补性技术突破的重要途径。其三是中国主导的国际化生产规模的提升。图1—3，图1—4所示，伴随着危机后中国企业加速对海外生产实体的跨国并购（诸如三一重工完成对世界混凝土第一品牌"大象"的德国普茨曼斯特100%股权的收购，中联重科以16亿元收购全球排名第三的混凝土机械企业——意大利CIFA公司）中国企业的国际化进入到生产扩张阶段，显示出对全球资源的配置功能和对全球价值链的布局态势。

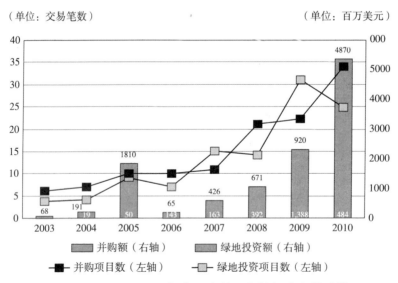

图1—3　2003—2010年中国在美国绿地投资和并购情况

数据来源：Daniel H. Rosen, Thilo Hanemann: "An American Open Door? Maximizing the Benefits of Chinese Foreign Direct investment", Research Report, pp.9-12, May.29, 2011。

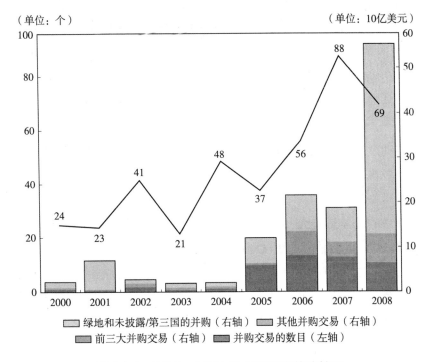

（单位：个）　　　　　　　　　　　　　　　　　　　　　（单位：10亿美元）

图1—4　2000—2008年中国跨国并购情况

　　注：2008年直接并购的比重异常低是因为一些重大交易通过特殊媒介实施的。这里的并购样本只包括股份超过10%、已完成、直接的跨国交易；并购交易量只包括披露价值的交易。

数据来源：作者根据汤姆森金融数据库、国家外汇管理局的"国际收支平衡表"整理。

六、国际经济治理地位的上升趋势：从政策协调到多边合作

　　危机后中国在全球经济治理中的地位上升主要表现在三个方面：第一个方面是作为国际经济政策协调者的角色提升，从2008年9月15日，雷曼兄弟公司申请破产将美国次贷危机引向全球金融危机起，中国便积极参与到全球共同应对危机的政策协调、磋商和合作之中。2008年11月14—15日，胡锦涛总书记出席20国集团领导人的华盛顿聚会，并签署共同宣言。此后，中国不仅与西方金融当局保持一致的宽松货币政策（即使在通胀高企年份，仍保持低利率）以舒缓全球信贷紧缩，而且与多边金融监管机构共同合作，以维护全球金融稳定，承诺对美国、欧洲债务危机的拯救。第二个方面则携手以金砖国家为代表的新兴经济体，在全球经

济治理多元化方向上寻求突破。比如在 G20 平台上，中国、印度、巴西等新兴经济体成为全球治理结构中的平等主体，而不只是被动的参与者；在 IMF 改革中，积极倡导国际货币体系改革、积极争取增加发展中国家的应有份额；倡导 WTO 框架下的自由贸易体制建设。第三个方面是积极促进金砖国家全球经济治理机制的形成。金砖国家的概念虽产生于一个投资概念①，但如今已具有更为丰富的政治和经济意义。利益协调、经济合作和推动全球经济治理体系的改革等领域机制的发展。首次金砖峰会举行于金融危机肆虐的 2009 年，为扩大互利共赢和共同应对危机开创了新的高层对话和合作机制，此后四国间贸易投资交往大幅增长，令其在国际经济格局中的整体影响大大提高。2010 年的第二次峰会进一步完善了相关配套的论坛，其合作议题更从财政和金融向农业、能源等领域拓展。2011 年在三亚举行的金砖峰会，因南非的加入，使得金砖机制的国际影响更为扩展，会议上签署的《金砖国家银行合作机制金融合作框架协议》力推金砖国家间的货币合作和本币结算，是对现行国际货币体系改革的一种推动。

46

第三节　中国开放型经济发展面临的新问题、新挑战

　　金融危机后，中国的国际经济地位获得前所未有的快速提升，但是受政府计划刺激而起的投资高潮，以及对出口部门的强力救助也使得中国国际经济地位上升中的结构性缺陷愈发显露。特别是由于中国在世界经济中的地位并非是统一的，中国国际经济地位中的二元化结构使得世人担忧由于国家富裕与个人富裕间的联系正被打破（并非同步），中国地位的上升

---

① 2001 年高盛投资集团经济学家吉姆·奥尼尔首次提出由巴西、俄罗斯、印度和中国组成的金砖四国（BRICs），其共同特点是处于发展中的经济快速增长、收入较高和增长潜力较大的经济体，具有长期投资价值。2010 年 12 月，随着南非的加入，金砖四国概念已由金砖国家概念取代。

将改变超级大国的定义①。一个并不富裕的世界第二大经济体出现后将对世界产生怎样的影响引发了对中国经济影响力的战略性压制，针对中国商品、企业和投资的保护性态势日益上升，令中国国际经济战略部署和开放型经济的长远发展面临一系列新问题和新挑战。

一、中国国际经济地位上升中的二元化现象

中国国际经济地位的二元化结构既表现为数量意义上的二元反差，也表现为效率和功能意义上的二元背离。

1.经济总量排名与人均排名的显著差异

数量意义上二元背离的最突出标志即是中国经济总规模世界排名与人均经济量排名的巨大落差。表1—12显示，2009年中国国内生产总值世界排名第3，但人均总值却排在第86位，2010年甚至退后至第95位。中国2011年全年国内生产总值（GDP）471564亿元，比上年增长9.2%。以公报中的2011年年末全国大陆总人口134735万人计算，人均GDP约为35000元。爱尔兰国民银行曾经按人均吸引国际直接投资水平对全球引资大国进行排名，中国仅排在第19位。与吸引FDI总规模排名也存在显著差异。

表1—12　各国经济总量及人均水平

国　别	经济总量位次		人均 GDP 位次	
	2009	2010（预测）	2009	2010（预测）
美　国	1	1	10	9
日　本	2	3	19	17
中　国	3	2	86	95
德　国	4	4	18	19
法　国	5	5	17	18
英　国	6	6	23	21
意大利	7	7	24	22

---

① 吉迪恩·拉赫曼：《当中国成为世界第一》，《金融时报》每日经济新闻2011年6月9日。

国　别	经济总量位次		人均 GDP 位次	
	2009	2010（预测）	2009	2010（预测）
巴　西	8	8	50	55
西班牙	9	12	25	25
加拿大	10	9	20	11

资料来源：作者根据世界银行（2009 年数据）、国际货币基金组织（2010 年数据）整理。

2. 经济总量提升与国民收入提高间的显著差异

数量意义上国际地位二元化的另一表现即是中国经济总量地位与国民收入地位的巨大反差。表 1—13 显示，改革开放三十多年来，中国人均国民收入的世界绝对排名和相对排名虽均有上升，绝对排名从第 175 位提升到第 127 位，相对排名从倒数第 13 位上升为接近中等位置，但与三十多年来我国经济总量从世界第 60 位升至目前的第 2 位，则反差惊人。以当前汇率计算，美国人均财富约是中国的 10 倍、日本是 5 倍。

表 1—13　中国人均国民收入居世界的位次

时　间	1978	1980	1990	2000	2006	2007	2008
位　次	175	177	178	141	129	132	127
排序国总数	188	188	200	207	209	209	210

资料来源：作者根据联合国 FAO 数据库；联合国统计数据库；世界银行 WDI 数据库；国际货币基金组织数据库；联合国开发计划署《人文发展报告》2009/2010 年整理。

3. 贸易规模扩大与贸易收益有限之间的巨大反差

中国对外贸易的总量巨大、顺差居高，但外资企业——对贸易额贡献超过 50%；没有定价权或定价权较弱的企业超过 6 成。加工贸易品约占进出口总额 50% 左右；大宗商品占进口总额的近 40%。中国出口的国内附加值比重增长相对缓慢，这反映出内地制造企业技术实力提升的水平有限，贸易品不仅对进口零部件依赖严重，中国企业仍然缺少核心技术和全球品牌，以及快速有效的全球营销网络。

4. 生产规模扩大与生产效率提高间的显著差异

中国制造规模全球第一，但制造效率——劳动生产率低下；创新能力低下。美国制造业工人为 1150 万，中国为 10000 万。且中国制造能耗高企。根据 2010 年国际能源署 IEA 发布的《世界能源展望 2010》，中国 2009 年以消费 22.65 亿吨标准油超过美国成为世界第一大能源消费国。另据 2011 年英国石油公司 BP 发布的《BP 世界能源统计 2011》的数据显示，中国 2010 年以 24.32 亿吨标准油超过美国，成为世界第一大能源消费国。

5. 外汇储备过剩增长与国际投资低下收益间的显著差异

由于中国庞大的外汇储备中包含着在华跨国公司的利润留存，使得中国外汇储备激增中呈现出高负债特征。而且，由于中国外汇储备中约 60%—70% 投资于美国国债，相对于美国跨国公司在中国投资所获的高回报率，中国外汇资产呈现出低收益特征。2008 年美国在华跨国公司的投资回报率是 33%，一般跨国公司的回报率为 22%，而中国外汇储备购买美国国债的平均收益仅在 3%—4%。作为国际债权大国的中国陷入了"斯蒂格利茨怪圈"①。

6. 国际债权地位和国际货币地位的显著差异

图 1—5 显示了中国在全球经济、贸易和资本流动中的份额，外汇储备额高达 28%，人口占比 20%，经济总产值和贸易进出口均达到 8% 左右，但中国的货币仍不可自由兑换，因此，中国无法以其自身货币进行国际放贷，人民币只在周边经济体存在有限规模的流通，人民币在金融交易及官方使用（比如外汇储备、官方干预货币和钉住货币）等领域几乎还是一片空白。中国在对外贸易和投资中仍主要使用外币结算，从而不得不继续暴露在外币汇率波动风险之下，大量贸易顺差带来的是货币不匹配和储备资产贬值的风险。当然由于严格的外汇管制，从结构上看，中国的债权

---

① 是指一种失衡的国际资本循环方式，即一些新兴市场国家将本国企业的贸易盈余转变成官方外汇储备，并通过购买收益率很低的美国国债（收益率 3%—4%）回流美国资本市场；而美国在贸易逆差的情况下，大规模接受这些"商品美元"，然后将这些"商品美元"投资在以亚洲为代表的高成长新兴市场，获取高额回报（收益率 10%—15%），这一现象反映的是美元霸权对新兴市场经济体的红利剥夺。

国地位仍然是防御性的，对外债权主要以官方储备资产和官方贷款为主要形式，而不是主动性的以私人对外投资，包括私人企业的对外直接投资、私人性质的证券投资和其他投资为主。

（单位：%）

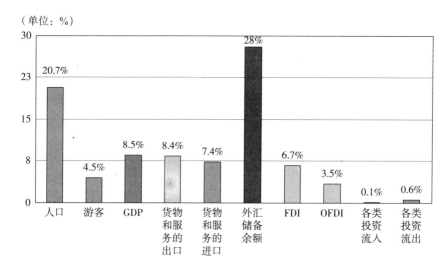

图1—5　2009年中国在全球经济中的份额

数据来源：Daniel H. Rosen, Thilo Hanemann: "An American Open Door? Maximizing the Benefits of Chinese Foreign Direct investment", Research Report, pp.9-12, May.29, 2011.

二、中国开放战略调整面临的多重挑战

中国正处在内外需结构和内外部关系多重调整相叠加的特殊时期，中国开放战略的目标、方式和动机都发生了变化，不仅面临调整进出口水平、平衡引进来与走出去关系等紧迫任务，更面临国际地位迅速上升后外部阻力陡然上升的诸多挑战。

1. 发达经济体衰退呈现长期化趋势，对中国提供全球市场平衡能力的要求和压力陡增，对中国的出口依赖型增长形成巨大挑战

自改革开放以来，我国的经济增长主要是由投资和出口拉动，这种经济增长方式对推动我国当时的经济发展起到了重要作用。但是，随着全球化的发展和我国经济的不断成长，原有的经济增长方式一方面使我国外贸依存度不断加深，另一方面也使我国经济越来越多地暴露在外部市场风险之中，与经济伙伴的贸易摩擦越来越多，受其他国家经济周期影响越来越

大，这使得我国的发展要付出越来越多的政治、经济、社会乃至生态成本。图1—6显示，在制造业贸易里，对所有主要市场来说，中国都是大型供应者，而且危机后与加入世贸组织时相比，增势明显。从2001年到2009年，中国在世界十大贸易国进口市场中所占比重增长1倍，而在一些最重要的世界市场里，中国目前占制造业进口总额的比重超过1/4。中国在日本制造业进口总额里的比重为35%，在欧盟约为30%，而在美国略大于25%。并且中国已经取代日本成为美国贸易的第一大逆差国。

（单位：%）

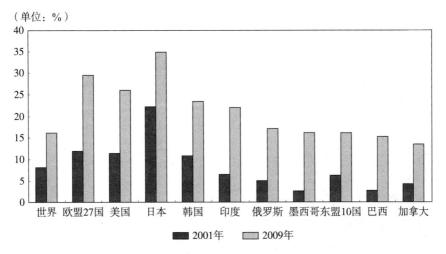

图1—6　2001年和2009年中国在十大进口国的工业品进口中所占的比重

注：排除了2个资源密集型制造业类别：矿物、燃料和石油（HS 27）；珍珠、宝石和贵金属（HS 71）。

数据来源：联合国商品贸易统计数据库（UNCOMTRADE），转引自萨勃拉曼尼亚：《中国与世界贸易系统》，彼德森国际经济研究所，工作论文，2010年第2期。

　　尽管危机后，出口占中国国内生产总值的比重已经从2007年的35%降至2010年的27%，但以一个经济总量庞大的国家衡量，仍然很高。对美国、欧盟出口占GDP的比重已较2007年的13%有所下降，但仍有10%。更重要的是填补出口回落在GDP中所留缺口的，不是国内消费的可持续增长，而是投资的增加。尽管消费一直在持续快速增长，比如2010年零售额在扣除物价上涨因素后增长了15%。但家庭消费起点低，而投资增速比消费还要快，所以消费在GDP中的比重已经从2007年的35%下降到 2010 年的 33%。相比之下，由于 2009 年基础设施支出、2010 年和 2011 年房地产建设惊人提速，投资对 GDP 的贡献已从 2007 年的 39% 增至 2010 年的 46%。由此，遏制中国出口增长的国际阻力日益高涨，从贸易领域的反倾销、反补贴、反政府采购调查到货币领域的汇率纷争，再到投资领域要求中国开放服务业市场，外部压力正向各个领域渗透。

2. 中国产业升级战略与欧美国家回归实体战略形成正面交锋，中国产业结构调整遭遇外部阻力

三十多年前，开放的中国为自由化浪潮下的全球资本和产业转移提供了巨大的承接空间。如今的中国正致力于从一个在国内集聚全球要素，以出口低端产品为导向的经济体转变为一个具有在世界范围配置全球要素，向中高端产品制造升级的经济体，需要面对仍处在危机阴影下的产业创新与突破的不利环境。

金融危机后，已经进入服务经济时代的发达国家提出"再工业化"方案，力求扭转经济虚拟化超常发展后经济失衡的局面，并重建竞争优势，各国对产业、能源、技术、贸易等政策进行重大调整，还相继出台了产业创新和战略性领域的投资计划。如美国为修正过去 10 年里美国国内对工厂和设备的私人投资下降到不足国内生产总值的 10%，出台"新产业革命战略"；日本为结束"失去的 10 年"，出台未来经济发展的"新增长战略"，发展方向为环保型汽车、电力汽车、低碳排放、医疗与护理、文化旅游业、太阳能发电等；欧盟决定，在 2013 年之前将投资 1050 亿欧元用于"绿色经济"的发展，为经济增长带来新动力。2008 年 11 月 23 日法国总统宣布建立 200 亿欧元的"战略投资基金"，主要用于对能源、汽车、航空和防务等战略企业的投资与入股。但依托于生物技术、通信和互联网技术以及新能源新材料技术的战略性新兴产业，也正是后发国家力求把握局势，抢占产业先机，以改变国家竞争力位次的重大契机，因此，我国以战略性新兴产业为突破口的技术创新和产业升级将与发达国家和其他新兴经济体展开争夺资金、争夺技术和争夺市场的正面交锋。

与此同时，我国产业结构优化中的服务业发展正遭遇具有竞争优势的发达国家在国际上制定高标准开放协定的压力。以美国为首的发达国家为了扩张其擅长生产的教育、娱乐、由信息技术驱动的产品和服务的全球份

额，意在推进多边服务贸易协定谈判，以构建其全球竞争优势。随着城市化和中产阶层人数的增加，在附加值更高的医疗、金融、信息技术和保险业等大多数服务业中，中国国内的发展才刚开始腾飞，仍面临改进人力资源、完善流程和产品知识、创建品牌等诸多挑战。来自国际社会的体制压力，无疑将不利于国内服务业的成长。

3. 中国对外直接投资进入快速成长期，国有背景与政治动机被强化处理，企业弱势日益外化

金融危机后，中国的对外直接投资和跨国并购获得了长足的发展，在投资额和地区分布上已经达到了显著的水平。当然，与美国、日本等对外投资大国比，中国对外直接投资在全球对外直接投资中的比重还不高。见图1—7。截至2010年年底，中国内地对外直接投资累计达3172亿美元，

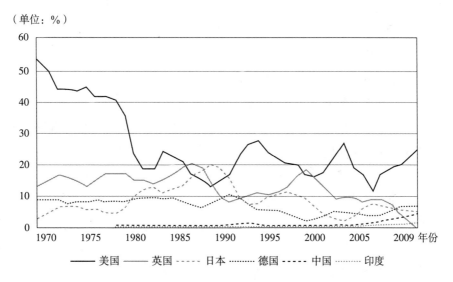

图1—7 1982—2009年中国在全球OFDI中的份额

资料来源：Daniel H. Rosen, Thilo Hanemann, "An American Open Door？ Maximizing the Benefits of Chinese Foreign Direct investment", Research Report, p.22, May.29, 2011.

而全球对外直接投资存量为20.4万亿美元；2010年，全球对外直接投资流量为1.24万亿美元，而中国内地对外直接投资流量仅为688亿美元。一些西方学者却已将它同20世纪60—70年代美国买下世界、80—90年

代日本买下美国相提并论[①]。

但中国对外直接投资在多个层面上遭遇不利因素的影响。

第一，是东道国的投资审查。危机后一些发达国家的贸易保护进一步向投资保护扩散，对资源领域和大型并购活动的外资审查制度趋于收紧，投资规则并不非常透明，审查程序因国内利益集团而政治化，针对中国国企的审查与抵制尤为严重。而且审查关注的重点出现了从传统的国家安全问题（如投资于自然资源和关键的基础设施）向新的领域（如最重要的是高技术资产的收购）的扩散转移。近期中国企业在美国的并购活动频频遇挫，包括华为、鞍钢、曹妃甸投资、西色国际投资对美国企业开展的投资或并购案等，受阻的主要原因就在于美国政府审核机制对国有背景的中国企业歧视性的国家安全审查。1990—2011 年，共有 14 家中国企业的投资并购受到美国外国投资委员会（CFIUS）的审查，其中只有 3 家企业顺利完成并购。德国政府认为不能简单将国有背景的主权财富基金（SWFs）的投资视为普通私人投资，必须采取法律措施，限制特定条件下的特定并购案，确保能源、通讯、邮政、银行等核心产业不被外国收购。中国在澳大利亚采矿部门的兼并同样引发激烈的争辩和阻挠。

第二，是金融危机带来的一些国家和地区的社会动荡，使得我国对外直接投资的政治风险增加，而经济民族主义更可能使得正常的市场交易充满变数。

第三，虽然许多中国企业拥有走向海外的资金，但并不拥有在海外长期投资所需的经营技能。诸如确定商业策略、管理资产交易、遵守海外市场的监管要求等能力。在美国和欧洲大部分地方的多文化的劳动力大军往往放大了中国海外投资高层经理感到的文化冲击，作为投资者必须拥有当地市场知识，遵从不同的监管标准，适应新的法律环境，管理外派人员和外国职员，与有组织的劳工和在中国并不存在的其他利益攸关者谈判，符合质量与安全标准，遵守税收和会计规则，有效控制外汇风险，而且拥有适当的沟通和公共关系的策略。

---

① Daniel H. Rosen and Thilo Hanemann: China's Changing Outbound Foreign Direct Investment Profile: Drivers and Policy Implications, Policy Brief PB09-14, Peterson Institute for International Economics, June 2009.

4.人民币国际化不仅受制于中国金融改革的现实进程，更遭遇欧债危机爆发后美元霸权再度被强化的外部挑战

国际货币地位的获得取决于三个基本要素，即经济规模、对货币的信心及金融市场的深度。危机后国际金融秩序重建为人民币国际化及其与人民币国际化地位相适应的国际金融中心的崛起提供了重要的机会之窗，但人民币国际化进程也将加大中国经济金融领域的开放型风险。欧债危机的爆发再度考验世人对国际货币多元化的信心，对增强人民币国际化的国际信任度产生不利影响。

5.多哈回合的缓慢进展使得双边和区域层面的经济一体化再度活跃，中国在新的地缘结构和区域合作中的关系定位，面临严峻考验

如果说改革开放以来，中国对外经济的主要任务是顺应经济全球化和区域一体化潮流，适应国际主流规则的话，危机后，在世界经济格局变动和多边体系建设处于停滞状态下，中国则面临着在碎片化的区域和多边制度格局中确立自身定位的挑战。在新一轮区域合作和谈判，特别是在与亚洲关系更为具体的非正式集团，包括10个国家组成的东盟，与《清迈倡议》有关的东盟加3（中国、韩国和日本）、东亚峰会或东盟+6（加上澳大利亚、印度和新西兰，2010年和2011年的会议包括俄罗斯和美国）、亚太经合组织论坛中，中国面临着究竟应参与哪些谈判、应以何种姿态和何种程度参与的问题。①

6.国际上要求一个崛起的中国承担责任的呼声日益高涨，而中国在全球管理体系中的作用仍然有限，甚至严重受制于多边体制下针对中国的特殊规则

尽管中国领导人在多个场合重申中国和平崛起与包容性发展的战略思路，但由于中国经济的巨大体量，尤其是中国出口的巨大体量使得世界对中国的崛起更多的是恐惧，而非认同。这种恐惧的迹象之一是工业化国家

---

① 地区经济融合可能包括许多目标。亚洲开发银行的报告（2008年，第16—17页）为集体行动确定了5个高度优先的领域：在卫生和其他领域里联合提供公共品、经济活动和政策的外溢效应的管理、地区计划的协调、超出全球协议范围的贸易和投资自由化、推动经济政策协调的完善。参见埃德温·杜鲁门：《亚洲的地区政策协调》，上海浦东美国研究中心，2012年3月。

尤其是发展中国家日益诉诸于对来自中国的进口商品实施应急保护的手段（见表1—14）。例如，发展中国家对中国的反倾销诉讼的比重（占其诉讼总量的比重）从2002年的19%上升为2009年的34%。对工业化国家来说，相应的数字分别是11%和27%。这种恐惧也使得针对中国经济体制的谴责和制裁议案（从操纵汇率、贸易补贴到政府采购）不断出笼，严重阻碍了国际组织的领导权向中国倾斜。

表1—14　中国历年遭遇贸易摩擦情况

年份	涉案国家数	案例数	涉案金额（亿美元）
2004	16	57	12.6
2005	18	63	21
2006	25	86	20.5
2007	20	81	36
2008	21	93	60
2009	—	116	127
2010	—	66	71.4

数据来源：杨益：《全球贸易摩擦研究报告2011》，中国商务出版社2011年版，第45页。

第四节　中国开放型经济发展战略升级的总体架构

危机后世界经济格局变动和中国国际经济地位的提升既赋予了中国在国际经济和金融协调决策中的更多参与权，也预示着我国开放战略进入到转型定位的新阶段。为了突破多重阻力，需要从国际责任上规划对外发展战略，需要将战略重心从20世纪90年代的融入世界既有体系，到加入世贸组织后谋求在既有体系中的发展升级，进一步提升为参与国际经济新秩序的重建和重构。

一、以全球共同利益为导向，保卫全球经济的开放系统

第二次世界大战后的世界经济秩序基本体现了以美国为首的发达国家

主导世界经济运行方式、规则体系和资源配置格局的特征。尽管早在20世纪60年代发展中国家已提出建立国际经济新秩序的想法，但基本是在现有秩序中争取更大权利的努力，并且多遭到以美国为首的发达国家的反对。80年代以后推动贸易自由化、金融国际化和生产一体化的制度安排本质上是一种发达市场体制先导的安排，发展中国家在世界经济秩序中的被动和不利地位不仅未能被扭转，甚至更为强化。

立足于变化了的世界经济大局，对现有国际经济秩序的改革可能从全新的意义上提出，目标不仅是在既有体制中转移权利或调整失衡关系，更重要的是在认识到不同发展阶段的各国优先目标差异的基础上，确立世界经济可持续发展的新议题和新秩序，谋求世界各国更平等的发展权利和更对称的利益分配关系。比如对于金融自由化的利益与风险不对称外溢，除了救助机制，还应当建立起责任机制和风险基金；为了摆脱美元独霸对全球经济均衡发展的不利影响，需要建立一种超主权货币或成立一个新的全球储备系统；为了纠正由分工深化内生的全球经济失衡，需要建立贸易、投资与金融一体化的治理体系，避免将贸易、投资与金融分开论述，贸易政策、投资政策和金融政策割裂设计的局面；为了应对气候暖化、生态恶化、海洋资源枯竭和传染病等关系全人类生存与发展的共同问题，需要包括资金、技术、人力资源等的更广泛合作及转移。

中国应以共同利益论取代国家利益论，倡导建立全球经济新秩序，积极参与甚至启动各层面的诸边、多边和地区性自由贸易与投资谈判，致力于保卫全球经济的开放系统。探索扩大中国参与全球多边治理新机制的有效渠道和有效平台。积极参与下一轮贸易与投资自由化谈判，为包括中国在内的发展中经济体争取利益，而不是经济自利、抱着搅局的心态；需要以可持续发展为导向，通过多元方式推进全球利益分享格局和开放合作机制的建设。表1—15显示了各国在新旧秩序下参与全球治理的不同价值观。

表1—15　参与全球治理的价值观

旧秩序	新秩序
国家主义：主权 国家利益 单边主义 强辩	全球社会：相互依赖 共同利益 互惠 尊重
国家权力政治：竞争集团 固定联盟 强权 硬实力	新多边主义：全球利益分享 多边合作 谈判 软实力
国民财富经济：经济自利 （保护） 竞争原则（公平竞争） 市场经济	全球财富经济：开放 合作 协调
平台与架构：单边推进 发达主导	多元共进 发展主导

资料来源：作者自行整理。

1. 扩大双向开放，构造多方位、多层次的经济合作空间

过去三十多年，以融入全球化、嵌入全球价值链为导向的开放战略，使得我国经济国际化呈现单向国际化的典型特征，即对外部市场和外部资本的依赖超乎正常的发展所需。过分依赖外部市场的需求不仅会导致短期经济运行缺乏效率，更会引起长期投资结构的不均衡，从而既妨碍我国资源在短期内的最优使用，又影响我国长期经济增长的持续性和稳定性。在储蓄和外汇"双缺口"已经被"双过剩"取代的现阶段，中国能够为世界提供多大的市场成为世界关注的焦点，亚洲等出口导向型经济体严重依赖于中国的市场创造能力，世界经济再平衡也需要中国内需市场。显然，中国开放战略的目标追求应从力求更多吸收外来投资和促进出口调整到以资本双向流动破解失衡困局，切实利用国内外两个市场、两种资源的有效整合，通过提供资金、提供市场、提供就业，发挥中国在全球经济再平衡中的角色。

2. 纠正进出失衡，培育内需导向式的发展格局

出口导向战略下，许多产业脱胎于"飞地型"制造，即许多企业产生

于加工贸易，而非由内生需求所孕育。内需，特别是消费需求或者被严重忽视或者未能获得有效开发。为纠正国内经济中进出口失衡、资本流入与流出失衡，我国的宏观经济政策需做多方面调整：

其一是资本流动政策应加速向均衡出入方向调整，不仅放弃对外资流入的激励政策，而且应大力放松和鼓励对外投资。特别是危机后欧美经济恢复迟缓和就业压力提高为我国产业资本进入海外成熟市场提供了机遇，可以并购或联盟当地企业，也可以直接设立分支机构。在发达市场的并购不仅是改变中国企业技术实力的快速途径，通过并购分销渠道或国际化品牌，将该品牌的生产制造环节移至国内，即反向 OEM，更是合理配置资源（国外的品牌、渠道资源与国内的制造资源），跨国界布局价值链（高端增值环节在国外，低端增值环节在国内）的有效途径。

其二是税收政策的调整，为了支持向内需导向型增长模式的转型，不仅应放弃出口退税，而且应鼓励有助于我国技术创新和产业升级的高端技术和设备进口。不仅应加大对出口导向型生产向内需导向型生产的财税扶持力度，降低企业转型的成本，更要从税收体制上进行改革。比如将增值税机制从目前的目的地基础改为来源地基础，从而让进口免税而出口征税①。

其三是金融政策的调整，加大对外需转内需、科技创新和走出去等各类企业的金融支持力度，包括融资支持、财务咨询和金融中介服务。

3. 纠正对外经济的地域失衡、拓展南南经贸合作

深入发展南南经贸合作将对中国经济的可持续发展具有战略意义。以往中国对外经贸关系多以美、欧、日市场为主要目标市场，由于中国对美国和欧盟的贸易顺差逐年增长，不仅招致美欧贸易保护主义打击，在美欧经济急剧萎缩时，也难以扩展。为此，必须推进贸易市场多元化，特别是通过开拓亚洲、南美、中东和非洲等新兴市场，减少对美欧发达市场的依赖。要积极推进与新兴经济体之间的双边和地区自由贸易区建设，主动与新兴经济体发起双边自由贸易协定谈判和推动地区贸易自由化进程，促进

---

① 加拿大学者测算了如果中、美、德等国均采用这一制度，则不仅能大幅度降低中国的贸易失衡度，而且能增进整个世界的福祉。参见 John Whalley：《"巧用"税收实现全球贸易再平衡》，《21 世纪经济报道》2012 年 4 月 30 日。

共享南南贸易发展的成果。

同时把握新兴市场崛起契机，推进向这些"未来市场"的战略性投资。历史经验表明，发展中国家对外直接投资的优势之一是向经济水平接近、技术适用接近，乃至技术下游国家的投资。新兴市场的经济水平相对落后，有利于我国成熟的加工制造企业的生产能力外移；新兴市场的发展潜能提供了我国企业抢占先机的理由；中东、中亚、西非、俄罗斯的资源优势更是我国对外投资战略性布点的重点目标区。要加强在这些国家和地区的海外经贸园区建设，以"中国投资园"、"中外双边自由贸易区"等形式，为深度拓展南南经贸合作提供海外平台。

为分散国际市场风险，分层次分区域拓展外需市场将是稳定外需市场的必由之路。开拓新兴市场不仅要得到当地政府许可，还要获得社会和民间认同。在向这些新兴市场拓展的过程中，除官方渠道外，要更多与民间和非政府组织接触，以争取较为有利的社会投资环境。

4. 联手在华跨国公司，促进投资—贸易联动式发展新模式

国内生产成本上升和国外贸易摩擦加剧促使我国必须要找到可以规避这两种不利影响的方法来实现经济增长。促进投资贸易联动式发展就成为了最佳选择。投资贸易联动式发展可以分为对内投资与贸易的联动和对外投资与贸易的联动。从对内投资与贸易联动看，为了保证我国的出口竞争优势，可以通过设立产业促进基地的方式，引导在华跨国公司将生产企业从成本较高的沿海地区转移至成本相对较低的中、西部地区，这样不仅可以保证出口贸易低价格优势，同时还可以通过国内投资带动当地相关产业的发展，从而引导出国内连锁的投资和消费需求，实现了对内投资贸易联动发展。从对外投资与贸易联动看，实施对外投资的"走出去"战略是绕过贸易壁垒，避免引发贸易救济调查的有效手段，这样不仅可以间接引起在当地产品销售的增加，还可以通过对外投资直接引起对国内相关投资配套需求的增加，从而带动了国内其余相关产业的发展。利用在华跨国公司的国际化经验，实施逆向合资"走出去"不仅可以弥补我国企业进军国际市场的经营弱势，更可以消除国际上对中国投资的非商业性歧视。

二、塑造对外关系中的微观主体，推动自下而上的经济崛起

中国的开放型经济已经走过了三个阶段：即 20 世纪 70—80 年代，通过开辟出口加工区，率先带动以轻工、纺织为主的出口导向产业的尝试性开放阶段；20 世纪 90 年代，更多吸引资本和技术密集的外国直接投资，提升制造水平、积极融入全球化阶段；21 世纪以来，通过吸引跨国公司技术开发部门，努力寻求价值链攀升的发展阶段。尽管这三个时期中国的开放水平和国际分工地位不断提高，但开放发展的动力主要来自融入以外资为主导的世界生产网，也产生了贸易结构低下、技术创新能力受抑、资源能源消耗高企和收益有限等消极效应，使得我国经济规模扩大中的微观支撑能力尤显薄弱。因此，以融入为导向的开放战略亟待调整，应转向支持企业立足全球市场、整合全球资源，增强全球竞争优势，以更高效率的国际竞争方式，获得防范外向型经济风险的主动权。

全球化对于企业来说是企业的产品和服务的市场、原材料和技术来源，以及企业的业务和运营，在不同程度上依存于海外的一个过程。企业从国内经营走向全球市场，有一个从初级阶段到高级阶段的演进过程，同时还有一个从被动到主动的过程。在我国出口导向型政策下，大量跨国公司集聚中国，以加工贸易方式带动中国国内企业的"被动全球化"——其产品和原料的全球化程度很高，但并不具有生产配置的主动权。危机后，需要积极转向主动的企业全球化——运用跨国公司的组织形式和管理方式，将价值链进行全球合理布局，以有效实现整合国内外资源，从而提升我国企业国际竞争力，强化国家实力的微观基础。

1. 企业全球化是经贸强国战略的必要依托

目前中国制造的产品中，中国制造商获得的最终利润率不足 20%，其余部分由流通（distribution）、营销、零售和消费者关系的下游或产品设计、质量控制、采办（sourcing）、打品牌和研发的上游享有。要实现中国经贸国际地位的由大转强，中国制造商必须占据更大，特别是更高端的价值链比重。高端价值链环节的高增值能力特别来源于知识产权、无形的品牌价值、具有全球营运才能的人力资源，这些正是目前中国相对稀缺的要素，而在美、欧、日等发达国家却是相对丰富的。通过收购、合资，以股权和非股权联系的多种分工形式，充分挖掘投资所在地的独特优势，整

合国内外资源将是提高我国企业国际化能级的有效途径。

2. 企业全球化是消除国际收支失衡、推进人民币国际化的必要之举

美元在金融危机以来的显著贬值强化了如何使中国庞大的外汇储备额在美元贬值的过程中尽可能安全和实现保值、增值的新问题。同时，国际收支严重失衡也加剧了人民币升值的压力。以企业为主体，扩大对外直接投资和其他形式的全球化经营，不仅可以使直接投资净流入减少，而且可以带动商品、技术、劳务的流出，是达到缓解国际收支失衡、减轻人民币升值压力和流动性过剩的必要之举。企业全球化，特别是金融业企业的全球化也是扩大人民币跨境使用和双向流动的实体基础。

3. 企业全球化是促进区域经济一体化发展的有效纽带

积极推进中国与东亚区域经济的一体化，有赖于深化区域经济的融合度和依存度，以实现区域各国经济的共同繁荣。东亚地区是我国企业国际贸易和海外投资相对集中的地区，由我国企业全球化带动的一揽子资源的跨国界转移流动对深度开发当地市场，而不只是占有当地市场；充分挖掘投资所在地的独特优势，具有显著的作用，并且也更有利于突破保护主义壁垒，实现互利共赢的一体化发展。同时通过加强与东亚的经贸合作推动双方在政治、外交和安全等诸多领域的密切合作，还能推动双方的政治合作与互信，为妥善处理中国与东盟国家的领土争端等问题创造条件，从而为我的国际化进程创造一个更加稳定和谐的周边环境。

为此，急需丰富我国企业全球化运作的主体、创新"走出去"模式，形成与投资当地互利共赢的局面。为大力推进多种所有制企业投身"走出去"大潮，消除民营企业在"走出去"过程中面临的准入障碍，简化甚至取消审批制势在必行。同时需要探索建立国际投资保险制度和国家风险保障制度，为"走出去"企业提供安全后盾。为此，对外经济管理体制需要围绕着促进企业全球化经营的便利化而作积极和灵活的调整，包括重要能源产品和原料价格的集体谈判机制的建设；推动包括融资服务、信息服务、知识产权交易服务、法律服务等在内的各类专业服务机构为企业在海外经营活动中提供及时的支持；通过在海外市场建立和完善相关的官民结合的组织机构，以及参与当地各类非正式的行业组织，培育有利于企业跨

国经营活动顺利开展的配套服务体系，提高我国企业在海外营商活动、市场交易以及争端解决中的能力水平。还需要积极参与国际投资体制建设，并加强在双边、区域和多边各层面投资协定及规则制定中的参与乃至主导作用，为我国企业全球化提供多层次制度保障。

第二章　国际金融发展新趋势与
中国对外金融发展战略

　　2008 年开始的全球金融危机给国际金融体系带来了剧烈震荡，国际金融市场的发展格局也发生了重大变化。这场危机究竟折射出现行国际金融体系怎样的弊端，这一体系未来改革的目标与方向何在，危机后国际金融市场呈现出哪些新的变化，这些变化又使中国的金融改革面对怎样的机遇与挑战，为此应采取怎样的对外金融发展战略，主动融入国际金融体系改革，变被动顺应为积极参与，在促进国内金融改革进程的同时，不断提升在全球金融治理中的话语权与影响力，从而改善发展的外部环境。

第一节　危机后国际金融发展的新趋势与
中国的应对战略

一、现行国际金融体系存在的弊端与国际金融体系的改革方向

　　此次源于发达经济体的全球性金融危机引发了国际社会对现有的国际金融体系存在的问题进行反思，同时也认识到当前国际金融体系需要进一步变革以适应全球化进程中的国际格局的变动与世界经济的发展。

1. 现行国际金融体系存在的四大弊端

（1）世界经济失衡导致国际融资体系的功能缺失。这次起源于美国的国际金融危机表面上看是因固定收益类的衍生品次级债引起的，但危机背后折射出的深层次的宏观因素是世界经济失衡。一方面，发达经济体的经常赤字在扩大，债务在积累，形成对债务融资的高度依赖；而另一方面新兴市场经济体过度依赖出口，经常项目顺差在增加，成为庞大的债权国。这其中的一个主要原因在于经济全球化背景下的国际产业分工与转移的格局所致，但另一个不容忽视的因素是美元在现行国际货币体系中的霸权地位与美国拥有发达、成熟的证券市场，尤其是债券市场，使得新兴经济体将获得的外汇资金又以投资债券形式重新流回美国市场。当这种"穷国为富国融资"成为常态时，美国的债务融资才得以持续，并进一步强化彼此之间的失衡。不仅如此，国际金融危机爆发以后，美国采取量化宽松的货币政策刺激了本国经济复苏，其本质就是让债务货币化，并依托美元在国际货币体系中的主导地位，将"国家债务国际化"，让别国为美国的危机买单，同时引发全球通胀风险。目前的欧洲主权债务危机正是反映出这种无约束的被扭曲的债务融资体系的严重危害性，它具体表现为欧元区国家利用欧元信用，借助主权债务融资，无节制地扩大政府支出，结果导致融资规模极度膨胀，远远超出了实体经济的增长能力，不仅使国家债务违约风险陡增，而且由于各国银行普遍持有被看做为低风险流动性资产的本国或别国的政府债券，因而欧元区政府的债务违约将极有可能触发欧洲银行业的流动性危机。

那么，不断庞大的美国联邦政府的主权债务究竟是否可持续呢？[①]还是在通往欧洲式的主权债务违约的危险道路上？与欧洲债务危机相比，美国出现主权债务违约风险的概率较低。第一，就目前的债务、赤字与GDP之比来看，美国的债务问题没有欧元区危机国家那么严重。第二，美国国力强大，经济金融体制富有较大弹性，政治和社会相对稳定，财政和债务问题也远未发展到社会动荡程度。第三，不同于欧元区国家，美国

---

① 据 IMF 估计，美国联邦政府总债务与 GDP 之比将从 2007 年的 62% 升至 2015 年的 110.4%，将远高于通常认为的 60% 的安全线。资料来源：IMF: "Strategies for Fiscal Consolidation in the Post-Crisis World", IMF Policy Paper, February 4, 2010。

拥有单一中央银行和主权货币，而且美元的国际储备货币地位远远超过欧元，这一独特优势大大减轻了美国主权债务违约的压力。第四，由于美国的财政和货币政策统一，这也有助于美国可以通过上述的货币化手段帮助缓解财政问题。不过，即便中短期内美国主权债务是可持续性的，但继续扩大的债务规模也可能会严重影响市场预期，加大融资成本，降低社会公众对现行财政和货币政策的支持力度，从而动摇海内外投资者对美国金融市场和美元的信心。不仅如此，美国主权债务的可持续性还面临一些严峻的挑战。一是在信用萎缩和企业投资仍然低迷的情况下，美国经济复苏步履维艰，高失业率问题的解决难度较大。目前全美失业率仍然高居 8% 以上。如果美国不能有效扩大就业，就可能在较长时期内形成"低增长、高失业"的局面，主权债务负担也就难以通过经济快速增长来分担。二是美国银行业已今非昔比，伴随经济环境的恶化与金融监管的加强，传统的盈利空间受到挤压，特别是沃克尔规则对美国银行业的影响很大，一旦具体实施，不仅那些原本依赖高杠杆率和复杂衍生品交易赚取高额利润的投行业务将会受到严重影响，而且对于过分依赖自营交易的商业银行而言更是致命性的打击。[①] 三是欧洲主权债务危机对全球经济复苏和金融稳定的冲击仍然存在很大的变数。尤其是欧洲主权债务危机引发的第二波欧元区银行体系的流动性危机，将可能连累部分美国金融机构，使其再次面临信贷紧缩压力，从而可能阻碍企业的融资，延缓美国经济复苏的进程。因此，从中长期看，美国主权债务危机将是全球经济和金融市场面临的最主要不确定因素和最大潜在风险之一，并且这一风险正在累积，其实际和潜在危害性远高于欧洲债务危机。

（2）对过度的金融衍生品创新缺乏必要的监管制度。此次金融危机是由美国的次级债危机引发并不断升级、蔓延而最终形成全球性金融危机。从微观层面上讲，过度膨胀的金融衍生品创新是导致次级债危机爆发的一个重要因素。从功能上讲，金融衍生品交易具有金融风险定价及风险分散

[①] "沃克尔规则"是由美联储前主席沃克尔于 2010 年年初提出的监管建议，主张一是禁止商业银行从事高风险的自营交易，将商业银行业务和其他业务分隔开来；二是反对商业银行拥有对冲基金和私人股权基金，限制衍生品交易；三是对金融机构的规模予以严格限制。

功能，并能够增加金融机构的货币流动性与收益，有利于金融体系效率的提升，但同时金融创新具有高杠杆化与虚拟化的特征，一旦金融监管不能跟上金融创新的步伐，那么，由金融创新创造的结构性产品和多次衍生的复杂结构性产品就极易掩饰市场风险，它的交易将会产生对货币的过度需求，从而制造金融泡沫，最终导致金融危机的爆发。次级债危机表明，由于危机前美国的金融监管体制不仅对金融机构高官缺乏必要的问责机制，而且不计风险追求企业短期收益率的薪酬制度极易导致金融机构的从业人员滋生盲目追求高风险、高收益的"金融创新"的冲动，从而使金融衍生品沦为投机赌博的创新工具，完全丧失了服务实体经济的理念。金融创新与实体经济好比是"叶"与"根"的关系。根深才能叶茂，金融创新要获得持续稳定的发展，必须深深扎根于实体经济这片土壤。否则，金融创新就是无源之水、无本之木。而且，一旦问题出现还会反过来波及实体经济的发展。此外，国际评级机构与委托评级的金融机构之间存在利益相关，导致互相勾结，在缺乏金融监管的情况下，使得金融创新产品的风险评级失去了公正、公平，从而也更加误导了投资者的投资行为。同时，金融创新所形成的交叉性业务，也容易产生监管重叠与监管真空并存的问题。所以说金融创新离不开与之配套的金融监管。金融创新与金融监管可以看做是"船"与"舵"的关系。"船"需要"舵"来掌控前进的方向，否则就容易失去方向甚至误入歧途。

尽管次级债危机爆发的直接原因在于美国政府对无节制的金融衍生品创新业务的监管缺失，但是次级债危机的迅速升级与最终演变成一场全球性金融危机，不仅表明此次危机与以往的危机不同，存在金融市场、金融机构和金融风险之间高度关联的特征，传统的金融监管方式具有明显的缺陷，而且也充分折射出国际社会缺乏统一及强有力的联合监管制度的弊端。一方面，长期以来，金融监管更多地侧重于微观监管，即侧重于对单个金融机构风险的监管，以防止其因经营不慎、严重违规和过度承担风险而倒闭。这一监管方式体现了对金融体系稳定的传统理念，认为如果每个金融机构均实现了稳健经营，那么，作为所有金融机构集合的金融体系就会稳定。然而，此次国际金融危机证明，即使单个金融机构是稳健的，集合的后果也有可能是灾难性的，即存在"合成的谬误"

问题。① 因而，从金融活动、金融市场以及金融机构行为之间相互关联的视角出发，有必要通过加强宏观审慎监管来防范和化解金融体系的系统性风险。另一方面，金融全球化的发展，导致国与国之间、地区与地区之间的金融业务的关联程度日益加深，形成了一个全球性的金融网络，一个国家的金融波动对其他国家的金融体系都会产生较强的外溢效应。为此，加强金融监管的国际协调与合作，建立有效的、系统的全球性跨境监管制度已变得愈发重要。

（3）对发达经济体的金融危机缺乏有效的救助机制。此次由美国次级债引发的全球性金融危机使国际社会普遍认识到现行国际金融体系缺乏作为"最终贷款人"的危机救助机制。长期以来，IMF 是现行国际货币体系中负责对金融危机救援的最重要的国际金融机构，在之前的历次危机中均扮演着上述的"最终贷款人"角色。在 1997 年的亚洲金融危机发生后不久，IMF 就对深受危机的国家像泰国、印尼、韩国等提出了一整套有条件的资金援助药方，并迫使这些国家接受。然而，在本轮全球性金融危机中，IMF 不仅反应迟缓，而且在防止危机不断恶化与蔓延方面也缺乏有效的应对措施。这是因为一方面，与历次危机不同，此次危机的受害国主要是以美国为首的发达经济体，因而 IMF 受到自身财力所限，独立承担危机的"最终贷款人"的职能已经明显变得力不从心；另一方面，过去美国等发达国家在发展中国家发生金融危机时，总是作为资金的提供者，实际支配着 IMF 的救助计划，因而当美国出现金融危机时，IMF 的危机贷款能力的局限性与滞后性也就暴露无遗。关于这一点，早在亚洲金融危机发生后，就有国内学者指出，现行国际金融体制在最后贷款人的功能上缺失，IMF 自主行动空间和资金不足，制度僵化，不仅在危机防范上无能为力，在危机发生以后也难以发挥有效的资金支持和救助功能，难以承担最后贷款人的重任。②

不过，即便如此，IMF 在金融危机的防范和治理中还是起到一定的作

---

① 所谓"合成的谬误（Fallacy of Composition）"，举例来说，是指单个金融机构为控制风险或提高流动性而出售资产有可能是合理的行为，但若多数金融机构都这样做，则反而会导致资产价格下跌，进而引发系统性风险。

② 参见徐明棋：《国际货币体系缺陷与国际金融危机》，《国际金融研究》1999 年第 7 期。

用，在未来的全球化进程中，为了减少危机的破坏性，防止危机的恶化与蔓延，IMF 有其存在的必要性。为此，未来 IMF 救助机制改革的方向不仅在于扩充资本与完善决策机制，而且更为重要的是应积极地加强与 G20 等国际组织的密切合作，来共同防范与应对全球及区域性金融危机。在当前的欧洲主权债务危机的救助过程中，IMF 就已经重视与欧盟及欧洲央行的通力合作，共同构成"三驾马车"的应急救援机制，从而有助于提升救援能力。此外，寻求建立区域性货币救助机制，构建区域性金融安全网络，作为 IMF 危机贷款人机制的补充，也已变得越发重要。①

（4）IMF 等国际金融机构的内部治理结构存在缺陷。当前，新兴经济体对世界经济增长的贡献与在 IMF 等国际金融机构内部新兴经济体的代表权与投票权不相称。现行的国际金融机构体系难以反映国际经济金融格局的变迁，严重影响发展中国家的代表性和发言权，这与经济金融全球化的发展趋势和世界经济发展的需要根本不能适应，也无法充分发挥发展中国家尤其是正在崛起的新兴经济体在全球金融经济事务之中应有的作用。为此，IMF 要想在后金融危机时代成为具有影响力的国际货币和金融监管组织，就必须要大幅增加发展中国家的代表权，使得发展中国家能够真正参与到全球金融治理，并在 IMF 改革进程中发挥积极的推动作用。

2. 国际金融体系的改革方向

国际金融体系的改革方向在于重塑全球金融治理体制，具体表现在：一是国际货币体系的改革，这对推动人民币国际化进程而言将是一个难得的机遇；二是国际金融监管体系的改革，重点在于尽快制定被各国监管部门普遍接受的国际金融监管标准，通过加强各国金融监管部门之间以及 G20、IMF、全球金融稳定委员会与巴塞尔银行监管委员会之间的紧密合作，实现跨境监管原则的统一和各国监管政策间的协调，构建覆盖全球的金融监管框架；三是 IMF 等国际金融机构的内部治理结构改革。IMF 改革将主要集中在两个方面：一是制度上的改革，目的是为了解决发展中国家

---

① 由中日韩倡导建立的外汇储备基金池，不仅有助于增强本地区抵御金融风险能力，而且更将成为未来亚洲各国应对危机的一个有效的地区互助救援应急机制，参见孙立行：《全球金融危机下对深化东亚金融合作的新思考》，《世界经济研究》2009 年第 11 期。

与发达国家在配额和话语权上不平等的问题；二是功能上的改革，旨在加强 IMF 监管全球金融稳定的职能。未来这一改革的趋势将使得新兴经济体、发展中国家在未来国际规则制定中会越来越有发言权与影响力。[①] 但是无论 IMF 怎样改革，只要重大决策要求有 85% 以上的赞成票这一机制不变，若改革无法撼动美国所占有的 15% 以上的投票权，那么，美国依然会轻松主导 IMF，IMF 依然摆脱不了类似美国财政部一个分支机构的角色，从而制约了 IMF 在全球金融治理中的功能发挥。

二、危机后国际资本流动的格局变化与国际金融市场的发展动态

1. 危机后国际资本流动的格局变化

危机后国际资本流动趋势呈现出以下几个新的特征：

第一，新兴经济体的经济持续增长与资本市场的快速发展正在改变国际资本流动的走向，从中长期看，国际资本向全球新兴市场特别是亚洲新兴经济体大量流动。2008 年国际金融危机爆发以后，国际资本流动规模曾一度急剧收缩，据 IMF 数据统计，2009 年全年全球跨境资本流动净值从 2008 年的 1.7 万多亿美元降至 1.04 万亿美元，下降幅度达到了 40%。但随着世界经济的逐渐复苏，国际资本流动又再次趋于活跃，由于全球新兴经济体的经济复苏状况整体上明显优于仍处在危机风口浪尖的众多发达国家，因而，新兴市场尤其是经济增长保持较快的亚洲新兴经济体成为了危机后国际资本流向的重要区域。

第二，私人资本的跨境投资（private capital flows）发展迅速，越来越成为危机后最主要的国际资本流动方式。其中，以银行信贷与证券投资为主的短期资本投资在跨境私人资本流动中所占的比重在大幅增加。

如图 2—1 所示，美国次级债危机爆发前，流入全球新兴市场的私人资本规模迅速增加，2007 年达到峰值，之后随着次级债危机升级为全球性金融危机，跨境私人资本的净流入规模迅速减少，直到 2010 年私人资本的跨境流动又再次活跃，而且，近年来流入亚洲新兴经济体的私人

---

① 2012 年中国在 IMF 中的份额将提升至 6.39%，投票权也将从 3.65% 升至 6.07%，仅次于美日。资料来源：严婷：《中国超德成 IMF 第三份额国 全球话语权显著提升》，《第一财经日报》2012 年 10 月 10 日。

资本占比超过一半以上。另外，据IMF统计，从2000年至2009年的十年间流入新兴市场的私人资本净值已超过国际金融机构及政府投资的4倍以上，证券投资基金、保险公司、对冲基金等机构投资者带来的私人资本流动占到了全球资本流动的四分之三左右，成为跨境资本流动的主体。

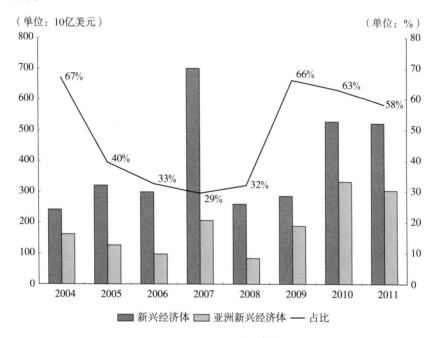

（单位：10亿美元）　　　　　　　　　　　　　　　　　　（单位：%）

图2—1　全球新兴市场私人资本净流入

数据来源：IMF世界经济展望，2012年4月。

从流入亚洲新兴经济体的私人资本的组成来看，外国直接投资的规模最大。据联合国贸易和发展组织（简称UNTAD）发布的《2012年世界投资报告》显示，2011年流入东亚和东南亚地区的FDI不仅增长了14%，而且占全球流入总量的比例也从危机前的12%快速增加至22%。尽管如此，从图2—2中可以发现，2010年以来，跨境短期资本投资规模已经接近甚至超过了外国直接投资。

第三，私人资本的投机性较强，金融风险加剧。虽然私人资本流动规模的上升有利于提高全球资本的配置效率，但私人资本明显的逐利特征导致其跨境流动的稳定性相对较差。

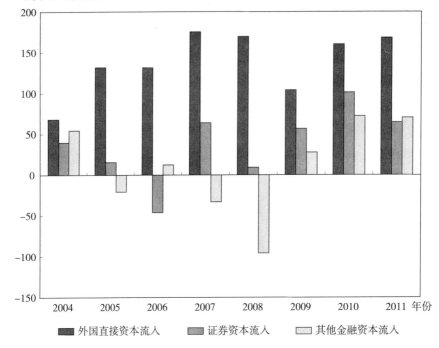

（单位：10亿美元）

图 2—2　亚洲新兴经济体私人资本流入构成

外国直接资本流入　　证券资本流入　　其他金融资本流入

数据来源：IMF 世界经济展望，2012 年 4 月。

图 2—3 显示出最近的跨境短期资本流动呈现出宽幅震荡格局。这是因为国际金融市场动荡是由国际金融投资者主观预期、投资交易成本、投资者的投机行为和一个国家本身的金融市场状况等因素引起，这些因素的变化使国际金融市场失去均衡，导致国际金融资本流动变化无常，市场波动性加剧。短期资本流动的反复无常变化将会通过影响新兴市场国家的汇率、财富及资产价格的传导机制对该国的实体经济增长、虚拟资产泡沫以及金融体系稳定产生严重的负面影响。1997 年亚洲金融危机的经验充分表明，一旦新兴经济体私人资本净流入创历史新高，资本流动逆转甚至发生危机的风险就会凸显。此次国际金融危机又再次印证了这一特征。2007年新兴经济体私人资本净流入异乎寻常地暴增，达到史无前例的 7000 亿美元，而 2008 年下半年起资本流动发生逆转，资本流入急剧下降，成为发达国家危机的殉葬品。不仅如此，危机爆发以后跨境资本流动变得更加

（单位：10亿美元）

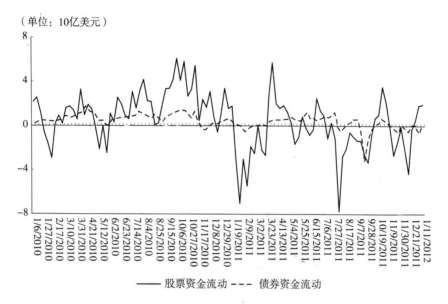

—— 股票资金流动 - - - 债券资金流动

图 2—3　新兴经济体短期资本流动的变化

数据来源：IMF 世界经济展望，2012 年 4 月。

无序和混乱。为了遏制经济增长急剧坠落，各国特别是发达国家采取经济刺激计划，通过实施量化宽松的货币政策向金融市场注入大量流动性，其中的大部分流入了新兴经济体，使新兴经济体的私人资本净流入在 2009 年恢复到了危机爆发前的较高水平。2010 年 11 月美国再次推出第二轮量化宽松货币政策（QE2），从而形成了新一轮私人资本流入新兴经济体的浪潮。IMF 的数据显示，2010、2011 年新兴经济体私人资本净流入分别达到 5270 亿与 5210 亿美元，仅次于 2007 年。资本流入不仅给复苏中的新兴经济体带来通货膨胀压力、资产泡沫风险、实际汇率升值等问题，而且潜在的大规模逆转风险对这些国家的实体经济与金融市场的冲击将更为可怕。据 IMF 估计，2012 年发展中国家私人资本净流入可能锐减至 3947 亿美元。如果再不对跨境私人资本流入加强监管与有效防范，下一轮的量化宽松政策极有可能成为新兴经济体再次爆发危机的导火索。

2. 危机后国际金融市场的发展动态

（1）从危机后国际金融市场的发展态势看，发达经济体的资本市场融资功能显著下降。由于美国等发达国家是本次国际金融危机爆发的策源地

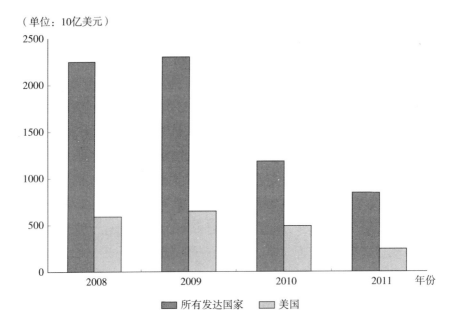

（单位：10亿美元）

图 2—4　发达国家国际债券与票据发行规模

数据来源：国际清算银行（BIS）季度评论，2011 年 12 月、2012 年 6 月。

74

和重灾区，因而危机爆发后，发达国家的国际债务型和权益型证券发行规模 2009 年依然呈增加趋势，这主要与美国等发达经济体的金融市场急需补充流动性有关，但随着危机各国的主权信誉与债务评级的大幅下降以及受全球金融体系开始蔓延的"去杠杆化"的影响，2010 年起发达经济体的资本市场融资规模急剧萎缩，2011 年的美国及发达经济体的国际债券与票据融资规模都远低于 2008 年危机爆发时的规模，而国际股权融资规模也明显回落，比 2008 年的水平略高（见图 2—4，图 2—5）。

（2）危机后投资者避险情绪急剧升温，风险资产遭遇抛售，引发全球股市大幅下挫，避险资金大量涌入美国国债市场。一方面，由于受国际金融危机尤其是欧债危机走势不确定性的影响，国际股票市值大幅萎缩，包括金砖五国在内的全球股市 2011 年几乎全部陷入熊市，其中印度、俄罗斯、中国和巴西四个最大规模的新兴市场国家股市都遭遇了 20% 左右的衰退。另一方面，在中长期国债市场上，美国国债成为全球避险资金"安全港"，从而使得美国国债价格总体上涨，收益率持续回落。未来"安全

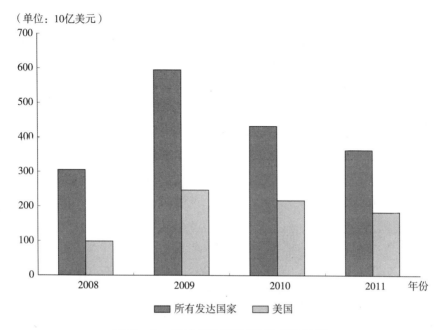

（单位：10亿美元）

图 2—5　发达国家国际股权融资规模

数据来源：国际清算银行（BIS）季度评论，2011 年 12 月、2012 年 6 月。

港"效应是否会持续，主要取决于欧债危机的走势。如果欧债危机能够找到最终的有效解决方案，希腊能够继续留在欧元区，西班牙等国的银行业风险能够得到控制及缓解，则"安全港"效应会显著降低，美国的债券收益率将上升，资金将重新流回全球股市。①

（3）危机后全球衍生品场外交易规模出现萎缩，但基础类衍生工具的交易量得以迅速恢复，2011 年的交易规模甚至超过了 2008 年危机爆发时的水平。由于本次国际金融危机是因美国次级债引起的，危机的爆发导致金融衍生品资产遭遇抛售，因而所有种类的金融衍生工具市场交易规模出现大幅下降，但随着对危机原因认识的深入，基础类创新型金融工具的功能与作用得到广泛认可，因而相应的市场交易又开始活跃。从

---

① 目前美国实行宽松货币政策，基准利率已接近零利率，同时美国还采取了扭曲操作，买长债抛短债来压低长期国债收益率，刺激经济增长。然而国际资本还是流入美国国债市场，这主要是基于资产的安全性与流动性考虑。因而，值得注意的是，当国际投资者的预期发生改变时，美国国债市场存在的潜在资本逆转风险。

表 2—1 的数据可以发现，2011 年的外汇交易合约与利率衍生合约的交易规模远远高于 2008 年危机爆发时的水平，同期的权益性证券合约的交易规模也在迅速扩大，只有信用违约掉期（CDS）的交易规模自危机爆发以来不断萎缩，这是因为受欧洲主权债务危机困扰，危机国家的 CDS 的费率持续走高，加重了国际投资者对主权债务国的经济增长以及主权债务偿还的担忧。

表 2—1　全球金融衍生品场外交易规模

（单位：10 亿美元）

	2008 年年末	2009 年年末	2010 年年末	2011 年年末
外汇交易合约	50042	49181	57796	63349
利率衍生合约	432657	449875	465260	504098
权益性证券合约	6471	5937	5635	5982
信用违约掉期（CDS）	41883	32693	29898	28633

数据来源：作者根据 2011 年 12 月、2012 年 6 月的国际清算银行（BIS）季度评论资料整理。

76

三、中国对外金融发展战略的总体思路

改革开放以来，中国经济实力快速提升，成为影响世界经济复苏的至关重要的力量，因而中国理应在国际社会事务中发出更多的声音，逐渐从过去的国际规则、制度的旁观者、执行者转变为参与者、制定者。但这一变化的实现需要建立在强大的经济与金融实力基础之上。虽然，目前中国从规模上讲堪称经济大国，但由于长期以来金融发展相对滞后，金融体系功能不够健全，资源配置效率低下，导致金融与实体经济无法形成均衡协调的互动关系，从而严重制约了中国从经济大国走向真正的经济强国。为此，中国要谋求全球金融体系的设计者和领导者角色，就必须尽快改变金融弱国的现状。从这一观点出发，中国对外金融发展战略的总体思路应为在对外开放进程中推动国内金融发展，提升金融综合实力，彰显与经济大国地位相称的国际影响力，同时积极参与国际金融体系改革与运行，优化中国持续发展的外部环境，使新的国际金融体制机制建立有利于中国金融

及经济的发展。中国的对外金融发展战略具体包含以下两个方面：

第一，中国的金融对外发展战略应从过去的被动开放转变为积极参与并融入到国际金融体系改革之中，将追求国家利益建立在一个稳定、可持续发展的国际金融体系基础上。为此，从整体战略上讲，中国需要把握好国际金融体系改革的机会，积极地参与到新规则和新标准的制定中去，积极谋求修正和修改国际金融规则的权利，做国际规则和国际标准的"体制内"建构者。从具体策略上讲，一是要借助国际货币体系改革，推动人民币国际化；二是应积极参与国际金融监管改革，加强跨境金融监管的协调与合作。

第二，注重对外金融发展与对内金融改革的协调与互动。加快国内金融体制改革有助于促进国内外金融体系的融合，提升中国金融的综合实力。[1] 中国金融体制改革的重点应在于：一是优化金融体系结构；二是加快包括利率、汇率在内的要素价格的市场化形成机制改革；三是进一步放宽金融垄断行业的市场准入。此外，中国还应积极发挥雄厚的外汇资源优势，科学合理地运用好外汇储备，在未来危机救助及促进国际金融体系改革进程中不断提升中国的国际影响力与话语权。

第二节　国际金融监管改革与中国的参与战略

一、危机后国际金融监管改革的进程与趋势

此次全球性金融危机不仅改变了发达经济体的金融监管理念，而且促

---

[1]　2008 年世界经济论坛公布的全球金融发展指数排名显示，中国仅位列第 24 位。这一指数具体包括三大类与七大支柱：政策制度因素（制度环境、商业环境、金融稳定）与政策制定者；金融中介（银行金融机构、非银行金融机构、金融市场）与金融中介者；金融开放与深化（资本可获得性和市场准入；规模、深度和准入）与投融资主体。参见刘刚、白钦先：《基于 SWOT 分析的金融强国战略研究》，《经济问题》2010 年第 1 期。

使各国政府正视国际金融监管的协调与合作。危机后国际金融监管改革朝着构建全球统一的金融监管框架的方向推进。迄今为止，国际金融监管改革的主要成果体现在：一是国际金融监管的治理架构发生了重大变革；二是不仅强化了微观金融机构监管的国际标准，而且初步建立了全球性宏观审慎监管制度。

1. 危机后国际金融监管治理架构的重塑

危机后国际金融监管的治理架构发生了重大的变化，这主要表现为几个方面：一是 G20 成为了促进各国政府沟通、信息共享以及加强金融监管的国际协调与合作的重要平台。国际金融监管改革的目标和时间表、改革的进展和最终方案的敲定等许多事宜，目前均通过 G20 领导人系列峰会加以明确。但是所有相关的制度安排仅为框架，或原则性规定，缺乏法律制度所具备的可操作性或可适用性的特点，而且不具有法律强制约束力，只是依赖各成员国的自我约束和自我管制。二是作为 G20 的金融稳定性执行机构，成立了全球金融监管机构金融稳定委员会（以下简称 FSB），FSB 根据 G20 领导人峰会的授权，负责制定国际金融监管改革规则，监督国际金融体系发展，评估各成员国实施国际金融监管标准的有效性等。目前，全球宏观治理的职能一分为二，即 IMF 负责政策监督、最后贷款人；FSB 主要负责金融稳定职能，双方在明确任务和职责的基础上加强合作（见表 2—2）。三是巴塞尔银行监督委员会（以下简称 BCBS）进行了两次扩员，目前正致力于推动银行资本和流动性方面的国际金融监管改革进程。2010 年年底 BCBS 颁布了作为全球银行业金融监管标准的"巴塞尔协议 III"，它充分体现了微观审慎监管与宏观审慎监管有机结合的监管新思维，按照资本监管和流动性监管并重、资本数量和质量同步提高、资本充足率与杠杆率并行、长期影响与短期效应统筹兼顾的总体要求，确立了全球银行业监管的新标杆。目前全球已初步形成了以 G20、FSB、IMF以及 BCBS 为主体的多元化的全球金融监管组织体系。

表 2—2　IMF 和 FSB 的政策重点、手段和内部治理结构

	IMF	FSB
政策重点	汇率制度和国际收支差额的均衡；成员国的宏观经济和金融稳定；全球经济和金融稳定	金融管理和监督的国际标准和最佳实践；全球金融稳定
手段	国际收支差额的融资手段；双边和多边监督；危机援助	评估全球金融弱点的来源；推动补救政策的制订，以便恢复及保障金融稳定；推动成员国在金融系统政策上的协调
内部治理结构	董事会，由 187 个成员国各派 1 名董事和替补董事组成（通常是财政部长或央行行长）；执行理事会；国际货币和金融委员会；发展委员会	全体会议，由 20 国集团央行行长、主要监督管理机构的负责人、财政部副部长；国际货币基金组织、世界银行、国际清算银行和经济合作与发展组织的高层代表组成；指导委员会，由全体会议选举产生；秘书处

数据来源：作者根据国际货币基金组织和金融稳定委员会相关资料整理。

2. 危机后微观审慎监管领域的改革

（1）强化对金融机构的资本和流动性监管标准，成为了危机后微观审慎监管领域的重点内容。此次金融危机折射出金融机构在稳健经营方面存在的缺陷，尤其是缺乏防范流动性危机的手段，为此，危机爆发后，BCBS 于 2008 年与 2010 年相继出台了《健全流动性风险管理和监管原则》与《巴塞尔Ⅲ：流动性风险衡量、标准和监测的国际框架》，后者是巴塞尔协议Ⅲ 的最重要组成部分。巴塞尔协议Ⅲ 在提高资本监管标准方面，强调在重视资本数量的同时提高资本质量，扩大资本监管的风险覆盖面，提高监管资本的损失吸收能力；在建立流动性风险量化监管标准方面，引入了两个流动性风险监管的量化指标，即流动性覆盖率和净稳定融资比率。前者旨在确保金融机构拥有足够的、高质量的流动性能渡过为期一个月的极其严峻的压力环境，提高其应对流动性风险的短期弹性，而后者是为了激励金融机构运用稳定的资金来源为业务融资，提高其应对流动性风险的长期弹性。

（2）加强对全球影子银行体系的监管，是危机后国际金融监管改革在微观审慎监管领域取得的重要成果。所谓"影子银行体系"，是指在不同程度上代替商业银行核心功能的各类金融中介工具、机构和市场，包括各

类基金、货币交易、金融衍生品、货币经济、场外市场、资产管理、支付机制、清算和结算便利等。这也就意味着除了商业银行创造信用货币这一功能之外，剩下的全都可以被定义为"影子银行体系"。① 正是"影子银行"在此次危机爆发前利用金融衍生工具具有的高杠杆率属性，通过过度创造复杂的结构性衍生品交易谋取暴利，制造金融泡沫，从而完全背离了金融创新为实体经济服务的宗旨，才会最终酿成全球性灾难。② 为此，欧美等主要发达经济体在危机后出台的各国金融监管改革法案中都着重增加了针对"影子银行体系"的监管措施（见表2—3）。与此同时，作为国际金融监管改革的协调与执行。

表2—3　美国、英国及欧盟对影子银行体系的监管比较

监管主体	美联储	英格兰银行	欧洲央行
监管对象、范围	从事证券化业务的金融机构、投资银行及货币市场基金等	对冲基金、私募股权基金及其从事的证券化活动	包括对冲基金、投资银行在内的影子银行机构及其从事的再证券化活动
监管手段、工具	规定影子银行机构及其从事活动的准入、退出等门槛要求	对影子银行机构回购交易中抵押品的预留扣减率以及证券贷出的保证金比例设限	设定再证券化资产的标准和风险权重等
监管特点	将影子银行活动全面纳入监管体系内	加强动态监管及增加交易的透明度	强调控制证券化产品交易引发的金融风险传递
主要法案、条例	2010年7月颁布的《多德—弗兰克华尔街改革与消费者保护法案》	2011年6月出台的《金融监管的一个新方法：改革的蓝图》	虽尚需进一步完善泛欧金融监管改革法案，但颁布了包括衍生品市场的卖空交易、场外CDS交易以及对信用评级机构监管等在内的多项法令条例

数据来源：作者根据美联储网站 http://www.fedralreserve.gov、英格兰银行网站 http://www.bankofengland.co.uk、欧洲中央银行网站 http://www.ecb.int 相关资料整理。

---

① 参见吴晓灵：《解读社会融资规模　加快金融改革步伐》，《科学发展》2012年第4期。
② 国际清算银行（BIS）2007年3月的季度报告显示，次贷危机爆发前一年，2006年的第四季度全球衍生品交易额为431万亿美元，几乎达到全球GDP总量的10倍。资料来源：BIS,"International Banking and Financial Market Developments", *Quarterly Review*, March 2007.

机构 FSB 也先后发布了《影子银行体系：范围问题（2011 年 4 月)》、《影子银行体系：进展和下一步措施（2011 年 9 月)》、《影子银行体系：强化观测和监管（2011 年 10 月)》三部相关的监管文件，旨在整合各种国际监管标准资源，引领对影子银行体系监管的话语权。FSB 还明确提出了对影子银行体系监测的标准化步骤：一是审视影子银行体系的整体规模及发展趋势；二是识别影子银行体系的系统性风险及其监管套利行为；三是评估影子银行体系出现重大问题时可能会对金融体系造成的潜在影响。

3. 危机后宏观审慎监管领域的改革

（1）全球性宏观审慎监管政策框架和工具初步建立，对具有系统重要性金融机构实施监管成为了宏观审慎监管改革的重中之重。全球性金融危机爆发后，发达经济体和国际组织都深刻认识到在完善微观审慎监管的同时，构建以宏观审慎监管为重点的全球金融监管框架对防范全球系统性风险、维护国际金融体系稳定的重要性和紧迫性。正是基于这一背景，国际金融治理机构将针对系统性风险的宏观审慎监管作为国际金融监管改革的主要目标，由 G20、FSB、IMF、BIS 等共同推动的宏观审慎监管政策框架的构建与工具的开发取得了实质性的进展。

根据 IMF（2009）给出的对金融业系统性风险的界定，认为系统性风险是单个金融事件引起金融系统一系列连续损失的可能性。金融业容易产生系统性风险是由金融体系的性质决定的。金融体系由金融机构、金融市场和金融产品构成，各类金融机构通过直接交易和间接交易而产生相互关联的风险，而这些风险又存在着不断放大的可能。因而，系统性风险大多呈现从一个机构传导到其他机构，从一个市场蔓延到其他市场，从一种产品扩散到其他产品的特点，从而使整个金融体系变得极为脆弱。此次危机表明少数大型或关联性较强的金融机构的亏损或倒闭极有可能成为全球系统性风险爆发的导火索。为此，2009 年 4 月，G20 伦敦峰会宣布成立 FSB，负责评估全球不同国家的系统性风险，同年 9 月召开的 G20 匹兹堡峰会发表的最终公告中正式使用了"宏观审慎监管"的提法，同年 12 月，IMF、BIS 和 FSB 共同制定并发布了《系统重要性金融机构、市场和工具的评估指引》，提出从规模、可替代性、关联性三个方面评估金融机构的系统重要性。在 2010 年召开的 G20 首尔峰会上，FSB 提交了解决全球系统重要性金融机构（Global Systemically Important Financial Institution，以下简称"G-SIFI"）问题的一揽子政策框架，明确提出 G-SIFI 的损失吸收能力应高于巴塞尔协议 III 规定的最低标准，并且主要通过提高资本要求、应急资本和自救债券等方式，建立及完善对 G-SIFI 的跨境协调机制和危机处置制度等，从而进一步形成了宏观审慎监管的基础性框架。2011 年底，FSB 又发布了备受市场关注的全球"系统重要性金融机构"（SIFI）名单。全球首批共有 29 家银行入选"系统重要性金融机构"名单，包括高盛、汇丰、花旗、德意志银行、中国银行等国际知名大型银行，其中 17 家银行来自欧洲，8 家银行来自美国，来自亚洲的有 4 家银行。而中国银行是中国乃至新兴经济体国家和地区唯一入选的机构。

（2）危机后出台的各项金融监管改革措施以及国际监管新标准都遵循逆周期性监管的原则；它将主宰全球宏观审慎监管改革的趋势。本次危机爆发前，各国遵循的国际金融监管制度包括资本监管制度与国际会计准则等都具有明显的顺周期性效应，在系统性风险爆发时，会放大金融市场与实体经济的波动，加剧金融体系的不稳定。

按照新巴塞尔协议的资本监管框架，对商业银行的资本充足率要求在经济周期的上行阶段，由于银行的资产质量提升而降低，从而放大了银行的贷款扩张能力；而在经济周期的下行阶段，却因银行的资产质量下降而提高，从而促使银行增加损失拨备收缩贷款。因此，这种顺周期性的资本监管制度不仅容易产生金融资产泡沫，诱发金融危机，而且一旦危机爆发还会加大市场的波动和危机的升级与蔓延。为了解决新巴塞尔协议存在的顺周期性问题，巴塞尔协议 III 要求建立资本留存缓冲，即要求商业银行在经济扩张时留取缓冲资本，以备经济紧缩期间金融机构发生损失时使用这些缓冲来吸收损失。同时，巴塞尔协议 III 还提出了逆周期资本缓冲，包括国家逆周期资本缓冲和银行特定的逆周期资本缓冲两个层次。在国家层面上，BCBS 制定了《国家逆周期资本缓冲操作指引》，要求各成员国指定一个负责决定逆周期资本缓冲规模的权力机构，当该机构判定某一时期信贷过度增长将导致系统范围内的风险时，将根据系统风险程度建立一个占加权风险资产 0—2.5% 的逆周期资本缓冲要求。在银行层面上，逆周期资本缓冲是资本留存缓冲的拓展，要求商业银行建立一个占加权风险资产

0—2.5％的逆周期资本缓冲。此外，巴塞尔协议Ⅲ建立了超额资本和动态拨备制度，以及具有系统性重要机构的风险补充制度，借以缓解银行等金融机构的顺周期行为效应。

另一方面，采用以市值计价资产价格的国际会计准则制度也对经济周期十分敏感。在正常的情况下，市价能够动态而合理地反映资产价值。然而，一旦爆发危机，就会有金融机构因为财务问题折价出售所持有的流动性不佳的资产。尽管危机时资产的市场价格已不能反映实际价值，但市场上的所有金融机构，还仍须按照被严重低估的市价调整所持这类资产的公允价值，从而引发连锁反应和恶性循环。为此，危机后国际会计准则委员会（简称IASB）和美国财务会计准则委员会（简称FASB）于2011年1月联合发布了资产减值会计的征求意见稿，旨在改进现有的会计制度，建立基于预期的会计计算方法，以降低现行国际会计标准的顺周期性。与此同时，全球金融体系委员会（简称CGFS）也提出了一系列降低扣减率和保证金顺周期性的政策选择。内容主要包括两部分：一部分是基于市场波动性和流动性确定的周期内相对稳定的扣减率要求①；另一部分为逆周期附加要求，明确提出各国监管当局应根据形势变化需要，在杠杆率和资产价格上升阶段，抵押品风险被低估时，酌情采用逆周期的附加要求作为补充。

综上所述，未来国际金融监管改革的趋势在于：一是通过进一步加强微观审慎监管，提升金融机构稳健性，强化金融体系稳定的基础；二是强化金融市场基础设施建设，尤其是通过加强对"影子银行体系"以及金融衍生交易的合规性监管，修正金融市场失灵；三是将系统性风险纳入金融监管范畴，通过强化对全球系统性重要金融机构的监管制度，促进国际金融监管协调机制建设，构建全球统一的宏观审慎监管框架。

二、中国金融监管改革面临的机遇与挑战

面对全球金融危机后国际金融监管改革的不断深化，我国如何顺应这

---

① 所谓扣减率，广泛用于发达国家和地区金融机构与政府部门评价资产流动性风险。例如，欧元区的券商向商业银行质押市值100万元的股票，可以从银行获得78万元的贷款。而被扣减的22万元价值，就是该股票资产的流动性风险价值，也就是在压力情景下立即变现所带来的成本。

一改革发展趋势，按照国际金融监管原则和发展方向，不断健全金融开放条件下的金融监管体制，以确保我国金融与国际接轨，实现金融业的稳定持续发展，成为了我国金融体制改革的重要现实问题。

1. 国际金融监管改革给中国带来的机遇

首先，这次金融危机为促进我国金融监管体制的创新与变革提供了难得的研究、借鉴国际金融风险管理经验和教训的机会。虽然我国金融业受国际金融危机的影响相对较小，但是我们可以从这次危机中总结教训，可以从各国和国际组织关于金融监管改革的讨论中吸收有用的建议为我所用，并且利用有利的国际金融治理环境按照自身经济金融发展需要稳妥推进我国金融监管体制改革，在确保金融市场稳定的前提下，有效提高金融机构运行和金融资源配置的效率，促进我国经济快速持续发展。

其次，国际新金融监管标准如巴塞尔协议 III 的实施对我国银行业的可持续经营能力提出了更高要求，促使金融监管当局逐步强化对银行业的综合监管，进一步完善对金融机构的内部约束制度，建立健全风险预警和危机处理机制，这都无疑为我国银行业完善公司治理、提高风险管理能力、成功实现经营转型、全面提升国际竞争力提供了契机。

最后，在全球金融危机和国际金融监管改革的影响下，欧美发达经济体的大型银行无论是在业务范围上还是地域网络布局上，纷纷进入战略收缩阶段，这为我国银行业加快推进国际化、综合化经营提供了难得的历史机遇。近年来，我国银行业国际化程度已有很大程度的提高，但在准入和经营上却面临着监管标准的多元化问题。随着各国积极参与国际金融监管改革，全球金融监管原则将趋于统一，各国之间的监管对接将变得顺畅，这在我国银行业"走出去"的过程中，将会为本国商业银行带来更为有利的准入条件和更易适应的外部监管环境。

2. 中国金融监管改革面临的挑战

本次金融危机表明，在金融全球化背景下，金融风险在全球扩散的速度明显加快，金融危机的传染效应更加显著，全球金融已经越来越成为一个联系密切、不可分割的整体。因而深化各国之间的金融监管合作，尽快构建全球统一的金融监管框架已变得越发重要。然而，作为国际金融监管制度提供者的发达国家与广大发展中国家之间的金融监管体制有着很大的差异，这不仅阻碍着国际金融监管框架的建立，而且也加大了各国金融监管机构间协调合作的交易成本。如何缩小金融监管体制上的差异，积极参与国际金融监管改革，我国面临下述的主要挑战：

第一，我国现行的分业监管模式滞后于国际金融创新发展和实践的需要，不能很好地适应全球混业经营的发展要求。尤其在金融创新日益活跃的今天，传统的金融子市场之间的界限已经逐渐淡化，跨市场的金融产品不断出现，这使得强化跨部门的监管协调和合作，扩大金融监管的覆盖面，从机构性监管转变为功能性、合规性监管变得更加重要。

第二，我国金融市场仍处于金融抑制状态。金融抑制是基于行政当局对当前宏观经济形势的判断，通过扭曲包括利率和汇率在内的金融资产的价格，再加上其他监管手段来人为干预金融市场的运行。这种以金融管制代替金融市场机制的政策，其结果难免会导致金融体系整体功能的滞后甚至丧失。然而一旦我国的利率和汇率管制放开，国际游资又很可能会利用由此产生的金融产品价格波动，大量涌入国内市场从事套利和套汇行为。当国际金融形势再次发生变化时，国际游资就有可能从我国大量逃逸，增加了国内金融体系的系统性风险。

第三，我国金融体系存在较为严重的结构性问题，最突出的问题是高度依赖间接融资。目前，80%左右的间接融资占比和五大国有商业银行近50%的金融资产占比，导致任何实体经济的风吹草动都直接反映在银行的资产负债表中，而任何一家大型商业银行的自身经营出现问题都可能带来对整个银行体系，乃至整个金融体系的显著冲击。因此，与发达经济体的金融结构不同，我国金融体系所面临的系统性风险主要不是来自金融市场，更多地来自效率低下且风险集中的银行体系。

第四，金融创新是金融发展的灵魂和提高金融体系运行效率的动力，也是金融监管体制所应鼓励而非限制的，但在放松金融管制以刺激金融创新的过程中，金融监管如何加强对金融创新的引领与拓展，实现金融稳定和金融创新的共同发展则一直是监管当局长期面临的挑战。从我国的金融发展现状而言，金融创新机制薄弱，创新动能不足。但是由于长期奉行"稳定优先"的监管理念，我国监管当局在金融创新方面表现得非常谨慎。尤其是此次金融危机的爆发更加深了监管当局对于金融创新的顾虑，导致金融业创新的步伐放缓，甚至在某种程度上处于停滞状态。如果这种情况不加以改变，必将会影响到我国金融业整体竞争力的提升。因此如何在金融创新和审慎监管之间进行合理的平衡，是我国金融监管体制改革面临的又一严峻挑战。

三、参与国际金融监管改革的战略

伴随着金融全球化进程加快以及我国金融体系的开放程度与国际化程度不断提高，尤其在人民币国际化战略的推进过程中，我国的金融体系不可避免地将会面临更大的外部冲击，对于全球金融风险的防范与处置越来越需要依赖于国际金融监管的协调与合作。为此，我国应抓住国际金融监管体系改革的机遇，积极参与国际金融监管合作，在为全球金融稳定作出贡献的同时，提高自身应对金融风险的经验和能力。

1. 推动国际金融监管体系的法制建设

合理的国际金融秩序和稳定的国际金融环境是全球金融可持续发展的基本前提，如果没有金融秩序和金融稳定，全球金融发展犹如无源之水、无本之木。这也是本次金融危机给各国带来的最大启示。为此，危机后加强国际金融监管合作在各国之间很快达成了共识。虽然，从国际金融监管合作的现状看，G20峰会已经成为推进全球金融监管体系改革的重要平台，尤其是 2009 年 4 月召开的 G20 伦敦峰会发表的宣言明确了金融监管国际合作的基本框架，但至今仍然未形成具有约束力的金融监管国际合作的法律制度。[1] 由于国际金融监管合作的一个重要目的就是要借助法制的力量可以在一定程度上遏制任何形式的金融霸权，因而松散的、缺乏制度建设的金融监管国际合作并不可靠，国际金融体系的稳定与健康发展必须依赖国际金融监管法律制度的建设与完善。为此，我国应通过与国际性多边金融组织的合作，推进有约束力的国际金融监管协议和全球统一的法律监管框架的确立，包括短期内积极参与实施原则统一的全球金融监管的行为准

---

① 金融监管的作用在于它为金融机构和相关个人的行为确定了一种"秩序"，金融业的各种金融行为必须遵守此"秩序"。这种秩序是强制性的，它明确规定了行为方式、法律后果，对任何无序的金融活动起到威慑作用，从而保证了金融市场的稳定健康发展，这种秩序就是法制。

则，如巴塞尔协议 III；中长期积极推动各国均有义务遵守的国际金融监管合作的多边国际条约等。

2. 加强与国际金融监管机构各成员国间的信息共享

金融监管的国际协调与合作机制主要包括信息交换、危机管理、政策配合以及确定合作目标实施联合行动。其中，信息的公开与共享是国际金融监管合作的基础。因为借助信息多方共享平台，金融危机一旦发生，全球性与区域性金融监管机构的各成员国可以采取统一的危机处理对策，并在政策使用上加强各方配合，控制风险蔓延。为此，我国一方面应以 G20和 FSB 重要成员的身份，积极推动国际统一的会计准则和信息披露规则的确立；另一方面，有必要设立"中国金融风险监管协调委员会"，负责调查导致国内金融体系不稳定的潜在问题和可能引发国内金融危机的风险，加强与 FSB、BCBS 等成员国的代表机构在跨国金融风险监控上进行沟通与协作，通过监管信息的共享可以提高国际金融市场的透明度，各国的监管部门就可以较快地了解国际资本流动规模和金融风险积聚程度等国际金融市场的变化情况，尽早发现处于监管真空状态的金融机构和金融市场，进而能够较为迅速地采取相应的监管措施，及时阻断金融风险的国际传播路径。此外，还要重点推动构建东亚地区金融监管的协调机制，并依托我国在东亚经济、金融中的强大实力，发挥我国在东亚金融监管合作中的主导作用，并以此增强东亚区域以及我国在国际金融监管规则制定中的话语权与影响力。

3. 适应国际金融监管改革的趋势与要求

此次金融危机后国际金融监管改革的趋势主要体现在：一是注重新风险监管标准的实施和协调；二是强调以宏观审慎的态度来监管控制系统性风险，监管方式从顺周期监管改为逆周期监管。为此，只有加快调整与改革现行的国内金融监管体制，我国才能适应危机后国际金融监管改革的发展要求。

首先，应切实有效推进全球金融监管标准的协调与实施方面的合作，防止监管套利对全球金融系统的破坏。为此，银监会根据我国银行业实际，制定了适度前瞻、反映国情、与国际接轨的新的资本和流动性监管标准。新监管标准的制定实施，不仅有助于增强我国银行业稳健性，防范系统性风险，也有助于推动我国银行业的转型发展。我国的新资本监管标准充分借鉴了巴塞尔协议 III，将宏观审慎监管与微观审慎监管有机结合。主要内容包括：一是建立了多层次的资本充足率要求，以充分覆盖银行个体风险和系统性风险；二是审慎界定各类资本工具的合格标准，强化了对资本工具损失吸收能力的要求，合理设计各类资产风险权重；三是扩大了资本覆盖风险的范围，要求所有银行必须计提市场风险和操作风险资本；四是在坚持审慎监管的同时，体现资本监管的灵活性，银行监管机构可依据资本充足率水平对银行采取相应的监管措施。同时，我国还完善了流动性风险的定性监管要求，建立了更为系统的流动性风险分析和评估框架。

其次，我国应在借鉴此次国际金融危机的教训和国际金融监管改革的经验的基础上，完善系统性风险的防范措施，维护金融体系的稳健运行，以确保金融支持经济发展的可持续性。一方面，加强对具有系统重要性的金融机构、评级机构的监管，将事前防范措施和事后解决机制相结合，细化系统重要性机构衡量指标体系，完善评估工具，最大限度地防范"太大而不能倒"机构给金融系统带来的潜在损害。另一方面，我国金融监管体制改革不能仅盯着银行体系，还要关注非银行金融机构的风险，如影子银行体系，重视银行与非银行机构之间的监管平衡。

再者，我国应平衡好金融创新与政府监管，防止过犹不及。对于经历金融危机重创的欧美发达经济体而言，如何加强金融监管是其危机后的政策改革重点。而对于我国和大多数发展中国家而言，金融市场的发展仍然较为落后，因此，我国政府不必因噎废食，在汲取发达经济体的前车之鉴的同时，应继续推动金融创新，同时确保相关的监管到位。

最后，我国应加快推进金融监管模式的改革，在银监会、证监会和保监会的基础上可以考虑组建有明确法律权限、有实体组织的金融监管中枢机构，如"中国金融服务监管局"作为整个金融业的最高监管机构。不过，现阶段我国采用的分业监管模式还是有效的，符合我国金融发展的现状。但随着我国金融业综合经营和金融创新的进一步发展以及中国金融体系的进一步开放，这种各自为政的监管格局将暴露出越来越多的问题。尤其是由于各金融监管机构专注于各自金融监管领域内的金融机构风险管理，因而相互之间的立场和监管视角不同，一旦缺乏协调配合，就容易出现监管真空。为此，在现有的分业监管体制下，应特别加强协调机制的法治化、实体化。

4. 构建跨境金融监管合作机制

此次国际金融危机再次表明，短期内大规模跨境资本的频繁流动是引发国际金融市场动荡的重要原因。未来随着我国资本市场对外开放进程的加快，国际资本流动的变化将会加剧，尤其是短期跨境投机资本的进出将会更加频繁，这无疑对我国的金融体系和实体经济产生较大的冲击。为防范金融风险，保证我国资本市场的健康发展和宏观经济的平稳运行，我国不仅需要加强对短期跨境资本流动的管制，而且更有必要加强国际金融监管的协调与合作，构建适应经济全球化趋势的跨境资本流动管理体制。

一是积极推动并参与跨境资本流动管理的国际规则制定。金融危机后，发展中国家出现的大规模资本流入主要源于发达国家经济增长乏力和量化宽松货币政策，IMF 等国际金融机构已经改变了过去的自由化和放松管制的理念，对发展中国家跨境资本流动管理的容忍度有所提高，所以当前是推动跨境资本流动管理的国际规则制定的良好时机。[①] 二是加强宏观审慎调控，妥善管理资本账户，引导跨境资本有序流动。在宏观审慎政策框架下引入资本管理措施，并把资本管理在宏观调控政策组合中的位置前移，将短期投机资本堵在国门之外。从长期来看，应减少对行政性手段的依赖，更多地运用价格型管理措施，凭借科学合理的宏观审慎管理手段来抑制过度的短期跨境资本流动，同时辅之以宏观经济政策和结构性政策调整，才是维护我国金融体系稳定的长久之计。三是构建跨境短期资本流动的监测分析体系，提升对跨境资本流动的风险预警能力。一方面应构建监测及时、风险可控、管理有效、服务到位，符合市场经济发展需要的外汇管理体制，从而能够依据宏观经济形势变化，灵活运用短期外债指标有针对性地调节短期资本流动；另一方面，制定防范异常资金跨境突发流动的应急方案，准确把握信号发布和应急方案的启动时机，同时加强各国金融监管机构之间的信息披露与信息共享，建立健全全球跨境资本流动的管理体制。

---

① IMF 于 2011 年 4 月 5 日公布了题为《资本流入管理的近期经验——可能的管制政策框架》的报告。该报告承认短期资本流动不稳定性的负面影响，并认可在一些情况下有必要对资本流入施加管制措施。

5. 建立包容性的国际金融监管体系

国际金融监管体系改革面临的最大挑战在于如何兼顾各国经济发展阶段与金融体系成熟程度不同的实际情况，寻求建立一个包容性的国际金融监管体系。也就是说，建立统一的全球金融监管框架要充分考虑到各国国情，要充分考虑到各国发展阶段，要充分考虑到它是能够促进各国经济发展的，而不只是简单地符合某些国际监管标准。从这种意义上讲，国际金融监管合作不能代替各国国内的金融监管。我国金融监管当局只有结合本国国情，参照国际监管最新标准制定适合自己的监管框架，切实履行好监管职责，并在此基础上，加强监管的国际协调与合作，才能真正有效地防范未来的国际金融危机。

第三节 中国外汇储备管理的特征及其战略作用

一、危机后我国外汇储备战略问题备受关注的背景

曾几何时，积累外汇储备被视为一桩好事①。近二十年来，中国几乎没有间断地保持着经常账户盈余和资本账户盈余。这不可避免地导致了外

---

① 在直到 20 世纪末之前，国内对于外汇储备普遍存在两种基本看法：一种是按照传统经济学教科书的理论，认为外汇储备是维护国际收支平衡的重要支付来源，保持能够应付三个月的国际支出的储备是比较合适的；另一种是考虑到在计划经济时代中国曾经饱受外汇缺乏的困扰，从而认为外汇储备从本质上说是国家的财富，代表着一国综合国力的强大程度。进入 21 世纪，这两种传统思路逐渐受到挑战。一方面从理论上看，除了满足进口需要之外，外汇储备也成为应对金融危机、投资于国家战略利益的重要手段。但即使是要满足这几方面的要求，中国的外汇储备规模也显得过高了，如 2010 年 12 月份中国进口额为 1410.7 亿美元，而同期外汇储备已达约 2.8 万亿美元，远高于经济或战略需求，使得庞大的外汇储备显得弊大于利。另一方面，人们也逐渐认识到，巨额外汇储备并不简单地等同于国家实力，同时也意味着本币的虚弱、政府掌握资源过多、遭受系统性风险影响更大等。实际上，只有在非常时期，外汇储备才与国家实力有更大相关性，而多数情况下更像是责任而非财富。

汇储备的累积。如图 2—6 所示，1993—2011 年间，中国外汇储备积累发生了惊人的飞跃，从 1993 年年底的 211.99 亿美元递增到 2011 年年底 3.1 万亿，18 年间翻了 150 倍，并且自 2006 年 2 月底中国的外汇储备总额（约 8000 亿美元）首次超过日本以来，已经连续五年位居全球第一。然而，持续保持这些盈余显然并不符合中国的最佳利益。

（单位：10亿美元）

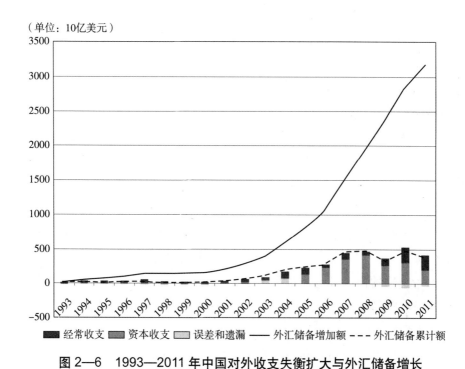

图 2—6　1993—2011 年中国对外收支失衡扩大与外汇储备增长

注：外汇储备的增加部分＝经常收支＋资本收支＋误差和遗漏

资料来源：作者根据国家外汇管理局网站 http://www.safe.gov.cn/ 相关数据整理。

　　一个人均收入位居全球 100 名之后的发展中国家，数十年来却一直把钱借给全球最富有的国家，这有违情理。而更糟糕的是，作为全球最大的外国直接投资接受国之一，从本质上说，中国购买美国国债而非进口商品和服务的做法，是在把自己高成本借入的资金又贷给其债权国，即中国持有大量以美元计价的外国资产和以人民币计价的对外负债。很明显，这种资产和负债的货币结构，使得中国的净国际投资头寸在美元对人民币出现贬值时非常脆弱。

2008 年的金融危机之后，持有巨额美元的风险显露无遗：美国经济恶化引起的美元贬值可能严重降低这些美元资产的价值。作为美国国债最大的海外持有者，不管美国出现债务违约还是评级下调，都将令中国蒙受巨大损失。另外，在全球贸易融资中广泛使用美元被证明存在潜在风险：在 2008 年美国信贷市场动荡期间，贸易融资蒸发，中国等出口国家尤其遭受重创。中国的决策者认识到过分依赖美元可能带来经济风险，于是从 2009 年开始大刀阔斧地推动人民币的国际化进程，并在香港建立了人民币离岸市场。

与此同时，我国外汇储备和所购买的美国国债的安全问题特别是其使用战略的调整问题引起国内外的广泛关注。2009 年 4 月，2008 年诺贝尔经济学奖获得者，普林斯顿大学经济学与国际事务教授克鲁格曼就不无讽刺地指出 [1]："中国已经把自己赶进了美元陷阱，他既不可能自己爬出来，也不可能改变原先让自己掉进这种陷阱的政策。"实际上早在 2004 年，时任哈佛校长的萨默斯首先使用了"金融恐怖平衡"这一概念，来描述美国与中国等高额外汇储备国家的相互依赖关系：即美国依赖中国等高储备国家的资本，而中国等高储备国家依赖美国市场的需求。因此，尽管中国等高储备国家的巨额外汇储备用于为美国的巨额贸易赤字提供低成本的融资，但中美都无法退出这一平衡。一时间，中国如何避免"美元陷阱"成为各方争议的焦点。

专家们提出的种种办法主要是围绕如何抑制外汇储备激增和如何实现外汇储备的保值和增值问题展开，如：转变经济增长方式、放松外汇管制、实施多元化投资策略等等，但是本书认为，这些办法过分强调了我国外汇储备激增的危害，不仅忽视了我国目前外汇储备增长的长期性和难以避免性，也忽视了我国利用外汇储备的战略作用和价值，因此所提出的对策建议或者一味致力于抑制其增长，或者一味地为分散风险而强调多元化投资，难免有失偏颇。本书认为，目前外汇储备的根本问题不是规模以及币种结构、投资选择、资产经营风险、相对人民币汇率升值的汇兑损失等问题，根本性的问题是巨大的外汇储备如何更好地为国内经济和金融发展

---

[1] Paul Krugman: "Oped Columnist China's Dollar Trap", *New York Times*, Apr.3, 2009.

服务，如何将外汇储备转化为战略资源，避免成为只能被外国企业、政府使用而不能被本国企业和政府使用的资金，成为可望而不可即、不可用且对国家和国民没有意义的纸上财富，从而提升中国参与全球治理的竞争力和影响力。中国外汇储备战略的调整需要有个更全面和系统的战略思考和视角，提出一种更加符合中国最优战略利益的解决办法。

二、我国外汇储备积累和管理的主要特征

1. 中国外汇储备积累的主要特征

中国外汇储备的积累过程大致呈现以下四个阶段（见表2—4）。回顾其发展历程可以发现，中国外汇储备的快速增长期主要集中于新世纪以来的10年，目前占全球外汇储备总量近一半，而且受结构性因素制约，增长趋势难以短期逆转。

表2—4 1976—2012年中国外汇储备规模

（单位：亿美元）

年　度	金　额	年　度	金　额	年　度	金　额
1976	5.81	1989	55.50	2002	2864.07
1977	9.52	1990	110.93	2003	4032.51
1978	1.67	1991	217.12	2004	6099.32
1979	8.40	1992	194.43	2005	8188.72
1980	−12.96	1993	211.99	2006	10663.44
1981	27.08	1994	516.20	2007	15282.49
1982	69.86	1995	735.97	2008	19460.30
1983	89.01	1996	1050.29	2009	23991.52
1984	82.20	1997	1398.90	2010	28473.38
1985	26.44	1998	1449.59	2011	31811.48
1986	20.72	1999	1546.75	2012	33115.89
1987	29.23	2000	1655.74		
1988	33.72	2001	2121.65		

数据来源：作者根据中国人民银行网站 http://www.pbc.gov.cn/ 数据整理。

第一阶段（1980—1996年）——波动增长。1980—1996年16年间，中国外汇储备从负的12.96亿美元到1050.29亿美元。1980年，中国经常账户和资本账户上贸易盈余为零，外汇储备自然是一片空白。但到1981

年年底，中国外汇储备首次出现令人兴奋的数字——27 亿美元，在以后 10 几年中保持着波动增长的态势。

第二阶段（1996—2001 年）——稳定增长。1996—2001 年 5 年间增加 1000 多亿美元。1996 年年底，中国外汇储备首次突破了 1000 亿美元，此后 5 年，外汇储备保持了年均 17% 的平稳增长势头。

第三阶段（2001—2006 年）——大幅增长。2001—2006 年，中国外汇储备增长幅度分别为 28%、35%、41%、51%、34.2%、30.22%，并且自 2004 年始，年均外汇增加额在 2000 亿美元以上。尤其是 2006 年 2 月，中国外汇储备以 8537 亿美元的额度首次超过日本，跃升为全球最大的外汇储备国，至当年 10 月，我国外汇储备首次突破 1 万亿美元的重要关口。

第四阶段（2007 年至今）——危机后的高速增长。2007—2012 年年均增加额在 4000 亿美元以上，连续五年的平均增速达到 16.73%。到 2008 年 4 月，增加到 17600 亿美元，超过世界主要 7 大工业国 G7 的总和；到 2009 年 4 月，增加到 20088 亿美元，成为全球第一个跃过 2 万亿美元外汇储备的国家；到 2010 年 6 月底已达到 24543 亿美元，独占全球外汇储备的 30%；到 2011 年 3 月末又首次突破 3 万亿，达到 30446.74 亿美元；到 2012 年年末已达到 3.3 万亿美元，连续 7 年雄居世界第一。

从未来趋势来看，我国外汇储备总量增长短期内难以根本扭转。中国外汇储备的迅速累积主要归因于国际产业分工地位和中国改革开放以来施行的出口导向战略导致国际收支出现持续的经常项目和资本项目"双顺差"以及 2005 年 7 月人民币汇改以来政府选择的小幅、稳健、可控的升值策略吸引了大量国际资本流入中国套利。受此影响，尤其是 2008 年危机以来我国外汇储备的增长已处于自我强化机制的循环之中，即外汇储备的增加通过多种传导渠道引起储备自身的进一步增加。具体可以表现为：①外汇储备增加→外汇占款的增加→货币投放增加→紧缩性的货币政策提高利率→资本（套利等）流入规模增大→外汇储备增加；②外汇储备增加→外汇占款的增加→货币投放增加→投资过热、产能过剩→加大出口→经常项目顺差扩大→外汇储备增加；③外汇储备增加→人民币升值压力→央行进行干预购买外汇稳定汇率→外汇储备增加；④外汇储备增加→人民升值预期→资本（套汇等）流入规模增大→资本项目顺差扩大→外汇储备增加。

这种状况直到 2011 年年底，随着人民币汇率日渐达到相对均衡的水平才得以缓解，但受生产要素价格和劳动生产率国内外巨大差异的牵引，中国"双顺差"的格局短期内难以根本扭转。据国家外汇管理局资本项目管理司原副司长陈炳才的估计 ①，2011—2015 年，我国外汇储备因国际收支顺差可能增加 2 万亿—2.5 万亿美元，因储备收益增加 6000 多亿美元，到 2015 年，我国外汇储备规模将达到 5 万亿—6 万亿美元。

2. 中国外汇储备资产管理的主要特征

（1）中国外汇储备资产持有的主体单一。按照我国的传统，外汇储备是由央行来掌管，具体通过国家外汇管理局来运作。虽然后来成立了中投公司，并且负责运作一部分外汇储备，但并未从根本上改变中国外汇储备的管理格局。

国家外汇管理局是国家外汇的主管机关，它既是管理机关，也肩负着经营国家外汇储备的重要职责，即在做好监督管理的同时，按照"安全性、流动性、效益性"的原则经营国家外汇储备，在保证国内各行各业正常用汇需求和适度储备规模的前提下，为国家争取较好的外汇收益。目前国家外汇管理局大约掌握着 2 万亿美元的外汇储备海外投资规模。中投公司是国有独资公司，其注册资本金为 2000 亿美元，是国家财政部通过发行特别国债募集 1.55 万亿元人民币，并以此向中国人民银行购买等值外汇储备进行注资的。也就是说，中投公司现在掌握着 2000 亿美元的储备投资资金。中投公司的资金属于国家主权财富基金，它的组建宗旨是实现国家外汇资金多元化投资，获取风险调整后较高的长期投资回报，以服务于国家宏观经济发展和深化金融体制改革的需要。

2007 年以来，国内曾经就外汇储备管理主体展开一系列讨论和方案设计，但由于涉及复杂的部门利益，并未取得实质性的进展。

（2）中国外汇储备资产构成以外国国债和机构债券为主，多元化不足。根据 IMF 2008 年数据推测，中国外汇储备中美元资产约占 2/3 即 65%左右，欧元资产约 1/4 即 25%左右，英镑和日元各占 5%和 3%左右，其他币种约 2%左右，显然美元资产在中国外汇储备中占比较高。中国人

---

① 陈炳才：《重新认识外汇储备功能和变化》，《财经》2012 年 3 月 20 日。

民银行不大可能把挣得的外汇全部紧锁在金库里。出于安全性和流动性考虑，外汇储备集中投资于收益率虽低但安全性较高的外国国债和机构债券，美元主要投放在美国长、短期国债和机构债券，欧元、日元分别投资于欧元区及日本的长期政府债券。根据美国财政部国际资本系统的资料看，中国持有的美国资产组合主要是长期国债、长期机构债、长期公司债、短期债券与股权，长期国债和长期机构债两项合计超过总资产组合的90%左右，在中国外汇储备美元资产中占比较高，而长期企业债、短期债券与股权投资比重低（见表2—5）。

表2—5 2002—2009年中国持有美国证券种类及规模

(单位: 亿美元)

日 期	股 票	长期债券			短期债券			总 计
		国 债	机构债	公司债	国 债	机构债	公司债	
2009.6.30	780	7570	4540	150	1590	0	10	14640
2008.6.30	1000	5220	5270	260	130	170	0	12050
2007.6.30	290	4670	3760	280	110	110	10	9220
2006.6.30	40	3640	2550	590	80	80	10	6990
2005.6.30	30	2770	1720	360	210	180	10	5270
2004.6.30	30	1890	1150	160	50	130	0	3410
2003.6.30	20	1470	910	120	0	30	0	2550
2002.6.30	40	950	590	110	10	110	0	1810

数据来源: 根据 Report on Foreign Portfolio Holdings of U.S.Securities 整理而成。

从表2—5可知，可能出于安全性和流动性考虑，中国外汇储备首选投资是美国国债，出于收益性考虑，美国机构债的投资迅速增加，主要是"两房"（房利美和房地美公司）发行的债券，中国2008年曾持有3760亿美元"两房"债券，成为"两房"最大的外资机构债权人，占当时中国外汇储备的近20%。

我国还运用部分外汇储备进口一些战略性产品。这些产品包括飞机、农产品、软件、电子器件、汽车及零部件、通信产品和医疗设备等，都是我国经济发展急需的战略性资源和产品。

3.中国外汇储备的收益较低、成本较高

中国外汇储备主要投资于美国国债和机构债上，按粗略估算，在不考虑汇率损失的前提下，外汇储备投资收益率大抵相当于美国国债和机构债的收益率，约5%左右。中国政府将外汇储备投资于美国国债相当于把钱借给美国。然而中国并非一个资金宽裕的国家。2001年至2011年这10年间，中国引入了总额7505亿美元的外商直接投资（FDI）。根据世界银行在2006年对中国120个城市的12400家外资企业的调查显示，外资企业在中国的平均投资回报率高达22%。这意味着，我们一方面将资金以不到3%的回报借给外国人，另一方面我们又以22%的回报从国外借入资金。这种以高收益资产去交换低收益资产的做法（或者说用股权换债权的做法）自然会造成既得的福利损失。

与此同时，外汇储备的积累会给中国央行带来巨大的冲销压力，并有可能加剧中国国内的通胀及资产泡沫的风险。中国央行目前实行的结售汇制度要求央行买入外汇，其另一面镜像是抛出本币，为冲销外汇对我国基础货币和货币供给总量的影响，央行往往会采取抛出国债、发行央行票据、提高法定存款准备金率及银行信贷配额等措施，中国国债规模有限，而银行信贷配额除了无形的市场扭曲外无须付出有形成本，但央行票据和法定存款准备金是支付利息的，形成央行持有外汇储备的财务成本，随着中国外汇储备的日增，这个成本在上升。

此外，中国的外汇储备投资还面临着金融产品市场价格下跌与美元贬值的风险。本轮全球金融危机爆发后，由于美国政府债务居高不下，美国政府有很强的激励通过美元贬值来降低真实债务与刺激经济增长，这意味着中国的外汇储备面临着很大的汇率风险。例如，2012年3月，中国的外汇储备规模为3.2万亿，假定其中2/3投资于美元资产，那么如果美元对人民币贬值10%，则以人民币计算的中国外汇储备将会缩水2144亿美元，这相当于中国2011年GDP的4%左右。

三、重新认识我国巨额外汇储备的战略作用

自从1995年以来，对我国外汇储备规模一直存在争论。1997—1999年亚洲金融危机的时候，对外汇储备规模争论也很大，很多人始终认为我

国的外汇储备规模过大，是一种资源浪费。其实，这是对外汇储备功能发展情况的不了解。

巨大的外汇储备，不仅是中国对外经济平稳运行的基本保障，更是参与国际资本市场的重要筹码。如何用好这笔宝贵资源，使之在国际市场和全球金融稳定中发挥应有作用，是未来我国经济发展需要谋略的主要议题。

面对复杂的国际经济金融环境，中国不仅需要发出自己的声音，更需要展现自己的力量。据公开渠道信息，目前中国对外汇储备的利用还处于比较初级的阶段，以从第三世界国家买入战略资源和加强对外资源性投资为主，效果虽然值得肯定，但实际对储备的利用量却不大。而更重要的是，中国要通过自己手中的储备筹码增强在国际金融市场中的话语权，要利用外汇储备主动参与国际市场，在积累经验的同时积极探索，提高外汇储备的利用层次。如果运用得当，中国的国际金融运作能力和追求国家利益的运作空间比想象的更大。

要想实现上述中国外汇储备战略的功效，就必须突破传统理论对外汇储备功能的界定。传统理论认为，外汇储备的经营应该服从三个原则：流动性、安全性和收益性。而且，把流动性放在首要地位。但上述三原则所适用的条件已经发生变化：适用于物价相对稳定、外汇储备资产比较小的时期，而不适用于物价高涨、资产规模比较大的时期；适用于没有投机资本的时代，适用于金融资产价格相对稳定的时代，不适用于投机资本竞争和资产价格剧烈波动的时代。

正如国家外汇管理局资本项目管理司原副司长陈炳才所指出的[①]：在2008年的金融危机中，即使根据这三项原则购买的金融资产也遭受了巨大的价格风险和利益损失。外汇储备的最初用途和最终用途就是支付、购买和债务清偿及汇率干预，在此之外的一切都是过程，如果支付能力、债务清偿能力、购买能力贬值，就不能说外汇储备的经营是成功的。就我国来说，外汇储备的用途基本不涉及债务清偿，主要是购买力作用，因此，我们应该减少和防止外汇储备的购买力下降和贬值。否则，外汇储备越多，购买力贬值的损失就越大。

---

① 陈炳才：《重新认识外汇储备功能和变化》，《财经》2012年3月20日。

因此，理论上来说，投资性外汇储备，应该将盈利性、保值增值性作为首要目标。在与投机资本的竞争和较量中，要考虑保障自己在竞争中不被对手打败乃至打败竞争对手。这个时候，外汇储备的保障性（预防性）功能、竞争性功能显得很有必要。

基于上述背景的变化，就功能来说，外汇储备不能再理解为传统体制下的支付、结算和清偿手段。在今天，它不仅体现国家和政府的经济和金融地位和实力，也是主权信用评级的重要指标，故也体现国家和企业的金融信誉。因此，大规模的外汇储备是有社会收益的。

对内部而言，外汇储备是国家可以动用的战略资源，有利于国家稳定政局，有利于政府去解决金融难题，把外汇储备注入商业银行作为资本金可以大大提高银行业的国内、国际竞争力，有利于金融稳定和安全，也有利于经济和金融可持续发展。当然，这其中也存在道德风险。但比起国家的长期发展和稳定来说，这种道德风险还是可以接受的。

外汇储备具有明显的外部功效。对非国际货币国家来说，在金融市场开放实行浮动汇率的情况下，最担心的是短期资本和游资冲击，如果本国外汇储备充足，可以让恶意投机止步，让投机者胆寒。

事实证明，在金融危机肆虐、全球经济衰退的背景下，高额外汇储备可以作为国际金融的调节器，可以为国家金融稳定和危机救助提供保障。

本次全球金融危机期间，中国充裕的外汇储备，不仅有利于增强本国国际清偿能力，维护政府和企业的对外信誉，提高海内外对中国经济和人民币的信心，还有利于应对突发事件，防范系统性金融风险，维护国家经济安全。

充裕的外汇储备，还为我国推行积极的国际发展战略，共同应对金融危机。2009 年以来，我国已经与韩国、中国香港等 17 个经济体货币当局签署了双边本币互换协议，为区域金融稳定作出了积极贡献。与此同时，危机期间中国还多次向国际金融机构——世界银行和 IMF 提供多次融资，为维护全球经济金融的稳定作出了贡献。没有充足的外汇储备做支撑，显然难以施行。此外，我国在当前外需不旺的困难形势下，保持了人民币汇率在合理均衡水平上的基本稳定，体现了对国际社会的高度责任感，有利于国际社会共同应对国际金融危机。而在汇率稳定的背后，也有外汇储备的作用。

第四节　调整我国外汇储备战略的设想

金融危机既是挑战又是机遇，在涉外经济方面，化风险为机遇的关键，是要实施有效的外汇储备管理。在此次金融危机中，我国庞大的外汇储备为应对金融危机筑起了一道"防火墙"，是我国能够比较从容应对金融危机的坚实基础。尽管在维护金融稳定方面作用显著，但是依靠制造业微薄利润所换得的外汇储备来之不易。如何稳健而有效率地运作规模庞大的外汇储备是值得思考的一个重大战略性问题。

一、构建外汇储备管理新战略需明确三个基本原则

第一个基本原则是，长期着眼、短期着手，标本兼治。中国外汇储备的规模已经处于"超额"状态，且增长具有长期性，已经是一个不争的事实。有鉴于此，将外汇储备的规模管理问题置于中国经济增长方式转型与金融体制改革的大战略当中统筹规划，构建一个兼具"存量"与"增量"管理的外汇储备管理新框架，不仅具有必要性而且具有紧迫性。我们要在一个较长的历史时期内采取"标本兼治"的方法，同时解决外汇储备"怎么来"和"怎么用"的双重问题。从外汇储备"增量"的决定因素来看，无论是中国经济的强势增长，还是"双顺差"，抑或是汇率制度，都具有长期性。而且，与此相关联的深层次原因，例如，中国经济发展方式转型、金融体制改革以及全球经济与贸易失衡等都是长期性问题，不可能在短期内取得根本性的改观。因此，在中国外汇储备管理体制改革这一系统工程中，我们应当采取"长期着眼、短期着手"的原则，短期内先从"存量"改革入手，进而逐步减少"增量"积累，最终在长期内寻求外汇储备规模的动态均衡。

第二个基本原则是，管理主体多元化与投资结构多元化。从管理主体多元化来看，中国人民银行（国家外汇管理局）持有官方外汇储备、中国投资公司等国家机构持有其他官方外汇资产以及由企业和居民持有非官方

外汇资产（亦即"藏汇于民"）的多元格局，应当是未来改革的方向。一方面，这种模式可以减少央行资产负债表中外汇储备资产的规模，有利于在一定程度上切断外汇储备增长与货币供应量增长的联系，降低对冲压力，保证货币政策独立性；另一方面，多元化的管理主体可以形成有效的良性竞争环境，拓宽投资渠道，有助于提高外汇资产的投资效益和战略性收益。从投资结构多元化的角度来看，与管理主体多元化相互匹配，外汇资产的投资结构同样需要实现多元化改革。减少对美元的过度偏重，实现外汇资产币种的合理配置应是题中之义。

第三个基本原则，外汇储备管理目标的多层次化。与"超额"外汇储备的管理相匹配，传统的功能目标亟待"升级"。具体而言，就是在坚持"安全性、流动性、收益性"原则的前提下，将外汇储备的功能目标统一按其重要性从大到小渐次排列：第一层次满足进口付汇以及偿还外债等公私两部门的交易，以及为宏观经济政策目标的实现而进行外汇市场干预等用汇需求；第二层次"保持信心"、国民财富的保值增值以及其他战略性收益；第三层次外汇资产投资的高收益。

二、提升我国外汇储备管理效能的战略设想

我们的建议是建立多层次、多目标、多主体的管理体系。

1. 改革外汇储备的经营管理体制模式

目前，外汇储备完全由国家外汇管理局储备司进行经营和管理，这一体制有其历史沿革性，也有其合理性。但这一体制的最大弊端在于把外汇储备作为中央银行的负债来看待，按照安全性、流动性、收益性顺序三原则来经营外汇储备，而忽略了外汇资金的资产性、战略性和竞争性，因此，其投资行为必然是保守的、传统的，主要以投资美国国债或储备货币的国债为主，不可能作为纯粹的投资人进行战略投资考虑，更不会去进行直接投资，乃至选择大宗商品如黄金等进行投资。这样，在国际竞争中往往处于被动，甚至受制于投机资本，担心和害怕国际金融市场动荡。观念的约束，也使得外汇储备投资无法实行一些长远战略和目标。

基于上述考虑，我们认为应该改变外汇储备的投资经营体制，按国家外汇储备和央行外汇储备来划分，把中央银行支配的外汇储备仍然交由国

家外汇管理局外汇储备司经营。这部分外汇规模主要以考虑进口支付和外债清偿、汇率波动、应对国际国内经济和金融动荡等为主。国际上，投资性外汇占一国全部外汇储备的90%以上，如日本、挪威等。我国有5000亿—6000亿美元的央行外汇储备就足够了。另外部分的国家外汇储备资金，应该由专业投资公司来进行投资。其投资范围和品种在国家战略指导下，为国内经济发展服务，为企业服务，并以盈利性为首要目标进行长远性、战略性或短期性投资。

建立新外汇储备经营管理、监管制度，区分战略决策和市场决策。战略决策由国务院作出，市场决策由部门和投资人决策。应尽快改变由国家外汇管理局储备司作全部经营决策的制度，将国家谋略和市场战略、企业进出口结合起来进行联动，否则，巨大的外汇储备就是纸上财富，不能为国民和国家服务。

调整外汇储备经营体制有两种途径选择[①]：

一是继续保留国家外汇管理局储备司下辖的各投资公司；但不再增加人员、编制。其储备经营规模根据外汇储备总规模缺口略有调整，大体稳定在5000亿—6000亿美元。这也可以减轻中央银行和外汇管理局经营外汇储备的各种压力。

二是将其余外汇储备及有关人员合并到中国投资有限责任公司，其机构作为中国投资有限责任公司的下属子公司机构，这有利于化解主权投资基金投资局限，探索新的投资方式和形式。这些下属机构的设置，应该服从国家战略安排需要，分设若干投资公司，以解决外汇储备为国内经济发展和改革服务的问题。

2. 拓宽外汇储备的应用范围

一是面向发达国家重点推进相关领域的股权并购和研发投资。

（1）设立外汇储备专项进口基金形式，重点依托香港平台，鼓励急需设备技术进口和国外大宗商品投资。受金融危机影响，各主要经济体国家的设备和技术都处于低价位阶段，此方式既能增强我国的自主创新能力，增强企业的国际竞争力，又能减少国际收支双顺差的压力。

---

① 陈炳才：《我国外汇储备资产运用战略》，《金融与经济》2012年第3期。

二是推动设立海外研发基地。利用外汇储备支持建立海外研发中心，进而提高中国技术体系的创新能力，为摆脱产业低端"锁定"奠定基础。

三是加快战略物质投资和储备。通过建立矿产资源储备制度，利用外汇储备，增加国家战略性资源储备。

（2）向国有企业定向发行外汇储备债券，给国有企业融资，重点推进其进行国际股权并购。

一是面向发达国家重点推进相关领域的股权并购和研发投资。通过注资、发债等多种方式，将部分外汇储备分流至政策性金融机构，发挥政策性金融机构支持国有企业"走出去"的引导作用。

二是面向资源类国家，重点是资源类企业的股权并购。在海外收购资源时，中国企业可以考虑建立财团式的投资团体，特别是获得东道国财团的支持，通过与东道主国家建立良好的互信交流，能减少交易风险，提高成功几率。

三是面向新兴国家，主要是市场的推广和产业链条的延伸发展。

（3）通过银行"转贷"和"内保外贷"等形式，利用外汇储备来支持重点民营企业实施"走出去"战略。目前，"走出去"兼并收购的主体多为国有企业，民营企业居少。从未来发展趋势来看，民营企业因其产权明晰、机制灵活、国外收购阻力小等优势，其在国家"走出去"战略实施过程中的地位将不断提高。因此，国家应该积极利用外汇储备来支持民营企业，特别是重点民营企业"走出去"，提高其国际竞争力。

一是通过银行"转贷"或"内保外贷"等形式，利用外汇储备来支持民营企业实施"走出去"战略。

二是鼓励民营企业自行购买外汇用于进口国外先进技术、设备和战略性物资。根据国家战略需要的紧急和重要程度对民企外汇购买价格予以不同程度的优惠。

三是借助香港国际化平台，推动民营企业"走出去"。

（4）通过援助＋投资方式，重点支持在周边国家和地区进行国际通道工程建设和农林开发建设。充分利用外汇储备，通过援助、投资的方式，以战略通道、产业基地、合作平台、交流窗口为重点，推进国际大通道建设，是构建合作与发展新格局的重要内容。

一是围绕国家及沿边省区建设国际大通道的部署，建立专属商贸流通集散区和公共信息平台，共建便捷、通畅、高效、安全的综合大交通。

二是加强矿产资源加工、生物资源开发、新型能源基地、现代农业发展等领域的合作，共建产业合作示范园区。

三是共同推进口岸基础设施建设，提升口岸配套功能。在跨境经济合作区内建立外贸加工或保税仓储园区，支持两地企业"走出去"，参与周边国家的资源配置、产业分工和市场竞争。

（5）依托于多边合作机制，鼓励各国运用外汇储备共同注册成立区域内国际化的政策性开发金融机构。国际货币合作的方式有国际融资合作、联合干预外汇市场、宏观经济政策协调、建立联合汇率机制、建立单一货币区五种。我国可依托多边合作机制，鼓励各国运用外汇储备共同注册成立区域内国际化的政策性开发金融机构。以东亚地区为例，目前东亚金融合作实质上仍处于国际货币合作的国际融资合作这一初级阶段。美元的不断贬值以及中、日及其他新兴市场国家持有的高额外汇储备，已经危及国际货币体系的正常运行。现在区域合作已成为全球的发展趋势，在东亚区域内成立外汇储备基金标志着东亚金融合作发展到第二阶段——联合干预外汇市场阶段。我国利用外汇储备，参与建立区域性外汇储备基金或区域内国际化的政策性开发金融机构，对稳定区域金融环境、改善参与国的金融系统、规避金融危机风险具有重要意义。

（6）购买部分黄金作为外汇储备，将黄金储备增加到3000—4000吨。我国的黄金储备自2003年起连续6年维持600吨，到2009年增至1054吨，位于世界第五位。我国目前的黄金储备仅占外汇储备的1.2%。2009年3月，由世界黄金协会根据各国官方的数据整理的数据显示，美国、德国、法国和意大利的黄金储备规模位于前四位，分别占外汇储备的78.9%、71.5%、72.6%和66.5%，而国际平均水平为10%，发展中国家的平均水平为3%。而且，在国际动荡时期，黄金是最稳妥的国际清偿手段，具有很强的保值功能，是最安全的避险工具。此次金融危机过程中，美元资产大幅缩水，并影响了我国外汇管理的自主性。黄金资产是实物资产，不受其他任何国家的干预。因此，我们在减少美元国债的同时，应增加黄金储备。黄金的价格走势，虽然目前处于高位，但是准确预测黄金的价格，合理适时地买进黄金，既能保值，又能改善我国的外汇储备结构。

另外，我们应该进一步完善国内的黄金市场，增加黄金的交易品种，发展黄金衍生品市场，建立黄金自由交易平台，吸引更多的居民参与黄金的买卖，把国家的黄金储备和居民的黄金储备联系起来，以实现"藏金于民"的目的。

3. 推行藏汇于民的政策 [①]

首先在外汇管理政策上要逐步转向自愿结汇制；其次，应活跃国内的外汇金融市场，逐步拓宽居民持有外汇的投资渠道，提高其投资收益，减少其对外汇持有、投资的不必要顾虑；最后，要逐步放松国内居民投资海外市场的限制。

为此，（1）可考虑在国内设立最初仅由本国居民参与的外币债券市场。鼓励原计划在境外发债或申请国际商业信贷的企业与机构，在境内发行外币债券。其中，对已在境内进行股权投资的外商企业，也可通过一定的措施，鼓励其在国内发行外币债，筹集外币资金，专项用于在国际市场上引进设备和生产线等。

（2）通过大力发展本币市场尤其是本币债券市场，允许外资企业在市场上发行本币债券，以及鼓励外资企业在 A 股市场发行股票筹资等手段，以直接减少外资企业在境外的融资和纯作为融资手段的 FDI 的流入。同时，放慢国内企业，尤其是资源型、战略型、垄断型企业的海外上市步伐，鼓励这些企业从国内市场获得资金。在中国高储蓄率、国内流动性充裕的环境下，降低境内企业不必要地从海外融入外币后换汇使用的需求。这是完全可以做到的，关键是现行政策必须调整。

（3）逐步放松居民对外投资的政策限制。首先，有限度地允许国内金融机构所持外汇可以投资海外市场。当然，国际经验显示，在资本流入活跃时期，若允许国内资金投资海外，结果往往仍是更多的资金流入。但是，一旦形势逆转，往往会迅速出现不利于资本管理的局面。因此，允许国内金融机构所持外汇投资海外市场，最初一定要有限制。应在投资内容、性质与规模上分别予以不同的限制，并与资本流入的管理相适应，实

---

① 夏斌：《外汇储备应"藏汇于民"》，《中国企业家》2012 年第 8 期。

现均衡管理原则。其次，在继续逐步开放 QFII 额度的同时，继续大力支持 QDII 的发展。而且，从某种意义上说，支持 QDII 的力度要大于支持 QFII 的力度。尽管中国已是一个世界上的大经济体，但是最初国内的机构投资者和自然人海外投资经验的不足是必然的。在到 2020 年年末的金融战略过渡期的前期，可实行一定程度的政府"保姆式"管理，通过审批制度，逐步放宽 QDII 的额度。中后期，应为战略过渡期结束后中国金融市场大开放作好准备，取消 QDII 投资额度，允许居民自由投资海外市场（当然，对于纯投机行为的金融衍生品市场仍可制定一定的限制措施），盈亏自负。因此在过渡期前期，政府要鼓励国内机构投资者不断寻求与海外机构投资者合作的不同形式，以不断积累海外投资的经验。

（4）加快放松国内企业境外投资、并购换汇等投资限制。相对自然人而言，企业主体风险意识相对较高，境外投资经验相对较多，且以企业所持自有资金换汇进行海外投资，风险自担，与我国目前巨额外汇储备压力下的货币政策调控，并不矛盾。因此，应予以鼓励。同时，也应予以银行并购贷款、搭桥贷款的外汇支持。当前，在给予鼓励与支持的过程中，企业换汇额度可以以企业净资产为限，尽可能控制其信贷的杠杆效应，防止国内银行过多地陷入在境外难以测量的风险中。

4. 推动人民币国际化进程

在国际金融危机背景下，美元等外汇储备货币的汇率遭遇大幅振荡，各国政府都承受着外汇储备缩水的风险。对于我国高额外汇储备的情形而言，风险则更加突出。因此，要保证国家外汇储备管理的安全性，需要加快推动人民币国际化。

首先，推动双边货币结算和投资。在国际贸易中，积极推动双边主权货币结算，这不仅可以规避国际结算的汇率汇兑风险，也可以减少储备货币的资产价格风险。在我国推进跨境贸易人民币结算的同时，别的国家也想推进本币结算，单方面推进人民币结算，发展潜力有限，而签署双边本币结算协议，符合国际金融理论，也符合时代的需要。

如果在主要贸易国家之间推进主权货币结算和投资，就可以减少美元外汇储备的增加及美元资产增加的风险。

其次，逐步开放本币项下资本账户。在储备货币外，以本币标价、结算和投资（包括债券、证券和银行间存款贷款）的最大障碍在于本币资金国际化后的流动性、安全性和收益性如何保障其实现？这个问题不仅涉及资本账户的开放，也涉及本国金融的发展水平和金融交易的监管水平。其实，这不是太大的难题，关键在于认识转变。

全球主权投资最高的年度回报平均超过5%的很少，而新兴市场经济体的股票、债券、存款投资等收益，未必比发达国家少，而且，发达国家复杂的金融衍生产品不是发展中国家投资者所熟悉的，因此，可以在推进双边本币跨境结算和投资的同时，考虑开放双边金融市场——逐步开放双边本币项下的资本账户。这样，以本币标价进行石油交易后的资金流动性、安全性、收益性问题就解决了。其具体途径为：

（1）区分货币币种，实行人民币（不包括储备货币）项下的资本账户开放。两国贸易所形成的外汇顺差或者外汇头寸，需要有投资渠道获得利益。美元、欧元之所以被国际社会认同，关键就是持有这些外汇可以有多种渠道投资，流动性强。

采用主权货币结算以后，但要扩大规模，保持稳定，就要允许人民币跨境流动，允许境外机构在境内发行债券、股票并出境，尤其要允许人民币从境外回流——允许境外机构在境内开立人民币账户进行投资进入股票、债券市场，允许进行人民币理财投资，即对人民币资本账户业务进行开放。如果不允许，境外机构持有的人民币就无法获得收益，也就不愿意使用和持有人民币。

目前，在双边协议的基础上，第一步可以考虑允许境外人民币和非储备货币以合格的境外机构投资者（即我国的QFII制度）形式进入，单个币种总额和批准的QFII额度一样。管理上，适用境内人民币资金管理办法。这样做，储备货币国家也无可挑剔。第二步，推行境外机构在境内发行人民币债券、股票等，这可以降低境外机构在境内资金使用成本，增加其使用人民币资金的积极性，这也可以减少外汇资金流入。

（2）允许境内外银行之间进行主权货币的授信、拆借和资金往来业务。这样，境外银行可以对企业进行人民币授信，开展人民币的信用证、保函、担保和外汇贷款、海外垫付等业务，境外人民币业务就可以规避汇率、利率风险，不会因为汇率利率波动而影响业务的稳定和增长，人民币就会真正走出国门。在境内则可以进行其他主权货币的贸易融资业务，规避储备货币的运用和风险。

5. 加快中国经济增长方式的转型，推进市场化取向的改革

从中长期来看，中国外汇储备问题的破解取决于经济发展方式由出口导向型向内需主导的转型。这要求推进以下几方面的市场化改革：一是中国央行应降低对外汇市场的干预（即减少对美元的购买），放大人民币兑美元汇率的日均波幅。让人民币汇率在更大程度上由市场供求来决定；第二，中国政府应加快国内要素价格市场化改革，让中国出口产品更好地反映国内资源价格与制造成本，从而降低贸易顺差；三是中国政府应进一步取消外商投资的优惠政策，尤其是应取消对地方政府引入外资的政绩考核标准；四是中国政府应加强对短期资本流入的监管，防止热钱流入推高外汇储备；五是努力推动国际货币体系改革，如果能扩大 SDR 的规模与使用范围，并敦促 IMF 建立替代账户，这有利于中国央行将部分美元资产转为以 SDR 计价的资产，从而实现外汇储备的保值；六是中国政府应该把握好人民币国际化与外汇储备增长之间的平衡，避免跛足的人民币跨境贸易结算加剧外汇储备增长。

总之，外汇储备管理是中国这样规模庞大的净储蓄国家所面临的新问题，也没有更多的经济学理论和国外经验可以借鉴，中国所能做的，就是在重新认识外汇储备存在意义的基础上，长期内改变导致外汇储备高增长的前提条件，短期内优化外汇储备的管理和运用模式。

第三章　国际货币体系改革与
人民币国际化战略

2008 年下半年，美国次贷危机引发了全球性金融危机，以这次金融危机的发生为背景，国际社会对美元本位国际货币体系的合理性提出了质疑。这场金融危机再次充分暴露了现行国际货币体系的各种内在矛盾，从而使人们意识到改革美元独霸体系是维持世界经济稳定发展的必要条件之一。为此，国际社会就国际货币体系改革问题展开了广泛的讨论。在这一问题上，国际社会达成的基本共识之一是多元化趋势有助于改善现行国际货币体系的种种缺陷。但是，真正的多元化格局何时能够出现？人民币国际化对此会产生怎么的影响？这些问题仍然是未知数。

第一节　金融危机后国际货币体系矛盾的显现

以美元为主导的现行国际货币体系存在三大矛盾（见表 3—1），即，逆差输出与币值稳定之间的矛盾、发行国利益与全球利益之间的矛盾、经济实力与货币实力不平衡的矛盾。2008 年下半年，起因于美国次贷危机的全球金融危机在一定程度使这些矛盾表面化，从而引发了一场有关国际货币体系改革的大讨论。

表3—1　现行国际货币体系三大矛盾

三大矛盾	内容	对应的改革要求
一、国际货币贸易逆差输出与保持币值稳定之间的矛盾	国际货币发行国通常需要通过贸易逆差输出本币，而逆差的扩大会形成本币贬值压力，从而使国际货币丧失信用，无法有效履行国际货币的职能。另外，过度增长的贸易收支逆差还有可能诱发金融危机，从而损害全球经济的稳定。	第一，以超主权国际货币或黄金取代美元作为国际货币的职能。第二，通过量化指标限制美国的贸易收支逆差。
二、国际货币发行国主权利益与全球利益之间的矛盾	当国际货币发行国的利益与全球经济利益发生冲突时，国际货币发行国采取的利己主义货币政策会损害全球经济的稳定发展。	第一，以多元化货币体系牵制美国的货币政策。第二，以超主权国际货币或黄金取代美元的地位。第三，设立量化指标制约国际货币发行国的利己主义政策。
三、经济实力与货币实力不平衡的矛盾	美元的货币实力远远超越了其经济实力，美国成为了现行国际货币体系的主要受益者。新兴市场国家的崛起要求改变这一状况。	第一，促进反映经济实力的多元化国际货币体系。第二，提高人民币在国际货币体系中的地位和作用。

110

资料来源：作者根据有关资料整理。

一、逆差输出与币值稳定之间的矛盾

早在20世纪60年代，美国经济学家罗伯特·特里芬就在其《黄金与美元危机——自由兑换的未来》一书中指出以美元为主导的国际货币体系存在严重的缺陷，即美国以贸易收支逆差输出美元，国际货币流动性的增加以美国贸易收支逆差的扩大为前提条件，而美国贸易收支逆差的扩大势必导致美元信任危机，从而使美元无法有效行使国际货币的职能。以上悖论被后人称为"特里芬难题"（Triffin Dilemma）。

"特里芬难题"仅仅揭示了美元本位国际货币体系的缺陷，而美国次贷危机的发生表明这一国际货币体系不仅存在引发美元信任危机的可能性，而且还会通过助长全球经济的失衡，导致金融危机的发生。美国之所以发生次贷危机，其重要原因之一是美元本位的国际货币体系通过美国贸易收支逆差的扩大，助长了美国无节制的低成本融资，其结果是低成本融资导致了房地产泡沫的出现，而泡沫的破灭最终导致了全球性金融危机的发生。

（单位：%）

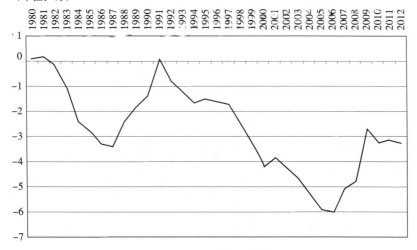

图 3—1　美国经常收支对 GDP 之比

资料来源：作者根据 IMF 数据库数据整理。

　　图 3—1 反映了美国经常收支逆差对 GDP 之比的变动情况。从该图中我们可以看到，进入 20 世纪 90 年代后，美国经常收支赤字规模一直延续了上升趋势，进入 21 世纪后，美国经常收支逆差对 GDP 之比超过 4%，到次贷危机发生前的 2006 年，该比率已经接近 6%。通常，该指标达到 4% 被视为经济面临危险的警戒线，美国的这一指标高达 6% 预示着美国遭受金融危机风险冲击的可能性明显上升，此后，美国次贷危机的发生正好验证这一可能性。

　　图 3—2 反映了美元名义有效汇率和实际有效汇率的变动情况。名义有效汇率是指根据不同国家贸易权重计算的综合名义汇率指数，该汇率可以全面反映一国汇率的变化。实际有效汇率是对名义有效汇率进行物价调整后的汇率指数，该汇率能够全面、准确地反映一国竞争力的变动情况。对照图 3—1 和图 3—2，我们不难发现，进入 21 世纪后，随着美国经常收支逆差规模的扩大，美元开始了长期的贬值趋势。美国经常收支逆差与美元贬值之间的联系在一定程度上反映了特里芬悖论。

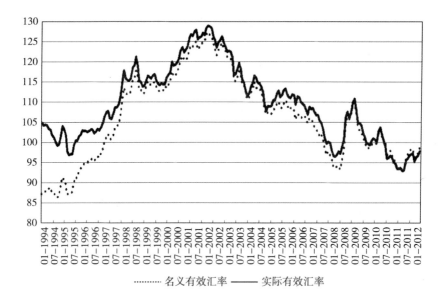

........名义有效汇率 ——— 实际有效汇率

图 3—2　美元汇率的变动情况（2010 年的平均值为 100）

资料来源：作者根据国际结算银行数据库整理。

　　尽管经常收支逆差与美元走势之间的关系应验了特里芬的两难命题，然而，与特里芬设想的情况有所不同的是：美国贸易收支逆差的扩大并非起因于全球经济对美元流动性的需求，而是起因于美国经济的结构性失衡，即美国的投资超过了其储蓄，美国的需求超过了其供给能力，二者之间的差额只能通过贸易收支逆差进行平衡。本币不是国际货币的国家无法用本币进行对外支付，因此其贸易收支逆差规模受外汇支付能力的限制。然而，与这类国家不同，作为国际货币发行国，美国可以直接用美元进行对外支付，这一有利条件助长了美国的贸易收支逆差，而美国的贸易逆差又引发了美元的长期贬值趋势。

　　另外，通过贸易收支逆差输出到境外的美元又以投资的形式回流美国金融市场，从而引起美国经济的流动性供给过剩，资金供给的过度增加引起利率下降，低成本融资又助长了房地产泡沫的形成，而泡沫的破灭最终导致了次贷危机的发生。最后，次贷危机又进一步加大了美元贬值压力，美元贬值风险构成了对全球国际货币体系稳定的威胁。

　　正是鉴于以上事实，在美国次贷危机发生后，改革美元本位的国际货币体系成为了国际社会关注的热点问题之一。

二、发行国利益与全球利益之间的矛盾

在美国次贷危机发生后，国际货币体系改革问题之所以受到重视，不仅仅在于该体系助长了美国的次贷危机，而且还在于危机发生后，美国采取了有可能引发美元大幅度贬值的量化宽松政策。美国政府采取的这一政策使其他国家持有的美元外汇储备资产面临缩水的风险，因此遭到国际社会的强烈反对。

由美国量化宽松政策引发的美国与其他国家之间的矛盾，在一定程度上反映货币发行国利益与全球利益之间的冲突。美元既是美国的货币，也是世界的货币。作为美国的货币，美元有必要服务于美国的利益。作为世界的货币，美元应该服务于全球利益。当美国利益与全球利益发生冲突时，美国会让美元优先服从于本国利益，在这种情况，美国的美元政策将会损害全球利益，从而使美元无法有效履行世界货币的职能。

采取量化宽松政策的国家并不局限于美国。在发展中国家，中央银行购买国债是极为普遍的现象。即使在发达国家，日本央行、欧洲央行以及其他国家的央行都在不同程度上以不同的形式采取过量化宽松政策。这些国家采取量化宽松政策都属于主权范围内的事务，其他国家无权进行干涉和指责。但是，美元不同于这些国家和地区的货币，美元是全球主导性国际货币，因此，美元具有公共财产（公共产品）的性质。鉴于美元的这一性质，当美国的利益与全球利益发生冲突时，美国的货币政策必然会损失其他国家的利益，从而引起其他国家的反对，这正是其他国家可以采取量化宽松政策，而美国不能随意采取量化宽松政策的主要原因。这一状况，揭示了两个道理：其一，国际货币发行国的利己主义政策会损害世界经济的稳定，这是主权国家货币充当国际货币的重要缺陷之一；其二，国际货币发行国不能随意采取有利于本国的货币政策，这是国际货币发行国需要承担的成本之一。

从美国国内经济的视角来看，美联储采取量化宽松政策的目的是为了刺激本国经济和增加就业机会。2008 年下半年，在次贷危机发生后，为了刺激国内经济，美联储采取了零利率政策，但是这一政策无法有效阻止

美国经济的衰退。鉴于这一情况，如表3—2所示，2009年3月，美联储声明将在6个月里购买总额为3000亿美元的长期国债，这一政策的出台意味着美国正式推出量化宽松货币政策（简称QEI）。美联储的干预并不局限于购买长期国债，这一时期，美联储购买了合计1.7万亿美元的中长期国债、抵押贷款支持证券等资产。2010年10月，鉴于美国经济恢复乏力，失业率居高不下，美联储启动第二轮量化宽松政策（简称QE2），宣布到2011年6月底以前购买6000亿美元的中长期国债，每一个月购买750亿美元的长期国债，在八个月内完成这一措施。以上两轮"量化宽松政策"共投放2.3万多亿美元货币。

表3—2 美联储的量化宽松政策和扭曲操作

	推出的时间和内容
第一轮量化宽松政策	2009年3月，美联储宣布将在6个月里购买总额为3000亿美元的长期国债，正式宣告实施量化宽松货币政策（简称QEI）。美联储购买合计1.7万亿美元的中长期国债、抵押贷款支持证券等资产。
第二轮量化宽松政策	2010年10月，美联储再次宣布到2011年6月底以前购买6000亿美元的中长期国债（简称QE2）。每一个月购买750亿美元的长期国债，在八个月内完成这一措施。
实施扭曲操作	2011年9月美联储宣布将推出价值4000亿美元的扭曲操作。即抛售短期债券并买进长期债券来压低长期利率。计划于2012年6月底结束。
延长扭曲操作	2012年6月，美联储宣布将"扭曲操作"期限延长6个月，美联储将再次买进2670亿美元期限从6年到30年不等的中长期国债，并卖出期限为3年甚至更短的等量国债。

资料来源：作者根据有关资料整理。

从全球经济的视点来看，美国的量化宽松政策增加了全球美元储备资产缩水的风险，因此，这一政策一经出台，就遭到国际社会的强烈反对。美元外汇储备占全球外汇储备的60%，美元资产几乎构成了所有国家外汇储备的主要部分。鉴于这一现状，美国量化宽松政策有可能损害所有国家的经济利益。

另外，美国量化宽松政策对全球经济的另一负面影响是引起美元贬值和导致其他国家货币对美元的升值，从而导致其他国家贸易收支的恶化。为了防止出现以上情况，其他国家纷纷通过外汇市场干预，阻止本币升值。进入 2009 年后，随着美国量化宽松政策的出台，本币升值与反升值的博弈成为了货币战争的导火索。由于货币战起因于美国的量化宽松政策，因此，这一政策的合理性引起了国际社会的广泛质疑。

鉴于国际社会的强烈反对，2011 年下半年，美联储停止量化宽松政策，改用扭曲操作干预，即通过抛售短期债券和买进长期债券来压低长期利率，其目的是通过降低长期利率刺激国内投资和消费。2011 年 9 月美联储宣布推出价值 4000 亿美元的扭曲操作。该计划于 2012 年 6 月底结束。2012 年 6 月，美联储再次宣布将"扭曲操作"期限延长 6 个月，美联储将再度买进 2670 亿美元期限从 6 年到 30 年不等的中长期国债，并卖出期限为 3 年甚至更短的等量国债。通过以上两次扭曲操作，美联储将买入 6670 亿美元的长期国债。

美联储量化宽松政策的直接后果是引起基础货币的大幅度增加。图 3—3 反映了这一变化，从该图中我们可以看到，2009 年以后，美国的基础货币出现了大幅度的增加。这一变化助长了通货膨胀和美元贬值的预期。

（单位：亿美元）

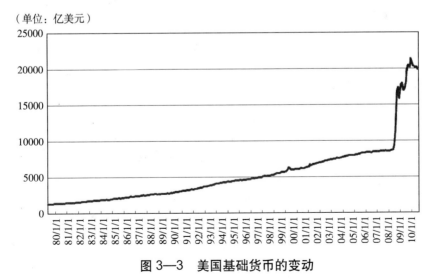

图 3—3 美国基础货币的变动

资料来源：作者根据美联储数据库数据整理。

图 3—4 是美元指数数据。美元指数类似于名义有效汇率，是反映多边汇率关系的综合汇率指数，因此该指数被广泛用于衡量美元汇率的变动情况。通过该数据的变化，我们可以在一定程度上观察到美国量化宽松政策对美元汇率变化的影响。美国第一轮量化宽松政策开始于 2009 年年初，从图 3—4 中我们可以看到，进入 2009 年，美元指数开始下跌。第二轮美国量化宽松政策开始于 2010 年年底，这一时期美元汇率也出现了贬值趋势，但是美元开始贬值的时期出现在 2010 年年中，要早于第二轮量化宽松政策的推出。引起这一差异的重要原因之一是美国有可能推出第二轮量化宽松政策的预期在一定程度上已经提前形成了美元贬值压力。

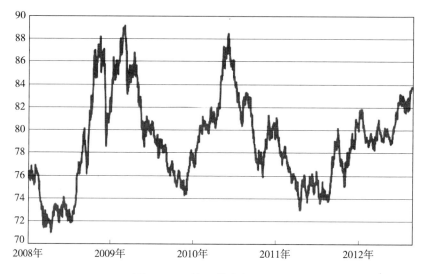

图 3—4　美元指数的变动

资料来源：作者根据纽约棉花交易所（NYCE）数据整理。

三、经济实力与货币地位不平衡的矛盾

在国际货币体系中，通常一国的货币地位应该对应于其经济实力，经济实力较强国家的货币应该有较高的国际地位。但是在现实世界中，美元在国际货币体系中的地位远远高于美国在世界经济中的实力，而其他主要经济体和国家的货币地位要远远低于其经济实力。这种不平衡不仅不利于国际货币体系的稳定，而且也不符合公平分享利益与分担风险的原则，经济实力与货币地位的不对称是现有国际货币体系存在的重要问题之一。这

是国际社会要求改革现行国际货币体系的重要原因之一。

一旦一国货币充当主要国际货币，该国可以在经济方面享受许多其他国家无法享受的利益。这些利益包括：第一，可以获得铸币税收入。作为国际货币，有一部分现金长期滞留于境外，货币发行国可以无偿占有对应于这部分资金的商品。第二，可以获得本币短期负债和长期投资的利差收入。即为了满足流动性的需要，其他国家通常以短期投资的形式购买货币发行国的资产，而货币发行国可以利用这部分资金进行对外长期投资，长期投资的收益高于短期投资，因此货币发行国可以获得二者之间的利差收入。第三，可以降低本国对外贸易和投资的汇率变动风险。另外，用本币进行对外结算还可以降低汇兑成本。第四，可以增加本国金融机构和金融市场的本币国际业务，因此有助于本国金融机构和金融市场的发展。

鉴于本币国际化的以上好处，那些本币国际地位相对低于本国经济实力的国家和地区通常会提出改革国际货币体系的诉求。2008年下半年，随着全球金融危机的发生，欧元区国家和中国率先提出了改革国际货币体系的建议，俄国等其他新兴市场国家也支持这一建议。这是因为欧元区国家和中国等新兴市场国家都面临本币国际地位与经济实力不匹配的问题，

（单位：%）

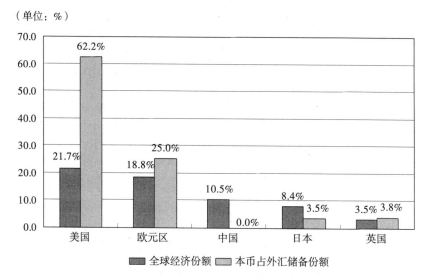

图3—5　主要经济大国和经济体占世界经济份额

资料来源：根据 IMF 数据库数据计算。

都希望通过国际货币体系改革提高本币在国际货币体系中的地位。

从图3—5中我们可以看到，美国的经济规模只占全球经济的21.7%，而美元占外汇储备的份额却高达62.2%，后者是前者的三倍。欧元区是全球第二大经济体，其经济规模与美国旗鼓相当，但是欧元占全球储备货币的份额却远远低于美元。中国是全球第二大经济大国，其经济占全球经济份额已经超过10%，但是人民币占全球外汇储备的份额几乎等于零。鉴于以上状况，在美国次贷危机发生后，为了提高欧元在国际货币体系中地位，欧元区国家政府首脑积极倡导改革以美元为中心的国际货币体系，中国政府开始出台政策积极推进人民币国际化进程。

第二节　国际货币体系改革的期待与现实

如上所述，2008年下半年，起因于美国次贷危机的全球金融危机给世界经济带来了巨大冲击。以这次金融危机的发生为背景，国际货币体系改革再度成为国际社会广泛关注的议题，这是因为人们普遍认为现行国际货币体系的缺陷是助长这次危机的重要因素之一。以美元为主导的国际货币体系为美国进行无节制的低成本融资提供了有利条件，这一状况助长了次贷危机的发生。另外，在次贷危机发生后，为了刺激国内经济，美联储推出量化宽松政策，这一政策助长了美元的贬值预期和提高了世界各国储备资产缩水的风险。鉴于以上问题，在美国次贷危机发生后，国际货币体系改革受到了空前的关注。在此，我们就国际货币体系改革的具体内容和现实情况展开具体的讨论。

一、国际货币体系改革的争论

国内外有关国际货币体系改革的建议包括：第一，创立超主权储备货币；第二，恢复与黄金挂钩的国际货币体系；第三，推进多元化货币体系；第四，维持和改建美元本位的国际货币体系。在以上议题中，争论的焦点主要集中于第一个问题，即是否有可能建立超主权储备货币体系？

在 2008 年的全球性金融危机发生后，周小川（2009）、施蒂格利茨（2009）、原英资（2009）和联合国（UN，2009）提出创立超主权国际储备货币的建议。这一建议在学术界引起了广泛的争论。

在国际学术界，一些著名学者和国际金融领域的专家踊跃参加了这一问题的讨论。Rodrik（2009）和 Williamson（2009）对周小川提出的建议持肯定态度。其中，Rodrik（2009）认为增加特别提款权的缺点是助长通货膨胀风险，但是在金融危机期间，这一作用反而有助于降低通货紧缩风险。但是，Aiyar（2009）对特别提款权（Special Drawing Right, SDR）的作用持怀疑态度，并认为中国很难受惠于周小川的改革提案。Subramanian（2009）也认为中国是现存美元主导体系的主要受益者，放弃这一体制并不是中国的本意。Cooper（2009）和巴里·艾肯格林（2009）认为提高 SDR 作用的必要条件是在私人部门推广其使用。但是，这一做法在实际操作中会遇到难以克服的困难。

就国内学者对这一问题的看法而言，李扬（2008）和管涛（2009）等认为从历史的经验来看，SDR 很难有发展空间。余永定（2009）、黄益平（2009）和黄范章（2009）认为这一改革思路值得肯定，但是要变成现实需要较长的时间。黄梅波等（2009）提出：为了克服推广 SDR 的困难，可以把 SDR 替代账户作为突破口。而曹红辉等（2009）认为，鉴于推广 SDR 的困难，应该把国际货币多元化作为改革的主要目标。国内多数学者认为有关超主权国际储备货币的讨论是理论问题而不是政策问题，这一问题的提出是博弈策略而不是发展战略。

除超主权储备货币的提案外，作为国际货币体系改革的建议，还有一些人提出重新加强黄金在国际货币体系中的作用。前世界银行行长佐利克是这一观点的代表性人物。2010 年 11 月 8 日，佐利克在英国《金融时报》上发表文章，提出了构建协作性货币体系的改革提案，这篇文章发表后立刻引起了国际社会的广泛关注①。一些人认为佐利克是建议恢复金本位制，但是佐利克本人随后否定了这一说法，他仅仅建议将黄金作为对通胀、通缩及未来货币价值市场预期进行判断的国际参考基准。

---

① Robert Zoellick: "The G20 must Look Beyond Bretton Woods", *The Financial Times*, November 8, 2010.

作为国际货币体系改革的提案，许多学者支持加强黄金的作用，但是，在让黄金扮演怎样的角色问题上，学术界存在较大的争议。英国华威大学荣誉退休教授罗伯特·斯基德尔斯基指出如果把黄金作为储备货币，外汇储备的积累会引起通缩效应，因此有助于防止中国这样的国家大量积累外汇储备①。马来西亚前首相马哈蒂尔也倡导建立以黄金为基础的国际货币体系。他指出："该体系应考虑设立一种以黄金为基础的交易货币，其他货币应根据这一货币确定汇率。金价将在很小区间波动。企业面临的不确定性变小。各国政府应当根据金价或经济表现来固定汇率"。但是马哈蒂尔并没有明确指出以黄金为基础的货币是美元还是超主权货币。在这一问题上，也有学者建议恢复美元和黄金挂钩的布雷顿森林体系，在这一体系下，美国经常收支逆差的扩大会引起美国黄金的流出，为了避免出现这一结局，美国政府会采取控制经常收支逆差规模的政策，因此这一制度有助于限制美国经常收支逆差的扩大。

与以上两种观点相比，多数人主张应该走多元化国际货币的改革道路。在多元化货币的选择问题上，主流观点认为短期来看，欧元是可以向美元挑战的唯一货币，如 Chin & Frankel（2008）认为欧元作为储备货币将在2020年超过美元。从长期来看，许多学者看好人民币的前景，即认为美元、欧洲和人民币会成为未来多元化货币体系的核心。也有一部分人认为，在未来相当长的一段时期内，美元本位仍然是最佳的国际货币体系，无论超主权货币、黄金和多元化货币都无法取代美元在国际货币体系中的地位。

综合以上观点，国际货币体系的发展前景有四种可能性，即第一，建立超主权国际货币体系；第二，建立与黄金挂钩的国际货币体系；第三，建立多元化国际货币体系；第四，维持美元本位的国际货币体系。表3—3归纳了这些选择方案的长处和短处，从这些比较中，我们不难看到，没有一种国际货币体系属于十全十美的选择。即使是多数人看好的多元化货币体系也存在明显的缺陷。其主要问题是会增加交易成本和加大汇率变动风险，因此即使将来国际货币体系步入真正的多元化货币体系，这一体系也

---

① 罗伯特·斯基德尔斯基：《世界货币体系改革的黄金机遇》，《金融时报》2010 年 11 月 12 日。

不会成为终极国际货币体系。如果追求效率和公平代表了国际货币体系的发展方向，那么国际货币体系的终极目标是建立超主权世界货币。

如果以上判断正确，那么上述第一种、第三种和第四种选择方案更有可能属于不同时期的阶段性选择方案。即第一阶段仍然维持美元本位的货币体系，第二阶段向多元化货币体系过渡，最后阶段创立超主权世界货币。

表3—3　不同储备货币模式的比较

储备货币模式	优　点	缺　点
一元主权货币	第一，与多元体系相比，可以降低交易成本和发挥规模优势。 第二，与一元超主权模式相比，具有现实可操作性。	第一，存在利益冲突问题，主权国家的货币政策有可能损害世界经济的稳定。 第二，在储备货币与非储备货币之间存在非对称性问题。
一元超主权货币	第一，与一元主权货币相比，可以避免利益冲突问题和非对称性问题。 第二，与多元货币相比，可以降低交易成本和发挥规模优势。	第一，缺乏可操作性。缺乏担保和难于在私人部门推广。 第二，缺乏愿意积极推进超主权储备货币的利益集团。
多元主权货币	第一，与一元主权货币相比，可以缓解利益冲突问题和非对称性问题。 第二，与一元超主权货币相比，相对容易实施。	第一，与一元货币体系相比，存在交易成本过高和无法充分发挥规模经济优势的问题。 第二，增加了汇率波动风险。 第三，与一元主权货币相比，可以降低利益冲突和非对称性问题，但无法根除这些问题。
黄金主导模式	第一，有助于平抑通货膨胀。 第二，有利于纠正非对称性。 第三，有助于防止美国无节制的政策。 第四，避免竞争性货币贬值。	第一，有可能引发流动性不足。 第二，限制货币政策的有效性。 第三，引起贸易萎缩。 第四，可能引起物价的大起大落。

资料来源：作者根据相关资料自行整理。

二、国际货币体系改革的现实

尽管学术界就国际货币体系改革问题展开了广泛的讨论，然而，如果着眼于现实，我们不难发现，现阶段，国际货币体系改革几乎没有取得任何实质性的进展。有关这一问题的讨论只停留在一些设想和建议上。历次的 G20 峰会并未就国际货币体系改革提出任何具体的改革方案，甚至没有明确提出改革国际货币体系的意愿。IMF 也没有就这一问题展开认真的研究。随着世界经济走出衰退，有关国际货币体系改革的议论开始逐步退出人们的视野。

出现以上结果，受到多种因素的影响。这些因素包括：

第一，尽管现行国际货币体系存在一定的缺陷，但是至今为止还没有找到一种能够替代这一体系的、更优的改革方案。尽管在学术界，一些学者提出了用超主权储备货币代替美元或将国际货币体系与黄金挂钩的建议，但是由于这些建议缺乏可操作性，并未受到 G20 的重视，因此无法转化为现实的改革成果。另外，尽管多元化国际货币体系被视为较为现实的选择，但是，在严格的意义上来讲，建立多元化国际货币体系并不属于改革的范畴，这是因为国际货币体系是否能够朝着多元化的方向发展最终取决于市场的选择，并非属于可以通过改革而实现的目标。

第二，在全球层面，缺乏积极推进国际货币体系改革的政治力量。美国是现有国际货币体系的最大受益者，因此，美国政府对国际货币体系改革采取消极态度。从历次 G20 峰会的情况来看，美国政府从未提出改革现有国际货币体系的建议。有关国际货币体系改革的呼声主要来自欧洲和一部分新兴市场国家。但是欧洲与新兴市场国家政府层面的建议也只停留于推进多元化国际货币体系的发展。

第三，随着欧洲债务危机从希腊向其他欧元区国家扩散，美元兑欧元汇率出现升值趋势，这一变化在一定程度上弱化了人们要求国际货币体系改革的呼声。2008 年下半年以后，以美国次贷危机的发生为背景，美联储实施了量化宽松政策，这一政策的出台助长了美元贬值压力，从而提高了国际货币多元化的预期。然而，此后，受欧洲债务危机的影响，美元不仅没有贬值，反而出现了升值趋势，这一变化弱化了国际货币体系改革的期待。从图 3—4 中我们可以看到，2011 年年中以后，美元指数在 74 点左右触底反弹，这一趋势一直延续到 2012 年年中为止；到 2012 年 7 月，美元指数上升到 84 点左右，与 2011 年年中相比，上升幅度超过 10%。与美元汇率的这一变化相对应，美元作为国际储备货币的地位重新得到巩固。从图 3—6 中，我们可以看到，进入 21 世纪后，美元占国际储备货币的比重一直延续下降趋势，然而，2011 年以后，这一趋势出现了逆转的兆头。2010 年美元占国际储备货币的比重下降到 61.8%，创历史最低水平，2011 年和 2012 年又回升到 62.2%。与以上变化形成鲜明对照的是：2009年欧元占国际储备货币上升到 27.4%，创历史最高水平，此后，受欧洲债务危机的拖累，出现下降趋势，2012 年第一季度下降到 24.9%。

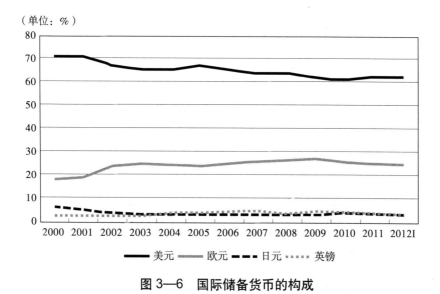

图 3—6　国际储备货币的构成

资料来源：作者根据国际结算银行数据库资料整理。

受以上几方面因素的影响，2011 年以后，国际社会要求进行国际货币体系改革的呼声明显有所下降。如前所述，从长期的展望来看，国际货币体系有可能出现多元化的发展趋势，然而，这一变化将以多快的速度发生，将取决于全球经济的多元化趋势。从国际货币发展的历史来看，有众多因素会影响到国际货币的形成，然而，在这些因素中，经济实力发挥着主导性作用。近年来，国际社会的主流观点认为货币多元化代表了未来国际货币体系的发展方向。这种观点主要立足于经济实力的多元化趋势，即认为经济实力的多元化趋势必然会引起国际货币的多元化趋势。从这一判断来看，国际货币多元化的发展速度在一定程度上取决于经济实力多元化的发展速度，经济多元化发展得越快，国际货币的多元化趋势也就发展得越快。

第三节　新兴市场国家的两难选择与
国际货币多元化趋势

　　本节的问题是：为什么新兴市场国家的货币崛起要明显慢于其经济崛起？这一问题在中国表现的尤为明显，中国已经成为全球第二大经济大国，但是其货币远未成为国际货币。本文将从经济发展模式这一视角，探讨新兴市场国家货币崛起明显滞后于经济崛起的原因。通过以上分析，本节得出的基本结论是：国际货币多元化格局的形成将要花费较长的时间。

一、要素转移型经济崛起对本币国际化的影响

　　从历史的经验来看，大国的货币崛起通常会滞后于经济崛起。鉴于这一事实，尽管经济多元化趋势会引起国际货币的多元化趋势，但是，在时间上，国际货币多元化的进程会滞后于经济多元化进程。以上只是借鉴历史经验而得出的一般结论，这一结论没有考虑经济崛起模式对货币国际化的影响。从当前一部分新兴市场国家的情况来看，其经济崛起属于资本转移型崛起，本文认为这一发展模式不利于新兴市场国家的货币成为国际货币，受此影响，国际货币多元化进程需要花费较长的时间。

　　为了分析不同种类经济崛起对国际货币体系的影响，本文将经济崛起分为两种模式，即资本积累型崛起和资本转移型崛起。前者是指依靠本国资本积累实现的经济崛起，这类经济崛起具有渐进的特点。早期大英帝国的崛起，美国、日本和德国的经济崛起都属于这一类型。后者是指依靠吸引外资，即依靠资本转移实现的经济崛起，与前一类经济崛起相比，这类经济崛起具有速成的特点，21世纪的中国及其他一些新兴市场国家的经济崛起属于这一类型的崛起。为了便于论述，本文将前一种类型的经济崛起简称为资本积累型崛起，把后者简称为资本转移型崛起。

　　19世纪和20世纪的大国经济崛起主要依赖本国资本的积累，进入21世纪后，在全球化这一大背景下，新兴市场国家的经济崛起模式发生了根

本性变化。受益于经济全球化的恩惠，新兴市场国家可以通过资本要素的转移，实现本国经济的崛起，这一模式突破了资本积累型经济崛起在资本积累速度上的极限，从而大幅度缩短了经济崛起的时间。

　　在经济全球化时代，一部分新兴市场国家之所以能够实现资本转移型经济崛起，是因为发达国家的非对称性要素开放为新兴市场国家利用外资提供了有利条件。市场经济的基点是利润最大化原则，在生产要素可以自由移动的条件下，发达国家高劳动生产率资本与发展中国家低劳动力成本的结合是实现利润最大化的最佳途径。如果生产要素实现全方位开放，这一结合可以同时在发达国家和发展中国家实现。然而，发达国家实行的是非对称性要素开放，即仅仅开放了资本移动，并没有开放劳动力要素的移动。受这一因素的影响，发展中国家的廉价劳动力无法自由进入发达国家，因此发达国家高劳动生产率资本与发展中国家低劳动力成本的结合只能在发展中国家进行。换句话说，为了实现利润最大化的经营目标，发达国家企业只能将工厂转移到中国等拥有低劳动力成本的新兴市场国家。发达国家企业将生产转移到新兴市场国家意味着把 GDP 转移到这些国家，这一转移必然会引起发达国家 GDP 增长速度的下降和新兴市场国家 GDP 增长速度的上升，即所谓的双速经济增长。这一结果意味着资本要素的转移使中国等新兴市场国家在短期内实现经济崛起成为了可能。

　　在短时间内快速实现本国经济的崛起固然是一件好事，但是从对货币的影响来看，资本转移型发展模式增加了在短时间内实现货币崛起的难度。换句话说，这一发展模式有可能拉大经济崛起与货币崛起之间的时间跨度，从而使货币崛起的时间大幅度滞后于经济崛起。之所以会出现这种情况，是因为资本转移型经济崛起与本币国际化之间存在着此消彼长的矛盾关系，即有助于实现资本转移型经济崛起的政策会妨碍本币成为国际货币，相反，有助于本币国际化的政策会削弱资本转移型经济崛起的基础。

　　如前所述，一般来说，一国经济崛起有助于推动本币国际化进程，在二者的关系问题上，人们通常认为本币国际化需要以经济崛起为先决条件。但是，在资本转移型经济崛起模式下，情况并非完全如此。尽管从长期来看，经济崛起有助于推动本币国际化进程，然而，从短期来看，资本转移型经济崛起并非有利于推进本币国际化进程。新兴市场国家推进资本转移型经济崛起的基本条件之一是保持低劳动力成本竞争优势，这是因为这一优势是这些国家吸引外资的基本条件之一，因此，拥有这一条件也是实现资本转移型经济崛起的基本保证。为此，新兴市场国家需要保持汇率稳定，而为了保持汇率稳定，又需要保持对资本项目的适度管理，而资本项目管理是妨碍这些国家货币国际化的主要障碍之一。

新兴市场国家政府之所以要进行汇率干预是因为汇率会影响到美元计价的工资水平。通常跨国公司根据美元标价的工资，即美元工资水平衡量世界各国劳动力成本的高低和进行全球生产布局。美元计价工资水平取决于以下两个因素：其一，本币工资。本币工资的上升会引起美元计价工资的上升。其二，汇率水平的变化。本币升值同样会导致美元计价工资的上升。由此可见，本币工资和汇率是影响新兴市场国家劳动力成本变化的两大决定性因素。因此，本币工资和汇率水平是决定资本转移型经济崛起是否能够成功的两大关键因素。

另外，从三元悖论的视角来看，为了保持汇率稳定，新兴市场国家必须保持适度的资本项目管理。三元悖论是指，一个国家在货币政策独立性、汇率稳定和资本自由移动三项目标中，只能同时拥有两项目标。中国等实现经济崛起的新兴市场国家通常为经济大国，对这些国家而言，保持货币政策的独立性对经济发展具有举足轻重的作用，因此，这些国家必须维持货币政策的独立性。另外，如前文所分析的那样，资本转移型经济崛起要求新兴市场国家保持汇率稳定，在这种情况下，新兴市场国家只能放弃资本自由移动的目标，即只能保持对资本项目的适度管理。

从与货币国际化的联系来看，资本项目开放是货币国际化的必要条件之一，而为了维持汇率稳定，新兴市场国家需要维持对资本项目的管理，这是当前中国等新兴市场国家在推进本币国际化进程中面临的两难选择，这一矛盾构成了其货币国际化的主要障碍。

在新兴市场国家中，中国是实现资本转移型经济崛起的代表性国家之一。在人民币国际化问题上，中国一直面临两难选择的困境。通过中国的案例，我们很容易观察到资本转移型经济崛起对货币国际化的影响。

在过去十年中，人民币汇率之所以成为中国对外经济的核心问题，是因为人民币汇率水平是决定中国经济崛起是否能够持续的关键因素之一。

一旦人民币升值速度失控，美元计价工资水平会出现急速上升趋势，中国将丧失低劳动力成本竞争优势，这一变化会降低中国吸引外资的能力，从而有可能中断中国资本转移型经济崛起的进程。发达国家政府之所以施加巨大压力，要求人民币升值，其基本动机之一是阻止中国经济的崛起，而中国坚持渐进式人民币升值的目的是尽可能延长中国经济高速增长的期限。

人民币国际化的核心问题也同样涉及人民币汇率。加速人民币国际化的基本条件之一是实施资本项目开放，而资本项目开放关系到中国政府控制人民币汇率的能力。一旦实施资本项目的全面开放，中国必须在货币政策独立性和汇率稳定之间做出选择。像中国这样的经济大国不可能没有货币政策的独立性，因此其结果是中国必须采用浮动汇率制度和容忍人民币汇率的大幅度升值，而汇率的过度升值必然会妨碍资本转移型经济崛起。

通过以上分析，我们可以看到，尽管从长期来看，新兴市场国家的经济崛起会形成货币国际化的动力，但是，作为货币国际化必要条件的资本项目开放，有可能通过对汇率的影响，削弱这些国家经济崛起的潜力，从而削弱其本币国际化的基础。鉴于这一可能性，中国等新兴市场国家不得不推后资本项目的开放时间，这一选择必然会延迟其货币国际化进程。

面对资本转移型经济崛起与货币国际化之间的矛盾，新兴市场国家有三个选择：其一，全面禁止本币国际化；其二，在维持资本项目管理的前提下，谨慎推进局部本币国际化；其三，在实现资本项目开放的同时，全面推进本币国际化。从中国的视点来看，以上选择代表了不同时期的三种选择。在 2009 年以前，我国几乎全面禁止人民币的跨境使用。2009 年以后，随着跨境贸易人民币结算的出台，中国进入局部国际化阶段。未来在中国经济追赶期结束后，人民币将会步入全方位国际化阶段。

二、新兴市场国家本币国际化的三大矛盾

以上我们讨论了新兴市场国家在推进本币国际化进程中面临的两难选择。这一两难选择又进一步延伸为以下三个方面的矛盾：

1. 快速经济崛起和与网络外部性缺失之间的矛盾

资本转移型经济崛起的优势之一是可以通过维持高速经济增长在短时

期内快速提升本国的经济实力。但是，在本币国际化方面，这一经济崛起模式存在明显的缺陷，其缺陷之一是货币网络外部性的缺失。从国际货币发展的历史来看，货币网络外部性对于一国货币的国际地位具有举足轻重的影响作用。在一国货币的国际化进程中，经济规模和网络外部性是影响其国际地位的两大决定性因素，但是二者发挥影响的侧重点有所不同。经济规模决定了货币地位的变化方向，而网络外部性决定了其变化速度。观察国际货币的沉浮，我们不难发现，一国经济的崛起早晚会引起其货币崛起，而一国经济的衰落必然会导致其货币的衰落。这一现象反映了经济实力对货币实力的影响。然而，除了这一现象外，我们还能观察到另一个重要现象，即货币崛起和衰落的速度要远远慢于经济崛起和衰落的速度，网络外部性是影响这一差异的决定性因素之一。在传统的资本积累型大国经济崛起中，受网络外部性的影响，后起经济大国货币的崛起通常要晚于其经济崛起，这是因为与经济崛起相比，货币网络外部性的形成需要花费更长的时间。从美元崛起的历史来看，早在 19 世纪 70 年代，美国经济规模就已经超越英国，但是，美元超越英镑成为全球主导性国际货币是在 20 世纪 40 年代。二者有 70 年的时间间隔。

与传统的资本累积性经济崛起相比，资本转移型经济崛起在构建网络外部性方面，面临更多的困难。这些困难表现在以下几个方面：

第一，新兴市场国家缺乏足够的时间构建全球货币网络，这一状况意味着其货币国际化需要较长的时间。传统的资本积累型经济崛起是一个渐进的过程，需要花费较长时间，这一特点为其货币形成网络外部性提供了充足的时间。与以上情况不同，在经济全球化时代，资本转移型经济崛起具有速成的特点。受此影响，一些新兴市场国家在成为经济大国之际，其货币国际网络几乎处于空白状态。这一状况意味着其货币崛起的时间有可能大幅度滞后于其经济崛起。

第二，金融体系的滞后发展会妨碍网络外部性的形成。一国货币网络外部性的优劣在很大程度上取决于其金融体系的成熟程度。一国的金融体系越发达，使用该国货币的交易者就越多，该货币的网络外部性就越好，反之，网络外部性就越差。举例来说，如果银行部门缺乏风险管理能力，非居民就会回避持有该国货币存款；国债市场流动性较差，其他国家就会回避持有该国货币的外汇储备；金融产品种类的缺乏也会影响非居民持有该国资产的积极性。诸如此类的问题都会妨碍网络外汇性的提高。新兴市场国家经济崛起的速度快于其金融体系发展的速度。受此影响，一方面，经济崛起会成为推动本币国际化的动力，另一方面，落后的金融体系会通过抑制网络外部性的改善，妨碍其货币国际化程度的提高。

第三，资本项目管理是妨碍网络外部性提高的主要制度障碍。资本项目管理的重要内容之一是限制非居民持有本币资产。然而，如果非居民无法持有本币资产，在全球层面，使用该国货币进行交易的人数就会受到限制，该货币就无法拥有较好的网络外部性。如前所述，为了推进资本转移型经济崛起，新兴市场国家在一定时期内需要保持对资本项目的管理，这一管理会造成网络外部性的缺失，从而延迟其货币国际化进程。

以上情况表明，新兴市场国家在建立货币网络外部性方面，需要花费较长的时间，这一不利因素会延迟其货币国际化进程。

2. 贸易顺差与本币输出渠道缺失之间的矛盾

国际货币输出通常有两个渠道：其一是贸易收支逆差输出渠道。美元的输出属于这一渠道。其二，资本收支逆差输出。日元和早期马克的国际化利用了这一渠道。

然而，受资本转移型经济崛起的影响，新兴市场国家缺乏上述两种本币输出渠道。首先，这些国家的贸易收支通常为顺差。这是因为外资企业利用加工贸易为发达国家市场提供商品供应，而加工贸易就其性质而言，必然会出现顺差。另外，新兴市场国家需要保持汇率的相对稳定，因此其外汇收入主要不是转化为对外投资，而是转化为政府的外汇储备。在经常收支顺差一定的情况下，对外投资引起资本项目逆差的增加，而外汇储备的增加会引起资本收支逆差的下降甚至有可能引起资本收支顺差，即引起双顺差的出现。这一状况意味着新兴市场国家的资本收支逆差相对较小甚至有可能出现顺差，因此这些国家同样缺乏资本项目下的本币输出渠道。

中国的情况典型地反映了这一状况。进入 21 世纪后，中国一直维持了经常收支和资本收支双顺差的格局，依据国际货币逆差输出理论进行判断，人民币国际化面临输出渠道缺失的不利条件。当前，人民币输出属于结构性输出，即中国对东南亚地区的贸易为逆差，对欧美地区为顺差，因此，人民币最有可能输出到东南亚地区。跨境贸易人民币结算的实际情况反映了这一特点。自从人民币国际化政策出台以来，跨境贸易人民币决算主要集中发生在进口交易中，从区域分布来看，几乎全部发生在东南亚地区。

3. 外汇储备大国与储备货币小国之间的矛盾

在推进本币国际化进程中，新兴市场国家面临的另一个重要问题是外汇储备大国与储备货币小国直接的矛盾，即这些国家一方面拥有大量的外汇储备，另一方面其货币却难于成为国际储备货币，这一矛盾源自这些国家保持汇率稳定的努力。即推进资本转移型经济崛起的国家通常需要通过外汇市场干预阻止本币的大幅度升值，这一干预导致了这些国家具有较多的外汇储备和其货币难于成为储备货币的矛盾状态，这是造成新兴市场国家货币国际化程度过低的另一重要原因。

新兴市场国家的资本转移型经济崛起通常会引起贸易收支顺差，而贸易收支顺差又会助长本币升值压力。过快和过度的本币升值会妨碍资本转移型经济崛起，因此，为了避免本币升值，新兴市场国家的央行需要大量买入外币，这一干预造成了外汇储备的过度积累。另外，为了避免本币升值，这些国家需要限制非居民对本国国债的投资，这一政策会抑制本币发挥国际储备货币的职能。如果严格限制外国政府对本国国债的投资，本国货币就很难成为真正意义上的国际储备货币。

中国的现状正好反映了这种情况。长期以来，为了避免人民币汇率的过度升值，人民银行大量买入外汇，积累了巨额外汇储备。另外，为了缓解人民币升值压力，人民银行一直严格限制外国政府购买中国国债。正是受这一因素的影响，即使在中国成为全球第二大经济大国后，人民币占全球外汇储备的比重几乎为零。

2009年以来，作为资本项目下人民币国际化的试点，人民银行批准马来西亚等个别国家中央银行可以在规定金额内购买中国国债，但是这类措施更多带有象征性意义。至今为止，人民银行没有公布这方面的数据，从相关信息可以判断，其规模非常有限，不足于大幅度提高人民币的国际化程度。由此可见，人民币短期内无法成为储备货币的主要原因并不是外国央行不愿意购买人民币国债，而是中国政府严格限制外国央行购买人民币国债。资源转移型经济崛起决定了中国必须采取措施限制人民币的大幅度升值，为此，人民银行有必要限制非居民购买人民币资产。这一政策是妨碍人民币成为国际货币的重要障碍之一。

三、基本结论

进入 21 世纪后，新兴市场国家正在成为影响国际货币体系发展前景的重要力量。经济实力决定货币实力，鉴于此，新兴市场国家的崛起和由此推动的世界经济多元化趋势必然会促进国际货币的多元化趋势。

然而，从现实情况来看，新兴市场国家货币崛起的速度要远远慢于经济崛起，这是因为新兴市场国家货币的国际化速度要明显慢于经济崛起的速度。只有国际货币才能在国际货币体系中占有一席地位，因此，新兴市场国家货币在国际货币体系中的地位不仅取决于其经济实力，而且还取决于其货币国际化程度。货币国际化程度是制约新兴市场国家货币崛起的决定性因素之一。能够反映这一关系的典型案例之一是：只有国际货币才能成为特别提款权的构成货币，而后者又是反映一国货币地位的重要指标之一。因此，货币国际化程度本身反映了新兴市场国家货币的崛起程度。

如前所述，本节的问题是：为什么新兴市场国家的货币崛起要明显慢于其经济崛起？本文的基本结论是：新兴市场国家的经济发展方式，即资本转移型经济崛起决定了其货币崛起会明显滞后于经济崛起。

进入 21 世纪后，一部分新兴市场国家依靠引进外资，即资本资源的转移迅速实现了经济崛起。尽管新兴市场国家的经济崛起为其货币崛起提供了机遇，但是资本转移型经济崛起模式增加了本币国际化的难度，从而成为妨碍其货币崛起的不利因素之一。这是因为资本转移型经济崛起要求政府拥有控制汇率的能力，为此，新兴市场国家需要保持对资本项目的适度管理，而资本项目管理是妨碍新兴市场国家货币国际化的重要障碍之一。

以上矛盾，也是人民币国际化面临的主要矛盾。这一矛盾反映在人民银行的政策上。在人民币国际化问题上，一方面，鉴于中国经济崛起对本币国际化的要求，人民银行正在积极推进跨境贸易人民币结算，但是，另一方面，为了顺利推进资本转移型经济崛起，人民银行严格限制资本项下的人民币跨境交易。人民银行的这一政策表明：人民币国际化遵循的是渐进式、局部国际化战略，这一战略决定了人民币国际化是一个渐进的过程。

进入 21 世纪后，在全球范围内，中国经济崛起成为了一件划时代的大事。随着中国经济的崛起，人民币的崛起同样受到高度重视。受这一因素的影响，就国际货币体系发展前景而言，人们开始看好由人民币崛起而推动的国际货币多元化趋势。然而，鉴于资本转移型经济崛起与人民币国际化之间矛盾，中国政府将会渐进地推进人民币国际化进程。受此影响，国际货币多元化格局的形成将会花费较长的时间，在未来相当长的一段时期内，美元仍将主导国际货币体系。鉴于以上判断，从中短期来看，国际货币体系改革面临的紧迫任务是改善以美元为主导的国际货币体系，而不是用多元化货币体系取代该体系。

第四节 推进人民币国际化，建设经济强国

一、国家经济实力与货币国际地位的关系

国际经济学界普遍认同，一国经济实力的增强与其货币国际地位的提升之间存在一定的正相关关系。但是，这种相关关系的具体形式并不十分清楚。长期以来，国内外学者对此进行了大量的理论和实证研究，并取得以下基本结论。

1. 国家经济实力增强推动货币国际地位提升，但存在惯性

（1）货币国际地位（international currency status）的衡量。根据货币的国际化程度由低到高，可以定性地把货币的国际地位分为 5 个层次 [①]：初级国际货币，一般国际货币，工具货币（vehicle currency），关键货币（key currency）和世界货币（world currency）。

初级国际货币指一国货币刚刚开始进入国际领域，在周边国家或部分领域发挥计价、结算职能。一般国际货币指一国货币在本国的对外经济活动中较多地发挥计价、结算职能，但在不涉及该国的经济活动中使用较少，基本不充当国际储备。工具货币必须在国际经济中发挥不同国家间交

---

① 涂菲：《国际关键货币的条件》，中国社科院博士学位论文，2011 年。

强国策——中国开放型经济发展的国际战略

易载体的作用，也就是说必须在不涉及货币发行国的交易中得到较多的使用。此时，工具货币可能被一些国家作为国际储备使用①。关键货币的国际作用比工具货币进一步扩大，不仅是货币发行国对外经济活动中经常使用的货币，而且是世界范围内不涉及货币发行国的交易中经常使用的货币之一，也常常被世界各国作为国际储备货币之一。世界货币是最高层次的国际货币，它在世界范围内广泛地发挥计价、结算职能，是石油等国际大宗商品的定值货币，是世界各国最主要的国际储备货币。当前世界主要货币的层级和功能如表3—4。

表3—4　国际货币的层级和主要指标

国际货币层级	贸易计价结算	资产计价结算	官方国际储备	其他指标
第1级（世界货币）：美元	大部分国际贸易使用，份额50—60%，国际大宗商品贸易，非法和地下交易	50%的银行资产，大部分债券、外汇和衍生品交易	世界总储备60%，各国普遍持有	SDR篮子货币中最大权重
第2级（关键货币）：欧元	在欧盟内部及欧盟与外国贸易中广泛使用，不涉及欧盟的贸易中较多使用，份额10—20%	40%左右的银行资产，金融市场份额较低，主要由欧盟国家持有	世界总储备27%，主要由欧盟内部持有	SDR篮子货币中较大权重
第3级（工具货币）：日元、英镑	国际贸易结算份额10%以下，在本国的对外贸易中使用较多，不涉及本国的贸易中也有使用	10%以下	10%以下	进入SDR篮子货币，但权重较小
第4级（一般国际货币）：瑞郎、加元等	少数不愿使用主要货币的场合，份额不足5%	不足5%	不足5%	不进入SDR篮子
第5级（初级国际货币）：如人民币	本国跨境贸易中使用，份额不足3%	不足2%	不足1%	不进入SDR篮子

资料来源：作者根据相关资料整理。

---

① Krugman, Paul: "Vehicle Currencies and the Structure of International Exchange", *Journal of Money*, Credit and Banking, Vol.12, 1980, pp.513-526.

虽然定性判断可以提供货币国际地位的直观认识，但为了定量分析货币国际地位的影响因素，必须给出一个量化的指标。对此通常有两种解决途径。

一种途径是从货币的国际职能中选取一个作为货币国际地位的代表。如元惠平（2011）[①] 明确提出，世界范围内所有官方外汇储备中某种货币资产的份额是"集中反映该货币国际地位的综合指标"。这样做有理论上的依据，但更多地是出于数据方面的原因，即 IMF 提供了关于各国官方外汇储备货币构成的 COFER 数据库，而国际贸易、投资中计价结算货币的构成数据难以获得。苑媛（2009）采用了类似的方法[②]。这种做法的缺陷是，官方储备固然是货币国际地位的重要衡量指标，但仅使用这一个指标不免会以偏概全，与实际情况不完全相符。例如，COFER 数据库中只包含美元、欧元、英镑、日元和瑞士法郎 5 种货币，显然不能因此说其他货币的国际地位为零，也无法研究人民币等新兴国家货币国际地位提升的动态过程。

另一种途径是将货币国际地位指数化。如严佳佳（2012）[③] 综合考虑货币的境外使用范围、境外流通量和外国官方储备量 3 个指标，构建了一个"货币国际度指数"，她的计算结果是美元为 2.62，欧元为 0.77，日元为 1.16，人民币为 0.12。不过由于各指标的选取和权重分配不尽合理，这个结果明显与现实存在差距，如日元的国际化程度高于欧元，人民币的国际化程度相当于欧元的 1/6。另外，由于前述数据可得性的限制，她也没有考虑货币在国际贸易和投资中的使用情况。

（2）从时间截面分析，货币国际地位与其发行国的经济实力正相关。如果用 GDP、对外贸易总额等指标衡量一国的经济实力，则货币的国际地位与其发行国的经济实力正相关。Bergsten（1997）强调经济体大小和对外贸易额对国际货币的重要性[④]，认为国际货币通常与强大的经济体相联系，特别是那些具有大量对外贸易的经济体。这个结论得到大量实证研究的证

[①] 元惠平：《国际货币地位的影响因素分析》，《数量经济技术经济研究》2011 年第 2 期，第 4 页。

[②] 苑媛：《影响货币国际地位的关键因素分析》，《中国软科学》2009 年（增刊），第 7 页。

[③] 严佳佳：《人民币周边化问题研究》，《福建金融》2012 年第 1 期，第 16 页。

[④] Bergsten, C.F.: The Dollar and the Euro, *Foreign Affairs* 76, July/August, 1997, pp.83-95.

明，如 Chinn and Frankel（2006）[①]，元惠平（2011）。当然，货币的国际地位还受到发行国金融市场深度、对该货币价值稳定的信心等因素的影响。

（3）从动态角度分析，由于网络外部性的存在，货币国际地位上升一般会滞后于国家经济总量的增加。美元取代英镑成为首要国际货币的历史经验受到了广泛的关注。Chinn and Frankel（2008）指出，1872 年美国经济总量已经超过英国，1915 年美国出口总额超过英国，一战期间英国向美国大量借债成为净债务国，20 世纪 20 年代只有美元能保持与黄金的固定兑换关系。在此期间，虽然美元在国际贸易和金融中的使用不断扩大，但其地位直到 1945 年才最终超过英镑。Kindleberger（1981）[②]、McKinnon（1979）[③] 等较早论述了网络外部性的思想，Krugman（1984）[④] 首先用规范的模型分析了产生网络外部性的原因。由 Kiyotaki and Wright（1993）[⑤]等发展的货币搜寻模型已经成为分析网络外部性的标准模型。

2. 货币国际地位会反作用于国家经济实力

（1）在位的国际货币有利于其发行国获得更多的国际经济利益，巩固货币的优势地位，增强发行国的经济实力。Greenwald and Stiglitz（2008）指出[⑥]，美元的核心货币地位使美国可以推行入不敷出的宏观经济政策，依靠贸易和财政双赤字推动经济增长。McKinnon（2007）认为[⑦]，由于当今世界是以美元为本位的，国际间的商品贸易和资本流动主要以美元计

① Chinn and Frankel: "The Euro May Over the Next 15 Years Surpass the Dollar as Leading International Currency", NBER Working Paper, No. 13909, 2008, pp.1-23.

② Kindleberger, Charles P.: International Money, George Allen & Unwin, London, 1981, p.53.

③ McKinnon: *Money in International Exchange*, New York, Oxford University Press, 1979, p.172.

④ Paul R. Krugman: The U.S. Response to Foreign Industrial Targeting, *Brookings Papers on Economic Activity*, Vol. 1984, No. 1, pp. 77-131.

⑤ Kiyotaki and Wright: "A Search—Theoretic Approach to Monetary Economics", American Economic Review, Vol. 83, No. 1, Mar., 1993, pp. 63-77.

⑥ Greenwald and Stiglitz: "A Modest Proposal for International Monetary Reform", Paper prepared for presentation at the International Economic Association Meeting, Istanbul, June, 2008, pp.1-22.

⑦ McKinnon, Ronald: "The Transfer Problem in Reducing the U. S. Current Account Deficit", *Journal of Policy Modeling*, Vol. 29（5），2007, pp.669-675.

价，这使得美国可以以本币形式向外国无限期借款以掩盖其相对较低的储蓄水平而无须"纠正"经常账户赤字。如果美元不是国际储备货币，美国的赤字不可能长达 20 多年之久。李向阳（2009）[①]认为以美元为中心的国际货币体制为美国的负债消费模式奠定了制度基础，尽管布雷顿森林体系早已瓦解，但美元仍然充当着全球最主要的结算货币和储备货币，这是全球接受美国多年来维持经常账户逆差的原因所在。具体来说，国际核心货币的发行国有以下利益：一是获得铸币税，二是政策的自主性提高。

（2）非国际货币发行国在经济增长中的国际经济利益受损，经济实力的提升会受到阻碍。历史上有几次典型事例。一是日元国际化失败与日本泡沫经济破裂。20 世纪 70 年代后期日本政府推动日元国际化对美元地位产生威胁，美国在 1985 年"广场协议"中与欧洲联手压日元升值，导致日本国内产业空心化和房地产价格飞涨。二是 1997 年东南亚各国汇率均盯住美元，日元贬值降低东南亚国家的出口竞争力，在东亚金融危机中受损严重，马来西亚总理马哈蒂尔曾表示经济损失超过 2000 亿美元。三是 2008 年全球金融危机以来，中国、巴西、俄罗斯、印度等"金砖国家"和东亚等新兴经济体受到美国"量化宽松"货币政策的冲击，国内出现较高的通货膨胀。

3. 关于国家经济实力与货币国际地位的最新观点

近几年，以 Eichengreen 为代表的一些学者提出，货币国际地位中的惯性因素比通常认为的要小，因此国家经济实力的增强会更快地推动货币国际地位的提升。Eichengreen 和 Flandreau（2009）[②]使用关于全球外汇储备货币构成的新数据，发现美元在 20 世纪 20 年代中期就已经超过英镑成为首要国际储备货币，比通常认为的要早 20 年。因此，国际货币的惯性和在位国际货币的优势没有想象的大。而且，20 年代美元和英镑的地位平分秋色，说明国际货币体系中可能出现两种核心货币并存的局面。

---

① 李向阳：《国际金融危机与国际贸易、国际金融秩序的发展方向》，《经济研究》2009 年第 11 期，第 50 页。

② Eichengreen, B. and M. Flandreau: "The Rise and Fall of the Dollar (*or When did the Dollar Replace Sterling as the Leading Reserve Currency?*)", *European Review of Economic History*, Vol.13 (3), 2009, pp. 377-411.

Eichengreen 和 Flandreau(2010)[1] 利用商业承兑汇票的标价货币数据，进一步研究了美元在国际贸易信贷领域取代英镑的过程。虽然直到 1914 年还几乎没有贸易信贷使用美元，但在 20 世纪 20 年代中期美元已经超过英镑成为贸易信贷的主要货币。美国金融市场的发展和美联储在纽约商业承兑汇票市场上的做市商地位均有助于美元在贸易信贷中使用量的迅速扩大。

Chitu etc.（2012）[2] 使用 1914—1946 年间 33 个国家的国际金融交易数据研究美元和英镑的地位。在银行提供国际辛迪加贷款以前，债券是国际借贷的主要工具。国际债券通常不使用发行国货币而使用主要国际货币定值，因此国际债券市场中货币构成是衡量货币国际地位的合适指标。Chitu etc. 发现，在不考虑英联邦国家时，美元在 1929 年已经超过英镑成为国际债券的首要计价货币。而且，在 20 世纪 20 和 30 年代存在美元和英镑共同作为主要国际货币的"双极体系"，这与通常认为国际货币体系只有一种核心货币的观点相矛盾。

对于这些新观点，也有学者提出了不同意见。Ghosh etc.（2011）[3] 认为，两次世界大战之间的国际货币体系具有特殊性，当时黄金占世界储备资产的 2/3，是最主要的国际储备，而黄金在当今国际货币体系中的作用很小。因此，美元在 20 世纪 20 年代地位迅速上升的事例未必会在今天重演。Forbes（2012）[4] 认为国际金融交易在货币地位中的作用上升，而国际商品贸易在货币地位中的作用下降。因此，美元在贸易为主导的 20 世纪早期的地位上升与当今金融为主导的世界经济中货币地位的变化不能等量齐观。

---

① Eichengreen, B. and M. Flandreau: "The Federal Reserve, the Bank of Englandand the Rise of the Dollar as an International Currency, 1914-1939", BIS WorkingPapers, No. 328, 2010.

② Livia Chitu, Barry Eichengreen, and Arnaud J. Mehl: "When did the Dollar Overtake Sterling as the Leading International Currency?" NBER Working Paper, No. 18097, 2012, pp.1-41.

③ Ghosh, A., J. Ostry and C. Tsangarides: "Exchange Rate Regimes and the Stability of the International Monetary System", IMF Occasional Paper, No. 270, 2011, pp.1-15.

④ K. Forbes: "International Monetary Reform", Panel Discussion at the AEA Annual Meetings, Chicago, 7 January, 2012.

二、当前世界经济中人民币的国际地位

1. 人民币国际地位的各种衡量指标

（1）国际贸易计价结算。中国从 2009 年 7 月开始试点跨境贸易人民币结算，虽然初期增长速度很快，但人民币结算在世界贸易总量中的比例仍然很小。根据中国人民银行发布的数据，2010 年人民币贸易结算金额折合 738.6 亿美元（当年平均汇率 6.7696），而当年世界贸易总量为 15.254 万亿美元，人民币贸易结算约占世界贸易总量的 0.48%。2011 年人民币贸易结算金额折合 3218.3 亿美元（当年平均汇率 6.4630），当年世界贸易总量为 18.217 万亿美元，人民币贸易结算约占世界贸易总量的 1.77%。由于 2011 年的人民币贸易结算中含有人民币升值预期因素，而 2012 年人民币升值预期已基本结束，预计 2012 年的人民币贸易结算不会再出现连续翻番的现象。如果按 2012 年上半年的数据估算，预计全年人民币贸易结算量约 2.5 万亿元，折合约 0.39 万亿美元，占世界贸易总量的 2% 以内。

（2）国际金融交易结算。由于以外币计价的出口商在收到外币后必定要兑换成本币，而以外币计价的进口商必须先用本币兑换外币，因此在国际外汇市场上不同货币的交易数量可以在一定程度上表示货币发挥国际流通支付职能的能力。

根据国际清算银行（BIS）每 3 年进行一次的全球中央银行外汇和衍生品调查发布的数据[①]，2010 年 4 月全球平均每天的外汇交易量为 3.98 万亿美元，由于每笔交易均涉及两种货币，以单一货币计算的每天交易量为 7.96 万亿美元。其中，美元与其他货币交易量为 3.38 万亿美元，欧元与其他货币交易量 1.56 万亿美元，其余较大的有日元交易量 7553 亿美元，英镑交易量 5126 亿美元，瑞士法郎 2533 亿美元等。当月人民币的平均日交易量为 342.6 亿美元，约为美元日交易量的 1%，欧元日交易量的 2.2%，与上述主要国际货币存在巨大差距。全球外汇交易量中人民币的占比大约为 0.4%。

---

① 数据来源：BIS 数据库，Triennial Central Bank Survey of Foreign Exchange and Derivatives Market Activity in 2010。

表 3—5　主要国际货币在全球外汇储备中的份额

(单位：%)

	美　元	欧　元	日　元	英　镑	瑞士法郎
1999	71	17.9	6.4	2.9	0.2
2000	71.1	18.3	6.1	2.8	0.3
2001	71.5	19.2	5	2.7	0.3
2002	67.1	23.8	4.4	2.8	0.4
2003	65.9	25.2	3.9	2.8	0.2
2004	65.9	24.8	3.8	3.4	0.2
2005	66.9	24	3.6	3.6	0.1
2006	65.5	25.1	3.1	4.4	0.1
2007	64.1	26.3	2.9	4.7	0.2
2008	64.1	26.4	3.1	4	0.1
2009	62.2	27.3	3	4.3	0.1
2010	61.9	26.5	3.3	4.1	0.1
2011	61.4	26.0	3.6	4.0	0.1

资料来源：作者根据 IMF 的 COFER 数据库整理。

(3) 国际储备货币。根据 IMF 的官方外汇储备货币构成数据库 (COFER)，主要国际货币在全球外汇储备中的份额变化情况如表 3—5。从表中可知，美元是全球外汇储备中最重要的货币，其比重虽然相对有所下降，但仍领先位居第二的欧元 2 倍以上。欧元的比重逐年上升，目前约占全球外汇储备的 1/4 强。日元和英镑的比重远低于美元和欧元，瑞士法郎的比重几乎可以忽略不计。

相比之下，人民币的储备货币地位更低于瑞士法郎。虽然有报道说尼日利亚、马来西亚等亚非国家可能将一部分外汇储备资产转换成人民币，但是否真的实施尚且存疑，更无从确认其数额。为简单起见，我们将人民币在全球外汇储备中的份额记为与瑞士法郎相同的 0.1%。

(4) 指标的综合评价。根据以上分析，人民币在全球贸易结算中使用比例约 1.8%，在全球外汇交易中所占比例约 0.4%，在全球外汇储备中的份额约 0.1%。按照国际货币地位的五级分类标准，人民币显然属于刚刚开始国际化的初级国际货币。

我们已经计算出 2010 年人民币结算在世界贸易总量中的比例为 1.77%。在无法获得其他货币在贸易结算中使用比例数据的情况下，简单地假设 2010 年其他货币在贸易结算中使用比例与国际清算银行 2010 年 4 月发布的各国外汇交易币种的比例相同。结合 2010 年主要货币在官方储备中使用的数据，我们可以得到一个衡量货币国际地位的加权平均指标，其中贸易结算、外汇交易和官方储备的权重之比按它们的相对重要性设定为 2:3:5。如表 3—6 所示，以美元的国际地位指数为 100，则欧元的国际地位指数 44.2，日元为 12.3，英镑为 10.1，瑞士法郎为 3.2。人民币的国际地位指数为 1.0，即人民币的国际地位大约为美元的百分之一。这个结果与表 1 中对国际货币层次的判断是基本一致的，比严佳佳（2012）更符合实际。

表 3—6　2010 年部分货币的国际地位指标

部分货币	美　元	欧　元	日　元	英　镑	瑞士法郎	人民币
贸易结算	42.4	19.6	9.5	6.4	3.2	1.77
外汇交易	42.4	19.6	9.5	6.4	3.2	0.4
官方储备	61.9	26.5	3.3	4.1	0.1	0.1
加权平均	52.15	23.05	6.4	5.25	1.65	0.524
货币国际地位指数	100	44.2	12.3	10.1	3.2	1.0

资料来源：作者计算得到。

2. 人民币国际地位的综合评价：滞后于中国经济总量

由于数据来源的限制，上述对货币国际地位指数的计算是非常初步的，但这个结果足以给我们重要的启示。人民币的国际地位既不是只用储备资产衡量的"接近于零"，更不是只用跨境贸易结算衡量的所谓"2020 年超越美元"。对人民币国际地位的综合评价是：人民币已经开始国际化的步伐，但目前仍处于初级国际货币的阶段，其国际地位远远滞后于中国的经济总量。

（1）目前人民币的地位与经济大国不相称。通常用 GDP 表示一国的经济总量。根据 IMF 发布的 2012 年世界经济展望数据库，整理得到主要货币发行国 2010 年的 GDP 数据，与其货币的国际地位指数对比如

强国策
——
中国开放型经济发展的国际战略

表 3—7。

表 3—7　2010 年部分国家的 GDP 和货币国际地位指标

	美　国	欧元区 6 国	日　本	英　国	瑞　士	中　国
GDP （亿美元）	145266	92144	54884	22631	5279	59304
GDP 指数 （美国 =100）	100	63.4	37.8	15.6	3.6	40.8
货币国际地位 指数	100	44.2	12.3	10.1	3.2	1.0
货币地位低 估率（%）	0	30.3	67.5	35.3	11.1	97.5

资料来源：作者根据 WEOApr2012 相关数据整理。

　　其中，欧元区的数据为德国、法国、意大利、荷兰、比利时和卢森堡等 6 个欧盟核心国家的数据加总，而没有采用全部 17 个成员国的数据，因为全部 17 个成员国可能不符合最优货币区的条件，其经济数据也不足以支撑欧元的国际地位[①]。

　　对比表中第 2 和第 3 行数据，明显看到除美国外，各国货币的国际地位均低于其经济总量。欧元、日元、英镑的货币地位分别被低估了 30% 到 67%，瑞郎的货币地位与瑞士的经济总量最接近，只低估了 11%。而相对于中国的经济总量，人民币的国际地位低估了 97.5%。

　　（2）目前人民币地位与贸易大国不相称。我们使用商品贸易的进出口总额表示一国的贸易地位，数据来自 WTO 的统计数据库[②]。以美国的贸易量为指数 100，则中国的指数为 91.5。欧元区 6 国的指数为 194.6，其中包括了它们相互间的贸易，所以有所高估。按照贸易量指数来计算各种货币地位的低估率，人民币的国际地位低估了 98.9%（见表—8）。

[①]　对这个问题的详细分析可参考姚大庆：《对欧元区共同边界效应的检验——兼论欧元区是否满足最优货币区的条件》，《世界经济研究》2012 年第 5 期。

[②]　数据来源：WTO 统计数据库，http://stat.wto.org/StatisticalProgram/WSDBViewData.aspx?Language=E。

表3—8　2010年部分国家的进出口贸易量和货币国际地位指标

	美　国	欧元区6国	日　本	英　国	瑞　士	中　国
贸易量 （亿美元）	32474	63187	14639	9672	3717	29729
贸易量指数 （美国=100）	100	194.6	45.1	29.8	11.4	91.5
货币国际地位指数	100	44.2	12.3	10.1	3.2	1.0
货币地位低估率（%）	0	77.3	72.7	66.1	72.0	98.9

资料来源：作者根据WTO相关数据整理。

（3）目前人民币地位与投资大国不相称。根据联合国贸发会议公布的各国引进FDI和对外投资数据，我们整理得到表3—9。从表中可知，美国是世界上引进外资和对外投资最多的国家，总额达5571亿美元。以美国的FDI为指数100，欧元区6国的FDI指数为81.4，由于其中包括了它们相互间的投资，所以可能有所高估。日本是对外投资的大国，但引进外资很少，因此其FDI指数低于货币国际地位指数。英国的FDI指数与英镑的国际地位指数大体相当。中国是引进外资的大国，近年来对外投资也有较快增加，FDI指数为31.2，但人民币的国际地位指数只有1.0，低估了97%。

表3—9　2010年部分国家的FDI和货币国际地位指标

	美国	欧元区6国	日本	英国	瑞士	中国
FDI流入 （亿美元）	2282	1555	−12	459	−66	1057
FDI流出 （亿美元）	3289	2979	563	110	583	680
FDI合计 （亿美元）	5571	4534	551	569	517	1737
FDI指数 （美国=100）	100	81.4	9.9	10.2	9.3	31.2

	美国	欧元区 6 国	日本	英国	瑞士	中国
货币国际地位指数	100	44.2	12.3	10.1	3.2	1.0
货币地位低估率（%）	0	46	−24	1	66	97

资料来源：作者根据联合国贸发会议（UNCTAD）发布的《2011 年统计手册》相关数据整理。

综合以上分析，无论是从经济总量、贸易数量和投资数量来看，人民币的国际地位都远远低于中国相应经济指标的位次，平均低估率约为97%。因此，人民币的国际地位是中国经济发展中亟待提升的一个"短板"。

三、中国经济发展与人民币国际地位提升的互动

1. 中国经济增长推动人民币国际地位提升的效应初显

（1）跨境贸易人民币结算迅速增加。跨境贸易人民币结算从2009年7月开始试点，目前试点区域已经扩大到全国，结算类型也从货币贸易发展到服务贸易、直接投资等。据中国人民银行 2012 年 7 月 12 日发布数据，2012 年上半年，以人民币进行结算的跨境货物贸易、服务贸易及其他经常项目、对外直接投资、外商直接投资分别发生 8686 亿元、3833 亿元、187 亿元、918 亿元。历年跨境贸易人民币结算情况如表 3—10。

表 3—10　跨境贸易人民币结算基本情况

时期	境内区域	境外区域	结算金额（亿元人民币）	占中国同期贸易比重
2009 年 7—12 月	上海，广东省 4 城市，试点企业	港澳、东盟	36	0.1%
2010 年	北京、天津等 20 个省市区，试点企业	无限制	5000	2.2%
2011 年	全国，试点企业	无限制	20800	6.6%
2012 年 1—6 月	全国，所有外贸企业	无限制	12519	10.8%

资料来源：根据央行网站相关报道整理

跨境贸易人民币结算 3 年来进展迅速，结算量接连跨越百亿、千亿和万亿元三个台阶，占同期中国对外贸易的比重也有很大提升。从结构上看，超过 80% 的跨境贸易人民币结算为进口付出人民币，只有不足 20% 为出口收回人民币。这显然与中国经济的快速增长是分不开的。根据贸易计价结算货币选择理论，进口商在选择结算货币时比出口商有更大的自主权，因此中国进口付出人民币更容易被外商所接受。

（2）人民币债券等投资工具受到市场欢迎。自 2007 年 7 月第一只人民币债券在香港发行以来，香港离岸人民币债券发展步伐日渐加快，债券品种亦日趋丰富。仅 2011 年，中国财政部在香港发行人民币债券 200 亿元，境内外金融机构发行人民币债券 38 亿元，境内外企业发行人民币债券 725 亿元。进入 2012 年，在香港发行人民币债券的步伐进一步加快，国家开发银行 1 月发行 25 亿元，中国农业发展银行 1 月发行 30 亿元。部分金额较大的债券发行情况如表 3—11。

表 3—11 2011 年香港人民币债券发行的部分情况

发债日期	发债主体	发债金额（亿元）	利率（%）	期限（年）
2011.8	中国财政部	50	1.6	2
2011.8	中国财政部	150	0.6/1.4/1.94/2.36	3/5/7/10
2011.2	春天百货	7.5	5.25	3
2011.4	中华煤气	10	1.4	5
2011.5	德国大众汽车	15	2.15	5
2011.8	宝钢集团	36	3.125/3.5/4.375	2/3/5
2011.9	法国液化气集团	26	3/3.95	5/7
2011.11	BMW Australia Finance	4	2	1
2011.10	工银亚洲	15	6	10
2011.11	印度 IDBI 银行	6.5	4.5	3

资料来源：根据路透社相关背景资料整理①。

---

① http://cn.reuters.com/article/bondsNews/idCNSH009358320120113?rpc=311，2012 年 2 月 30 日访问。

（3）央行货币互换不断扩大。随着人民币在境外使用范围的不断扩大，一些国家和地区希望与中国央行进行货币互换，以便在需要时及时获得人民币资产。双边货币互换为相关经济体提供了流动性支持，也有利于推动人民币境外业务的开展，扩大人民币的使用范围。如表3—12，进入2012年后，中国央行加快了双边货币互换的步伐。

表3—12　中国央行与部分经济体金融主管机构货币互换情况

签署日期	外方主管机构	互换金额 （亿元人民币）	期限 （年）
2008.12	韩国央行	1800	3
2009.1	香港金融管理局	2000	3
2009.3	印尼央行	1000	3
2010.6	冰岛央行	35	3
2010.7	新加坡金融管理局	1500	3
2011.12	泰国央行	700	3
2012.1	阿联酋央行	350	3
2012.2	土耳其央行	100	3
2012.2	马来西亚央行	1800	3
2012.3	澳大利亚央行	2000	3
2012.3	蒙古国央行	100	3

资料来源：根据央行相关报道整理

2. 人民币国际地位较低的现状不利于中国经济进一步发展

由于人民币在当今国际货币体系中的地位较低，中国的经济发展受到严重的损害。这主要表现在几个方面。

（1）人民币贸易计价结算功能不足导致人民币升值压力和国内通货膨胀。由于美元的核心货币地位，中国对外贸易中绝大部分采用美元结算，中国的贸易顺差导致大量美元流入，产生人民币升值压力。中国人民银行为了缓解人民币升值压力，被动地在外汇市场上买入美元并投放人民币，造成基础货币发行过多，加剧了国内通货膨胀。

（2）人民币投资功能不足导致国内资源闲置。由于人民币的国外投资渠道不足，中国积累的超过3万亿美元的外汇资产不能以人民币形式向境外投资，其中大部分以购买美国国债的途径回到美国。鉴于美国国债利率不断下调，这等于是向美国提供低息甚至负利息的贷款。

（3）人民币储备功能不足导致我国外汇储备资产缩水。我国外汇储备中大部分是美元资产。由于美元的长期贬值趋势，中国的外汇储备有缩水的风险。近几年中国采取了一些储备资产分散化的措施，将部分美元资产转换为日元、欧元等资产。但是在欧债危机中欧元大幅贬值，中国反而遭受更大的损失。

3. 对未来中国经济发展与人民币国际地位提升趋势的判断

通常认为，未来中国将持续 20 年左右的经济快速增长。2011 年中国 GDP 为 7.3 万亿美元，美国的 GDP 为 15.1 万亿美元，中国约为美国的 48.3%。根据 IMF 发布的"世界经济展望"报告估计，2017 年中国 GDP 将达到 12.7 万亿美元，美国为 19.7 万亿，即 2012 年至 2017 年中国年均增长 9.67%，美国年均增长 4.53%。按照这个速度，2026 年中国的 GDP 将超过美国。根据货币国际地位与其发行国的经济实力正相关的基本规律，预计今后 20 年人民币的国际地位将持续上升。

但是，我们认为对人民币国际地位的上升幅度应保持谨慎。货币国际地位提升与其发行国经济实力增强并非线性关系，金融市场深度、货币价值稳定、市场交易习惯等因素都会影响货币国际地位。在这些方面，人民币比起美元有明显劣势，甚至和欧元相比也有很大的差距。

我们判断，如果未来 20 年中国保持目前的经济增长和对外开放趋势，人民币在国际货币体系中有可能上升到与英镑、日元相当的第 3 级，即"工具货币"层次。用货币的国际地位指数衡量，人民币的国际地位指数将从 2010 年的 1.0 增加到 10.0 以上，占全球贸易计价结算的约 10%、全球外汇交易的约 8%、全球外汇储备的约 4%。届时人民币将成为 SDR 的篮子货币之一。至于人民币的国际地位指数能否进一步上升到与欧元相当的 30.0—40.0，与美元、欧元形成国际货币体系"三足鼎立"的局面，需要由本世纪中叶的国际经济和政治形势而定。在可以预见的未来，我们不认为人民币会取代美元成为首位的国际货币。

第四章　国际贸易环境的变化与
中国外贸战略的升级

金融危机极大地抑制了各国的投资和消费需求，作为与各国实体经济联系最紧密的国际贸易在金融危机爆发以来的 4 年中更是跌宕起伏，增长率从最初 2008 年的 2.0% 跌入 2009 年的 –12.2%，再到 2010 年报复性反弹至 13.8%，2011 年又回归低速增长的 5.0%。金融危机以来，各国纷纷调整自己的对外经济战略，竞相出台种种优先发展本国经济的政策，当前低水平的全球贸易增长就是这一国际贸易环境变化的真实反映。在这 4 年中，中国外贸各年增长率分别为 17.8%、–11.2%、34.7% 和 22.5%。从数量上来说，中国外贸的增长率大大高于世界平均数。而正是这种数量的高速增长，才使中国外贸战略的升级具有空前的紧迫感。

第一节　金融危机后的国际贸易市场环境的变化

一、发达国家贸易战略的调整

发达国家的贸易战略一直是随着国际格局的变化而不断作出调整的。全球金融危机以后，国际关系走势越来越影响到发达国家对外贸易政策的实施，发达国家的贸易政策越来越承载起更多的服务于外交战略和国家利益的重任，贸易政治和制度性贸易保护成为这些国家贸易政策的核心。尤其是针对近年中国外贸在世界市场的崛起，发达国家外贸战略的重点正越来越针对中国。在美国甚至已经有学者提出在全球多边谈判中应该以"中国议题"取代目前"多哈回合"。①

1. 美国

（1）确立出口战略。目前美国虽然仍是世界第一贸易大国，但在经过此次经济危机后，美国开始担心其他日渐崛起的新兴经济体终将取而代之。因此，重振外贸，保持美国世界第一的贸易地位，已成为危机后美国经济复兴计划的重要内容。

奥巴马总统在 2010 年 1 月 27 日首次发表的国情咨文中用了 2/3 的篇幅阐述其经济政策，其中振兴出口是一个"亮点"，即美国在未来 5 年内使出口翻一番，并力争创造 200 万个就业机会。为此，奥巴马政府启动了其出口战略——"国家出口倡议"（National Export Initiative，NEI），该战略的实施将帮助农场主和小企业增加出口，并改革出口管制措施，使之与国家安全相符。②

（2）突出政府的促进作用。在奥巴马政府的出口战略中，突出了政府在促进出口方面的作用。这包括设立总统出口咨询委员会，由波音公司首席执行官吉姆·麦克纳尼担任负责人，这一委员会可向总统就企业对外销售和劳务输出方面的问题提出建议；设立政府各部门出口促进联席会议，成员来自财政部、国务院、商务部和农业部；美国驻外大使馆成立专门小组，为美国企业的出口提供一切可能的帮助；进出口银行为中、小企业提供 20 亿美元出口信贷额度。③

（3）推动"公平贸易"升级。公平贸易原则原本是世界贸易组织针对出口贸易而规定的一个基本原则，指各成员和出口经营者都不得采取不公正的贸易手段进行国际贸易竞争或扭曲国际贸易市场竞争秩序。

而奥巴马政府在其出口战略中实施的"公平贸易"有其特殊的含义，

---

① Aaditya Mattoo and Arvind Subramanian: "A China Round of Multilateral Trade Negotiations", Peterson Institute for International Economics, Working Paper, November 12, 2011, pp.1-3.

② The White House: "Remarks by the President in State of the Union Address", January 27, 2010.

③ The White House, "Executive Order—National Export Initiative", March 11, 2010.

他在加强执行世贸组织协议规定的名义下，通过更为严格的贸易救济措施，对外国进口产品的"倾销"及"不公平"的补贴行为进行快速制裁，以此减少国外进口产品对美国国内敏感产业的冲击。奥巴马总统在2012年国情咨文中表示将建立一个贸易执法部门，专门负责调查所谓像中国这种国家的"不公平贸易行为"，这表明奥巴马政府将在推动实施"公平贸易"方面采取更严厉的措施。①

（4）采取弱势美元政策。美国曾多次利用汇率工具来减小其贸易逆差，最典型的例子就是20世纪80年代美日签署的"广场协议"。目前奥巴马也想用同样的方法来解决与贸易伙伴国的贸易失衡问题。为此美国政府采取旨在提升美国出口竞争力的汇率政策，一方面强调全球经济的再平衡，逼迫贸易顺差国货币升值，特别是对于中国，奥巴马强烈要求人民币升值来减少美对华贸易逆差。另一方面用金融手段促使美元贬值。美联储宣布了二次量化宽松政策，通过以购买美国国债的方式压低利率、刺激消费，其结果将导致美元对其他各主要货币汇率走低。

（5）积极推动"泛太平洋战略经济伙伴关系协定"（TPP）。美国在共和党执政时期，通过国会"促进贸易授权法案"而与十多个国家签订FTA。民主党籍的奥巴马上台后，上述法案已经失效。面对世界众多国家通过签订FTA发展区域经济一体化的形势，奥巴马在2009年的APEC峰会上宣布美国将重新参与TPP谈判。由于TPP涵盖的议题远多于FTA，因此美国此举有一箭双雕作用：既能占据制定高标准世界贸易制度的制高点，又能抗衡中国的崛起，从战略角度提升其在亚太地区的影响力。

2. 欧盟

2010年11月9日，欧盟委员会出台了名为《贸易、增长和世界事务》的新贸易战略文件，勾勒出欧盟未来5年（2011年—2015年）的贸易政策走向，主张要采取更加强硬的策略为欧盟企业打开外部市场，试图依靠贸易帮助欧盟经济脱困。② 其他一些欧盟贸易制度的改革也体现了提高欧

---

① The White House: "Remarks by the President in State of the Union Address", January 24, 2012.

② European Commission: "Trade, Growth and World Affairs, Trade Policy as a Core Component of the EU's 2020 Strategy", Brussels, November 9, 2010, pp.2-55.

盟产业竞争力的思路。

（1）积极推动多边和双边贸易谈判议程。欧盟认为，尽管目前进展缓慢，但努力完成多哈回合谈判仍然是欧盟最重要的政策优先项。同时，又重视与一些经济伙伴开展双边自由贸易协定的谈判。欧盟认为这项任务也非常重要，同时极具挑战性，不但因为双边协定的签署将带来具体的巨大经济利益，而且自由贸易协定将涉及与贸易紧密相关的很多重要方面的问题，例如：商品、服务和投资的监管壁垒、知识产权、政府采购、保护创新、可持续发展等等。

（2）高度重视中欧关系。欧盟的新贸易战略文件文字部分只有 16 页，但其中提到中国的地方就达 10 处之多。由于中国的经济规模及其发展对世界经济的重要性，特别是对欧盟经济贸易的重要性，这项涵盖欧盟总体贸易政策的新战略给予了中国特殊的关注，毫无疑问这对中国和中欧贸易将会产生重大的影响。

（3）对两用品出口管制实施改革。两用品指为民用目的而研制，但可以用于军事目的的商品或技术。目前欧盟管理两用品出口的法规是 2009 年欧盟理事会通过的 428 号规章。受美国对两用品出口管制进行改革的影响，欧盟在 2011 年 6 月也发布了旨在对现有两用品出口管制政策进行评议的绿皮书。根据计划，欧盟委员会将于 2012 年 9 月向欧盟议会和欧盟理事会提交正式的评议报告，提出出口管制的改革方案。欧盟认为，对现有出口管制进行改革，将提升欧盟的产业竞争力和扩大出口。[①]

3. 日本

日本在第二次世界大战后很长时期里的贸易战略简而言之就是"贸易立国"，进入 21 世纪，日本国内外形势都发生了巨大变化。对于新形势下的日本贸易战略，日本学术界、产业界以及政府都提出各自的观点，如日本贸易学会提出"新贸易立国"[②]，最大的产业团体——日本经济团体

---

① European Commission: "Green Paper, The Dual-use Export Control System of the European Union: Ensuring Security and Competitiveness in a Changing World", Brussels, June 30, 2011, p.21.

② 日本贸易会：《新「貿易立国」をめざして》，《日本贸易会月报》2008 年 3 月号，第 9—25 页。

联合会针对本国供应链在地震中受损的情况，提出"构建顺畅的全球供应链"①，而更多的学者和研究机构则提出"知识产权立国"和"对外投资立国"②。日本政府的《通商白书》集中反映了日本对外经济政策的实施成绩和实施计划，2006年度和2007年度的《通商白书》分别提出了"对外投资立国"和"新贸易投资立国"③。纵观最近两年的日本对外经济政策，日本贸易战略有以下几个特点。

（1）积极争取参加以美国为主导的TPP谈判。日本参加TPP谈判虽然遇到来自国内农业部门的巨大阻力，但呼吁推动这一谈判的呼声仍很强。加入TPP谈判反映了日本多层打算：通过TPP激活日本经济，即TPP推进派希望通过此举扩大出口使日本经济出现转机，这也是野田内阁宣布参加TPP谈判的主要动机；通过参加TPP改善日美关系，即对外经济战略与日本整个对外战略保持一致；通过参加TPP谈判谋求对华优势。

（2）大力推进FTA的签订。自2002年11月日本与新加坡之间的FTA生效以来，日本已经同10个国家以及1个地区签订并生效了FTA，但与生效的FTA国家的贸易在贸易额中占比低于美国、韩国等国家，因此，日本今后将以与伙伴国签署"高水平"FTA协定作为今后对外贸易的基本方针。

（3）对华经贸中追求"实利"。虽然中日韩FTA构想的提出以及三国间共同研究都已经花费十多年时间，但日本始终不愿意跨出实质性的一步。在中日韩FTA没有进展的情况下，日本采取捞取"实利"的策略，即先签署中日韩投资保护协定，以确保大量在华日资企业的实际利益。对于今后的中日韩FTA建设，虽然中日韩政府首脑已经同意在2012年内启动FTA谈判，但预料日本依然会延续这一策略。

---

① 日本经济团体联合会：《わが国の通商戦略に関する提言》，2011年4月19日。
② ［日］永田义人、须崎正士：《もうひとつの知的財産立国像》，《知的资产创造》2005年4月号，第42—51页；［日］经济财政咨问会议：《"日本21世纪ビジョン"専门調查会报告书》2005年4月，第1—42页。
③ ［日］经济产业省：《通商白书》2006年度版，第236-262页；［日］经济产业省：《通商白书》2007年度版，第204—211页。

二、新兴经济体地位的上升

大量数据表明，世界经济格局正在发生重大变化，发达国家在世界经济中的作用正在下降，经合组织（OECD）以外的新兴经济体，由于其在经济全球化的过程中以更快的速度发展，它们的经济总量正在接近发达国家。在与发达国家经济紧缩的情况下，发展与新兴经济体的经贸关系，可拓展多元市场，降低以往对发达国家的过分依赖。

表4—1 不同经济体 GDP 规模占世界比重的变化

（单位：%）

年份	发达国家	发达国家以外经济体	其中亚洲新兴经济体
1995	81.7	18.3	6.1
2000	79.7	20.3	7.3
2005	76.1	23.9	8.9
2010	65.7	34.3	15.2
2011	63.8	36.2	16.2

资料来源：笔者根据 IMF World Economic Outlook Database, April 2012 中的原始数据计算而得。

2008 年的全球经济危机一度重创世界经济。然后，经历了 2008 年年底和 2009 年年初的深度衰退之后，全球经济逐渐步入复苏进程，世界贸易也从低谷反弹，开始恢复增长。在各国经济刺激政策和国际合作的推动下，2010 年世界贸易实现了强劲回升。尤其是中国、巴西、俄罗斯、印度即所谓"金砖四国"经济强劲增长，所占全球贸易份额大幅提升。2010 年 12 月，南非作为正式成员加入"金砖四国"合作机制，"金砖四国"成为"金砖国家"（BRICS）。

开发新兴经济体市场是我国开放经济发展的内在要求，是对外贸易持续发展的需要，实施互利共赢的开放战略的要求。新兴经济体市场战略的国别重点在于主要的新兴经济体市场。

1. 巴西

巴西经济实力居拉美之首，巴西近几年经济增长迅速，经济结构接近发达国家。2008 年经济增长率达 5.2%，次年受金融危机的影响，经济增

长率跌至 -0.6%，但 2010 年就迅速恢复到 7.5%。2011 年受国内通胀和金融当局升息的影响，经济增长率又回落到 2.7%。巴西国内消费是经济增长的主要动力，对欧洲的出口在巴西出口总额中占比不大，因此欧洲债务危机对巴西的影响有限。与此同时，由于中国和印度等新兴经济体对初级产品的需求仍然旺盛，使得国际市场初级产品价格维持在高位，确保了巴西大宗商品出口的稳定收益。巴西具有丰富的能源、矿产、农业资源与大量基础设施建设需求。与中国经济高度互补，是中国十分重要的战略合作伙伴，两国经贸合作具有巨大发展空间。

2. 俄罗斯

俄罗斯经济曾在国际金融危机中受到重创。2009 年俄罗斯 GDP 跌幅达 8%。由于俄罗斯政府实施了积极和有效的反危机措施，2010 年经济增长 4.3%。2011 年在国际经济外部条件不利的情况下，经济增长率再次达到 4.3%。俄罗斯经济在全球经济中的表现既体现了俄罗斯在国际经济中的结构性资源优势，也是判断其在未来中短期内经济发展前景的基本参考因素。

2011 年俄罗斯成功加入世贸组织，并在内政和外交领域实施了一系列有效政策，如加强同亚太国家的外经贸合作；重启俄美关系；再次进行私有化改革；参加东亚峰会等，这些措施促进了其对外经济合作的发展。根据加入世贸组织协议，俄罗斯总体关税水平将从 2011 年的 10% 降至 7.8%。其中，农产品总体关税水平将从目前的 13.2% 降至 10.8%，工业制成品总体关税将从 9.5% 降至 7.3%。

2014 年，俄罗斯索契市将举办冬季奥运会，2018 年俄罗斯将举办世界杯足球赛。普京称，能够在短短的 4 年里先后在俄举办两大体育赛事，是俄罗斯发展的历史良机。

2011 年 9 月 24 日，普京在被推荐为俄罗斯总统候选人之后发表国家社会经济发展战略目标时称，俄罗斯未来几年的经济增长应该保持在 6%—7%。目前，俄罗斯经济发展正在进入一个新的增长期，经济社会发展具备一定的对国内外有利的环境和优势，依据俄罗斯 1998—2008 年年均增长率为 7.3% 的情况，普京提出的经济增长目标应该是基本可行的。

3. 印度

与其他国家相比，印度在全球金融危机中所受影响较小，经济增长率仅仅下降了一个百分点，即从2008年度的8.7%下降至2009年度的7.7%。以后，印度经济复苏势头强劲，2010年度和2011年度的经济增长率分别达到8.5%和7.1%。过去五年（2007年度—2011年度），印度经济年均增长率达8.1%。

国际货币基金组织(IMF) 在2012年4月27日发布的《地区经济展望》中指出，全球经济环境不太可能对印度经济产生太大的冲击，因为印度经济与世界经济的融合程度相对较低。因此，IMF预测，印度2012年的经济增长降为6.9%，而2013年的经济增长将有望提高到7.3%。[①]虽然印度目前的人均国内生产总值只有1389美元，列世界第138位，但随着经济的高速增长，印度市场无论是规模还是结构，都在发生明显的变化。例如，家庭可支配收支在15000美元的家庭占印度全部家庭的比率从2000年的1.2%上升至2010年的13.2%；汽车年销售量从2002年的75万辆增加到2011年的297万辆。

4. 南非

南非位于非洲大陆最南端，是非洲经济实力最强的国家。2011年人均国内生产总值为8066美元，排列世界第71位，超过中国的第89位，国内生产总值约占整个非洲国内生产总值的1/4。南非资源丰富，是非洲最大的能源生产国和消费国，同时是IMF和G20的重要成员，并于2011年开始成为联合国安理会非常任理事国，在世界经济中拥有重要地位。

2008年受国际金融危机影响，南非经济增速明显放缓，降至3.1%。尽管2009年南非出现17年来的首次经济衰退，但经济增长降幅逐渐缩小，四个季度经济增长率分别为 –7.4%、–2.8%、0.9%和3.2%，全年经济增长率为-1.8%。2010年以来，南非政府进一步采取积极的政策措施，加上国际经济环境好转，使当年南非经济增长恢复到2.8%，2011年经济增长率又进一步上升至3.1%。2012年南非因与欧洲经贸往来密切受欧债危

---

① 国际货币基金组织：《地区经济展望》2012年4月12日，第5页。

机影响可能较大，经济增长率预计在2.8%左右。

三、区域经济一体化加快发展改变贸易格局

区域经济一体化是当今世界经济的主要特征之一，而区域贸易协定（RTAs）则是区域经济一体化的制度载体。进入21世纪，区域贸易协定涵盖的范围更加广泛，正在推动区域经济一体化走向更加深化的深层次一体化阶段，并将对国际分工格局产生深远的影响。

金融危机以来全球区域经济一体化总的趋势是进一步深化。从区域经济整合程度的角度出发，人们把区域经济一体化分为两种：即浅层次一体化（shallow integration）与深层次一体化（deeper integration），两者的目的、手段以及表现形式都有所不同。浅层次一体化的目的是消除关税壁垒，实现跨境贸易自由化，其政策手段是降低关税和配额，其表现形式就是涵盖货物贸易的自由贸易区协定（FTA）。深层次一体化建立在浅层次一体化的基础上，其目的还包括消除那些专属于国家管辖的、制约跨境贸易和服务转移的相关制度；其政策手段更广泛，还包括货物贸易、服务贸易、投资、竞争、知识产权等政策；其表现形式也不同，一般表现为涵盖FTA的经济伙伴关系协定（EPA）。

区域经济深层次一体化出现在20世纪90年代中后期，进入21世纪，深层次一体化的进程更加明显。2010年美国开始致力于与相关国家签署的太平洋战略经济伙伴协定（TPP），这可以说是区域经济深层次一体化的又一具体表现。①

从时间上看，进入21世纪，WTO各成员签订和生效的RTAs与日俱增，出现了一个签订和生效RTAs加速度的现象。在20世纪90年代以前，通报WTO并生效的RTAs并不多，平均每年仅有1—2件通知相关理事会。90年代以后，每年通报WTO并生效的RTAs数量增加到5—6件，而进入21世纪，每年通报并生效的RTAs数量迅速增加到10件以上，2009年仅仅1年内生效的RTAs就达到27件（见图4—1）。

第四章 国际贸易环境的变化与中国外贸战略的升级

---

① 傅钧文：《区域经济深层次一体化及其对国际分工的影响》，《南开学报（哲学社会科学版）》2011年第5期，第107—115页。

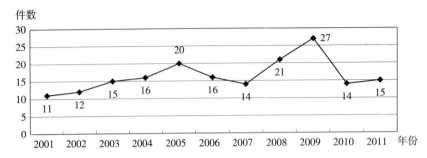

图 4—1　近十年来各年度生效的 RTAs 数量

注：2011 年数据为截至 12 月底的数据。

资料来源：作者根据 WTO 区域贸易协定信息系统相关资料整理，http://rtais.wto.org/UI/PublicAllRTAList.aspx，2012 年 5 月 16 日访问。

　　RTAs 的兴起特别是近十年的蓬勃发展，有着深刻的政治、经济、制度等方面的原因。在政治方面，许多成员把 RTAs 当做其对外政策工具。各成员签署 RTAs，发展区域经济合作，特别是选择协定签订对象时，政治考虑常常是前提条件，RTAs 因此常常被一些国家用来形成新的地缘政治联盟和巩固外交关系。一些成员通过给其他成员提供更多的进入本土市场的优惠待遇，而得到其他成员给予的政治支持。区内成员之间提供优惠待遇，同时也意味着对区外成员形成歧视。一些成员参加 RTAs，一方面是想避免自己被边缘化，而另一方面又希望其他国家被边缘化。

　　经济方面的原因体现在各成员之间要素禀赋差异引起的深化国际分工的需求、RTAs 本身所具有的经贸方面的效应以及为应付国际竞争而产生的需要。首先，各成员在资源、产业等要素禀赋上的差异促使成员之间产生扩大市场准入与吸引相互投资的需求。

　　其次，RTAs 具有的一些经济效应会给协定内成员方带来双赢的结果。RTAs 最基本的内容就是通过制定原产地规则给成员方的产品以优惠待遇，因此 RTAs 的实施会给成员方带来贸易创造、贸易转移、投资创造、投资转移、贸易条件改变、促进竞争等效应，成员方因此可获得一个相互支持的、稳定的经贸环境和一个公平竞争的平台。对于一些具有劳动力成本优势的发展中国家而言，这些效应具有特殊意义。

　　再次，RTAs 有助于成员方增强应对国际竞争的能力。在全球经济之中，各国普遍利用区域这一"地利"来做大做强自己。大国旨在通过RTAs，在全球范围内建立区域贸易协定网络，成为轮轴国，确定其区域乃至全球战略布局，加强本国对其他区域的影响力，为本国的经济安全战略服务。小国则通过与大国签订RTAs，利用轮轴国这一"跳板"，顺利进入发达国家市场，获得产品出口和对外投资等好处，实现市场多元化。①

在制度方面，全球多边谈判进展缓慢以及WTO制度对RTAs的容忍促使RTAs蓬勃发展。WTO在决策时，遵循"协商一致"的原则（negative consensus rule）。由于发展中国家的崛起以及多哈回合谈判议题的增加，WTO现在有153个成员对谈判议题越来越难以取得共识，因而导致多哈回合举步维艰。与此形成鲜明对照的是，RTAs却因为可以在小范围内协调各方的利益和立场冲突而获得快速发展。另一方面，如上所述，WTO相关规定允许成员在自愿的基础上签署RTAs，但如何处理WTO规则与现存RTAs规则的差异等问题，WTO一直存在争议，没有统一明确的结论。许多成员因而利用WTO制度上的宽容大力推动与相关成员方签署RTAs。

截至2011年10月底，全球已生效的各类RTAs共有187个，已签署但尚未生效的有32个，正在谈判的有69个。②

必须注意的是，经济一体化具有的上述效应并不意味着一定会给各成员尤其是发展中国家的成员带来利益，发展中国家参与一体化程度更深也并不意味着发展中国家会从中获得的利益更大。在某些情况下，发展中国家为了达到深层次一体化的趋同要求（convergence）而采用较为严格的法规标准，往往就必须付出额外的成本。换句话说，更深的一体化对于发展中国家而言是否是更好的或更有效的一体化，不能一概而论，不仅取决于协定的具体条款，更取决于成员的事后应对。

四、竞争环境变化催生有关环境和知识产权的贸易壁垒

随着资源短缺、生态破坏等全球化环境问题的不断出现，环境污染正在跨越国界，环境问题已经成为人类共同关注的焦点。许多国际组织及社

---

① 刘德标：《区域贸易协定蓬勃发展的原因》，《国际商报》2009年12月1日。
② ［日］JETRO：《世界と日本の主要なFTA一覧》，2011年10月。

会团体发起了国际性环保运动，制定了各种规章、制度、标准，成立了相关的非政府组织来推动国际范围内的环保。各国政府则进行环境立法，实施环保措施，倡导绿色消费，制定了分门别类的环境贸易壁垒，尤其是发达国家出台了一系列环境绿色法规法律，使得环境贸易壁垒在国际贸易中开始发挥其作用。各国为环保执行的限制或禁止出口的环境贸易措施直接影响国际贸易的正常发展，尤其是对发展中国家影响更明显。

环境贸易壁垒又称绿色壁垒，是一种新的非关税贸易壁垒。在国际贸易中，许多国家借保护有限资源、环境和人类健康所制定的一系列苛刻的环保标准，限制或禁止外国商品的进口，以达到贸易保护目的。

环境贸易壁垒具有如下特征：表现内容的合理性和表现形式的合法性；涉及范围的广泛性和实施中的传递性；保护方式的隐蔽性；实施效果的歧视性。

环境贸易壁垒的形式有环境技术标准、环境标志、绿色包装制度、绿色补贴、卫生检验制度、绿色关税和市场准入等。

另一方面，国际知识产权的过度保护和高标准化保护，促成了知识产权贸易壁垒的产生。这种壁垒，就是基于知识产权保护而采取的阻碍国际贸易自由发展的各种措施。随着知识经济和经济全球化的深入发展，知识产权贸易壁垒作为新兴的非关税壁垒，正在成为世界各国调整贸易利益的重要管理手段。知识产权贸易壁垒相比于其他贸易壁垒，有以下独有的特征：与知识产权法的密切关联性；与各国经济发展和国际贸易发展密切相关；具有很强的报复性和歧视性；隐蔽性更强；很强的限制竞争性；市场进攻性更强；与国家利益密切相关；国家间设置的不平衡性；认定标准的不一致性；缺乏制度约束；专业技术性强等。

客观地讲，环境贸易壁垒和知识产权贸易壁垒也有合理的一面。绿色壁垒的产生和发展主要出于保护生态环境的需要，是消费者环保意识增强和可持续发展观念的体现。从历史发展角度分析，提倡绿色贸易能够唤起各国重视环境保护的意识，能促进各国环境保护水平。而国际贸易的正常发展也离不开对知识产权的保护。知识产权的保护程度关系到技术贸易的健康发展，进而对发展科学技术鼓励发明创造产生重大影响。因此，合理的知识产权保护是正当且应该的。适当加强知识产权国际保护，有助于维护和建立规范的市场秩序，保护权利拥有者及消费者的合法权益，促进国际贸易健康发展。

因此，环境贸易壁垒和知识产权贸易壁垒是一把双刃剑，这些措施，在有利于保护环境和知识产权的同时，都有可能成为妨碍国际贸易的壁垒。对于这些壁垒，发达国家可以利用，发展中国家也可利用。只是由于经济技术水平的差异，双方实施措施的难度以及获利大小是不同的。例如在国际贸易中，发达国家多为先进技术的输出方，知识产权保护关系到发达国家具有优势的技术贸易出口利益。因此发达国家容易利用其技术优势，制定有利于本国的知识产权保护制度。

环境贸易壁垒也是如此。在技术层面，壁垒的具体实施离不开技术作为支撑；在立法层面，发达国家会利用其政治、经济等方面的优势，将国内标准、国内法上升为国际标准和国际法，防止不符合环境标准的产品进入本国市场；在经济层面，发达国家又会通过跨国公司的产业转移将污染较重和破坏环境的产业转移到发展中国家。

第二节　后危机时代贸易保护主义新特点与中国的对策

全球金融系统所遭遇的严重打击开始于 2007 年，到 2008 年接近崩溃，同时引起了实体经济的巨幅震荡和扩散化的下挫。为了应对危机，各国政府采取了各种各样的国内政策，这些国内政策的数量和规模及其后续效应，在 2009 年达到一个高峰。吸取过去数次经济危机的教训，这次各国政府普遍采取扩张性财政政策，在危机影响的初期即援以大量的刺激性财政投入。而这些扩张性政策中有许多具有歧视性，即使其主要的本意可能不是保护贸易，却仍然是对本国企业和产品的特别扶持和补贴，这就使得竞争场所是不公平的。

从第一次与危机有关的二十国集团峰会以来，这二十个国家的领导人每次都毫不犹豫地承诺克制使用限制性贸易措施，共同保障贸易的自由化。

但事实上，这些国家采取的贸易保护措施总数是最多的。除了平时采用的反倾销、反补贴和保障措施之外，大多数是属于灰色区域的非关税的对外来产品的歧视性政策。尽管目前全球经济复苏微露曙光，各国政府所面对的国内就业压力却空前之大。反对贸易保护主义的许诺一再被违背，国家干预的力量上升到高位，而政府总是处在国内和国际博弈争夺的漩涡中心。

金融危机使得政府干预有了强有力的理由，也使得保护主义有了背景。政府对市场的作用本来应当是从属性的，现在却借着保护的名义大行其道。许多危机拯救政策实质上是扭曲性的，在危机得到充分缓和后，这些政策措施都必须被及时清算，那时保护主义也将失怙。这是经历史上数次经济危机验证过的颠扑不破的经验。

一、后危机时代贸易保护主义的新特点

1. 贸易保护主义继续蔓延

从 2008 年 11 月二十国集团第一次召开与金融危机有关的峰会以来，截至 2011 年 11 月，全球范围内实施的 1593 项政府措施中，有 1027 项是明显地保护本国商业利益，而损害其他国家企业的利益，另外还有 160 项具有这样的嫌疑。这些措施中不仅有直接影响贸易与投资流量的政策，也有涉及知识产权和劳动力输入的一些政策。而二十国集团应为其中的

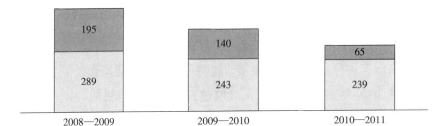

全球各国采取的贸易保护主义措施数量统计

	2008—2009	2009—2010	2010—2011
非G20国家	195	140	65
G20	289	243	239

□ G20　■ 非G20国家

图4—2　2008 年 11 月—2011 年 11 月 G20 在近三年全球贸易保护主义措施中所占份额

资料来源：Global Trade Alert (GTA): "Trade Tension Mount: The Tenth Global Trade Alert Report", edited by Simon J. Evenett, Centre for Eonomic Policy Research, November 2011.

1046 项歧视性措施负责①。考虑到时间跨度仅为 3 年，这也意味着，平均每天都有一个以上二十国集团的成员违背了自己的反保护主义的承诺。

为了加速本国经济的复苏，各国都采取了较强硬的经济干预政策，大量的国家财政投资用于刺激国内基础部门的带动作用。即使是过去宣称信奉自由市场的国家，也不惜动用各种政府资源，甚至愿意成为某个大企业的股东。而在新兴经济体，前些年开始的结构调整策略，也因为外部压力过大而受到挑战，出台的许多短期刺激政策都有加重产能过剩和通货膨胀的风险。失业和实体经济的疲软成为所有国家首先要解决的命题，新兴经济体看起来此时也无暇顾及结构的均衡问题。

2009 年下半年全球经济开始有回暖迹象，特别是在一些新兴经济体，但国际贸易保护主义的势头并未相应地有所遏制。各国都深恐后继措施乏力而使复苏功亏一篑，因此必然更进一步地推进国内振兴政策。这些政策有相当多数是歧视性的，它们为了保护本国企业的市场而影响其他国家的商业利益。尽管二十个大国一再在公开场合表达反对贸易保护主义的立场，但实际上这样明的和暗的保护主义措施还是在继续中，贸易战的硝烟看来也多是威胁，大多数国家似乎理解外部需求的锐减是危机的表现之一。

按照 WTO 所倡导的非歧视和贸易自由的原则，许多国内经济政策，包括贸易政策，实际上都违反了各成员国在 WTO 下承担的最基本的义务。多哈回合谈判从一开始就处处受阻，此次危机更加大了其难度。尽管其艰难重启给出了一个好的信号，但至今无人敢推测其大致的时间表。必须承认，在贸易保护主义盛行的情况下，各国似乎都没有动力去求助于慢讲理不救火的 WTO 争端解决机制。此次金融危机所造成的全球保护主义浪潮，虽然从某种意义上是对 WTO 软约束力的一次嘲讽，但是又可能是下一轮更深入谈判的起点。国际进程总是螺旋式上升。

2. 贸易保护施加国与目标国呈现交叉重叠

中国仍然是最大的受害者，总是最经常地成为那些赤裸裸的贸易保

---

① 本文数据参见 Global Trade Alert (GTA): "Trade Tension Mount: The Tenth Global Trade Alert Report", edited by Simon J. Evenett, Centre for Eonomic Policy Research, November 2011. GTA 的数据又基于 WTO、OECD 和 UNCTAD 发布的各项报告。

护措施的直接目标国。从 2008 年 11 月至 2011 年 11 月，其他国家或地区采取了 574 项可能使中国的商业利益单独或与其他一些国家同时受损的措施。针对中国采取最多保护措施的国家中，印度尼西亚、印度、俄罗斯等都排在前几位，值得注意的是，这些国家被认为是与中国有着同样背景和竞争关系的新兴市场（emerging markets）（GTA, 2009）。美国、欧盟主要国家和金砖国家其他国家是次于中国的受害者，但涉及面规模和数量都远远逊于中国。出口大国在此次保护主义浪潮中显然受伤最深。

中国所遭受的贸易保护措施除了反倾销、反补贴和保障措施这些常规的所谓反不公平贸易法律所规定的措施外，还有相当多数直接的关税提高（特别是来自于那些依照 WTO 的关税减让表仍有空间这样做的发展中国家）、国家援助方案（主要是北美和欧洲国家实施）和进口许可证（一些发展中国家采用）以及其他一些非关税壁垒。

不同的国际阵营在此次贸易保护主义浪潮中扮演的角色也非常复杂。发达国家、发展中国家没有明显的泾渭之分。金砖四国——中国、印度、巴西和俄罗斯都深受贸易保护之害。如果从施加的有害措施的数量、影响的关税幅度、影响的产业部门和影响的贸易伙伴的数量来看，欧盟 27 国、印度尼西亚、印度、德国和中国作为施加国排名都靠前。有趣的是，在这场贸易大战中，主要的参与国可以分为两类：以美欧为首的发达国家；以俄罗斯、中国、印度为首的新兴经济体。从总体局面看这根本是一场混战。

表4—2　2008 年 11 月—2011 年 11 月歧视性贸易保护

措施前十名施加国

排名	按施加的歧视性措施的数量排名	按影响关税水平的歧视性措施所涉产品目录数排名	按歧视性措施影响的产业部门数排名	按影响的贸易伙伴数排名
1	欧盟 27 国(242 项)	越南（927）	阿尔及利亚（62）	中国（195）
2	俄罗斯（112 项）	委内瑞拉（786）	欧盟 27 国（58）	欧盟 27 国（181）
3	阿根廷（111 项）	哈萨克斯坦（729）	中国（47）	阿根廷（175）
4	英国（59 项）	中国（698）	尼日利亚（45）	德国（161）

排名	按施加的歧视性措施的数量排名	按影响关税水平的歧视性措施所涉产品目录数排名	按歧视性措施影响的产业部门数排名	按影响的贸易伙伴数排名
5	德国（58 项）	尼日利亚（599）	哈萨克斯坦（43）	印度与英国（154）
6	印度（56 项）	欧盟 27 国（550）	德国与美国（42）	
7	中国（55 项）	阿尔及利亚（476）		比利时与芬兰（153）
8	法国（51 项）	俄罗斯（439）	加纳（41）	
9	巴西（49 项）	阿根廷（429）	印度尼西亚和俄罗斯（40）	印度尼西亚（151）
10	意大利（47 项）	印度尼西亚（388）		法国（150）

资料来源：Global Trade Alert (GTA)："Trade Tension Mount: The Tenth Global Trade Alert Report", edited by Simon J. Evenett, Centre for Eonomic Policy Research, November 2011.

表4—3　2008 年 11 月—2011 年 11 月受歧视性贸易保护措施损害最深的前 11 个国家

排名	三年总数	2008.11-2009.10	2009.11-2010.10	2010.11-2011.10
1	中国（574 项）	中国（225 项）	中国（190 项）	中国（151 项）
2	美国（457 项）	美国（193 项）	美国（153 项）	美国（108 项）
3	德国（425 项）	德国（184 项）	德国（153 项）	韩国（107 项）
4	法国（370 项）	法国（161 项）	英国（136 项）	德国（86 项）
5	英国（367 项）	意大利（152 项）	法国（134 项）	英国（77 项）
6	意大利（365 项）	英国（151 项）	意大利（132 项）	意大利（78 项）
7	韩国（352 项）	荷兰（144 项）	韩国（109 项）	印度（99 项）
8	荷兰（330 项）	韩国（133 项）	印度（112 项）	荷兰（72 项）
9	印度（325 项）	巴西（116 项）	荷兰（110 项）	法国（71 项）
10	巴西（250 项）	印度（111 项）	巴西（82 项）	巴西（49 项）
11	俄罗斯（195 项）	俄罗斯（88 项）	俄罗斯（74 项）	俄罗斯（31 项）

资料来源：Global Trade Alert (GTA)："Trade Tension Mount: The Tenth Global Trade Alert Report", edited by Simon J. Evenett, Centre for Eonomic Policy Research, November 2011.

相对来说，中国受到贸易保护主义损害的频率要远远高于其作为施害者的频率，这个比例为 10 倍。而且，中国采取的贸易保护措施中，反倾销、反补贴和保障措施等 WTO 允许的贸易救济手段超过了一半。当然，由于中国的经济容量大，以及吸纳的外资如此之多，其采取的国内措施影响到的国家数目却高居榜首。总的来看，中国危机应对策略侧重于扩大国内市场需求，而对外的限制性措施方面是很克制的。中国对于其倡导的更自由的国际市场原则基本上是言行一致的。如果说中国经济有了首先复苏的迹象，那绝不是因为国际贸易保护主义趋于缓和，而更多地得益于国内经济政策的效果。

必须引起重视的是印度和印度尼西亚近些年在国际论坛上的活跃，以及他们的行为所表现出来的发展中国家阵营在经济利益上的分歧，这样的分歧近些年来有上升之势。一些发展中国家的经济政策不再只是注重对发达国家进口产品和投资的控制，也开始关注发展中国家的竞争优势的抢夺。如果说过去的竞争从表面上看，主要是企业与企业之间、产品与产品之间，那么，金融危机反映出来的则是非常明显的国家与国家之间的竞争。

3. 贸易保护手段日益多样化

在 2008 年 11 月到 2011 年 11 月期间的这 1593 项实施的"以邻为壑（beggar-my-neighbor）"的政策措施中，仅有 223 项是反倾销、反补贴和保障措施，更多的歧视性政策措施粉饰以其他意图或标榜。以美国为例，国会批准的刺激计划中明确表明"只买美国货"。所以歧视性的国家援助计划、政府采购、出口补贴等只利惠本国企业的政策也是损害其他国家商业利益的几种主要措施。中国作为世界上保护主义的最大受害国，其遭受的各种损害性措施中，国内企业熟悉的反倾销、保障措施等只占 20% 不到，其他都是以歧视性为特征的国内财政、投资和移民政策等。

表4—4　2008年11月—2011年11月各国近三年最多采用的前十位
贸易措施的数量

贸易措施类型	歧视性措施数量	包括歧视性措施在内的全部贸易措施	加诸贸易措施的国家或地区数目	受贸易措施损害的国家或地区数
国家援助措施	273	298	49	186
贸易防御措施（反倾销、反补贴与保障措施）	223	285	58	81
关税措施	132	416	63	157
非关税壁垒	88	119	24	153
出口税或限制	70	122	54	186
移民措施	44	73	24	104
投资措施	42	105	28	81
政府采购	39	49	21	135
出口补贴	37	54	42	199
本地成分要求	25	34	14	124

资料来源：Global Trade Alert (GTA)："Trade Tension Mount: The Tenth Global Trade Alert Report", edited by Simon J. Evenett, Centre for Eonomic Policy Research, November 2011.

　　正如WTO协定中所呈现的，可能影响到国家间自由贸易的国内政策和措施不仅包括关税和非关税壁垒，还包括很多国内限制措施，如投资、补贴、贷款、政府采购、知识产权、移民等方面有意地扶持本国国民，排斥或歧视外国国民的政策措施。举例来说，一些国家要求银行紧缩进口融资业务，使得进口商资金周转不流畅，从而限制了外国产品的流入。还有一些国家要求放慢甚至短期停止对劳务输入的签证办理，这就限制了自然人流动，也是保护本国国民就业的一种歧视性做法。

　　必须一提的是，WTO的约束力仍然还是明显的，各国发起的贸易保护措施一般不会直接地明显地升高关税税率，而具有隐蔽性、广泛性、多样性等特点。有趣的是，此次危机中各国可统计的提起反倾销调查的申请数远远低于平时的申请数，以美国为例，申请反倾销调查的数目下降到从前的1/3。调查显示陷于危机中的企业此时并不愿意耗费时间和金钱去进

第四章　国际贸易环境的变化与中国外贸战略的升级

165

行一场循规蹈矩的拉锯战，求助于国会和政府运用其他渠道的国内支持，可能更为便捷。

联合国贸易和发展会议、世界贸易组织和经济合作与发展组织在2009年9月联合发表的《20国集团贸易和投资政策报告》指出，在报告评估期内，为应对严峻形势，20国集团有17个成员国在投资领域采取了政策行动（投资措施、与国际安全有关的措施、紧急救助及其他措施）或签订了国际投资协定。有2个成员国（加拿大和德国）采取了与国家安全有关的投资措施，其中德国扩大了国家安全审查的范围（UNCTAD, WTO and OECD, 2009）。

此外，澳大利亚、加拿大、法国、德国、印度、意大利、日本、韩国、俄罗斯、英国、美国等11国为应对危机采取的紧急措施有可能限制或扭曲国际资本流动。这包括针对特定企业、特定行业或跨行业的措施，所涉及的公共支出约为3万亿美元。其庞大的规模以及它们对一些全球化行业（如金融、汽车等）的竞争环境（如企业的进入或退出）的潜在影响，很可能对全球资本流动造成影响（UNCTAD, WTO and OECD,2009）。

此外，和补贴一样，一些紧急救助措施还可能为各国国内行业带来优势，而在不同程度上对外国投资者造成歧视。一些紧急救助方案还在不同程度上限制被救助企业的资本外流。一些对金融企业的救助措施要求被救助企业优先满足国内企业的金融需求。

二、后危机时代贸易保护主义高潮的成因与影响

1. 国内危机挽救与经济复苏的压力是贸易保护主义高潮的主要成因

金融危机带来的主要影响是货币的大幅贬值与国内需求的急剧萎缩。一国货币的贬值使得出口价格下降，使得一国产品获得了出口上的价格优势，数量的大幅增加容易引起进口国的反抗。而国内需求的萎缩，又使得国内供给商面临严峻的挑战，在外来竞争面前更加脆弱。为了保护本国产业，本国政府也会倾向于对外国产品采取抵制措施。

尽管经济学家主张支持贸易自由化，但贸易保护主义仍在持续，并

且常获成功。贸易理论使人们注意到一个事实，那就是政治程序通常有利于渴望保护的特殊利益集团，而不是一般消费者利益。贸易自由化带来的利惠可能是普及的，但却也是分散的，而贸易保护的好处则可能使一部分生产者高度组织起来以影响公共政策。[1] 正如《华尔街日报》所说："贸易协定的第一规则是利益广泛分散，成本高度集中，损失者争论不休。"[2]

此次金融危机表现出来的另一保护主义趋势是：各国贸易利益纠结，每个国家作为施方和受方皆有可能。发展中国家最初的地位往往是贸易保护措施的目标国。关贸总协定也曾赋予发展中国家较大的自由度，允许其为维护国际收支平衡而采取较高关税和数量限制等贸易保护手段。但是20 世纪90 年代以后，发展中国家在国际贸易和投资中所占的比重越来越大，许多发展中国家国内市场的消费力大增，越来越多的外国产品涌入，而贸易自由化的趋势又迫使他们不得不放弃高关税、配额和其他的封闭做法。在这样的情势下，一些发展中国家也开始频繁地采用反倾销措施和其他国内限制性措施。实际上，在贸易保护一事上，发达国家与发展中国家的阵营不再像过去那样泾渭分明。

20 世纪70 年代以后开始的新贸易保护主义，是相对过去的重商主义而言的。新贸易保护主义不再依靠高关税，而更多地依靠各种形式的非关税壁垒以及关贸总协定等允许的贸易救济手段，包括按照有效保护税率设置的阶梯关税、保障措施、反补贴和反倾销措施等（伯纳德·霍克曼、迈克尔·考斯泰基，1999）。但是，此次金融危机所表现出来的贸易保护主义又与新贸易保护主义有很大不同，实质性的区别就是：更多的国内政策措施的采取，即"国境内的壁垒"已经超越"国境上的壁垒"成为主要手段，这是与国际贸易自由化的进程相符合的。

2. 贸易保护主义具有负面传导效应

有许多危机应对政策在于挽救国内某一产业，这直接影响了该产业的

---

[1] See John S. Odell and Thomas D. Willen, eds.: *International Trade Policy: Gains from Exchange between Economics and Political Sciences*, University of Michigan Press, 1990.

[2] *Wall Street Journal*, December 6, 1999, A1.

进口，但损害可能并不止于贸易伙伴的同类产业。事实上，其负面效应会通过传导机制影响到被制裁行业的上下游产业，从而造成巨大的损失。比如此前的"轮胎特保案"涉及的就是中国整个轮胎行业，一旦轮胎行业受阻，其影响必然会波及如橡胶行业、种植、加工制造、销售等，造成整个产业链的发展减缓。所以我们说贸易保护在蔓延，不只是称其数量、施加国和目标国的众多，也是因为其负面影响波及太多的产业部门。

《20国集团贸易和投资政策报告》认为，尽管大幅萎缩的世界贸易和投资流可能已经触底反弹，但危机造成的不断增加的失业将在今后几年继续助长保护主义压力。就投资领域而言，紧急救助措施对投资造成的影响取决于其实施过程以及各国政府如何运用其更大的决策影响力。此外，各国目前采取的措施也为危机之后可能出现的保护主义留下了更大的空间，一些政府在退出救助计划时有可能采取有利于一些企业而有损于另外一些企业的政策（UNCTAD, WTO and OECD, 2009）。

不可否认，大多数国家对此次金融危机的反应都是采取扩张性财政政策，政府积极干预成为普遍现象。在很多场合，无论是政府、学者，还是媒体都经常提到，此次金融危机没有演变成为1929—1933年的大萧条，正是因为这些强有力的大规模的政府干预。但实际上这些政府干预也使得政府处于更艰难的境地，在满足了一些企业或产业的保护要求后，一定会有更多的产业和企业参与游说，政府总是处在国内压力下。许多歧视性措施只为了挽救某一行业的就业，却往往又牺牲了下游行业的就业。所有为了安抚而进行的倾斜都只具有短暂的安抚作用，损及其他贸易伙伴利益的同时，又不可避免地损害自身利益。

保护主义的许多措施其目的都是为了抵挡或压制外国产品的竞争，以留给本国产业足够的喘息时间。依据波特的理论，国家可以根据要素条件、需求条件、相关产业与支持性产业的活动以及产业结构等方面，选择自己要培养比较优势的产业。如果一国具备要素、内需、产业链、产业结构等方面的条件，那么适当地保护该产业，以发展自己的竞争优势，可能是必要的（拉尔夫·戈莫里、威廉·鲍莫尔，2003）。

但问题的关键是，我们在检阅已有的各国保护主义案例中，并未看到这样的经济学上的理性。在金融危机的挽救中，这种长远的理性的考虑更被忽视了，许多政策在意更多的是就业、经济拉动力和短期效应，不再考虑这个国内产业是否是可以发展和扶持的产业。于是一些国家某些产业，特别是钢铁、水泥等基础设施建设急需产业的产能过剩问题不但没有被解决，反而被进一步加剧了。但这样的失衡和结构缺陷是不可持续的。

三、中国作为全球贸易保护主义最大受害国

1. 中国深受贸易保护措施之苦

作为十多年来深受贸易歧视性措施损害的出口大国，中国的基本立场一直是反对贸易保护主义，反对贸易问题政治化，并支持多边贸易自由化的继续推进。美国金融危机及其后续影响，对全球贸易的打击颇为深重，而中国是首当其冲的受害者。2001 年到 2011 年加入世贸组织 10 年间，我国共遭受国外贸易救济调查 602 项，合计金额 389.8 亿美元。截至 2011 年年底，中国已经连续 16 年成为遭受反倾销调查最多的国家，全球超过 30% 的反倾销和美国一半的贸易调查都是针对来自中国的产品。

尽管 GDP 增长仍保持强劲，但出口贡献明显下降，很大程度源于欧美等主要出口国家的贸易保护倾向。据商务部官方网站最新数据显示，2011 年美国对华新提起反倾销反补贴调查共 5 起，相比于 2010 年的 1 起同比增长 400%。美国在四五月份集中对华提起 3 起冶金产品的反补贴调查、1 起化工产品的反倾销调查，年终时又提起 1 起"双反"调查，还有 3 起终裁案件。对中国继续实施反倾销税令的有 19 起，相比 2010 年增长了 46%。2011 年欧盟有 8 起终裁案件，2 起反规避立案，2 起反规避期中复审立案；新立案调查 7 起，相比 2010 年的 8 起略有减少。

中国遭受最多的仍然是反倾销、反补贴和保障措施这一类 WTO 允许的贸易救济措施，占到中国遭受所有贸易措施项数的 19%，而发展中国家普遍采用影响到中国的关税措施，占到中国遭受所有贸易措施项数的 18%。其他类似国家援助措施、非关税壁垒各占 11%。另外，除了移民措施、出口补贴、进口禁令、本地成分要求、政府采购、贸易融资和投资措施以外，中国的贸易利益还受到很多国家的消费补贴、配额、服务部门措施、竞争性贬值、进口补贴、技术壁垒、动植物检验检疫措施、知识产权保护等措施的影响。

事实上，由于采用的措施类型越来越多样化，而且涉及的产品更广，不仅是传统的工业机械、纺织等产品，又有能源产品、环保产品等被纳入进来，中国始终处于全球贸易战的风头浪尖上。在世贸组织 153 个成员经济体中，共有 100 个建立了贸易救济法律机制，其中约 50 个经济体每年至少发起一起相关调查。这意味着贸易救济的实施主体的范围实际是扩大了，特别是对中国而言（见表 4—5）。

表 4—5　2008 年 11 月—2011 年 11 月近三年实施影响
中国贸易利益的措施最多的前十位国家

排名	国家	数量
1	阿根廷	89 项
2	俄罗斯	73 项
3	印度	42 项
4	英国	33 项
5	德国	31 项
6	法国	30 项
7	巴西	28 项
8	西班牙	28 项
9	波兰	27 项
10	瑞典	27 项

资料来源：Global Trade Alert (GTA)："Trade Tension Mount: The Tenth Global Trade Alert Report", edited by Simon J. Evenett, Centre for Eonomic Policy Research, November 2011.

2. 针对中国的贸易保护的新特点

特别值得注意的是，欧美等主要出口市场的贸易措施随着"占领华尔街"和欧债危机尚无明显回落趋势，而具有竞争关系的一些新兴经济体的贸易救济措施也越来越针对中国。金砖四国的其他成员的贸易保护趋势也应当引起中国警惕。尽管这些国家因为强劲的增长势头已经成为中国企业有兴趣拓展的新市场，但其竞争政策的波动、文化上的敌意和经济管理水平的参差不齐，仍然是需要考虑的问题。

来自发展中国家的贸易救济措施，相比起来自欧美地区的，可能更加难以应对。业内人士指出，欧美市场是我国出口产品的主打市场，从制度建设到程序履行都比较规范且严格，市场秩序良好，有章可循。而新兴市场，由于经济发展和制度建设都比较落后，同时也是我国企业开拓得比较晚的市场，各方面还不够规范和成熟，因此在信息披露、纠纷处理等方面都不够顺畅。

过去的贸易摩擦主要是针对某个产品，是小范围的摩擦。后来，逐渐发展到产业与产业间的摩擦。近些年，欧美对中国的责难更多集中于知识产权保护、汇率制度、外资企业投资环境等制度层面的问题，以及政府补贴、国有企业等体制性的问题，这个趋势已经越来越明显。未来冲突会更加激烈，战略性会更强，涉及的层面更高。

不可否认，到 2011 年，金融危机引起的贸易保护主义从 2008 年的高潮有所回落。据 WTO 的统计，2011 年，全球共新增反倾销调查 153 起，比 2008 年减少 60 起，降幅达 28%。相应地，全球贸易也在深度复苏中。美国出口表现最强劲，2011 年货物出口超过 1.481 万亿美元，同比增长 14%。美国出口排名重返世界第二位，略为超过德国（1.476 万亿美元），仍逊于中国（1.899 万亿美元）。以美元计价，2011 年德国外贸水平已经回升至危机前水平，以欧元计价则已经超过危机前峰值 11%。欧元的相对弱势降低了德国的出口估值，增强了德国的出口竞争力。印度 2011 年货物出口总额已经比 2008 年贸易衰退前的峰值高出 56%。中国出口也已超过衰退前水平，进口甚至增长更快。

四、中国应对贸易保护主义的总体部署与未来选择

2001 年加入世贸组织以后，在最初的 5 年内，为了应付内外的变化，中国表现得相对被动。在许多场合，中国的声音淹没在普通成员方中，它在行使权利方面确实只是没有什么特殊的"另一个新成员方"。以参与争端解决机制为例，中国在加入世贸组织的前 5 年以第三方的身份参与了 61 件案件，而仅有 1 件作为原告的案件。另一方面，中国仍是遭受其他成员方反倾销、反补贴和保障措施等贸易救济手段最多的国家，其数量和金额都远远超过其他国家。

加入世贸组织十年来，中国的平均关税从 2001 年的 15.3% 降至 9.8%，

并开放了 100 多个服务贸易部门；中国的进出口规模分别扩大了 4.7 倍和 4.9 倍；国民生产总值增长了两倍多。十年来，中国参加世贸组织争端解决机制也逐渐实现了从学习与熟悉到积极参与的角色转换。

中国前 5 年的低调内敛源于过渡期的适应要求。通过作为第三方参与案件，中国学习和了解了争端解决机制的运行细节。另一方面，前 5 年里美国等国家在 WTO 对中国也比较克制，仅有一起针对中国的集成电路增值税申诉。但蜜月期在 2006 年结束。2006 年开始，中国被诉的 3 起案件占当年新受理案件总数的 15%，此后基本每年均在 25% 上下波动。

从总体上来看，世贸组织争端解决从 2006 年以后，基本体现为中美欧三方的"互动"，其余还少量涉及发达成员之间以及转型经济体之间的"互动"。截至 2011 年年底，美国、欧盟和中国连续成为世贸组织 154 个成员中被诉最多的 3 个成员，分别被诉 113 起、67 起和 23 起。中国被诉的重点为补贴与反补贴措施领域，此外，服务贸易、农业协定和投资措施也成为被诉的重点领域。中国至今提起了 9 起争端案件，被诉方均为美国和欧盟，涉及反倾销、反补贴与保障措施。

如前所述，2011 年开始，随着全球经济复苏，贸易保护主义的浪潮有所回落。世贸组织争端解决机构 2011 年新受理争端案件 8 起，比 2010 年的 17 件减少了一半多，也是世贸组织成立以来受理案件最少的一年。值得注意的是，在这 8 起中，中国起诉为 1 起，被诉为 2 起，相对应美国的起诉 1 起，被诉 3 起，并不是令人意外的情况。

不论是出于中国主动，还是基于美欧等成员方的要求，中国作为新成员方的过渡期在加入世贸组织 5 年后即已结束。在 2006 年后的数次贸易审查会议上，中国被加诸了越来越多的新要求，这些要求不再只是基于中国作为具有完全不同的国内体制的特殊成员方，而是基于中国巨大的贸易量和增长势头。2006 年以后，中国在履行加入世贸组织承诺上的表现已经不再受到更多关注，其他成员方要求中国作为成熟的成员方、特别是作为从国际贸易中获益甚多的成员方，承担更多的义务和责任。

为了响应这样的要求，特别是考虑到 2007 年金融危机对全球经济造成的巨大伤害，中国近年来主动实施了结构调整、惠及全球的贸易战略，承担了帮助全球经济复苏的大国责任。近年来，中国积极扩大内需，促进经济增长向依靠消费、投资、出口协调拉动转变，推进贸易投资自由化和便利化，不断加大进口促进政策力度，促进贸易平衡。

中国分批取消了约 800 多个税目商品的自动进口许可证管理，承诺对最不发达国家 95% 以上的输华产品实行零关税。在国际金融危机蔓延的时候，中国政府组织了三十多个大型采购团赴海外采购。中国贸易顺差在 2008 年达到近 3000 亿美元峰值后逐年递减，2012 年前三季度已缩小到 1071 亿美元，占国内生产总值的比重也从 6.5% 降至 2.2%，处在国际公认的合理区间。

但是，所有这些改善贸易结构的努力，并不会立即带来贸易争端角色的变化。中国已经不可避免地被推到 WTO 力量格局的风头浪尖。不仅是欧美等发达国家，也包括许多发展中国家和最不发达国家，都将许多关注和要求加诸于中国。这几年贸易保护发展趋势是，越来越多的发展中国家成为反倾销、反补贴和保障措施的发起国，他们的目标重点也是中国。

总而言之，从理论和实践来看，对于身为贸易大国的中国而言，贸易保护主义将不可避免，尽管随着各国经济复苏情况有所起伏。最基本的应对办法仍然是个案应对。政府、协会、企业的积极联动是应对摩擦、化解分歧的重要保障。涉案企业应积极应诉，有关进出口商会应积极参与对企业应诉进行指导，并与国外起诉方对话沟通；政府主管部门应高度重视业界诉求，与国外政府交涉磋商，维护企业利益。此外，在现有机制下，通过业界合作，解决贸易分歧也存在很大的空间。

从更长远的战略考虑，中国应积极参与并利用好 WTO 等国际经济协调组织和谈判论坛。从中国决定加入 WTO 后，必须承认，来自外部的各种影响，如资源供应、投资渠道、货币汇率、价格变化和信息网络等加大，使得中国不能独善其身，决策自主权受到一定影响，但中国也开始能够对其他国家和国际机构的决策产生更大影响。目前在 WTO 体系中，表现出一个很大的力量格局变动趋势是：发展中国家要求获得与其贸易地位更为匹配且更加有力的发言权，同时也坚持要求发达国家作出更大的制度让步。

虽然贸易谈判的僵局暴露出利益均衡过程的复杂性和困难度，但发展中国家意识到，维护与其承担义务相对应的权利，并争取与发达国家均衡享有权益的努力，可视为是本轮贸易体系改革中所表现出的显著特征。中国在这样的力量格局变动中首当其冲，代表着新崛起的领导力量。尽管中国对世界经济运行、体系、秩序等的认识还不深入，有时被动，反应滞后，应对能力不强，经验不足，但是中国在参加 WTO 决策的态度上是积极的，提升空间是很大的，利用好 WTO 这个具有全球影响力的平台，将是未来中国的重要命题。

最后，必须提出的是，全球供应链的发展对贸易统计提出了新的问题，也使得中国必须审视自己在贸易中的角色和未来的发展路径。全球供应链使得世界贸易呈现出完全不同的新特点：首先是中间产品贸易的增长；其次，过去统计贸易流量的工具不能适用于新的情况；最后，全球供应链又造成了各国国内或区域性产业结构的变化。

当金融危机来临时，美国、欧洲的人民抱怨更多的是亚洲便宜的劳动力抢走了他们的工作，但更真实的情况是，这是企业决策的结果，从全球化获益最大的也是这些拥有全球供应链的企业。中国拥有数目巨大的人口，首先需要解决这么大数量人口的就业问题，这使得中国在长期看来仍然会处于全球供应链的低端，同时又因为巨大的产业内贸易，而始终处于贸易保护的漩涡之中。对于这一现实不能回避，我们需要新的统计工具，来解释中国在全球贸易中的贡献和真正利益。

当然，尽管目前全球主要价值链的运作，特别是其附加值的分配，仍然取决于来自发达国家拥有关键技术、设计和品牌的大公司，但是，另一方面，末端市场的一些主要国家也正在成为某些基础原料、能源与设备的采购商。这使得全球价值链的布局和制约关系呈现更为错综复杂的特点，而工业化的进程惊人地席卷全球，关于发展代价的争论空前激烈。

仍然需要关注的是以中国为核心的亚洲地区。这个区域不仅向发达国家出口产品，它们也越来越多地从其他发展中国家和最不发达国家进口原料和未加工产品。它们的影响力不仅体现为对上游市场的一定反制力，而且也体现为在创建自己的上下游供应链，它们对国际大宗商品的影响力已经显露出来。

2012 年 2 月 7 日，商务部网站公布的报告指出，中国与亚洲 2011 年贸易总额达 19030.3 亿美元，同比增长 21.5%，占全国外贸总额的 52.3%。

在中国的十大贸易伙伴中，亚洲国家和地区占据 5 席。中国已经成为这一区域的核心，但需注意的是，亚洲区域内许多贸易其性质仍然是产业内贸易，中国作为组装地或中枢营运地的位置更加突显。掌舵好这个区域，仍然是中国对外贸易战略的重中之重。

第三节　中国贸易发展模式转型的方向

一、中国现行贸易发展模式的特征

1.追求基于低成本的外贸数量扩张

中国贸易以粗放型增长模式为主，出口发展以低成本、低价格的数量扩张为主的增长模式尚未根本改变，外贸部门片面强调短期利益而忽略长期利益，各种优惠政策使得外贸企业为了扩大出口，一味追求规模和速度。低成本和低价格虽然造就了中国外贸产品在国际市场上的巨大优势，但也阻碍了中国劳动力素质的提高、国民社会福利的改善和产业结构的升级。

（1）低成本发展阻碍国民社会福利的改善。我国的低价产品主要是建立在低劳动力成本、低土地成本和低环保成本的基础之上的。在我国，由于户籍制度的限制，劳动力市场长期分割为正式职工和农民工两种市场，农民工无论在劳动报酬方面还是社会保障方面都受到歧视。另一方面，由于实施政府主导型的发展模式，地方政府在追求政绩甚至追求拿回扣的驱动之下，为了招商引资，往往对被征地的居民补偿不足，造成企业可以低价拿地。而出于同样原因，地方政府往往容忍企业对环保的低投入甚至污染环境的行为。这些行为的后果不仅扩大了国内居民收入的贫富差距，也阻碍了整体国民社会福利的改善。

（2）低劳动力成本阻碍劳动力素质的提高。较高的劳动生产率需要有较高素质的劳动力才能创造出来，而高质量的劳动力需要较高的成本投入才能获取。劳动力成本低、劳动者收入低，是制约我国劳动力素质提高的一个重要因素。低收入势必会影响到劳动者参与社会竞争的积极性，缺乏足够的资源投入来提高自身素质，以及对下一代劳动力的教育投入。反过来，由于教育、培训等投入不足，劳动力自身的价值无法得到提升又会形成新的低廉劳动力，形成一个恶性循环。同时，低收入导致我国优秀人才流向高收入国家，或是从内资企业流向外资企业、合资企业。

（3）低劳动力成本阻碍企业核心竞争力的提升。改革开放以来，我国很多企业获得规模和利润上的飞速发展。但是，从企业所在的行业、技术力量、管理效率和劳动生产率以及国际竞争力上分析，我国企业只是充分利用了劳动力成本低的优势，并把这种优势变成规模优势，缺乏核心技术和自主知识产权，生产的产品大多数是低技术含量、低附加值的产品，国际综合竞争能力弱。他们依靠低价这个单一的竞争手段打拼国际市场，仅获得产业链上最少的经济利益。

（4）低劳动力成本阻碍产业结构升级。从产品供给方面来看，低廉的劳动力成本致使我国企业专注生产劳动密集型产品，不注重使用新技术和新设备以提高生产效率，不注重积累技术以研发新产品，不注重提高国际市场运作能力以创立世界品牌。产品升级换代慢，社会产业结构升级缓慢。另一方面从产品的需求方面来看，居民收入低，购买力不足，在基本生活需求得到满足的情况下，消费结构难以向更高层级迈进，高技术含量、高附加值的高端产品需求不足，缺乏培育资金密集型和技术密集型产业的内部市场基础，不能有效促进产业结构升级。

（5）低价出口产品容易在国际市场上遭遇反倾销。根据中国商务部统计，截至 2010 年，中国已经连续 16 年成为全球遭受反倾销调查最多的国家。[①] 从遭受反倾销的主要产品种类分析，我们可以发现，大多数产品售价低技术含量也低，而技术层次越高、越是有自主知识产权的产品，遭遇反倾销越少，因此如果一味提倡低价格优势，反而会制约产品在国际市场上的销售。

2. 贸易条件持续恶化

贸易条件是用来衡量一定时期内一个国家贸易盈利能力的变化和在国际贸易分配中所处地位变动的重要指标。作为国际贸易的一个重要指数，它影响着一国的短期和长期利益，进而影响一国的经济增长和经济发展。

---

① 周晓燕：《妥善应对贸易摩擦 营造良好外部环境》，《国际商报》2011 年 7 月 4 日。

贸易条件的基本形式包括价格贸易条件、收入贸易条件和要素贸易条件。

第一，价格贸易条件。价格贸易条件（Net Barter Terms of Trade，NBTT）是一定时期内一国出口商品价格指数与进口商品价格指数之比，它衡量的是平均每单位出口商品所能取得的进口能力，计算公式如下：

价格贸易条件 =（即期的出口价格 ÷ 基期的出口价格）/（即期的进口价格 ÷ 基期的进口价格）×100。如果价格贸易条件指数大于100，表明价格贸易条件得到了改善；如果 NBTT 小于100，则表明价格贸易条件恶化。

第二，收入贸易条件。收入贸易条件（Income Terms of Trade，ITT）是指一定时期内出口量指数与净贸易条件指数的乘积，它表示一国用出口支付进口的能力，反映了一国通过对外贸易满足本国消费需求和经济增长的能力，对宏观经济的影响较直接。其计算公式为：

收入贸易条件 =（即期的出口价格 ÷ 基期的出口价格）×（即期的出口量 ÷ 基期的出口量）/（即期的进口价格 ÷ 基期的进口价格）×100

如果收入贸易条件指数大于100，表明收入贸易条件得到了改善；如果 ITT 小于100，则表明收入贸易条件恶化。

第三，要素贸易条件。要素贸易条件表示的是一国长期进口能力，分为单要素贸易条件和双要素贸易条件。其计算公式分别为：单要素贸易条件 = 价格贸易条件 × 本国出口部门的生产率指数；双要素贸易条件 = 价格贸易条件 ×（本国出口部门生产率指数 / 本国进口产品在贸易对象国生产率指数）。

迄今为止，国内许多学者已经对2009年全球金融危机之前的中国贸易条件变动做了大量研究。大多数研究结果表明，中国贸易条件在1980—2008年总体呈现波动性下降，恶化的趋势明显。在1980—1985年间，中国的贸易条件处于改善的趋势；但从1985年开始，中国的贸易条件呈现出了波动性下降的趋势，2001年后下降的趋势更加明显。[1]

由于数据有限，这里以2008年为基期，用价格贸易条件计算方法对

① 桂卜统、李鸿志：《中国贸易条件变动及其影响因素的实证分析》，《中国外资》2011年第6期，第26—27页；李汉君、孙旭：《中国价格贸易条件变动趋势与出口商品结构》，《国际贸易问题》2009年第3期，第37—40页。

2008 年以来的中国一些大类商品的贸易条件进行分析。中国的《国际贸易》杂志现在每年第 2 期公布由中国海关统计的"中国主要进出口商品量值"，笔者在这些数据中挑选了出口和进口均有较大金额而且既有数量数据又有金额数据的五类商品，即医药品、钢材、自动数据处理设备及其部件、电视收音机及无线电讯设备的零附件和集成电路，并计算了这些商品的价格贸易条件。如表 4—6 所示，2008 年以来五类商品中有三类的贸易条件趋于恶化，其余二类（钢材和自动数据处理设备及其部件）的贸易条件在 2009—2010 年一度进入上升通道，但到 2011 年又趋于恶化。

表 4—6　2008 年以来五类商品价格贸易条件变化（2008 年为 100）

年份	2009	2010	2011
医药品	—	90	73
钢材	116	100	107
自动数据处理设备及其部件	116	123	110
电视、收音机及无线电讯设备的零附件	91	87	85
集成电路	96	86	86

资料来源：笔者根据《国际贸易》杂志每年第 2 期的相关数据计算。

　　金融危机以来中国部分商品的贸易条件继续恶化的原因可能有两点。第一，加工贸易比重过大。中国处于整个国际生产链"微笑曲线"的谷底处，充当着"世界工厂"的角色。加工贸易最主要的特点就是两头在外，原料和中间投入品主要靠进口，而资本、技术密集型的中间产品，其价格往往缺乏弹性，且易受出口国垄断，致使中国进口产品价格居高不下。上表 4—6 中的"电视、收音机及无线电讯设备的零附件"和"集成电路"其实均属于加工贸易成分较大的商品。

　　中国的加工贸易出口从 20 世纪 80 年代初占总出口量的 5% 升至 1998 年的 57%，而加工贸易进口也从 80 年代初的 8% 一度升至 1997 年的 49%。虽然进入 21 世纪以来，加工贸易在中国外贸中所占份额逐年下降，2011 年加工贸易出口和进口分别占外贸出口总额和外贸进口总额的 44% 和 27%，但从国际比较来看，这一水平仍然是较高的。

　　第二，从中国外贸的供需方面来看，中国出口对象国的经济不振导致对中国产品的进口需求不旺，使得中国出口品价格难以上升。中国出口的主要对象是美国、日本和欧盟。中国对上述三者的出口总量在 2011 年占总出口额的近 43.7%，上述经济体若出现需求疲软，势必影响中国的出口，从而打压出口品价格。

另一方面，全球大宗商品及原材料价格仍处在较高水平，使得进口价格居高不下，这也使得中国贸易条件存在持续恶化的可能。中国经济的率先复苏也拉高了国际大宗商品价格，增加了进口的成本，进而加剧了贸易条件的恶化。

另外，根据进口关税的职能与作用原理，中国加入 WTO 以来持续降低进口关税在改善对华出口国贸易条件的同时也恶化了中国的贸易条件。

3. 过多消耗自然资源

2011 年我国的一次能源消费总量已超过美国，中国已成为世界第一大能源消费国。[①] 同时，我国自 2010 年以来就成为世界最大的出口国，虽然近两年出口增速有所下降，但 2011 年出口依存度依然高达 26.1%。我国巨额的出口贸易实际上也是以消耗了大量资源和能源为代价的。有的宏观经济分析报告指出，2004 年中国进口石油和天然气中 23% 和 37% 用于生产出口产品，相当于能源再出口。[②]

以稀土资源为例，中国以 23% 的稀土资源承担了世界 90% 以上的市场供应。另一方面，稀土价格却长期低迷，没有真实反映其价值，资源的稀缺性没有得到合理体现，生态环境损失没有得到合理补偿。同时，中国的稀土出口付出了巨大环境代价，而且稀土资源正在面临枯竭。[③]

进一步分行业的计量分析表明，2002 年我国出口内涵能源绝对量最多的三大类产品分别是服装及其他纤维制品、电气机械及器材和仪器仪表文化办公用机械（分别占 12.8%、12.2% 和 10.6%），而这三大类产品的

---

① 常红：《中国已成为全球最大能源消费国 对原油依存度达 55.2%》，《人民日报》2012 年 02 月 29 日。

② 李众敏、何帆：《中国能源进口与再出口分析》，中国社会科学院世界经济与政治研究所研究报告，2006 年 7 月，http://www.cesd-sass.org/energy/ShowArticle.asp?ArticleID=494，2012 年 6 月 6 日访问。

③ 中华人民共和国国务院新闻办公室：《中国的稀土状况与政策》，2012 年 6 月。

出口额在出口总额中所占的比例也分别列第一位、第三位和第二位（分别为17.4%、11.8%和13.5%）。这说明，我国出口部门的能源消耗量与出口部门的出口额之间呈现较高的一致性，大量的能源被外贸行业消耗。[①]

从其他角度的研究也间接证明了这一点。欧美国家正在酝酿实施碳关税政策，其用意是要用惩罚性关税，对中国、印度等未承担约束性减排目标的主要发展中国家实施贸易制裁，以消除欧美国家的碳密集型产品可能遭受的不公平竞争。一项研究结果表明，如果欧美国家在2020年前后实施碳关税政策，中国15个工业品生产部门中受碳关税影响产量下降比例最高的五个行业依次为：仪器仪表办公机械、纺织业、服装皮革羽绒制品、电气机械器材和通信电子设备制造业；其中受冲击最为严重的仪器仪表办公机械制造行业在30美元碳关税率下产量下降3.50%，在60美元碳关税率下产量下降6.96%；纺织行业在30美元碳关税率时产量下降1.60%，在60美元碳关税率时产量下降3.18%。[②]

4. 忽视对生态环境的保护

基于2005年的投入产出表，中国38%的二氧化硫、18%的化学耗氧量、23%的二氧化碳排放是由对外贸易拉动的。实际上，中国是在为全球的环境问题买单，用中国环境容量补贴其他国家，因此可以说是一种"环境逆差"。这种"出口产品，留下污染"的发展方式不仅破坏了本国的生态资源，也违背了WTO所倡导的外贸可持续发展的原则。[③]

从行业层面来讲，1996年至2005年之间，纺织和机械等11个行业均存在不同程度的污染状况，其中五个行业为重度污染密集型行业，一个为中度污染密集型行业（见表4—7）。这11个行业的出口额占全部对外出口总额的90%以上，而重度污染密集型行业的出口额占总出口额比重接近20%。这表明，我国货物贸易规模的扩大确实对我国生态环境带来了一定

---

① 陈迎、潘家华、谢来辉：《中国外贸进出口商品中的内涵能源及其政策含义》，《经济研究》2008年第7期。

② 沈可挺、李钢：《碳关税或冲击中国纺织等工业品出口》，《中国社会科学报》2010年6月17日，第8版。

③ 杨江明：《直指"两高一资"环保部酝酿"绿色"外贸新政》，《中国贸易报》2010年12月2日，第A5版。

的负面影响。①

表4—7 1996—2005年11个工业行业的出口额占比及污染强度分类

行业分类	出口占比（％）	污染强度分类
1. 机械、电气、电子设备制造业	45.32	轻度污染密集型
2. 纺织业	19.66	中度污染密集型
3. 金属冶炼及制品业	7.59	重度污染密集型
4. 化学原料及化学制品制造业	5.70	重度污染密集型
5. 采掘业	3.60	重度污染密集型
6. 皮革毛皮羽绒及制品业	3.00	轻度污染密集型
7. 塑料制品业	2.70	轻度污染密集型
8. 食品、饮料及烟草制造业	2.15	轻度污染密集型
9. 非金属矿物制品业	1.83	重度污染密集型
10. 造纸及纸制品业	0.78	重度污染密集型
11. 橡胶制品业	0.70	轻度污染密集型
总计	93.03	

资料来源:引自尹显萍、李茹君:《我国工业制成品对外贸易对环境的影响》,《国际贸易问题》2008年第2期,第60页。

　　进一步以纺织业为例,在2007年5月国务院下发的《第一次全国污染源普查方案》中,纺织业被列为重点污染行业之一。根据当时的国家环保总局统计,印染行业的污水排放总量在全国制造业中排第五位。纺织行业60%的污水排放量来自于印染行业,而且印染污水存在污染严重、处理难度高和废水的回收利用率低的问题。化纤行业产品在生产时,需要使用大量酸和碱,最终会产生硫酸、硫酸盐、硫磺等有害物质,会给环境带来严重污染。有些化纤产品的生产需要用到溶剂和介质,而这些溶剂和介质对环境的污染较为严重。化纤产品本身是不可降解,尤其是那些合成纤维,废弃物回收的成本高,如果将其燃烧又会污染空气,这是化纤产品生产中造成环境污染的另一种表现。化纤产品废弃后不容易被土壤里的微生物降解,导致土壤环境

---

① 尹显萍、李茹君:《我国工业制成品对外贸易对环境的影响》,《国际贸易问题》
　2008年第2期,第60页。

恶化。另外，毛麻丝行业的前处理过程也会排放出大量污水。

5.忽视对知识产权的保护

与其他发达国家甚至一些发展中国家相比，我国在知识产权保护方面仍然存在着很大差距。一方面，发达国家利用其掌握的大量专利等知识产权占领中国国内市场，对中国的经济发展构成挑战。另一方面，一些国内企业依然缺乏尊重知识产权的意识，以致在对外出口时经常出现侵害对方国家知识产权的事态发生。

(1) 多数企业缺乏知识产权的整体战略。近几年虽然我国在国家层面出台了一系列政策和措施，形成了较完整的国家知识产权战略，但这些战略还远远没有转化为企业行为，多数企业缺乏自己的知识产权战略。在发达国家，企业的知识产权战略在市场上具有进攻和防守的双重作用，即企业既可以利用知识产权为企业的技术产品占领国内外市场开道，又可以运用知识产权为自己的技术和产品筑起一道防护墙，以免知识产权被侵害。而我国企业大多数缺乏自己完整的知识产权战略，企业的知识产权在对外贸易中的地位和作用得不到充分的发挥，从而影响了企业对外贸易的健康发展。

(2) 企业的知识产权保护意识薄弱。一方面，中国许多企业对知识产权保护的意识仍然不强，不能及时把自己的研发结果转化为知识产权，致使很多科研成果得不到有关国家和地区相关法律法规的保护，甚至使得一些国有品牌在国外许多地方被恶意抢注。即使一些企业拥有自己的知识产权，但是当他们的合法权益受到侵害的时候，不能及时地运用法律武器捍卫自己的合法权益。另一方面，我国在知识产权保护方面的不足，成为发达国家实施知识产权贸易壁垒、挑起知识产权争端的借口。发达国家利用知识产权发起贸易诉讼，不仅阻碍了我国的对外贸易，而且也制约我国相关产业的发展。尤其是在商标领域，侵权案件频发，货物时常被海关扣押或者没收，已严重影响到我国产品的出口。

二、中国贸易发展模式的转型

1.从仅仅关注贸易的顺逆差转向关注对外贸易的综合效益

所谓贸易顺差，是国际收支平衡表上反映出来的贷方余额，仅仅表示一国在一定时期内对外经济往来的收入总额大于支出总额的差额，它既不能反映出口的价值属性，也不能反映企业的盈亏状况。"千方百计追求出口"是过时的重商主义行为，贸易顺差不应是我国对外贸易发展追求的目标。

在贸易问题上，我们不仅应当放弃以出口创汇、追求顺差为目标的传统观念和做法，转而确立以国际收支平衡为目标的政策，综合平衡经常账户和资本账户，而且要加快中国贸易发展模式的转变，其中关键一步就是从关注和追求顺差向关注和追求质量和效益转变，从依靠消耗资源能源，不顾经济效益，向依靠节约能源资源、经济效益好的出口贸易增长转变。

现有的外贸指标评价体系忽视了对外贸易社会效益的评价，使得一些出口企业在取得经济效益的同时，忽视了社会效益。外贸指标评价体系要合理反映出口商品的劳动成本、环保成本和资源成本，使企业经济效益和社会效益相统一。

应注重对外贸易的综合效益，其中包括对外贸易的经济效益、社会效益和生态环境效益，系统地考虑和关注对外经济贸易活动与环境保护、生态平衡形成一个有机整体，相辅相成、相互促进，促使贸易政策和环境政策协调发展，共同为促进国民经济可持续发展作出贡献。

2. 从追求对外贸易的规模和速度转向关注外贸的结构优化

中国对外贸易规模迅速扩大，但外贸粗放型的增长方式还没有得到根本转变。外贸出口的高速增长，实际上掩盖了出口商品结构、出口方式结构、出口贸易企业结构以及出口市场结构改善缓慢等问题。而优化外贸结构，才是中国贸易发展模式转型中的根本问题。

在出口商品结构方面，中国尽管已经从以初级产品为主进入以工业制成品为主的阶段，并且正在进入以资本密集型产品为主的阶段，但这一阶段还刚刚起步（见表4—8）。大部分出口产品虽然归属资本密集型产品，但其生产过程依然是劳动密集型的，即出口产品通过使用进口的原料、部件或设备，雇佣本地廉价的低素质劳动力，进行劳动密集型产品的加工和组装，然后出口到国外。从发展的角度来看，中国的出口产品比较优势由自然禀赋上升到技术、资金、管理、品牌和营销网络等后天禀赋，由使用资源、劳动力等低级要素向使用更高级要素——资金、技术、研发、管理、销售转变，仍需走相当长的道路。

表4—8　2000年以来各类产品在出口总额中的比重

（单位：%）

年份	按产品加工程度分类			工业制成品中按要素密集程度分类							
	工业制成品	初级产品	合计	工业制成品	劳动密集型产品	按原料分类的制成品	杂项制品	未分类商品	资本密集型产品	化学品及有关产品	机械及运输设备
2000	89.8	10.2	100	89.8	51.7	17.1	34.5	0.1	38.1	4.9	33.2
2005	93.5	6.5	100	93.5	42.4	16.9	25.3	0.2	51.1	4.7	46.4
2010	94.8	5.2	100	94.8	39.8	15.8	23.8	0.2	55.0	5.5	49.5

　　注：国际贸易标准分类（SITC）把国际贸易商品分为10大类，即0食品及活动物、1饮料及烟类、2非食用原料、3矿物原料和润滑油等、4动植物油脂及腊、5化学品及有关产品、6按原料分类的制成品、7机械及运输设备、8杂项制品、9未分类的其他商品，并根据产品加工程度把0-4类列为初级产品，5-9类列为工业制成品。联合国又将工业制成品中的5类和7类归为资本密集型产品，工业制成品中的6、8、9类归为劳动密集型产品。

资料来源：中国商务年鉴编辑委员会：《中国商务年鉴》，中国商务出版社2011年9月，国家统计局贸易外经统计司编：《中国贸易外经统计年鉴》，中国统计出版社2011年9月。

　　在出口方式结构方面，在2011年以前，我国出口以加工贸易为主，目前加工贸易在中国出口中所占比重依然较高（见表4—9）。加工贸易由于有跨国公司的参与，因此加工贸易除了具有与一般贸易相同的风险以外，还有一些加工贸易所特有的风险。这些风险有：①要素成本上升风险，即如果加工贸易业务承担国要素成本出现上升，该国加工贸易业务就会很快流向周边其他发展中国家，该国就会面临外资撤资、加工贸易企业停产的风险；②出口市场风险，即如果出口市场需求严重不足，或者跨国公司本身经营状况恶化，那么加工贸易产品的销售风险也会陡然增加；③原材料进口市场风险，即加工贸易的原材料一般依赖于国际市场，其市场价格不仅取决于市场供求状况，还取决于其他各种因素，因此具有较大的不确定性。此外，跨国公司主导的加工贸易还具有不利于东道国产业升级的潜在风险。由于外资加工贸易企业的关键技术和零部件主要依靠国外母公司的输入，其关键技术人员也几乎全部来自国外，因而不利于在东道国技术溢出并形成完整的产业链，不利于东道国的技术和产品的销售，影响东道国通过引进外资促进本国技术进步和产业升级目标的实现。[①]

表4—9　2000年以来我国出口贸易方式构成

（单位：%）

贸易方式	2000年	2005年	2010年	2011年
一般贸易	42.2	41.4	45.7	48.3
加工贸易	55.2	54.7	46.9	44.0
其他方式	2.6	3.9	7.4	7.7

资料来源：作者根据中国海关统计资讯网数据计算而得。

在出口贸易企业结构方面，外资企业占全部出口企业的一半以上，这部分企业也是中国外贸顺差的最大受益者（见表4—10）。发展出口除了产品本身的因素之外，还需要出口商在国际上拥有销售网络和渠道。近十年来，中国出口贸易的企业中，虽然"其他企业"所占比重迅速上升，但要赶上外资企业仍然需要不懈的努力。

表4—10　2000年以来我国出口贸易的企业构成

（单位：%）

主体类型	2000年	2005年	2010年	2011年
国有企业	46.7	22.2	14.9	14.1
外资企业	47.9	58.3	54.7	52.4
其他企业	5.4	19.5	30.4	33.5

资料来源：根据中国海关统计资讯网 http://www.chinacustomsstat.com 数据计算而得。

[①] 张幼文等著：《金融危机冲击下的世界经济格局》，上海社会科学院出版社2010年9月版，第273—276页。

在出口市场结构方面，我国货物贸易出口长期集中于欧美市场。出口市场过于集中容易带来出口市场风险，即进口国为了保护本国的市场，用各种隐蔽的贸易保护手段来限制出口国对其出口。1995 年以前，与一些国家相比，我国出口市场过于集中的问题很突出，经过十多年推进市场多元化，出口市场集中的问题已经得到很大的缓解，但在欧美市场饱和以及在金融危机后欧美市场陷入疲软的情况下，发展对新兴经济体的出口仍然是当务之急（见图 4—3、图 4—4、图 4—5）。

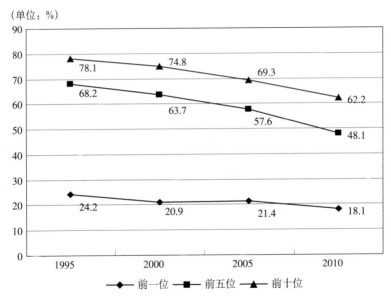

图 4—3　中国的出口集中度

资料来源：[日] 总务省统计研修所编《世界の統計》（各年版）。

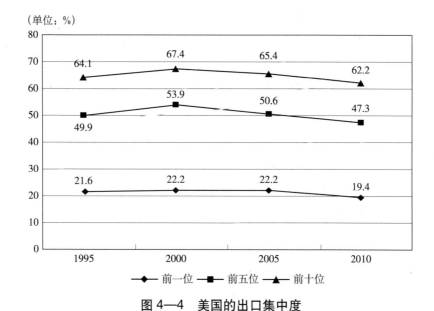

图 4—4　美国的出口集中度

资料来源：［日］总务省统计研修所编《世界の統計》（各年版）。

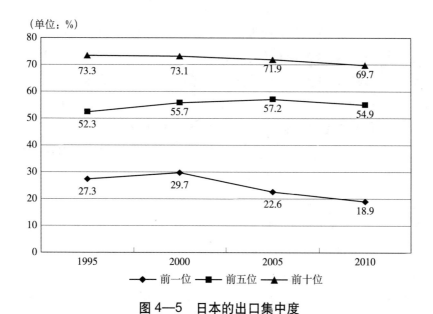

图 4—5　日本的出口集中度

资料来源：［日］总务省统计研修所编《世界の統計》（各年版）。

3. 从仅仅关注出口转向进出口并重

出口是一国国民经济中的重要组成部分，中国改革开放以来，出口对经济高速增长的作用功不可没。但出口如果以牺牲资源、牺牲效益、牺牲环境以及牺牲人们的生活质量为代价，出口变为"出口至上"，那么出口对国民经济的作用就会走向它的反面。在中国改革开放走过三十多年以及国内外环境均发生巨大变化的今天，需要我们重新审视进出口在国民经济中的作用，从仅仅重视出口转向进出口并重。

其实在一国国民经济中，进口同样起着极其重要的作用。这些作用有：激发技术创新，促进产业结构升级（例如进口先进技术和设备）；增加消费者选择机会，诱导国内新产业成长（例如进口一般消费品和服务类产品）；降低外汇储备压力，缓和贸易摩擦（例如进口高档消费品）；发展加工贸易，缓解就业压力（例如进口中间产品）；保护国内环境，节约国内资源（例如进口资源类产品）。

比较出口和进口两者的作用，出口的作用主要体现在对经济增长的短期贡献上，而进口的作用则体现在对经济发展的长期和结构性影响方面。

中国对外贸易提倡出口与进口并重发展，是促进经济内外均衡发展的客观需要，也是我国扩大消费的必然要求，更是促进我国结构调整的重要保障。出口与进口并重发展对我国技术进步、产业结构完善以及服务业发展都具有重大作用。

4. 从追求低成本转向依靠技术进步提高产品附加值

在中国改革开放经历了三十多年后的今天，中国外贸发展的内外环境都发生了巨大变化。中国外贸原有低成本优势已一去不复返，以高污染、土地低成本和员工低收入为代价的中国产品低成本、低价格的路线已走到尽头。同时，随着传统产业和传统技术向中国的大量转移，利润摊薄和市场饱和成为不可抗拒的趋势。中国外贸要形成持续的竞争力和保持持续增长的空间，就必须在提高产品附加值方面有更多的作为。

从中国外贸长远发展看，适度的劳动力成本上升是件好事。因为这将有助于企业加强对员工教育培训的投入，有助于企业改善管理水平，进而提高劳动力的素质，优化劳动力结构，最终提高生产效率，为加快外贸产品结构和产业结构调整带来新的动力。企业应主动顺应劳动力成本上升的趋势，通过加快结构调整步伐，积极转变发展方式，大力发展研发、设计、自主品牌和境外的营销渠道，来创造参与国际竞争合作的新优势。

企业依靠科技进步，加快技术创新，是优化我国出口商品结构，提高出口商品质量、档次、加工深度、科技含量和产品附加值的关键，也是我国外贸增长方式转变的根本途径。在开放型经济的条件下，企业的技术创新既不必追求百分之百的原始创新，但也不应全盘依赖引进，而是应把技术引进与消化、吸收、创新结合起来，做到引进后的技术吸收和技术改进，努力提高自身的技术吸收能力，最终形成具有自主知识产权的核心技术。

5.从关注本国利益转向促进国际社会的共同富裕

随着经济全球化与区域一体化的发展，各国经济的相互依存日益深化，经济政策的协调日益重要。在这种经济条件下，一国的经济政策与发展方式必然会影响其他国家，而共享发展机遇、实现互利共赢，则是世界各国面临的一大课题。

对于中国来说，要更注重自身的发展不损害其他国家，不对其他国家构成不利。这是因为，一国经济的发展既会为其他国家创造贸易投资机会，也会因其战略与政策的负外部性对其他国家形成各种不利影响，导致其他国家发展的困难。此外，中国不仅在政策选择上不能以邻为壑，而且还要帮助其他国家，在开展多双边经贸合作时更多考虑对方特别是发展中国家的利益和关切，共同应对发展中的挑战，使所有成员都能共享全球化和一体化的成果，使各国人民的生活都能得到改善。

就现实而言，第一，中国应该更注重发展过程中减少资源消耗，避免损害环境。因为中国只有致力于建设资源节约型和环境友好型社会，才能不仅有利于自身发展的可持续，而且也有利于世界各国的共同发展。

第二，后国际金融危机的世界经济需要建立更为合理的发展格局，以避免类似美国金融泡沫式的发展导致世界灾难的重演。中国作为一个新兴的发展中大国，理应承担和自己能力相适应的责任，为完善国际经济秩序作出贡献。

189

6. 从接受既定规则转向主动参与制定规则

中国在加入世贸组织之前，在参与国际经济事务方面基本上是以接受既定规则为主。中国加入世贸组织十年来的实践，为中国适应国际经济的规则创造了宝贵的经验。未来，中国急需从适应规则走向参与规则的制定，为中国对外开放战略的升级创造更好的外部环境。

现有国际经济贸易的主要规则是在西方发达国家的主导下制定的，这些规则尚不能充分体现发展中国家的自身利益，在自由贸易和市场开放的背后仍然存在着严重的不平等和不平衡。例如，美国一方面指责中国不尊重市场经济的价值观，市场不够开放，另一方面对中国企业兼并美国企业干预过多，设置重重障碍，甚至把经济问题与政治问题混为一谈，致使许多涉及中国企业的兼并案最终流产；发达国家利用现行规则限制高技术产品向中国出口的同时，却对中国实施的稀土出口管理措施横加指责，发达国家对出口政策采取的双重标准在客观上导致包括中国在内的发展中国家企业在国际分工中长期处于生产价值链低端。这充分说明，为了充分体现国际经济贸易活动中的国家利益，中国必须主动参与国际经济贸易规则的制定。

由于国际经济规则是历史的产物，从被动接受到适应规则再到主动参与制定规则是一件难度极大的事，但却是一个事关中国对外经济交往和提高对外经济开放水平的核心问题。

第一，必须从战略高度充分加以认识，以锲而不舍的精神和长期作战的准备参与各种制定国际经济规则的谈判，以逐渐改变对包括中国在内的发展中国家不利的和不合理的国际经济规则，争取国际经济秩序逐渐向对发展中国家有利的方向改变。

第二，要研究国际规则变化的新情况和新趋势，增强在国际经济舞台的谈判能力，主动提出中国企业界的经济利益诉求，抓住机遇掌握话语权，在关键的领域和适当的场合敢于修改旧规则、提出新规则。

当然，中国最终能否主动地参与国际经济贸易规则的制定，改善在现行国际分工中的地位，关键还是取决于自身的实力，尤其是企业和产业的国际竞争力水平，这需要在大力发展市场经济的基础上，努力培育中国企业和产业的国际竞争能力，培养和发展一大批依靠技术、品质和品牌、立足于海外市场的国际化企业，为中国主动地参与国际经济规则的制定夯实基础。

第四节　实现对外贸易可持续发展的战略选择

一、推进对外多形式战略合作，改善贸易发展的国际环境

1. 注重发展与新兴经济体的贸易关系

发展中经济体正在崛起并影响着世界经济的运行。据国外机构估计，到 2020 年，发达国家以外的经济体在全球经济中的比重将上升至 45.9%，与发达国家的差距将缩小至 8 个百分点。① 新兴经济体发展呈现群体性、不均衡性和艰巨性等特点。新兴经济体崛起所带来的机遇与挑战并存。新兴经济体存在大量经贸合作机会，为中国企业"走出去"提供了潜在机遇。另外，扩大与这些国家间的贸易往来等，可以优化我们的全球贸易方向和结构，减轻对少数发达国家的过分依赖，弥补由于发达国家市场低迷、需求下降减少对我国出口造成的不利影响，稳定经济增长。

要推进出口市场多元化战略，加快对新兴市场的开拓步伐，抓住全球经济减速、发达国家从发展中国家撤资的有利时机，利用我国的技术和资金优势，发展以开拓对方市场为目标的对外直接投资，以投资带动出口贸易。

要加强与新兴经济体的对话磋商，增强政治互信，求同存异，以共赢为主；同时，积极改善贸易投资环境，简化报关手续，提高海关效率；促进人员交流，为贸易合作构建良好的民意基础。

要调研各新兴经济体的贸易壁垒，针对不同新兴市场确定不同的政策，为制定针对不同国家的贸易战略提供基础。

要与新兴经济体签订双边投资促进与保护协定。目前，我国已同数十个国家签订了类似的协定，但多集中在发达国家。新兴经济体风险发

①　日本 MIZUHO 综合研究所："Research Today"，2012 年 4 月 18 日。

生的概率要超过发达国家。因此今后我国应积极加强同新兴经济体的谈判，尽可能签订双边投资促进与保护协定，努力降低各种风险发生的可能性。

2. 积极推进区域自由贸易区建设

相比于其他国家和地区，目前中国参加的国际性多边组织、双边组织等还较少。从这方面来讲，中国的国际化程度并不高。国际性组织和区域性组织往往带有排外性质，非成员无法享受到成员的待遇。如果不顺应区域一体化的潮流，容易让我们国家国际地位被边缘化，也会使我国企业在开拓国际市场、投资海外时遇到不公平的竞争甚至歧视。因此我国应以更积极的心态，果敢的态度去对待区域一体化，更加大胆和积极地参与区域性、多边性和双边性组织，大力发展双边和多边的自由贸易区，

（1）进一步开放市场。对外开放作为一项重要的国家发展战略，不仅能够推动经济增长，而且有利于促进国内改革的深化。我国对外开放的历程和基本经验，不仅为继续扩大开放打下了坚实基础，也为其他谋求发展的新兴经济体提供了重要借鉴。我国提升对外开放的水平，既有利于深化同新兴经济体的合作，也有利于我国经济的可持续发展。

（2）建立高效的政府组织协调机制。与 WTO 相比，RTAs/FTAs 对政府的宏观调控要求更高。一方面，RTAs/FTAs 所涉及的贸易自由化进程一般要快于 WTO，一旦参加，中国的关税减让和非关税壁垒取消就必须同时执行不同时间表，这无疑会增加政府协调的难度。另一方面，WTO 有一整套规范各国市场行为的国际贸易规则，WTO 之间出现的贸易纠纷可以通过 WTO 的争端解决机制来加以解决，而 RTAs/FTAs 必须依赖双方政府部门的协调与谈判。因此，在推进 FTA 战略的实施过程中，政府有关部门应加强组织与协调工作，使各方面有序有效地发挥作用。

（3）RTAs/FTAs 协议涉及的内容应逐步拓宽。目前中国与其他国家签订 RTAs/FTAs 存有不少领域的例外，暂时规避了一些内容。这种做法短期看避免了谈判的复杂性，保持了必要的灵活性，但是从长远看，中国应该在签署和推进 RTAs/FTAs 时，拓宽内容，逐步与国际规则接轨，提高 RTAs/FTAs 的质量。

3.大力发展公平贸易

公平贸易源于 20 世纪 50 年代欧洲的社会运动，其目的是为了改变国际贸易中南北利益分配不公平的局面。随着全球化的深入，国际社会越来越关注国际贸易中的环保、劳工保护和可持续发展问题，公平贸易的理念开始被人们所接受，公平贸易产品的消费人群越来越庞大。尤其是最近几年，公平贸易产品的消费市场迅猛发展，2004 年全球经认证的公平贸易产品销售总额为 8 亿欧元，到 2008 年这一数字已经达 29 亿欧元，4 年间年均增长 38%。

客观地看，公平贸易运动的目标与我国近年所提倡的"以人为本"、"构建和谐社会"在很大程度上是一致的。在当今许多国家对中国出口产品挥舞反倾销措施大棒的今天，我国有必要通过大力推广公平贸易产品的认证和公平贸易产品标识制度来摆脱我国外贸可持续发展的困境，改变中国产品的对外形象。

公平贸易的精神是，消费者多付一点点钱，以溢价购买低收入国家生产者的产品，使产品有一个合理的利润率，使劳动者的福利有所提高，同时又不对环境造成破坏，从而进入一个生产→贸易→劳动者生存状况改善的良性循环。

发展公平贸易，尤其要做好以下几点。第一，宣传公平贸易理念，培育公平贸易标识产品的生产、流通和消费主体，除了要增强企业的社会责任之外，尤其应该增强消费者的社会责任，呼吁人们为了公平贸易进行溢价购买；第二，制定公平贸易产品的标准，在全国范围内发掘各种适合于开展公平贸易的产品，启动公平贸易产品认证的程序；第三，要建立和健全制度，确保公平贸易产品从生产到消费的全过程透明运作。

二、优化体制与政策，实现贸易发展模式的转型

1.从制度建设上着手，转变政府外贸管理方式

当前各级政府在外贸管理方式的问题突出表现在片面追求外贸发展速度和规模，轻视环境和人力资源，牺牲社会利益和劳动者权益，使正常的商品价值得不到反映。这些问题是一些制度设计下的产物，而这些制度已经与中国贸易发展模式转型方向是格格不入的。例如，政府网站虽然都开

辟"政务公开"栏目,但普遍报喜不报忧,公民缺乏准确的信息,难以落实公民的知情权和监督权;一些地方政府出现严重的污染事件,当地领导非但不被问责,反而因"发展有功"得以升迁等等。

转变政府外贸管理方式应该从制度建设入手,从根子上杜绝对外贸易粗放式发展的做法。首先,完善现有的《政府信息公开条例》,切实落实对政府的民主监督。《中华人民共和国政府信息公开条例》自 2008 年 5 月 1 日起施行至今已经 4 年了,虽然政府政务公开得以推动,但主动公开依然带有主观随意性和任意性,申请公开困难重重。应转变观念,增强民主意识,变原则上保密为原则上公开;提升法律地位,变政府的条例为人大立法。

其次,完善政府考核机制。对出口规模依然是地方政府追求的目标以及政绩考核中的重要内容[1],这种考核体系是地方政府唯 GDP 发展模式在对外开放领域中的体现,要从公众满意的角度、从效益和质量的角度、从是否减少贸易摩擦或者是否在贸易摩擦诉讼中的胜诉率等角度完善政府考核机制。从长期的改革方向来讲,摒弃唯 GDP 的发展模式才是地方政府走上一切以效益优先的开放战略的升级道路。可喜的是,国内一些地方政府正在做这样的尝试。[2]

2. 加强信用体系建设,引导企业开拓国内市场

由于我国仍然处于经济转轨过程中,流通市场体系发育还不健全,企业的法律意识、道德水准有待提高;企业素质良莠不齐,一些企业利用制度缺失或漏洞,偷税漏税、走私贩私、侵犯其他企业的知识产权,在外贸经营中竞相杀价、无序竞争,给消费者和经营者造成巨大损失,严重破坏了外贸秩序,也损害了信用环境,损害了我国的形象,是导致贸易摩擦多发的主要原因。

---

[1] 桂榕、何宝庆:《没有昨天的工业和招商引资之因就没有今天的外贸出口之果》,《江西日报》2011 年 12 月 19 日第 A01 版;杭卫东:《开发区获市利用外资目标考核特等奖》,《淮安日报》2012 年 2 月 13 日第 B02 版。

[2] 孙瑞灼:《用"公众满意度"考核政府》,《人民日报(海外版)》2011 年 8 月 19 日第 05 版;雷辉、王晖辉:《珠海镇街取消 GDP 考核》,《南方日报》2011 年 5 月 31 日第 A06 版。

另一方面，我国的信用法律法规不健全，信用体系建设不完善，而各类企业日益增多，活动范围迅速扩展，随之出现少数企业抽逃资金、拖欠账款、逃废债务、恶意偷税漏税、产品质量低劣等信用问题。企业没有信用，会提高交易成本，降低经济效率。由于这一原因，国内许多企业不愿意开拓国内市场，宁愿利润稀薄也要竞相出口。

要加大规范市场经济秩序力度，在构建社会信用体系方面下大力气；要加强教育和严格执法，强化各市场主体的信用意识，提高市场主体在市场经济中的违法和失信成本，营造企业遵纪守法的良好环境；要立足于建成国内统一的大市场体系，消除企业开拓国内市场的各种障碍，让中国企业更愿意在国内市场做生意。

3. 加大自身科技创新力度，促使发达国家放宽对华高科技出口

中国贸易发展方式转型需要企业高水平的技术创新活动予以支撑，然而中国企业的创新现状还远不能适应这一转型。

首先，企业创新活动分布不均。进入 21 世纪，虽然我国总的研发水平有了很大提高，但绝大多数研发活动集中在国有科研机构和国有企业，而大多数私营企业的研发投入依然很低。例如，有研发活动的企业占同类型企业的比重，国有独资企业为 34.8%，而私营企业仅为 6.4%。[①] 这说明，中国企业中的研发很大程度上是国家行为，还远没有成为企业的普遍行为。

其次，企业的技术吸收能力较弱。很多企业引进国外先进技术或先进设备之后，没有进行充分的技术吸收和技术消化，走的是一条"引进——生产几年——落后——再引进——再生产几年——再落后"的道路，这使得我国对外贸易的商品结构很难升级换代，因而始终处于一种被动的地位，在关键技术上仍然主要依赖进口，受制于人。

再次，企业创新水平不高。在三种专利（发明专利、外观设计专利、实用新型专利）中，发明专利是技术含量最高的，但中国企业发明专利申请比例较低。2010 年国内大中型企业的三种专利申请中，发明专利申请

---

① 国家统计局、科技部、国家发展改革委、教育部、财政部、国防科工局：《第二次全国科学研究与试验发展（R&D）资源清查主要数据公报》（第二号），2010 年 11 月 22 日。

所占比例为 35.5%，而同期外商直接投资企业三种专利申请中发明专利申请所占比例为 45.0%。[①] 另外，企业申请的发明专利能否得到政府专利审核部门的授权，直接反映企业创新质量的高低。2010 年国内企业发明专利授权率为 25.9%，而同期国外企业发明专利授权率为 56.4%。[②]

从发达国家向国外技术转移的角度来看，国外技术水平的提高或者技术在国外的可获得性是发达国家对某一技术或某一产品是否管制的重要因素。随着全球经济发展和技术进步，原先只由少数发达国家掌握的技术，许多已经可以在其他国家获得，如果继续对这些技术和产品进行管制，不仅无法确保安全目标的实现，还会给本国产业竞争带来负面影响。2011 年以来欧盟和美国均着手改革和简化技术出口管制的程序，因此继续加大中国国内企业技术创新力度才是突破发达国家对华高科技出口管制的根本之策。

要发挥企业在国家技术创新中的主体作用，增加企业发展的技术含量，突出技术进步在增长中的地位，使技术成为促进企业发展的关键因素。要鼓励更多的企业进行面向未来的技术开发和储备，产品既要满足现有市场需求，又要以超前的远见捕捉潜在的市场机遇；要进一步深化改革，消除影响企业技术创新的体制性障碍，完善相关政策措施；要加快建立产学研、产业链、产业间合作创新联盟，把政府、企业、企业团体、高等院校、科研机构的力量凝聚起来，实现优势互补，形成一种全社会推动企业技术创新的工作机制。

4. 加强各类技术人才队伍建设，为贸易发展模式转型提供人才保障

中国贸易发展模式转型迫切需要各类人才的大量涌现，而现有人才结构远远不能满足需要。以知识产权人才为例，许多跨国公司法务部之外还有知识产权部，专门负责企业内的知识产权管理和知识产权谈判，知识产权部人员配置的数量往往还要多于法务部。而我国大多数企业尚未建立知

---

① 根据国家统计局、科技部编：《中国科学技术统计年鉴 2011》中国出版社 2011 年 10 月版第 54 页原始数据计算得出。

② 根据国家统计局、科技部编：《中国科学技术统计年鉴 2011》中国出版社 2011 年 10 月版第 181 页原始数据计算得出。

识产权管理部门，没有专门负责知识产权工作的人员，真正了解和懂得知识产权知识的人才不多。国内企业只有在对外贸易中遇到知识产权壁垒时，才会去找律师。这时，企业一旦牵连到知识产权争端，往往处于被动地位，一些专业性很强的包括专利申请、商标注册、产权谈判及分析工作，因为专业人才的缺乏而无人胜任。

目前，各类知识产权人才如知识产权研究人才、知识产权管理人才、知识产权中介人才和涉外知识产权人才均十分缺乏。尤其是实务型、复合型知识产权人才奇缺。例如，专利代理人除了需要具备扎实的知识产权等法律基础和科学技术知识以外，还需要具备对国际国内热点问题、前沿问题的敏锐触觉，需要涉猎包括经济、金融、贸易、投资等领域，尤其是与企业知识产权资本化、涉外经济法律纠纷等相关的知识。

又如环保人才的问题，突出表现为地方政府的"三少"，即高学历人员少、环保专业人员少、新进队伍人员少，许多地方政府面临人员整体素质不高、业务不精以及后备力量不足等问题。

加强各类技术人才队伍建设是实现中国贸易发展模式转型的基础工程之一。要加强知识产权人才的扶持力度，充分发挥各级知识产权行政管理部门的行政管理职能，组织开展兼顾理论性和实务性的培训活动，努力为企业培养一批既具有理论研究能力，又具备熟练处理知识产权事务能力的知识产权业务骨干。同时，要培育知识产权培训服务机构，完善知识产权职业资格认证制度，以改善企业知识产权人才的外部环境。

对于环保部门的人才形成，调整基层环保部门的人员编制，充实基层环保部门专业人才力量，同时要对这些环保专业人员提供经常性的技术培训机会，以提高环保专业人员的检测水平和政策执行水平。

第五章 国际直接投资新格局下中国引进外资与对外投资战略

虽然金融危机对于全球直接投资流量造成了巨大冲击，但是中国的总体趋势仍然向好。在联合国贸发会议的报告中，中国仍然被评为 2011—2013 年全球吸引外国直接投资的首选地。中国对外直接投资流量也再创新高，多元化、宽领域的对外投资格局正在形成。金融危机发生以来，在应对外部冲击中，中国的引进外资战略进一步优化，海外并购战略也实现了升级。

第一节 金融危机后国际直接投资发展的宏观背景与总体态势

美国次贷危机爆发以来，世界经济增长遭受重创，全球直接投资流量受到巨大影响。特别是发达经济体，从 2008 年到 2010 年出现了连续 3 年的下降，直到 2011 年才开始逐渐恢复，但仍然没有达到 2007 年的高峰水平。由于这次金融危机是从发达经济体逐渐蔓延到新兴经济体，"时滞"的存在导致新兴经济体在 2008 年仍然保持了 2007 年的上升趋势，但在 2009 年出现了明显下降，2010 年以后又开始逐渐恢复。2011 年，虽然世界经济增长的复苏开始停滞，但全球直接投资流量却出现了上升。总体而言，新兴经济体吸收外国直接投资在这次危机中要优于发达经济体，尤其是中国，虽然一度出现下降，但总体趋势向好。同时，国际国内环境变化也对中国新阶段的外资战略提出了要求。

一、危机后国际直接投资发展所处的国际经济环境

危机后国际资本流动波动频繁，风险明显加大。金融危机后流向部分新兴经济体的净资本流动在极短时间内得到了恢复，但反弹主要表现在速度上而非达到的水平上，因而趋势的持久性较差。这一特征与危机后全球整体的融资环境比较宽松（全球利率低、风险偏好高）有关。根据国际货币基金组织发布的报告，在全球融资环境宽松期间，流向新兴经济体的净资本流动往往暂时上升，随后出现下降。新兴经济体资本流入的反复无常，充分说明在今后一定时期内全球资本流动充满了变数，尤其是流入新兴经济体的跨国资本，将会因为世界经济形势的变化而充满不确定性。同时，欧洲债务危机的不断加剧将会使资本流动的多变性在新兴经济体和发达经济体同时存在。

1. 世界经济增长放缓，全球复苏动能不足

国际金融危机发生以后，全球经济格局和投资贸易增长方式发生转变，世界经济增长放缓，新兴经济体地位上升。一些发达经济体，在经历了近代史上最为严重的经济衰退以后，经济增长虽一度出现恢复，但国际金融危机对于金融体系和一些国家脆弱的家庭资产负债表的冲击仍未消除，欧洲债务危机的升级更使 2010 年全球经济增长出现的复苏态势受到遏制。2012 年年初，新兴经济体的经济增长也开始放低，因此，新兴和发展中经济体在这次危机之后的经济复苏中将更加关注经济结构和产业结构的调整，以进一步提升其经济地位，特别是在这次危机中表现相对稳定的中国。从 IMF 的历次预测中都可以发现，中国的经济增长预测一直处于全球领先的水平，中国经济在这次危机中虽然也受到冲击，吸收外资一度出现严重下降，但整体的宏观经济环境仍然保持稳定。

从发展趋势来看，据 IMF《世界经济展望》2012 年 1 月的预测，2012 年世界经济将出现 3.3% 的缓慢增长，与 2011 年 9 月的预测相比下调了 0.7%，其中发达经济体将会增长 1.2%，新兴和发展中经济体将会增长 5.4%。由于日本地震和海啸、石油供应冲击、欧洲债务危机等原因，全

球经济复苏的动能趋缓,许多经济体的复苏预计将停滞,新兴和发展中经济体的增长预计也将放慢。较之 IMF《世界经济展望》2011 年 9 月的预测,发达经济体、新兴和发展中经济体均下调了 0.7%,而在之前的预测中,新兴和发展中经济体的下调幅度要明显少于发达经济体。可见,随着欧洲债务危机进入一个危险的新阶段,新兴和发展中经济体也无法独善其身。①

表 5—1 2008 年以来的世界经济增长及其趋势预测

(单位:%)

经济体	2008	2009	2010	2011	2012	2013
世界产出	2.8	−0.6	5.2	3.8	3.3	3.9
先进经济体	0.2	−3.2	3.2	1.6	1.2	1.9
美国	0.0	−2.6	3.0	1.8	1.8	2.2
欧元区	0.5	−4.1	1.9	1.6	−0.5	0.8
日本	−1.2	−5.2	4.4	−0.9	1.7	1.6
新兴和发展中经济体	6.0	2.5	7.3	6.2	5.4	5.9
俄罗斯	5.2	−7.9	4.0	4.1	3.3	3.5
中国大陆	9.6	9.1	10.4	9.2	8.2	8.8
印度	6.4	5.7	9.9	7.4	7.0	7.3
东盟五国 *	4.7	1.7	6.9	4.8	5.2	5.6
巴西	5.1	−0.2	7.7	2.9	3.0	4.0
墨西哥	1.5	−6.5	5.4	4.1	3.5	3.5

* 东盟五国包括印度尼西亚、马来西亚、菲律宾、泰国和越南。

资料来源:2008 年、2009 年数据来源于 IMF《世界经济展望》2010 年 10 月。2010 年以后数据来源于 IMF《世界经济展望》2011 年 9 月。

2. 美国量化宽松政策助推全球流动性泛滥

2008 年年末以后,为应对金融危机,提振疲软的经济,美国先后推出了两轮量化宽松货币政策,全球流动性随之释放,资本急剧涌向以新兴经济体为代表的国家。原因在于:一方面,新兴经济体在这场危机中的整

———————

① 国际货币基金组织(IMF):《世界经济展望》2012 年 1 月,第 5—12 页。

体表现要优于发达经济体，而新兴经济体在金融市场成熟度和抗风险能力等方面又与发达经济体存在较大差距，其固有的金融脆弱性导致国际"热钱"纷纷涌入。另一方面，新兴经济体的增长前景被投资者普遍看好，吸引了大量跨境资本流入，从而推升了币值，引发了通胀；为了抑制高通货膨胀率，这些经济体不得不提高利率，从而引发了跨境资本的新一轮流入。根据世界银行《全球发展中国家金融年鉴 2011 ：发展中国家的外债》显示，2009 年，东亚和太平洋地区资本净流入为 1910 亿美元，较 2008 年增长了 4% ；南亚地区净资本流入增长迅速，较上年增长了 26%，为 780 亿美元；中东和北非在 2009 年的净资本流入增长速度在所有地区中是最快的，达到 33%。另据统计，"2010 年第三季度，共计 115 亿美元外资流向印度、印尼、韩国、菲律宾、中国台湾、泰国和越南等地的股市，是 2010 年二季度创下 20 亿美元净流入的 5 倍还多。这促使今年三季度以上市场的股指上行了 8%—23%。同时，年初迄今，外资对以上亚洲经济体债券市场的投资约达 86 亿美元，高达去年同期 9400 万美元的 90 倍"。[1] 如果用 M_2 作为衡量基础货币和流动性的指标，"在 2000 年，发达国家 M_2 是 4.5 万亿美元，2008 年升至 9 万亿美元。'金融危机发生曾导致 M_2 数字下跌，但随着各地实施宽松的货币政策，发达国家 M_2 已升至 10 万亿美元。也就是说，在今天这个情况下，全球的流动性甚至超过危机之前的水平'。"[2]

3. 欧洲债务危机连锁反应，全球资本回流美国

2011 年第四季度以后，受到欧洲债务危机连锁反应的影响，全球资本流动出现了新的迹象：一方面，与欧洲相比，美国被认为是相对安全的资金避风港。这是因为 2009 年希腊财政赤字问题暴露并逐渐蔓延到爱尔兰、葡萄牙等欧洲边缘部分，进而影响到欧洲的核心国家意大利，使得意大利总理贝卢斯科尼被迫辞职，并且德国在 2011 年 11 月发行的国债认购遇冷。投资者普遍认为美国虽然经常项目赤字巨大，但因为享受着"铸币税"，在安全性上仍然值得考虑；同时，美国国内私人需求的逐步回升，也使得投资者的信心大增，流向美国市场的跨境资本逐渐增加。另一方面，

---

① 关家明：《亚洲正迎来新一轮资本流入》，《第一财经日报》2010 年 10 月 19 日。

② 刘振冬：《美联储暗示宽松回归流动性泛滥"撑杀"全球市场》，《经济参考报》2010 年 10 月 22 日。

美、欧相继陷入危机，不仅使得发达经济体跨国公司为挽救母公司的财务危机纷纷从新兴经济体撤资，也使得部分实施外需拉动模式的新兴经济体面临经济转型的困扰，因为外部市场的需求下降将在这些新兴经济体的出口下降中得到体现。更为严重的是，日益盛行的新贸易保护主义不仅会延缓世界经济复苏的进程，同时也将使这些新兴经济体的对外贸易进一步陷入困境。

4. 国际组织和部分经济体加强国际资本流动监管

欧洲债务危机爆发以后，国际组织和部分发达经济体、新兴经济体的政府都加强了对国际资本流动的监管。例如，针对金融产品创新风险引发的系统性金融风险，欧盟议会于2010年9月22日通过了金融监管新法案，成立欧洲系统风险评估委员会和三个欧洲金融监管局。巴塞尔委员会也在2010年9月12日通过了巴塞尔Ⅲ改革方案，并经2010年11月G20首尔峰会批准通过。该方案是关于银行国际监管的一套全面的改革框架，有利于加强各国银行业的风险承受能力。同时，2010年的G20首尔峰会也提出了包括加强全球金融体系改革、进一步改进对大宗商品衍生品市场的监管、加强对影子银行的监管和全球大型金融机构（SIFI）的国际标准和原则等内容，从制度层面加强了对国际资本流动的监管。与此同时，发达经济体和新兴经济体纷纷加强对跨境资本流动的监管。2010年1月，美国金融监管改革法引入"沃克尔规则"，原则禁止银行拥有或投资私募股权基金和对冲基金；2010年11月，欧洲议会正式通过欧盟对冲基金监管法案，要求欧盟金融市场上运营的对冲基金必须先向监管机构注册，取得护照并接受监管。为应对国际资本的大规模流入，巴西、印度、韩国、马来西亚、中国台湾等新兴经济体还陆续出台包括征收"托宾税"在内的若干措施。2010年10月，按照G20领导人的要求，金融稳定理事会发布了"改革场外衍生品市场"报告，以增强对场外衍生品的透明度和监管力度。2011年3月，IMF也在反复讨论后首次出台了正式的制定国际资本流动管制的限制性框架，该框架为欧盟加入倡导征收"托宾税"奠定了基础。

二、危机后国际直接投资的总体态势与格局变化

危机后全球直接投资流量从高峰跌入低谷，目前正处于缓慢复苏状

态。从产业投向来看，呈现由服务业向制造业特别是高新技术产业转移的趋势。从投资方式来看，跨国并购的投资方式受到更大冲击。同时，危机后国际投资制度逐渐得到完善。

1. 全球直接投资的流量变化及区域格局

根据联合国贸发会议《世界投资报告》公布的数据，2009 年全球 FDI 流入量大幅下滑，较 2008 年的 17441 亿美元下降了 32%，仅为 11850 亿美元（2007 年最高峰时全球 FDI 流入量达到 19709.4 亿美元）；2010 年，全球 FDI 流入量小幅回升 5%，达到约 12400 亿美元，比 2007 年的峰值水平低了约 37%。2011 年，全球 FDI 流入量较 2010 年上升了 17%，达到 15000 亿美元。其中，南亚、东亚和东南亚的 FDI 流入量增长了 11%，拉美和加勒比地区的 FDI 流入量增长了 35%，只有非洲地区仍然出现下降；转型经济体的 FDI 流入量增长了 31%；发达经济体的 FDI 流入量增长了 18%。从整体来看，三种主要类型的经济体均出现了不同程度的 FDI 流入量增长。特别是发达经济体，在经历了连续 3 年的下降以后，FDI 流入量迅猛增长，达到 7530 亿美元。[①] 由于数据采集的时点不同，数据更新不同，这里的数据会与表 5—2 有一定出入。从进入方式来看，流入发达经济体的 FDI 主要来源于跨国并购而非绿地投资，其中部分是因为企业结构重组等原因产生的，这一特点在深陷债务危机的欧洲特别明显。

表 5—2　2008—2010 年世界各地区和经济体的 FDI 流量

（单位：10 亿美元）

地区／经济体	FDI 流入量			FDI 流出量		
	2008	2009	2010	2008	2009	2010
世界	1744.1	1185.0	1243.7	1910.5	1170.5	1323.3
发达经济体	965.1	602.8	601.9	1541.2	851.0	935.2
美国	306.4	152.9	228.2	308.3	282.7	328.9
欧盟	488.0	346.5	304.7	906.2	370.0	407.3
日本	24.4	11.9	−1.3	128.0	74.7	56.3
发展中经济体	658.0	510.6	573.6	308.9	270.8	327.6

① UNCTAD："Global Investment Trends Monitor No.8"，24 January, 2012.

地区／经济体	FDI 流入量			FDI 流出量		
	2008	2009	2010	2008	2009	2010
拉丁美洲和加勒比地区	206.7	141.0	159.2	80.6	45.5	76.3
巴西	45.1	25.9	48.4	20.5	−10.1	11.5
墨西哥	26.3	15.3	18.7	1.2	7.0	14.3
南亚、东亚和东南亚地区	284.1	241.5	299.7	178.3	193.2	231.6
中国大陆	108.3	95.0	105.7	52.2	56.5	68.0
印度	42.5	35.6	24.6	19.4	15.9	14.6
独联体	108.4	63.8	64.1	58.5	47.4	60.5
俄罗斯	75.0	36.5	41.2	55.6	43.7	51.7

资料来源：联合国贸发会议：《2011 世界投资报告》，经济管理出版社 2011 年 9 月版，第 213—220 页。

2.FDI 的产业投向由服务业向制造业转移

危机后，服务业外国直接投资疲软，制造业外国直接投资迅速上升，高新技术产业和低碳投资成为新的亮点。金融危机爆发以后，世界主要国家普遍意识到新一轮科技革命将不仅仅是计算机技术、空间技术和原子能，因而纷纷寻求世界经济新的增长点，一方面拉动国内经济走出危机，另一方面试图在危机后世界经济格局的变化中抢占先机。其中，美国、日本等国家已经对新能源、新材料、高科技等问题进行了长时期的跟踪研究。因此，金融危机发生以后，美国马上对其救助计划进行调整，将财政拨款优先用于有助于经济可持续发展的项目。美国总统奥巴马也提出在未来 10 年内将投资 1500 亿美元重点支持新能源发展。其后，法国、日本、俄罗斯等国家也先后出台了相应的支持新能源和科技创新发展的政策。发达经济体的政策调整在一定程度上 显示了未来低碳投资发展的趋势。

3.跨国并购的投资方式受到更大影响

危机爆发以后，全球直接投资流量受到冲击，2008—2009 年无论是跨国并购还是绿地投资都出现下降。其中，跨国并购受到的冲击更早，下跌的幅度更大。2010 年以后全球直接投资开始缓慢复苏，跨国并购因为享有速度和所有权的优势较绿地投资出现了较快回升，因而呈现出更大的波动性。就东道国的经济发展程度而言，发达经济体的跨国并购项目数和金额远远超过发展中和转型经济体，后者则在绿地投资的总额中占据了全球 2/3 的比例。从发展趋势来看，虽然发展中经济体、转型经济体以及新兴经济体仍比较青睐绿地投资，但跨国并购的数量和规模将会进一步上升；同时，发达经济体仍然是全球跨国并购活动的重要发生地。

4. 危机后国际投资制度进一步得到完善

据联合国贸发会议统计，截至 2010 年年末，"国际投资协定总数达到 6092 个，包括 2807 个双边投资协定、2976 个避免双重征税协定和 309 个'其他国际投资协定'"，其中，仅 2010 年就"缔结了 178 个新的国际投资协定、54 个双边投资协定（BITs）、113 个避免双重征税协定（DTTs）和 11 个除了双边投资协定和避免双重征税协定以外的其他国际投资协定（'其他国际投资协定'）"。[①] 在首尔峰会上，G20 领导人达成了一套包括 6 个核心原则、9 个重要领域（重要支柱）的"首尔共识"[②]，发表了关于发展的多年行动计划（2012 年至 2014 年年末）。该计划包括 16 项与"首尔共识"确定的 9 项重要支柱有关的详细行动，其中有 3 个支柱与投资密切相关，即"私人投资和创造就业"、"基础设施"和"食品安全"。该计划将致力于解决发展中国家实现包容性、可持续和稳健增长所面临的最重要"瓶颈"。[③] 此外，受 G20 发展议程的支持，由联合国贸发会议、联合国粮农组织、农业发展国际基金会和世界银行共同制定的农业投资原则的完善工作也在不断进行，这对于全球特别是新兴经济体和发展中国家农业生产领域吸收外资具有十分积极的作用。

---

① 联合国贸发会议：《2011 世界投资报告》，经济管理出版社 2011 年 9 月版，第 127 页。

② 6 个核心原则关注的是经济增长、全球发展合作关系、全球或区域系统性难题、私人部门参与、补充以及成果导向。9 个重要支柱包括基础设施、私人投资和创造就业机会、人力资源开发、贸易、金融包容性、稳健的增长、粮食安全、国内资源调动和知识共享。

③ 联合国贸发会议：《2011 世界投资报告》，经济管理出版社 2011 年 9 月版，第 131—132 页。

第二节　国际直接投资流向与中国的引进外资战略

金融危机发生后，发达国家对外直接投资流向发生改变，新兴经济体在国际投资格局中的地位上升，全球资本流动出现一系列新特点。从区域层面来说，周边经济体引资规模上升，区域竞争日趋激烈。从国内层面来说，在应对危机实施宏观经济调控的同时，中国面临经济转型和产业升级的内在要求。在这一背景下，中国的引资战略必须做出全方位的调整，以有效实施引进吸收消化再创新的联动战略。认识国际直接投资发展的新特点是探索我国引进外资战略转型升级的一个重要依据。

一、危机后发达国家对外直接投资的趋势与特点

长期以来，发达国家在世界直接投资中一直占主导地位，尽管经济发展长时间处于低速状态，但其经济在整个世界经济中的主导地位并没有改变。然而，在金融危机的冲击下，国际直接投资的结构包括投资比重、投资方式、投资领域以及投资重心等发生了变化，呈现出新的发展特点和趋势。

1. 投资比重逐年下降，主导格局维持不变

国际金融危机使全球国际直接投资严重下滑，尤以发达国家为最。根据联合国贸发会议的统计，2008 年国际直接投资下降 21%，2009 年又降 39%；其中发达国家吸收的投资下降 41%，发展中国家下降 39%。2009 年美国仍为吸收国际直接投资最多的国家，总额为 1370 亿美元，但比 2008 年下降 57%；英国仅吸收 70 亿美元，降幅高达 92.7%；日本也大幅减少了 55.7%。相比之下，2009 年我国实际利用外资额从世界第六位跃居第二，为 900 亿美元，下降幅度仅为 2.6%。

尽管金融危机使发达国家经济受到重创，对外投资急剧下降，但从总量上看，其在国际对外直接投资格局中的主导地位并没有改变。据联合国贸发会议公布的统计资料显示，2009 年发达国家对外直接投资占世界对外直接投资的比重仍高达 72.7%，远高于发展中国家的 23.1%，转型国家

的 4.2%。但应该指出的是，近五年尤其是金融危机以来，无论是发展中国家还是转型国家在国际直接投资中的比重均呈上升之势，而发达国家则趋于下降，详见表5—3。

表5—3 2000—2010年世界对外直接投资总额及其构成

(单位：百万美元)

年份	世界对外直接投资总额	发展中国家		转型经济		发达国家	
		投资额	比重	投资额	比重	投资额	比重
2000	1232117	134194	10.9	3195	0.3	1094728	88.8
2001	752660	82543	11.0	2742	0.4	667375	88.7
2002	537183	49740	9.3	4659	0.9	482784	89.9
2003	573792	46027	8.0	10802	1.9	516964	90.1
2004	930105	121353	13.1	14129	1.5	794623	85.4
2005	882132	122343	13.8	14310	1.6	745697	84.5
2006	1405389	226683	16.1	23723	1.7	1154983	82.1
2007	2174803	294177	13.5	51581	2.4	1829044	84.1
2008	1910509	308891	16.2	60386	3.2	1541232	80.7
2009	1170527	270750	23.1	48802	4.2	850975	72.7
2010	1323337	327564	24.8	60584	4.6	935190	70.7

资料来源：作者根据联合国贸发会议统计资料 http://unctadstat.unctad.org/TableViewer/tableView.aspx 整理。

2. 投资方式仍以独资、跨国并购为主

20世纪90年代以来，发达国家对外直接投资越来越倾向于采取独资和跨国并购的方式。危机后，发达国家对外直接投资的增速虽在放缓，投资比重亦呈下降之势，但以独资、跨国并购为特征的对外直接投资方式并没有改变。为了更好地保持技术垄断、防止技术外溢，实行统一管理、减少协调成本以提高运营效率，以及更好地实施全球化经营战略，跨国公司从自身利益及发展需要出发，对外投资越来越注重独资企业。以中国为例，新设独资项目占外商直接投资合同项目的比重不断提高，从1997年的43.2%逐渐上升至2000年的54.6%、2002年的65%、2005年的73.4%、2007年的78.0%以及2009年的80%，而原有的合资企业独资化

的趋势也比较明显。

同样，从 20 世纪 90 年代中期起，跨国并购已日益取代绿地投资成为国际直接投资的主要方式。2002 年全球跨国并购总额为 3700 亿美元，占当年 FDI 总额的 56.8%，此后这一比例逐年增长。2007 年，全球跨国并购达到创记录的 1.63 万亿美元，占当年 FDI 总额的比重高达 89.3%[①]。

3. 投资重心逐渐由发达国家转向新兴市场国家

长期以来，发达国家是全球 FDI 流入的主要区域，或者说全球 FDI 主要在发达国家之间流动。据统计，1992—2008 年期间，全球进入发达国家的 FDI 年均为 65.43%；而流入新兴经济体的 FDI 年均仅为 34.57%。然而全球金融危机后，这一投资格局已出现一些新的变化和调整，即对外直接投资的重心开始逐渐由发达国家转向新兴市场国家。据联合国贸发会议调查，2009—2010 年，最受跨国公司青睐的前十大投资国依次是：中国、印度、美国、俄罗斯、巴西、越南、德国、印尼、澳大利亚和加拿大。"金砖四国"均进入前五，而欧盟国家仅德国进入前十名。稳定的经济增长、庞大的国内市场、低成本劳动力以及市场开放等因素，使中国继续成为最具吸引力的 FDI 东道国；而印度由于金融系统运行比较健全、私人资本运作经验丰富、国际型技术人才聚集、法律体系较健全等投资软环境比较突出，成为国际服务外包的主要承接地，也吸引了国际资本的不断流入。根据联合国贸发会议在 2011 年 1 月发布的《全球投资趋势监测报告》，2010 年流入发展中国家和转型经济体的 FDI 出现了强劲反弹，首次超过全球 FDI 总流量的一半，达到 53%，成为全球 FDI 恢复增长的重要引擎，这主要归功于这些国家经济的强劲复苏以及南南投资快速增长。可以预计，经济高速增长、金融风险管制良好、投资回报率较高的发展中国家，将会继续成为吸引国际资金的主要目的地。与此同时，发展中国家也正逐渐成为对外直接投资的重要国家，2010 年，其 FDI 流出量也占了全球 FDI 流出量的 24.8%。

此外，联合国贸发会议《2009 年世界投资报告》的资料显示，按照资产规模排列，2009 年全球最大的 100 家跨国公司中，新兴经济体已占

---

① 联合国贸发会议：《世界投资报告》，2003—2008 年。

据 6 家，且发展势头强劲。由此可见，新兴经济体跨国公司的崛起已越来越成为影响世界投资格局的重要力量。

4. 投资领域以服务业为主

20 世纪 90 年代以来，服务业一直是发达国家对外直接投资的第一大产业。危机后，随着各国产业结构的调整，对服务需求的进一步增强，以及各国服务业的不断开放，服务业仍将继续成为发达国家对外直接投资最重要的行业，其中尤以服务业离岸外包增速为最。

目前，服务业跨国投资占全球投资的近三分之二，其中，服务外包呈爆炸性增长。2011 年，全球服务外包市场规模达到 8200 亿美元，麦肯锡甚至预测，到 2020 年，全球服务外包市场将超过 150 万亿美元。金融危机短期内对服务业跨国投资虽然带来一定负面影响，但基本情况明显好于制造业。特别是由于跨国公司之间的竞争进一步加剧，成本压力显著上升，其服务外包的意愿不仅没有弱化，反而进一步强化，服务外包业务仍保持发展势头。

后危机时代，以发达国家为主的全球服务外包市场产业格局并没有发生大的变化，服务外包的需求方——美日欧等发达国家仍然主导整个产业的发展。从发包国来看，美国、日本、欧洲是主要的发包方，提供了全球服务外包业务的绝大多数份额。美国占了全球市场的 64%，欧洲占了18%，日本占了 10%，留给其他国家的还不到 10%。全球服务外包市场严重依赖美日欧，使产业格局呈现出一种"中心—外围"的发展格局。从承接国来看，服务外包承接国数量激增，但发展层次不尽相同。从发达国家来看，服务外包承接大国澳大利亚、新西兰、爱尔兰、加拿大等国国内服务外包行业成熟、已经形成了一定的产业规模和发展优势，但与发展中国家相比，人力资源优势已不复存在，因此其在最近几年的发展中明显落后。许多国家已经跌出 2010 年 Gartner IT 排行榜的前 30 强。

从发展中国家来看，最近几年承接服务外包的发展中国家数量激增，已经成为服务外包市场上重要承接方。拉美、亚太地区的服务外包行业发展极为迅速，正在成为世界服务外包行业发展的重要引擎。亚太地区已成为全球最具吸引力的服务外包投资地。中国、印度、菲律宾承接了全球服务外包 60% 以上的份额。拉美的巴西、墨西哥也是世界上重要的服务外包承接国，2010 年服务外包 IT 市场规模达到了 2300 多亿美元，2011 年的增长率达到 9.2%。另外，近几年中小贫困、落后国家如柬埔寨、肯尼亚、斯里兰卡等国的服务外包行业也得到了飞速的发展。如 2010 年斯里兰卡 IT 与商务外包产业产值达到 3.9 亿美元，同比增长了 25%，目前国内从业人员达到 35000 人，相关企业达到 150 家。

5.投资形态以资源导向型 FDI 为主

由于资源的可替代性及不可再生性，资源要素在经济发展中地位日益突出，资源要素禀赋及支配能力将成为一个国家和地区综合国力的重要标志。当前，各个国家围绕资源展开激烈的争夺和博弈，世界经济已然进入资源经济时代。表现在国际直接投资领域，无论是发达国家还是新兴市场国家，资源导向型 FDI 将成为跨国公司对外直接投资的主要形态。

事实上，世界众多国家重点支持鼓励资源能源类对外投资的政策也充分显示了这一点。如在日本的对外直接投资亏损准备金制度中，专项设立了资源开发投资亏损准备金，如果企业因进行资源能源类境外投资而造成亏损，企业可以获得项目累计投资额的 12% 的补贴金额；日本政府成立的日本输出入银行对于资源能源项目的贷款利率、贷款期限优惠优于制造业；在日本政府鼓励技术人才境外调研、培训的经费补助制度中，对境外的矿产资源调研补助专门做了重点规定（明确探矿调研的补助经费为 75%，探矿费补助 50%）。

美国进出口银行也设有专项的境外开发资源贷款，用于开发国外的战略资源。为了鼓励企业在发展中国家获取矿产资源，美国支持对外投资的重要机构——1969 年设立的美国海外私人投资公司，在它为海外投资者提供的专项担保中，特别重视对资源能源类的项目担保。其为此类海外投资企业提供广泛的政治风险担保（包括外汇货币不可兑换风险担保、财产被没收风险担保、运营干扰担保、政治动乱风险担保，以及由于东道国非法收回或侵犯投资者关于矿产项目的合法权利所造成损失的担保）。

韩国政府为支持境外资源能源类投资开发，出台了特殊的扶持性优惠措施，以及专项的《海外资源开发促进法》，不仅为此类项目提供资金支持，而且采取了包括亏损提留、国外收入所得税信贷和资源开发项目东道国红利所得税减让甚至完全免税等众多措施（依据《关于海外资源开发项目的分配所得免税的规定》）。如，韩国进出口银行专门负责海外投资金融支援，特别规定了"主要资源开发支援资金贷款"制度，明确规定：如果企业进行的海外资源能源开发符合政府资源开发计划及政策方针，则主管部门可以出具附有资源需求意见的推荐书或许可书，进出口银行可依此给予贷款（贷款条件非常优惠，期限高达 20 年、额度达所需资金的 70%、利率为 8%）。

二、异军突起：新兴经济体在国际投资格局中的地位上升

次贷危机爆发以后，由于新兴经济体在危机中的整体表现要优于发达经济体，同时新兴经济体的金融脆弱性又为投机者创造了条件，因此产业资本和投机资本一度大量流入新兴经济体，国际直接投资和国际间接投资在流向和规模上呈现出高度的一致性，新兴经济体在国际投资格局中的地位明显上升；但是对于不同新兴经济体的冲击却由于各经济体本身宏观经济环境的差异性而出现分化。这主要是因为资本要素的流动不仅受到各经济体宏观经济稳定性的影响，而且还要受到金融市场开放度、投资贸易政策调整、货币可兑换性以及产业结构变化等制度因素的制约，因此，资本要素从发达经济体流向新兴经济体的过程是复杂的、曲折的，一有风吹草动就会发生流向转变，具有很大的波动性和易变性。

1.FDI 流向变化显示新兴市场引力

次贷危机爆发以后，受到美国金融危机的影响，德国和英国的经济也陷入衰退；一场全球性的金融海啸开始上演。特别是，由于金融危机从虚拟经济逐渐蔓延到实体经济，在全球需求疲软的情况下，贸易和投资也开始出现问题。由于跨国公司母国的投资环境发生巨大变化，为抽调资金应急，一些新兴发展中经济体出现了资金回流现象，甚至出现了局部地区外资非正常撤离的现象。这一情况在 2008 年表现得特别明显。原因在于：危机以后，大量跨国公司受到母国资金短缺的影响，将其在海外投资的资金通过各种方式抽调回国，从而在一些地区特别是前几年 FDI 流入量高速增长的新兴市场出现了撤资现象。同时，"去杠杆化"的压力也使越来越多发达国家的金融机构将原本大量投资于新兴市场的资金撤回本国，从而加剧了跨国公司在当地融资的压力，使这一情况得到恶化。然而，从 2008 年年中起，由于发达国家在这场金融危机中越陷越深，一些

国家先后从发达国家撤出投资，包括收回投资、公司内反向借贷和偿还母公司的债务都超过了外国直接投资的总量。例如，撤离德国的外国直接投资达 1100 亿美元，占其 2008 年外国直接投资总量的 40%。[①] 因此，2008年成为 FDI 流向转变的一个转折点。到 2008 年年末，发展中经济体和转型经济体在全球 FDI 流量中的占比高达 43%；发达国家 FDI 流入量则降至 29%，流入量仅为 9620 亿美元。

2. 外资政策趋向以产业升级为目标

2010 年下半年以后，金融危机已经进入到一个新的时期，一些经济体开始为长远的经济发展考虑，未来的经济增长将不只是依赖于单纯的经济刺激政策，而必须寻找新的增长点以加强复苏。这时候部分新兴经济体开始将眼光转向产业结构的升级。虽然大部分新兴经济体对于这一转变尚未意识到，但是，其中的先知先觉者已经对战略性新兴产业开始了重新布局。目前，部分亚洲新兴经济体的 FDI 政策已经逐步转向技术进步和结构升级。其政策调整主要表现为以下三个方面。

首先，通过政策导向，促进技术进步和产业升级。这些新兴经济体主要通过对不符合本国产业发展计划的外国直接投资加以限制，对符合产业发展导向的外国直接投资加以促进等措施来促进技术进步和结构升级。例如，中国大陆在 2010 年 4 月 6 日发布《关于进一步做好利用外资工作的若干意见》，明确了地方对外资的审批权限从 1 亿美元提升至 3 亿美元；并出台了一些相关的法规（包括正在执行的）鼓励外国直接投资进入高科技产业、新能源、节能和环保产业。2010 年 10 月 18 日，国务院进一步发布《关于加快培育和发展战略性新兴产业的决定》，明确将从财税金融等方面出台一揽子政策加快培育和发展战略性新兴产业。该决定指出，现阶段将重点培育和发展节能环保、新一代信息技术、生物、高端装备制造、新能源、新材料、新能源汽车等产业。

其次，通过低碳投资，寻求新的经济增长点。韩国是利用外国直接投资发展低碳经济的典型。危机后，韩国对外资政策进行调整，优先选择绿

---

① WTO, OECD and UNCTAD (2010): "Report on G20 Trade and Investment Measures (September 2009 to February 2010)", pp.12-36, Mar.8, 2010.

色增长作为自己的目标，推出一系列政策促进低碳外国投资。包括 2008 年 8 月宣布将"低碳、绿色增长"确立为国家远景，2009 年宣布一项综合性的 5 年计划，在 2009—2013 年间计划支出 107 万亿韩元支持绿色增长；2009 年 12 月，韩国还公布了到 2020 年前减排 30% 的温室气体减排目标，并于 12 月通过了《低碳绿色增长框架法案》。为了促进产业升级，韩国还制定了促进"绿色产业"外国投资的计划，确定了如智能电网、LED 面板等作为绿色技术的研发目标，并出台了相应的资金支持和税收减免等激励性引资措施，以利用外资推动韩国技术进步和产业结构升级。①

最后，破除垄断，提供更多的投资便利化措施以加快国内产业结构的调整和升级。以印度尼西亚为例，一方面，印尼在 2009 年 6 月 23 日宣布开始向外国投资者提供更多的一站式服务、财政便利和投资信息。另一方面，2009 年 9 月 8 日，印尼国会通过电力法案，允许私人投资者包括外商投资者生产、运输、分配和销售电力，从而通过破除垄断为本国和外国的私人投资者进入电力行业铺平了道路。② 又如俄罗斯。2008 年，俄罗斯对国有的 RAO UES 能源系统进行重组，将公司分解成 6 家批发电力生产公司和 14 家地区性电力生产公司。这一资产重组为外国投资者进入该行业投资提供了可能。

3. 对 FDI 的筛选和监管更为严格

从实际情况看，危机中后期部分亚洲新兴经济体开始加强对 FDI 的监管。这是因为，经济刺激政策的终止可能会导致投资优惠的减少，对外国直接投资的筛选也更为严格了。如印度于 2010 年 5 月 10 日宣布禁止外资进入以烟草及烟草代用品制造雪茄烟、吕宋烟、小雪茄烟和香烟的行业。之前，该领域的外商直接投资可以获得 100% 的所有权。同时，出于国家经济安全考虑，外资政策往往与其他政策相结合，表现出投资政策与其他政策的协同，甚至在同一个经济体也会出现完全不同的特征。如印度在 2008

---

① 详见联合国贸发会议：《2010 世界投资报告：低碳经济投资》，联合国 2010 年版，专栏 4.10。

② UNCTAD (2009): "Report on G20 Trade and Investment Measures", UNCTAD published, Sep.14. UNCTAD (2010), "Report on G20 Trade and Investment Measures", UNCTAD published, Mar.8.

年 12 月宣布允许外资在产业园、采矿和石油、航空运输等领域拥有更多的股份，但在 2009 年 2 月又对一些战略性产业如国防、航空以及和电信有关的部门的外资股权设置了最高限制。① 中国内地的《反垄断法》在 2008 年 8 月 1 日生效，第一个未通过的并购案例就是可口可乐公司收购汇源。

4. 新兴经济体对外直接投资实现突破

根据联合国《世界投资报告》的统计，2010 年，发达经济体的对外投资从 2009 年的 8823 亿美元增加到 9695 亿美元，尽管与 2007 年的高峰时期不能相比，但对外投资开始回暖却是不争的事实。与此同时，当发达经济体仍然在面对金融危机肆虐之时，新兴经济体经济增长的率先回暖却为它们赢得了对外投资的先机。发展中和转型经济体中的部分跨国公司开始将投资眼光转向其他新兴市场。2010 年，发展中和转型经济体向其他新兴市场的投资占据其对外总投资的 70%。

如亚洲，2010 年中国大陆、中国香港、中国台湾、韩国、马来西亚、新加坡的对外直接投资均出现大幅度增长（见表 5—4）。与 2009 年相比，上述经济体 2010 年的对外直接投资分别增长了 20.3%、18.9%、89.6%、81.9%、64.7%、6.9%，分别达到 680 亿美元、760.1 亿美元、110.1 亿美元、190.2 亿美元、130.2 亿美元和 190.7 亿美元。由于文化差异引致的充裕外汇储备为上述经济体实施对外投资战略提供了良好的条件，并使这一变化呈现出长期的发展趋势。从另一个角度来看，这一变化也显示出金融危机后这些亚洲新兴经济体在国际投资领域地位的上升。

表 5—4　亚洲新兴经济体国际直接投资流出情况

（单位：10 亿美元）

经济体	FDI 流出		
	2009	2010	增长率（%）
中国大陆	56.5	68.0	20.3
中国香港	64.0	76.1	18.9
中国台湾	5.9	11.1	89.6
韩国	10.6	19.2	81.9

---

① UNCTAD (2009): "Assessing the Impact of the Current Financial and Economic Crisis on Global FDI Flows", United Nation published, p.42.

经济体	FDI 流出		
	2009	2010	增长率（%）
印度	15.9	13.2	−17.3
马来西亚	8.0	13.2	64.7
新加坡	18.5	19.7	6.9
泰国	3.8	2.7	−29.2

注：原报告中的增长率是根据相关数据库中的精确数据计算所得，与表5—4中数据计算会有所差异。

资料来源：UNCTAD:"Global Investment Trends Monitor"，No.6, Apr.27, 2011。

同时，由于缺乏对当地市场的了解以及投资渠道的有限，除马来西亚以外，2010年大部分亚洲新兴经济体在进行对外直接投资时都选择了跨国并购的方式。因此，亚洲新兴经济体吸收外国直接投资和对外直接投资在方式上出现了相异的走势。

表5—5　部分亚洲新兴经济体净跨国并购情况（流出）

（单位：10亿美元）

经济体	净跨国并购（流出）		
	2009	2010	增长率（%）
中国大陆	21.5	29.2	35.9
中国香港	7.5	14.5	93.7
中国台湾	0.6	−0.5	—
韩国	7.0	9.9	42.6
印度	0.3	26.4	8978.5
印度尼西亚	—	—	—
马来西亚	3.3	2.3	−29.6
新加坡	2.8	7.9	184.2
泰国	0.9	2.9	228.3

注：原报告中的增长率是根据相关数据库中的精确数据计算所得，与表5—5中数据计算会有所差异。

资料来源：UNCTAD: "Global Investment Trends Monitor", No.5, Jan. 17, 2011. UNCTAD: "Global Investment Trends Monitor", No. 6, Apr. 27, 2011。

5. 积极参与国际投资协定寻求合作

实际上，早在这次全球性金融危机爆发之前，来自新兴经济体的国际投资协定就已经开始增多。2007 年金融危机的发生进一步加深了这种趋势。2009 年 4 月到 2010 年 5 月之间，中国大陆、印度、印度尼西亚、韩国、墨西哥、沙特阿拉伯、南非、土耳其共计签订了 20 项国际投资协定，包括双边投资协定、自由贸易协定和其他形式的国际投资协定。其中，大部分协定是新兴经济体之间或者新兴经济体与一些区域集团所签。2009 年 4 月至 8 月期间，中国大陆还与东盟签署了 FTA 协定；2011 年 2 月 16 日，印度和日本签署了经济伙伴协定；2011 年 2 月 18 日，印度和马来西亚之间也签署了 FTA 协定。上述协议与传统的双边投资协定完全不同。之前，更多的双边投资协定来自于发达经济体之间或者发达经济体与新兴经济体之间，而新兴经济体积极参与国际投资协定则反映其正在通过本身经济实力的增长积极争取国际话语权。

三、周边经济体引资规模上升，中国面临竞争压力

次贷危机后，亚洲新兴经济体面对国际金融危机以及发达经济体跨国公司从新兴市场撤资以稳定母公司资金流的情况，推出了从资本流动控制到外国直接投资促进，再到经济转型和产业结构升级等一系列外资新政策，使危机后亚洲新兴经济体吸收外资的表现远远强于发达经济体。其中，印度尼西亚、马来西亚、泰国等周边经济体利用廉价劳动力优势，吸引了一部分以劳动密集型为主的外资企业的投资转移，对中国吸收外资造成了一定的竞争压力。

1. 危机后周边经济体 FDI 流入量大规模上升

当全球直接投资流量从 2009 年的 11850 亿美元上升到 2010 年的 12437 亿美元时，中国大陆、中国香港、印度尼西亚、马来西亚、新加坡和泰国的外国直接投资流量却呈现强劲的上升趋势（见表 5—6）。其中，马来西亚的外国直接投资流入从 2009 年的 14 亿美元跃升到 91 亿美元，增长 550%；印度尼西亚的外国直接投资流入从 2009 年的 49 亿美元跃升到 133 亿美元，增长 171%；新加坡的外国直接投资流入从 2009 年的 153 亿美元跃升到 386 亿美元，增长 152%。亚洲最大的两个新兴经济体，

中国大陆和印度，则表现迥异。当中国内地的外国直接投资流入从 2009 年的 950 亿美元跃升到 1057 亿美元，增长 11.3% 时；印度的外国直接投资流入却从 2009 年的 356 亿美元跌至 2010 年的 246 亿美元，出现了 30.9% 的负增长。2011 年，亚洲新兴经济体的 FDI 流入量出现了整体性上升，甚至印度的外国直接投资流入量也增长了 37.9%。[①]2012 年，虽然受到全球经济复苏动能趋缓的影响，亚洲新兴经济体经济增长的不确定性因素增加；同时，与部分拉美国家相比，亚洲新兴经济体的国内需求也还不够强劲，但亚洲新兴经济体的经济表现已远远优于发达经济体，也高于新兴和发展中经济体的整体水平，其 FDI 的增长速度仍然是可以预期的。

表 5—6　2007—2010 年部分亚洲新兴经济体国际直接投资流入情况

（单位：百万美元）

经济体	FDI 流入			
	2007 年	2008 年	2009 年	2010 年
全球	1970940	1744101	1185030	1243671
中国大陆	83521	108312	95000	105735
中国香港	54341	59621	52394	68904
中国澳门	2305	2591	2770	2558
中国台湾	7769	5432	2805	2492
韩国	2628	8409	7501	6873
印度	25350	42546	35649	24640
印度尼西亚	6928	9318	4877	13304
马来西亚	8595	7172	1430	9103
菲律宾	2916	1544	1963	1713
新加坡	37033	8588	15279	38638
越南	6739	9579	7600	8173

注：由于数据更新等原因，不同版本的报告数据会有一定差异。

资料来源:联合国贸发会议《2011 世界投资报告》，经济管理出版社 2011 年中文版，第 218—219 页。

---

① 由于联合国贸发会议数据调整的关系，2010 年、2011 年的数据与 2007—2010 年中 2010 年的数据略有差异，不具有可比性。

表 5—7 2011 年部分亚洲新兴经济体的外资增长率

（单位：10 亿美元）

经济体	FDI 流入		
	2010	2011	增长率（%）
中国大陆	114.7	124.0	8.1
中国香港	68.9	78.4	13.8
印度	24.6	34.0	37.9
印度尼西亚	13.3	19.7	48.2
马来西亚	9.1	11.6	27.6
新加坡	38.6	41.0	6.1
泰国	5.8	7.7	33.1

注：由于数据更新等原因，不同版本的报告数据会有一定差异。

资料来源：UNCTAD:"Global Investment Trends Monitor", No.8, Jan. 24, 2012.

2. 周边经济体引资方式和结构发生重要转变

危机后，亚洲新兴经济体的引资结构发生转变：从过去的以低端制造业为主向高技术产业和服务业转移，吸收外国直接投资的产业结构出现升级趋势。同时，由于受到金融危机的影响，对于虚拟经济的不确定性使更多的亚洲新兴经济体如中国大陆、印度、印度尼西亚、新加坡等在吸收外国直接投资时更偏好采取绿地投资的方式，以致 2010 年跨国并购的规模较之 2009 年分别出现了 44.6%、14.3%、33.1% 和 51.1% 的负增长。

表 5—8 部分亚洲新兴经济体净跨国并购情况（流入）

（单位：10 亿美元）

经济体	净跨国并购（流入）		
	2009	2010	增长率（%）
中国大陆	10.9	6.0	−44.6
中国香港	3.0	12.2	301.5
中国台湾	——	——	——
韩国	——	——	——

经济体	净跨国并购（流入）		
	2009	2010	增长率（%）
印度	6.0	5.2	−14.3
印度尼西亚	1.3	0.9	−33.1
马来西亚	0.4	3.7	939.0
新加坡	9.7	4.7	−51.1
泰国	0.3	0.5	32.0

注：原报告中的增长率是根据相关数据库中的精确数据计算所得，与表5—8中数据计算会有所差异。

资料来源：UNCTAD: "Global Investment Trends Monitor", No.5, Jan.17, 2011. UNCTAD: "Global Investment Trends Monitor", No.6, Apr. 27, 2011.

表5—9 2009年4月至2011年10月危机后部分亚洲新兴
经济体颁布的与投资相关的政策措施

国家	投资政策措施	对国际投资有潜在影响的应急相关措施
印度	1.2009年6月19日，印度证券和交易委员会宣布允许外国机构投资者和共同基金投资印度的存托凭证，对印度存托凭证的发行实施便利化。 2.2009年12月30日，印度储备银行发布了关于实施印度外汇管制制度的准则。该准则对于在印度建立外资分支机构和联络办公室予以自由化。 3.2010年1月1日，印度储备银行撤销了一些关于银行外部商业借款政策的临时性放松政策。 4.2010年4月1日，印度商业与工业部引进"综合FDI"的通告，把之前所有有关FDI的法规整合到一个文件里，增强了政策的透明度。 5.2010年4月1日，印度储备银行允许印度企业与国际经营者在共同拥有所有权的基础上联合创立和维持海底电缆系统。 6.2010年5月10日，印度宣布禁止外资进入以烟草及烟草代用品制造雪茄烟、吕宋烟、小雪茄烟和香烟的行业。之前，该领域的外商投资可以获得100%的所有权。 7.2010年出台一系列政策提高跨境资本流动的透明度。 8.2011年4月1日，印度宣布通过合资企业或者技术协议等方式外资企业可以不经过政府审批在同一企业中开设新的分支机构。 9.2011年5月11日，印度宣布有外商投资的有限公司经政府审批可在部门或活动中达到100%的外商投资比例。 10.2011年7月7日，印度政府将FM电台广播中外商直接投资的最高投资限额从20%提高到26%。 11.2011年5—9月，印度储备银行推出了一系列的跨境资本流动自由化措施。 12.2011年10月1日，印度出台了一系列新的自由化措施，包括从建设发展部门的一般条件中放松了教育领域的建设发展要求，从农业领域的一般条件中放松了对养蜂业的要求等。	1.2009年，印度继续推行IDBI银行的重点资产稳定基金（SASF），使其作为一个特殊目的机构（SPV）向重要的非银行性金融机构遇到的故意的非存款性提取提供流动性。SPV可发行总额达2500亿印度卢比的政府担保债券。有效期到2009年12月31日为止。
印度尼西亚	1.2009年6月23日，印尼宣布向外国投资者提供更多的一站式服务、财政便利和投资信息。 2.2009年9月8日，印尼国会通过电力法案，允许私人投资者包括外商投资者生产、运输、分配和销售电力。 3.2010年2月1日，印尼推出与《采矿法》有关的"关于采矿活动的政府规定"，在《采矿法》第112条款表明了外国投资者在印尼剥夺采矿特许权的合约范围。 4.2010年5月25日出台政策，对外商投资于印尼的特定产业进行规定，进一步开放市场。 5.2010年6月16日出台政策，对短期资本流动进行控制。	

国家	投资政策措施	对国际投资有潜在影响的应急相关措施
韩国	1.2009 年 6 月 2 日，韩国修改城市发展法案，允许在韩外资企业就包括城市发展项目等在内的土地使用和地方政府签订非标准合同。该措施自 2009 年 7 月 1 日起实行，有效期 2 年。 2.2010 年 6 月 13 日，出台一系列宏观稳健措施来缓和资本流动的易变性。 3.2011 年 5 月 19 日，宣布降低 20% 的银行外汇远期头寸最高限制，外资银行从资金的 250% 下降为 200%，内资银行从 50% 下降为 40%，从 2011 年 6 月 1 日起实施。	1.2009 年 3 月 31 日，韩国推出 20 万亿韩元（143 亿美元）的银行资本重组基金，以帮助银行增强资本基础。 2.2009 年 5 月 13 日，韩国建立调整基金。该基金通过政府担保债券可以处置高达 40 万亿韩元的资产。 3.2009 年 4 月 23 日，韩国设立船舶基金，以向船舶公司购买船只作为其促进船舶产业改组实施便利化的措施。2009 年 11 月，韩国资产管理公司（KAMCO）扩展了船舶购买计划，继续向船舶公司购买船只。 4.2010 年 11 月 17 日，韩国 Eximbank 宣布实施"绿色先锋计划"，计划以 200 亿美元支持 200 家绿色企业，该计划一直实施到 2020 年。

资料来源: 作者根据联合国贸发会议"G20 贸易和投资措施报告"有关资料整理。

四、危机后中国外资政策调整的新措施

危机后，为了应对国际金融危机以及中国经济转型的需要，国家进行了新一轮的宏观调控以扩大内需。其中，中国除推出一揽子经济刺激计划[①]作为应急措施以外，还陆续推出了一系列政策法规，对利用外资的

---

① 中国推出的一揽子经济刺激计划主要包括：2008 年 11 月 5 日温家宝总理在国务院常务会议上宣布的在未来两年内实施总额 4 万亿元人民币的投资计划，其中新增中央投资 1.18 万亿元。4 万亿元投资用于各重点领域的情况是：第一，廉租住房、

产业导向、与投资有关的贸易、金融等法律、法规进行调整，并确定了七大战略性新兴产业作为未来国家产业发展的重点，加快推进产业结构调整的步伐。主要内容包括以下几个方面。

1. 进一步加强投资促进和投资便利化

主要包括放宽外资进入服务贸易市场以及扩大外资金融机构经营的业务范围等。例如，2009 年 8 月 20 日，国家新闻出版总署和商务部联合发布《关于〈中外合作音像制品分销企业管理办法〉的补充规定》，允许香港、澳门服务提供者在内地以独资形式提供音像制品的分销服务。2009年 9 月 1 日，司法部颁布《司法部关于修改〈香港特别行政区和澳门特别行政区律师事务所与内地律师事务所联营管理办法〉的决定》。该办法对于港澳律师事务所与内地律师事务所联营的条件作出具体规定。2009 年12 月 18 日，中国保险监督管理委员会发布《关于外资保险公司设立营销服务部有关事宜的复函》，允许外资保险公司设立营销服务部。2010 年 11月 26 日，国务院办公厅颁布《关于进一步鼓励和引导社会资本举办医疗机构意见的通知》，进一步向外国资本开放了中国的医疗机构。

2. 适度调整与投资相关的贸易政策

主要包括抑制"高耗能、高污染"产品出口、调整加工贸易禁止类目录等。例如，2008 年 12 月 31 日，商务部会同海关总署联合发布公告，调整加工贸易限制类和禁止类目录。从限制类目录中剔除 1730 个十位商品编码，具体涉及纺织品、塑料制品、木制品、五金制品等，占加工贸易限制类产品总数的 77%，涉及加工贸易出口额约 300 亿美元；从禁止类目录中剔除 27 个十位商品编码，主要涉及铜、镍、铝材等产品，涉及加工贸易出口额约 15 亿美元，占禁止类总金额的 30%。[1]2010 年 6 月 22 日，财政、税务等部门出台《关于取消部分商品出口退税的通知》，取消部分

棚户区改造等保障性住房建设，投资约 4000 亿元；第二，农村水电路气房等民生工程和基础设施建设，投资约 3700 亿元；第三，铁路、公路、机场、水利等重大基础设施建设和城市电网改造，投资约 15000 亿元；第四，医疗卫生、教育、文化等社会事业发展，投资约 1500 亿元；第五，节能减排和生态工程建设，投资约 2100 亿元；第六，自主创新、结构调整和技术改造，投资约 3700 亿元；第七，灾后恢复重建，投资约 10000 亿元。

[1] 商务部、海关总署：2008 年第 120 号和第 121 号联合公告，国家商务部网站。

钢材、有色金属加工材等 406 个税号的退税率，抑制"高耗能、高污染"产品出口。2010 年 9 月 28 日，商务部、海关总署根据国务院关于做好节能减排工作的要求，对加工贸易禁止类目录进行调整：将 44 个十位商品编码增列入加工贸易禁止类目录。包括多晶硅废碎料、废碎玻璃、钢铁废碎料等。

3. 利用外资推动技术创新促进产业升级

主要包括鼓励外资进入战略性新兴产业等国家重点培育的行业、加大重点产业引进先进技术的金融支持等。例如，2009 年 12 月，四部门联合颁布《关于进一步做好金融服务支持重点产业调整振兴和抑制部分行业产能过剩的指导意见》，宣布将支持重点产业调整振兴，并抑制部分行业产能过剩：(1) 新能源、节能环保、新材料、新医药、生物育种、信息网络、新能源汽车等战略性新兴产业的发展，将获得更多的金融支持。(2) 对重点产业企业在境外投资国家建设急需的能源、矿产等战略资源，做好配套金融服务。(3) 完善境外直接投资外汇管理。满足符合条件的电子信息企业引进先进技术和产品更新换代的外汇资金需求。(4) 进一步加大对节能减排和生态环保项目的金融支持，支持发展低碳经济。2010 年 10 月 18 日，国务院进一步发布《关于加快培育和发展战略性新兴产业的决定》，明确将从财税金融等方面出台一揽子政策，加快培育和发展战略性新兴产业。该决定指出，现阶段将重点培育和发展节能环保、新一代信息技术、生物、高端装备制造、新能源、新材料、新能源汽车等产业。

4. 完善与投资相关的金融配套政策

主要包括进行人民币跨境结算的试点、完善境外投资的外汇管理、分散"走出去"企业的汇率风险等。例如，2009 年 7 月 13 日，国家外汇管理局颁布《境内机构境外直接投资外汇管理规定》。宣布境内机构可以使用自有外汇资金、符合规定的国内外汇贷款、人民币购汇或实物、无形资产及经外汇局核准的其他外汇资产来源等进行境外直接投资。境内机构境外直接投资所得利润也可留存境外用于其境外直接投资。2011 年 1 月，中央政府宣布取消国内企业强制结售汇制度，这进一步延伸了 2010 年 10 月 1 日国家外汇管理局在四个城市 60 家企业取消强制结售汇的试点。2011 年 1 月，中国人民银行公布《境外直接投资人民币结算试点管理办法》，跨境贸易人民币结算试点地区的银行和企业可开展境外直接投资人民币结算试点。规定企业可以将其所得的境外直接投资利润以人民币汇回境内，银行可向境内机构在境外投资的企业或项目发放人民币贷款。

五、实施引进吸收消化再创新的联动战略

金融危机爆发以后，美国、日本等发达经济体纷纷出台对新能源、新材料、高科技行业的支持政策，部分新兴经济体也将眼光转向产业结构的升级，全球战略性新兴产业开始了重新布局。在国际国内新形势下，中国要实施外资政策调整和引资战略的升级，实现从注重吸引外资的规模和数量向注重吸引外资的质量和效益的转变，就必须抓住新兴产业国际投资的动态，注重战略性新兴产业引进外资，实施从对外引进开始通过国内吸收消化实现再创新的联动战略。

1. 引进吸收消化再创新联动战略的两个层面

引进吸收消化再创新的联动战略包括两个层面：其一，引进发达经济体成熟的科学技术，通过国内企业在引进过程中的二次创新、集成创新，与自主创新战略相结合，以科技创新带动产业升级。其二，周边经济体对外直接投资的迅猛增长也为中国吸引一部分适用技术提供了条件。战略性新兴产业如节能环保、新一代信息技术、生物、高端装备制造、新能源、新材料和新能源汽车等，对于推进中国的产业结构升级和经济增长方式转变具有重要作用，应予以重点关注。例如，在新能源产业，韩国的技术能力已经远远超出其国内市场的需要，而中国方兴未艾的市场发展空间将对其产生一定的吸引力，中国同样有可能通过引进实施联动战略。

2. 引进吸收消化再创新联动战略的具体实施

一些具体措施对于实施引进吸收消化再创新的联动战略也具有十分重要的意义。例如，在战略性新兴产业问题上，应尽快改变外资行业分布过宽的现状。目前，美、英等发达国家的外资行业分布都非常集中。但在中国，由于地区分割，导致行业分布太广，比较优势无法体现。应给予相关产业引进外资一定的政策倾斜，通过吸收、消化、再创新提高国内企业的自主创新能力，进而带动相关产业及其上、下游产业的内需市场，实施继续引进与自主创新的并举。又如专业服务业的市场开放问题，应进一步开

放专业服务业市场以加强国内企业对于引进高新技术的消化与吸收，通过专业性公司加强国外技术在国内的适应性。由于国内企业的组织结构和运作模式与外国公司完全不同，中国企业无论是在与跨国公司的合作中，还是在对外贸易中都是摩擦不断。要引进国际律师事务所等专业性机构来代理相关业务，加强国内企业与跨国公司的技术合作。

3. 中国实施引进吸收消化再创新联动战略的可能性

目前，国际产业已经出现一些大的变化趋势：一方面，服务业已经开始替代制造业成为发达国家对外进行产业转移的主要内容，这为中国承接国际服务外包提供了机遇；另一方面，发达经济体在金融危机后出现了高端制造业回流的趋势，部分新兴经济体开始将原有的传统产业转移到更低产业梯度的新兴和发展中经济体，国际产业转移的主体出现多元化。从以上两大趋势来看，中国必须延长产业链，一方面承接发达国家服务业产业的转移，另一方面将部分制造业产业链条上的制造和加工环节转移到中西部地区，从而实现自身的产业升级。也就是说，中国必须兼顾产业承接方和产业转移方两种角色。只有真正做好在国际产业转移趋势中的准确定位，中国才有可能成功实施引进吸收消化再创新的联动战略。

4. 吸引低碳投资对于实施引进吸收消化再创新联动战略的重要性

由于含金量较高的低碳技术大部分掌握在发达经济体手中，要吸引低碳投资就必须加强与发达经济体之间的国际合作。联合国贸发会议在《2010世界投资报告：低碳经济投资》中指出，"跨国公司可以通过外国投资升级其生产经营及价值链中的技术和工序，降低全球温室气体排放，它们也可以供应低碳产品和服务"，"低碳外国投资因公司开发的技术能力而不同，部分是对母国的国内政策的回应"，"对低碳外国投资有重大影响力的特定政策包括各国的环境、工业、公共采购、能源和贸易方面的政策"[①]。由此可见，发达经济体跨国公司具有对外投资低碳技术的动机；同时，中国是否能够提供相应的、具有吸引力的"硬环境"和"软环境"是决定跨国公司是否会进行低碳投资的决定因素之一。

---

① 　详见联合国贸发会议：《2010世界投资报告：低碳经济投资》，联合国2010年版，第115页、126页和128页。

第三节　后危机时代中国的对外直接投资战略

在美国金融危机和欧洲债务危机的猛烈冲击下，世界经济格局正在发生着激烈的变化，世界各国和地区政府也在不断地调整自身的发展战略，一方面以应对金融危机的冲击，另一方面以适应危机后国际经济环境的新变化。在此背景下，中国的对外直接投资战略也作出了相应的调整。

一、中国企业对外投资的国际经济新环境

由于危机后世界经济环境发生了一系列新的变化，因此，充分认识和把握国际经济环境的新变化，对我国企业"走出去"实施对外投资跨国经营具有十分重要的意义。

1. 绿色产业引领全球产业转型升级

历史经验表明，经济危机往往会催生新的技术和新的产业，在应对金融危机的过程中，美、日、欧等发达国家纷纷加大在新能源和节能环保等领域技术研发投入和推动产业化进程，抢占未来技术进步和产业发展的制高点，积极培育新的经济增长点。美国凭借其在技术创新方面无可争议的领先优势，最有可能率先在新能源和节能环保的技术研发和产业发展方面取得重大突破；欧盟在应对气候变化和减少碳排放等方面正在实施一系列行动计划，尤其重视发展风能、太阳能和生物质能等可再生能源和推进清洁生产方式；日本历来高度重视能源资源节约和环境保护，在节能环保技术研发应用和产业发展方面有独到的优势。新能源开发和产业化将带动相关产业的发展，形成规模庞大的产业群，而节能环保和低碳技术的推广应用也会带动传统产业的转型升级。因此，新能源和节能环保等绿色产业的发展，有可能引发全球产业结构新的调整重组，引领未来全球产业转型升级的方向，推动世界经济的新一轮发展。

发达国家在大力发展新能源、节能环保等绿色产业和运用低碳技术改造提升传统产业的同时，仍将继续发展金融、保险、信息、技术、会计和

法律服务等现代服务业，更加重视发展教育、医疗、卫生等公共服务和更新改善基础设施条件。同时，继续向有成本和市场优势的新兴市场和发展中国家转移一般制造业和高新技术产业的生产制造环节，以及非核心研发环节和相关的生产性服务。总体上看，发达国家在技术创新、高新技术产业发展和国际分工中仍将处于领先地位。

新兴市场和发展中国家在继续承接发达国家制造业转移和服务业外包的同时，产业结构也将不断升级，在电子信息、生物制药、航空航天，以及新能源和节能环保等领域奋起直追，努力缩小与发达国家的差距。亚洲仍将是全球产业转移的重要目的地，其作为全球制造业基地的地位仍将更加巩固，承接服务业外包有望取得更大的发展；中东、拉美、独联体等将继续依托资源优势推动产业和经济发展，而缺乏资源、市场、技术和资金优势的欠发达国家则面临进一步被边缘化的风险。总体上看，新兴市场和发展中国家在制造领域仍将具有较强的国际竞争优势，但在技术创新和国际分工中仍处于不利的地位。

可以说，随着经济全球化趋势在曲折中继续深入发展，贸易投资壁垒会进一步降低，有利于产品、服务和要素自由流动的便利化措施还将增多，国际产业转移将在更广范围、更大规模、更深层次上进行。无论发达国家还是发展中国家，都将充分利用经济全球化带来的有利条件，根据禀赋、基础设施、产业技术、市场需求等发展条件，通过拆分产品价值链进行产业转移或接受产业转移，国际产业转移将进一步呈现出多层次、多梯度和多向性，垂直转移与水平转移相互交织的特点，从而形成更加错综复杂的国际分工和产业发展格局，各国经济间的相互联系和相互依存更加紧密。

2. 新兴经济体在世界经济总量中的占比明显提高

新兴经济体为应对金融危机冲击，转向立足扩大内需促进经济增长，工业化和城市化进程将推动经济恢复较快增长，对世界经济增长的贡献将进一步增大，在世界经济总量中的占比也会明显提高。按购买力平价计算各经济体在世界经济中的比重，根据国际货币基金组织对 2009 年和 2010 年世界经济和主要经济体的预测推算，到 2015 年，美国、欧元区、日本在世界经济总量中的占比分别为 18.7%、13.6% 和 5.3%，比 2008 年分别下降 1.9、2.1 和 1.0 个百分点；新兴市场和发展中国家在世界经济总量中的比重将达到 52.3%，比 2008 年上升 7.6 个百分点。不过，如按市场汇率计算，到 2015 年，新兴市场和发展中国家占世界 GDP 的比重将不会超过发达国家，即发达国家占世界 GDP 的比重仍超过 50%。

随着世界经济总量中所占份额的增加，新兴市场和发展中国家在国际金融事务中将发挥更大的作用，全球治理结构将发生深刻变化。发展中国家特别是新兴大国在国际货币基金组织和世界银行等国际组织中将争取到更多的投票权和话语权，在国际经济政策协调中将扮演更加重要的角色。八国集团和新兴大国的"8＋5"对话机制将进一步加强，由主要发展中国家参加的二十国集团在协商解决国际经济金融问题中的作用有可能超过仅由发达国家组成的七国集团。同时，"金砖四国"的对话协商有可能机制化，主要新兴经济体寻求在国际经济金融事务中发挥更大的作用。

当然，我们也必须看到，虽然主要新兴经济体在世界经济中的地位将不断提升，但美国等发达国家在政治、经济、军事和科技等方面领先的优势地位不会发生根本改变。发达国家与发展中国家由于发展阶段不同而造成的南北差距将长期存在，在资源、环境和发展等方面仍有尖锐的矛盾和利益冲突，发展中国家在推动建立公正、合理的国际经济新秩序和维护自身利益方面依然任重道远。

3. 危机后世界众多国家引资政策的调整与变化

在全球投资逐步恢复的同时，全球投资政策正进一步向投资自由化和投资促进方向发展。据联合国贸发会议 2011 年 1 月 28 日发表的《全球投资政策监测报告》显示，在 2010 年 10 月至 2011 年 1 月期间，至少有 27 个国家实施了新的国际投资政策，其中大部分旨在促进投资自由化，包括私有化、投资便利化等。特别是发达国家限制外资政策有所松动，为发达国家与发展中国家相互投资创造了良好的外部环境。此外，投资者与东道国政府之间权利与义务的再平衡也在继续进行，这主要表现为一些国家进一步加强了对某些行业的监管。

美国在金融危机全面爆发之前，通过立法禁止外国资本对美国实体经济进行收购。美国国会 2007 年度通过的《外国投资与国家安全法》就是旨在加强行政部门对在美收购企业的活动的监督和控制，使外国公司对美国实体产业的收购难度大大增加。2008年4月美国财政部颁布了《关于外国人兼并、收购的条例》，更为严厉地加强对外资收购美国实体产业活动的限制，这也是美国历史上最严格的限制外资的条例和法案。欧洲国家对于非欧盟国家的投资者，普遍存在"歧视性"问题。2008年上半年，法国表态不会同意外资"恶意"并购法国大银行。这意味着外资能否并购该国银行，首先需要证明不含"恶意"。这就给该国监管部门的运作留下了足够的空间，至少仅仅具备资金实力还无法实现并购。也正是在这种背景下，2008年中国投资公司在欧洲的收购行为受阻。当然，这在客观上也避免了我国的投资损失。

发达国家经济全面陷入衰退之后，一些国家对外资的政策有所松动。法国政府实施了鼓励外国企业投资的政策。其中特别是扶持外国投资创新项目的政策，大大提高了法国对外国投资的吸引力；在2009年所有新增的外资项目中，研发项目约占总数的8%，比例比上年翻了一番。2010年3月份在伦敦召开的全球投资大会上，英国大力宣传吸引外资的优惠政策，以缓解债务压力、促进经济复苏和可持续增长。

此外，加拿大国内要求放宽中资企业限制的呼声不断高涨，据加拿大《环球邮报》网站2012年2月20日报道，加拿大首席执行官理事会和加拿大国际理事会最近公布一项新研究称，中国国有上市企业在世界各地开展的是纯粹商业运作，因此不应设置比其他外国公司更多的投资壁垒。加拿大中国商业委员会前执行董事玛格丽特·科尼什在其近期完成的一项研究中驳斥了一种观点，即中国公司拥有不公平的优势，因为他们能动用国库资金。科尼什说，国有石油企业的贷款成本与他们国际竞争对手的贷款成本大致相当。科尼什的这一分析与总部设于巴黎的国际能源署2011年一份报告的观点不约而同，这份报告称，中国企业已从政府部门获得了足够的独立性。国有企业投资"由强大的商业利益驱动，而不是国家的主意"。

发展中国家和地区，亦纷纷利用危机后发达国家产业结构调整和转移的机遇，进一步开放国门，通过实施更加优惠的外资政策，积极引进国内经济发展所需要的资金和技术。近期古巴已宣布将在2012年年底前修改实施了17年的《外国投资法》，以吸引外资和技术，拓宽出口市场。

20世纪90年代初，为应对苏联解体带来的冲击，古巴开始允许外国投资，而根据1995年颁布实施的第77号法律，外来投资者一般都须与古巴国有资本合资，且主要集中在旅游、石油和矿业部门。毫无疑问，近十多年来，外资对古巴经济的发展起到了很好的推动作用，但由于受此次金融危机，以及美国经济制裁的影响，使古巴的外资企业从原先的314家减少至258家，外资的撤离使古巴经济雪上加霜。为此，古巴正在修改原有的《外国投资法》，进一步开放国门，向外资提供更优惠的政策，以吸引更多的外资和先进技术，从而推动古巴经济的发展。

4. 国际能源资源争夺战进一步加剧

人均资源不足以及石油、天然气和铁矿石等主要矿产资源大量依赖进口，是我国的基本国情。近年来，国际能源资源价格持续大幅上涨，对能源资源的争夺日益加剧，不仅增大了我国经济发展成本，而且影响到我国能源资源供应安全。我国正处在工业化、城镇化加速发展和消费结构升级阶段，对能源资源需求还会进一步增加，确保能源资源供应安全对于实现全面建设小康社会的宏伟目标至关重要。

国际金融危机爆发以来，国际能源资源供求紧张暂时有所缓解，众多资源国逐步开放国内矿产资源行业，为我国的资源能源类境外投资提供了有利的东道国投资环境。但国际能源资源供求关系长期偏紧的局面没有根本改变。未来一个时期我国能源资源供应安全仍面临诸多挑战。一是受政治、经济、安全等因素影响，国际上围绕能源资源的争夺还会进一步加剧，将直接影响到我国的能源资源供应安全；二是出于地缘政治和意识形态等方面的考虑，一些国家对我国企业"走出去"参与海外能源资源合作开发设置种种障碍，将会影响我国建立稳定的海外能源资源供应基地；三是国际能源价格仍将会继续大幅上涨，能否以合理的价格获取能源资源，始终是确保我国能源资源供应安全和降低工业化成本所必须面对的挑战。

5. 各种形式保护主义干扰我国企业"走出去"

近年来，我国企业"走出去"步伐加快，对外投资迅速增加，但也面临越来越多的投资保护主义措施的干扰，特别是在海外资源合作开发、金融企业设立海外分支机构，以及敏感行业和领域的海外收购等方面，遇到的障碍和限制更多，这些都将严重影响我国对外经济的顺利发展。因此，危机后，尤其是未来五年，各种形式的保护主义措施以及一些国家政治势力对中国投资抵制情绪等不利因素仍将会继续干扰我国对外经济发展。

（1）贸易投资保护主义抬头将影响我国企业在海外的发展。我国正在成为投资大国，会有更多的企业"走出去"开展跨国经营，但也不可避免地与东道国发生利益纠葛，一些国家出于种种考虑，有可能采取各种形式保护主义措施，防范和限制我国企业在海外的发展。近年来，美国、加拿大、澳大利亚等发达国家纷纷出台法律，对外资并购进行安全审查。如美国 2007 年通过《外国投资和国家安全法》，要求美国外国投资委员会加强对外资收购"重要基础设施"以及来自外国"国有企业"的收购进行国家安全审查，将威胁美国国家安全的关键领域数量从 8 个扩大到 11 个。再如，作为矿产资源极其丰富的国家，澳大利亚 2008 年公布了规范和审查外国政府对澳大利亚投资的 6 项原则，审查外国国有企业和主权财富基金对该国投资是否有损国家利益。由于我国境外投资主体以国有企业为主，主要投资领域又集中于高新技术和资源能源，这些投资保护措施出台直接影响到我国"十二五"期间的境外投资开展。

（2）一些国家政治势力对来自中国投资的抵制情绪。尽管我国自改革开放以来，一直秉承韬光养晦的发展思路，始终强调和平发展的方针。但是一些西方发达国家仍有相当一部分人以冷战时期的战略思维考虑问题，戴着有色眼镜看待中国的快速发展。近年来，一些东道国政治势力频频以国家经济军事安全为由，阻止我国企业开展并购活动。这使得中国的境外投资面临很强的主观因素，增加了投资项目的不确定性。由于境外投资项目一般规模都比较大，涉及的利益面比较广，这种不确定性极大地打击了国内投资者的积极性。

（3）金融保护主义措施的影响。我国银行和保险等金融机构正处在快速成长期，国际化不断加快，将更多地进入国际金融市场参与国际竞争，为我国企业"走出去"提供便捷的金融服务，但由于金融行业的敏感性，一些金融业务将会受到金融保护主义措施的限制，而影响自身的发展。

6. 开发非洲资源阻力重重

非洲是我国对外能源资源投资的重要地区，2009 年中国对非洲能源资源的投资要占中国对非洲整个非金融类直接投资总额的 55.2%。但是，我国对非洲资源能源类的投资面临着诸多问题，阻力重重。一方面，由于近年来我国在发展中国家的资源能源类投资不断发展，引起了一些西方发达国家的警觉戒备，他们采用先发制人的干预手段，通过媒体宣传，以"新殖民主义论"、"掠夺资源论"等为借口，散布新的"中国威胁论"。企图利用东道国的民族情绪这一非经济因素对我国进行排挤，遏制我国资源能源类跨国投资的发展。另一方面，我国开展资源能源类境外投资的目标国——非洲许多发展中国家正在进行所谓的"民主改革"，许多国家的"在野党"（或曰反对党）政治势力借口资源能源被外国投资者控制而进行抗议活动，鼓动带有民族主义性质的民族排外情绪，以达到获取民众支持的政治目的。如，近年赞比亚的在野党针对我国在该国的资源能源类投资，就已经提出了强烈抗议，并宣示如果能够上台执政，就将赶走中国的投资者。因此，非洲一些发展中国家近年的政局不稳，再加上文化、宗教、民族、部落、经济利益等冲突因素，社会矛盾较为尖锐，均可能对我国的资源能源类境外投资形成民族情绪阻力。近年来，我国对非洲的一些资源能源类投资协议最终无法成功签署或条款发生重大变动，最主要的原因就包括东道国政府对民族情绪的顾忌。

二、中国企业"走出去"对外投资的战略取向

1. 中国实施对外投资战略的成效分析

20世纪90年代，特别是进入新世纪以来，在国家一系列政策的推动下，我国对外投资与企业"走出去"获得了很大的发展，对外直接投资年均增速高达60%。尽管此次全球金融危机，对世界经济造成了很大的冲击，但由于国家加大了鼓励支持和规范管理的力度，我国企业"走出去"以及整个对外经济合作仍取得了可喜的成绩。

（1）投资规模不断扩大，跃居全球第五。《2010年中国对外直接投资统计公报》的数据显示，2010年，中国对外直接投资净额（简称流量）为688.1亿美元(这个数字相当于"十五"期间中国对外直接投资总额的2.3倍)，同比增长21.7%，连续9年保持增长势头，年均增速为49.9%。其中，非金融类601.8亿美元，同比增长25.9%；金融类86.3亿美元。

截至2010年年底，中国13000多家境内企业投资者在境外设立对

外直接投资企业（简称境外企业）1.6 万家，分布在全球 178 个国家和地区，对外直接投资累计净额（简称存量）达 3172.1 亿美元，其中股本投资 597.3 亿美元，占 18.8%；利润再投资 1207 亿美元，占 38.1%；其他投资 1367.8 亿美元，占 43.1%，年末境外企业资产总额达到 1.5 亿美元。①

联合国贸发会议《2011 年世界投资报告》显示 2010 年全球外国直接投资流出流量 1.32 万亿美元，年末存量 20.4 万亿美元，以此为基期进行计算，2010 年中国对外直接投资分别占全球当年流量和存量的 5.2% 和 1.6%，2010 年中国对外直接投资流量位居全球第五，首次超过日本（562.6 亿美元）、英国（110.2 亿美元）等传统对外投资大国。2002—2010 年，中国对外直接投资年均增长 49.9%（见图 5—1、图 5—2）。

（单位：亿美元）

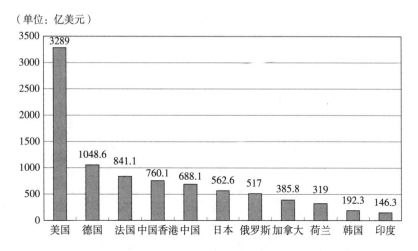

图 5—1　2010 年中国与全球主要国家（地区）对外直接投资流量对比

资料来源:根据《2010 年度中国对外直接投资统计公报》（国家商务部、国家统计局、国家外汇管理局）资料整理。

---

① 国家商务部、国家统计局、国家外汇管理局:《2010 年中国对外直接投资统计公报》。

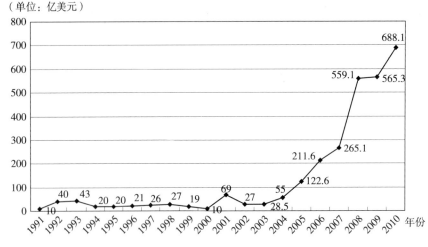

（单位：亿美元）

图 5—2　1991—2010 年中国对外直接投资流量情况

资料来源：根据《2010 年度中国对外直接投资统计公报》（国家商务部、国家统计局、
　　　　国家外汇管理局）资料整理。其中 1991 年至 2001 年中国对外直接投资数
　　　　据摘自联合国贸发会议世界投资报告，2002 年至 2010 年数据来源于中国商
　　　　务部统计数据。

　　（2）投资区域不断扩大，但以亚洲为主。近十年来，中国的对外投资与企业跨国经营获得了很大的发展，对外投资、承包工程、劳务合作等不同形式的对外经济合作业务遍及全世界 130 多个国家和地区，对外投资已基本形成"亚洲为主，发展非洲，拓展欧美、拉美和南太"的多元化市场格局。从境外企业的地区分布看，亚洲是中国设立境外企业最为集中的地区，其次为欧洲，非洲位居第三，统计数据也显示，中国在亚洲、非洲地区的投资覆盖率最高，分别达到 90% 和 85%（见图 5—3、图 5—4、表 5—10）。

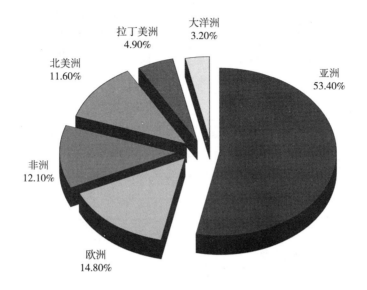

图5—3　2010年年末中国境外企业的地区分布情况

资料来源:根据《2010年度中国对外直接投资统计公报》(国家商务部、国家统计局、
国家外汇管理局)资料整理。

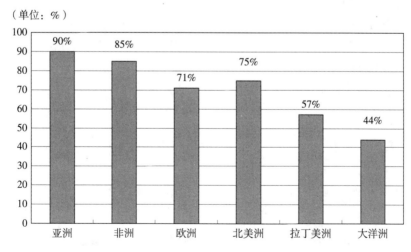

图5—4　2010年中国境外企业在世界各地区覆盖率

资料来源:根据《2010年度中国对外直接投资统计公报》(国家商务部、国家统计局、
国家外汇管理局)资料整理。

表 5—10　2010 年年末中国对外直接投资企业在全球的地区分布

地　区	2010 年年末国家地区总数（个）	中国境外企业覆盖的国家地区数量（个）	投资覆盖率%
亚　洲	49	44	90
非　洲	59	50	85
欧　洲	59	42	71
拉丁美洲	49	28	57
北美洲	4	3	75
大洋洲	25	11	44
合　计	245	178	72.7

资料来源:国家商务部、国家统计局、国家外汇管理局,《2010 年度中国对外直接投资统计公报》。

　　据统计,截至 2010 年年末,中国在亚洲地区设立境外企业数量超过8600 家,占 53.4%,主要分在中国香港、越南、日本、阿拉伯联合酋长国、老挝、新加坡、韩国、印度尼西亚、泰国等,其中在香港的境外企业占总数的 21.9%。在欧洲地区设立的境外企业近 2400 家,占 14.8%,主要分布在俄罗斯、德国、英国、意大利、荷兰、法国等国家。在非洲地区设立的境外企业数量近 2000 家,占 12.1%,主要分布在尼日利亚、南非、赞比亚、埃塞俄比亚、埃及、苏丹、阿尔及利亚等。在北美洲地区设立的境外企业数量近 1900 家,占 11.6%,主要分布在美国、加拿大。在拉丁美洲设立的境外企业数量近 800 家,占 4.9%,主要分布在英属维尔京群岛、巴西、开曼群岛、墨西哥、智利、阿根廷、秘鲁等。在大洋洲地区设立的境外企业 500 多家,占 3.2%。主要分布在澳大利亚、新西兰、巴布亚新几内亚、斐济。

　　(3) 投资领域更加广泛,尤以商务服务为最。投资领域以工业制造、建筑、石油化工、资源开发、交通运输、水利电力、电子通讯、商业服务、农业等行业为主,并广泛涉及国民经济其他诸多领域如环境保护、航空航天、核能和平利用以及医疗卫生、旅游餐饮、咨询服务等。从行业流向来看,90% 的投资流向商业服务业、金融业、批发和零售业、采矿业、交通运输业、制造业 (见图 5—5)。

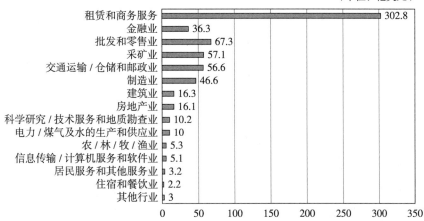

（单位：亿美元）

图 5—5　2010 年中国对外直接投资流量行业分布

资料来源：根据《2010 年度中国对外直接投资统计公报》（国家商务部、国家统计局、国家外汇管理局）资料整理。

　　据统计，2010 年，中国对外直接投资流向租赁和商业服务业 302.8 亿美元，同比增长 47.9%，占 44%。金融业 86.3 亿美元，同比下降 1.1%，占 12.5%。批发和零售业 67.3 亿美元，占 9.8%。采矿业 57.1 亿美元，同比下降 57.2%，占 8.3%，主要是石油天然气开采业、有色金属开采业、黑色金属矿采选业。交通运输、仓储和邮政业 56.6 亿美元，同比增长 173.8%，占 8.2%，主要是水上运输业、其他运输服务业、航空运输业等投资。制造业 46.6 亿美元，同比增长 108.2%，占 6.8%，主要是交通运输设备制造业、有色金属冶炼及压延加工业、化学原料及制品制造业、专用设备制造业、.电器机械及器材制造业、纺织服装鞋／帽制造业、纺织业、医药制造业、食品制造业等投资。建筑业 16.3 亿美元，同比增长 352.2%，占 2.4%。房地产业 16.1 亿美元，同比增长 72%，占 2.3%。科学研究、技术服务和地质勘查业 10.2 亿美元，同比增长 31.6%，占 1.5%。电力、煤气及水的生产和供应业 10 亿美元，同比增长 113.7%，占 1.5%。农、林、牧、渔业 5.3 亿美元，同比增长 55.8%，占 0.8%。信息传输、计算机服务和软件业 5.1 亿美元，同比增长 82%，占 0.7%。居民服务和其他服务业 3.2 亿美元，同比增长 20%，占 0.5%。住宿和餐饮业 2.2 亿

第五章　国际直接投资新格局下中国引进外资与对外投资战略

237

美元，同比增长191%，占0.3%。其他行业3亿美元，占0.4%。

2. 中国企业对外投资的比较优势分析

经济全球化和新经济的发展，需要我们继续"引进来"，但更要"走出去"。加快实施"走出去"战略与企业跨国经营是中国对外投资进入新阶段、中国对外开放进入新阶段的必然要求，它对确保中国现代化目标的实现和长期持续的发展、提升我国的综合国力，以及对全球经济发展均将产生十分重要的影响。尽管我国企业"走出去"对外投资还只是刚刚开始，我国的经济实力还远逊于发达国家，但正因为与西方发达国家处于不同的经济发展阶段，我国在开展对外直接投资上，也有自身独特的比较优势。

(1) 投资主体的比较优势。主要体现在以下几方面：第一，具有大中小公司并举以大为主的规模比较优势。我国对外直接投资的主体规模各不相同，且以中小企业居多。许多发展中国家由于所能提供的投资环境并不完善，市场范围小，这限制了国际上大型跨国公司的进入。我国公司总体上尚处于小规模阶段，容易上马和转产，可避免与大型跨国公司的激烈竞争，适合发展中国家投资环境的需要。目前，我国已形成了一批有强大竞争力的大中型跨国公司和跨国企业集团，它们具有雄厚的资金、技术实力，有相当的国际竞争力，并在某一行业或领域拥有相当的竞争优势。这些大企业和企业集团具有集雄厚资金、先进技术和规模经济于一身的综合优势，有能力进行对外直接投资，参与国际竞争。第二，具有相对良好的商誉优势。随着我国改革开放的不断深入和现代企业制度的改革与发展，我国的海外企业通过兼并收购，已形成一大批具有相当技术水平和资本实力的大型企业集团，并且通过多年的对外贸易，在国际市场上具有了一定的商誉。这些企业通过出口，对出口国的消费习惯、偏好等因素有了一定的了解，在出口量达到一定规模时，便有可能开始直接到出口国设立生产基地。而且我国的许多企业在东南亚、非洲、拉美、独联体、中东欧地区以及一些发达国家与当地企业积极开展经贸合作，树立了良好的信誉。这是我国企业发展对外直接投资的一项重要比较优势。第三，企业对外直接投资具有强大的动力优势。由于国内市场供过于求的矛盾仍比较突出，导致部分企业集团承受着极大的压力。企业发展跨国生产，以便到国际市场上寻找新的投资机会和需求的动力不断增强，企业发展成为跨国公司的愿望也日益强烈。这种对外投资是一种内生主导型的对外投资，它是企业迫于生存压力，在追求自身利益最大化的条件下的对外投资，它必然有良好的激励—约束机制，能充分调动各方面的积极性。

（2）传统产品和成熟技术的比较优势。首先是传统产品的比较优势。我国的很多传统产品都具有鲜明的特色，特别是一些具有民族特色与风味的产品，为全世界广大消费者所喜爱。这些传统产品以其优良的质量和低廉价格具有很强竞争力，可以通过直接投资在国外发挥其优势。如精美的园林艺术、美味的中式菜肴等特殊的工艺技术，以及中药的医疗作用、气功的强身健体功效等特殊的产品效用。我国人口众多，华人遍布世界各地，他们虽然身处异乡，但拥有相同的文化语言背景，互相之间容易沟通。因此，依靠这种纽带，在侨民集中的地区进行直接设厂投资，生产传统特殊产品，是中国跨国公司发展对外直接投资的一种特有优势。其次是成熟技术的比较优势。与许多中等或落后的发展中国家相比，我国已拥有许多已趋成熟和稳定的大量中间技术和加工制造业，如机电、轻纺、食品加工等，而这些成熟稳定的中间技术很受众多发展中国家的欢迎。因此，这就为我国企业开展对外投资提供了巨大的空间。此外，我国某些成熟技术对发达国家某些行业及某些企业来说，也具有相对优势。特别是目前我国已在某些高科技领域取得了相当的优势，在航天、软件开发、生物工程、超导技术等方面已赶上和超过世界先进水平，通过向发达国家直接投资，在内部转移这种优势，也成为我国企业跨国投资的战略之一。

（3）小规模制造和密集使用劳动的低成本比较优势。这种比较优势是许多发展中国家包括我国在内的企业所拥有的一项重要优势。我国的许多中小企业具有规模小、项目小、劳动密集型技术容易上马和转产的相对优势，如我国的纺织、玩具、制伞、鞋帽等行业，它们更适合发展中国家投资环境的需要。我国跨国企业可以在利用东道国廉价劳动力和丰富自然资源的基础上，通过设备和技术输出，建立小规模劳动密集型企业，使生产成本相对低廉。因此，我国跨国企业生产的产品能以较低价格进入东道国市场，进而扩展到第三国市场和国际市场。这一优势可以很好地与一些小规模市场有机地结合起来。

3. 中国企业对外投资的战略思考

改革开放以来，尽管我国企业的发展已取得长足进步，但与国外相比，核心技术、管理水平有 10—20 年的差距。"走出去"对外投资是缩小落差的最有效途径之一。为此，我们要充分利用危机后世界各国经济调整所提供的机遇，加快我国企业"走出去"对外投资的步伐。

（1）在目标选择或投资方向上，要根据中国现代化经济建设的需要，在有效控制风险的前提下，支持有条件、有实力、有比较优势的企业到境外投资办厂、并购拥有先进技术、知名品牌和营销网络的境外企业，扩大和深化境外资源开发，扩大农业对外合作，加紧构建境外农产品生产和物流基地，参与农业跨国公司全球供应链体系。另外，继续把对外承包工程和劳务合作的"蛋糕"做大。突出国有大型企业的带动作用，提升对外投资的质量和效益。在行业选择上应以实体经济为主，加快缩小我们与世界领先企业的距离，大幅度提升我国制造业的水平，完成"中国制造"到"中国创造"的飞跃，最终实现双向融合、共生共赢。

（2）在投资方式上一定要根据自身的条件以及被投资国和企业的实际情况，灵活采取绿地投资、股权投资和跨国并购等方式，其中尤其要注意加大股权投资和跨国并购的力度。参股欧美实体公司，一方面帮助这些企业渡过难关，改善中国企业在国际上的整体形象，从而获得西方企业和社会的认同；另一方面也可以借此获得我们想要的技术和管理要素，获得战略性资产，形成一个双赢的格局。所以说，这种参股行为是一种中长期的战略性投资，重在形成股权的深度合作关系，而不是短期炒作式的买入卖出；同时它也不是财务投资意义上的"抄底"，而是产业投资意义上的对接。

（3）在投资对象方面，重点仍以投资新兴经济体和发展中国家为主。不少新兴经济体和发展中国家受本轮危机的影响还不太大，特别是包括巴西、印度、俄罗斯在内的"金砖国家"发展势头好，非洲、中东潜力很大，可重点投资这些市场。而在投资主体上除继续推动国有大企业对外投资的同时，在政策、制度以及资金上进一步加大对民营企业"走出去"对外投资的扶持力度，从而使我国民营企业在国际经济舞台上发挥应有的作用。

（4）中国的实体企业与金融企业合作，组成联合体同船出海。实体企业与金融企业对投资对象的关注点有所不同：前者往往注重与标的企业进行战略合作以提升自身价值，对短期财务收益看得相对较轻；而后者则恰恰相反，更注重目标企业的财务回报。如这两类企业组成收购联合体，可以起到取长补短、规避风险，在利益上各取所需的效果。

（5）企业"走出去"，对外直接投资要注意发挥地方政府的积极性。改革开放以来，全国各地特别是东部沿海地区，在大力引进外资的同时，也在积极鼓励本地企业"走出去"对外投资，且在中国对外直接投资中占有十分重要的地位。但由于区位条件等因素的影响，我国中西部地区企业"走出去"对外投资与东部省份相比，落差很大。据统计，2010 年我国非金融类对外直接投资前 6 名的依次是：浙江（26.24 亿美元）、辽宁（17.74 亿美元）、山东（15.88 亿美元）、上海（15.58 亿美元）、江苏（12.01 亿美元）、广东（11.96 亿美元）；而陕西（2.9 亿美元 / 排名 17）、河南（1.6 亿美元 / 排名 23）、湖北（1.4 亿美元 / 排名 24）、甘肃（1.0 亿美元 / 排名 25）、山西（0.4 亿美元 / 排名 28）、贵州（0.05 亿美元 / 排名 30）[①]。因此，未来一段时间如何充分发挥地方政府支持鼓励本地企业对外投资的积极性，在政策、资金扶持上，进一步加大中西部地区企业"走出去"的支持力度，从而逐渐缓解各地对外投资严重不平衡的局面，是我国对外投资总体战略必须考虑的问题。

（6）企业对外直接投资与中国外交政策的配合。企业对外投资不单单是企业行为，他是中国整个对外经济发展战略不可或缺的组成部分，是中国整体国际形象的一部分。因此，中国企业"走出去"对外投资应与我国的外交政策有机地结合起来，这是相辅相成、互为促进的两个部分，即成功的对外投资有助于推动我国与东道国外交关系的发展，同样良好的外交关系也有助于我国企业在东道国投资的顺利展开。因此，推动企业对外投资应成为我国外交政策的重要组成部分。

总而言之，"走出去"对外投资是中国企业主动应对经济全球化，参与国际竞争，实现民族复兴、经济腾飞的需要。抓紧实施"走出去"战略，

---

① 见：《2010 年我国非金融类对外直接投资按省市区排名》，2011 年 1 月，中国商务部。

把"引进来"与"走出去"紧密结合起来，不仅是我国经济能否实现又好又快发展的重要保障，更是解决我国经济结构矛盾的必由之路。因此，只有立足自身，放眼全球，坚定地"走出去"，大胆开展跨国经营，才能在日趋激烈的国际竞争中形成特色、确立优势，通过"走出去"，不断缩小我们与世界领先企业的距离，大幅度提升我国制造业的水平，完成"中国制造"到"中国创造"的飞越，最终实现双向融合、共生共赢。

第四节　中国海外并购战略的优化升级

在国家整体经济持续三十多年的高速增长中，中国企业也随之成长并逐步向海外扩张，FDI 流出量快速增长，跨境并购活动日趋活跃。尽管2008 年以后受金融危机的影响，全球并购市场低迷，而中国海外并购却逆势上行。但与此同时我们也看到，数量扩大并不意味着中国海外并购的成功率高于普遍水平。除了在并购中的失败皆有据可查外，并购后的失败也开始引起关注。

并购不只是一项交易，真正的检验结果须待时日才能显现，正是由于这样的不确定性，许多企业为失败的并购付出了代价。失败，是这项看来激情回荡的大交易的常态之一。中国海外并购尚处于初级阶段，应当在过往的失败经验中吸取教训，推动海外并购战略的优化升级。

一、中国海外并购的新特点

按照联合国贸易和发展会议的数据，1990 年中国企业海外并购仅 4 宗，总金额 13.4 亿美元，占世界并购数量和金额的比重分别为 0.2% 和 1.4%；占发展中国家并购数量和金额的比重分别为 3.7% 和 17.7%。到 2009 年，中国企业海外并购数量增加到 97 宗，总金额达到 214.9 亿美元，占世界并购数量和金额的比重分别为 2.3% 和 8.6%；占发展中国家并购数量和金额的比重分别为 13.0% 和 29.1%。

根据商务部的数据，2009 年到 2010 年，中国海外并购仍处高峰时期，2011 年开始受宏观经济影响小幅回落，但 2012 年年初的势头又非常强劲。2010 年，中国企业以并购方式实现的直接投资 297 亿美元，同比增长 54.7%，占流量总额的 43.2%。并购领域涉及采矿、制造、电力生产和供应、专业技术服务和金融等行业。2011 年以并购方式实现的直接投资 222 亿美元，占我国同期对外投资总额的 37%。并购领域主要涉及采矿业、制造业、电力生产和供应业、交通运输业、批发零售业等。2012 年年初就有数起能源行业的重大并购。

综观近年我国海外并购的情况，可以归纳出以下新特点：

1. 与全球并购低潮相反，我国企业海外并购逆势上行

2009—2011 年全球并购市场相对冷清。由于市场参与者们担心欧债危机可能会阻碍全球经济在 2012 年的复苏，更多持有充裕现金的企业均倾向于推迟重大收购行动。信贷紧缩、欧债危机危及欧元区的生存以及股票市场的剧烈波动，将全球并购活动拖至最低谷。但中国企业表现强劲，有多项金额巨大的并购，而且并购数量和规模基本呈上升趋势。中国国内"抄底"心理比较盛行，认为必须抓住金融危机创造的并购机遇。

2. 并购对象越来越侧重于机械、原材料和能源行业

据统计，从 2005 年年初至 2010 年上半年，中国企业收购海外矿业资产共成交 91 桩，总价值达 319 亿美元。中化集团通过香港子公司以 30.7 亿美元收购挪威国家石油公司巴西 Peregrino 油田 40% 股权，是 2011 年我国企业最大的境外收购项目。2012 年刚一开始，中国企业发起一连串的"重磅"海外收购。山东重工斥资 3.74 亿欧元斩获全球豪华游艇巨头意大利法拉帝集团 75% 的控股权；三一重工 3.24 亿欧元收购德国普茨迈斯特；广西柳工斥资 3.35 亿元人民币收购波兰企业 HSW 的工程机械事业部；国家电网以 3.87 亿欧元收购葡萄牙国家能源网公司 25% 的股份。

3. 对发达国家企业的并购初露峥嵘

相对于亚非拉等发展中国家和地区，发达国家具有更完善的国内法律法规，因此并购也成为中国企业进入这些国家的首选方式。2000—2010 年，中国企业对发达国家企业的并购达到 285 宗，占全部并购数量的 71.6%；如果按照《2010 年度中国对外直接投资统计公报》的标准将中国香港从发达国家中剔除，对发达国家企业的并购仍然占到 47.5%。

4. 并购类型以控股收购为主，尚无兼并方式

目前中国企业海外并购仍然呈现单方意愿较为强烈的状态，根据 Zephyr 数据库中记录的 2000—2010 年已完成或宣布的海外并购案例，398 宗中国企业跨境并购交易全部为收购方式，并且显示了控股收购的特征。剔除 63 条缺少数据或不明确的记录外，共有股权比例变化的收购 53 宗，均转变为控股甚至 100% 控股状态；100% 股权收购 180 宗，控股收购 96 宗，仅有 6 宗收购的占权比例在 50% 以下。

5. 海外并购的主体仍然是国有企业或其关联企业

尽管近些年民营企业海外并购有所突破，并在数目上呈现增长趋势，但局限于资金实力，其规模仍然无法与国有企业或其关联企业相比。李自杰通过对 141 起海外并购典型案例的整理与分析，从 2005 年至 2009 年，非国有制企业的并购金额最高时仅占总金额的 11%，而最少时不足 1%。与此同时，2005 年、2007 年、2009 年非国有制企业收购所占比例均不到 1.2%（李自杰，2010）。

6. 中国企业的全球化程度仍然很低

中国企业在国际商务的全球投资中所占的比重仍然很低，中国企业的各年累计和年跨境并购数量仍远远低于发达国家。在已记载的这些并购中，还需考虑有些企业出于避税、上市等原因，选择在中国香港、维尔京群岛、百慕大群岛、开曼群岛、萨摩亚群岛注册，因此对上述地区的跨境并购可能带有同一投资主体内部资本运作的特征，所以实际并购数量可能更少。更值得关注的是，尽管海外并购已经如火如荼地展开，中国企业尚未借此谋划全球布局的战略，这是中国并购战略仍处于低级阶段的表现。

二、中国海外并购面临的问题与成因

并购是一项复杂的交易活动，往往涉及多方面力量的参与，并且需费时日。关于如何衡量一项并购交易的成功或失败，一直是一个有争议的问题。关注并购本身意义的，认为并购合同的签订即是成功的节点；关注并购价值的，认为并购成交价格或方案对某一方有利与否，是判断这方是否谈判成功的标准；关注并购所带来的长远机遇的，则认为至少要在一段时间后根据并购企业营运情况，才能判定该项交易是一项成功的还是失败的

投资。

　　相对于成功，失败的节点可能更容易判断。如果把并购的进程简单划分为并购中和并购后，并购中因各种原因未能完成并购的，显然被认为是一种失败；并购后因各种原因未能达到预期目标的，一般也被认为是一种失败。后一阶段失败的衡量标准显然更加复杂，时间节点更难掌握。

表5—11　并购失败的时间节点和标准

时间段	并购中				并购后				
一般进程	邀约→管理层谈判→公布合约或要约收购→报政府批准→股权或资产收购→公司清算→注册变更				资产或股权变动→管理层或人事变动→业务整合→财务处理→上下游渠道管理→文化整合或新的战略部署				
节点	谈判失败	竞价失败	报批失败	收购行动失败	1—3年经营失败或资产剥离或再出售				
可能的事件	管理层抵制或转变为敌意收购	博弈中有更强势的竞购者或价格波动	政府以反托拉斯或其他反收购理由驳回	未能收购到预期的股权比例	资产贬值或股价下跌	管理层抵制或人事龃龉	业务开展不力或竞争力下降	协同效应为负	文化冲突或矛盾
标准	未能完成并购				年均利润未达到一定数值或收益率未能抵消收购溢价	人事频繁变动	市场占有率下降或未能如期上升	未能达到预期绩效或目标	工会工人罢工或外严重

　　如表5—11所显示，并购中的失败标准很好确定，如果一项并购不能完成，那么对于购买者来说就是失败。当然，值得思考的是，有些并购案从长远来看并不见得有利，那么"戛然而止"可能比"湿手沾面"要好。不过考虑到所有企业为并购所付出的人力、物力、资金和时间成本，不能完成的并购本身就是一项没有收益的失败投资。

　　并购完成后，何时判定失败是一个复杂的问题。如果在1—3年内该资产或企业即被再出售或剥离，显然较容易判断失败（当然不包括金融资

第五章　国际直接投资新格局下中国引进外资与对外投资战略

245

本收购）；包括普华永道在内的咨询机构通过设定一定的利润率或比较收购溢价和经营收益的方式，来确定并购是否失败；如果一项并购是有特定目标的，如消灭竞争品牌或整合研发力量，其失败与否只能视该预设目标是否达成而定。

总的来说，如果不考虑诸多期待和主观意见，也撤除公司治理的细节问题，判定并购成败的一般标准应当是：并购前设定的主要目标是否达成。从这种意义上来说，失败的节点较容易确定，而成功的节点可能就不是并购完成时，除非这项并购的价格被认为远远低于市场定价（这种情况在现实中几乎不可能发生），可能需到1—3年后根据资产和企业运营的情况、协同效应、绩效等，才能判定其是否成功。根据这项标准，可以说历史上失败的并购的概率要远远高于任何官方统计。

尽管有许多不确定的因素可能会影响一项并购的成败，特别是并购完成后，在此后长达1—3年期间，并购企业的经营失败可能不能完全归咎于并购时的缺乏远见，研究者仍然相信，有许多因素已经决定了，并购前或并购中的一些选择，注定了某些并购最终是失败的，可能是不会完成的，或者最终不能达成预期目标。这些失败因子如果密集存在于某些案例中，那么这些案例是不太可能成功的。

中国海外并购的历程算来只有二十年多一点，真正的活跃也是在2003年以后。海外并购的促因有很多种，其中有相当一部分是非市场因素。从前述第一部分中国海外并购近年来所呈现的特点来看，并购水平还处于初级阶段。许多考虑和并购的冲动都比较原始，如出于纵向考虑的对上游原材料企业的收购[1]、出于技术革新考虑的对持有知识产权企业的收购、出于借壳上市考虑的对当地壳公司的收购等。

尽管2008年以后受金融危机的影响，全球并购市场低迷，而中国海外并购却逆势上行，但并不意味着中国的海外并购成功率高于普遍水平。国际知名金融数据提供商Dealogic的数据显示，2009年中国企业跨境收购的失败率达12%，全球最高，2010年虽降至11%，却仍居全球首位[2]。

---

[1]　仅以2010年上半年为例，除中石化以46.5亿美元收购美国康菲石油拥有的加拿大油砂开采商股份外，还有16桩交易均属于采掘领域。

[2]　这一数字是针对已进入要约阶段的并购。

而美国和英国公司 2010 年从事海外收购的失败率仅为 2% 和 1%。除了在并购中的失败皆有据可查外，并购后的失败也开始引起关注。据德勤 2010 并购报告统计，超过 50% 的中国企业的海外并购交易未取得成功，无法达到增值的底线。此一数据充分表明海外并购交易非常复杂，而且失败节点并不限于并购中 ①。

如果按照前文所列并购后失败的标准，包括收益不能抵消收购溢价、未能达到预期绩效、市场占有率不升反降或未能如期上升、人事冲突频繁或管理层始终不稳定、工会罢工或抵触情绪严重等，那么中国企业海外并购的许多并购中成功的案例，必须被归类到并购后失败的行列。如 TCL 收购汤姆逊、上汽收购双龙、联想收购 IBM 等。而考虑到中国官方对海外并购所寄予的"先进的技术、成熟的品牌"等期望，大多并未实现。综合并购中或并购后的失败，有许多国际智库认为中国并购的成功率不足三成。②

中国海外并购的成功率不高，并不令人意外，因为当前阶段的中国海外并购确实集聚了许多失败因子。具体分析如表 5—12 所示。

表 5—12　中国海外并购的失败因子

	1	2	3	4	5	6
失败因子	非经济因素或敌意收购	过高溢价或被动出局	战略布局错误	虚荣假设	管理层的不当激励	政治与文化风险
失败节点	并购中或并购后	并购中或并购后	并购后	并购后	并购后	并购中或并购后

---

① 董伟：《海外并购"中国风"劲刮，并购额居全球第二》，《中华工商时报》2011 年 1 月 28 日。
② 全球跨国并购的成功率常态下仅在 20% 至 30% 间。据麦肯锡 2006 年的统计数据，1986—2006 年间全球大型企业兼并案中，真正取得预期效果的比例不到 50%，而中国 67% 的海外收购不成功。贝恩合伙人认为截至 2011 年中国海外并购的成功率不足 30%。

	1	2	3	4	5	6
中国的特点	对并购本身表现得比较迫切，特别看重对大企业或知名企业的并购	对国外市场不了解，并购技巧不成熟	全球化水平不高导致的全球战略经验不足	企业家存在对海外业绩的渴望与冒进问题	国有企业管理层决策错误负责机制缺位	中西文化差异和体制差异大
失败是否实际发生	有	有	有	有	有	有

1. 非经济因素考虑与敌意收购下造成的对海外并购项目本身的过度迫切性

有时候，需要迅速完成交易的压力，是事先计划和估计不完善或不准确的原因之一。如果在收购过程中收购者受到被收购者的抵制，或者存在其他收购者的竞争，这时的判断将更容易受到干扰。理论上，收购者对被收购行业越了解，就能越好地评估未来绩效假设的真实性。但是，如果收购者被其他非经济因素所驱动，他对溢价的接受度和协同效应的预期都会有凭空放大的危险。

中国政府从 1997 年开始提出"走出去"，并采取鼓励性政策措施推动企业的全球化，打造中国产的跨国公司。但这样自上而下推行的政策，难免会激励非市场化的行为。必须承认，打着为了"中国崛起"的旗号积极谋划跨国并购的，不在少数。除了政策激励外，前些年一窝蜂地寻找国外上市的壳资源，也使得许多壳资源的价格莫名暴涨。而这种对海外并购项目本身的过度迫切性，使得对收购溢价的敏感度下降，而对后续风险未能充分估计，并购中和并购后的失败率都很高。

中石油和中石化大概是近五年来跨国并购风头最健的企业之一，但是2011 年，中石油和中石化的经营现金流下降明显，2011 年 1—9 月，两家公司的经营现金流净值分别下降 13.3% 和 17.8%，因为太多的海外并购和投资占据了大量的现金流。在这样的资金压力下，2012 年年初三大石油公司又获得了 7 个海外项目的发改委核准。考虑到 2011 年全球石油公司利润增长大多超过 50% 的背景下三大国有石油公司才增长 10% 左右的背景，这样大规模持续性被"抄底"冲动所激励的海外投资和并购，具有多大的科学性和理智，以及并购后成功的概率有多高，可想而知。

2. 新手并购者容易支付过高溢价或被动出局

质疑高额溢价合理性的原因之一在于，溢价通常是事先支付的，而收益需要经过一段时间才能获取。实现这些收益所需的时间越长，收益现值就越低。此外，用于将协同效应收益转化为现值的折现率越高，高额溢价的合理性就越差。如果收购者预计相当长的一段时间之后才开始出现这些收益，例如收购者试图整合两个企业的文化，那么收益实现的时间必然会更长。如果收购者使用较高的折现率，并且／或者在接下来的一段时间之内预期到收益不能实现，那么就很难证明高额溢价的合理性。此外，溢价越高，合并后的企业实现高增长的协同效应的压力就越大。

大宗跨国并购交易过程中，需要出具和签署大量文件，所要走的程序是一环扣一环。即使只是对某个小细节双方不能达成一致，交易就无法向下一步推进。这几年中国企业在海外并购的道路上已经国际化了很多，但与老牌跨国公司相比，在许多细节上仍有不小差距，比如对于法律细节的认识和利用就是一例。现在的大宗并购很少以现金完成，大量的换股、增持、稀释、剥离和不同权益证券等资本工具的使用，使得并购成本很难准确把握。另外，对方所设立的许多合同条件和程序细节，多达数百页，并购又是在对方国土上发生的。中国企业在这些方面都只能称之为新手。

2011 年 11 月中海油持股 50% 的 Bridas 公司收购 BP 持股的阿根廷泛美能源案宣布失败，BP 认为是因为 Bridas 公司未能如期完成所有政府审批程序，而 Bridas 公司方面则认为是 BP 在交易和签字过程中故意留有余地，实际上是对合同价格有所反悔。但是除了定金外，中海油在此并购上已经花费的巨大人力和财力成本恐无法收回，因为从表面来看究竟是哪一方违约确实是有很大争议。

同样属于新手并购者没有考虑周全的失败案例，还有耗资 13.6 亿澳元、被称为中国第一宗成功的海外敌意收购的中国中钢集团公司中西部铁矿石项目。原因是西澳大利亚中西部地区港口、铁路等基础设施的所有权在其他公司手上，而中钢公司的钢铁成品运输成了问题，只好在 2011 年

第五章　国际直接投资新格局下中国引进外资与对外投资战略

249

紧急叫停生产。而实际上 2008 年收购时，正是因为与基础设施建设权争夺交错在一起，才使得中钢以超过市价 50%的溢价全股收购中西部铁矿。

3. 对资产、技术和业务的渴望，而缺乏全球战略布局的眼光

全球第五次并购高潮被称为战略并购，是在全球的舞台上重新配置生产要素，目标在资源、制造能力、市场、资本和管理重新整合。并购实施者必须具有对并购意图的准确定位，存在中长期规划。并购机遇的出现却具有偶然性或非计划性，在很多情况下过于仓促的战略布局和对机遇的过度执著，是造成失败的重要原因。

新的经济环境使战略性问题成为时代的主流，并购活动的核心在于用合理的代价找到一个既可行又可控的公司发展战略。最为流行的四个战略理论：麦金森公式、波士顿咨询集团模型、波特的五因素理论以及海默尔和普拉哈拉德的核心力理论，这些理论指导下的并购可能是为了购买强势竞争者、利润和市场占有率的增长、分散风险、创造市场或整合资源等。在近十年的兼并战略中，具有增长潜力的新型公司更受并购方青睐。

中国企业的海外并购很难看出有现代意义的战略布局，许多并购是应需而动，如能源行业并购，或者是应时而动，如对国外 IT 企业的并购。例如，上汽当年收购双龙，希望得到成熟品牌与技术，但事实上双龙的技术支持基本来自奔驰，其生产管理水平、研发能力和技术装备都没有比上汽好，上汽的战略规划是非常短见的。上汽为收购双龙付出了巨额投入，其收益还不如直接购买罗孚的一个平台。又如，即使是似乎为解决本国能源危机而在全球寻求油田机会，中国三大石油公司海外并购的企业的产品基本都是输送当地或国外，而与国内业务没有明显的互补功能。

4. 中国企业管理层身上符合虚荣假设

理查德·罗尔提出了收购动机中的一个有趣的假设——虚荣或者说收购企业管理者的骄傲可以作为一个考虑因素（Richard Roll, 1986）。虚荣假设意味着管理者可能会出于私人的动机进行并购，从而并购企业的经济收益并不是并购的唯一动机，甚至可能不是主要的动机。罗尔运用这一假设来解释为何在市场已经准确定价的情况下，管理者仍然愿意为所收购的企业支付溢价。

毫无疑问，中国媒体习惯于把大并购案，特别是对国外一些耳熟能详

的知名品牌的收购，与民族自豪感联系在一起，这是推动企业管理层虚荣心理的重要因素。当年，联想集团的柳传志、上汽集团的胡茂元、中海油的傅成玉、吉利的李书福，海外并购为他们个人戴上的光环，至今令人记忆犹新。在这样的国内环境和舆论导向下，中国企业管理层身上的虚荣假设在某种程度上是有迹可寻的。

5. 国有企业代理权制度的不完善造成的"有功无责"问题

与虚荣假设密切相关的一个并购理论是，企业管理者收购其他企业是为了扩大规模，从而使自己能够享受更高的报酬和收益。阿杰尔·科何拉和马克·增纳提出（Ajay Khorana and Mark Zenner,1988），在许多案例中，管理者会发现好的收购交易提高了报酬水平，而失败的交易对报酬情况没有正面影响。但是，私营企业的管理者仍然是需为并购承担风险的，一项失败的大交易可能造成管理者被解聘，这种情况下，管理人员在进行规模大或失败风险很大的并购时，都会特别小心，这可以制约管理人员的行为。

在中国国有企业身上，管理层因成功的并购获得嘉奖，却不为失败的并购承担相应的责任，这是一个很突出的问题，而这个问题的存在与国有企业所有者缺位的根本性问题是联系在一起的。迄今为止，有许多失败的海外并购案例，在决策当时其许多责任未得到全面清算。中国平安收购荷兰—比利时富通集团，8个月净亏157亿元；TCL并购汤姆逊，3年净亏40亿元；中投集团收购美国黑石集团，20亿美元不到一年缩水70%以上。这些亏损并未听到任何高层为此承担决策失误责任，更糟糕的是，大多数的交易国内信息非常不透明。

2011年6月27日，国资委对外公布了《中央企业境外国有资产监督管理暂行办法》和《中央企业境外国有产权管理暂行办法》，对央企境外国有资产监管制度作出了较为完整的规定，明确了央企是其境外国有资产管理的责任主体，其中对于境外企业管理失控、越权投资、内部控制和风险防范存在严重缺陷、未建立境外企业国有资产和产权监管制度，并造成国有资产损失的情况，国资委将按照法律、行政法规以及国有资产监督管理的有关规定，追究相关责任人的责任。如果这样的责任能落到实处或者至少看到严格执法的具体案例，或许能缓解海外并购决策中的代理权问题。

6. 不容忽视的对外来收购的政治与文化敌意。

大多数的并购可能产生的收益,是私人性的和经济性的,参与并购决策的主要力量是管理层和董事会,因此员工、社会和政府的作用除非被认为是极具否定性的,一般很少被认真考虑。但许多案例正好显示,文化冲突较为明显,或者被认为在当地会产生政治影响的大多数并购,其推进的难度和事后成功的难度都特别巨大。

2005 年中海油收购"尤尼科",2009 年中国西色国际收购美国金矿,2011 年中国华为收购美国三叶公司[①],都被美国外国投资委员会[②]以"含有威胁美国国家安全的因素"的理由挡在门外。除了正式审查外,一些媒体和议会的激烈反对就足以使并购破产,而这样的反对集中在政治体制的不同和国有企业的身份问题上。如 2001 年中远对美国长滩一个码头的收购,2009 年中国铝业对澳大利亚力拓等失败案例中都有这个因子。

除了国家安全审查以外,为了保护就业和当地经济秩序的稳定,有许多地方立法也对跨国并购设置了条件和障碍。美国现有的联邦和州反收购法中,遵守联邦法律的一些条款可能意味着违背某些州立法律。目前,美国国内有一系列互相矛盾的州立法律存在,其中的很多法律是一些公司发现自己成为潜在购买者的目标后向政府施加压力要求通过的。州立法机关承受着政治的压力,因为"外部入侵者"通常意味着大量工作机会的消失以及其他形式的社区支持的减少,比如地方性公司的慈善捐款(帕特里克A. 高根,2010)。

例如,美国亚利桑那、佛罗里达等州要求购买公司在购买超过目标公司流通股票总量某一百分比之前,必须获得目标公司股东的同意。如果现有的股权结构包括持有大量股票的群体,并且这一群体十分支持管理层,如员工持股,这条规定对并购就形成有力的障碍。另外,许多州立法要求出价方必

---

① 华为的此次收购已经是第三次失败,之前 2007 年试图收购 3com 公司、2011 年试图收购摩托罗拉,都受到政治因素的阻挠而宣告失败。

② 美国海外投资委员会是一个跨部门机构,1988 年,为了应对外国企业,主要是日本企业在美国的大范围收购,美国政府设立该机构,主动审查可能涉及"国家安全"的跨国投资。委员会由财政部牵头,成员包括:国务院、商务部、国防部、国土安全部、司法部、能源部以及白宫办事机构。通常参加会议的有 12 位内阁成员和总统顾问。

须以相同的条件购买剩余的所有流通股股票，这个规定限制了那些缺乏足够的资金来源进行 100% 收购的公司，同时也限制了杠杆收购行为。

另外，中国大型并购的主体多是国有企业，其面临的政治与文化风险要高于民营企业。中国企业文化也与西方主流企业文化存在一定差距，中国企业对此往往估计不足。上汽收购韩国双龙汽车的失败，最主要的原因就是对劳工问题虽有所察觉却过于自信，对文化差异的风险评估不足。上汽在收购前也制订了方案，包括给劳工涨工资等，但他们没有估计到韩国人的抵触心理有多强大。吉利收购沃尔沃后，至今仍未解决的最大问题也是劳工风险。吉利在收购沃尔沃时遇到了工会的抵制，抵制的结果是要求吉利承诺不能解雇员工，也不能调整管理层。中国企业投入了很多资金却无法掌控这个企业，这样收购的后续问题非常多。

三、中国企业"由并购得技术"战略中的障碍与问题

中国制造的商品长期受制于关键技术与品牌，企业多为代工加工，贸易量很大可是利润微薄。为了促进中国企业从价值链的低端向上移动，国家出台了一系列政策措施鼓励自主创新。但自主创新道路漫长，而且仍然有许多不确定因素。从 21 世纪初开始，中国企业开始探索"借由并购获得技术"的路径，如果这一路径能够成功，将以较快的速度、较低的风险突破技术瓶颈，提高在全球市场上的竞争力。

中国企业以技术为目的的海外并购市场主要是在欧洲和美国。这些国家拥有先进的技术、受到保护的知识产权、成熟的研发实力和现代的人才储备等。对这些国家的企业进行控股并购，理论上来看，能使得国内企业将所有这些优势因素一举收入囊内。因为更彻底和更完整，这样的路径似乎比购买或被授权使用某项技术更为理想。

但是这一路径其失败风险也很大。集中在这类并购中的失败因子特别突出的是两类：（1）并购时，遭遇的政策管控多，或社会敌意强烈。特别是近年来由于各发达国家对中国海外并购的警惕性提高，关键技术和敏感产业的并购屡受政府干扰；（2）因为过于看重技术而缺乏全局战略眼光。在并购完成后，发现对此类企业的判断有误，要么是被并购的企业无法摆脱困境，要么是发现该企业并不具有技术优势，盘活企业整合技术的道路

十分艰难。

第（2）项原因主要是个体原因，并且在一定程度上可以控制。随着中国企业海外并购经验的提升，这样的情况将会大幅改善。我们将重点分析第（1）项原因，这是外部原因，在某种意义上是企业应当警惕，但并不能完全管控的。

一般情况下，发达国家对并购，包括海外并购不会每案加以审查，但是对一些涉及关键技术或敏感领域，以及可能引起限制竞争后果的并购，则要求进行申报或主动审查。这样的审查和限制包括四类：国家安全审查、特定行业限制、技术禁运和反垄断审查。

1.国家安全审查

大多数国家，包括许多发达国家，对外来投资和并购都采取了"国家安全审查"的限制。这并不是一项针对每一交易的前置程序，而往往由某个政府部门根据情况，特别要求某项有嫌疑的交易必须提交审查。

投资和并购审查中所定义的"国家安全风险"包括：有组织的犯罪或恐怖分子对国家经济的渗透、国防所需的关键资源控制的丧失、法律实施的受阻和国家安全敏感地理位置或边境控制的丧失等。依据这样的标准，对能源、航天航空、通讯技术企业的大型并购，都很可能落入国家安全审查的范畴，而这些领域是中国海外并购的重点。

以美国为例，美国负责"国家安全审查"的部门是外国投资委员会（CFIUS），其依据埃克森—佛罗里奥修正案（针对1950年国防生产法的一项修订）对可能会导致外资控制美国企业的收购进行审查，确定其对国家安全的影响。此处所称"控制"，并不仅是全资控股或达到某一比例所有权，只要能有权"确定、支配或决定影响企业的重大事项"就是一种"控制"地位的表现。

该规定对外资收购美国企业10%以下表决权的交易实行审查豁免，但仅适用于"只为投资目的"的收购，即纯粹的消极投资。这意味着，如果是10%以上、50%控股权以下的交易，是否可能因为国家安全审查受到限制，仍然可能是不确定的。在华为对3Com的收购案中，虽然华为及3Com都曾表示华为对3Com将不会拥有运营控制权，也不会涉及敏感的技术领域。但华为仍被质疑与中国军方有联系，而最终未能通过CFIUS

强国策——中国开放型经济发展的国际战略

的审查。见表 5—13。

表 5—13　中国企业受阻于国家安全审查案例

年度	收购方	被收购方	美国官方原因	实际情况
2005	中国海洋石油总公司	尤尼科	美国国会议员联名上书、以"威胁国家安全"为由强烈反对,并威胁要制定修正案增加买方额外费用和风险,中海油被迫撤出竞购	"威胁国家安全"理由并不充分。尤尼科公司在北美的油田每天生产 7 万桶石油,5.77 亿立方英尺天然气,仅占美国每天石油消耗量的 0.3%,占天然气消耗量的 0.7%。
2009	华为、贝恩资本	3Com	因涉及作为国家基础设施的通信技术和网络设备,未通过安全审查	华为表示愿意放弃未来在董事会的权利,贝恩则表示愿出售 3Com 公司中敏感的网络安全方案(Tipping Point)部门,但还是遭到拒绝,理由是华为与中国军方的联系
2009	西色国际投资有限公司	Firstgold公司	美国政府以"靠近"军事基地、影响"国家安全"为由阻止	收购活动涉及的矿山离美国军事基地远,并且附近还有一些其他外国公司正在开采矿山
2010	唐山曹妃甸投资有限公司(TCIC)	安科(Emcore)	CFIUS 认为存在国家安全问题,TCIC 撤回收购	TCIC 与 Emcore 在申请前已经考虑到了美国政府可能的顾虑。所以,Emcore 的出售业务不包括卫星通信、军用光通信业务,只是普通的商业交易
2010	鞍山钢铁	在密西西比州合资新建钢板厂项目	引起国会钢铁核心小组和美国钢铁集团的强烈反对,交易被高度政治化	此投资是直接投资(绿地投资),不应受到 CFIUS 审查,并且鞍钢投资 1.75 亿美元,只占项目总额的 14%,且产量不到美国钢筋市场比例的 0.3%
2011	华为	三叶公司(3leaf)	美国认为华为收购举动似乎肯定会导致美国先进计算机技术转移到中国,给美国国家安全带来风险	实际上是在高科技产品领域,美国对中国一贯采取的封锁政策

除了埃克森—佛罗里奥修正案以外，美国的另一项重要授权来自于《1950 年国防生产法》第 721 条。依据该条，美国总统可以主动调查某项外商拟进行或正在进行的、可能会导致外国控制的并购对国家安全的影响，以及政府控制的外国实体进行的某些交易。若总统发现对国家安全造成威胁的可信证据，总统可以下令中止或禁止交易。

这一条被认为主要适用于涉及国防生产的产业，也包括服务于国防生产的上下游相关产业。尽管该条未对"国家安全"作出明确规定，但总统可以考虑以下因素：国家安全要求所需的国内生产；国内产业满足国家安全要求的能力；向恐怖主义国家出售军事设备的潜在影响；对影响国家安全领域的美国国际技术领导地位的潜在影响。

2007 年 7 月 26 日，布什总统签署了《2007 年外国投资和国家安全法 (The Foreign Investment and National Security Act of 2007，FINSA)》，该法扩大了安全审查的范围，并同时要求来自外国的"国有企业"的收购需要进行国家安全审查，并且审查更为严格。不只是美国，澳大利亚、加拿大、日本等国内法里都有对外国"国有企业"并购的特别限制。

这一规定对中国富有针对性，因为中国对外并购的主力仍然是大型国有企业。据杜威—路博律师事务所（Dewey & LeBoeuf LLP）所做的一份统计，自中海油收购尤尼科被否决后，2005—2009 年间有 10 起涉及美国石油行业企业的收购案却均被批准。FINSA 明确规定审查涉及外国国有企业的收购案的考虑因素，即要求考虑该外国政府与美国之间的外交一致性、在多边反恐、防止核扩散以及出口限制方面的政策一致性。而中海油失败的主要原因就是其中国国有企业的属性。

2. 特定行业的特别限制

除了对外资并购的国家安全审查的一般规定外，大多数国家对某些特定行业的外资并购，还规定了一些特别条件和程序。这些特定行业往往由政府专设部门进行条块管理，本身有一定的准入限制。它们或者关乎国计民生，或者关乎国家管理系统安全，或者关乎普遍服务。典型的包括航天航空、能源、农产品、金融、传媒、医疗卫生、公用事业等。

例如，澳大利亚 1975 年制定的《外国人收购和接管法》（Foreign Acquisitions and Take-overs Act, FATA）中规定，对矿产、金融、媒体等关键领域的外资并购实行项目申报和审批制。加拿大的《外国投资审查法》和《加拿大投资法》中对金融、能源、交通、新闻通讯等若干重点敏感产业的外资投资和并购要求提交审查。法国确定了包括航空航天、生物技术、密码技术、核能工业、国防工业、微电子工业、传输敏感数据的信息系统等十个关键领域的外资进入将会受到国家安全审查。

1989 年中国航空技术进出口公司（CATIC）收购美国玛姆科公司（MAMCO）的案件是由唯一一起由美国总统签署命令要求撤销收购的个案。CATIC 失败的主要原因有两个：国有企业的属性；航空技术的敏感性。CATIC 是中国航天工业部下属的进出口公司，是一家国有企业，美国一直担心收购成功，玛姆科公司会成为中国刺探美国高技术企业的情报基地。尽管玛姆科公司已濒临破产，美国政府仍然认为其涉及太多关乎国家安全的技术信息，而禁止了收购。

尽管在许多国家和地区，包括美国、欧洲等，都有专门的政府分管公用事业、交通、电信、银行、新闻等行业，经过 20 世纪 80、90 年代的准入开放的改革以后，涉及这些行业的并购，往往不再预设强制性的部门审查。对涉及这些行业的并购，包括外资并购，都与其他行业一样划入国家安全审查和反垄断审查的范围。

澳大利亚和新西兰政府就没有负责电信、电力等行业监管的专门机构，而将监管的权力交由反垄断执法机构。在澳大利亚，行业监管任务属于澳大利亚竞争与消费者委员会，委员会的下面设立了涉及电力、天然气、运输和电信等行业竞争问题的"监管事务局"。新西兰的商业委员会是一个独立的准司法机构。它除了执行竞争法，还执行新西兰 1998 年颁布的《电力改革法》、2001 年颁布的《电信法》和 2001 年颁布的《奶制品业重组法》，承担着对电力、电信和奶制品业的监管。

但是，行业主管部门的意见对国家安全审查和反垄断审查仍然具有很大的影响力。如果行业主管部门出于维护本国产业发展的考虑，而对某项外资并购坚决反对，这样的意见往往会最终促使该项并购不能通过国家安全审查或反垄断审查。这种出于部门利益考虑的政府干预有别于强制审查程序，但仍然可能构成外资并购的重大障碍。

即使不属于法律规定要求申报和审查的特殊行业的并购，也有可能因为该产业对该国家的重要意义而受到政府干预。2009年7月，北汽控股出价6.6亿欧元（约合人民币63亿元）打算收购德国的欧宝汽车公司，其报价远远超过了竞争对手加拿大的麦格纳公司。德国政府却以损害汽车产业的长远利益为由对此表示反对，并且以取消政府对欧宝的财政援助相威胁，最终，欧宝不得不放弃与北汽的合作机会，而转投麦格纳的旗下。

3. 技术禁运

技术禁运基本上是一个政治问题，所以其范围、强度和实施力度与两国之间当时的关系和国际局势直接相关。美国对华技术禁运源起于1949年的《出口控制法》，六十多年实施下来，除了清单变化外，态度并未有明显改变。除了军用设备外，近年来对于软件和机械设备的高新技术转移的管制特别严厉。

2006年夏天，美国商务部推出一项新政策草案，要求对"可能促进中国军事现代化"的一些限制出口产品实行许可证制度。以往不受出口限制的、既可以用于军事用途也可以用于民用的部分高科技产品，如高性能计算机和加密产品，也进入限制列表。美国商务部在声明中说，这些产品的清单是商务部、国防部和国务院的专家共同拟定的，清单上的产品具有潜在的军事用途，不是国际市场上广泛流通的产品。

同样，欧盟对华技术禁运从"巴黎统筹委员会"开始，也有半个多世纪的历史，近二十年来又有"瓦森纳协定"和"欧盟1334号法令"，对华技术出口依然铁板一块，未见松动。欧盟各成员国也有各自的清单，分列"完全禁运"、"限制出口"或者"强制申报"等项目，条目众多，非常复杂。

就目前看来，即使是完全民用的高新技术也可能对华禁运。包括电子信息、新材料、新能源、激光传感、航空制造、船舶和开采设备等，都属于对华禁止出口的范畴。即使是一些已经过时的技术，只要是对华出口往往也要受到层层审查和设限，西方国家非常担心中国企业的"学习能力"。

技术禁运问题并不与海外并购直接相关，技术禁运意味着任何可能获得某项被禁运的关键技术的出口交易，无论是协议转让、授权使用或收购，都被政府一律禁止。因此，如果一项来自中国企业的收购涉及被禁运的技术，如并购对象持有被禁运的技术，即使并购协议中特别注明不包括此项技术的转让或授权使用，仍然可能遭到阻止。希望通过并购获得某些被禁运的技术更是完全行不通的。

4. 反垄断审查

美国、欧洲、日本等大多数发达国家和地区都对并购设有反垄断审查制度。目前反垄断审查的方式有两种：一是美国和欧盟等国家和地区采用的前置审查方式，要求达到一定门槛规模以上的并购必须在完成前申报竞争管理机构进行审查，排除限制竞争嫌疑后方可继续；二是澳大利亚采用的自愿申报模式，不设门槛，交易可以自主进行，但其间政府可以主动介入调查并决定是否制止，企业也可以选择主动申报以免交易完成后再被分拆。

对于判断一项将进行的并购行为是否应当受到禁止，各国主要采用两个标准：是否严重地削弱竞争；是否取得或加强垄断地位。这两个标准实际上有时是一致的，有时却可能得出不同的结论。比如说，可能实质性地削弱竞争的并购不一定会产生垄断地位。虽然加强垄断地位的横向并购一般来说会同时削弱竞争，但纵向并购、混合并购往往并不会限制某一行业的竞争。但是，2004年新的欧共体兼并规则也转向强调并购对竞争的阻碍，而把垄断地位作为一个附从考虑因素，反映了国际社会在并购规制标准上的趋同倾向。

美国1976年的《哈特—斯科特—罗蒂诺反托拉斯促进法》(简称《HSR法》) 规定，可能达到某一特定规模底限的兼并与收购行为，必须事先通知司法部或贸易委员会。这使得政府在计划兼并与收购时即可介入，制止可能限制竞争的兼并与收购，避免一旦兼并与收购完成后再行拆分可能造成的巨大资源浪费。欧洲理事会1990年第4064/89号规则也作出了相似的规定，要求共同体范围内达到一定规模的兼并案必须向欧委会通报，在获得准许（Clear）后才能继续。当然也有一些国家如澳大利亚等采用的是事后监控，而不要求当事人事前备案。

反垄断审查只针对一项并购对竞争的影响，最重要的几个认定指标包括产品市场界定、地理市场界定、集中度、市场份额、市场进入难易度等。以1992年由美国司法部和联邦贸易委员会联合颁布的《横向兼并指南》（1997 年修改）为例，其规定审查一项横向兼并 ① 是否合法时分析框架包括：界定相关产品市场和地理市场，明确相关市场中的竞争公司；使用赫芬达尔·赫兹曼指数（HHI）标准 ② 衡量相关市场的集中度；评测新竞争者进入相关市场的难易度；考虑市场的集中度和其他特点，评测该项兼并将对市场产生的影响；考虑该项兼并将带来的不可替代的显著效益。必须肯定的是，大多数国家兼并审查的基本考量因素都是相似的。

反垄断审查对外资和内资并购基本上是一致的。如果一项并购涉及核心技术，而这一核心技术可以帮助收购者获得垄断地位或加强垄断地位，那么它很可能会被竞争管理机构禁止。这种情况可能存在于横向并购或对原市场主导企业的并购中，这时竞争管理机构可能更关注的是市场垄断地位的变化，是否涉及技术转让可能是预测是否有垄断地位的重要指标，但竞争管理机构的审查重点不在技术。这是反垄断审查与国家安全审查的重要区别。

例如，1996 年中集集团对荷兰博格公司的收购，就受到欧盟委员会的反垄断审查。欧盟委员会最初担心这宗收购案可能会引发罐式集装箱领域出现垄断。由于这两家公司是世界上最大的两家液态集装箱生产商，而且目前仅有一家规模较小的竞争对手，欧盟委员会必须确保这宗收购案不会对诸如集装箱租赁公司和物流企业等客户造成"有害的后果"，并确保最终不会影响化学和食品工业的利益。

博格拥有如道路运输车辆领域中 Burg／LAG、罐式车辆领域中的 Hobur 和 Eurotank、罐箱领域中的 LAG 等知名品牌，还包括专用静态储罐和罐式码头设备的 Holvrieka 品牌，在欧洲市场占有重要的市场地位。而中集集团虽然在干货集装箱领域拥有绝对的控制力，但是由于技术含量较低，竞争日趋激烈，中集收购博格就是考虑向技术含量高、利润率高的特种集装箱市场发展。中集集团最终向欧盟委员会证明由于产品与技术上的差别，此次并购是一种市场与技术的互补，而不存垄断地位的加强，这一理由得到接受，并购最终被欧盟委员会放行。

---

① 实际上，纵向兼并和多元跨业兼并（Conglomerate mergers）的案例近些年来较少，也很少受到禁止，这两种兼并对竞争的限制被认为远小于横向兼并。

② HHI 越高说明市场集中度越高，那么就更有可能判定存在或可能形成垄断。

综上所述，中国企业希望"由并购得技术"，除了自身不能犯 TCL、上汽那样的战略错误外，还必须迈过层层关卡。以对美国企业的并购为例，可能首先要通过国家安全审查，如果收购对象持有被禁运的技术或敏感技术，那么并购一般会被禁止；如果通过国家安全审查，可能还会受到州议会和立法的阻碍，或者行业主管部门的干预；除此之外，横向的并购还有可能要接受反垄断审查。

在这一层层的审查中，企业往往必须不断地给出承诺和条件以通过所有关卡，最后会发现投入巨额、花费时日完成的收购，却不能染指关键技术。从这种意义上来说，"由并购得技术"这一曲线的弧度实在太大，风险更是巨大。特别是，在金融危机促成的民族自救浪潮中，有其他国家国有背景的外来收购者常常遭遇抵触情绪。

四、中国海外并购战略优化升级的战略与对策

2008 年以后，全球经济形势并不乐观，在市场萧条的情况下大规模地进行海外并购，虽然有"抄底"的可能，但并购后亏损的概率也更高。2011 年年底国务院国资委发布了《关于 2012 年中央企业开展全面风险管理工作有关事项的通知》，特别提出当前主权债务危机蔓延、地缘政治更趋复杂、国际贸易保护主义持续升温，国际市场竞争更趋激烈，海外并购环境复杂。

在这样的背景下，2012 年前两个月，中国企业海外并购有 15 起，占并购总案例数的 13%；披露金额的 13 起并购案例交易总金额达到 62.31 亿美元，占并购总金额的 65.7%。这样的热度令人心生疑虑。必须承认，在全球并购处于低潮的时候，中国的海外并购正是大热。能源与重型机械行业的并购都是大宗并购，主体基本都是国有企业，大量采用控股并购，其资金实力不容小觑。

但这样的并购主体、并购规模和比较敏感的并购对象，引起了许多质疑和反感。并购中的分歧、矛盾和斗争，是并购活动的常态。但过多集聚了一些不良因素的并购，失败率就比较高。目前中国的对外并购中存在对海外项目的扭曲需求、对市场不熟悉的过高溢价、并购战略落后、管理层虚荣倾向与责任机制缺位以及政治和文化方面的不利等失败因子。这些因

子导致了并购中与并购后的许多失败案例。

有学者曾经提出："中国的并购与西方的共同之处，是30年代的基础，有60年代的手法，操90年代的眼光。……但并购操作的手法基本处于多元化集团的组织与整理，更专注管理职能和控制权力的把握或转移，对于企业核心竞争力和产业价值链的形成还是处于讲故事阶段。"①

从工业革命以后，公司并购带来的经济增长一直是全球经济史的重要组成部分，到20世纪90年代，有人提出：或许我们正面临着一个后工业化时代：芯片、服务和超级能源统治的世界（布鲁斯·瓦瑟斯坦，2000）。而通过海外并购，中国经济迈向后工业化时代的时机是有可能提前的。这是海外并购的重大意义。

在促进并购的结构性作用力中，当下金融危机是最主要的影响力，当然领导者的地位以及对规模的追求，也在中国的海外并购案中发挥着作用。但是，并购活动已经变得越来越复杂，机构投资者的加入、更多融资工具和议价工具的使用、证券法条件的繁复、法院和政府的摇摆不定以及经济前景的不明朗，都加大了目前海外并购的风险。

综合前面，中国海外并购的优化升级应当从以下几方面着手：

1. 海外并购首先应当是企业行为，国家战略的具体落实应当尊重企业的意愿，应当重视市场和企业自身的条件和情况

中国"走出去"战略是党中央、国务院根据经济全球化新形势和国民经济发展的内在需要作出的重大决策，是发展开放型经济、全面提高对外开放水平的重大举措。但是，在落实这一重大战略时，应当注意因势利导、循序渐进，防止"一窝蜂"和"拍脑袋"等急功近利做法。

目前欧美金融危机确实提供了一些海外并购的机会，许多国外知名企业纷纷落马，其品牌、技术和市场都十分诱人。但面对这些千载难逢的机会时，中国企业也必须首先审视宏观和微观两方面的客观条件。宏观上经济复苏的难度、微观上目标企业的情况和自身的条件，都应当是企业在进行并购决策时首先应当考虑的因素。相对应地，政府的支持和鼓励应当是

---

① ［美］查尔斯·盖斯特著：《百年并购——20世纪的美国并购和产业发展》，黄一义等译，人民邮电出版社2006年版，王巍前言代序。

辅助性的。

2. 尽量避免个案中包含太多失败因子，减少决策失误

中国企业被批评最多的策略失误包括这样几种：（1）缺乏全局性的、前瞻性的战略，表现为比较明显的跟风式的机会主义作法；（2）对于目标所在市场的消费者、竞争对手、分销渠道结构和政策环境，他们很少有深刻的认识；（3）管理经验有限，低估了企业文化融合的难度；（4）选择对象缺乏眼光，对收购的亏损和破产企业能产生多大的协同效应心中无数。简单来说，中国企业多关注并购本身的成败，而在并购决策当时并未慎重考虑未来的发展，而并购案的成败与否真正要看五年至十年以后的收益。

所以，必须从以下几方面着手以减少决策失误：（1）并购前加强对对方企业和市场的充分调研，重视前瞻式判断，避免"抄底心理"导致的过高溢价和无谓投资；（2）加强对国有企业和管理者投资决策责任的监督，加强国有资产管理，对于冒进的、一言堂式的投资决策，要有明确的事后责任予以管束和惩戒；（3）投资软环境，特别是政治、文化、法律环境，仍然是向新兴市场体和发展中国家并购中特别要注意考虑的风险；（4）对并购的绩效考核和评判应当放到五到十年后，避免在某一并购完成当时即予肯定、褒奖和宣传。

3. 正视海外并购背后的其他扭曲促因，引导海外并购良性发展

作为发展中国家，中国目前的对外投资规模和并购脚步已经非常惊人。其背后的主要原因之一是我国长期存在的金融抑制政策——利率被压低，资金被集中在小部分企业手中。我国庞大的外汇储备就是政策扭曲的一个结果，而国有企业在对外投资和并购中占据主导地位，这一点与出口结构完全不同。"中国要买下世界"，已经是西方指责中国"不公平竞争"的一种新说法。

无论如何，我们必须避免对规模和数目的追求。投资和并购的中长期回报指标，应当成为并购前和并购后都需要重点考虑和监察的对象。为了达到这个目标，对海外并购中的资金来源、运作模式、恶性竞争、非市场化行为等都应当加大督查和保持警觉。如果说，央企在并购失败案例中要加强"自我诊断"，政府在推动和引导"走出去战略"中也应当加强"自我诊断"。

4. 认识"由并购得技术战略"的难度，在并购个案中尽量淡化政治色彩

必须提及的是中国企业曲线救国式的"由并购得技术战略"的可行性问题。考虑到西方发达国家对华技术禁运的数十年强硬态度，学界和商界都一直在探讨和摸索是否可能通过收购外国企业而获得关键技术的道路。从逻辑上来看，控股式的收购应当能获得对方的技术。实践中也有许多成功案例，如均胜收购德国普锐汽车零部件制造企业、中联重科收购意大利CIFA等。但失败案例也不少，被国家安全审查挡在门外的国有企业收购占大多数。

尽管鉴于已有的实践，国际上开始有这样的呼声："防止并购控制的政治化"、"将政治从并购审查中剔除出去"，但收效甚微，金融危机时这样的呼声更是完全被淡忘了。为什么中国企业不能"由并购得技术"？这已经不是一个经济学或法学的命题了，而涉及敏感的政治。当然，中国国有企业也并非没有改善的途径。以国有控股企业直接对外收购，如果能够换成以下属上市公司或参股企业的名义对外并购，显然会淡化政治色彩。

可以预测，中国的海外并购如大多数国家的并购历史一样，也将经历周期性波动。在并购周期的顶点将出现过度扩张行为，这会引起资金链的断裂，将是十分危险的。但是，具体到个案中，像一切经济活动一样，成功的并购需要锲而不舍的研究、关注细节问题以及有效的领导。

第六章　亚洲经济结构变化与中国地区经济合作战略

　　金融危机以来，在全球经济发展格局大调整的背景下，亚洲继续成为引领世界经济增长的"火车头"，亚洲区域经济合作亦呈现出多层次、多样化的发展格局。然而，TPP 与美国重返亚洲战略以及南海纷争的不断升级，使得亚洲现有的区域经济合作进程面临着严峻的挑战。应该指出的是，中国经济崛起在拉动周边国家经济发展的同时，也引起了某些国家的"疑虑"。因此，如何在巩固和发展现有区域经济合作成果的基础上，更好地协调中国与周边国家的双边和多边关系，从而共享发展机遇，实现互利共赢，是亚洲包括中国在内的所有国家都需要认真思考的问题。对中国而言，准确把握亚洲区域经济合作发展的趋势，采取切实可行的对策措施营造一个稳定的周边环境，对于能否有效应对美国的"重返亚洲"战略，保持中国经济持续稳定的发展，推动地区合作具有十分重要的意义。

第一节　亚洲区域经济合作格局变化与中国面临的挑战

　　亚洲是世界率先走出金融危机阴影、经济恢复增长最快的地区，而中国又是亚洲经济增长的动力之源，2010 年中国超越日本成为亚洲第一大经济体，仅次于美国的世界第二大经济体。与此同时，亚洲区域经济合作的机制化建设也取得了积极的进展，尤其是中日韩自贸区谈判的正式开启，亚洲三个最大经济体的紧密合作终于迈出了重要的一步，使人们看到了亚洲区域经济一体化发展的曙光。然而，中国经济的崛起为亚洲乃至推动世界经济的发展作出了很大的贡献，也引起了周边国家不必要的担忧。美国和俄罗斯参与东亚峰会，美国高调"重返亚洲"以及TPP的实施，将使亚洲区域经济合作的现有格局发生重大变化。域内外大国的参与，使亚洲区域经济合作的环境变得更加复杂。

一、危机后亚洲区域经济合作发展的基本格局

进入21世纪以来，亚洲经济的高速增长令全球瞩目，尤其是国际金融危机之后，以中国经济增长为特征的亚洲经济已经成为全球经济增长的火车头；亚洲经济已形成多边化、多样化的发展格局，而美、俄介入使东亚合作的界域进一步泛化。可喜的是经过多年的积极努力，中日韩经济合作取得突破性进展。此外，在美国的极力推动下，沉寂多年的亚太自由贸易区（FTAAP）再次成为APEC会议的热门话题（2010年横滨会议强调采取具体措施实现亚太自由贸易区）。这一切对中国既形成了机遇也构成了挑战。

1. 中国与亚洲仍将是全球经济复苏与增长的动力之源

亚洲是全球率先走出危机阴影且经济增长最快的地区。根据OECD的预测，2010年OECD国家的平均增长率为2.8%，通货膨胀率为1.8%，而失业率则高达8.3%。相比之下，2010年亚洲经济（不包括日本）的平均增速可以达到8.2%—9.4%，相当于OECD国家的三倍。根据IMF经济学家对1970年以来影响21个发达国家经济的83次危机所进行的研究显示：在正常危机后的2年间，经济增速平均为3.7%。而此次危机以来经济增速仅为2.4%。美国的情况略好于平均数。

近期由于受发达国家主权债务危机的影响，全球投资者、消费者的信心受到严重打击。根据OECD的最新评估，美、日、欧三大经济体的平均增长率从2010年的3.1%下降到2011年的1.9%，2012年将进一步下降到1.6%；全球经济增长率从2010年的5.0%下降到2011年3.8%与

2012 年的 3.4%。[①]

尽管已走出金融危机阴影的亚洲经济亦受到发达国家主权债务危机的诸多负面影响，经济增速不得不放缓，但不论与发达国家相比，还是与其他发展中国家相比，亚洲尤其是亚洲新兴经济体的增速仍将是全球最高的，根据 OECD 预测，2012 年，全球经济增长率为 3.4%，中国、韩国和印度尼西亚的经济增长率分别为 8.5%、3.8% 和 6.1%，亚洲将继续充当全球经济的"火车头"。

应该指出的是，在亚洲经济中，2010 年的一个标志性事件是中国经济规模超过日本，成为区域内最大的经济体和全球第二大经济体。鉴于东亚国家生产网络的格局，中国已成为多数亚洲国家最重要的出口市场，并且一直呈现贸易逆差趋势，因而中国经济是亚洲经济最重要的拉动者。

自国际金融危机爆发以来，至少对于亚洲经济而言，中国经济的强大需求弥补了美欧经济消费需求不足所留下的缺口。在这种意义上，中国经济高速增长既是亚洲经济高速增长的组成部分，又是亚洲经济高速增长的动力所在。未来亚洲经济的增长速度在很大程度上将取决于中国经济的增长速度。

2. 亚洲区域经济合作呈现多层次、多样化发展格局

经过 10 年的发展，东亚区域经济合作已经呈现出多层次、多样化的发展局面。但就区域经济一体化组织而言，在严格的东亚范围内，除东盟自由贸易区外，均为双边自由贸易协定。目前东亚区域内主要有 4 种经贸安排：表明东盟自身发展与合作的"10"、代表整个东亚范围对话与合作的"10＋3"、标志着东盟分别与中日韩进行对话与合作的"10＋1"和中日韩之间对话与合作的"3"。东亚合作已经形成了领导人会议、部长级会议和工作层会议等合作机制，以谋求多层面、多领域的合作。在东亚区域合作的整体框架中，作为东盟峰会、"10＋3"峰会后续会议的东亚峰会，是供各国领导人就战略、政治、经济等共同关心的问题交换意见的、开放的、包容的、透明的论坛，虚多于实，言多于行，只能是重要的补充；更专注于具体层面的合作、更多具有实质性内涵的"10＋1"则为整体实践

---

① OECD, Economic Outlook, No.89, November, 2011, pp.102-108.

的基础；"10＋3"发挥主渠道作用，"被认为是亚洲地区的发展方向和振兴的重要标志"①。

此外，东亚经济的快速发展和区域合作的高度活跃，吸引了周边地区的许多国家。印度、巴基斯坦、澳大利亚、新西兰、俄罗斯等国纷纷要求加入东亚合作进程。东盟以三条标准"录取"了印度、澳大利亚、新西兰三国②，与中、日、韩共同组成16国东亚峰会（"10＋6"）。东亚峰会的成员组成已超出东亚地域范围，虽然它与每年的东盟峰会、"10＋3"峰会同时举行，但性质有所不同。2011年11月又接纳美国、俄罗斯，从而使东亚峰会的规模扩大到18个国家（"10＋8"）。东亚峰会是一个跨区域的合作论坛，其目的是推动成员之间的经济贸易合作，而今后的发展方向仍有待商讨，例如，东亚峰会与"10＋3"的关系如何？要不要以及能不能建立包括18个成员在内的跨地区自由贸易区甚至经济共同体？东亚峰会是否应成为东亚合作进程的一个组成部分，等等。但很明显，除日本外，目前东亚多数成员认为，东亚合作仍应以"10＋3"为主渠道，以东盟为主导。东亚峰会的定位只是"战略论坛"。显然，东亚合作进程应当是东亚"10＋3"合作引领东亚峰会的发展方向而不是相反。③

3. 中日韩合作虽有突破，但仍阻力重重

中日韩三国人口占东亚74%、世界22%，经济总量占东亚90%、世界20%，贸易总量占东亚70%、世界20%。可见中日韩三国在整个东亚区域经济合作中具有举足轻重的影响，三国合作的进一步推进不仅有利于增强三国经济增长的内生动力和可持续性，而且在很大程度上决定着东亚合作的未来走向，进而对世界经济发展产生影响。

自2008年12月，中日韩领导人首次单独首脑峰会在日本福冈举行（"10＋3"框架外）以来，中日韩合作机制化进程取得了突破性进展。2012年5月，第五次中日韩领导人会议在北京举行，三国同意年内启动

---

① 新华网：《东盟与中日韩（10＋3）领导人会议》，2002年10月25日。
② 三条标准是：1）必须是东盟的对话伙伴；2）必须加入《东南亚友好合作条约》；3）必须与东盟有实质性关系。
③ 陆建人："东亚合作的新进展、新机遇和新挑战"，东亚区域经济合作系列学术研讨会，2007年12月，上海。

中日韩自贸区谈判，这是一个重大的战略决定，它标志着中日韩合作机制化建设正式启动。

从理论上讲，中日韩的区域内经济合作具有巨大的合作空间和潜在收益。中国拥有丰富而相对廉价的人力资源，日本和韩国在知识、技术资源方面具有比较优势。资源禀赋的差异有利于三国通过相互贸易和产业分工获得比较利益。事实上过去 10 年，中日韩双边经贸往来获得了很大的发展。就三国的双边贸易而言，日本是中国仅次于美国、欧盟的第三大出口市场和第一大进口来源国，同时也是韩国第二大贸易伙伴和第一大投资国。韩国是中国第三大贸易伙伴并保持着日本第三大出口市场和进口来源地的地位。2000—2008 年，中日双边贸易额保持了年均 14% 的增长率。2008 年，两国贸易额达到 2667.3 亿美元，是 2000 年的 2.73 倍。在三国中，韩国的区域内贸易增长速度最快。2000—2004 年，韩日双边贸易额基本稳定在 500 亿—600 亿美元之间，其中 2001 年和 2002 年下滑至不足 450 亿美元。2005 年以后，韩日双边贸易额稳步增长，但始终徘徊在 700 亿—900 亿美元的水平上。与此相对，中韩双边贸易一直保持高速增长的势头。2000 年，两国贸易额仅为 312.5 亿美元。到了 2003 年，中韩双边贸易额达到 570.2 亿美元，并超过了同期的韩日贸易额。2005 年，中韩双边贸易额突破千亿美元，并于 2008 年达到历史最高值 1860.7 亿美元。

然而时至今日，虽然身处当今世界经济与贸易最活跃的地区，中日韩之间的双边贸易也不断增加，但三者之间的经济合作为何仍处于较为松散的状态，到目前为止还未形成行之有效的合作机制？究其原因主要是因为历史问题、领土、领海主权争议等问题，而导致缺乏地区认同感，政治互信度低。很显然，着重制度性安排的缺失与三国在全球和区域经济中的地位极不相称，也不利于三国未来经济合作的发展与深化。但如果上述问题得不到有效的缓解，中日韩区域合作的机制化进程必将阻力重重。

4. 美俄参与东亚峰会，正式介入东亚合作机制

2011 年 11 月 19 日，美国和俄罗斯正式参与东亚峰会，标志着亚太区两个大国正式介入东亚合作机制建设，标志着东亚区域合作机制已成为域内外大国博弈的平台，从而使东亚区域合作的域界更加模糊、泛化，亦更趋复杂化。

作为亚太区两个重要的大国，美国与俄罗斯不仅与东亚有着悠久的历史渊源，同时，在东亚存在着复杂的政治、经济和安全利益。对于20世纪90年代至21世纪初飞速发展的东亚区域合作进程，美国和俄罗斯一直保持关注。

地理上美国尽管不是东亚国家，但却是影响东亚地区政治、经济和安全事态发展最为重要的外部因素。对东亚区域合作进程，美国的基本态度是：只要（东亚）区域合作机制及其进程不足以对美国利益，特别是美国与盟友的双边同盟和安全体系构成威胁，美国就选择观望态度；反之，美国就会强力干预这一进程。例如，20世纪90年代，美国先后将马来西亚的"东亚经济圈"和日本的"东亚货币基金"倡议扼杀在摇篮之中。对于东亚国家主倡发起的地区多边合作机制，美国也是表露出轻慢的态度。尽管如此，美国从未明确宣布不参加任何形式的东亚合作进程或合作机制。这为以后美国作出相关战略调整留下了余地。

地缘上俄罗斯有2/3的国土在亚洲，其远东地区连接中国和朝鲜，邻近日本，1000余千米海岸线面向东方。因此，无论在地缘政治还是地缘经济意义上，俄罗斯与东亚均有关联。自本世纪初普京执政后，走上复兴之路的俄罗斯对参与事务显现出浓厚的兴趣。尽管自2005年俄罗斯以观察员身份参与首届东亚峰会后长时间内被拒于东亚峰会的"大门"之外，俄罗斯始终未放弃加入东亚峰会的努力。

2010年7月在越南河内举行的第16次东盟外长会议通过决议，决定正式邀请美国和俄罗斯参加东亚峰会。东亚的权力版图至此似乎开始重新绘制。应该说，美、俄参加东亚峰会是地区经济、政治与安全形势发展和美、俄东亚战略调整的必然结果。美、俄的介入不仅将直接影响东亚的合作进程、地区安全形势，对于中国的崛起及未来的东亚区域治理也将产生影响。

当然，制衡中国，防范中国在东亚事务中确立支配地位也是美俄选择加入东亚峰会的重要动因之一，更是东盟国家希望看到的结果。可以预见，美国或俄罗斯在未来东亚峰会的制度设计和议程设置方面不会选择消极无为，这必然对中国在东亚峰会中的参与力、贡献力和影响力构成限制和冲击。

毫无疑问，在东亚区域合作机制化发展进程中，中国正面临新的挑战和机遇。如果中国因美俄参与而选择"淡出"东亚峰会，只会削弱中国在东亚的地位和影响力。因此，保持对东亚峰会积极而又策略的参与，仍将是中国的最佳选择。

5. 亚太自由贸易区（FTAAP）被重新提上议事日程

APEC 自 1994 年提出旨在实现亚太地区贸易投资自由化的茂物目标后，建立亚太自由贸易区便成为成员们的共同期待。但这条道路走的相当曲折而漫长，直到 2004 年加拿大工商界呼吁成立 FTAAP，才揭开亚太经济一体化的序幕。2006 年在美国的要求下，建立 FTAAP 被写入《河内宣言》。但此后几年 FTAAP 一直处于纸上谈兵状态，未见实质进展。与此形成鲜明对照的是，由东亚成员推动的"10＋3"、"10＋6"机制发展迅速，并提出了成立东亚自由贸易区、建立东亚共同体的目标，出现了东亚一体化进程领先亚太一体化进程的局面。然而由于中、日和东盟在东亚一体化的路径选择上发生了分歧，使东亚一体化的发展势头受到了影响。中国主张通过"10＋3"机制实现东亚自由贸易区目标，而日本却主张用"10＋6"来取代"10＋3"，搞扩大版的"东亚自由贸易区"。之后，东盟的态度也发生变化，转而支持日本的立场，从而使"东亚自由贸易区"的谈判迟迟未能启动，"东亚共同体"的倡议也因此被束之高阁，东亚对亚太一体化的推力则大为减弱。

在上述背景下，随着世界经济的发展变化，特别是金融危机后，在美国高调重返亚洲推动下，亚太一体化进程出现突破，亚太自由贸易区再次被提上议事日程。如 2010 年横滨《领导人宣言》强调采取具体措施实现亚太自由贸易区（FTAAP），力图借助"10＋3"、"10＋6"、TPP（跨太平洋战略经济伙伴协定）等业已存在的合作机制，逐步建设 FTAAP，为区域经济一体化注入新动力。由此可见，FTAAP 已不再仅仅是纸上谈兵的话题。当然鉴于 APEC 成员的多样性，就目前而言，整体过渡到 FTAAP 的难度较大，还只能是一个长期目标，需要长期的不懈努力；但这一目标的确立，可在一定程度上重聚人心，推动茂物目标和贸易投资自由化便利化的实现。应"在不同层次不同范围、通过多种途径"循序渐进地推进 FTAAP。

尽管美国是 FTAAP 的极力推动者，且试图通过推动 TPP 来实现 FTAAP，从而成为亚太一体化进程的主导者。但应该指出的是，亚太地区是中国对外经济贸易的重要依托，大约 70% 的对外贸易、70% 以上的外国直接投资来自 APEC 成员；APEC 所倡导的"平衡、包容、可持续、创新、安全"的增长战略，与中国"建设和谐亚太"的主张和正在进行的转变经济发展方式有相通之处，加快区域经济一体化符合中国的根本利益。中国应积极参与到 FTAAP 的未来建构之中，主动把握其范围和进程。

二、TPP 与美国重返亚洲战略对亚洲区域经济合作的影响

自 2009 年 7 月美国国务卿希拉里宣布重返亚洲战略以来，美国已经迈出了实质性的步伐。在政治安全领域，美国强化了与日本、韩国、菲律宾、泰国、澳大利亚的军事同盟关系的同时，与俄罗斯一道首次参加了东亚峰会，完成了其机制上的回归。在经济领域，美国与其他 8 个国家在 2011 年 11 月举行的 APEC 夏威夷峰会上正式确定了跨太平洋经济伙伴关系协定（TPP）的框架。

奥巴马政府重返亚洲战略的核心目标是确立美国在亚洲的领导权。这一战略背后的动机是双重的：一是要分享亚洲经济高速增长的成果。面对经济增速高于全球平均水平一倍的亚洲经济，美国的选择是很自然的。二是要遏制中国经济的迅速崛起。当中国成为世界第二大经济体时，防止在亚洲形成以中国为核心的排他性区域经济合作框架是美国必然的选择。与此相对应，中国崛起在客观上导致了亚洲国家心态失衡，他们希望引入区域外大国，对中国地位的提升加以制衡。这为美国重返亚洲创造了条件。无论是对亚洲还是对中国的周边环境，美国重返亚洲所可能带来的影响是深远的。

跨太平洋伙伴关系协定（TPP）是美国"回归亚太"战略的重要组成部分，其动机既有经济又有政治方面的考虑，其中遏制中国崛起是一个不容否认的目标。以 2011 年亚太经合组织（APEC）峰会为标志，TPP 已进入实质性谈判阶段。其未来的发展前景很大程度上将取决于日本及其他东亚国家的立场，至于美国所宣称的亚太自由贸易区协定（FTAAP）现阶段基本上是一个没有实际意义的符号。一旦 TPP 成为现实，APEC 首当

其冲将可能会被架空。对中国而言，被排除在 TPP 之外不仅意味着将受到"排他性效应"的冲击，而且过去 10 年中国所致力推动的东亚区域经济合作进程有可能因此而发生逆转，这将是中国崛起过程中面临的一次重大挑战。

1. 东盟在东亚区域经济合作中的主导地位将被淡化

过去十年，亚洲区域经济合作的基本导向是由东盟主导的"10＋1"机制。这是东盟追求"轮轴"战略的目标，也是地区大国之间相互竞争、拒绝合作的结果。正如东盟反复强调的，"10＋1"机制最符合东盟的利益，而其他任何区域经济合作机制都意味着东盟的边缘化。

目前，"10＋1"机制已基本确立，中国、韩国、日本、印度都已经与东盟签署了双边自由贸易区协定。2010 年中国东盟自由贸易区正式进入实施阶段。这是亚洲区域经济合作进程中具有里程碑意义的事件。印度在 2009 年与东盟签署的自由贸易协定也在 2010 年进入实施阶段。通过上述安排，东盟在亚洲区域经济合作中的"驾驶员"地位已经确立。

TPP 的引入将改变东盟在亚洲的区域经济合作中的主导地位。一方面，TPP 并不以东盟为基础发展起来的，其创始国既有东盟的新加坡、文莱，也有大洋洲的新西兰、南美洲的智利。即将加入的新成员国包括美国、澳大利亚、秘鲁、越南、马来西亚等。即使今后东盟多数国家加入 TPP，他们也都以个体身份而不是以东盟成员身份加入的。东盟作为一个集团在未来的 TPP 中将不复存在。

另一方面，TPP 有两个重要特征：一是对接纳新成员不采取统一的标准，而是采取区别对待的原则；二是具备高水平自由贸易区协定的标准。这对于未来接纳新东盟成员会构成巨大的障碍。更重要的是，TPP 未来注定由美国主导。伴随其他大国的加入，东盟国家所担心的"被边缘化"问题难以避免（东盟大国平衡战略必须付出的代价）。

2."10＋3"方案有可能陷于停滞

以东盟＋中日韩为主体的"10＋3"方案作为亚洲区域合作的目标一直被寄予厚望，被认为是建立亚洲统一市场的必要条件。没有中日韩之间的合作，任何形式的亚洲区域经济合作注定都是虚幻的。

长期以来，"10＋3"方案不仅受制于东盟的消极立场（担心被边缘化），而且受制于中日之间缺乏的政治信任与合作。2010年中日关系因钓鱼岛撞船事件而陷入僵局，使中日韩自贸区建设进而使"10+3"方案陷入僵局。

美国认为，"10+3"方案与美国利益相悖。理由是，一旦该方案变为现实，一个排他性的亚洲统一市场就会形成，这也是美国积极推动TPP最重要的潜在动因。为此，美国在参与TPP谈判的同时，也向日本发出了邀请。

基于中日关系的紧张局面，日本政府已正式承诺要参加TPP谈判。这是一项基于政治考虑的决策。尽管日本政府能否说服国民接受开放农产品市场还是个未知数，但这种战略转向意味着短期内"10+3"方案将不得不陷入停滞状态。

3. 亚洲国家在中美之间选择"骑墙战略"

中国崛起与美国重返亚洲已成为亚洲国家不可避免要面对的两大趋势。在过去10年间，无论是发达国家还是不发达的亚洲国家，他们的经济都从中国经济的高速增长中获得了巨大的利益。第一，中国市场成为许多亚洲发达经济体企业的获利来源地。中国加入世贸组织后，全世界的投资者都致力于争夺中国的市场。第二，通过东亚国际生产网络，中国为上游经济体提供了最重要的中间产品出口市场和贸易顺差，并且还承担了来自欧美国家贸易保护主义的巨大压力。第三，中国为不发达亚洲经济体的初级产品提供了一个最有潜力的出口市场。第四，中国—东盟自由贸易区协定生效后，中国给东盟国家提供的贸易机会可以说是前所未有的。因而，不仅是亚洲国家，而且像澳大利亚、新西兰这样的区域外国家都越来越受惠于中国经济的快速增长。

与此同时，面对中国经济的高速增长和经济规模的迅速膨胀，周边国家对中国市场的依存度越来越高，其失衡心态和防范心态也在同时加重。引入区域外大国——美国来平衡中国的影响力已成为许多国家的外交选择。

即使他们相信中国崛起不会威胁邻国，接受美国霸权要付出代价，两个大国之间的"鹬蚌相争"也有利于这些"渔人们"。经济上依赖中国，政治上依赖美国，亚洲其他国家期望从这种骑墙战略中牟取利益最大化。

4. 一个排除中国的TPP有可能会使亚洲区域经济合作进程受到损害

就 TPP 现有的门槛和美国的动机来看，在可预见的将来，中国不可能加入进去。其结果是，中国在经济领域和非经济领域都必然会受到 TPP 的"排他性效应"的冲击。

作为亚洲最大的经济体和亚洲经济增长最重要的引擎，中国多年来也是亚洲区域经济合作的积极推动者。面对"排他性效应"的冲击，中国未来区域经济合作战略的选择对亚洲区域经济合作的发展方向至关重要。

亚洲区域经济合作进程一直是属于市场而非制度驱动型的。换言之，亚洲区域经济合作发展的基础源于各国之间经济内在的互补性，其中东亚国际生产网络发挥着桥梁的功能。一个排除中国的 TPP 是否会改变原有区域经济合作的基础，我们还无法作出确定性的判断。如果发生根本性的改变，那么亚洲经济增长的基础就会受到损害；反之，如果没有发生改变，市场驱动型的区域合作就会与制度驱动型（TPP）的区域合作构成冲突。

5. 中国周边将进入一个动荡期

中国崛起后周边国家的担忧与美国重返亚洲正在把中国的周边环境带入一个不稳定阶段。（1）虽然多数亚洲国家对中国没有敌意，但仍然乐于看到中美在这一地区形成持久的竞争关系。当然，这种竞争关系不能发展到对抗地步，迫使他们在鱼和熊掌之间作出取舍。（2）受国际金融危机的困扰，美国在其国际领导权大打折扣的情况下，利用亚洲国家的失衡心态重返亚洲，对中国进行遏制，实现四两拨千斤的功效。更重要的是，以遏制中国作为重返亚洲的目标之一，美国还会挑动区域内国家的防范心态，建立新的统一战线。（3）亚洲地区的部分大国怀着竞争者的心态看待中国的崛起。2010 年中日因钓鱼岛撞船事件所引发的外交纠纷就是典型的一例。正如日本主流观点所说，面对中国经济规模的赶超，日本正处于"国家重新定位"阶段。无疑，在这个阶段，两国关系是高度敏感和脆弱的。（4）少数与中国有领土争端及其他利益分歧的国家有可能利用区域内大国之间的交恶、区域外大国的进入而向中国提出非分的要求。（5）区域内公共产品的提供机制、区域治理的建设都将趋于复杂化。

虽然时间能够最终证明中国走的是一条和平发展之路，但在得到认可之前的过渡阶段，中国周边出现震荡是不可避免的。

三、中国参与亚洲区域经济合作面临的严峻挑战

危机后，美国高调重返亚洲以及 TPP 的加快推进，特别是南海问题的不断升温，不仅使亚洲经济发展格局面临着严峻的挑战，而且使中国进一步深化与亚洲国家的区域经济合作也面临着严峻的挑战。

1. 日本加入 TPP 谈判将对东亚区域经济合作的影响

2011 年 11 月，日本首相野田佳彦在 APEC 夏威夷峰会上正式表态加入 TPP 谈判，这是日本对外政策变化的一个重要标志。从鸠山由纪夫 2009 年提出构建"东亚共同体"主张到野田佳彦加入 TPP 谈判，反映了日本对外政策核心正在从东亚为主导转向以美日同盟为主导。日本加入 TPP 的谈判过程有可能会持续多年，但它作为日本对外政策宣示的一种姿态将会影响现有的亚洲区域经济合作进程和发展方向。

从经济角度看，日本的加入会使 TPP 具有真正意义上的商业价值。在日本加入之后的 TPP 成员中，按经济规模划分，美国占 67%、日本占 24%，其他 8 个国家只占 9%。如果日本能够以加入 TPP 为契机开放市场，尤其是农业和服务业的开放，那么 TPP 成员将能获得巨大的收益。

从政治角度看，日本是东亚区域经济合作的关键所在，把日本纳入 TPP 将改变东亚区域经济合作的现行格局和未来。不论是"10＋3"机制，还是中日韩自贸区机制，没有日本的参与都是不行的。这是美国极力拉拢日本进入的原因所在。

反过来，日本选择加入 TPP 是近年来"国家重新定位"的一种结果。由于日本在亚洲的领导地位逐渐丧失，最终经济规模亚洲第一的地位让位于中国，如何确定未来的对内战略和对外战略一直是日本各界争论的焦点。从经济的相互依赖关系看，日本经济的增长离不开快速扩张的中国市场，但日本并不甘于做"亚洲第二"，甚至与中国分享"亚洲第一"的地位。这是多年来"10＋3"机制与中日韩自贸区机制受阻的症结之一。通过"国家重新定位"的讨论，日本选择的实际上也是一种骑墙战略：经济上分享中国经济与亚洲经济高速增长的收益，政治上强化美日同盟，利用美国"回归亚洲"来制约中国。

日本宣布参加 TPP 谈判之后，日本政府高级官员声称：加入 TPP 是要改变由中国主导亚洲的区域经济合作规则的格局，变由日美来决定未来的规则。而在未来的中日韩自贸区谈判中，日本会以 TPP 为前提，向中国提出更高的"要价"。

2. 中国实施 FTA 战略拓展区域内发展空间面临着来自东盟的挑战

东盟与中国、日本、韩国、澳新和印度成功达成自贸协定，标志着东盟的 FTA 战略已经取得了阶段性的进展。自此，东盟建成了包括所有周边主要国家在内的 FTA/EPA 网络，实现了其区域经济一体化的周边布局，巩固了其在亚洲区域合作中的中心地位，在亚洲区域经济合作中发挥着重要的作用。未来，东盟还将继续推进与欧盟等国的自贸谈判。随着美国加入《加入东南亚友好合作条约》、介入东亚峰会机制，以及发出"重返亚洲"的信号，东盟—美国 FTA 也正在被提上讨论日程。毫无疑问，东盟成功与其周边国家签订 FTA，对不断推进亚洲地区 FTA 的网络化，从而进一步提升亚洲地区经济一体化水平，使亚洲区域经济合作的现实基础更加成熟，有着积极作用，但对中国实施 FTA 战略来说更多的则是挑战。

在已生效的东盟与日本、韩国、印度和澳新的 FTA 的协定中，日、韩、印度和澳新分别承诺对来自东盟的产品给予逐步的关税减免，这对于东盟拓展与这些国家的出口将起到积极作用。2008 年，东盟对日、韩、印度和澳新的出口合计达到 2077.4 亿美元，占其出口市场的 23.6%；同期，中国对日、韩、印度和澳新的出口合计达到 2463.5 亿美元，占中国出口市场的 17.2%（见表 6—1）。不论对于东盟还是中国，日、韩、印度和澳新都是其重要的出口市场。

表 6—1　2008 年东盟与中国对日、韩、印度、澳新出口对比

（单位：亿美元）

出口对象国	东盟	中国
日本	1048.7	1161.8
韩国	349.4	739.1
印度	300.8	315.2
澳大利亚	336.8	222.4

出口对象国	东盟	中国
新西兰	41.6	25.0
5国合计	2077.4	2463.5
出口总额	8791.4	14288.7
占比（%）	23.6	17.2

资料来源：根据东盟秘书处资料及中国海关统计编制。

从商品结构来看，东盟与中国的出口都集中在机电、矿产品、化工产品等领域，在拓展外部发展空间上，东盟与中国存在较强的竞争和替代性。以日本市场为例，在机电产品的对日出口上，中国与泰国和马来西亚存在竞争；在纺织品及其原料的对日出口上，中国与越南和印尼存在竞争；在贵金属及其制品的对日出口上，中国与印尼存在竞争；在塑料、橡胶的对日出口上，中国与泰国和印尼存在竞争。韩国市场也是如此，中国与新加坡在机电产品的出口上有竞争，与越南和印尼在纺织品及其原料的出口上有竞争，与越南在家具、玩具、杂项制品的出口上有竞争。

在这些与东盟签订 FTA 的国家中，中国只与其中的新西兰达成了FTA，与其中的澳大利亚正在谈判，与其中的韩国和印度还在就 FTA 进行可行性研究，同东盟相比，中国明显处于劣势。东盟 FTA 战略的推进，使得在同等情况下的中国企业出口面临比东盟企业出口更多的关税成本，间接降低了中国企业在这些市场的竞争力，将对中国进一步拓展同这些国家的贸易和投资产生不利影响。

从挑战来看，东盟在其区域经济合作安排中，始终坚持以东盟为中心的大国平衡战略，利用美、中、日、韩、印度等大国的矛盾，周旋于大国之间，通过多个"10＋1"，"10＋3"以及东盟峰会等合作机制与平台，使自己成为亚洲区域经济合作的中心和枢纽，东盟也因此大大提升了其在区域经济合作中的话语权。这意味着，一方面，中国未来在寻求与东盟进一步加深区域经济合作时，面临的难度将会增加，东盟可能会与其他国家签订的 FTA 进行类比，从而提高自己的要价。另一方面，目前中国正在谋求与韩、日、印度等国签订 FTA，东盟与中国产业结构相似度较高，在许多产业上存在较强竞争性，这些国家与东盟先一步达成 FTA，也会增加中国与这些国家签署自由贸易协定的难度。

3. 南海问题将使中国周边环境复杂化

近年来，南海问题不断升温，美国"重返亚洲"战略依托东亚峰会和TPP两个轮子，把遏制中国的第一个切入点指向了南海。受美国"重返亚洲"的鼓励，亚洲的一些大国也开始把南海问题作为其未来亚洲战略布局的一个基点。在日本野田政府发布的2011版《日本的防卫》（防卫白皮书）中首次增加了"聚焦南海动向"项目，称中国的行动有可能"影响地区和国际社会的和平稳定"。印度联合越南在中越有争议的南海区域内开发石油作为其"东向战略"的组成部分。甚至有媒体报道，"欧洲对外行动机构"（European External Action Service）的官员在谈及"欧盟—东南亚问题"时指出，欧盟欢迎来自东盟关于解决南海问题的任何帮助请求。与大国的亚洲战略相呼应，与中国有领土争端的部分东南亚小国则浑水摸鱼，以求在南海问题上向中国索取更大的利益。

南海问题既不是一个新问题，也不是一个影响全球事务的问题。近年来之所以受到区域内大国的高度关注，根本原因在于大国都在重新调整其亚洲战略，而他们的亚洲战略都是围绕中国而展开布局的。面对中国崛起，区域内外大国的亚洲战略力图实现双重目标：一方面希望保持与中国的合作关系，另一方面又在寻找遏制中国的"抓手"。

围绕南海问题所引发的区域内外国家的参与是一个明确的信号：各方都在围绕中国调整其亚洲战略。这将对中国周边环境产生深远的影响，同时也是中国崛起过程中面临的一次全新的挑战。

（1）美国试图以南海问题为切入点，实施其"回归亚洲"战略，把中国纳入美国所制定的国际规则体系之内。面对中国崛起，美国选择"回归亚洲"战略，一方面是为了阻止中国主导未来的亚洲政治、经济秩序；另一方面是为了确立美国在亚洲秩序中的主导地位，把中国纳入这一秩序之内加以约束。这是霸主对潜在挑战者所作出的自然反应。正如美国国务卿希拉里对"太平洋世纪"的诠释所强调的：美国必须开创一种有章可依的秩序——一种开放、自由、透明而公平的秩序；只有美国才有能力充当这样一种秩序的开创者和维护者。无论是美国组建TPP，参加东亚峰会，强化与亚太盟国的关系，还是间接干预南海争端都反映了美国的这一核心目标。如美国干预南海争端就是打着维护国际航海自由权利的旗号。通过这种方式既可以规避遏制中国的名声，又可以逼迫中国就范，因为中国如不接受将会被置于全球规则的违背者和挑战者的地位上。事实上，美国在亚洲的追随者也是打着这样的旗号向中国施加压力的。

（2）美国力图寻找与中国周边国家之间的利益交集，以削弱中国对地区秩序的影响力。中国经济的高速增长为周边国家提供了一个巨大的市场，但中国的对外不干涉政策使其无法为周边国家提供安全保障，美国"回归亚洲"填补了亚洲安全保障提供者的缺位。面对中国崛起，周边小国担忧心态加剧，美国的回归为这些国家在中美之间推行骑墙战略创造了条件。针对周边国家中大国争夺亚洲区域秩序主导权的欲望，美国还在强化与中国周边国家的双边同盟关系，如在澳大利亚部署军队；与美国拥有双边同盟关系的国家之间还演绎出新型的三角关系，如美国、澳大利亚、日本通过"三边安全对话"（the Trilateral Security Dialogue，TSD）演绎了"三边同盟"。①

（3）中国周边正在成为全球大国的竞技场。以美国回归亚洲战略为主导，全球大国都在加紧重新布局其亚洲战略。日本在"国家重新定位"的背景下，既希望依靠美日同盟（及未来的TPP）来挽救其在亚洲区域秩序中的颓势地位，又希望强化与亚洲国家的合作。作为大国，这种战略的可持续性值得怀疑。印度自己宣称，通过实施"东向战略"已经成为一个东亚国家。除了致力于与东盟国家签署自由贸易协定，2011年印度还与日本正式签署了经济合作协定（EPA）。俄罗斯的亚洲战略尽管尚在形成中，但通过东亚峰会已经参与到东亚事务之中。面对"美国的太平洋世纪"的战略目标出台，欧洲已开始感受到落后于美国的压力。一旦走出债务危机的泥潭，欧洲未来必然参与到亚洲事务中来。无论是区域外还是区域内大国，其亚洲战略的核心都将围绕中国展开。

总而言之，从南海问题争执的背后我们已经窥测到大国的亚洲战略指向。它预示了中国周边环境的日益复杂化趋势和中国崛起所面临的全新挑战。因而，中国需要以新的战略理念应对这种变化和挑战。

① Thomas Wilkins: "Australia and Japan: Allies in the Making", *East Asia Forum*, July 30th, 2001.

第二节　坚持和平发展道路，积极稳定区域内双边经贸关系

改革开放三十多年来，中国经济的持续发展极大地提高了中国的国际经济地位，中国的国际和区域经济影响力空前提高。在和平发展战略下，实现与世界的互利共赢发展，既是中国的追求，又具有现实可能性。面对本区域复杂的双边和多边环境，既有发展成果是稳定区域内各方关系的有益基础。中国应在此基础上进一步强化经济合作，共享发展机遇，积极稳定区域内双边关系。

一、区域内国家对中国经济发展和国际地位上升的反响

改革开放三十多年来，中国经济实力提升到如今的水平有目共睹。经济发展水平的快速提升，不仅极大改善了中国的国内面貌，而且对区域乃至世界经济发展产生了深刻的影响。有关国家对于中国的发展壮大和经济影响力的提升都有着自己的思考，并影响着其相应的行为。

1. 中国国际地位上升及其影响

毋庸置疑，中国国际地位上升的影响是世界范围的，由于经济关系的密切而对本地区的影响更为深刻。

（1）中国经济地位的提高和综合国力的上升。中国经济地位的提高和综合国力的上升，体现在诸多方面。

第一，经济总量上升，是最重要的实力基础。改革开放三十多年，中国的经济总量，从 1978 年仅占世界经济份额的 1.8%[①]，提升到了 2010 年的 9.3%[②]。三十余年翻了四番多。2010 年，从指标上说，中国已经成为世界第二大经济体。2011 年"国内生产总值更是达到了 47.2 万亿元。2003

[①]　刘铮、周英峰：《中国经济总量已占世界 6%》，《市场报》2008 年 11 月 3 日，第 16 版。

[②]　国务院新闻办：《中国的和平发展》，人民出版社 2011 年 9 月版，第 5 页。

年至 2011 年，中国经济 10.7% 的平均增速，远高于同期世界经济 3.9% 的年均增速。其中有 6 年实现了 10% 以上的增长速度，在受国际金融危机冲击最严重的 2009 年，依然实现了 9.2% 的增速。特别是国际金融危机爆发以来，中国经济成为带动世界经济复苏的重要引擎，对世界经济增长的贡献率超过 20%"①。

第二，国际影响在开放中不断扩大。开放，是中国国际影响不断扩大的有力保证。就地域分布而言，从最初的 14 个沿海开放城市，到现在的中西部地区，即中国的开放从沿海城市开始，逐步向内地推进，开放程度不断加深。从机制上说，开始只是打开国门，后来逐步发展到争取恢复关贸总协定缔约国地位、加入世界贸易组织；并陆续加入或共同构筑诸多区域经济合作安排或机制，中国参与经济全球化的程度不断加深。

中国"进出口总额从 1978 年的 206 亿美元增加到 2010 年的 29740 亿美元。1997—2010 年，累计使用外商直接投资 10483.8 亿美元。同 163 个国家和地区建立了双边经贸合作机制，成为贸易和投资自由化、便利化的积极实践者"②。

第三，中国已经是稳定世界经济的重要力量。这体现在进出口、对外投资以及由此产生的就业机会、引进外资和由此产生的投资回报、稳定区域和世界经济等各个方面。在贸易上，"2011 年，全国进出口总值为 36420.6 亿美元，同比增长 22.5%，其中：出口 18986.0 亿美元，增长 20.3%；进口 17434.6 亿美元，增长 24.9%"③。加入世界贸易组织之后的十余年里，我国年均进口近 7500 亿美元商品，相当于为相关国家和地区创造了 1400 多万个就业岗位。过去 10 年，在华投资企业从中国累计汇出利润 2617 亿美元，年均增长 30%④。

在海外投资方面，中国正在从过去的单向引进外资迅速崛起为对外投

---

① 王希、刘铮：《中国经济年均增长 10.7%》，《人民日报（海外版）》，2012 年 8 月 15 日。

② 国务院新闻办：《中国的和平发展》，人民出版社 2011 年 9 月版，第 6 页。

③ 商务部综合司："2011 年 12 月进出口简要情况"，http://zhs.mofcom.gov.cn/aarticle/aa/201201/20120107923402.html。

④ 国务院新闻办：《中国的和平发展》，人民出版社 2011 年 9 月版，第 7 页。

资国家。2002—2010 年，中国对外投资年均增长速度为 49.9%。"对主要经济体的投资增幅较大。2010 年，中国对欧盟直接投资 59.63 亿美元，同比增长 101%；东盟 44.05 亿美元，同比增长 63.2%；美国 13.08 亿美元，同比增长 44%；日本 3.38 亿美元，同比增长 302%。"2010 年，我国对外投资已达 688.1 亿美元，投资的扩大促进了投资对象国家（地区）的经济发展。"截至 2010 年年底，中国境内投资者在国(境)外设立境外企业 1.6 万家，对外直接投资累计净额（存量）3172.1 亿美元。"虽然当年中国对外直接投资分别仅占全球流量、存量的 5.2% 和 1.6%，但是，对外直接投资流量名列全球排名第五位，存量位居第十七位[1]。年流量首次超过日本、英国等传统对外投资大国。2010 年境外中资企业实现销售收入 7104 亿美元，聘用当地员工 78.4 万人[2]。

表 6—2 中国建立《对外直接投资统计制度》以来各年份对外
直接投资统计

（单位：亿美元）

年份	流量	存量
2002	27.0	299.0
2003	28.5	332.0
2004	55.0	448.0
2005	122.6	572.0
2006	211.6	906.3
2007	265.1	1179.1
2008	559.1	1839.7
2009	565.3	2457.5
2010	688.1	3172.1

注：2002—2005 年为非金融类对外直接投资数据，2006—2010 年为全行业对外直接投资数据。

资料来源：《2010 年度中国对外直接投资统计公报》，国家商务部、国家统计局、国家外汇管理局联合发布，2011 年 9 月 6 日。

---

[1] 商务部：《2010 年度中国对外直接投资统计公报》，2011 年 9 月 6 日。
[2] 商务部：《2010 年度中国对外直接投资统计公报》，2011 年 9 月 6 日。

在维护国际和区域经济稳定和发展方面，就亚洲地区而言，虽然1997年的亚洲金融危机曾经引起周边国家和地区货币大幅贬值，但是为了地区经济的稳定，中国努力维护人民币汇率的基本稳定，为亚太区域经济的稳定和恢复作出了积极贡献。

就全球范围而言，面对2008年国际金融危机的冲击，中国积极参与全球经济治理机制建设以及国际经济政策协调和金融合作。

（2）中国经济崛起对本区域经济影响日益扩大。我们可以从投资和贸易两个方面观察、分析中国在本地区日益扩大的经济影响。

第一，投资方面。在中国对外直接投资流量10亿美元以上的9个国家（地区）中，亚太地区的新加坡和澳大利亚榜上有名。而在对外直接投资流量前20位的国家（地区）中，属于东亚和东南亚的，共有新加坡、缅甸、泰国、柬埔寨四国，它们分别列第9、10、11、15位[①]。就中国对外直接投资流量地区构成情况看，2010年，亚洲为448.9亿美元，占对全球所有投资的65.3%。[②]

面对迅速扩展的东南亚市场，包括上海企业在内的中国各地各类企业都纷纷加大对东南亚的投资力度。譬如，上汽集团对印度尼西亚的投资活动正在有序展开。一方面，这是因为该国市场规模可观，并保持了较高的扩展速度；另一方面，则是因为借助当地优越的劳动力成本优势和地理区位优势，国内投资者可以进一步开拓周边国家市场。

第二，贸易方面。我们可以通过有关的统计数据对此问题有一个比较全面的把握。为了观察得比较全面，除了东亚东南亚国家之外，我们还关注了澳大利亚和新西兰的有关情况，以便对中国在这一地区的贸易地位进行更加全面的评价。

---

① 商务部：《2010年度中国对外直接投资统计公报》，2011年9月6日。
② 商务部：《2010年度中国对外直接投资统计公报》，2011年9月6日。

表6—3　亚太地区有关国家和中国的贸易关系汇总表

| 国别及年份 | 和中国的双边贸易额（单位：亿美元；%） | | | | | | 中国之于该国的贸易地位 | 该国主要贸易伙伴 |
| | 进出口总额 | | 对华出口 | | 自华进口 | | | |
	金额	增长率	金额	增长率	金额	增长率		
日本 2010 年	3030.6	30.6	1496.9	36.6	1533.7	25.2	中国为日本第一大贸易伙伴、第一大出口目的地和进口来源地	中国、美国和澳大利亚是日本前三大进口贸易伙伴
韩国 2011 年 1—9 月	1646.2	20.8	995.4	17.3	650.8	26.4	中国为韩国第一大贸易伙伴、第一大出口目的地和最大的进口来源地	中国、美国和日本是韩国进出口排名前三位的国家。贸易顺差主要来自中国、中国香港和新加坡
新加坡 2011 年 1—6 月	394.0	18.1	204.9	19.5	189.1	16.6	中国为新第四大出口市场和第三大进口来源地。	前四大出口对象为马来西亚、中国香港、印度尼西亚和中国；相应的四大进口对象为马来西亚、美国、中国和日本
泰国 2010 年	459.9	38.5	214.7	33.7	245.2	43	中国是泰国的第二大贸易伙伴，仅次于日本。中国为泰国第一大出口市场和第二大进口来源地	日本、中国和美国是泰国三大贸易伙伴

国别及年份	和中国的双边贸易额（单位：亿美元；%）						中国之于该国的贸易地位	该国主要贸易伙伴
	进出口总额		对华出口		自华进口			
	金额	增长率	金额	增长率	金额	增长率		
印度尼西亚 2011年 1—6月	220.4	36.9	96.3	44.5	124.1	31.5	中国已超过新加坡，成为印尼第二大贸易伙伴，同时也是印尼第二大出口市场和第二大进口来源地。	印尼前三大逆差来源地依次是新加坡、中国和泰国，分别占印尼逆差总额的24.7%、16.1%和11.8%。
马来西亚 2011年 1—6月	257.1	16.6	142.3	16.6	114.8	16.6	中国为第二大贸易伙伴、第二大出口市场和第二大进口来源地	同期马来西亚贸易顺差主要来自中国香港、印度和中国
澳大利亚 2010年	900.5	44.8	538.0	60.0	362.5	26.9	中国为澳第一大贸易伙伴、第一大出口目的地和第一大进口来源地。	四大出口对象依次为中、日、韩、印；进口则依次为中、美、日、泰
新西兰 2010年	83.9	36.3	34.9	52.5	49	26.6	中国为新西兰第二大出口市场和第二大进口来源地	

资料来源：作者根据国家商务部网站（http://www.mofcom.gov.cn/）统计资料编制。

上述投资和贸易数据显示，中国与本地区经济来往密切，对本地区的经济影响不断扩大。据有关资料分析，到2020年，日本贸易的对华依赖程度将达到33%。日本专家称[1]，关系到日本经济命脉的出口，其1/3依赖于中国，必然在外交、安全保障等广泛领域，对日本产生深刻影响。日本的地缘政治关系将不得不翻开新的一页。

---

[1] 日本学者叶芳和观点，刊于石桥湛山记念财团『自由思想』第113号。

事实上，这不仅限于日本，世界各国的对华依赖程度都在加深。尽管本世纪初东亚国家对美或对日出口非常可观，但现在对中国的出口则急速扩大，中国已成为东亚很多国家的第一出口对象。例如，对美的出口依存度已由2000年的21.4%下降至2008年的11%；同一时期对日依存度也由11%下降到8%；而对中国的依存度则由11.5%上升到了21.5%。2003年以后，东亚国家对中国的出口依存度逐步超过了对日美出口依存度的总和。毫无疑问，中国的这种进口能力显示了其在东亚地区的经济影响力。

2. 中国经济崛起在亚洲地区引起的反响

亚洲地区的大多数国家对中国的态度是"友善"的，它们关注更多的是中国的发展所带来的机会。所以，它们多采取积极行动，努力密切对华关系，以争取对自身经济发展和社会进步更有利的结果。与此同时，在这一地区又确实存在其他的声音。一些国家受自身心态影响，更愿意以一种有色方式观察和评价中国，进而会采取一些对双方均无益处的行动，甚至还"攒动"他国和自己协调步调。这在日本和东南亚之间表现得十分明显。当然，随着时间的推移（实质是随着中国国际和区域经济影响力的进一步增强），具体的表现、甚至观念也在发生着变化。

（1）区域内不同国家对有关问题的看法并不相同。日本对于中国经济发展与中国和平发展的态度，在公开表现上，经历了明显的变化过程。大约十数年前，日本国内有关集团或圈子鼓噪最多的是所谓的"中国威胁论"。当时无论是日本的政客，还是政府的某些官员，都以各种方式、在各种场合，大谈中国"威胁"论，甚至是经济界的一些人士也在附和有关论调。

它们不仅在日本国内鼓噪，而且向东南亚等"推销"，以此为自己争取同党。只是东南亚的大多数人并不认同"妖魔化"中国的言论。曾经有马来西亚的学者明确告诉日本的有关人士：从历史上说，中国就和西方殖民者不同，郑和船队是来做生意的，而不是像西方列强那样是来殖民的。而从当今现实中，东南亚则更关心和中国发展关系所带来的经济上的机会和好处。在有关问题上，东南亚和日本是明显不同的，尽管时至今日，日本的某些势力和某些人仍处心积虑地推销观念、"拉拢"示好。最近一个时期以来，日本当权政治势力围绕南海问题对菲律宾和越南展开的游说和"拉拢"活动就是明显的例子。而我们对于有关问题的处理，如果考虑得不够周全，就有可能给某些国际势力以机会。因此，睿智地处理围绕我们的每一个问题，符合我们的根本利益，对于稳定周边也至关重要！

但是，随着这些年来中国市场的不断扩大，特别是在应对国际金融危机时所表现出的重要倚靠作用，日本社会舆论也在发生着某种变化——在某些势力继续坚持其"固有"立场的同时，日本社会中比较客观地看待"中国机遇"的声音也在逐步增强。

本区域的另外一个经济体——韩国，在对中国的态度上，关注的核心也是中国经济发展和市场扩展给它们带来的机会。譬如，在20世纪90年代前半期，韩国官方积极争取实现中韩建立外交关系。其经济方面的动力就是力图和中国欣欣向荣的经济发展联结在一起。而在建交之后，据韩国新闻界概括，其社会当时热议和关切的焦点，就是中国市场给它们带来了无穷的机会。直到现在，韩国社会对于中国的期盼仍旧是如何通过区域经济合作机制的构筑来联系两国关系。而对于其他一些国家所关注的所谓中国发展对它们的威胁，韩国并未表现出类似的关心。

（2）同一个国家内部，对中国崛起的看法也往往存在较大的不一致。任何一个国家，其内部社会都是可以"拆分"的。譬如，日本是一个多元社会，社会不同群体之间存在互不相同的特点。我们需要去应对的并不是通常所指称的"日本"这个国家，而是这个国家当中有代表性的各个不同侧面。这个出发点规定了我们应该如何去思考中日关系的稳定问题。具体地说，我们至少可以把一个国家区分为政坛、企业和经济界、民间社会等不同部分。它们本身又是进一步可分的。

总体上看，因为中日力量对比出现了新的特点，由过去的日强我弱，逐步转化为东亚地区的两强并列，所以会在对方国家产生较大震荡。对于上述同一个问题，在日本看来，则变成了中国正在超越日本而不是并列。这种中国超越日本的大趋势，影响到了其国内各种势力对待两国关系的心态。

就社会总体认识而言，一方面，如上所述日本社会需要处理好以何种心态对待中国实力上升的问题；另一方面，中国经济稳定发展对于日本经济的积极意义，又使日本社会的主要部分，无论是否欢迎，都表现出对中国经济发展和中国市场扩大的重视。

当然，在这个过程中不同群体所体现出的具体反应是不同的。日本的当权新生代政客是一个可以直接决定日本政策走向的群体。它们表现出的是更多的对抗色彩。尽管 2012 年 8 月在和钓鱼岛有关问题的处理上，其手法和 2010 年 9 月钓鱼岛"撞船"事件相比，体现了某种变化。一方面，这反映出日本当权新生代政治势力正在逐渐领悟中日经济关系的稳定符合其自身利益；另一方面，并不表示这个人群热心于以各种方式在国际上和中国对抗的基本态度有任何改变！这从今年以来日本政府对菲律宾和越南等国所做的诸多有碍双边和多边互信的动作中就可以看出。

不过，类似于日本这样比较"极端"的例子在其他国家并不多见。虽然，2012 年围绕黄岩岛问题，菲律宾的一些政客多有表演。但是，一方面，这些政治人物在对华政策上并无日本一些政客那样的系统理念；另一方面，菲律宾官方的某些动作对其国内社会也难以产生明显波纹。近期的现实证明，菲律宾国内社会的很多人群，对于本国官方挑起的围绕黄岩岛问题的"争斗"，大多表现得很漠然；而且，由于对峙直接妨碍了两国正常的经济来往，损害了其有关产业的正常经营，使得菲官方不得不面临国内有关各界的质疑和压力。

相对政客的"激进"言行，经济和产业界对于双边经济关系重要性的认识则比较清醒。这对于引导有关国家正确认识中国、进而思考如何正确和中国开展包括密切经济关系在内的各领域交往都是有益的。经济和产业界的这种清醒，在近几年的中日交往中都能找到有代表性的例子。譬如，钓鱼岛"撞船"事件后，企业界的态度明显温和得多。针对日本一些政客的不明智主张和举动，有关企业高层经营人员公开抨击日本政府的相关行为。再譬如，近来引起各方关注的时任日本驻华大使丹羽宇一郎，作为曾任一家企业负责人的资深商界人士，亲身经历了中国改革开放以来的发展历程，有关中国经济和市场对于日本企业的重要意义有切身体会。此外，由于过去受邀参与中国一些城市和地区政府的国际咨询等活动，对于中国社会也有着较为深入的接触和了解。因此，丹羽宇一郎在如何对待中国以及如何处理中日关系的问题上，比较客观负责。由此可见，他对双边关系问题的态度与日本国内政治势力明显不同。

3. 有关国家围绕多边和双边合作的主张与行为也各有特点

区域经济合作已经在东亚地区成为潮流。然而，如何进一步拓展和深入区域经济合作，区域内各国基于各自的认识、理解和战略追求，都在以或相同、或有所差异的方式和策略发挥着自己的影响。

（1）围绕东盟的区域经济合作在曲折中发展。以东盟为核心的区域经济合作机制建设，在本地区可以说是最成功的。一个时期以来，包括中国在内的有关国家，十分注意维护东盟在东亚区域经济合作机制建设中的核心地位。事实也表明，只要各方真正共同维护东盟的核心地位，东亚区域经济合作就会发展得比较顺利。以东盟为核心的"10＋3"和"10＋1"机制建设，已经获得了比较有效地推动。

后来出现的"10＋6"，则在东亚区域经济合作机制建设中泛起了一层涟漪。从单纯的地理概念来看，东盟的确是"10＋6"的地理中心，无论是中日韩还是印澳新，都是围绕着东盟这个中心分布的。而且，从有关贸易等数据可以看出，东盟和印澳新三国的经济关系也比较密切。所以，从东盟角度说，把"10＋3"扩大为"10＋6"是有经济需求上的合理性。

但是，东盟之外的一些国家对"10＋6"不遗余力，则并不完全都是出于经济上的考虑，而是更多地具有所谓"价值观外交"的成分。有的国家不是像中国这样在国际关系处理上主张求同存异，而是试图通过放大对立面、调动特定的力量来构筑遏制中国的势力集团或势力圈。但是，这种所谓"价值观外交"在经济利益面前显得十分苍白。譬如，澳大利亚前总理基廷强调[①]：美国……应该致力于与崛起的中国合作，而不是与北京对抗。他认为中国是澳大利亚安全和繁荣的关键。所以，在各方力量纵横交错背景下被推动起来的"10＋6"，最终并不会成为某些国际势力遏制中国的武器。

（2）韩国对于发展与各个经济体的经济关系都抱有积极态度。和区域

---

① 2012 年 8 月 6 日，基廷在悉尼出席有关美中关系的新书《中国抉择》的首发仪式时发表的讲话。

内一些有特别政治目的的国家不同，韩国的区域经济合作政策完全围绕经济需求。譬如，韩国认为，美国、欧盟、中国是世界最大最重要的经济体，要为韩国争得经济发展上的空间，就必须和这三个经济体建立密切的经济关系。基于这样的考虑，韩国政府在积极推动韩美自由贸易区建设的同时（尽管韩美自贸区的生效曾因一些经济群体的反对而受到阻碍），也积极推动和欧盟以及中国的自贸区建设。当然，在东亚地区韩国对于和其他国家的双边或多边自贸区建设也是积极的。作为经济规模和实力达不到"经济超级大国"水准，但又有着积极抱负的国家，这样的政策取向符合其自身利益需要，同时也体现了温和的特点。

（3）日本加入 TPP 谈判进程的尴尬。日本在推动区域经济合作机制建设方面，态度逐渐趋于积极。为了进一步拓展新兴经济体等亚洲市场，从企业的经营环境需求角度说，日本需要尽可能排除各种经济活动的障碍。为此，日本有意积极推动亚洲地区贸易和投资自由化机制建设，争取构筑所谓开放式的经济体系，以创造更为广大的亚洲市场。但是，其经济谋略中又夹杂了很多不必要的非经济因素，影响了区域经济合作政策的理性化。

但是，日本不同群体对区域经济合作的主张和行为又是不同的。在国内存在较大争议的情况下，由当权新生代政客推动，日本在 2011 年 APEC 非正式领导人会议期间，公开表明了参与 TPP 谈判进程的立场，并为参加这一谈判进程而和有关国家开始协商工作。

在特定政治人群的推动下，日本对于加入 TPP 谈判进程之所以如此积极，这主要和日本的某些势力试图在亚太地区遏制中国，以及在区域经济合作安排上"排挤"中国有关。如前文所述，和韩国等"就经济论经济"不同，作为一个有某种"抱负"的国家，日本在区域经济合作等一系列问题上，表现出了太多的经济上的不理性。

从日本国内看，若日本最终成功参与到了 TPP 架构之中，对于日本经济的影响是利弊兼有的。然而对于加入 TPP 的诸多不确定性，日本国内也多有疑虑。为此，日本国内存在着较为强烈的反对声音。而要把国内相关层面的意见协调一致起来，又是一件不太容易做到的事情。就国际层面而言，日本和协商对手之间在很多问题上也很难达成一致。譬如日本和美国之间，由于在一些关键领域存在较大分歧，使得美国并不愿急于同意日本正式加入到 TPP 的谈判进程中来。

国内国际等诸多原因交织在一起，虽然和日本同样表明欲加入 TPP 谈判进程的加拿大和墨西哥，将获得其他各方同意，而于 2012 年 9 月加入到 TPP 谈判进程之中，但是日本似乎暂时还无法获得这样的机会。由于日本加入 TPP 谈判进程并不顺利，且由于日韩双边关系的微妙变化，使得中日韩三国 FTA 的进程也出现停滞的趋势，所以，作为一种补救，日本正努力试图在 2012 年 11 月的东亚峰会上，推动"10＋6"机制化区域经济合作安排正式进入谈判进程①。从终极目标来说，日本期望构筑泛区域自由贸易圈，以便从地区经济的发展中获得更大机会。

总之，对于东亚区域经济合作如何发展，各方的动作都有自己的特点。

二、既有发展成果是稳定区域内双边关系的有益基础

中国对区域内各国经济影响的不断扩大以及各国对中国经济依赖的不断加深，使中国借助发展成效、稳定双边关系成为可能。

作为本地区的重要经济力量，中国经济的发展既对东亚经济的发展作出贡献，又因为这种发展而为东亚各国提供了诸多机会，特别是中国的市场潜力带来了投资、贸易和其他商机，这不仅可以增强东亚经济的活力和凝聚力，也使各方乐于推动与中国的经济关系发展。

经济规模的扩展、经济关系的密切，使中国在地区经济中的主导地位逐步显现，中国具备了与有关国家实现互利共赢发展的基础条件。在东亚地区，中国的经济发展对区域内经济的迅速发展起到了积极的带动作用，并使本地区不再严重依赖于欧美市场。本地区经济格局逐步开始出现变化的势头，这从 2008 年国际金融危机后中国对世界经济稳定和区域经济发展所发挥的积极作用当中，就可以有比较清楚的认识。这些有利条件，不仅可以使中国实现与本地区国家的双赢或多赢发展，而且对于稳定区域内

---

① 日本经济新闻网站：《经济连携 ASEAN 頼み ＴＰＰ日中韓停滞で》，2012 年 8 月 12 日。http://www.nikkei.com/article/DGXNASFS11019_R10C12A8NN1000/。

的各个双边关系也十分有利。

以日本为例，中国发展对于日本经济的意义不断提升，中国具备了通过经济渠道促进中日双边关系稳定发展的可能。

1. 国际经济环境深刻变化，日本需要寻找新的经济出路

2008 年国际金融危机后的现实说明，在欧美国家仍发挥着重要国际经济影响的同时，由于发展中国家的新兴经济体逐步具有了应急发动机的作用，所以面对欧美国家的经济颓势，日本遇到了从新兴经济体那里寻找经济活动新空间并扩大经济增量的机会。虽然危机之后欧美国家市场对于日本经济的意义仍旧是重要的，但是仅依靠这个传统需求市场和经济利益源，对于日本经济的尽快恢复又是不够的。

良好的经济增长态势和市场前景，使得日本需要尤其注重对新兴经济体等发展中国家市场的开拓。以新兴经济体为代表的亚洲国家，中等收入以上人口已达数亿人规模。这样的市场需求力量，对于日本具有重要意义。

近几年的现实表明，世界经济正在出现重大的结构变化。从特定意义上说，经济引擎开始出现逐步向发展中国家，特别是新兴经济体转移的动向。

据 IMF 预测，2020 年，亚洲新兴经济体的规模将分别超过美国和欧盟。世界经济将受到新兴经济体特别是亚洲新兴经济力量的有力影响。2010 —2014 年，发达国家的平均增长率将只有 2.3%，而新兴经济体和其他发展中国家将达到 6.1%[1]。尤其重要的是，这些地区中等收入阶层规模的壮大直接导致了消费需求规模的扩大。无论是在传统的汽车和家电领域，还是在新兴的日常消费及服务等领域，一方面，日本对亚洲等新兴经济体的依存度明显上升；另一方面，日本也在这些地区获得了扩展经营的机会。据有关统计，2009 年日本对亚洲出口占其出口的总额首度超过50%，达 54.2%。其中对中国出口占 18.9%，高于美国的 16.1%和欧洲的12.5%。[2] 在新兴经济体，日资企业面向当地的销售规模正迅速扩大。而

---

[1] 白川浩道：《日本经济展望：二次探底几率低，但仍难寻回复之路》，http://www.nira.or.jp/pdf/review45.pdf，日本综合研究开发机构（NIRA），《政策评论》2010 年第 1 期。

[2] 产业损害预警数据中心：《以日本新经济增长战略为鉴积极推动国内产业振兴》，2010 年 8 月 10 日。

且无论是在日本长期拥有竞争优势的行业，还是其他行业，当地经营规模和业绩都在扩大和上升。

2. 中日经济依赖关系逐步逆转及对日本经济的重要影响

中日经济关系从过去的不对称依赖关系演变成了一种新的不对称依赖关系，即这个不对称的方向正好反了过来。过去，由于技术和经济实力的差距，中国的发展对日本的依赖程度更高一些。但是现在中日经济互动关系却发生了一定程度上的反转，形成了作为"大买家"的中国对"不是唯一卖家"的日本这样一种新的格局。中国正从过去的"工场"，逐步承担起了"市场"的作用。

中国发展对于日本经济的意义包括两部分：一个是当前，一个是中国沿海地区成为成熟的市场之后。

一方面，日本关注着中国国内需求带来的眼前利益；另一方面，它们则在对中日经济关系互动的未来趋势进行着深入思考。中国正逐步由世界工厂成长为重要的世界市场。特别是在沿海地区，由于中等收入人群规模的扩大，需求不仅在数量上扩张，更会对产品的品质提出更高要求。这个不断扩大的中国市场，需要有供给者去满足。日本企业由于具有长期的技术积累和灵活的经营能力，所以今后将会着力于积极应对类似需求，以求长期获益。

因此，日本企业在华经营行为开始出现新的变化——在中国生产，向日本返销或向他国出口，不再是"第一目的"；以开拓中国市场为目的的企业活动成为主流，具有"方向性"；在环境保护、低碳经济等领域的产业合作开始起步；在研发领域的拓展也正在逐步展开，等等。从在华日资企业的这些新动向中不难看出，中国市场的兴起和扩展，对于日本来说是关系其经济兴亡的大事。

不仅是日本，对于其他国家，中国也同样是不容忽视的经济存在。譬如，中国是韩国第一大贸易伙伴、第一大出口目的地和最大的进口来源地；是泰国的第一大出口市场和第二大进口来源地；是马来西亚的第二大贸易伙伴，同时也是马来西亚的第二大出口市场和第二大进口来源地；已超过新加坡，成为印尼的第二大贸易伙伴，同时也是印尼第二大出口市场和第二大进口来源地；新加坡的第四大出口市场和第三大进口来源地。在

"泛东亚"的西太平洋地区，中国为澳大利亚第一大贸易伙伴、第一大出口目的地和第一大进口来源地；为新西兰第二大出口市场和第二大进口来源地。这种经济关系状况说明，这一地区有关国家和中国之间的经济联系日趋密切，从特定角度说，它们对中国经济依赖的不断加深，使得我们借发展成效稳定双边关系成为可能。

三、加强经济合作，共享发展机遇，稳定双边关系

和平发展战略要求我们稳定周边。区域内双边关系的稳定对各方均有利。在有关国家之间的关系有时会受各种干扰的情况下，需要保持总趋势上的稳定。面对区域内复杂的多边和双边关系，需要综合运用诸多手段，特别是经济手段来达到区域内国家共同发展、共享发展机遇的目的。

从地缘经济角度说，中国在地区经济中的主导地位逐步显现，具备了与有关国家实现互利共赢发展的基础条件。以东亚为例，中国经济崛起带动了东亚区域内经济的迅速发展，使本地区主要依赖欧美市场的格局逐步开始出现变化的势头。基于这些有利条件，中国可以实现与本地区国家的双赢或多赢发展。

在国际格局、有关国家自身政治倾向变化和中国崛起等因素的影响下，区域内某些双边关系的稳定面临诸多挑战。但是，本地区国家之间，在经济和政治两方面都存在重要的共同利益。首先，共同发展是经济上的共同利益。在经济全球化时代，生产和经济体系相互融合，经济上的国界已逐步模糊，国际经济进入了谁也离不开谁的时代。一方面，中国的发展仍需要广泛借助各个国家的"力量"；另一方面，其他国家也需要从中国的快速发展和日益扩大的市场上获得利益。所以，经济关系的密切和深化为各国共同所需。其次，维护地区稳定是政治上的共同利益。尽管出发点不同，但是，不希望本地区局势出现较大波动的愿望却是一致的。避免地区不稳定局面的出现，是本地区各国都努力追求的目标。政经两方面共同利益的存在，使得地区内各方都会努力维护各个双边关系和多边关系在总趋势上的相对稳定，同时也使我们可以发挥经济手段稳定区域内双边关系的积极作用。

1. 加强经济合作，共享发展机遇，实现互利共赢

各国共享发展机遇有助于区域内双边和多边关系的稳定。应积极推进包容性发展，争取区域内外的合作共赢。第一，要加强国际经济合作，包括通过国际合作构建有关规则，以实现互利共赢；第二，各国应共享发展机遇，共同应对各种挑战；第三，注重经济政策协调，避免区域内形成相互间以邻为壑的政策选择态势。第四，各国求同存异，通过对话协商解决有关矛盾，实现共同经济政治安全；第五，要实行开放的地区主义，促进区域内外各经济体共同发展。

以"利益"而非"友好"来维系有关双边关系以达到稳定的目的，是今后区域关系稳定发展的重要核心；以经促政是今后处理有关问题的重要依托。就总的原则而言，实现有关国家之间利益的捆绑、利益的相互交织，是维持双方关系的最佳稳定器。

对于有关国家的政治势力，特别是所谓新生代政客中的保守群体，尽管其世界观已经成型而难以重塑，但是经济影响却是我国对其"晓以利害"的最有力手段。2010 年 9 月钓鱼岛"撞船"事件和 2012 年 8 月我国登岛人员被迅速送回等，是有力的佐证。经济关系的密切有助于促使有关国家对有关问题秉持理性态度，而不唐突举动。

而要达到上述目的，显然就需要经由企业和经济界，实现利益捆绑。利益相互交织在一起，则必然会带来双方关系稳定的结果。这从另一个方面提示我们，由于经济关系的密切化，一些国家的对华关系，即使出现某种波动，也不会下滑到令人难以接受的地步，因为中国市场的意义太重要了。

通过深化经济关系，使各国内部形成积极维护双边和多边关系的良好氛围，符合区域内所有各方的共同利益。

2. 积极充当区域经济合作的倡导者、引领者

这既是中国承担大国义务的体现，又能推动区域内形成最大共识，并实现区域经济合作的全面发展。

（1）提供"公共服务"，协调区域各方，促进经济合作进一步深化。作为区域内最重要的经济体之一，中国可承担更多的大国"义务"。不仅参与全球经济治理，在区域内部，也同样可发挥主动的经济影响，引领地

区一体化前进的方向。为此，中国应发挥积极的"倡导者"、"规划者"和"引领者"作用。这种身份本身就是中国为本地区提供"公共服务"的重要组成部分。一个大国要有能力为目标地区提供必需的"公共产品"，这对于体现大国"功效"是必需的。

这首先体现在积极规划地区战略，推进多层次区域经济合作安排发展方面。应最大限度地"调和"各种区域发展与合作中的矛盾。"和谐社会"与"和谐世界"这些概念的内涵告诉我们，稳定的区域经济关系和富有对话精神的区域政治关系同样是"和谐观"的一个重要组成部分。应努力避免或消弭区域内外可能的对抗和冲突，通过增强合作机制，实现包容性发展。

（2）破解借区域合作之名实行对中国的遏制。如前文所述，在"10＋3"和三个"10＋1"获得顺利推进的情况下，某些国家基于所谓"价值观外交"理念，出于遏制中国的需要，积极"攒动"有关国家一起推动东亚区域经济合作向"10＋6"扩展。这样的举动就核心推动者而言，其本意对中国并不友善，但是，这种政治上的图谋其实无法和密切的经济联系相对抗。由于中国经济的顺畅发展和中国市场的吸引力，在"10＋6"范围内形成的任何区域经济安排，最终都会主动期盼中国给他们带来更多的机会。所以，貌似对我国不利的这种区域合作范围的扩大，实际上对我国并无坏处。尤其是在有些国家试图在亚太区域经济合作中"排挤"中国而积极介入 TPP 的情况下，有意识地使东亚区域合作在"10＋6"这个扩大的范围上走向机制化，对我国反而是有利的。"10＋6"范围上的机制化，将和 TPP 形成一种博弈关系。它有可能会化解"TPP""排斥"中国的情况下给我国带来的不利影响。所以，针对有些国家因为加入"TPP"谈判进程的不顺畅等原因，而欲在近期积极推动"10＋6"范围上的机制化建设的举动，我国若持积极的支持态度，无论从哪个角度说，都是有益的。

（3）在各方主张中寻求最大共识，推动区域合作全面发展。东亚区域经济合作与现实经济需求，以及各方的承受能力是联系在一起的。考虑到利益需求的差异，以及经济发展水平的不同，要推动合作，就需要以共同利益为基础、谋求渐进式、多层次、全方位的共赢互利发展。

譬如，在东盟与有关各方之间，构筑自由贸易区是东亚区域经济合作的主流，这种自由贸易体系的构筑，与世界各地自由贸易区建设的趋势是相吻合的。但是，另一方面，东亚各国对于自由贸易区建设内涵的认识和主张，比传统的自由贸易区概念有所拓展。与"规范的"FTA 模式相比，由于国内的产业条件限制，日本所主张的区域经济合作模式，也具有一定的"不规范性"。这种经过变异的合作模式，已成为日本对外区域经济合作谈判中所主张的主流模式。

针对类似情况，或可尝试寻找"FTA"和"EPA"（日本主张的全面经济合作协定）两者之间的平衡点。FTA 越出传统概念，其涵盖领域逐步扩展至贸易之外，正在成为一种趋势。在这个意义上，EPA 涵盖领域的扩大，与 FTA 本身的扩展具有一致性。因此，可注意以多样化的方式，推动有关的多边和双边经济合作。

3. 通过区域经济合作等手段，稳定和发展双边关系

双边经济关系的深化，不仅有利于各自的经济发展，而且对于稳定国家之间关系也具有重要意义。首先，双边合作是区域经济合作的组成部分，有助于密切区域内经济关系；其次，经济关系深化有益于双边和多边关系的稳定与发展。

在本地区的一些国家之间，一个时期以来，在经济关系已经密不可分的同时，双边关系发展的政治基础并不稳固。在这种情况下，一方面，应该继续进行双边努力；另一方面，也有必要借助多边机制，为双边关系的稳定和发展创造积极的条件。

区域经济合作背景下区域内任何一个双边经济合作，一方面，是一个时期以来区域经济一体化的重要组成部分，它的发展既受到大环境的推动，同时也受到各种主客观条件的制约；另一方面，这种双边经济合作，又是双边关系自身发展的重要方面，它既是双边关系发展的结果，同时也对推动两国关系的深化产生着积极的作用。受各自利益关注点不同等影响，其发展应在兼顾双方各自需要的基础上采取更为灵活多样的方式，合作领域也将具有广泛性。区域内的双边经济合作既是全方位的，又是渐进式的。合作领域则可涵盖贸易、金融、环境保护、能源开发、知识产权保护、科技创新、次区域合作等各个方面。

以次区域合作为例，它涉及多个方面的合作，一是与双边直接相关的次区域合作，二是两国共同进行参与的其他次区域合作，三是两国内部一

些地区的发展合作。譬如，在东北亚有关国家之间，可以加强环黄渤海经济圈合作、图们江地区次区域合作等。在东南亚有关国家之间，则可围绕湄公河次区域开发等开展有关合作。而且，类似于湄公河流域共同开发这样的次区域合作，还可延揽更多成员参与。这些成员不仅包括次区域所在国家和邻近国家，也可以包括空间上存在较大距离的国家。这样的合作可以把更多的方面"捆绑"在同一个利益上。

此外，由于东亚地区的双边或多边经济合作等存在着相互促进的互动关系，所以还要研究如何营造有利的国际环境以从外部影响有关的双边关系。譬如，美国和若干个亚洲国家之间拥有所谓的"同盟关系"，不仅表明这种同盟关系带有以中国为假想敌的色彩，同时也意味着中美关系的良性互动会影响到美国的那些盟国。这从 2012 年围绕黄岩岛问题上菲律宾有关动作的变化能看出一些端倪。

再譬如，在中日韩与东盟之间、中韩与中日之间、东亚内部合作和 TPP 之间等，也都存在互动关系。在国家关系的互相影响上，作为中日两国近邻的东盟和韩国，中国与之关系的密切与否，也会影响到日本与中国的互动。因此，适宜的国际环境的营造也有助于各个双边关系的稳定。为稳定区域内双边关系，有必要从更高的视角，在更广泛的领域开展相关工作。

第三节　中国参与区域经济合作的战略选择

金融危机使全球经济格局进入新的调整时期，东亚经济同样加快了结构及增长方式的转型步伐，区域经济一体化正在经历关系未来的重要变化。而中国的崛起是此次危机导致的国际经济、政治领域的最大变化。扩大内需、加快转变经济发展方式，国际地位和影响力的显著提高，使中国"必须实行更加积极主动的开放战略"[1]，参与区域经济合作也因此被赋予

---

[1] 《中华人民共和国国民经济和社会发展第十二个五年规划纲要》，人民出版社 2011 年版，第 130 页。

更多的内涵和责任。中国 FTA 战略的深入实施必须做出相应的战略调整。

一、中国参与区域经济合作和 FTA 战略的发展进程

自由贸易协定已被视为进一步对外开放和加速国内改革的新平台、融入全球经济和加强与其他经济体经济合作的有效方法，尤其是对多边贸易体制的重要补充。截至目前，中国正与五大洲的 34 个国家/地区建设 10 个、商签 7 个 FTA，初步形成立足周边、辐射全球的 FTA 网络。[①]

随着中国经济对世界经济的推动作用愈加明显和全球贸易保护主义的抬头，针对中国的贸易和投资壁垒不断增加，贸易摩擦的政治化倾向愈加突出。自 2008 年以来中国遭遇的贸易保护措施累计超过 600 项，且日渐指向高新技术企业和产业政策等体制层面。[②] 来自墨西哥、巴西和印度等发展中国家的涉华贸易救济案件不断增加，阿根廷工业部长曾公开建议南方共同市场国家建立限制中国产品进口的集体对外贸易壁垒。[③] 通过构建双边/多边 FTA，中国营造了一个有别于整体的相对公平的区域贸易投资环境。以秘鲁对华反倾销调查为例，2001 年至 2006 年平均每年 2 起，且全部采取了反倾销措施；而自 2007 年启动 FTA 谈判以来仅发起 1 起，且最终未采取措施。[④]

① 中国与东盟、新加坡、巴基斯坦、新西兰、智利、秘鲁、哥斯达黎加的自由贸易协定，中国内地与香港、澳门的 CEPA，中国大陆与台湾的 ECFA，均已实施且进展良好。中国与南部非洲关税同盟、海湾合作委员会、澳大利亚、冰岛、挪威、瑞士、韩国分别构建 FTA 的谈判已启动。中国与印度的区域贸易安排、与日韩的 FTA 官产学联合研究业已完成；与哥伦比亚的 FTA 联合可行性研究刚刚启动。
② 沈玮青：《我国连续 17 年成贸易摩擦最多国家》，《新京报》2012 年 3 月 24 日 A24 版；崔鹏：《跨过贸易摩擦这道坎（入世十年调研行之一）》，《人民日报》2011 年 12 月 6 日第 2 版。
③ 孙韶华：《发展中国家涉华贸易救济案激增》，《经济参考报》2011 年 8 月 26 日第 2 版。
④ 朱洪：《自贸区为中国经济全球化构建新平台》，《中国经贸》2011 年第 4 期。

表6—4 危机后主要 FTA 伙伴对华货物贸易一览

FTA 伙伴			2009 年	2010 年	FTA 伙伴			2009 年	2010 年
中国香港	进出口	金额（亿美元）	3259.7	4060.6	东盟	进出口	金额（亿美元）	1782	2312
		同比（%）	−9.6（−10.7）	24.6（23.5）			同比（%）	−7.5（−20）	30（30）
	出口	金额（亿美元）	1643.6	2103.6		出口	金额（亿美元）	816	1135
		同比（%）	−8.0（−11）	28（21.6）			同比（%）	−4.7（−18）	39（29）
	进口	金额（亿美元）	1616.1	1957.1		进口	金额（亿美元）	966	1177
		同比（%）	−11.1（−10.4）	21.1（25.3）			同比（%）	−9.8（−23）	22（31）
中国澳门	进出口	金额（亿美元）	15.92	18.13	智利	进出口	金额（亿美元）	166.4	247.3
		同比（%）	−32.4（−27.5）	13.9（13.8）			同比	−0.1（−29.9）	48.7（35.8）
	出口	金额（亿美元）	1.40	0.99		出口	金额（亿美元）	115.4	164.6
		同比（%）	−42.9（−51.9）	−29.3（−9.5）			同比（%）	17.1（−28.2）	42.6（34.9）
	进口	金额（亿美元）	14.52	17.14		进口	金额（亿美元）	51	82.7
		同比（%）	−31.2（−19.2）	18.0（18.5）			同比（%）	−25（−32）	62.3（36.9）
巴基斯坦	进出口	金额（亿美元）	47.78	66.84	秘鲁	进出口	金额（亿美元）	73.47	105.39
		同比（%）	−12.6（−21.5）	39.9（20.0）			同比（%）	−5.9（−28）	43.4（35）
	出口	金额（亿美元）	9.98	14.36		出口	金额（亿美元）	40.78	54.26
		同比	37.3（−13.4）	43.9（22.0）			同比（%）	9.2（−15）	33.1（31）
	进口	金额（亿美元）	37.80	52.48		进口	金额（亿美元）	32.69	51.15
		同比（%）	−20.2（−25.4）	38.8（18.8）			同比（%）	−19.7（−28）	56.5（37）

FTA 伙伴			2009 年	2010 年	FTA 伙伴			2009 年	2010 年
新加坡	进出口	金额（亿美元）	522.8	700.6	新西兰	进出口	金额（亿美元）	59.7	83.9
		同比	−19.3 (−21.6)	34 (28.6)			同比（%）	−0.8 (−21.7)	36.3 (22.6)
	出口	金额（亿美元）	263.2	363.8		出口	金额（亿美元）	22.9	34.9
		同比（%）	−15.4 (−20.2)	38.2 (30.4)			同比（%）	29.1 (−18.3)	52.5 (25.7)
	进口	金额（亿美元）	259.6	336.7		进口	金额（亿美元）	36.9	49
		同比（%）	−23 (−23.1)	29.7 (26.5)			同比（%）	−13.2 (−25)	26.6 (19.6)

注：根据中国商务部、UN Comtrade 和 WTO 网站提供的 FTA 伙伴官方统计资料汇总整理并计算而成。括号内数字为同期该国／地区对外贸易同比增长情况。

危机爆发后中国对 FTA 伙伴的出口贸易好于总体表现。据中国海关统计，2009 年对 8 个、6 个 FTA 伙伴[1]的出口同比减少 11.1%、8.3%，低于同期 16% 的总体降幅。2010 年，与 10 个 FTA 伙伴的双边贸易额超过中国进出口总额的 1/4[2]；与除港澳台外其他 7 个 FTA 伙伴的双边贸易额同比增长 34.9%；对 10 个 FTA 伙伴和除港澳台外其他 7 个 FTA 伙伴的出口同比增长 32.4%、31.9%，高于同期 31.3% 的总体增幅；对智利、秘鲁的出口增速更是高出总体平均增速 1 倍以上。2011 年，与东盟的双边贸易再创新高（3629 亿美元），同比增长 24%，东盟超越日本成为中国的第三大贸易伙伴；对中国台湾出口同比上升 18%。有关国家的统计数据表明，FTA 伙伴的对华贸易，2009 年的降幅、2010 年的增幅大都好于同期其对外贸易的总体表现；新西兰、智利、秘鲁和巴基斯坦的对华出口甚

---

[1] 考虑到中国大陆与台湾的 ECFA、中国与哥斯达黎加的自由贸易协定分别于 2010 年 9 月和 2011 年 8 月生效，因此未将两者列入统计中；6 个 FTA 伙伴又将港澳排除在外。

[2] 中国国务院新闻办公室：《中国的对外贸易》，2012 年 12 月 11 日。中国政府网 http://www.gov.cn/zwgk/2011-12/07/content_2013475.htm。

至逆势上扬。2009 年，智利对华贸易顺差同比增长 110.8%；新加坡对华贸易由逆差转为顺差，2010 年同比增长 651.4%。中国超越美国成为智利、秘鲁的第一大贸易伙伴。FTA 稳定外需、促进出口、拓宽经济空间的作用初步显现，统筹利用两个市场、两种资源的能力相应增强。

二、金融危机对中国参与区域经济合作和 FTA 战略的影响

无论一直以来的粗放型快速增长还是正着力推进的经济转型，中国都高度依赖开放的贸易体系。危机对中国参与区域经济合作和 FTA 战略的影响主要包括内外两方面。

就外部环境而言，东亚的整体崛起和秩序建构本来就广受关注。危机所加快的实力、地位的此消彼长和相对变化，内生、外生的离心力同时存在，使东亚区域经济一体化面临前所未有的内外夹击、互动发展之势。多框架、多路径，跨区域、多角色，利益博弈更趋复杂，发展前景更不明朗，东亚国家无不面临着何去何从的选择问题。而这其中，美国的身影若隐若现，制衡中国的战略意图或多或少。中国非但没有因为自身的快速发展和应对危机的良好表现，在参与区域经济一体化中处于更为有利的位置，反倒愈加无法摆脱区域内外经济体对自身未来发展的忧虑。

一方面，作为东亚区域经济一体化无法回避的现实存在，美国高调重返亚洲，宣称"21 世纪将是美国的太平洋世纪"。本已处于"边缘化"停滞期的官方"经济合作论坛"APEC 再次受到关注，不但展开贸易和投资自由化的评估，而且重申构建亚太自由贸易区（FTAAP）的长远目标。本不起眼的《跨太平洋战略经济伙伴关系协定》（TPP）瞬间地位凸显，不仅成为美国搭乘东亚经济快车、实现"出口倍增计划"的突破口，还是其积极推动自身主导的亚太区域经济合作、牵制未能身处其中的东亚区域经济一体化的重要载体和关键平台。2011 年 APEC 峰会，美国更是声称"从更广泛的意义上说，跨太平洋伙伴关系有可能不仅为亚太地区，而且为未来的贸易协定树立典范"[①]；并与其他 8 国就 TPP 的广泛纲领达成一致，准

---

① 《奥巴马在跨太平洋伙伴关系会议上的讲话》，美国国务院国际信息局翻译，2011年 11 月发布。

备 2012 年形成最终协议。美国还在 2011 年以正式身份首次参加东亚峰会。亚太区域经济合作的格局更加复杂。

另一方面，东亚各国的合作视角外移，跨区域的双边/多边 FTA 迅速兴起，区域内的经济体相互之间、与域外经济体的双边/多边 FTA 日渐增多且彼此交织；东亚整体合作的制度化安排不但在跨区域双边/多边 FTA 的包围中、在亚太区域经济合作的渗透中举步维艰，而且产生了路径及地域分歧，具有竞争关系的"10＋3"和泛东亚的"10＋6"并存。危机爆发后东亚经济体的实力不平衡进一步加剧，区域内国家/地区根据形势变化对区域经济一体化的合作倡议进行了符合自身需要的战略微调。日本先是在 2009 年提出构建未明确包含美国的"东亚共同体"；后又在美国敦促下，2011 年明确参与 TPP 事前磋商，并"想作为接合部，把 TPP 与东亚连接起来"①。就连东盟也在 2010 年将东亚峰会的"10＋6"架构进一步扩容为纳入美国和俄罗斯、更具亚太属性的"10＋8"；2011 年东盟峰会更是明确由东盟主导、与 FTA/CEP 伙伴构建"区域全面经济伙伴关系(RCEP)框架"②。东亚区域经济一体化的进程更加"多向化"。

就内部环境而言，均与转型有关。中国经济的对外依存度不断加深，发展中的结构性问题和资源环境瓶颈日渐突出。全球尤其主要发达经济体复苏前景持续低迷，外部约束的进一步显现迫使中国加快既定的经济转型步伐。自改革开放以来一直秉持的出口导向、规模扩张、速度追求型发展战略，正在努力向内需拉动、质量提高、内涵增长型转变。

全球经济结构和贸易格局同样面临深刻调整。低碳发展成为主要发达国家和新兴经济体未来数十年的首选道路。发达经济体提出全球经济"再平衡"，一方面要求中国扩大内需，减少对出口的依赖；另一方面自身越来越倾向于通过对外输出，扩大并开拓清洁技术的国际市场，特别是拥有巨大需求的新兴发展中大国市场。美国更是将出口促进战略提升到前所未有的新高度，2010 年发出"国家出口倡议"5 年内出口翻番，宣布实施可

---

① 野田佳彦认为仅靠 TPP 很难"汲取亚洲的活力"。参见冈部直明：《日本的战略是连结 TPP 与东亚》，《日本经济新闻》2011 年 11 月 29 日。

② 参见"ASEAN Framework for Regional Comprehensive Economic Partnership"，http://www.aseansec.org/26744.htm。

再生能源与节能产品出口促进计划，正努力由"消费驱动"向"出口驱动"转变。而全球发展最快、最具活力的东亚，作为国际生产基地长期实行的出口导向型经济增长模式所受到的外部市场约束同样进一步增强，普遍面临扩大内需、刺激经济内生动力的挑战，东亚整体的结构调整也在加速。由主要依赖外部市场转向注意拓展内部市场，东亚区域市场和区域内贸易的重要性凸显。中国参与区域经济合作、加快实施 FTA 战略的重点指向更加明确。2011 年 12 月《中国的对外贸易》白皮书重申，"倡议建立东亚自由贸易区"[①]。

三、中国参与区域经济合作的主要目标与重点领域

《第十二个五年规划纲要》强调，必须适应"对外开放由出口和吸收外资为主转向进口和出口、吸收外资和对外投资并重的新形势"[②]。胡锦涛在 2011 年 12 月以"面向未来的中国对外开放战略"为主题的高层论坛上指出，"加快实施自由贸易区战略，推动区域经济一体化更好更快发展"。[③]作为"引进来"与"走出去"相结合、通过"互利共赢"谋求更高开放利益的重要平台和载体，中国参与区域经济合作尤其是 FTA 战略的深入实施，能够化繁为简，将相关目标有机整合在一个统一的框架之内，相互协调、有序推进，也因此被赋予了更多的内涵和责任。

1. 开拓新兴市场，推进出口市场多元化，稳定和拓展外需

中国出口导向型的发展方式在相当长的一段时期内不会发生根本性逆转。2010 年，欧、美、日、港、韩占进出口总额的 53.7%、出口总额的 63.4%；从 2011 年第 3 季度起，出口产品在美、欧、日市场上的占比均有所减少，纺织、服装、家具等七大类劳动密集型产品出口下降较快[④]；摆脱对传统发达经济体市场的过度依赖成为迫切的需要。《对外贸易发展

---

① 中华人民共和国国务院新闻办公室：《中国的对外贸易》，人民出版社 2011 年版，第 3 页。

② 《中华人民共和国国民经济和社会发展第十二个五年规划纲要》，人民出版社 2011 年版，第 130—135 页。

③ 胡锦涛：《中国将始终不渝奉行互利共赢的开放战略》，新华网 2011 年 12 月 11 日。

④ 回旭：《外贸多元化战略锁定三十国》，《国际商报》2012 年 2 月 1 日 A6 版；《商务部：将保持外贸政策稳定性和连续性》，《国际商报》2012 年 1 月 10 日 A3 版。

"十二五"规划》明确，到 2015 年，对新兴经济体、发展中国家等其他市场进出口占全国外贸比重力争提高 5 个百分点左右，达到 58%。[①]2012年 1 月商务部已选取 30 个国家作为外贸多元化战略重点突破的市场。通过构建 FTA，不仅能够较好地保障出口，还可以实现出口市场的多元化，起到稳定并拓展外部需求的积极作用。

2. 积极进口稀缺要素，促进进口来源地多样化，发挥扩大内需对贸易平衡发展的推动作用

中国的比较优势正从低成本向大市场转变，如果继续保持 2009 年后的进口增速，中国的商品进口总额将会在 2013 年由 2011 年的 1.7 万亿美元上升到 2.4 万亿美元，并超越美国成为世界第一大进口国[②]；2015 年社会消费品零售总额有望达到 32 万亿元人民币、今后 5 年进口总规模有望超过 8 万亿美元。[③]通过构建 FTA，将扩大内需和发挥大市场优势紧密结合，提升进口综合效应；把积极扩大进口作为转变外贸发展方式的重要内容，加强同贸易顺差来源地的经济技术合作，尤其是"先进技术、关键零部件、国内短缺资源和节能环保产品"的进口，促进要素结构的升级和高端要素的集聚，提升国内产业的技术水平和综合自主创新能力，切实保障能源资源及产业安全。

3. 体现"周边是首要"的外交方针，促进扩大开放与区域协调的多层次互动发展

内部经济发展不平衡，呈现梯度状态和转型及多元化特征，是中国与周边国家 / 地区构建 FTA 独特的大国综合优势。通过与周边国家 / 地区构建 FTA，开展双边合作尤其是次区域合作，分享自身经济增长的利益与空间，加强基础设施的互联互通和重点口岸、边境城市、边境（跨境）经济合作区及重点开发开放试验区建设[④]，不仅能够加快沿边地区的开放步伐、

---

① 中国商务部外贸司：《对外贸易发展"十二五"规划》，2012 年 4 月 6 日。

② 博鳌亚洲论坛秘书处：《博鳌亚洲论坛亚洲经济一体化进程 2012 年度报告》，对外经济贸易大学出版社 2012 年版，第 38—39 页。

③ 胡锦涛：《中国将始终不渝奉行互利共赢的开放战略》，新华网 2011 年 12 月 11 日。

④ 《第十二个五年规划纲要》明确：把黑龙江、吉林、辽宁、内蒙古建成向东北亚开放的重要枢纽，把新疆建成向西开放的重要基地，把广西建成与东盟合作的新高地，把云南建成向西南开放的重要桥头堡。

提升其对外开放的水平，还可以充分发挥沿边地缘优势，"以合作促发展、以合作化争端"①，增强与周边国家的睦邻友好关系和战略互信，为中国经济长期稳定发展创造良好的周边环境。

4. 推动"走出去"，促进与先进要素的域外组合，突破发展的资源环境瓶颈和外部体制约束

"走出去"利用外部市场和资源，推进自主创新与自主产业结构升级，是中国深化对外开放、实现互利共赢的有效途径。FDI 所构建的境外生产体系还能够对国内的结构转型及方式转变产生一定的倒逼作用。通过构建 FTA，不但可以将相关产业转移到经济发展水平较低的 FTA 伙伴，规避重要出口市场的贸易壁垒；而且有利于不同国家不同生产要素的优化组合，尤其是通过并购研发机构、国际品牌和掌控国际营销渠道，主动形成与发达经济体先进要素的有效结合，利用并获取先进的管理经验、技术资源；更为重要的，通过开展有利于改善东道国民生和增强东道国自主发展能力的合作，造福当地人民，互利共赢。国务院发展研究中心的问卷调查显示，550 多家受访企业 62% 将东南亚新兴经济体作为未来意向投资地，高于其他意向地 30%—50% ②。

5. "扩大和深化同各方利益的汇合点"，适当提供公共产品，体现"积极有为的国际责任观"

随着成员方关税水平的逐步降低和地缘范围的不断打破，参与区域经济一体化的利益取向更加多元化。在 FTA 构建过程中，尊重并顾及 FTA 伙伴包括能源资源安全、环境保护在内的正当关切和经济利益，按照国际通行规则和当地法律规章约束"走出去"企业的经营行为，主动承担相应的社会责任，并在力所能及的范围内为区域经济合作提供一定的公共产品。不但能够真切体现中国所秉持的"积极有为的国际责任观"，而且有利于树立中国负责任的大国形象，为随着综合国力的不断增强，以更积极的姿态更正面的形象有效参与国际治理和国际规则制定，积累经验、奠定基础。

---

① 中国国务院新闻办公室：《中国的和平发展》，人民出版社 2011 年版，第 5 页。

② 张丽平：《中国与东盟经贸快速发展基于三大因素》，中国网 2011 年 6 月 30 日。

6. 扩大话语权，维护并加强全球多边贸易体制，促进国际经济秩序更加公正合理的发展

讨价还价能力的提高，是参与区域经济一体化的主要非传统收益。美国就曾成功地使 NAFTA 的知识产权保护、服务贸易自由化、与贸易相关的投资措施等纳入 GATT 乌拉圭回合谈判议题，影响了国际经济规则的制定。通过构建 FTA，尽可能团结 FTA 伙伴尤其是发展中成员方，依靠集团的整体合力应对日益快速变化的国际经济环境，继续支持 WTO 多哈发展回合谈判；积极参与 G20 等全球经济治理机制建设和国际经济体系改革，"共同推动经济全球化朝着均衡、普惠、共赢方向发展"，"努力建立公正、公开、合理、非歧视的多边贸易体制"①，更好地维护自身的根本利益和共同利益。

四、中国参与区域经济合作加快 FTA 建设的战略选择

中国 FTA 战略的深入实施，既要积极落实已签订的 FTA 协定，促进现有 FTA 的深化与拓展，又要切实加快正在进行的 FTA 谈判进程，争取现有 FTA 谈判取得实质性突破，更要选择有战略意义的经贸合作伙伴尽快启动新的 FTA 谈判，在错综复杂中继续推进东亚区域经济一体化，并形成与亚太区域经济合作的良性互动。"周边是首要"、东亚为依托，双边、多边、区域及次区域齐头并进②，逐步形成以中国经济一体化为核心、东亚区域经济一体化为"支点"③、亚太区域经济一体化为扩展的"轮轴"辐射状全球性区域经济合作网络，牢牢把握住开放战略升级的主动权。

1. 制定整体战略规划，完善战略布局，尽可能规避"意大利面碗效应"

作为实现国家安全和经贸利益的重要战略工具，参与区域经济一体化

---

① 中国国务院新闻办公室：《中国的和平发展》，人民出版社 2011 年版，第 16、17 页。

② 《中国的和平发展》白皮书明确："推进地区经济一体化进程，完善现有区域次区域合作机制，对其他区域合作构想持开放态度，欢迎地区外国家在促进地区和平与发展中发挥建设性作用。"

③ 中国商务部长陈德铭强调："按照平等互惠、形式多样、注重实效的原则，以周边自贸区建设为支点，逐步向拉美、非洲、欧洲辐射。"参见《对外经贸统计》编辑部：《中国自由贸易区战略》，《对外经贸统计》2010 年第 2 期。

必须具有相对清晰的整体性目标和长远规划、相对完善合理的战略布局和运筹协调的专门机构，这是 FTA 战略得以有效实施的前提和基础。日本早在起步的 2002 年就发布《自由贸易协定战略》，随后几年又相继推出《加强经济伙伴关系的政策》、《关于今后推进经济伙伴关系协定的基本方针》、《关于经济伙伴关系协定谈判的时间表》；外务省和经济产业省还设置了"FTA 推进本部"，经济司内也有"FTA 及经济伙伴关系处"。韩国 2003 年 9 月就已形成 FTA 路线图，并制定《自由贸易协定缔结程序规定（总统训令）》；外交通商部设有"自由贸易协定局"，2008 年发布《韩国的 FTA 政策》。而中国尽管已明确实施 FTA 战略，也在商务部网站设有"自由贸易区服务网"，还是相对缺乏或尚未公布目标、步骤、措施清晰的战略规划和负责协调管理的专门机构，既不利于消除国际社会对自身战略意图的疑虑，也不利于主动推进合作，最大限度地获取战略利益。

随着 FTA 网络的扩展，原产地规则日渐复杂且互不相同、彼此交织，产生了"意大利面碗效应"；不但使原产地的确定更加困难，影响优惠政策的企业利用率，而且增加了 FTA 的运行成本。与此相类似的还有各种标准、规则的制定及执行。有必要对 FTA 的相关条款进行相应的规范化处理，尽量形成统一的 FTA 原产地规则和标准。APEC 就已制定 15 条 FTA 示范条款，对贸易便利化、争端解决、透明度、卫生和植物检疫措施、原产地规则等作出详细的说明和建议。

2. 积极推进 CEPA、ECFA 的深入实施，逐步形成中国 FTA 战略的核心圈层

随着 ECFA 的正式生效，以市场为基础、制度化安排和机制化规范为保障的"大中华经济圈"的基本架构初步形成。除了进一步深化 CEPA，还应借鉴其服务贸易及投资便利化的先行经验，加快 ECFA 后续协议的协商，形成有利于深化两岸经济合作的贸易投资及政策环境；并可随着 CEPA、ECFA 的不断展开，通过跨境贸易人民币结算探讨人民币的区域整合，适时推动港澳台之间的制度性经济一体化；尤其应抓住危机所带来的全球产业调整的历史机遇，深化两岸四地的产业特别是新兴产业和服务业的合作，通过更广领域的双向投资促进产业升级和经济转型。东亚区域经济合作尤其 CAFTA 是"大中华经济圈"构建的现实背景和推动力量，还应积极探讨

CEPA、ECFA 同现有东亚区域经济合作机制相衔接的可行途径。①

3. 深化 CAFTA 建设，加快与东盟成员国 FTA 的构建，夯实中国 FTA 战略的关键依托

CAFTA 的深化与拓展具有极为现实的必要性和更为深远的战略意义，既是避免边缘化、切实融入东亚经济一体化的中国 FTA 战略的必然选择，也是增加向心力、通过"10＋1"有效推进"10＋3"实质性区域经济合作的战略需要。

尽管已形成相对完整的贸易投资自由化制度框架，CAFTA 建设还需逐步完善 FTA 的运行机制，尤其是具有强制约束力的规范体系，切实提高协议的利用效率和执行效果。CAFTA 优惠政策企业利用率不到 30%②；近 60% 的企业认为，缺乏相关信息、取得原产地证书太慢、费用过高、非关税障碍太多等因素制约了出口的扩大。③ 应加大对 CAFTA 及其条款的宣传和解释力度，加强操作层面的对接，增进民间中小企业的了解和利用，充分发挥既有协议的积极作用。中国与东盟的双向投资已累计超过 900 亿美元，中国对东盟的累计投资也已突破 200 亿美元。④CAFTA 的企业合作正呈上升态势。如何协调彼此利益、深化分工效应成为 CAFTA 亟待解决的问题。一方面，通过提高贸易投资便利化水平和加强产业、贸易、投资政策的协调与配套，进一步加大对东盟的直接投资，积极主动地实现行业对接和产业合作。另一方面，进一步向东盟开放市场，尽快单方或临时性减免部分特有产品的关税，促进 FTA 的整体福利增长和均衡分配，逐步减少甚至摆脱对域外市场的依赖⑤。

---

① 香港已提出加入 CAFTA，东盟现阶段仍在进行相关研究和审核。参见黎藜、史先振：《香港特区官员表示香港愿为中国－东盟自贸区提供服务》，新华网 2012 年 4 月 27 日。

② 赵珊：《2012：实施行业对接为当务之急》，《人民日报海外版》2012 年 1 月 16 日第 2 版。

③ 张蕴岭、沈铭辉：《FTA 对商业活动的影响——基于对中国企业的问卷调查》，《当代亚太》2010 年第 1 期。

④ 阮煜琳：《东盟已成为中国企业海外投资的首选目的地》，中新网 2012 年 4 月 12 日。

⑤ 新加坡国立大学亚洲竞争力研究所所长陈企业指出，东盟（印尼、泰国、新加坡、菲律宾和马来西亚 5 个创始国）作为一个整体，20 世纪 80 年代对美国的依赖程度是对中国的 20 倍，而 2000 年、2010 年已逐步降低到不超过 5 倍。参见丁刚、暨佩娟：《东盟出口对美依存度大降》，《人民日报》2011 年 9 月 6 日第 22 版。

东盟的政治经济状况是影响 CAFTA 建设的重要因素。中国发起设立了总规模达 100 亿美元的中国—东盟投资合作基金，并已承诺在东盟国家各建立一个经贸合作区。应尊重东盟关于能源安全、环境保护的正当关切，大力拓展科技、环保、能源等领域的合作，加快落实《中国－东盟交通合作战略规划》和《东盟互联互通总体规划》，特别是海上互联互通；进一步加强与东盟的社会人文交流，使民众成为 CAFTA 的坚定支持者和积极建设者；继续对东盟落后国家减债，并通过早期收获等创新方式扩大优惠的广度和深度，适当提供区域性公共产品，促使"走出去"企业承担相应的社会责任，巩固 CAFTA 深入发展所必须依赖的和谐环境。

加大与东盟成员国 FTA 的构建，开展多层次、宽领域的区域经济合作。中国的迅速发展和崛起，使东盟在享受 CAFTA 积极成果的同时，也产生甚至增加了对中国的疑虑和担心。除了经济发展水平的差异，东盟国家在如何对待中国的问题上分歧明显。加之随着 CAFTA 的深入发展，东盟各成员获益不一，进一步影响到各自的关注点和参与意愿。可从东盟内部选择合适的对象单独进行双边 FTA 的磋商，在 CAFTA 基础上进一步加快贸易投资自由化便利化进程，拓展经贸合作的深度与广度。通过区别对待和两手对两手，扩大中国在东盟的政策选择空间和灵活性，获取相应的战略利益。

4. 以功能性合作为现实切入，加快中日韩 FTA 的构建和"10＋3"经济一体化的进程

危机使东亚区域市场和区域内贸易的重要性凸显；随着中国"大市场效应"和"世界市场"潜力的不断释放，中日韩之间的相互依赖进一步加深。2010 年，中国是日本、韩国最大的贸易伙伴；2011 年底，三国 FTA 官产学联合研究结束。无论"10＋3"经济一体化还是中日韩 FTA 的构建，均面临前所未有的新机遇。尤为重要的，中日韩 FTA 的构建，不但能够尽可能规避以美国为主导的 TPP 带来的贸易转移效应，而且可以在美国重返亚太后继续保持自身 FTA 战略的主动性，积极推进"10＋3"经济一体化。

欧盟从"欧洲煤钢共同体"个别产业领域的共同市场起步不断拓展的经验表明，选择具有较多共同经济利益而冲突又相对较小的非敏感领域优先进行区域合作，不失为一条通过加强彼此之间的了解和信任，逐步走向制度化安排的相对便捷且易于取得实质性进展的现实途径。较之于相对稳

定的区域内贸易，中日韩之间的投资比重不仅低还波动大，签署投资协定也成为日韩同意展开 FTA 谈判的条件之一；历经 5 年，中日韩投资协定谈判终于在 2012 年 3 月完成，并于 5 月正式签署协定文本。东亚经济加速转型推动了能源、环境以及与之紧密相连的节能和清洁技术等优先领域的功能性合作。共同的能源安全、环境保护意识和行为取向，为能源、环境合作制度化的形成奠定了广泛基础，与能源、环境密切相关的贸易和投资领域的制度化安排自然也相对容易实施，从而能够进一步推动各自的结构调整和经济转型，增强 FTA 的内部驱动力。

区域经济一体化还可从特定平台入手。就目前而言，可充分发挥沿边地缘优势，通过"图们江经济合作区"、"环黄渤海经济圈"和"环日本海经济圈"的次区域合作，增强相互之间的睦邻友好关系和战略互信，促进中日韩 FTA 的构建。在具体路径选择上，可通过建立双边 FTA 推动多边FTA 的形成。福田康夫 2012 年 4 月提议，在开展中日韩 FTA 谈判的同时，进行中日、中韩、日韩经济合作协定（EPA）的商讨。[1] 中韩 FTA 谈判已于 2012 年 5 月宣布启动，可以相对较多的精力投入中韩 FTA 的构建，并以示范效应推动中日及中日韩 FTA 的构建。

5. 以周边国家为主扩大南南型 FTA，承担适当的区域治理责任，保障战略性资源供应

危机的爆发与持续凸显并放大了中国的崛起。美国战略重心东移，周边国家两面下注，中国的周边环境动荡不安。作为"睦邻、安邻、富邻"的具体贯彻和集中体现，中国 FTA 战略的实施，必须兼顾东亚以外的其他周边国家，既可以真正与之共享自身经济增长的利益与空间，又能够让其真切了解自身的战略意图，增进相互间的友好关系，进而对各种矛盾、冲突起到一定的牵制作用。

由区域经济一体化所产生的整体利益必然存在一定的分配不均。与周边国家 FTA 的构建，除采取早期收获等灵活性措施，还应尊重并顾及伙伴国的正当关切和经济利益，加强人力资源、科学技术合作和基础设施、中小企业能力建设，通过让渡自身从 FTA 中获得的部分利益，适当提供公共

---

[1] 尾岛岛雄：《福田康夫：要严厉对待朝鲜问题》，《日本经济新闻》2012 年 4 月 16 日。

产品，支持伙伴国加速实现发展目标。深入推进中国－巴基斯坦 FTA 建设，谨慎处理利益分配问题，与《亚太贸易协定》框架下对孟加拉、斯里兰卡的特别优惠待遇一起发挥积极的示范效应，带动并促进与南亚国家 FTA 的构建。从重点领域的功能性合作入手，继续探讨与印度的区域贸易安排。

与资源丰富的国家建立紧密的制度化经济贸易合作安排，以更低的成本充分利用国外资源，以更稳定的渠道保障战略性资源的供应，形成更为广阔而稳定的经济腹地，是中国实施 FTA 战略的必然选择。与上海合作组织及其成员构建 FTA，不但能够较好地缓解战略性资源的供应紧张，有助于能源、资源安全，而且可以拓展中亚和俄罗斯市场，有利于出口市场的多元化；就目前而言，同样需要从重点领域的功能性合作入手逐步推动。与此相类似的还有西亚、南部非洲关税同盟和南美的阿根廷、巴西；尤其应加快与海合会 FTA 的谈判进程。

6. 有选择性地扩大南北型 FTA，通过适度超前开放，倒逼产业升级和结构转型

通常来说，缔结南北型 FTA，不但更有利于发展中经济体向外界发出自身开放型政策及其连续性的明确信号，更好地提高国际信誉，有效规避贸易摩擦，而且可以更为便利地进入发达经济体市场，更好地释放投资效应，也更益于自身的研发密集型产业获取先进的知识和技术。逐步扩大南北型 FTA，是中国实施 FTA 战略不可忽视的有机组成部分。

南北型 FTA 的内容更为全面，要求也更为严格；为尽可能地获取综合收益，应立足本国实际由易到难选择适当的 FTA 伙伴。可延续目前策略，优先与规模较小的发达经济体构建 FTA；待积累一定的相关经验、适应能力相应提高后，再逐步拓展至规模稍大或竞争性更强的发达经济体。在具体 FTA 的构建中也应循序渐进，积极稳妥地开放；尽可能在相对较长的过渡期内有效保护某些重大战略性产业和敏感产品；通过早期收获等灵活性措施使自身的优势产业尽快受益；与发达经济体相比仍处于劣势的某些优势领域则可适当超前开放，通过促进竞争倒逼产业升级和结构优化。

7. 积极构建 FTA 网络，争取更多的"轮轴"利益，避免固化"辐条"劣势

随着 FTA 的蓬勃发展，不同 FTA 成员相互重叠的现象愈加突出，交

织成复杂的 FTA 网络，产生了相应的"轮轴—辐条效应"。"轮轴"产品可相对优惠、便利地进入所有"辐条"市场，"辐条"产品却因原产地规则只能较为便利地进入"轮轴"市场。"轮轴"不仅能够吸引更多资本进入自身市场，在 FTA 具体条款的谈判中拥有更多讨价还价的能力；还可以凭借为避免不利地位而成为新"辐条"的网络外经济体所带来的内部市场竞争和外部市场扩张，再次提高自身的福利水平。"轮轴—辐条"内在的自我扩张，加剧了 FTA 网络利益分配的不均衡性。

东亚及亚太区域经济合作已呈复杂的网络化态势，中国存在着固化"辐条"劣势的风险。无论从全球还是地区战略考虑，都应建立以自身为"轮轴"的 FTA 网络。在 FTA 战略的具体实施中，尽量选择与"轮轴"构建 FTA。既可以利用其业已存在的 FTA 网络，相对便利地进入其他"辐条"市场，又能够进一步增加自身对网络外经济体的吸引力，相对便利地扩大 FTA 的覆盖范围，尽快完成从"辐条"向"轮轴"的转变。

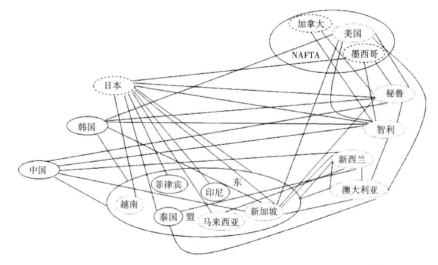

图 6—1　亚太地区的 FTA 网络和"轮轴—辐条"体系 ①

8. 抱持更为开放的态度，多路径推动并形成东亚及亚太区域经济一体化的良性互动

尽管口头上一直表示支持"10＋3"，日本行动上却坚持不懈要求建立

①　根据 WTO 网站提供的统计资料整理绘制而成。

以"10+6"为基础的全面经济伙伴关系；其还巧妙利用 TPP 获取谈判筹码和话语权，在一定程度上推动了"10+6"。2011 年 8 月，中国同其一起提出加快"东亚自由贸易区（10+3）"和"东亚全面经济伙伴关系（10+6）"的联合提案。东盟成立 4 个工作组，研究"10+3"FTA 和东亚全面经济伙伴关系①；2011 年 11 月东盟峰会决定，2013 年后成立由"10+6"成员共同参与的广域自由贸易区。②虽然整合较之"10+3"更为不易，但仅就经济而言，研究已经表明"10+6"能够使所有域内经济体获取更大的收益；而且中国与新西兰的自由贸易协定业已实施且进展良好，与澳大利亚也已展开 10 多轮 FTA 谈判，与印度的区域贸易安排联合研究早在 2007 年就已完成。应抱持开放态度，密切关注其进展情况，并给予适当的理解；在有所坚持的前提下顺势而为，不拘泥于顺序的先后，力争在充满变数的东亚区域经济合作进程中不丧失先机，获取尽可能的收益。

尽管 APEC 峰会已明确，借助"10+3"、"10+6"、TPP 等合作机制，逐步建设 FTAAP；美国还是将满腔的热情倾注于 TPP，视其为构建 FTAAP 的唯一途径甚至取而代之。就目前而言，全面的市场开放、过高的进入门槛、严格的快速推进时间表，特别是在美国主导下更多关注非贸易领域和制度层面，环境和劳工标准、竞争政策、知识产权、国有企业等条款，中国还需假以时日方能适应，短期内加入 TPP 的可能性较小；TPP 谈判在 2011 年取得快速进展，已就广泛纲领达成一致，2012 年 4 月又密集安排了 8 次针对具体领域的工作会议③，拟于 2012 年形成最终协议，中国作为首批成员参与规则制定的可能性已微乎其微。

成员方经济社会发展水平参差不齐，利益诉求也有很大不同，TPP 尚存在诸多的不确定性和相对较大的风险性。美国贸易代表办公室表示

① 东盟秘书处市场一体化司长苏巴什·保斯·皮莱透露。参见吴成良、丁刚、暨佩娟：《东亚自贸区建设有望提速》，《人民日报》2011 年 8 月 15 日第 3 版。

② 日本《朝日新闻》2011 年 11 月 18 日刊发题为《亚洲大经济圈构想》的报道：东盟决定 2012 年 11 月峰会确定纳入该自贸体系的商品和服务种类及规则，然后向其他 6 国发出邀请，确认其是否愿意加入。参见新华网：《担忧美国夺走亚洲主导权东盟推动建立亚洲大经济圈》，2011 年 11 月 19 日。

③ 李关云、樊诗云：《TPP VS."10+X"亚洲棋局正酣》，《21 世纪经济报道》2012 年 4 月 2 日第 29 版。

TPP 将帮助美国扩展出口市场，但 2010 年美国对 8 个 TPP 伙伴的贸易依存度仅为 5.5%，只与市场规模相对有限的越南、文莱、新西兰尚未建立 FTA。① 日本加入 TPP 之路布满荆棘，2012 年 2 月结束的首轮 TPP 事前磋商，美国、澳大利亚、新西兰均未明确表态；而其国内更是反对之声不绝于耳，农林水产大臣表示应在各国提出相应条件后再决定是否加入谈判②；4 月野田佳彦访美，TPP 的谈判问题止步于"继续推进两国间的合作"的阶段。③ 截至 2012 年 5 月底参与 TPP 谈判的成员，除美国外都与中国有着或多或少的 FTA 关系：新加坡、新西兰、智利、秘鲁已与中国展开双边 FTA 建设，澳大利亚与中国的 FTA 谈判正在进行中，文莱、马来西亚、越南、新加坡和中国同为 CAFTA 成员。中国完全可以抱持更为积极的开放态度。一方面，继续关注 TPP 的进展情况并认真进行 TPP 协定文本及其实质性义务的相关研究，早作预案、适时决策。另一方面，将其作为加快东亚区域经济一体化的重要契机，日本为加入 TPP 谈判而被迫作出的市场开放承诺同样有助于消除"3"和"10＋3"的谈判障碍。日本前驻华大使丹羽宇一郎就曾表示，TPP 与东亚经济一体化不是二选一的关系，二者和中日韩 FTA 完全可以同时进行。④ 积极推动中日韩 FTA 的构建，尽可能减少 TPP 的贸易及投资转移效应；正视并承认美国在东亚的现实利益和长远影响，实行对美国开放的东亚区域经济合作。2012 年 2 月《关于加强中美经济关系的联合情况说明》指出，中美双方同意分享各自在 TPP、中日韩 FTA 等区域自贸协定中的相关信息。⑤

---

① 8 个 TPP 伙伴对美国的贸易依存度低于其对中国（秘鲁除外）和东盟（秘鲁和智利除外）的水平。2010 年美国和 TPP 伙伴的双边贸易总额为 1710 亿美元，较之美中的 4570 亿美元尚有很大差距。成员间较小的贸易量和较低的贸易依存度，使 TPP 未来很大程度上取决于更符合经济解释的成员扩展，但扩大 TPP 成员范围同高质量的 TPP 间存在矛盾。参见《博鳌亚洲论坛亚洲经济一体化进程 2012 年度报告》，对外经济贸易大学出版社 2012 年 3 月版，第 34、35、38 页。
② 明月编译：《日本外相希望围绕日本加入 TPP 谈判条件加紧协商》，中新网 2012 年 2 月 24 日。
③ 藤田直央：《日美将联手制衡中国》，《朝日新闻》2012 年 5 月 1 日。
④ 江玮：《日本驻华大使丹羽宇一郎：TPP 不会分化东亚经济体》，《21 世纪经济报道》2012 年 4 月 2 日第 29 版。
⑤ 《中美发布〈关于加强中美经济关系的联合情况说明〉》，新华网 2012 年 2 月 15 日。

特别需要强调，牵制东亚区域经济的制度性一体化是美国重返亚洲的目的之一。日前参与 TPP 谈判的有 4 个东盟成员，加上后续可能跟进的将会超过一半，东盟的分化不容忽视。支持东盟的经济一体化建设，增加东盟的凝聚力和吸引力，对东亚区域经济一体化的顺利推进十分重要。印尼驻华大使易慕龙强调，东盟应继续作为驱动力量决定地区议程。[①] 坚持"10＋3"的主渠道作用、"10＋8"领导人引领的战略性论坛性质，积极倡导包容性发展，强调区域经济一体化对弱小经济体的灵活安排，尽可能避免东盟成员的摇摆不定。

---

① 江玮：《印尼驻华大使：东盟依然是印尼优先考虑框架》，《21 世纪经济报道》2012
　年 4 月 2 日第 30 版。

第七章　危机后的全球经济治理与中国的参与战略

　　全球金融危机对国际政治经济格局造成了重大影响，由此带来的体系转型使中国未来发展面临着深刻变化的国际环境。由于世界经济格局的变化与中国国际地位的提升，探讨中国的国际经济战略，已不能将外部世界视为既定之常量，而必须将中国置于世界政治经济的整体结构之中，关注"中国与世界"、"政治与经济"之间的互动。中国要实现对外经济发展方式的转型升级，必须积极参与全球经济治理。当前的国际机制是中国推进对外经济发展方式转型所处的外部战略环境。作为国际社会中的重要行为体，在制定国际经济战略时中国必须准确把握世界经济格局与全球经济治理的发展趋势，只有这样才能顺势而为，以一个负责任大国在全球经济治理与体制建设上提出合理主张，发挥积极作用。

第一节　全球经济治理的观念变迁 [①]

　　丹尼·罗德里克(Dani Rodrik) 在颇具影响力的一部著作标题中问道："全球化走得太远了吗?" [②] 如果当时还有许多人对此感到不以为然的话，

[①] 本节是发表于《外交评论》2011 年第 3 期的《全球经济治理的观念变迁：重构内嵌的自由主义?》一文的主要内容。

[②] Dani Rodrik: *Has globalization gone too far?* , Washington, D.C.: Institute for International

那么随后的亚洲金融危机显然以事实表明，罗德里克的顾虑绝非杞人忧天。事隔仅仅十年，金融危机再次爆发并且席卷全球，迫使整个世界不得不反思全球经济治理的缺陷，为之寻求尽可能稳妥且长远的解决之道。如今，几乎没有谁会相信：全球经济治理架构无需调整，即可自如驾驭应对国际经济一体化进程。危机余波未平，而全球化又一次置身于十字路口。

在这样的背景下，人们自然而然地将目光聚焦于全球经济治理主要机构的运作模式与绩效，寄望通过改革现有机制，实现国际经济领域的合作与共赢，避免类似重大危机的再度发生。迄今为止，已有大量研究集中关注国际货币基金组织（IMF）、世界银行（World Bank）、世界贸易组织（WTO）、八国集团（G8）与二十国集团（G20）等正式或非正式国际组织在全球经济治理中的功用及其沿革，其用意多在探讨如何让它们更好地发挥作用，以实现善治（good governance）。

从逻辑来看，"全球经济领域能否实现善治"这一问题，实际上隐含了这样的预设，即国际社会（共同体）在经济事务方面，对"何者为善"存在着某种规范性的共识。因此，着重从观念层面考察全球经济治理及其演变可能是有益的。在全球经济治理的观念层面，现状与此前历史息息相关，若不能把握早先主导观念的由来，则无从理解当下的特征及走向。本节的主要目的是勾勒出全球经济治理主导观念演变的整体脉络。首先，我们将简要回顾第二次世界大战结束至全球金融危机爆发前，全球经济治理的两个时期；它们分别以内嵌的自由主义（embedded liberalism）、新自由主义（neo-liberalism）为核心理念。其次，我们将关注金融危机爆发以来，全球经济治理在观念层面的变化与特征，并就其走势做出初步判断。

一、全球经济治理的主导观念

1945 年之后的全球经济治理体系，实际上包含了众多的多边协议、正式机构与非正式网络。不过，其中最为重要的几个机构均源自于布雷顿森林协定。[①] 第二次世界大战结束前不久，通过布雷顿森林协定，以美国

Economics, 1997.

① Andrew Heywood: *Global politics*, New York: Palgrave Macmillan, 2011, p. 459.

为首的各主要国家开始着手创建战后经济秩序的基本架构，随后成立的三大组织：IMF、世界银行、关税与贸易总协定（GATT，亦即 WTO 的前身），被统称为"布雷顿森林体系"。[①] 第二次世界大战结束后半个多世纪以来，它们始终是全球经济治理中最为关键的行为体。

国际关系领域的学者早已发现：观念对政策结果有着相当程度的影响。观念为行为者提供了路线图，使其对目标或目标—手段之间的关系更加清晰；观念影响着战略形势的结果；观念还能嵌入到政治制度当中。[②] 据此来看，一个合乎逻辑的推论就是：如果全球经济治理确实具有某种主导性的观念，它必定会体现在布雷顿森林体系三大支柱的决策与运作模式之中。

朱迪斯·戈尔茨坦（Judith Goldstein）与罗伯特·O. 基欧汉（Robert O. Keohane）区分了三种信念：世界观、原则化的信念、因果信念。世界观在最根本的层面上规定着行动可能性的领域；原则化信念包括了区分是非、正义与非正义标准的规范性观念；而因果信念则涉及原因与结果之间的关系，它蕴涵着达到目标的战略。[③] 从这一视角来看，本节关注的"观念"更接近于上述第二种信念类型，即原则化的信念。正是这种信念，构成了国际机制的核心特征。按照斯蒂芬·克拉斯纳（Stephen D. Krasner）给出的定义，国际机制（international regimes）指的是"既定国际关系领域内的一系列隐含或明确的原则、规范、规则与决策程序，行为体的预期围绕着它们而汇聚在一起。所谓原则，是关于事实、因果关系及诚实的信念；所谓规范，是依照权利和义务而界定的行为标准；所谓规则，是关于行动的具体规定与禁制。所谓决策程序，是制定和实施集体抉择的通行做法。"[④] 显然，本节所使用的"观念"一词，更近于国际机制的"原则"、"规

---

① Andrew Heywood: *Global politics*, New York: Palgrave Macmillan, 2011, p. 459.

② 朱迪斯·戈尔茨坦、罗伯特·O. 基欧汉："观念与外交政策：分析框架"，载［美］朱迪斯·戈尔茨坦、罗伯特·O. 基欧汉编：《观念与外交政策：信念、制度与政治变迁》，刘东国、于军译，北京大学出版社 2005 年版，第 3 页。

③ 朱迪斯·戈尔茨坦、罗伯特·O. 基欧汉："观念与外交政策：分析框架"，载［美］朱迪斯·戈尔茨坦、罗伯特·O. 基欧汉编：《观念与外交政策：信念、制度与政治变迁》，刘东国、于军译，北京大学出版社 2005 年版，第 3 页。

④ Stephen D. Krasner: "Structural Causes and Regime Consequences: Regimes as Intervening Variables", *International Organization*, Vol. 36, No. 2, 1982, p. 186.

范"层面。①

循着这一视角出发，第二次世界大战后至今的全球经济治理大致可以划分为三个时期：它们分别呈现出不同的核心理念，即内嵌的自由主义②、新自由主义，以及当下诸般观念相互竞争的不确定时期。③

二、内嵌的自由主义时期

在内嵌的自由主义时期，多边主义与国内稳定互为前提的理念，成为各主要国家共同认可与接受的基本规范。④ 国家在投身多边主义行为、推动经济一体化进程的同时，有责任构筑社会安全网保护国内民众免遭自由化的负面冲击，或者以再分配等手段对那些因全球化而受损的群体做出补偿。大致而言，自布雷顿森林体系创建之后，直至 20 世纪 80 年代中期⑤，内嵌的自由主义始终是引导和影响国际经济活动的主导观念。其蕴涵的规范和原则，深刻体现在布雷顿森林体系三大支柱的宗旨和运作之中。

事实上，主导战后国际经济事务长达近四十年的核心理念，早在战争结束前就已初具雏形。作为传统霸权国与新兴霸权国，英美在此过程中无疑扮演了重要的角色。就货币机制而言，凯恩斯的清算同盟方案与怀特的基金稳定方案有着共同的目标，即在多边主义的国际环境和充分

① 除非另作说明，后文使用的"核心理念"等表述皆同于此处含义。

② 在鲁杰看来，内嵌的自由主义是战后相当一段时期之内国际经济秩序的本质特征。参见 John Gerard Ruggie: "International Regimes, Transactions, and Change: Embedded Liberalism in the Postwar Economic Order", *International Organization*, Vol. 36, No. 2, 1982, p. 392。

③ 纵观三个不同时期，国家自主性与市场理性之间的主从关系颇有反复，由此折射出全球经济治理之基本观念的变迁。有必要强调的是：所谓一段时期内的核心理念，只是相对而言。以本节论及的前两个时期为例，内嵌的自由主义与新自由主义虽然分别居于主导地位，但同时不乏对之构成质疑与挑战的其他理念。

④ Ruggie: "International Regimes, Transactions, and Change: Embedded Liberalism in the Postwar Economic Order", *International Organization*, Vol. 36, No. 2, 1982, pp. 397-398.

⑤ Rawi Abdelal and John G. Ruggie: "The Principles of Embedded Liberalism: Social Legitimacy and Global Capitalism", in David Moss and John Cisternino (eds.), *New Perspectives on Regulation*, Cambridge, MA: The Tobin Project, 2009, p.153.

就业的国内背景下，以政府间合作促进国际收支平衡。① 布雷顿森林会议召开前，美英关于原则性问题的联合声明反映了这种共识，即一方面应当为自由且稳定的交易创造条件，另一方面应当为国内经济提供缓冲，以减轻国际收支变动造成的负面影响。双方都同意，应允许各国政府维持资本管制。②

关于贸易机制的谈判同样反映了内嵌的自由主义观念。多边主义与关税减让原则在国际贸易与就业会议筹备工作中得到了确认，与此同时，旨在保护国际收支和一系列国内社会政策的保障、豁免、例外、限制等原则也得到了确认。尽管美国参议院拒绝批准国际贸易组织（ITO）宪章，使得国际机制权威管辖之下的商业关系远较此前设想的更为狭窄，但融合多边主义与国内稳定为一体的目标本身却丝毫未受影响。③ 加德纳（Richard N. Gardner）指出："关贸总协定的缔造者们并非市场原教旨主义者，他们寻求的是一种与充分就业、社会公正相一致的、开放的贸易体系。"④

相对于货币、贸易机制的显赫地位而言，世界银行起初在布雷顿森林体系中的地位并不突出，甚至略显边缘化。在体系的缔造者们看来，世界银行的使命主要是推动战后重建，而不是减贫。⑤ 怀特与凯恩斯曾经提出

---

① Rawi Abdelal and John G. Ruggie: "The Principles of Embedded Liberalism: Social Legitimacy and Global Capitalism", in David Moss and John Cisternino (eds.): *New Perspectives on Regulation*, Cambridge, MA: The Tobin Project, 2009, pp. 394-395.

② 关于资本管制的态度，与 20 世纪 80 年代之后的情形构成了鲜明的对比。Rawi Abdelal and John G. Ruggie: "The Principles of Embedded Liberalism: Social Legitimacy and Global Capitalism", in David Moss and John Cisternino (eds.): *New Perspectives on Regulation*, Cambridge, MA: The Tobin Project, 2009, p. 395.

③ Rawi Abdelal and John G. Ruggie: "The Principles of Embedded Liberalism: Social Legitimacy and Global Capitalism", in David Moss and John Cisternino (eds.): *New Perspectives on Regulation*, Cambridge, MA: The Tobin Project, 2009, p. 396.

④ Richard N. Gardner: "The Bretton Woods-GATT System After Sixty-Five Years: A Balance Sheet of Success and Failure", *Columbia Journal of Transnational Law*, Vol. 47, No. 1, 2009, p. 58.

⑤ Richard N. Gardner: "The Bretton Woods-GATT System After Sixty-Five Years: A Balance Sheet of Success and Failure", *Columbia Journal of Transnational Law*, Vol. 47, No. 1, 2009, pp. 58-59.

的某些宏伟设想，如将世界银行定位成一个提供贷款以抚平经济周期、稳定原材料价格的国际性银行，最终未被采纳。尽管如此，世界银行仍然在某种意义上反映了多边主义与国内稳定两大目标的融合。提供资金用于投资，以弥补市场机制的不足，被视为一种国际公共责任。①

内嵌的自由主义观念随后体现在了三大机构的宗旨与日常运作之中。《国际货币基金协定》第一条就明确指出，其使命除了"为国际货币问题提供磋商与合作机制、促进国际货币合作"之外，还包括"促进国际贸易的扩大与平衡发展，以提高成员国就业和实际收入水平，开发成员国的生产资源"；"在适当的保障下，基金对会员国暂时提供资金，改善会员国国际收支状况，从而避免采取有损他国或国际繁荣的措施"；"缩短会员国收支失衡的时间，并减轻其失衡程度"。② 在这种可调整的固定汇率制度下，IMF 发挥着"货币缓冲"（currency buffer）的作用，为逆差国提供短期资金融通，以缓解其遭受的外部冲击。③IMF 提供的国际公共产品集中表现在货币体系安排、汇率安排、资本流动管理和增强国际金融体系稳健性这几方面④，其用意正是多边主义与国内稳定的双重目标。即使在1971年国际货币机制发生重要变动之后，机制的原则仍然得到延续。对此，基欧汉评价道：尽管汇率机制中定义明确的规则消失了，政策的相互协调也大不如前，但内嵌的自由主义原则一如既往。⑤

贸易领域也体现了类似的折中。关税及贸易总协定（GATT）将削减关税及其他贸易壁垒、取消歧视性待遇作为基本原则，但与此同时，协定开宗明义的指出，"贸易及经济事业方面彼此关系之发展，应求提高生活程度，确保全民就业及实在所得与有效需求之大量平稳增加，推进世界资

---

① Ruggie: "International Regimes, Transactions, and Change: Embedded Liberalism in the Postwar Economic Order", *International Organization*, Vol. 36, No.3, 1982, p. 398.

② "布雷顿森林机构改革研究"课题组：《布雷顿森林机构的产生与演变》，《经济研究参考》2006 年第 49 期，第 2 页。

③ Andrew Heywood, Global politics, New York: Palgrave Macmillan, 2011, pp. 465-467.

④ 钟伟：《布雷顿森林机构 60 年：冲击与重构》，《中国外汇管理》2005 年第 1—2 期，第 65 页。

⑤ [美] 罗伯特·基欧汉：《霸权之后：世界政治经济中的合作与纷争》，苏长和、信强、何曜译，上海人民出版社 2001 年版，第 189 页。

源之充分利用并扩大货物之生产及交换"。① 虽然协定呼吁降低关税与贸易壁垒，但这并非强制规定。当国内生产者由于此前的关税减让而遭受进口竞争威胁时，可以采取适当的应急措施。不仅如此，GATT 还提供了规避任何此类义务的一揽子豁免条款，规定了解决争端以及监督豁免条款适用情况的具体程序。互惠原则被确认为行动准则，以指导关税削减和对受损方的补偿。②20 世纪 70 年代之后，虽然贸易领域违规之举屡见不鲜，且出现了许多新的歧视性规则，但仍有许多规则得以延续。③ 这些限制性措施对国际贸易的影响相对有限，其用意不在于阻断国际分工，而在于减缓结构性调整的步伐，将国内调整的社会成本降至最低。④

与 IMF 和 GATT 不同，世界银行主要关心的并不是为国际经济关系创建一种规制性架构，而是起到某种再分配性质的功能。⑤ 不过，机构之间的不同分工，仍然是以共同规范为基础的。世界银行的缔造者们同样以确保各国之间贸易的平衡增长、确保政府提高其领土内的生产率、生活水平与劳动条件为根本目标。⑥ 根据这一宗旨，世界银行的主要业务包括：对发展中成员国提供长期贷款，对成员国政府或经政府担保的私人企业提供贷款和技术援助，资助其兴建某些建设周期长、利润率偏低，但又为该国经济和社会发展所必需的建设项目。⑦ 总体而言，在这一时期，世界银行以促成各国经济发展为己任，是发展中国家最大的信贷资金提供者，在发展融资、减少贫困和促进经济发展等方面发挥了重要的作用。⑧

① 《国际条约集（1945—1947）》，世界知识出版社 1959 年版，第 538—539 页。
② Ruggie: "International Regimes, Transactions, and Change: Embedded Liberalism in the Postwar Economic Order", *International Organization*, Vol. 36, No.3, 1982, p. 397.
③ [美] 基欧汉：《霸权之后：世界政治经济中的合作与纷争》，苏长和、信强、何曜译，上海人民出版社 2001 年版，第 190 页。
④ Ruggie: "International Regimes, Transactions, and Change: Embedded Liberalism in the Postwar Economic Order", *International Organization*, Vol. 36, No.3, 1982, p. 412.
⑤ Andrew Heywood: *Global politics*, New York: Palgrave Macmillan, 2011, p. 468.
⑥ [英] 奈瑞·伍茨：《全球经济治理：强化多边制度》，《外交评论》2008 年第 6 期，第 82 页。
⑦ "布雷顿森林机构改革研究" 课题组：《布雷顿森林机构的产生与演变》，《经济研究参考》2006 年第 49 期，第 4 页。
⑧ "布雷顿森林机构改革研究" 课题组：《布雷顿森林机构的产生与演变》，《经济研究参考》2006 年第 49 期，第 5 页。

三、新自由主义时期

鲁杰在提出内嵌的自由主义这一概念时，就忧心忡忡地告诫道：当前可能引发机制断裂的首要力量，是自由资本主义精神的卷土重来。[①] 令人遗憾的是，后来的历史进程在很大程度上被鲁杰不幸言中。内嵌的自由主义未能在主要资本主义国家，尤其是英美两国延续此前的主导地位，却被新自由主义[②]的意识形态逐渐侵蚀乃至取代。新自由主义成为全球经济治理的主导观念之后，国家干预主义行为的正当性大不如前，在许多领域甚至消失殆尽。这一时期，无论霸权国还是其所主导的国际经济机构，均致力于提倡和推广如下理念，即取消管制，尤其是资本管制，尽可能地让市场机制发挥力量。

20 世纪 80 年代，随着关于自由市场的观点在学界和国际局势中取得主导地位[③]，自由放任的资本主义精神以"新自由主义"之名，由单纯的经济思想上升为资本主义国家的主流意识形态。在新自由主义的指引下，发达国家有意识地减少国家干预，重新向自由市场制度回归。[④] 多边主义与国内稳定两大目标并重的观念，此时已不再受到决策者的重视。用罗伯特·吉尔平（Robert Gilpin）的话说，对大多数美国官员、企业领袖和经济学家而言，全球经济治理的目标就是促进贸易自由、资本流动和跨国公司进入世界市场的自由。全球经济应当按照新古典经济学的政策建议进行治理，而治理的规章无疑应当基于市场原则。[⑤] 于是，全球经济治理的三

---

① Ruggie: "International Regimes, Transactions, and Change: Embedded Liberalism in the Postwar Economic Order", *International Organization*, Vol. 36, No.3, 1982, p. 413.

② 本节提到的新自由主义（neo-liberalism），并非"新自由制度主义"（neo-liberal institutionalism）。基欧汉曾经明确表示："我提出的制度理论常常被称为'自由制度主义'或'新自由制度主义'……（它们）与上一个 10 年流行的'新自由主义'关联甚少；……我从来不是带有强烈新自由主义色彩的'华盛顿共识'的支持者。"参见［美］罗伯特·O. 基欧汉：《局部全球化世界中的自由主义、权力与治理》，门洪华译，北京大学出版社 2004 年版，第 6 页。

③ ［美］罗伯特·吉尔平：《全球政治经济学：解读国际经济秩序》，杨宇光、杨炯译，上海人民出版社 2006 年版，第 276 页。

④ 刘志云：《新自由主义思潮下的国际立法》，《世界经济与政治》2007 年第 8 期，第 42 页。

⑤ ［美］吉尔平：《全球政治经济学：解读国际经济秩序》，杨宇光、杨炯译，上海人民出版社 2006 年版，第 361 页。

大核心机构开始依照"华盛顿共识"来调整自身的目标和运作模式，这意味着内嵌的自由主义终于被新自由主义取而代之。①

新自由主义的胜利，首先体现于"结构性调整"学说在 IMF 与世界银行中占据的统治地位。②IMF 原本的主要职能是对固定汇率制度加以管理，为国际收支出现逆差的国家提供短期贷款，以解燃眉之急。到了20 世纪 80 年代，IMF 的角色发生了剧烈变动，它开始提供中期贷款；要求受贷国调整结构的主张，也从宏观扩展至微观经济政策乃至整个经济领域。在此过程中，IMF 致力推行以经济政策自由化为核心的华盛顿共识。1986 年，IMF 设立了结构调整贷款，次年进一步扩大了该项贷款。然而发展中国家获得贷款的前提是接受 IMF 提倡的经济自由化政策。自此，IMF 进入了发展融资领域，其贷款目的不再限于稳定经济，而是包括了促进经济结构变革。③IMF 的结构调整主张强调市场自由、贸易自由化、减少国家在经济中的作用。它相信：各国政府应当放松管制、推行私有化，执行审慎的财政货币政策，维持预算平衡，避免政策对价格的扭曲。④总体来看，这一时期 IMF 要求受贷国采取的结构调整方案，无不带有明显的市场原教旨主义意味。⑤对此，约瑟夫·斯蒂格利茨(Joseph E. Stiglitz) 批评道：发展是非常复杂的进程，IMF 与其他国际经济机构提供的"一刀切"式（one-size-fits-all）解决方案完全未能把握其中深意。⑥

与 IMF 相似，这一时期的世界银行同样经历了目标与运作模式的重要转向。20 世纪 80 年代初，世界银行的行长与首席经济学家职位相继更迭，新任的两位高层对此前的发展融资方式均持批判态度，并且更倾向于市场导向的理念。在其引领下，世界银行集中关注结构调整政策，强调放

---

① Andrew Heywood: *Global politics*, New York: Palgrave Macmillan, 2011, p. 464.

② ［美］吉尔平：《全球政治经济学：解读国际经济秩序》，杨宇光、杨炯译，上海人民出版社 2006 年版，第 276 页。

③ "布雷顿森林机构改革研究"课题组：《布雷顿森林机构的产生与演变》，《经济研究参考》2006 年第 49 期，第 3—4 页。

④ 吉尔平：《全球政治经济学：解读国际经济秩序》，杨宇光、杨炯译，上海人民出版社 2006 年版，第 283—284 页。

⑤ Andrew Heywood: *Global politics*, New York: Palgrave Macmillan, 2011, p. 467.

⑥ Joseph E. Stiglitz, *Making Globalization Work*, New York: W.W. Norton & Co., 2006, "Preface", p. XII.

松管制、实行私有化，鼓励出口导向型增长、反对保护主义。① 世界银行指导思想和发展观的调整，直接影响了其宏观、微观业务的改变。此前，减贫一直是世界银行的核心业务。但20世纪90年代以来，世界银行一方面宣称所有业务活动都应围绕减贫宗旨，另一方面却在具体项目上更多地强调具有"装饰效果"的直接扶贫项目，对通过促进经济增长达到间接扶贫的项目加以限制。这就使其减贫政策呈现出"重名轻实"的特征。② 在对发展中国家的资金转移方面，自20世纪90年代以来总体呈下降之势。贷款形式则由传统项目投资贷款，更多地转向以支持借款国结构改革和政策调整为目标的调整贷款。同时，以"不与私人部门竞争"为由，逐步减少对基础设施的支持。项目的政策附加条件则更加苛刻，甚至将有关环保、移民、社会评价等所谓保障政策的实施凌驾于项目发展目标之上，使借款国对开发性投资项目的需要受到极大限制。③ 连世界银行自身都承认：大部分结构调整贷款不直接涉及减贫问题，也不就贷款条件对借款国弱势群体可能造成的影响进行评估，因此贷款政策与实际效果之间出现了割裂。④

至于贸易领域，GATT演变为WTO，这本身就在一定程度上反映了新自由主义主导下全球化的加速推进。⑤ 在新自由主义看来，经济全球化是市场机制演进的自发结果，各国都可以从多边或全球的自由化进程中获得收益。国际贸易政策的基本走向应当是贸易干预最小化、贸易体制中性化。这样一种自由化的国际贸易体系，需要通过规则使各国的贸易政策趋同，达到"没有政府的治理"状态。⑥ 显然，与早先GATT的宗旨和做法相比，这一时期的国际贸易治理呈现出更为浓重的自由化倾

① Andrew Heywood: *Global politics*, New York: Palgrave Macmillan, 2011, p. 470.
② 邹佳怡、莫小龙：《从世界银行政策变化看全球化的矛盾和发展援助的职能》，《世界经济与政治》2002年第1期，第36页。
③ 邹佳怡、莫小龙：《从世界银行政策变化看全球化的矛盾和发展援助的职能》，《世界经济与政治》2002年第1期，第37—38页。
④ "布雷顿森林机构改革研究"课题组：《关于世界银行改革的建议》，《经济研究参考》2006年第49期，第34页。
⑤ Andrew Heywood: *Global politics*, New York: Palgrave Macmillan, 2011, p. 471.
⑥ 黄静波：《国际贸易政策的新自由主义发展趋势》，《中山大学学报（社会科学版）》2003年第1期，第76页。

向，以国内稳定为目标的规制手段受到了严格的限制和削弱。自 1986 年以来，贸易谈判的范围大大拓宽，服务业被纳入 GATT，随后，进一步的扩张出现在知识产权、与贸易有关的投资等领域。到 2001 年，WTO 甚至开始考察诸如竞争政策、环境等问题。[①] 在这些现象背后，变迁的趋势清晰可见：国际经济机构以前所未有的强势介入到原本由主权国家自行控制和决策的诸多范畴；基于国内稳定的考虑越来越多地让步于国际层面的压力和要求。

四、观念竞争的不确定时期

2008 年爆发的全球金融危机，重创了新自由主义的全球治理观念，使其正当性遭到前所未有的削弱和动摇。在众多质疑与抨击声中，鲁杰对危机的解读可谓直指问题核心："新世纪的第一个十年之末，世界政治经济格局突然出现了严重的脱节：一边是经济力量、行为体的规模与影响，另一边是各国社会对前者加以管理的观念与制度能力。"[②] 面对这种根本意义上的脱节，鲁杰认为：重新构建某种形式的内嵌的自由主义是可取的。[③] 不过，在可取的愿景与现实之间，常常有着漫长的距离。正如下文将要表明的，当今全球经济治理的一大特征就是各种理念的激烈竞争。前两个时期主导观念的余绪仍有相当的影响力。全球经济治理正处于一个不确定的时期，主导观念之争目前还难见分晓。

1. 危机后的全球经济治理：共识与歧见

尽管全球经济治理的发展趋势尚无定论，但至少有一点是明确无误的：新自由主义遭此重创之后，其意识形态上的主导地位已不复存在。这样说，并不意味着新自由主义已经彻底退出历史舞台，事实上，它仍是一

---

① 耐革尔·伍兹、安瑞塔·纳利卡：《治理与责任的限度：世贸组织、国际货币基金组织与世界银行》，《国际社会科学杂志（中文版）》2002 年第 4 期，第 72 页。

② John Gerard Ruggie: "Introduction: Embedding Global Markets", in John Gerard Ruggie (ed.): *Embedding Global Markets: An Enduring Challenge*, Aldershot: Ashgate Publishing Limited, 2008, p. 2.

③ John Gerard Ruggie: "Introduction: Embedding Global Markets", in John Gerard Ruggie (ed.): *Embedding Global Markets: An Enduring Challenge*, Aldershot: Ashgate Publishing Limited, 2008, p. 5.

种对现实政策有着相当影响力的思想观念。只是相对于此前二十余年的压倒优势而言，它已失去了引领全球经济治理演进方向的"旗手"地位。南希·伯索尔（Nancy Birdsall）与弗朗西斯·福山（Francis Fukuyama）在《外交》杂志撰文指出：如果说全球金融危机使任何发展模式受到审判的话，那就是自由市场或新自由主义模式。资本主义的美国版本即使不说信誉扫地，起码也不再占据主导地位了。[①] 有学者表示：当前的全球化时代及其新自由主义范式已陷入深刻的合法性危机。如果不采取迅速有力的措施加以应对，全球化势必被它所激起的众多反应所淹没。[②] 在危机面前，英国前首相布朗感慨道：古老的华盛顿共识的世界结束了，一个新世界正在逐渐浮现。[③] 的确，危机标志着华盛顿共识的终结，同时也提出了未来全球经济治理基本原则的问题。[④]

与主导观念的逐渐削弱乃至终结相应，主要国际经济机构的目标与运作方式亦受到各方的质疑与批判。对现有制度和机构做出重大改革与调整，已经势在必行。伍茨指出，全球经济治理已落在了快速发展的全球化后面，为更好管理全球经济关系而创建的国际制度正日益失去效率、走向边缘化。事实上，在危机之前，主要国际经济机构就已经暴露出自身的弱点。WTO 推动的贸易谈判失去动力，IMF 面临合法性与重要性的双重危机，世界银行则被主要捐款国视为边缘机构。[⑤] 发端于资本主义世界核心地带的金融危机，激起了改革现有全球经济治理架构的强烈呼声。[⑥] 随后，二十国集团（G20）成为协调全球经济政策的主要场所，IMF 与世界银行也被赋予新的活力与合法性。G20 领导人承诺为布雷顿森林体系下的各机

---

① Nancy Birdsall and Francis Fukuyama: "The Post-Washington Consensus", *Foreign Affairs*, Vol. 90, No. 2, 2011, p. 46.

② Rawi Abdelal and John G. Ruggie, "The Principles of Embedded Liberalism: Social Legitimacy and Global Capitalism", in David Moss and John Cisternino (eds.), New Perspectives on Regulation, Cambridge, MA: The Tobin Project, 2009, p. 152.

③ 蔡拓：《国际秩序的转型与塑造》，《外交评论》2009 年第 4 期，第 10 页。

④ ［德］潘德：《有效的多边主义与全球治理》，《世界经济与政治》2010 年第 6 期，第 145 页。

⑤ ［英］奈瑞·伍茨：《全球经济治理：强化多边制度》，《外交评论》2008 年第 6 期，第 83—84 页。

⑥ Heywood, Andrew, *Global politics, New York: Palgrave Macmillan*, 2011, p. 475.

构注入多达 1 万亿美元的资源，以帮助各国应对融资短缺。[1]

当前，国际社会各方几乎都同意：全球经济治理亟须重大改革。[2] 但共识似乎仅止于此。且不论在具体操作层面存在的诸多争论，即使在改革应当基于何种理念的根本性问题上，迄今还远未达成一致。按照海伍德（Andrew Heywood）的归纳，至少有这样几种相互竞争的观念模式。其一是规制自由主义，它认识到市场体系存在某些重要缺陷，因而需要以规制手段予以对治；其二是世界自由主义，意在构筑一种全新的、充分考虑全球公民社会之意愿、以世界主义民主（cosmopolitan democracy）为基础的全球经济治理框架；其三是更具颠覆性的模式，它相信：为了从根本上纠正全球经济的不均衡、不平等，需要在全球及国家层面实施大规模的权力与财富再分配。[3]

上述三种模式之中，后两者在短期甚至中期取得胜利的可能性都不大。这主要是因为：当前以及今后相当一段时间内，国际与国内层面的结构性因素[4] 不会支持它们上升为主导性观念。以世界自由主义而论，虽然从理论上说，以全球公民社会为中心的治理无疑更具包容性，但我们所处的现实是民族国家消亡的条件远未成熟，未来全球经济治理的核心制度仍将是民族国家。[5] 国家作为当代最基本的政治单元，仍将是社会资源与价值的主要分配者、社会生产与生活的主要管理者、社会秩序的主要保障者。[6] 用基欧汉和奈的话说："在我们乃至我们子孙的有生之年，新的'世

---

[1] Birdsall, Nancy and Fukuyama, Francis, "The Post-Washington Consensus", Foreign Affairs, Vol. 90, No. 2, 2011, p. 53.

[2] 庞中英：《效果不彰的多边主义和国际领导赤字——兼论中国在国际集体行动中的领导责任》，《世界经济与政治》2010 年第 6 期，第 15 页。

[3] Andrew Heywood: *Global politics*, New York: Palgrave Macmillan, 2011, pp. 475-476。海伍德还提及了"市场原教旨主义"模式，该模式相信无需对危机做出任何调整。在本节看来，这种完全无所作为的模式，事实上已被危机后国际社会的实际行动所证否。但有必要强调的是，我们并不认为新自由主义或者其变种永无东山再起之日。

[4] 其中最关键的是权力分布与利益格局。

[5] [美] 罗伯特·基欧汉、约瑟夫·奈：《权力、相互依赖与全球主义》，何曜等译，《战略与管理》2002 年第 4 期，第 75 页。

[6] 蔡拓：《全球主义与国家主义》，《中国社会科学》2000 年第 3 期，第 24 页。

界宪章'都不大可能被接受。世界的政治和文化多样性——及其绝对规模——使得这种前景分外渺茫。"①

至于颠覆性的最后一种模式，其在现实世界取得主导地位的可能性同样极低。若想推动全球层面权力与财富的大规模再分配，促成更均衡和平等的全球经济，实质上意味着建立一种"权威而非市场分配模式的规范"。② 然而，这一前景首先受到国际体系内权力结构的硬约束。尽管自21世纪以来，新兴国家整体崛起、多极化趋势更为明显，但"一超多强"的基本格局仍会在相当长的历史时期内存在，美国仍是综合实力最强的国家。③ 其次，它还受到发展中国家意识形态方面的软约束。有学者指出，当前发展中国家整体上似乎陷入了意识形态的缺失：首先，它们在国际经济关系中的许多重大问题上对自身利益的认识还不够清晰；其次，反全球化思潮虽然在发展中国家颇具影响力，但理论上还不够成熟，批判有余而建树不足。④ 正如克莱斯勒所言，发展中国家能否实现其所提倡的制度，一个重要决定因素就在于其意识形态的一致程度。⑤ 因此，相对于更具乌托邦色彩的后两种模式而言，我们更需要关注"规制自由主义"或者说"内嵌的自由主义"之前景。

2. 重构内嵌的自由主义：意义与前景

国际市场体系是否应当遵从一定的社会价值观及其共有的制度实践？对这一问题的肯定回答，反映了内嵌的自由主义之核心原则。⑥ 事实上，这正是二战结束至全球金融危机爆发前，全球经济治理两种主导

---

① [美] 罗伯特·基欧汉、约瑟夫·奈：《权力、相互依赖与全球主义》，何曜等译，《战略与管理》2002年第4期，第74页。

② [美] 斯蒂芬·D.克莱斯勒：《结构冲突：第三世界对抗全球自由主义》，李小华译，浙江人民出版社2001年版，第6页。

③ 秦亚青：《国际体系的延续与变革》，《外交评论》2010年第1期，第9页。

④ 邹加怡：《国际经济关系中的中国理念》，《世界经济与政治》2003年第7期，第5页。

⑤ [美] 斯蒂芬·D.克莱斯勒：《结构冲突：第三世界对抗全球自由主义》，李小华译，浙江人民出版社2001年版，第58页。

⑥ Abdelal and Ruggie: "The Principles of Embedded Liberalism: Social Legitimacy and Global Capitalism", in David Moss and John Cisternino (eds.), *New Perspectives on Regulation*, Cambridge, MA: The Tobin Project, 2009, p. 153.

观念的根本分歧之所在。经济学家早就认识到:自由化往往意味着收益,但它同时也意味着调整;通常来说,收益越大,调整越剧烈。① 放任自由、不受规制的市场体系会给整个人类社会带来无法承受的灾难。波兰尼(Karl Polanyi)在《大转型》的开篇即写道:"自我调节的市场的理念,是彻头彻尾的乌托邦,除非消灭社会中的人和自然物质,否则这样一种制度就不能存在于任何时期;它会摧毁人类并将其环境变成一片荒野。"② 在这一洞见的映照之下,内嵌的自由主义兼顾了市场效率与社会公平,无疑是更为可取的观念。③

然而,良好的愿望并不等于现实。内嵌的自由主义能否再度成为全球经济治理的主导观念?按照鲁杰的分析框架,这取决于各主要国家之间能否在"合理的社会目标"方面达成一致。具体说来,即经济的自由化需要以一种社会契约为基础:国家要求社会支持其加入国际自由化进程的决定,并且接受随之而来的变迁与扰动;作为补偿,国家承诺以各种经济或社会政策来缓解这些负面影响。④

那么,"合理的社会目标"如何才能形成?在这一点上,鲁杰并没有继续展开分析。本节则试图就此略作探讨。在我们看来,合理的社会目标必以某种程度的利益契合为基础。所谓利益契合,指的是经济自由化进程的受损者⑤能够得到受益者的补偿,使其处境至少不比自由化之前的状态更差。在国内层面,利益契合表现为各国政府采取措施以缓解跨国交易流量的波动性,提供社会安全网、公共投资和协助调整的手段等。⑥ 在国际

① Carl Davidson, Steven J. Matusz and Douglas R. Nelson: "Can compensation save free trade?," *Journal of International Economics*, Vol. 71, No. 1, 2007, p. 167.

② 卡尔·波兰尼:《大转型:我们时代的政治与经济起源》,冯刚、刘阳译,浙江人民出版社 2007 年版,第 3 页。

③ 孙伊然:《全球化、失衡的双重运动与"内嵌的自由主义"——基于微观层面的探讨》,《世界经济与政治》2010 年第 5 期,第 123 页。

④ John Gerard Ruggie: "Globalization and the Embedded Liberalism Compromise: The End of an Era?" Working Paper,97/1, 1997, Cologne, Germany: Max Planck Institut für Gesellschaftsforschung.

⑤ 无论是国内层面的特定群体,还是国际层面的具体国家。

⑥ Ruggie: "International Regimes, Transactions, and Change: Embedded Liberalism in the Postwar Economic Order", *International Organization*, Vol. 36, No.3, 1982, p. 3.

层面，则表现为受益相对较少甚至受损的发展中国家在国际经济制度和主要国际经济机构的决策中，能够得到某种程度的优惠待遇，后者或以资金转移、或以特定规则的形式出现，但关键是其实际效果足以抵消自由化给发展中国家造成的负面冲击。以这两方面来衡量，我们是否可以做出如下判断，即重构内嵌的自由主义之前提条件已然具备？

遗憾的是，尽管危机以来确实出现了某些积极的迹象，但它们还不足以推动内嵌的自由主义重返主导观念的地位。就国内层面来说，首先，各发达国家内部，尤其是美国国内的利益契合尚未实现。金融资本在危机之后虽有所收敛，但其强势地位的根基未遭到撼动。美国政府在与华尔街的博弈中未占上风，对大型财团的强力约束措施少有出台。[1] 华尔街的超级投资银行，不顾美国政府与公众的指责，继续向管理层发放红利。[2] 美国能否再次出现类似"进步主义"的运动，还有待观察。[3] 其次，发展中国家内部的利益契合更显复杂。危机使发展中国家开始关注社会政策在政治与社会方面带来的益处，这与危机前决策者轻视社会保障、强调经济效率的策略形成了明显对比。[4] 然而，这种态度上的转变根基尚浅，能否得以维系尚难预料。[5] 更重要的是，许多学者发现：发展中国家用以维持国内稳定的手段与效果在一些方面与发达国家大相径庭。在 OECD 国家，社会保障使劳动力市场的参与者免受市场波动之苦，然而在发展中国家，情况似乎恰恰相反。[6] 其公共部门的就业往往更倾向于政治上的强势群体，而不是在开放过程中遭遇更多风险与不利影响的穷困阶层。这种劫贫济富

---

① 资中筠：《从美国历史的角度认识金融危机》，《国际经济评论》2010 年第 2 期，第 25—26 页。

② 庞中英：《霸权治理与全球治理》，《外交评论》2009 年第 4 期，第 17 页。

③ 资中筠：《从美国历史的角度认识金融危机》，《国际经济评论》2010 年第 2 期，第 26 页。

④ Nancy Birdsall and Francis Fukuyama: "The Post-Washington Consensus", Foreign Affairs, Vol. 90, No. 2, 2011, pp. 47-48.

⑤ 关于发展中国家再分配机制的特殊性，参见孙伊然：《开放与再分配——补偿假说之因果机制初探》，《世界经济研究》2011 年第 3 期，第 14—20 页。

⑥ Erik Wibbels: "Social Insurance and the Sustainability of Dual Transitions", Paper presented at Duke Workshop on Social Policy in Developing Countries, Department of Political Science, Duke University, May 7-8, 2010.

的做法，使内嵌的自由主义折中在发展中国家的未来蒙上了一层阴影。[①]

就国际层面来说，内嵌的自由主义之前景仍然是喜忧参半。一方面，随着发展中国家国际地位的提高，其在国际事务中的相关利益要求受到了更多关注，话语权和决定权也有所提升。[②]G20 匹兹堡峰会决定向新兴市场和发展中国家转移至少 5% 的 IMF 投票权，同时保证贫穷国家在 IMF 的发言权。2010 年 G20 首尔峰会正式同意向发展中国家转移 6% 的 IMF 投票权，并将欧洲在 IMF 执行董事会的两个席位让给发展中国家。[③] 但另一方面，虽然新兴经济体实力的提升令人瞩目，但其持续性受到诸多因素与条件的制约。[④] 至少就目前而言，发展中国家在全球经济治理框架中仍处于"被全球化"的地位，国际经济规则仍主要由美国等发达国家所主导。从 WTO 框架内的贸易救济措施、IMF 和世界银行的贷款与发展援助，到全球经济议题的设置，无不体现出这一特性。[⑤] 总的来看，目前国际经济体系仍处于变动不居的状态，尚没有迹象表明哪一种理念或者若干理念的折中、融合终将胜出。

第二节　全球经济治理的机制变革与中国的战略思维[⑥]

随着全球化和信息技术的迅速发展，全球范围内出现了金融安全、生

[①] Irfan Nooruddin and Nita Rudra: "Are Developing Countries Really Defying the Embedded Liberalism Compact?" Paper presented at Duke Workshop on Social Policy in Developing Countries, Department of Political Science, Duke University, May 7-8, 2010.

[②] 蔡拓：《国际秩序的转型与塑造》，《外交评论》2009 年第 4 期，第 11 页。

[③] 曲博：《金融危机背景下的中国与全球经济治理》，《外交评论》2010 年第 6 期，第 58 页。

[④] 蔡拓：《国际秩序的转型与塑造》，《外交评论》2009 年第 4 期，第 12 页。

[⑤] 王国兴、成靖：《G20 机制化与全球经济治理改革》，《国际展望》2010 年第 3 期，第 11—12 页。

[⑥] 本节是发表于《国际观察》2012 年第 3 期《金融危机背景下全球治理机制的变革》一文的主要内容。

态环境保护和恐怖主义等重大问题。这些全球性问题威胁到人类的生存与发展，也对现有全球治理体系提出了严重挑战。2008 年爆发的全球金融危机暴露了现有的全球经济治理机制对全球性经济危机的预防与调节能力的不足，也激发了全球经济治理机制变革的广泛实践。

危机爆发后，全球经济治理机制的核心和基础——国际货币基金组织和世界银行的改革成为国际社会的重大议题，增加发展中国家和转型经济体的份额和投票权成为改革的重心。同时，重构全球金融稳定论坛（FSF）、新建金融稳定理事会（FSB），签订《巴塞尔协议 III》以及构建金融安全网等都是金融危机后国际社会重新"建制"的重大举措。并且，全球金融危机还激活了各种非正式国际机制，如二十国集团、"金砖国家"机制等，它们成为应对经济危机的重要平台和全球治理的机制创新。本节将分析金融危机后全球经济治理机制变革的必要性，梳理当前经济治理机制变革的广泛实践，并从"建制"和"改制"两个方面提出了危机后经济治理机制变革的趋向以及中国在此背景下的战略思维。

一、金融危机后全球经济治理机制变革的必要性

由美国次贷危机引发的全球金融危机影响深远，它加速了国际格局的变化和国际体系的转型，同时也催生了全球经济治理机制变革的需求。一方面，传统大国力量相对下降，新兴经济体群体崛起、梯次跟进，它们从国际体系的边缘走向舞台中心，强烈呼吁改革当前的经济治理机制；另一方面，金融危机的爆发使现有经济治理机制背后的"新自由主义"理念受到冲击，而与此同时新兴经济体提出了关于国际体系治理的新规范和新理念，使得现行经济治理机制处于"理念竞争"的变革态势中。在这种背景下，全球经济治理机制的变革势在必行。

首先，国际体系力量对比发生变化，新兴经济体群体性崛起，它们强烈要求参与国际制度的决策过程，呼吁改革全球经济治理机制。

在危机爆发前，世界格局已经发生巨大变化，新兴经济体迅速崛起，发达经济体的实力相对下降，这种权力消长已经发生。据统计，在 1998—2007 年间，世界经济 GDP 年增长率为 4.1%，其中发达国家年增长率为 2.6%，而包括新兴国家在内的发展中国家年增长率为 5.9%。据 IMF 统计，

2006 年至 2008 年，金砖国家经济平均增长率为 10.7%。[①] 金融危机的爆发，进一步将"金砖国家"等新兴经济体推向世界舞台的中心。在 2009 年世界遭受金融危机重创，几乎所有西方国家都出现负增长的时候，中国保持 8% 的经济增长率，印度和巴西等新兴大国率先从危机中复苏，成为拉动和加快世界经济复苏的发动机。据世界银行统计，过去五年"金砖国家"对世界经济增长的贡献率已超过 50%，占世界人口 40% 的金砖国家在全球 GDP 总量的比重达 25%。[②] 可以说，虽然国际格局中"一超多强"的基本态势没有发生根本变化，但美欧日等传统发达国家实力相对下降，中印巴等新兴经济体群体上升势头明显，已成为国际社会的共识。

随着自身实力的增强，以"金砖国家"为代表的新兴经济体和发展中国家强烈要求增强其在经济治理决策中的话语权。而当前意义上的全球经济治理机制起源于第二次世界大战结束后，它是在美国主导下形成的，以国际货币基金组织、世界银行和世界贸易组织前身关贸总协定为基础。其决策权主要掌握在几个最大和最富裕的国家手中。例如，在国际贸易领域，世界贸易组织的重要决定往往由美国、欧盟、日本和加拿大组成的"四方会议"做出。在国际金融领域，国际货币基金组织和世界银行自成立以来就被批评为"富国俱乐部"，它们按出资量决定投票权，美欧日等主要发达国家由于资金雄厚，在这些制度中出资多，因此占有一半以上的份额，而广大发展中国家包括近年来实力迅速增加的新兴经济体，未能取得与其经济实力相匹配的份额，不能通过于己有利的决策。因此，现行经济治理机制的西方主导性与当前权力结构变迁之间的矛盾，使得全球经济治理机制必须通过自身改革来适应这种现实。

其次，金融危机的爆发使现有经济治理机制的规范基础即"新自由主义"理念受到冲击，而与此同时，新兴经济体提出了关于国际体系治理的一系列新理念，这也使得现有经济治理机制处于"理念竞争"的变革态势中。

任何机制背后都承载一定的规范和理念。当前的全球经济治理机制是第二次世界大战后西方大国协调建立的，大多建立在所谓"新自由主义"

---

① 赵海娟:《金砖四国再会晤：推进全球治理结构改革》,《中国经济时报》2010 年 4 月 15 日。

② Mario Lettieri: "Brics Drive Global Economic Recovery", IMF, July 22, 2009.

政治思想基础之上，打上了深深的自由主义烙印。如世界贸易组织的宗旨是推动国际贸易自由化，这种自由化集中体现了"经济自由能实现人类福利最大化"的理念。可以说，依据经济自由主义理念而设计的国际制度，是现有经济治理机制的价值本质。

但是，国际金融危机的爆发一方面使现有治理机制背后的自由主义理念受到挑战，另一方面国际金融危机后新兴大国成为全球治理的新主体，他们关于国际体系治理的新理念逐步形成，使经济治理机制面临新规范和传统规范的"理念竞争"。危机爆发后，美国出台了有史以来最大规模的救市措施，如加强跨部门、跨行业监管，加强美联储的金融监管权限，加强对消费金融的监管；加强对金融衍生产品、对对冲基金和评级机构的监管等。这些措施虽然并不意味着自由主义的终结，但它反映了自由主义理念在金融监管领域遭受了重大的挫折。英国《金融时报》专栏作家菲利普·斯蒂芬斯指出，推动自由放任经济在全球取得进展的理念体系——华盛顿共识——被悄悄埋葬了。全球这些正在崛起的经济体不会再听西方说教自由市场的优点。①

与此同时，新兴经济体"崛起"，这种"崛起"不仅仅牵涉到经济和政治权力，也牵涉到各种思想与模式在全球范围的竞争。西方，尤其是美国，不再被看做有关社会政策创新思维的唯一中心。在国际组织问题上，美国和欧洲的声音与思想的主导地位也日益下降，新兴国家的声音与思想越来越受到重视。② 它们关于国际体系的理念也在逐步形成。在全球层面上，新兴大国群体主张国际体系的基础是国家主权、国际法和多边主义，倡导公平、公正和合理三大原则，要求的重点是增加话语权和规则制定权。③ 在经济领域它们倡导"政府一定程度的干预和监管"的发展模式，这些治理理念受到国际社会的广泛重视，有助于推进国际体制的民主化，使制度更多体现发展中国家的价值和诉求，客观上形成了全球经济治

① 菲利普·斯蒂芬斯：《金融危机改变了什么?》，《金融时报》2009 年 10 月 19 日。
② 南希·伯索尔、弗朗西斯·福山：《世界进入后"华盛顿共识"时代》，《参考消息》2011 年 4 月 5 日第 10 版。
③ 杨洁勉：《新兴大国群体在国际体系转型中的战略选择》，《世界经济与政治》2008 年第 6 期，第 10 页。

理"理念竞争"的局面，影响了现行国际治理机制在全球治理中的"价值垄断"。从这个意义上看，金融危机带来的"理念竞争"提出了国际制度变革的内生要求，使得全球经济治理机制的变革势不可挡。

二、金融危机后全球经济治理机制变革的广泛实践

国际金融危机一方面加速了国际体系权力结构和规范结构演进的趋势，从而对经济治理机制的改革提出了迫切的要求；另一方面，金融危机作为聚焦性事件，使行为体开展国际合作的意愿空前加强，从而为经济治理机制的重构提供了契机。金融危机发生后，变革已经成为全球经济治理机制发展的主旋律。

首先，金融危机的爆发及其"溢出效应"深刻反映了现有国际经济治理机制的内在缺陷，改革国际金融机构成为国际社会的重大议题，也成为经济治理机制变革的主要表现。具体有以下几方面：

第一，国际货币基金组织和世界银行在投票权、成员构成以及业务等方面都进行了重大改革。

2011年3月3日，国际货币基金组织执董会于2008年提出的IMF份额和投票权改革方案正式生效，这样，发达国家在该组织的投票权从59.5%降至57.9%，发展中国家的投票权比例从40.5%上升为42.1%。同时，2010年提出的份额和投票权改革方案也在积极推行中，这将是该组织成立65年来最重要的治理改革方案，也是针对发展中国家最大的份额和投票权转移方案。[①]

世界银行在份额、增资等方面也进行了全面的改革。在份额、投票权方面，2010年4月世界银行发展委员会春季会议率先兑现了G20匹兹堡峰会的承诺，通过了发达国家向发展中国家转移投票权的改革方案，决定发达国家向发展中国家转移3.13%的投票权，使发展中国家整体投票权提高到47.19%，其中中国的投票权从2.77%提高到4.42%，成为世界银行

---

① 2010年达成的IMF基金份额改革方案是：发达国家向代表性过低的新兴市场和发展中国家转移超过6%的投票权，使后者总体份额升至42.29%；欧洲国家让出两个执董席位给发展中国家。IMF曾表示，成员国将尽最大努力，在2012年10月的国际货币基金组织理事会年会之前完成该工作。

第三大股东国。① 同时，世界银行还批准了包括融资 862 亿美元、强化金融危机后的发展战略以及业务再造等在内的全面改革计划。其中最引人瞩目的两个方面：一是增资 862 亿美元，其中实缴股本金 51 亿美元，资金主要用来投资建设基础设施，发展中小企业和建立保障网，这是二十多年来世界银行实行的首次普遍增资；二是建立了国际复兴开发银行和国际开发协会的股权审议机制，每五年审核一次，以实现发达国家与发展中国家之间投票权的平等。②

第二，金融稳定论坛的重构是金融危机后国际金融稳定机制变革的重大举措。

金融危机后，增强全球金融体系的稳定成为国际社会的重大关切。重构金融稳定论坛③，并以此为基础构建国家间金融稳定机制成为普遍共识。2008 年《G20 华盛顿宣言和行动计划》指出金融稳定论坛存在代表性缺失问题，应进行扩员，并迅速采取行动。2009 年 4 月 G20 伦敦峰会决定将金融稳定论坛扩展至包括中国在内的所有 G20 成员国，并将其正式更名为金融稳定理事会。2009 年 6 月 26 日，金融稳定理事会第一次全体会议在巴塞尔召开。至 2012 年 1 月 10 日，金融稳定理事会已召开了 10 次全体会议，成为了二十国集团领导人倚重和国际公认的推动全球金融标准制定与执行的核心机构。

第三，《巴塞尔协议 III》的签署是危机后国际金融监管机制重构的重要实践。

---

① "Latin America Gets Great Voice at World Bank after Voting Rights Increase", Washington, April 26th, 2010.

② World Bank: "Synthesis Paper: New World, New World Bank Group", D.C., 2010-0002/1, April 25, 2010.

③ 金融稳定论坛是七国集团为应对亚洲金融危机，维护全球金融稳定而发起建立的组织。1999 年 2 月德国央行行长提特梅耶在 G7 波恩会议上，提议建立金融稳定论坛，以增强国家与国际监管主体和金融机构的合作，促进国际金融体系的稳定。与会国接受该建议。1999 年 4 月，金融稳定论坛第一次会议在华盛顿召开，G7 财长和央行行长出席该会议。论坛的主要任务是评估影响全球金融体系的问题和缺陷，确定和监督为解决这些问题而采取的必要行动，促进成员国内主管金融稳定事务的政府部门之间的合作与信息交流等。Financial Stability Board: "About the FSB (History)", http://www.financialstabilityboard.org/about/history.htm.

金融危机的产生和深化，深刻暴露了此前对银行等金融机构监管体系的不足。重新修订国际金融监管标准、加强金融监管机制以提高银行风险防范能力，成为后金融危机时代金融机构改革的方向。2010 年 9 月 12 日，"巴塞尔银行监管委员会"在瑞士巴塞尔举行了管理层会议，通过了加强银行体系资本要求的改革方案，即《巴塞尔协议 III》。[①] 该协议大幅度提升了对于银行业一级核心资本的最低比例要求，是近几十年来全球针对银行监管领域推行的最大规模改革，也是全球最严银行业资本协议。

第四，金融危机也催生了全球金融安全网的建立，作为保护金融体系安全的一种机制变革，旨在防范下一轮金融危机的爆发。

全球金融安全网制度建设最初由韩国总统李明博在 2009 年 G20 匹兹堡峰会上提出，得到了新兴发展中国家的积极响应。随后，在 G20 庆州财长央行行长会议上，这一倡议取得与会代表的共识，并获得具体发展，其主要是通过国际合作，迅速向面临暂时性流动性危机的国家提供资金。2010 年 11 月 G20 首尔峰会明确全球金融安全网分两个阶段完成：第一阶段是若资本流动出现剧变，相关国家可向国际货币基金组织贷款；第二阶段是连接国际货币基金组织的贷款体系和区域金融安全网络，以避免国家因短期资本流动出现问题而濒临延期偿付危机。目前，首尔峰会已经完成了第一阶段，同时提出了走向第二阶段的路线图。

其次，危机的影响并没有局限于单纯的经济领域，它也催生了二十国集团、"金砖国家"峰会等一系列应对危机的综合平台和机制。

金融危机爆发后，G20 迅速由部长级会议上升为领导人峰会，成为

---

① 1975 年 2 月，美国、英国、日本、加拿大、法国、德国、意大利、瑞士、卢森堡、荷兰、瑞典和比利时的代表齐聚瑞士巴塞尔，成立了巴塞尔银行监管委员会。该委员会达成的若干协议统称为巴塞尔协议。1988 年 7 月通过的《关于同意国际银行的资本计算和资本标准的报告》，称为《巴塞尔协议 I》，其主要是规定银行资本充足率的报告。2004 年 6 月公布的"新资本协议"即《巴塞尔协议 II》提出了资产证券化的风险计量方法以及监管框架。但该协议来不及实施，金融危机爆发，它将当前银行资本金不足、资产规模扩张过快、资产证券化与金融创新的风险评估及自身监管立足等问题暴露，于是，新的监管准则呼之欲出。参见：马煜婷：《巴塞尔协议 III：跨入"后危机时代"的国际金融监管新时代?》，《经济》2010 年第 11 期，第 34 页；夏志琼：《巴塞尔协议 III 迈出银行监管新一步》，《改革与开放》2010 年第 11 期，第 16 页。

国际经济与金融政策协调的重要机制。2009 年美国匹兹堡峰会上，领导人宣布 G20 取代 G8 成为国际经济合作和协调的首要平台。为应对危机，G20 分别于 2008 年 11 月在华盛顿、2009 年 4 月在伦敦、2009 年 9 月在匹兹堡、2010 年 6 月在多伦多、2010 年 11 月在首尔、2011 年 11 月在戛纳召开了 6 次峰会，就稳定全球金融秩序、加强国际金融监管、经济刺激政策的出台和退出、反对贸易保护主义、全球经济再平衡等重大议题进行了大国之间的协商与合作。其中，华盛顿峰会为全球协调应对金融危机奠定了基础，伦敦峰会成为金融危机发展的重要转折点，匹兹堡峰会标志着危机后全球经济秩序转型的开始。同时，G20 自身也开始了从危机应对机制向长效经济治理机制的转型，并引领了整个全球经济治理机制改革的进程。在 G20 的平台上，上述制度重构和改革如 IMF 和世行的份额调整、全球金融稳定理事会的重构、全球金融安全网的构建等如火如荼地进行。

除此之外，在经济领域新兴大国还通过"金砖国家"机制来加强合作以维护发展中国家的整体利益。"金砖国家"在危机中被推向世界舞台的中心，这些国家经济和社会水平相近，在很多问题领域中具有共同利益，都希望在国际事务中拥有更多话语权。2009 年 6 月，金砖四国（巴西、俄罗斯、印度和中国）在俄罗斯叶卡捷琳娜举行首次"金砖四国"领导人峰会，随后 2010 年 4 月四国领导人聚首巴西利亚，就世界经济形势、国际金融体系改革、G20 峰会进程和气候变化等重大问题进行广泛探讨和合作。2011 年 4 月，扩容后的金砖五国机制（南非加入）在中国三亚召开领导人第三次峰会，2012 年 3 月 29 日金砖国家第四次峰会于印度新德里举行，讨论了贸易自由化、粮食安全、能源安全、气候变化、G20 峰会筹备等新兴国家共同关心的重大议题。目前金砖国家合作机制正在向合作架构更趋完善、合作成果更加丰富的方向发展，成为后危机时代推动国际格局和国际秩序调整的新兴力量。

三、金融危机后全球经济治理机制变革的趋向

金融危机反映了现有的许多经济治理机制对于新出现的态势、发展都不足以进行治理。可以预见，在未来的 10 到 20 年的时间内，国际体系将

进入一个制度建设、制度变革和制度创新的重要阶段。[①] 结合上文梳理的金融危机后经济治理机制改革的必要性和广泛实践，本小节提出危机后全球经济治理机制变革主要存在两个趋向：一是以正式机制和非正式机制相结合的方式构建新的机制（建制）[②]，二是以决策权和问责制改革为重心的方式改革现有机制（改制）。

首先是建制，即以正式机制和非正式机制相结合的方式构建新的治理机制。就构建新的正式国际机制而言，金融危机后，构建一个全球范围内的金融稳定机构成为全球经济治理制度建设的重中之重。在金融全球化和自由化深入发展的趋势下，全球金融市场融为一体，资本跨国流动大量增加，在汇率变动、国际收支调节和金融危机防范等方面，迫切需要构建一个与现行国际金融体系相对应的新的国际机制来进行国际金融稳定的协调和合作。现有的金融稳定机构属于国家层面，这些机构无法对跨境投资和融资业务进行有效的监管。因此，建构一个新的国际金融稳定机制成为国际社会的需求。同时，构建新的抑制金融机构过度投机的制度，从而阻止接受储蓄的金融机构进行高风险投资，也是国际社会的迫切需求。

具体来看，金融稳定论坛转变为金融稳定理事会（Financial Stability Board，简称 FSB）适应了这一需求。金融稳定理事会的基本宗旨是，通过在国际层面协调国内金融部门和国际标准制定机构的工作，发展和促进有效规制、监管金融政策的实施，并与国际金融机构合作，消除影响全球金融稳定的不利因素。目前，金融稳定理事会正在不断发展和完善，是一个正在建设中的组织。虽然相较于国际货币基金组织和世界银行等国际金融机构，它在法律上还存在诸多缺陷，但与金融稳定论坛相比，它拥有更广泛的成员，对促进金融稳定负有更多的职责和更大的使命，它设有全体会议、指导委员会、主席和秘书处，正走向正式化和组织化，并表现出向正式国际组织迅速演进的态势。

此外，新的非正式机制也得以建立。全球治理委员会指出，全球治理既包括有权迫使人们服从的正式制度和规则，也包括各种人们同意或认为

---

① 秦亚青：《新兴大国在全球治理中发挥更大作用》，新浪财经 2010 年 9 月 8 日。

② ［美］詹姆斯 N. 罗西瑙主编：《没有政府的治理》，张胜军、刘小林等译，江西人民出版社 2001 年版，第 9 页。

符合其利益的非正式制度。詹姆斯 N. 罗西瑙（James N. Rosenau）进一步指出全球治理应该重视那些容易被国际制度所忽视的"国际秩序和规制的运作中必不可少的非正式、非权威的方面"。因此，在已有的正式制度维持正常的国际秩序的基础上，通过非正式制度来塑造出新的制度，由此来弥补制度的"真空地带"和"缺陷"，这是治理机制变革的一个新趋势。

非正式制度大多是在习惯的基础上约定俗成的，它不以有法律约束力的国际"条约"或"宪章"为基础，并且成员国就相关议题达成的承诺不具有国际法意义上的约束力。而在正式制度中，各成员国对特定议题作出了清晰、准确的承诺，这些承诺对于成员国具有国际法意义的约束力，这样成员国之间建立了契约型的法律承诺关系，各成员国对于制度安排的相关事项都可通过国际法程序或与之相关的国际法体系来进行管理和裁决。[①] 可以说，与正式制度相比，非正式制度规定的履行是建立在自愿履行的基础上，其通过的各种宣言、声明、行动计划等文件只发挥方向引导的作用，而没有国际法意义上的约束，各成员国完全可以根据自身国内的实际利益和需要来执行会议的相关文件和制度决议中的各种合作进程。

就广大的发展中国家和新兴经济体而言，他们融入国际体系的时间不长，对于西方主导下的繁多复杂的制度体系与规则、决策程序与相关义务并不十分熟悉，与制度的构建者——发达国家相比，它们对于制度缺乏实践经验。因此，正式制度强有力的国际法约束力会使他们对这种制度自然产生一种排斥感和距离感，他们害怕接受正式制度所导致的过高政策调整成本，因而倾向于接受非强制性的非正式国际制度。

金融危机的爆发催生了一系列重要的非正式机制，包括 G20 机制、金砖国家机制等。当前，G20 作为国际社会中一个重要的非正式机制，包括了 10 个左右的发展中国家和 10 个发达经济体，在应对国际金融危机、防止货币战争、贸易战争等方面发挥了重要作用，成为国际经济合作与协调的首要全球性论坛。金砖国家机制是由发展中国家组成的、以维护发展中国家利益为出发点的机制，新兴经济体以共同承诺而非法律协议约束的

---

① 刘宏松：《中国参与非正式国际制度：以 APEC 和 ARF 为例》，《国际展望》2009年第 1 期，第 45 页；朱杰进：《非正式性与 G20 机制未来发展》，《现代国际关系》2011 年第 2 期，第 42 页。

方式，促使成员在经济或道义上有责任尽力予以实施。

其次是改制，即以决策权和问责制度改革为重心的方式改革现有治理机制。国际机制是当今主要国家规划全球治理的重要基础，也是国际关系民主化进程的重要体现，制度的程序与分配意义非常明显。[①] 改革现有全球经济治理机制，提高制度的合法性和有效性，要改革现有制度的决策机制，加强对制度的监督和问责，提高制度的透明度。这主要体现在以下两方面。

第一，改革现有制度的决策机制。

现有全球经济机制是第二次世界大战后西方大国协调建立的，它是一种基于国际实力对比基础上的利益分配体系。这使得在制度创始阶段没有发挥作用的国家以及国际制度后来纳入的一些国家的关切都没有得到制度的充分照顾。因此，改革现有制度的决策机制，增强发展中国家的话语权，成为当前全球经济机制改制的一个重要方向。

最典型的是在国际金融制度上，改革世界银行和国际货币基金组织等国际金融机构的呼声高涨。在 IMF 和世界银行的现行决策机制中，具有强大经济实力的发达国家主导决策，实行的决策机制是加权投票机制[②]。金融危机后历次 G20 峰会都围绕 IMF 和世界银行的份额、投票权、特别提款权的改革进行了广泛讨论，并已达成一些基本共识。可以说，G20 峰会达成的关于国际货币基金组织和世界银行改革方案的国际共识使得新兴经济体在历史上第一次大幅增加了在 IMF 和世界银行的基本投票权。

在其他国际金融组织中这一趋势也得到体现。如金融稳定理事会吸收了 G20 中包括中国在内的所有发展中国家成为正式会员；与金融监管相关的主要国际标准制定机构，也纷纷吸收包括中国在内的新兴经济体作为新成员；巴塞尔委员会更是将部分新兴经济体的央行行长和其他监管者领导

---

① 苏长和：《中国的软权力：以国际制度与中国的关系为例》，《国际观察》2007 年第 2 期，第 34 页。

② 加权投票制是相对于通常的等权投票制而言的。在等权投票时，每个投票者有平等的一票，获得最多选票的候选人或候选方案胜出。但加权投票制不同，它是在需要区分投票者的不同实力和影响时采用的一种投票制度。在加权投票时，不同投票者对最终决策的影响力与其拥有的票数和权数相关。这种决策机制目前在国际政治和国际经济领域中得到广泛应用。

纳入该委员会的治理机构。

但是，增加基本投票权只是国际金融机构改革的一个方面，这种改革并不彻底，金融治理制度的长远建设在于调整机构的加权投票机制，建立新的决策机制。世界银行和国际货币基金组织都采用加权投票机制，这种机制放大了发达国家特别是美国对 IMF 和世界银行事务的控制权。即使关于国际货币基金组织当前规定的改革内容全部执行完毕后，基本投票权在总投票权中的比例仍不足 10%，而美国占总投票权的约 17%，对 85% 多数的事务具有决定性的否决权，因而实际上仍控制国际货币基金组织的所有重大事务。

因此，改革加权投票权机制，使其兼顾国际公平和国际发展的需要，反映各个成员国的经济实力，这是金融制度改革的重点。同时，还需要调整 85% 的特别多数表决方式，建立一种双重多数表决方式。这种双重多数表决方式将要求 IMF 在决策时既要获得份额多数也要获得成员国数量的多数，这样既可以体现份额大国的利益，也可以兼顾广大发展中国家的诉求，从而能够平衡国际社会的效率与公平价值。在韩国釜山召开的 G20 财长和央行行长会议就提出要建立一套反映各国经济实力等内容的份额动态调整公式，逐步实现发展中国家和发达国家平等分享投票权的目标。

第二，增强制度的问责制和透明度。

问责制（accountability）是一个行政管理上的概念，其大致意思是，经过民主选举或者被聘用作为公共服务提供者的公务人员和公共机构应当对选民负责。这种责任包括向选民报告事务的进展状况，向选民解释决策时的考虑因素，接受选民的质疑，并对事情的处理结果承担责任。[1] 当前多数治理机制的决策过程缺乏必要的监督，成员国和非政府组织很难对机构和人员实行问责。譬如，目前在 IMF 中，没有评估执行董事会的机制，没有检查执行董事会工作的机制，也没有考核 IMF 总裁工作的机制，总裁的任免程序也不透明。这样，制度的合法性和有效性都受到质疑。加强制度的问责制意味着使制度负责，即在制度安排中必须包括有效地使制度

---

① Allen Buchanan and Robert Keohane: "The Legitimacy of Global Governance Institutions", *Ethics & International Affairs*, Vol.20, No.4, 2006, p.426.

机构负责任的条款。

透明度是对制度进行监督和问责的重要因素，问责制对信息的需求也意味着关于制度运作的透明度是必要的。罗伯特·基欧汉指出，透明度是使问责制有意义的重要因素。同时，透明度也是关系国际制度合法性和效率的重要因素。增强制度的透明性，意味着制度的创建应该在开放的前提下认真对待所有成员国的建议与意见，并且在运行过程中，有关条约的签署、协议的遵守、对违反国的制裁和惩罚的信息都应该保持透明。

目前在世界银行进行的各项改革中，新的信息获取政策正是加强制度透明度的体现。2010 年 7 月 1 日，世界银行新的信息获取政策正式生效，它向社会开放大量信息，特别是有关执行董事会活动和执行中的项目信息。世界银行行长罗伯特·佐利克表示，这一新政策代表了世行对待信息披露、透明度、知识共享、问责等问题态度上的重大转变。例如，大幅度开放了有关项目开发和实施期间重大决策的信息，包括项目概念评审会、项目监督检查和中期项目检查的决策信息。这样做增强了透明度和问责，更便于加强对世行项目的监督。

四、全球经济治理机制变革下中国的战略思维

金融危机的爆发推动全球经济治理进入了新阶段，改革治理机制的全球共识在提高，建制和改制成为了全球治理的一大呼声。与此同时，中国的国际地位大大提升，中国对于全球事务如世界经济复苏、全球气候治理等起到不可替代的作用。在这种背景下，中国要在全球经济治理机制变革中发挥更大的作用，这需要形成相关的战略思维。总的来看，中国应当积极主动地参与治理机制的变革，把握这场机遇；充分利用好联合国和 G20 等抓手，推进机制变革；深化同新兴国家和发展中国家的合作，增强机制的合法性和有效性；提升统筹国内国际两个大局的能力，夯实参与机制变革的国内基础。

首先是积极主动地参与治理机制的变革，把握这场机遇。

这场全球治理机制的重大变革，对中国来说提出了严峻挑战，但同时也为中国提供了更大的机遇和更广阔的平台。崛起的中国在外交大战略上，应当要有政治勇气，树立积极主动的心态，把握这场机遇。中国从

1971 年联合国恢复中国合法席位开始进入现有的全球治理体系，由于自身实力限制等原因，中国参与全球治理的积极性一直不高，参与机制的进程经历了猜忌到认同、适应、合作的过程，偶尔表现出一种过客的心态，很少主动设计和提出自己的国际制度议案或其他重大国际倡议。但是，随着中国实力的发展、国家利益的拓展，中国与治理机制之间的互动变得更加活跃，确立了更积极的建设性参与战略。当前中国作为联合国五大常任理事国之一，是世界第二经济体，在全球贸易谈判、核不扩散进程、气候公约的制定等重大治理机制的发展中地位和作用越来越被重视，已经成为各种主要国际机制实现变革的主要动力之一。中国应当积极主动地参与国际规则的谈判，把握有利时机，表达自己的意愿，积极主动地倡议或主导国际机制的改革。在中共十七届五中全会关于中国未来五年国民经济和社会发展规划的建议中，中国共产党第一次提出"积极参与全球经济治理和区域合作"问题，具体提出了积极推动国际经济体系改革，促进国际经济秩序朝着更加公正合理的方向发展，积极参与二十国集团等全球经济机制合作，推动建立均衡、普惠、共赢的多边贸易体制，反对各种形式的保护主义；积极推动国际金融体系改革，促进国际货币体系合理化，加强与主要经济体宏观经济政策协调；积极参与国际规则和标准的修订制定，在国际经济、金融组织中发挥更大作用。其中"积极参与"具有把握主动的深刻含义，不同于过去危机应对型的、策略性的被动参与，它将主动地参与讨论、设置议题、积极影响世界经济发展的进程，是一种战略性的参与。这标志着中国战略思维的转变。

其次是充分利用好联合国和 G20 等抓手，推进机制变革。

全球治理的核心是国际社会各方普遍参与、普遍受惠，其平台主要是以联合国为代表的多边机制，G20 是应对全球重大经济和金融挑战的核心机制，是全球经济治理的重要平台。中国在推进机制变革中，必须充分利用联合国和 G20 等平台作为抓手，积极作为。联合国作为最具普遍性、代表性和权威性的政府间国际组织，是实践多边主义的重要平台，它为维护世界和平、促进共同发展和推动国际合作发挥了重要作用。中国要充分推动联合国成为解决全球性问题的核心平台，继续支持联合国这一传统平台在当前形势下进一步发挥其优势，推进联合国框架内的各项制度改革议程，同时中国应推进联合国自身改革，增强其效率和权威，使其更好地完善全球治理。同时，G20作为一个新的国际机制，它已成为国际经济合作的主要论坛，在G20峰会上，国际货币基金组织、世界银行等国际金融组织机构改革进一步深化。中国也应该以G20为抓手，推动G20从短期应对危机的机制向长效经济治理的机制转化，利用该平台进一步推进国际金融机制和国际经济体系的变革。

再次是深化同新兴国家和发展中国家的合作，增强机制变革的合法性和有效性。

现行的国际机制和规则大多是由西方发达国家主导建立的，在很多方面不利于新兴国家和发展中国家的发展。金融危机后，新兴国家对世界经济的影响和贡献受到日益关注，这些国家凭借自身实力的上升，力图向国际政治舞台中心逼近，它们强烈呼吁改变传统西方大国长期主导各种重大国际制度的局面，成为了全球治理的重要参与者和建设者。中国作为新兴经济体中人口最多、经济发展速度最快、经济规模最大、对世界经济贡献最大的国家，一方面要充分利用自身优势，积极协调新兴经济体关于全球治理机制改革的主张和立场；另一方面要加强与新兴国家的沟通与合作，加大对新兴经济体的外交力度，共同推进新兴经济体在改革全球治理机制上的主张和利益，使全球治理体系朝更加合理、公正的方向发展。同时，发展中国家一直是中国在国际事务中的重要依托者，中国在贸易谈判、能源合作等全球性问题面临着西方要求承担更大责任的压力，中国需要进一步加强与发展中国家的合作，寻求在这些问题上的共识和一致行动，以进一步推进机制变革朝着有利于发展中国家的方向发展。

最后是提升统筹国内国际两个大局的能力，夯实参与机制变革的国内基础。

随着国际社会的发展，国际政治和国内政治愈加难以分割。外交是内政的延续，外部形象是内部发展的投射。当前，中国一方面通过参与国际机制来改造国内制度，推动自身的发展；另一方面，中国要深化国内政治和经济改革，夯实其推进国际机制变革的国内基础。这样才能统筹国内国际两个大局，实现对外开放与对内改革的良性互动，为中国积极参与全球治理机制变革的战略思维提供内部支撑。

第三节　全球经济治理的主要平台与中国的
　　　　积极参与

从全球金融危机的爆发到各国经济的缓慢恢复，二十国集团（G20）
的角色正在从一个危机的救火队员逐步转变为推动全球经济治理的主要平
台。不过，它仍然面临着一系列挑战，包括需要通过制度化建设来解决
的合法性问题，处理好与八国集团的关系问题，以及平衡 G20 成员数目
与效率的问题。全球治理理论对传统国际关系理论提出了挑战，中国关注
全球治理有自身特有的视角。中国首次在政策中明确提出"积极参与全球
经济治理"，这是符合现阶段国际力量对比的务实提法。不过，在具体如
何参与的问题上，需要注意解决好共同利益的分配问题，同时在议题设置
上，应该量力而行，有所为也有所不为。

一、金融危机后 G20 机制的发展及其在全球治理中的作用与
局限

G20 近两年成为国际舞台的明星，这是当代国际关系中具有标志性意
义的事件，它不仅反映了新兴大国已经成为国际体系中举足轻重的力量，
更重要的是，这反映了国际格局开始发生深刻的转变。从大背景而言，
G20 是经济全球化的产物。第二次世界大战后建立的国际机制基本上是在
美欧发达国家主导下建立起来的，这一机制在世界经济领域的基本特征是
美国主导，三大金融机构国际货币基金组织、世界银行以及世界贸易组织
（之前的关贸总协定）为基本架构，七国集团（G7）为主要协调平台（俄
罗斯加入后为 G8）。而随着全球化进程的深化，发达国家与发展中国家之
间的经济相互依存日益加深，伴随着这种国家间政治经济发展的不均衡状
况，作为协调全球经济发展的八国集团（G8），由于缺乏具有代表性的新
兴市场国家，在应对世界经济等一系列发展议题上显得捉襟见肘，面临着
巨大的合法性危机。而另一方面，以"金砖四国"为代表的众多新兴市场

国家综合国力不断增强，在世界范围内的影响力也日益上升。而要解决全球性经济难题，没有广泛的代表性则无从谈起。国际社会迫切需要制度创新，能构建一个超越 G8 的全新多边参与框架。

G20 创建的直接诱因是 1997 年开始的亚洲金融危机，在这次危机中，由于国际社会缺乏有效的危机协调和应对机制，一场起源于泰铢贬值的东南亚货币危机逐渐演变为亚洲金融风暴，并直接拖累了全球的经济发展。发达国家也希望在领导人和部长级会议层次上建立一个有效且包容性更强的机制来应对经济全球化迅猛发展所带来的挑战。随着国际形势的发展以及世界经济形势的演变，目前，二十国集团已经开始从一个协商论坛向着有明确宗旨并采取集体决定的国际机构发展，并作为在发达国家与发展中国家之间沟通的一个独特国际机构，成为布雷顿森林体系框架内非正式对话的一种新机制，其宗旨是推动发达国家和新兴市场国家之间就实质性问题进行讨论和研究，以寻求合作并促进国际金融稳定和经济持续发展。

关于 G20 机制在当前全球经济治理中的作用，有学者概括为两点。首先，它为发达国家和新兴市场国家提供了一个沟通对话的平台，改善了全球金融与经济治理结构。其次，G20 机制推动了世界主要经济体的合作，促进了全球经济复苏。[1] 也有学者认为，G20 的机制化仅仅是在现行框架内对全球经济治理的一种技术性修正。因为，国际经济格局没有发生根本改变，美元在国际金融体系中地位依然稳固，目前全球经济治理的基本框架仍然是由 IMF、世界银行和 WTO 组成，G20 只是国际合作应对危机的产物。随着世界经济形势的好转，G20 是否还有足够的动力在更广的范围内发挥作用呢？[2] 不过，针对这种担忧，有学者也认为，G20 的存在有其客观必然性，不但全球经济治理呼唤新的全球经济治理机制，美国也需要一个全球经济治理的新平台来重塑其全球领导力，而且 G20 体制在应对国际金融危机和推动全球经济复苏中发挥了重要作用。[3]

---

[1] 曹广伟、张霞：《G20 机制的构建及其在后危机时代的角色定位》，《国际展望》2010 年第 6 期。

[2] 王国兴、成靖：《G20 机制化与全球经济治理改革》，《国际展望》2010 年第 3 期。

[3] 赵瑾：《G20：新机制、新议题与中国的主张和行动》，《国际经济评论》2010 年第 5 期，第 10—16 页。

G20 体制要成为一种成熟并且得到世界上绝大多数国家认可的国际机制还面临着众多的挑战。本节主要讨论以下三方面的挑战：

首先，任何一种国际机制要得到国际认可必须考虑其合法性问题。这种合法性一方面取决于该机制的程序是否适当，即程序合法性，还取决于其目标是否符合代表广泛主体的共同体价值，即实质合法性。按照一位非 G20 成员国外交官的观点，在 G20 合法性问题上，非 G20 成员国可以分为四类：第一是积极接受型，认为 G20 已经出现并将长期存在，实力本身就阐述合法性，但 G20 尚未定型，因此要在其发展过程中积极参与，以维护和促进自身利益，以新加坡为代表；第二是抵制型，从根本上否定 G20 的合法性，认为这是一种类似 1815 年维也纳会议的强权机制，是对联合国的侵蚀，以挪威为代表；第三是特殊利益型，由于和 G20 内的大国具有紧密关系，可以经常性参与 G20 活动，因此总体上对 G20 抱支持的态度，以荷兰和西班牙为代表；最后一种是冷漠型，即对 G20 不抱任何态度，基本上是一些非常小而弱的国家。[①]

与 G8 相比，G20 基本实现了发达国家与发展中国家、大国与小国、地区与地区之间的相对平衡，因此其合法性程度是明显提高了。但正如有学者所归纳的，"政治系统的合法性主要依托于意识形态的训导性、政府治理的绩效性、政治过程的循规性、社会公众的满意性这四个方面的因素的综合，仅求助于任何单方面因素都不能维系持久的政治合法性"。[②]从这个意义上说，要完善目前 G20 体制的合法性问题最重要的途径就是加强制度化建设。这种制度化建设至少包括四点：

第一是明确 G20 的宗旨和定位，不能仅仅充当救急的救火队员，更应当成为未来全球经济治理的经常性国际协调机构。要实现世界经济的可持续增长，不能仅仅在出现危机时才团结一致，在经济全球化和各国相互依存度不断深化的背景下，加强国际合作与协调应该成为未来 G20 的主要宗旨。

---

① 查晓刚：《"为 G20 建立一个更加全球性、合作性的亚洲领导力"国际学术研讨会综述》，《国际展望》2010 年第 6 期。

② 杨宏山：《经济全球化与政治发展——以合法性为视角》，黑龙江人民出版社 2003 年版，第 74—81 页。

第二应当扩大合作机制的领域和层次。目前 G20 体制主要由两方面会议构成，即财长和央行行长会议以及首脑峰会。保持政府高级别的常态沟通机制当然很重要，但除了官方的定期磋商机制之外，为了能集思广益并提高效率，应当着眼于建立全方位、多层次的磋商机制，倾听更多来自企业界以及学术界的声音。

第三是应当考虑设置常设秘书处。由它来关注峰会以及相关会议所做的决议，并与其他重要国际机构保持联络。

第四是应当考虑建立合适的评估程序来加强 G20 机制决议的执行力。鉴于 G20 成员国内部巨大的差异性，这种执行力的加强并不具有强制效果，它一方面来自于具有领导力的大国应该具有的示范效应，另一方面来自于其他国家的相互监督与促进。

当然，正如有学者所指出的，机制化建设是一个长期目标，可以采取分阶段、分步骤的方式逐步实施，最终目标是把 G20 打造成全球经济治理的首要机制。目前来看，G20 的非正式性恰好是其特色和优势，它使得 G20 机制具备了协调国内国际两种政治，灵活适应国际环境变化，汇聚大国共识的优势，因而也就使得在全球治理主体更加多元，议题更加复杂多元的体系转型时期，相对于其他国际机制而言，G20 机制的有效性更加突出。[1]

其次，如何处理与八国集团（G8）的关系？在匹兹堡峰会上，G20 被正式确定为国际经济合作的首要论坛，但围绕着 G20 是否取代 G8 的争论也就由此展开。虽然欧美各发达经济体对外都宣称欢迎 G20 体制，但正如上文所指出的，G20 本身就是在原有体制难以应对全球治理带来的挑战下出现的，这必然意味着在某种程度上要打破原有的体制，这就必然影响到既得利益者的利益分配格局。因此我们看到 G8 总是倾向于将自身的利益偏好来影响 G20 的议题和程序。每次 G8 峰会都会在 G20 峰会前举行，并早早地为即将举行的 G20 会议主题定调。正如斯特兰奇（Susan Strange）所指出的，结构性权力越来越比联系性权力重要。而这种确定

---

[1]　朱杰进：《国际制度设计：理论模式与案例分析》，上海人民出版社 2011 年版，第 155 页。

议事日程，设计支配国际经济关系惯例和规则的权力就是所谓的结构性权力。① 正是这个原因，还是有相当数量的发展中国家不信任 G20，仍然把它视为发达国家维护原有国际政治经济秩序的工具，而不是对原有秩序进行彻底的变革。

从目前来看，这两者不是取代与被取代的关系，而是它们承担的角色有所差异。G8 现在越来越多地讨论政治和安全议题，而 G20 则主要关注世界经济。从这个意义上而言，未来两者将并行不悖。短期来看，G8 仍然会影响甚至主导 G20 的议程，但随着新兴经济体实力的不断增强，G20 的议题不断多元化，长期来看，更能客观反映国际力量对比变化的 G20 将更有可能成为未来全球治理的平台。

最后，在 G20 成员国的数量与效率之间还有待形成新的机制来达到平衡。例如有些人就认为，20 个国家的代表性仍然不够，应该增加一两个最贫穷国家来反映这些边缘国家的利益。印度等新兴国家就质疑为什么 G20 有那么多欧洲国家。此外，还应该在结构安排上更加灵活，如让 G20 成为南北方之间的沟通渠道，同时与全球市民社会形成制度化互动。G20 还应该包括更多的地区性组织，为什么有了欧盟不能有非盟、东盟以及南美洲国家联盟呢？此外，还应该以议题为纽带吸收一些国家作为观察员参与进来，并在特定领域，如贫困、卫生和环境等问题上给予 NGO 更多的参与机会。但与此形成悖论的是，参与者越多，利益差别就越大，就越难以达成共识，就必然牺牲效率，从而损害 G20 的生命力。②

如何找到这个平衡点呢？在目前的国际体系下，不可能采取一种放之四海而皆准的措施，只有在找到能为各方接受的基本原则前提下，尊重各国根据各自国情实施具体政策的选择权。

二、全球经济治理的主要领域及其与中国的关系

全球治理概念和理论的提出是对传统国际关系理论的挑战，因为传统国际关系理论认为，"国内社会"和"国际社会"泾渭分明，但全球治理

---

① [英] 苏珊·斯特兰奇：《国际政治经济学导论—国家与市场》，杨宇光等译，经济科学出版社 1990 年版，第 29 页。

② 龚伟、赵春珍：《二十国集团—21 世纪全球治理中心?》，《当代世界》2008 年第 6 期。

论者不这么认为，他们试图探讨如何把世界当做一个整体性的存在来进行治理。[①] 西方全球治理论者在谈及全球治理时经常论及的不是政府间的关系，即传统的国家在全球治理中的作用，而是强调非政府组织（NGO）、跨国公司、市民社会、全球大众媒体，甚至全球资本市场这些非政府的行为体在全球治理中的作用。

从国际关系理论的渊源来看，全球治理学说带有更多的（新）自由主义色彩，这从它强调国际合作，重视非政府行为体特别是把国际机制放在全球治理的核心地位都可以看出来，而这也正是（新）现实主义者对全球治理始终持怀疑态度的原因，克莱斯纳（Stephen Krasner）认为，"全球治理不是什么新的国际政治学理论，国际规制和制度基本上都是在国际利益或者权力的基础上形成的，全球治理也是在国家之间共同同意的基础上才出现的。根据全球化和全球治理的发展便得出国家主权受到侵蚀的论断是十分令人怀疑的"。[②] 在现实主义者眼里，民族国家在很长时间内仍然将是国际关系的最重要行为体，国际机制和国际组织只有在存在共同国家利益的框架下才能发挥作用。

实现有效全球治理的关键在于国际制度的建设，而制度建设的主要途径是建制、改制与转制。在全球化时代，国际制度对于全球社会的治理与稳定、发展与进步至关重要。但由于历史原因，现有制度存在不公正及失灵的现象，特别是那些具有分配性和程序性霸权的"硬性规则"，它们具有很强的政治性和争议性，决定谁可以得到更多，谁可以得到更少，谁能得到什么，谁什么也得不到，这意味着改制是一项十分紧迫的任务，国家尤其是大国对此负有不容推卸的责任。全球社会的变迁在很大程度上是通过对具有重要分配性、程序性和权威性的制度进行改造反映出来的。"转制"与"改制"相关联，涉及不同国家尤其是那些后进国家，在现代化过程中如何面对主要由强国设计并代表其利益的既定的制度。"转制"是指改变上述既存制度，更主要的是指那些后进国家如何改变自己固有的行事模式和国内制度，接受和参与这些国际上已被接受的制度，按照制度

---

① 庞中英："关于中国的全球治理研究"，《中国学者看世界：全球治理卷》，新世界出版社 2007 年版，代序。

② 王杰：《全球治理中的国际非政府组织》，北京大学出版社 2004 年版，第 94 页。

的框架来界定自己的利益和规定自己的行动。① 对治理的需求并不必然导致世界政府的形成，"如果存在有效治理，它多半是通过政府间合作、跨国网络而非一个世界政府达致的"。② 治理成功的关键是贯彻多边主义原则和实践原则。所有的行为体，尤其是国家，在全球化时代的实践中，特别是在解决全球、区域、次区域、其他多边与双边以及国内问题的合作性实践中，融合绝对收益与相对收益，把全球观念付诸实践，通过全球广泛参与的、以国家共同治理为重心的不懈实践，达到全球范围内合作共治的目的。③

　　中国关注和研究全球治理的特殊视角，是在国家层面和本国范围内认同并推动全球治理。首先，是把全球治理内化为本土上的跨国合作。全球治理原本是诸多行为体在全球层面和跨国层面通过对话、协商、合作来应对全球问题，管理人类公共事务，中国无疑已经参与并将更加积极参与国际社会的诸多治理活动。但毋庸讳言的是，由于中国主要是以国家或政府的身份参与国际事务，所以对中国而言全球层面的全球治理似乎与原来的国际治理并无区别，反而是国内日益增多的跨国合作，为中国勾勒出全球治理的新视角。这就是把全球治理从模糊的全球层面内化到清晰的国家层面。其次，把全球治理锁定于全球问题的治理。最恰当的国内层面的全球治理，应该是那些关系到人类生存与发展的全球性问题，这些问题具有真正的全球性和公共性。而且这些问题大多具有超意识形态性，便于进行跨国合作，也易于避免某些政治上的麻烦。最后，应把全球治理植根于本国公民社会的培育和基层民主的建设。全球治理与政府管理的区别就在于，前者依托于公民和公民社会，后者依靠国家和政府的权威。所以，没有较为发展的公民社会，缺乏具有公共精神和民主素养的公民，就不存在名副其实的全球治理，培育国内的公民社会是切实推进全球治理的保障。④

① 苏长和：《全球公共问题与国际合作：一种制度的分析》，上海人民出版社 2000 年版，第 306—310 页。

② ［美］罗伯特·基欧汉：《局部全球化世界中的自由主义、权力与治理》，北京大学出版社 2004 年版，第 280 页。

③ 俞正梁、陈玉刚：《全球共治理论初探》，《世界经济与政治》2005 年第 2 期。

④ 蔡拓：《全球治理的中国视角与实践》，《中国社会科学》2004 年第 1 期。

正是在这个意义上，中国政府提出的"和谐世界"理念会被国内学界不少学者认为实际上就是中国的全球治理主张，[①] 两者在理论定位和理论构成要素上都具有一致性，这表现在：第一，两者在核心价值观念上具有一致性，两者追求的都是超越国家、种族、宗教、意识形态和经济发展水平之上的全人类的普适价值。第二，从实现途径来看，两者都十分重视国际制度的作用。正如前文所说，国际制度是全球治理得以实现的主要途径。而和谐世界理论坚持联合国在维护全球安全中的核心地位，倡导建立更为开放、公平和非歧视的多边贸易体制以及更完善的国际金融体制，并通过谈判和协商等多边途径建立国际的环境保护，预防大规模流行病传播以及核不扩散机制等。第三，两者所要解决的问题都是全人类所共同面对的全球性问题。可以说，"和谐世界"的构想，既体现了中华民族的传统文化理念，又顺应了历史发展潮流。相对于全球治理理论，"和谐世界"的包容理念更符合国际社会多极化和国际关系民主化的趋势，它对于联合国以及国际法等国际机制的重视具有更强的可操作性。

庞中英从七个方面论述了如何加强中国在全球治理中的作用，包括：通过深化国内改革来推动全球治理；加强中国参与全球治理的能力；继续在地区治理中扮演特殊的角色；成为解决全球发展问题的推动者；成为联合国维和行动和缔造和平的主要力量；加入更多的国际机制；成为全球秩序的维护者和改革者。[②] 但是，也有学者认为这两者之间存在区别。有些对"全球治理"概念持怀疑甚至否定态度的学者，就把"全球治理"与"建设和谐世界"视为相互对立的理念，认为"'和'与'治'的不同哲学

---

① 庞中英：《和谐世界：全球治理的中国主张》，《国际先驱导报》2005 年 12 月 29 日；蔡拓：《和谐世界与中国对外战略的转型》，《吉林大学社会科学学报》2006 年 9 月第 5 期；刘雪莲：《论全球治理中和谐世界的构建》，《吉林大学社会科学学报》2006 年 9 月第 5 期；陆晓红：《"和谐世界"：中国的全球治理理论》，《外交评论》2006 年第 6 期；俞可平：《和谐世界与全球治理》，《中共天津市委党校学报》2007 年第 2 期；吴梅兴：《和谐世界：全球治理的中国诠释》，《暨南学报（哲学社会科学版）》2007 年第 4 期；赵海月、王瑜：《全球治理与和谐世界》，《理论与改革》2010 年第 5 期。

② 参见庞中英发表在德国艾伯特基金会的论文，"New Powers for global Change? Some Approaches to Boosting China's Pivotal Role in Tackling Global Challenges", http://library.fes.de/pdf-files/iez/global/04471.pdf.

思想背景显示了'和谐世界'与'全球治理'的根本不同","'全球治理'同'和谐世界'是完全不同的国际政治理念"。① 也有学者认为两者的确存在差异,但并非截然对立。两者都否定强权政治,"建设和谐世界"是中国融入国际体系、参与全球化过程中为应对全球性问题而提出来的,具有中国特色但也与"全球治理"有一定的契合。由于"建设和谐世界"的思想基础是马列主义的和平共处国际关系理论,又与建设有中国特色的社会主义紧密相关,且强调中国传统文化的"和为贵"理念,因此不能简单地认为它是中国的"全球治理"理论,因此,"建设和谐世界"比"全球治理"理念更具包容性,它不仅能参与"全球治理",而且能超越"全球治理"。②

在中共十七届五中全会公报有关中国实施互利共赢开放战略的内容中,出现了"积极参与全球经济治理"这一新提法,而在2010年的中央经济工作会议上也指出,要"准确把握世界经济治理机制进入变革期的特点,努力增强我国参与能力"。这表明中国开始从以前被动的、危机应对式的策略性参与向积极主动的战略性参与转变,这就要求中国主动参与设置议题,争取影响全球经济发展进程。这一转变既是维护中国国家利益的客观需要,同时也是国际社会希望中国承担负责任大国义务所提出的要求。从这次金融危机演变至今的情况来看,在经济全球化和相互依存日益深化的当今世界,没有哪一个国家能完全主导建立新的国际秩序,相比于以前"建立国际政治经济新秩序"的提法,"积极参与全球经济治理"是符合现阶段国际力量对比的更务实的提法。

目前,随着中国国力的不断增强,许多国际事务尤其是经济问题,缺少中国的参与就很难有所突破,这已是不争之事实。但中国能否成功参与全球经济治理,不仅仅取决于中国自身。众所周知,当前主流的国际体系规则是在西方发达国家主导下建立起来的,因此,这些国家自然会想方设法为自身牟取最大利益,中国的积极参与必然会和既得利益产生冲突,尤

---

① 吴兴唐:《"全球治理"的置疑性解读》,《当代世界》2007年12期;《众说纷纭的"全球治理"》,《红旗文稿》2010年第12期。

② 叶江:《"全球治理"与"建设和谐世界"理念比较研究》,《上海行政学院学报》2010年第2期。

其会削弱美国的霸权。美国当然不可能心甘情愿地把它本来独享的好处与中国分享，这从最新的 IMF 投票权份额变化就可以看出，虽然美国赞同提高发展中国家的投票权份额，但它只是向欧洲国家施压，压缩欧盟国家的投票份额以转移给新兴市场国家，仍然保持自己原有的份额从而确保对国际货币体制的一票否决权。

正是这种美国实质操控 IMF 的局面使得广大发展中国家在接受其援助时受制于人，IMF 在提供贷款时往往附加开放市场、进行政治体制改革等条件，这点在 1997 年亚洲金融危机时体现得最为明显。这也是部分学者把全球治理看成是西方发达国家干预发展中国家内政的借口，也正是这种担心，中国外长杨洁篪在十一届全国人大四次会议接受采访时才指出，"全球治理"的核心是国际社会各方要普遍参与、普遍受益，方式应当是平等协商、合作共赢，平台主要是以联合国为代表的多边机制，依据是公认的国际法、国际关系准则和惯例。"全球治理"应该为广大的发展中国家发展创造更加有利的条件和环境，而不是相反。

从这一点来说，中国应充分认识到全球治理体系变革的渐进性和复杂性，不要有毕其功于一役的冲动。一方面，基于中国目前的国力，当然应该发出自己的声音，进一步参与全球治理，这也是中国作为国际体系中负责任大国应尽的义务；但另一方面也应该对自身的能力有清醒的认识，在处理多边事务时尽可能联合多方力量，防止成为全球治理体系的矛盾焦点。就现阶段而言，中国仍然应该坚持以经济领域的全球治理为核心，逐步提升在国际金融、国际货币以及国际贸易体系中的地位。而在安全领域，应以非传统安全的全球治理为主，以地区安全治理为基础，逐步积累应对全球安全治理的经验和实力。

在关于具体如何参与全球经济治理的问题上，中共十七大五中全会公报提出了三个"推动"：第一，推动国际经济体系改革，促进国际经济秩序朝着更加公正合理的方向发展；第二，推动建立均衡、普惠、共赢的多边贸易体制，反对各种形式的保护主义；第三，引导和推动区域合作进程，加快实施自由贸易区战略，深化同新兴市场国家和发展中国家的务实合作，增加对发展中国家的经济援助。其实，这三点措施的关键是发现和扩大共同利益，这与中国在《中国的和平发展》白皮书中所指出的"中国把中国人民的利益同世界各国人民的共同利益结合起来，扩大同各方利益的汇合点，同各国各地区建立并发展不同领域不同层次的利益共同体"是一致的。

当然，只有共同利益并不够，因为还存在利益的分配问题。现实主义者坚信，国家在国际社会中不仅关心绝对收益，而且更加关心相对收益。格里科（Joseph M. Grieco）就认为，在任何关系中，国家的基本目标都是阻止其他国家获得相互关系中的能力优势。[①] 斯坦（Arthur Stein）则认为，如果行为者试图将相对收益最大化，那么共同利益就不复存在。[②] 因此，当国家过于关注相对收益，也就是说，分配问题严重时，通过国际合作实现全球治理就会非常困难。解决方法之一是更加公平的分配收益，但这样做的代价往往非常高昂或者十分困难。另一个解决方法就是增加制度中的成员数量，缓解国家对相对收益的关注。成员数量增加一方面会相应增加单个国家在考虑相对收益时的复杂性，更重要的是，增加新成员往往带来新的议题领域，从而导致把不同国家在不同问题领域中的收益联系起来，降低对某一个问题领域内相对收益的关注。所以，推动全球经济治理必须更多地依靠多边外交渠道。

"金砖国家"合作机制正是中国通过多边途径推动全球经济治理的例证。虽然该机制从 2009 年举行首次峰会到目前才短短四年，但它已经成为新兴市场国家通过协商探讨全球重大问题的交流平台，而且这一机制与传统的八国集团不同，是一个开放性的协商对话机制。特别是包容性发展的理念得到"金砖国家"的广泛认同，作为一种基于全球治理时代的新发展理念，包容性发展是对传统发展理念的超越。"在经济全球化条件下，一国的经济政策与发展方式必然会深刻地影响其他国家。共享发展机遇，实现互利共赢，是世界各国必然要面临的一大选题。这就是包容性发展的实质。"[③] 因此，虽然"金砖国家"间存在政治经济体制和发展模式的差异，

① Joseph M. Grieco: "Anarchy and the Limits of Cooperation: A Realist Critique of the Newest Liberal Institutionalism", *International Organization*, Vol.42, No.3, 1988, p.498.

② Arthur Stein, "Coordination and Collaboration Regimes in an Anarchic World", *International Organization*, Vol.36, No.2, 1982, p.318.

③ 张幼文：《包容性发展：世界共享繁荣之道》，《求是》2011 年第 11 期。

甚至还在一些重大战略问题上存有分歧，[①] 但正是在包容性发展的理念下，作为新兴经济体的国际合作机制，"金砖国家"体制不但提升了发展中国家在世界格局中的地位，也标志着以西方主导的战后国际秩序开始进入一个转折点，也有利于世界经济政治发展模式的多样化。[②]

三、参与全球经济治理：中国和平发展的路径选择

正如有研究所指出，全球性问题与议题是不同的概念。前者是指客观存在的涉及并影响全人类的、需要共同努力以解决的困难、威胁或挑战。而全球性议题通常指所有全球性问题中最受关注并纳入国际社会议事日程中，各国通过国际制度或非制度安排讨论、合作并努力达成一致的问题，这意味着议题设定决定着全球治理的话语权，影响未来全球治理的模式。所以，议题设定目的的公正度与合理性，治理价值观与目标的统一度，制度与非制度安排的透明度，各国发展水平和在国际体系中所处地位的差异度，治理模式的完善度等一系列变量都影响着最终的治理效果，各国在不同区域和领域的利益分歧也势必随着力量对比的变化和国际体系的重构而激化。[③]

从这个意义上而言，中国在参与议题设定的过程中，应该做到"有所为而有所不为"。全球治理的议题设置实质就是选取国际公共产品，提供公共产品就需要承担相应的成本。当现阶段欧美日发达经济体陷入百年不遇的经济危机时，他们已经无力完全依靠自身来承担这种成本，自然希望更多的新兴经济体（尤其是 GDP 总量已经成为世界第二的中国）来分担他们的重担。正如上文所言，作为负责任大国，中国当然应该站出来承担相应的责任，但前提是这种代价是现阶段的中国能够承担的。金德尔伯格（Charles P. Kind leberger）在分析这种公共成本时，指出，领导国必须"接受体系的过剩商品，维持投资资本的流量和将它的商业票据贴现"。[④] 简

---

① 王永中：《金砖国家经济利益的交汇与分歧》，《亚非纵横》2011 年第 3 期，第 33—34 页。

② 吕有志：《论"金砖国家"的国际影响力及其制约因素》，《国际展望》2011 年第 3 期。

③ 赵隆：《试析议题设定对全球治理模式的影响》，《国际展望》2010 年第 3 期。

④ ［美］查尔斯·金德尔伯格：《1929—1939 年世界经济大萧条》，宋承宪等译，上海译文出版社 1986 年版，第 12 页。

单地说，就是要维持世界贸易体系和货币体系的稳定，并提供反经济周期的长期贷款。按照这样的标准，中国要走的路还很长。

当全球治理已经成为国际关系焦点的时候，如果国家不能在全球治理中占据适当的话语权，就会丧失影响和地位，对中国来说更是如此。能否解决中国在全球治理中的地位，在很大程度上决定了中国在未来国际体系中的地位。某种程度而言，全球治理会制约中国的国内发展，而中国的发展也会积极推动或制约全球治理。和平发展道路的实质就是处理中国与国际体系的互动问题，而全球治理就是解决这个问题的抓手。正是从这个意义上说，全球治理是实现中国和平发展道路的路径选择。

第八章　危机后各国产业结构调整的
战略取向

　　危机发生后，发达国家认真反思金融系统过度"杠杆化"带来的风险，为谋求宏观经济获得新一轮增长的动力。自 2009 年以来，美、欧和日本等主要发达国家为应对危机采取的措施从短期救助措施转变为制订长期宏观经济刺激政策。国际经济组织普遍认为发达国家经济尚未走出经济衰退，2011 年欧盟部分国家的主权债务危机又再次对经济复苏的前景带来不确定性。

　　为应对市场需求的萎缩和投资信心的不足，发达国家经济决策层积极谋求重大科技突破以及提高产业创新实力，旨在以实体经济竞争力的提升作为经济复苏长期计划的重心。发达国家以促进新兴产业崛起和现有产业国际竞争力为目标，以期支撑宏观经济增长和就业稳固的基础。各发达国家普遍将增强实体经济的竞争力置于战略的重要组成部分，以扩大和提升新型制造业的规模和水平，出台了各种激励方案，鼓励制造业在产品功能和制造模式上的创新。

第一节　危机后美国产业创新与产业
结构调整的取向和举措

　　自危机发生以后，美国鉴于金融产业部门受到的重创，对于发展实体经济予以空前地重视，其中新能源开发和相关的设备与设施制造是两大战略重心。相关的战略在危机发生之前作为国家的长期竞争战略已经显露端倪，危机的发生并没有中断这个进程，而是在推进经济复苏长期动力的指导下，进一步推进新能源开发相关的产业计划，相关的规划和措施成为美国推动国内经济复苏战略中的重要主题，以此确保美国国际竞争力的重振。

一、美国能源战略转型：新能源开发与节能技术推广并重

全球产业结构转型的根本动因是传统经济增长模式的不可持续态势。目前全球生产方式的可持续发展面临挑战，生存环境和能源与资源的约束对现有的生产方式带来巨大压力。危机后，全球贸易和金融市场交易相对萎缩，新的经济增长动力的不足，使得发达国家谋求经济景气回升的道路尚不明朗，长期以来人类社会面对的诸多全球问题此时变得尤其突出，全球日益脆弱的生态环境成为全球性问题的核心。美国作为最典型的高耗能经济体无疑需要在能源利用和产业转型与创新进程中承担更多的国际责任。在国际组织和民间组织的大力呼吁下，从政府到民间都积极致力于关注全世界能源储备的危机，积极探索节约使用能源的方式以及新能源开发，以此提高能源效率，改善能源结构，实现可持续的发展经济增长。在这个背景下，美国积极推动以新能源为主的新兴产业体系的发展，作为呼应国际社会"绿色"和"低碳"取向的经济增长方式转型，并由此寻求推动宏观经济向好的新动力。

对上述问题的关注以及产业化道路的探索，其实是美国一直以来高度重视的问题，在经济危机发生之前就是国家鼓励产业技术开发和投资的重点，并没有因为经济危机而中断。危机后，为恢复本地私人投资的活力，同时培育具有国际市场拓展潜力的新产业增长点，新能源技术开发和产业投资得到进一步重视，成为长期经济复苏计划中的重要组成部分。

作为世界第一的汽车大国，美国面临高耗油问题的困扰，基于全球石油储量已基本探明的现状，石油开采与勘探成本不断上升，低油价时代已很难再现。可预期的石油价格不断高企必然对美国的振制造业战略形成掣肘。在上述情况下，新能源的开发和产业化是美国近十年来一直高度关注的领域，政策框架覆盖以新能源产业为主的新型工业，以及鼓励与节能技

术结合的传统工业转型与升级。战略旨在节约传统能源以及开发包括清洁能源在内的一系列新型能源，改变现有能源使用方式和能源利用结构。

2009 年 6 月美国众议院通过的《美国清洁能源与安全法案》是奥巴马政府将环保理念付诸实施的关键一步。2010 年 4 月，为了促进美国政府和其他国家之间非常规天然气资源开采合作，美国国务院启动了全球页岩气领导 Global Shale Gas Initiative，（GSGI）倡议。通过 GSGI，美国政府希望进一步促进能源安全，实现环保目标并促进美国的经济和商业利益①。

1. 美国新能源战略的目标和主要内容

2011 年 3 月，美国白宫公布了《未来能源安全蓝图》（Blueprint For A Secure Energy Future），美国政府希望通过这份文件对其能源战略进行进一步详细阐释，从而加深人们对其能源战略的理解，促进能源战略的推广和实施，达到通过开发新能源来确保美国能源供给的目的。为了实现保障美国安全的目标，该文件从能源供给、能源消费和能源创新三方面提出了对策。报告中明确提出，美国要利用国家资产、创新和技术手段，安全可靠地增加国内石油和天然气的开发和生产。具体包括，政府通过改革石油和天然气勘探有关的安全和环境标准，以及政府部门内部的机构调整改善监管。对能够安全高效勘探和开采国内油气资源的企业予以鼓励和奖励。

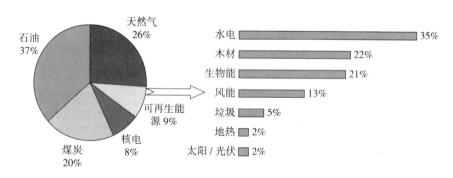

图 8—1 2010 年美国能源消费中可再生能源的比例

资料来源：EIA: "Annual Energy Review 2011", Pittsburgh:Superintendent of Documents, 2012, p.278。

———————

① 这个项目的重点是促进页岩气开发的国际间合作。

同时要确保美国在全球能源经济中扮演领导者的角色。

美国政府认识到开发清洁能源对美国经济社会的可持续发展至关重要，根据奥巴马政府在能源战略中提及的"清洁能源标准"，清洁能源应用的目标是到 2035 年美国 80% 的电力将由包括核能在内的若干清洁能源提供，[①] 实现清洁能源在未来能源格局的主导地位。相关规划鼓励政府部门为创新型清洁能源技术提供市场，并对下一代清洁能源的开发活动予以资助。与此同时，相关规划鼓励联邦政府机构大楼首先应用清洁能源。

2. 推动新能源开发的具体政策及影响 [②]

美国虽然没有在财政投入上对于新能源产业投资活动给予直接支持，但是以税收补贴、研发项目以及其他间接手段的激励非常活跃，从而推动了相关产业新兴技术的开发和新兴企业的培育。不仅如此，相关政府部门对于本地企业拓展国际市场和加强国际合作给予积极引导。

（1）鼓励新能源战略相关行业和机构的发展

2011 年，美国政府针对新能源的技术开发和应用，针对相关行业、研究机构和相关的公共部门出台了具体的鼓励政策（见表 8—1）。

表 8—1　新能源战略下相关行业、机构和基础设施领域的主要鼓励政策

行业或领域	政策措施	政策目标
新能源行业	2011 年 1 月推出"新清洁能源标准"（New Standard for Clean Energy, CES）	为清洁能源发电建立年度目标，激励企业界在清洁能源领域开展创新
化石燃料生产行业（传统能源行业）	2012 财年削减 460 亿美元化石燃料生产的税收补贴	减少化石燃料的使用，增加清洁能源使用比例
新能源创新中心建设（Energy Innovation Hubs）	2012 财年预算中使能源创新中心数量翻倍	开展对稀有元素、电池和能量存储、智能电网技术和系统的研究，以提高能源传输效率
智能电网	政府致力于推动美国、欧洲和亚洲国家的智能电网应用	加强智能电网的市场渗透

---

① 崔磊：《美国核能辩论现状与政策趋向分析》，《中外能源》2011 年第 9 期。

② The White House: *Blueprint For A Secure Energy Future*, Washington, D.C., March 30, 2011, pp.5-31.

行业或领域	政策措施	政策目标
矿产资源	2012 财年预算对能源部创新中心予以支持	确保新能源技术所需的稀有矿产资源的开采、循环和再利用
汽车产业	在政府车队采用节能型轿车，树立节能榜样	到 2015 年，政府车队将全部采购 100%采用可替代燃料车辆

资料来源：笔者根据《未来能源安全蓝图》（Blueprint For A Secure Energy Future）归纳整理。The White House: "Blueprint For A Secure Energy Future", Washington, D.C., The White House, 2011-03-30。

在能源战略中，开发新能源和可替代能源的首要目标是减少能源的对外依赖，在此取向下，美国近年来进行了积极的探索，危机后受国内经济不振和国外能源供应波动加剧等因素的影响，美国对外能源依赖程度有所下降。根据美国能源部公布的数据，2011 年前十个月，美国能源自给率达80%，是近二十年来的最高水平。[1] 与此同时，政府也从科技创新和产业化转化环节上对新能源的开发和利用加大了投入力度。

（2）重视非常规能源的开发

在清洁能源开发问题上，天然气作为可以部分替代石油的能源，是美国能源战略中较受重视的能源类型，尤其值得关注的是近年美国对于页岩气开采技术予以积极探索。页岩气开采技术的突破被认为能够有效地帮助美国扩大天然气供应，从而对世界能源供给版图带来重要影响。据美国能源信息署的数据显示，2000 年以来，美国国内页岩气的产量快速增长，且后续页岩气储量也进入快速增长期。页岩气的成功开发既降低了美国能源对外依存度，保障了能源安全，还促进了天然气价格下降，并对煤炭、石油价格形成制约。[2] 这一变化或将为美国带来稳定和廉价的能源供给，促进能源需求结构呈现从石油向天然气转换的态势，这个能源结构不仅使得能源结构更为"绿色"，而且将引发页岩气专用设备制造业需求增

---

[1] 吴成良：《美八成能源实现自给预示世界能源格局重新洗牌》，《人民日报》2012 年 2 月 10 日第 3 版。

[2] 罗佐县：《美国页岩气勘探开发现状及其影响》，《中外能源》2012 年第 17 卷，第 24 页。

加，对重振制造业战略是极为有利的。美国通过全球页岩气倡议（GSGI）项目向全世界推广页岩气生产技术，成为目前美国最具出口潜力的能源部门。

3. 促进节能技术在传统产业中的广泛应用

由于美国家庭汽油消耗占美国石油消耗的 70%，降低家庭用的石油消耗，不仅有利于家庭的能源开支，而且对于降低整个国家的传统能源消耗水平有重要意义。对此，美国政府也出台了相关的鼓励措施。政府相关战略目标是到 2015 年，要有 1 百万辆电动汽车上路，成为先进车辆技术的世界领导者。到 2016 年，要使汽车和卡车的平均耗热率达到 35.5 英里／加仑，并使车辆在整个使用期内节省 18 亿桶石油。

表 8—2　与能源战略相关的若干主要经济领域的政策及影响

涉及的产业	政策	影响／目标
交通基础设施	1.2011 年 7 月推出燃料节约和温室气体排放的国家标准 2.2012 财年预算建议为电动汽车消费进行税收减免 3.2012 财年预算对汽车电池研发及新能源创新中心增加 30% 的研发支持 4. 促进能源部、海军、农业部的部际合作，以加快新能源技术的商业化应用	进一步降低石油依赖
建筑业	1. 继续为参与房屋之星（HOMESTAR）项目的供应商提供政府补偿 2.2012 财年政府将提供约 10 亿美元的激励措施促进建筑物能耗的降低	1. 降低私人消费领域的能耗 2. 降低商业领域的能耗
先进制造业	2012 财年将进一步扩大能源部财政支持力度，促进低耗能的先进制造技术、制造工艺和新材料的研发，人员培训，并促进新技术的商业化应用和推广	降低产业领域的能耗，促进制造业的复兴

资料来源：笔者根据《未来能源安全蓝图》（Blueprint For A Secure Energy Future）归纳整理。The White House: "Blueprint For A Secure Energy Future", Washington, D.C.: The White House, March 30, 2011。

为了帮助私人和企业节省能源，政府将基础设施改造的目标聚焦于房屋建设，出台了相关的法案保证房屋建设实现最大程度的节能。除了《复

兴与再投资法案》所支持的 350000 个房屋耐候改造项目外，还包括一项
"房屋之星"（HOMESTAR）法案，致力于帮助业主对房屋改造进行融资；
发起"改善建筑倡议"（"Better Buildings Initiative"），目标是使所有的商
业设施的能效到 2020 年提高 20%的水平。

二、美国重振制造业战略的内容及举措

由于美国是这轮经济危机的始发地，危机使得本国金融体系受到重
创，危机后政府采取"去杠杆化"的金融紧缩措施，并将发展实体经济作
为长期复苏的重点领域，制造业升级和创新在美国产业结构调整战略中的
焦点，主要体现在三个方面：重振制造业战略、新能源发展战略和提升创
新竞争力战略。三大战略既相互补充又各有侧重点，通过对这些战略的了
解，我们得以对美国经济未来的发展重点和方向有所预判。

1. 制造业振兴战略的提出

此次危机的爆发引发了奥巴马政府对现有产业发展战略进行深刻反
思，提出无论是产业保护战略①还是自由放任战略②对美国在目前国际经
济环境下提高经济竞争力都是不利的。虽然美国后工业化时代下，制造业
相对萎缩，但是为了谋求走出经济增长乏力的境地，美国决策层提出把制
造业振兴作为重要战略步骤。在这一指导思想下，政府出台了一系列政策
措施，力图重振美国制造业。

美国作为基本完成工业化任务的经济强国，其产业机构呈现第三产业
占主导的格局，虽然制造业产值占全球的比重长期居高，但是在国内国民
产出中，制造业所占比重日益下降。近年来跨国公司采取的向海外转移制
造业基地的国际化生产方式，使得美国制造业岗位规模不断萎缩。美国制
造业从 1957 年占 GDP 的 27%左右，下降到 2009 年的 11%左右。制造业

---

① 保护战略认为政府应该把制造业保护起来使其免遭外部竞争。而这不仅不起作
用，反而产生了副作用。
② 自由放任战略主张政府削减关键的项目研发支持，希望市场自己解决问题。但是
这种方法不仅导致过去十年间工作岗位流失，并且严重威胁到美国在未来十年的
潜在创新能力的培育。

就业岗位的数量从 1998 年的 1760 万下降到 2010 年末的 1160 万，[①] 其中许多岗位都通过企业跨国外包的国际化经营模式转移到了海外。根据美国商务部数据，我们发现 2004—2010 年，美国制造业的产值占 GDP 的比重尽管相对稳定，但明显低于服务业产值（见图 8—2）。

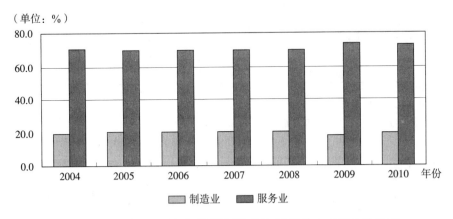

（单位：%）

图 8—2　2004—2010 年美国制造业和服务业占 GDP 的比重

资料来源：笔者根据美国商务部经济研究局 BEA 网站数据库 http://www.bea.gov/indus-try/ 计算得到。

过去十年来，美国经历了持续的制造业"实体"活动的大量外移，通过对外直接投资和外包方式将大量耐用消费制成品和中等技术的机械设备生产转移到了亚洲经济体，导致美国本地制造业岗位的逐步减少，本地产值相应地处于萎缩状态，这种状况在危机后引起了经济决策者的关注。

2. 危机后美国重振制造业战略的政策动向

针对制造业的"空心化"问题，美国政府陆续出台了一系列文件，把重振制造业的战略转化为实实在在的政策措施，相关政策措施如表 8—3 所示。

---

① Executive Office of the President, President's Council of Advisors on Science and Technology, Report To The President On Ensuring American Leadership In Advance Manufacturing, Washington, D.C., The White House, June, 2011.

表 8—3　美国重振制造业施政框架

推出时间	名称	作用
2009 年 12 月	《重振美国制造业理论框架》（A Framework for Revitalizing American Manufacturing）	从理念上对"重振制造业战略"的合理性加以论证
2010 年 8 月	《2010 制造业促进法案》	提供法律保障
2011 年 6 月	《确保美国在先进制造业的领导地位报告》（Report to the President on Ensuring American Leadership in Advanced Manufacturing）	明确施政方针

如表 8—3 所示，从 2009 年底到 2011 年 6 月，重振制造业战略从理论上的准备，到法律保障，再到政策措施，直至实施平台的建立，经历了逐步完善的过程，目前已经初步形成了比较系统的施政框架。

在表 8—3 中提到的《确保美国在先进制造业的领导地位报告》（Report to the President on Ensuring American Leadership in Advanced Manufacturing）中，奥巴马政府提出了对制造业发展具有决定性影响的七个因素：劳动力、技术与商业措施、设备、区位、运输、市场准入、规制与税收。针对这七个因素，分别提出了以下七个施政方向：

（1）为工人提供提高生产率所需的技能学习机会。

（2）对新技术和商业实践提供投资。

（3）为商业投资提供稳定高效的资本市场。

（4）帮助社群和工人向更美好的未来发展。

（5）投资于先进的运输基础设施领域。

（6）为市场准入和公平竞争提供保障。

（7）改善总体商业环境，特别是制造业环境。

3. 重振制造业战略涉及的产业部门

作为长期以来高新技术产业发展的领先者，面对部分行业创新竞争力相对下降的现状，在此次制造业重振战略中高度重视未来影响世界经济的技术领域，在相关研发领域加大投入，对新兴技术的开发与产业化发展的培育和资金给予支持。政府相关的扶持手段和措施如表 8—4 所示。

强国策

——中国开放型经济发展的国际战略

370

表 8—4　美国重振制造业战略的主要内容、行业及具体措施

推出战略的部门	战略主要内容	涉及的主要行业	支持力度
美国国家科学基金会	基础和应用领域研究	材料设计、纳米制造、机器人以及智能住宅	增加 8700 万美元研究基金
国防部高级研究计划局	缩短产品设计和制造时间	防御系统、车辆等产品	投资 10 亿美元
国家标准技术研究所实验室	测量方法和技术的提高；先进制造技术的研究	纳米制造、网络安全、仿生制造、先进制造	获得近 7.6 亿美元拨款 为先进制造技术研发增加 1.2 亿美元
能源部	能源相关的先进制造技术	软性电子技术和超轻、超耐用汽车材料	获得政府 5 亿美元拨款
计划建立"先进制造技术联盟 *"	为制造业创新提供技术平台	先进制造业	拟筹集 1200 万美元
技术创新计划 **	为能够改善制造工艺的技术研究提供技术平台	先进制造业	筹集 7500 万美元
税务部门	为清洁能源制造技术提供政府激励。加大对科学、技术、教育、数学领域的投资。	清洁能源制造	税收抵免额从 23 亿美元增加到 50 亿美元 建议减免额从 14% 提高到 17%
无线创新基金（Wireless Innovation Fund）	支持新的通讯技术的发展	通讯基础设施制造	30 亿美元
拟成立国家基础设施银行（National Infrastructure Bank）	支持高速铁路和空中交通管制方面的投资	基础设施建设相关的设备制造行业和相关的服务行业	根据项目内容给予不同水平的融资
成立美国教育高级研究计划局（ARPA—ED）	提高教育水平	研究型的大学和科研机构	

注：* 英文为：Advanced Manufacturing Technology Consortia;
　　** 原文英文为：Technology Innovation Program。

三、美国的创新支持战略

美国作为传统意义上的创新大国，近年来的创新活力有所下降，受到

全球其他发达国家和新兴市场国家的赶超，危机后，为重振经济强国的雄风，政府出台不少政策，以期重塑美国的创新竞争力。

2009 年 8 月，上任伊始的奥巴马在一次讲话中强调了创新竞争力对于美国经济地位的重要作用，认为"美国经济之所以能在 20 世纪领先于世界，就是因为我们的创新领先于世界"。因为当今全球竞争和调整变得日益激烈，所以创新比任何时候都更重要。2009 年 9 月，奥巴马政府公布了《美国创新战略》，提出了美国政府在创新问题上的政策框架。2010 年 11 月，奥巴马在一次讲话中指出，"我们成功的关键从来不是靠支付更少的工资，或制造更廉价的、劣质的产品。那不是我们的比较优势。我们成功的关键在于开发新产品，发展新产业，保持我们作为科学发现和技术创新的世界发动机的角色。这对我们的未来是至关重要的。"2011 年 2 月，白宫又公布了新版的创新战略，题为《美国创新战略：确保我们的经济增长与繁荣》[①]。

为了实现以创新促进可持续增长和高质量就业的目标，《美国创新战略》提出了三大相互依存的政策框架，依次是：强化创新要素培育，促进市场竞争激发创业，催生重大突破。

1. 完善教育体制和基础设施建设，强化创新要素的培育

重视从幼儿园到大学和研究所的教育体制建设，为创新培育必需的人力资本要素，特别着重培养学生在科学、技术、工程和数学等理工科取得成绩。另外，在环境建设方面，战略目标是提升美国在基础研究领域的领导地位，加大对研发活动的资助。奥巴马提出将相当于 GDP 的 3% 的科研经费用于研究领域的目标；加强对公路、铁路和机场的投资，提升交通基础设施的水平；成立国家基础设施银行（National Infrastructure Bank），以促进竞争和创新；开发先进的信息技术生态系统。可见，美国政府正致力于构建一个"虚拟基础设施"（virtual infrastructure），包括提供高速互联网、电网现代化改造、增加无线宽带接入途径，以及保障网络空间安全等措施，为美国经济提供支持平台。

---

① National Economic Council, Council of Economic Advisers, and Office of Science and Technology Policy, "A Stratategy for Americacan Innovatation Securing Our Economic Growth and Prosperity", Washington, D. C., The White House, Feb., 2011.

2. 营造完善市场环境，以公平高效的市场竞争来激发创业

美国政府计划对研究和实验税收的减让手续予以简化并永久化。美国 2011 财年预算报告中建议未来 10 年对研发增加 1000 亿美元投资。对创业活动提供支持。奥巴马总统扩展了对小企业的贷款支持和税收减让。改革专利申请制度，从而加速专利发布速度。通过建立创新中心（innovation hub），将有才能的科学家和企业家聚集在一起以支持尖端领域的创新。促进创新性、开放性和竞争性的市场建设。通过横向并购指导方针（Horizontal Merger Guidelines）的修订，将创新作为反垄断评估的强制性考虑因素。通过美韩自由贸易协定等措施扩大美国创新企业的出口市场。

3. 鼓励重大领域的突破

为提高能源使用效率，美国政府将开展清洁能源革命。到 2012 年年末，使全国可再生能源的供应翻一番。到 2035 年，使来自清洁能源的发电量达到全国电力的 80%。通过设定较高的能效标准，促进制造业技术革新，如奥巴马在 2009 年 10 月签署行政命令号召到 2020 年将联邦政府车队的油耗降低 30%。2012 财年总统预算报告中，对汽车技术的资助增加了 90%，达到约 5.9 亿美元，并加强了税收激励。对电池、电力驱动装置、蓄能装置等技术的研发予以资助，例如能源部高级研究计划局（ARPA—E）对能够单次充电行驶 300 英里的电池技术提供贷款支持。

促进生物技术、纳米技术和先进制造的发展。政府增加对主要疾病 DNA 序列测定的资助，增加对有潜力的纳米技术领域的投资。在先进制造业方面，2012 财年预算增加了对国家科学基金会（NSF）、国家标准技术研究所（NIST）实验室、能源部科学办公室、国防部高级研究计划局（DARPA）等重要科研机构的投资，以确保美国在先进制造技术领域的领导地位。

促进空间应用技术的突破，主要是下一代飞行器的开发以及国际空间站的相关技术创新，新一代全球定位卫星和服务的应用。促进医疗技术的突破，包括扩展信息技术在医疗领域的应用，鼓励医疗技术和医疗服务方面的创新。促进教育技术的飞跃，通过筹备教育部高级研究计划局（ARPA—ED），加快教育技术的转型和商业化。

四、对美国产业创新能力的再认识

美国一直以创新活力作为立国之本，近年来创新竞争力呈现相对落后的态势，引起各方关注，面临全球产业发展新动向与新兴经济体的赶超，美国也认识到创新竞争力面临的挑战，目前在 IT 领域新一轮技术革命给予美国企业引领创新的又一次契机。

1. 美国创新竞争力面临的挑战

虽然经济危机对于美国带来一定的财政困难，但是对于立足于新材料、新加工方法和自动系统复杂整合的新型制造业体系仍然加大了公共技术开发的投入。目前包括新能源、生物科技和移动互联网技术在内的多个产业领域都是创新活跃的领域，这些领域是否能形成足以推动经济增长和就业的产业群，前景尚不明朗。

2009 年 2 月，位于美国华盛顿的智库信息技术与创新基金会（ITIF）发布了名为《大西洋世纪》[①]的报告。报告根据人力资本、创新能力、企业家精神、IT 基础设施、经济政策和经济表现六大方面的 16 个指标对全球 40 个国家的创新与竞争力进行了排名。出人意料的是，通常被认为是全球创新与竞争力领导者的美国却差强人意，2009 年只排在第 6 位，落后于新加坡、瑞士、卢森堡、丹麦和韩国。而且 1999—2009 年，美国创新水平提升的进步更处于落后位置，排名第 40 位，远远落后于排在第 1 名的中国。报告认为，这一数据说明近年来其他国家比美国更快的向以知识为基础的创新经济迈进。报告呼吁，华盛顿的政策制定者们应该认识到，不能想当然地以为单纯依靠市场就可以确保美国的世界领先地位，不能因为美国过去没有经济战略所以现在也能一切照旧。鉴于包括中国在内的新兴市场积极的创新竞争战略，美国创新竞争力经济战略作为立国之本以应对他国的竞争。

2. 产业创新的新形态

伴随着高技术领域内部产业融合进程的推进，美国的硅谷的吸引力近年来又开始上升，根本原因就在于当今科技业进入创新模式的新阶段，即只有在硅谷的集聚才能实现充分融入到当今最前沿的科技竞赛中，在硅谷

---

① Robert D. Atkinson, Scott M. Andes: *"The Atlantic Century: Benchmarking EU and U.S. Innovation and Competitiveness"*, Washington: The Information Technology & Innovation Foundation, 2009.

每六个月就有类似 Google、Android 这样的智能平台诞生并不断升级，企业在这里可以获得全球最好的开放式的技术服务网络和最好的合作伙伴。2011 年，爱立信公司就将服务和软件研究中心转移到硅谷，短短两年员工增加至 1400 人。全球最活跃的智能手机以及各类移动终端设备企业都在硅谷设立研发和服务中心，从事芯片和整个系统的开发。硅谷作为创新的"思想库"和众多风险投资企业以及全球最优秀的独立应用开发人员的集聚地，成为全球 IT 为核心的高技术领域全方位的技术整合平台。最典型的案例就是，Facebook 作为通信新概念的社交网络公司，在未上市之前就在硅谷已获得 500 亿美元估值。未来还有一批发明型的小企业呈现出强烈的创新热情，具备成长为创新型大企业的潜力。

美国近年来推进的"再工业化"战略旨在实现制造业的复兴，但是这一复兴并不是简单地让早先转移出去的生产业务回归本土，这显然不符合国际化生产的规律，而是谋求制造体系中的新兴行业所创造的就业，其对应的工作岗位不再是二十多年前转移到海外的生产基地所需的工厂工人，而是表现为更高技能的知识型制造业人力资源，但是这些就业无疑是与制造业中那些创新型的工作紧密联系的。最为典型的例子就是 2007 年 iPhone 面世以来移动手机"应用程序经济"催生的行业。根据经济学家迈克尔·曼德尔（Michael J. Mandel）的一项分析，到 2011 年 12 月为止，移动通信"应用程序经济"在美国雇佣了 155000 名技术工人，2007 年 5 月启动的 Facebook 应用程序平台到 2011 年 9 月为止估计促进了 53434 名第三方开发者的就业，这些数字不包括相关技术领域和其他经济部分创造的工作岗位，即移动通信应用程序领域的 311000 个工作岗位和 129310 个 Facebook 应用程序领域的工作岗位。[①]

美国作为全球创新最为活跃的国家，近年来企业创新系统日益呈现开放特征，在微观创新进程中不断积极地融合国外创新要素和资源。在美国产业创新的成果中，有越来越多的技术专利是由在美国的外国投资者申请与所拥有的，而美国本土培养海外工程师的机构数量也在持续增加。[②]

---

① [美] 维韦克瓦德瓦：《美国制造业的未来》，《华盛顿邮报》2012 年 3 月 6 日。

② Fareed Zakaria: "The Future of Innovation: Can America Keep Pace", *New York Time*, June 5, 2011.

第二节　欧盟国家新兴产业发展的战略及政策

全球金融危机对欧盟国家的经济社会发展带来冲击。欧洲各国政府纷纷出台了一系列经济救助措施，力图降低经济衰退的不良影响。但是由于欧盟国家缺乏财政货币政策上的深入协调，没有类似央行的机构扮演最终贷款人的角色，2011 年以来，政府又再次陷入主权债务的泥潭，经济复苏预期被不断调低，部分国家面临严重的经济衰退。在此背景下，欧盟国家近期高度关注债务问题的解决，对于产业战略的规划还是延续 2010 年制定的长期发展规划，没有太大的调整。

一、欧盟国家的总体产业结构特征

从产业结构的角度看，欧债危机的深层次原因是相关国家产业结构不均衡，过度依赖第三产业，制造业竞争力不强。通过对比葡萄牙、爱尔兰、希腊、西班牙、意大利、法国、德国、英国、美国和中国的三次产业增加值及其占 GDP 的百分比就可以发现，前 5 个发生债务危机的国家的第三产业的贡献与其他发达国家相比非常接近，上述国家除中国以外，其服务业增加值占 GDP 比重都超过了 70%，呈现出典型后工业化社会的产业结构形态（见表 8—5）。

表 8—5　2009 年欧洲债务危机国家与主要国家的经济规模及产业结构比较

	GDP（百万美元）	农业（%）	工业（%）	制造业（%）	服务业（%）
希腊	329924	3	18	10	79
爱尔兰	227193	1	31	24	68
意大利	2112780	2	25	16	73
葡萄牙	232874	2	23	13	75
西班牙	1460250	3	26	13	71
法国	2649390	2	19	11	79

	GDP（百万美元）	农业（%）	工业（%）	制造业（%）	服务业（%）
德国	3330032	1	26	19	73
英国	2174530	1	21	11	78
美国	14119000	1	21	13	77
中国大陆	4985461	10	46	34	43

注：①表中工业表示包括制造业在内的所有第二产业，而制造业为工业的一部分，为便于比较而单独列出。

②因百分比计算时做了四舍五入处理，舍弃了小数部分，所以各部分之和不等于100%。

资料来源：世界银行：《2011世界发展指标》，美国，华盛顿特区，2011年。

在遭受欧债危机的国家中，第三产业是经济总量的最大贡献来源，虽然第三产业贡献大，但并不能因此简单地认为这些国家的产业结构呈现高级化。通过进一步分解相关国家制造业的构成，可以看到，欧债危机国家的制造业增加值构成与欧洲经济领先国家存在着差距，两类国家的制造业发达程度呈现明显的差异。发生债务危机的5个国家中，反映工业实力的机械和运输工具行业和化学品行业对GDP的贡献远远小于食品、纺织和其他制成品等轻工业的贡献。以机械和运输工具为例，前5个国家该行业的增加值占比除意大利外均小于20%，而法、德、英、美和中国大陆均大于20%。在化学品制造业，前5国增加值占比除爱尔兰外均小于10%，而法、德、英、美和中国大陆均大于10%。在债务危机最为严重的希腊，其制造业增加值的84%都来自轻工业，机械和化学品只占16%（见表8—6），相关产业在欧债危机中更易受到外部冲击。

表8—6　2009年欧洲债务危机国家与其他国家制造业构成比较

	制造业增加值（百万美元）	食品、饮料和烟草（%）	纺织和服装（%）	机械和运输工具（%）	化学品（%）	其他制成品（%）
希腊	29718	22	8	10	6	54
爱尔兰	48709	18	0	16	33	33

	制造业增加值（百万美元）	食品、饮料和烟草（%）	纺织和服装（%）	机械和运输工具（%）	化学品(%)	其他制成品（%）
意大利	306459	9	10	23	7	51
葡萄牙	26690	14	12	11	6	63
西班牙	172433	15	4	17	8	55
法国	253608	14	3	24	13	45
德国	567902	8	2	36	10	45
英国	217594	16	3	23	11	47
美国	1779474	14	2	25	15	44
中国大陆	1691153	12	10	24	11	43

注：因百分比计算时做了四舍五入处理，舍弃了小数部分，所以各部分之和不等于100%。

资料来源：世界银行：《2011世界发展指标》，美国，华盛顿特区，2011年。

希腊经济的支柱产业包括旅游、海运、农业等，这些产业具有非常鲜明的周期性特点，在金融危机和整体市场萎缩的环境下很容易受到冲击。2009年，来自欧美地区的游客数量分别比上年减少24.2%和19.3%，希腊旅游业总收入下降13.3%。海运业收入下降31.3%。[①] 希腊这种严重依赖外需的经济模式难以抵挡危机的冲击，导致政府财政收入锐减，失业率上升，为主权债务危机的爆发埋下了隐患。

在爱尔兰的经济结构中，房地产占有重要地位。从1996年到2006年，爱尔兰房地产业在国内生产总值中的比重翻了一番，从5%提高到10%。从1995年到2007年，爱尔兰房价平均上涨了3—4倍，迅速攀升的房价导致泡沫现象非常严重。据统计，2002年爱尔兰空置房屋数达14万套，2005年增加到23万套，2006年4月达26.6万套，2008年更达到约35万套之巨。危机爆发加速了爱尔兰房地产泡沫的破灭，金融机构受到影响，而政府为了救助金融机构又导致财政恶化。调整产业结

---

① 宋玉华：《欧元区主权债务危机形成原因及传导效应研究》，浙江大学硕士学位论文，2011年。

构，消除房地产泡沫崩溃后带来的不利影响，成为爱尔兰今后面临的长期任务。

西班牙的旅游业和房地产业是国民经济的支柱性产业。但在此次危机的冲击下，旅游业疲软，急剧增长的房地产泡沫更是突然破裂，给西班牙经济造成了巨大影响。据统计，[①]1995—2006 年，建筑业占西班牙 GDP 的比重从 7.5%增加到 12%，即使在 2009 年，建筑业占 GDP 的比重仍然达 10%以上。2007 年建筑业投资占 GDP 比例达 15.7%，而美、德、法、英和意大利等国只占 9%左右。有识之士指出，西班牙这种"砖头加水泥"式的增长方式亟待转变。

葡萄牙国民经济的支柱产业仍然以纺织、制鞋和酿酒为主，工业基础相对薄弱，高科技产业刚刚起步。中小企业的科技创新能力不强，在国际市场上缺乏竞争优势，难以抵御外国产品的竞争。[②]

意大利是欧元区第三大经济体，其经济却长期低迷。2000 年至 2010 年世界经济高速增长，但意大利年均经济增长率只有 0.6%。以中小企业为主的经济结构竞争力不强，劳动生产率提高速度相对缓慢，21 世纪头十年，美国的劳动生产率上升了 20%，英国上升了 10%，而意大利仅增长了 5%。2011 年 10 月上任的欧洲央行行长马里奥·德拉吉就指出，意大利经济需要进行彻底的结构性改革[③]。

二、欧盟长期经济发展战略的主要内容

为了帮助和指导成员国完成产业结构转型，欧盟委员会在 2010 年 3 月公布了《欧洲 2020——智慧可持续包容增长》战略报告。在这份战略性文件中，欧盟的政治精英们提出了未来欧盟国家的经济发展蓝图。该战略是欧盟委员会继里斯本战略后第二个十年战略规划，时间跨度为 2010—2020 年，旨在倡导进一步提升欧盟知识经济的水平。

该计划首先指出欧洲国家的经济结构面临三个方面问题：一是由于对研发投入不足，导致的生产率低于其他竞争伙伴；二是就业率低于世界其

---

① 张健：《西班牙房地产泡沫破灭的教训》，《国际资料信息》2010 年第 6 期。
② 江时学：《葡萄牙：又一"多米诺骨牌"倒下》，《北京周报》2011 年 4 月 21 日。
③ Buttonwood, "The Italian Job", *The Economist*, July 11, 2011.

他一些国家；三是人口老龄化正在加速，导致劳动力供给减少的同时对福利制度产生较大压力。

针对这些难题，该计划提出了以知识型、低碳型、高就业型经济为基础的未来十年欧盟经济增长模式，倡导欧洲形成一个以知识创新/教育和数字化社会为基础的智慧增长（smart growth）模式，在欧盟范围内建设创新型联盟（Innovation Union），把创新作为欧盟经济未来发展的重要动力，提出了未来需要实施的三大发展方向，即智慧增长、可持续性增长和包容性增长。其中与产业结构调整更加相关的是"智慧增长"和"可持续增长"两个部分，对欧盟国家产业结构调整提出了建议。一是智慧增长，即基于知识和创新的经济增长方式，旨在通过加强知识和创新从而为经济发展提供推动力。相关政策取向包括提高教育质量，强化研究效能，促进创新和知识在欧盟中的转移，充分利用信息通信技术确保创意能够及时转化为产品和服务，从而创造增长、高质量的工作并帮助解决欧洲和全世界面临的社会挑战。二是可持续性增长，即实现资源高效型、更加绿色和更具竞争力的经济。计划提出利用欧洲作为绿色技术领先者的地位进一步开发新工艺和新技术，包括智能电网的铺设，加强企业竞争优势，特别是中小制造企业的优势。使欧盟经济变得更加低碳、环保，防止环境退化，丧失生物多样性，促进经济复苏，增强社会和地区间的内聚力。

总之，《欧洲2020——智慧可持续包容增长》首先强调知识要素的培育和积累，以知识要素为基础促进创新，从而带动新兴产业的发展；其次强调可持续性，发展符合绿色经济理念的新兴产业。

三、欧盟长期经济发展战略涉及的产业政策

与美国产业战略不同，欧盟的《欧盟2020——智慧可持续包容增长》战略报告并没有详细列举重点扶植的目标产业，其产业政策更侧重于经济基础设施、教育、就业、老龄化和贫困化等社会和民生领域。从上述文件内容看，相关的产业包括信息通信产业，其中特别提到了高速互联网产业、电动汽车、交通基础设施、智能电网，以及与创新和研发有关的教育培训业、与老龄化和社会保障有关的医疗产业。

在这个长期经济计划的指导划下，自2010年以来，部分欧盟成员国为应对危机，促进经济结构转型，制定了一系列产业政策（见表8—7）。

表8—7　近期部分欧盟成员国产业战略导向

国家	战略或政策	政府扶持的产业领域
德国	2010年7月《思想·创新·增长——德国2020高技术战略》（High-Tech Strategy 2020 for Germany）	环境/能源、健康/营养、交通、安全和通信等
法国	2010年3月由工业三级会议向政府提出了一系列发展计划	数字科技、生态产业和能源工业、运输设备、化学工业和新材料、制药及生命科技、奢侈品和创意产业、食品和营养等
英国	2011年3月财政部公布《增长计划》（The Plan for Growth）	医疗与生命科学、先进制造、房产与建筑、数字与创意、零售、生产性服务、航天、旅游、教育培训等

资料来源:德法资料引自:徐杰:《欧洲国家金融危机后科技、产业振兴计划对我国的启示》,《中国经济时报》2011年4月21日;英国资料引自: Department for Business Innovation & Skills, "The Plan for Growth", London: HM Treasury, 2011。

第三节　亚太地区领先经济体的产业结构升级战略

日本、韩国、澳大利亚和新西兰尽管同属亚太地区的发达国家，但是危机对各国造成的冲击却有所不同，各国政府采取的宏观经济政策与产业政策也各有侧重点。几个国家中，日本受冲击最大，且面临人口老龄化、产业空心化，日本历届政府的产业政策都指向了尽快摆脱对传统优势产业的依赖，改变原有产业增长模式，确立多元化主导产业这个方向。韩国受冲击较小，恢复较快，但韩国政府引以为鉴，积极寻求新的产业发展之路。澳大利亚得益于大宗商品价格上升，受危机影响最小，但澳大利亚政府最近却提出了改革矿业税收的政策，或将对其产业格局产生深远影响。

一、日本产业结构升级战略与政策取向

1. 日本产业结构现状与问题 ①

从日本三次产业占总产出的比例看，制造业比重呈下降趋势，服务业比重呈上升趋势。工业产出占 GDP 的比重从 1995 年的 34% 下降到 2009年的 28%，其中制造业比重从 1995 年的 23% 下降到 2009 年的 20%。服务业占 GDP 的比重从 1995 年的 64% 上升到 2009 年的 71%（见表 8—8）。

表 8—8 2009 年产业增加值及占 GDP 比重

	GDP（百万美元）	农业（%）	工业（%）	制造业（%）	服务业（%）
澳大利亚	924843	3	29	10	68
日本	5068996	1	28	20	71
韩国	832512	3	37	28	61

资料来源：笔者根据世界银行报告《2011 世界发展指标（World Development Indicators)》资料整理，数据做了四舍五入处理。

表 8—9 2009 年制造业增加值及占比

	制造业增加值（百万美元）	食品、饮料和烟草（%）	纺织和服装（%）	机械和运输工具（%）	化学品（%）	其他制成品（%）
澳大利亚	95726	19	3	14	7	58
日本	970204	11	2	37	11	39
韩国	208142	6	5	46	8	35

资料来源：笔者根据世界银行报告《2011 世界发展指标（World Development Indicators)》资料整理。

从该国的制造业增加值内部结构上看，高端制造业增加值占比呈上升趋势，低端制造业增加值占比呈下降趋势。如机械制造与运输工具行业占比，从 1998 年的 33% 上升到 2009 年的 37%，化学品行业从 1998 年

---

① 行业与 GDP 数据来自：世界银行：《2011 世界发展指标（World Development Indicators)》，美国，华盛顿特区，2011 年，第 23—65 页。

的 10%上升到 11%。而纺织行业占比从 1998 年的 4%下降到 2%，食品、饮料、烟草行业占比维持 11%未变，其他制造占比从 42%下降到 39%，相比澳大利亚与韩国，高端制造业目前占比水平低于韩国，高于澳大利亚，而化学品部门占比则高于韩国与澳大利亚（见表 8—9）。

从对经济增长的贡献度上看，日本的制造业仍然在国民经济中发挥重要作用，而与此同时，服务业的发展更为活跃。2000—2009 年，日本 GDP 年均增长率为 1.1%，但同期制造业的年均增长率却达到 2.8%，快于工业平均增长水平 1.7%，也快于服务业的 1.5%，更快于农业的 –0.3%。另据日本经济产业省统计数据[①]，2001—2007 年，整个日本制造产业的经常收益增长了 25.2 万亿日元，其中运输机械、电气机械、钢铁和一般机械四个行业合计占整个产业增量的 36%。

2007 年度日本 1748 家上市企业的海外营业利润合计 7 万亿日元，其中在以中国、东盟、印度为主的亚洲东道国的营业利润（3.716 万亿日元）第一次超过了美洲东道国的营业利润（2.2342 万亿日元）。在来自亚洲地区的营业利润中，84.8%是制造行业获得的，表明制造业仍然居于支柱地位。在服务领域，生产性服务业发展较快，金融保险、运输通信等行业成为带动服务业发展的主要力量。教育、医疗、社会保障等行业增长迅速，但是以服务产业为主体的非制造业对整体营业利润的贡献度还很小，因此作为被寄予厚望的服务业面临尽快建立高附加值的商业模式的任务。[②]

日本经济当前面临的主要结构性问题：一是因税负较高，以及公共服务较高，导致企业经营成本较高，对外资缺乏吸引力，导致日本产业空心化，总部经济难以发展。二是金字塔式生产模式优势减弱，受到来自欧美的更加灵活且低成本的模块化生产模式的挑战。三是重应用轻基础研究的研发导向，使高技术产业投入不足，高新技术产业难以成为经济支柱。四是 2011 年东日本大地震、海啸及核泄漏灾难发生后，企业外迁压力增加，产业空心化趋势加剧。政府与民间对核能政策方向存在争议，能源产业发展方向存疑。

---

① 白雪洁：《塑造沙漏型产业结构：日本新一轮产业结构调整的特征与趋势》，《日本学刊》2011 年第 2 期。

② 安积敏政：《急剧变动的亚洲经营战略》，《南洋资料译丛》2011 年第 1 期。

2. 日本产业结构调整方向与政策要点

国际金融危机的爆发给日本经济造成了严重的冲击，而 2011 年的东日本大地震使原本疲弱的日本经济雪上加霜。在这一特殊背景下，推进产业结构调整，提振市场需求，谋求新的经济增长点势在必行。作为一个基本完成工业化任务的经济体而言，日本实行产业结构调整的重点并非是三次产业间比例，而是产业发展模式的变革。

（1）强调绿色经济重要性，大力发展服务业与高科技产业，改变经济依靠单一支柱产业化的面貌

近期，日本一直加强实体经济的发展，日本政府有关部门初步拟定了旨在占领世界领先地位、适应 21 世纪世界技术创新要求的四大战略性产业领域：一是环保能源领域，包括燃料电池汽车、复合型汽车（电力、内燃两用）等新一代汽车产业，太阳能发电等新能源产业，资源再利用与废弃物处理、环保机械等环保产业；二是信息家电、宽带网、IT 领域，包括与因特网相关联的数字家电（如新一代液晶显示电视等）、各种高性能的服务终端与半导体、新一代软件等电子信息产业；三是医疗、健康、生物技术领域，包括再生医疗（人体部分器官组织的再生）、新型药物等先进医疗产业，健康、美容的食品产业，生命基因信息解析等 IT 生物产业；四是纳米技术、纳米材料产业，主要为上述其他重点产业领域提供广泛的实际应用。

2009 年 12 月 30 日，鸠山内阁公开发表面向 2020 年的"新增长战略"基本方针。主要内容包括"通过绿色革新实施环境能源大国战略，通过生活革新实施健康大国战略，亚洲经济战略，观光立国和促进地方活力战略，科学技术立国战略，就业和人才培养战略"。

2010 年 6 月经济产业省在这一基本方针的指导下发表《产业结构 2010 年远景》明确指出了日本今后的产业结构调整方向，"今后产业结构调整的五大领域为：官民一体共同推动社会基础设施的出口，新一代环境能源产业，文化产业（流行、内容等），医疗、护理、健康、育儿等社会服务产业，尖端领域（机器人、太空等）相关产业"。并强调"通过强化这五大战略产业领域，打破单独依赖汽车等特定出口产业的单支柱结构，实现多支柱战略，改变凭借商品的高品质获得附加价值的方式，实现利用

销售系统和文化附加值商品而获利的方式，突破环境、能源及少子老龄化对经济增长的制约，变不利为有利，通过对制约性问题的解决培育优势产业，最终实现产业结构的转换"。以上对策的财政金融总规模逾 180 万亿日元。①

2009 年 3 月 2 日，出台了为期 3 年的信息技术（IT）紧急计划，目标为官民共同增加投资 3 万亿日元，新增 40 万—50 万个工作岗位，侧重于促进 IT 技术在医疗、行政等领域的应用。2009 年 4 月 9 日为配合第四次经济刺激计划推出了新增长策略，发展方向为环保型汽车、电力汽车、低碳排放、医疗与护理、文化旅游业、太阳能发电等。

（2）扶持流行文化产业发展，提升日本软实力②

为了培育新的经济增长点，提升日本软实力，日本政府把文化资源的产业化作为应对危机及今后一项重要战略性工作。2007 年 5 月日本政府出台《日本文化产业发展战略》，提出文化资源的培育和利用离不开产业以及最新的科技和社会发展，文化产业的发展符合提升日本软实力。2008 年 3 月日本外务省正式任命著名动画片《机器猫》中的主人公为日本的动漫大使，意在利用各国青少年喜爱的流行文化提高日本的知名度。2009 年民主党政府明确将日本流行文化作为今后经济增长的一个战略性领域。

2010 年 6 月日本经济产业省制造产业局成立名为"酷·日本（Cool Japan）室"的新部门，旨在协助日本的设计、动漫和时装等流行文化产业的海外推销工作。"酷日本"是一个国家形象和品牌战略，它的内涵和外延很广，包括日本传统文化、现代流行文化，以及汽车、电器、节能产品等代表日本产业和尖端技术实力的"日本制造"产品。据日本政府预计，到 2020 年，"酷日本"相关产业的市场规模将从 2009 年的约 4.5 万亿日元增长至 17 万亿日元，增速远高于日本其他传统产业。

（3）电子产业筹划绿色低碳布局，在关键领域掌握未来竞争的主动权

从电子产业的全球分工看，美国掌握基础专利，处于产业链的最高端；日韩掌握部分外延性技术与专利；中国台湾地区拥有比较完整的产业

---

① 平力群：《日本经济危机对策与产业结构调整》，《日本学刊》2011 年第 2 期。
② 严圣禾：《从"酷 日本室"看日本的文化输出》，《光明日报》2011 年 11 月 6 日。

链；中国大陆则主要参与组装与加工制造环节。近年来，日本电子产业表现出"去制造化"趋势，即通过将产业链模块化，将制造环节外包出去，凭借对关键零部件的控制，获取高附加值并控制整个产业链。[①]

以索尼的"走向零负荷之路"（Road to Zero）环境计划为代表，日本电子产业通过加大开发绿色环保技术力度，在低碳领域积极进行战略布局，以确保在未来产业中的竞争力。根据"走向零负荷之路"计划，到 2015 年，索尼必须把环境和能源领域的研发作为战略重点；在产品设计上降低耗电量，和单位产品重量；在采购环节中建立温室气体排放评估体制；在生产制造环节降低温室气体排放、水资源使用量以及废弃物排放量；在物流环节削减二氧化碳排放；建立回收循环利用体系。这类对未来能源领域的深度布局将有利于日本电子产业掌握与绿色环保有关的核心技术和专利，从而为将来新一轮电子产业的竞争奠定良好基础。

二、韩国产业结构调整战略与政策选择

1. 韩国产业结构现状

全球金融危机虽然对韩国造成了一定的影响，但受冲击程度比其他发达国家轻，恢复得较快。2009 年韩国经济达到 0.2% 的正增长率。2010 年，经济增长率更是达到 6.1%，在 OECD 国家中仅次于土耳其，在亚洲国家中仅次于中国和印度。[②]2011 年韩国经济增长逐渐放缓，一季度实际 GDP 同比增长 4.2%，二季度和三季度增长率均为 3.4%，全年经济增长将在 4% 以下，因受欧美信用问题的冲击，预计 2012 年上半年的经济增长仍将在 4% 以内。[③]

世界银行 2011 年《世界发展指标》发布的数据显示，韩国 2009 年 GDP 为 8325.12 亿美元，从产业结构上看农业占比约为 3%，工业占比约为 37%（其中制造业占比 28%），服务业占比约为 61%，产业排序呈三、二、一结构。从制造业内部结构来看，2009 年韩国制造业增加值为 2081.42 亿美元，其中机械和运输工具贡献最大占 46%，其他制成品其

---

① 罗清启：《日本电子业将逐渐剥离终端品牌》，《经济参考报》2010 年 12 月 14 日。
② 詹小洪：《走在抗击金融危机前列的韩国》，《领导文萃》2011 年第 5 期。
③ 黄颖川：《韩国陷入滞胀冲击东亚经济圈》，《南方日报》2011 年 12 月 7 日。

次占 35%，化学品占 8% 排第三位，食品、饮料和烟草占 6%，纺织和服装占 5%。

韩国经济之所以能够在应对危机中表现的相对出色，除了政府采取了行之有效的短期救市政策外，一些经济中的结构因素发挥了重要作用[①]：

（1）注重研发投入，企业为主导，侧重应用研究

2007 年韩国研发经费占全世界研发经费总额的 3.6%，在 G20 国家中排在日本之后，位列第二。2008 年韩国在研发领域的投资占 GDP 的 3.74%，在 OECD 国家中排第三位。2012 年，韩国预计要将研发经费预算提高到占 GDP 的 5%。一个值得注意的趋势是，韩国研发投入经历了由政府主导向企业主导的转变。从 20 世纪 70 年的政府占 77%，企业占 23%，到 21 世纪初政府占 25%，企业占 75%。2011 年，韩国研发投入总额将达 50 万亿韩元，其中政府投资比重占 28.3%。由于企业特别是大企业居于研发的主导地位，因此相对于基础研究企业更侧重于应用研究。

（2）外贸依存度高，出口贸易对中国依赖度高，制造业居支柱地位

2006 年韩国经济增长 5%，其中出口增长贡献了 3.2 个百分点。2008 年韩国经济外贸依存度达 83%。2010 年实现顺差 410 亿美元，力争 2011 年实现进出口总额达万亿美元。韩国出口贸易对中国具有很大的依赖度，据韩媒报道，中国 4 万亿救市计划使韩国得以出口大量钢材、石化产品。而"家电下乡"计划促使韩国 LCD 面板对华出口同比增长 40%。2010 年韩国出口排名前五位依次是半导体、化工用品、船舶、钢铁和石油产品。另外近几年，对外工程承包也成为支柱产业之一。

2. 韩国产业结构存在的问题

（1）对重化工业依赖度过高

韩国前 50 种出口产品出口集中度总体上呈上升趋势，韩国产业集中度的赫芬达尔指数（HHI）从 1980 年的 0.042 上升到 2010 年的 0.050。从行业比重看，主导行业从服装到船舶再到现在的半导体、船舶、汽

---

① 此部分数据资料均引自：詹小洪：《走在抗击金融危机前列的韩国》，《领导文萃》2011 年第 5 期。

车、显示器、石油制品，一直集中在少数产品生产上。2010 年前 5 个品种产品出口比重达 43.3%，显示出比较高的行业依赖度。支柱产业过度集中，将导致国民经济发展不均衡，经济易受个别行业波动的影响（见表 8—10）。

表 8—10　韩国主要行业赫芬达尔指数和主要产业出口比重情况

1980 HHI=0.042		1984 HHI=0.060		1993 HHI=0.031		2010 HHI=0.050	
产品种类	比重	产品种类	比重	产品种类	比重	产品种类	比重
服装	15.9	船舶	16.0	半导体	8.5	半导体	11.1
钢板	5.4	服装	14.7	服装	7.2	船舶	10.9
鞋类	5.2	鞋类	4.8	汽车	5.5	汽车	7.5
音响器械	3.5	钢板	4.6	船舶	5.0	平面显示器	7.2
船舶	3.4	半导体	4.3	音响器械	4.7	石油制品	6.6
前 5 个品种	33.4	前 5 个品种	44.3	前 5 个品种	30.9	前 5 个品种	43.3
前 10 个品种	47.3	前 10 个品种	57.8	前 10 个品种	49.6	前 10 个品种	62.2

资料来源：朴英爱：《危机后韩国经济面临的困境与出路》，《东北亚论坛》2011 年第 5 期。

（2）出口产品集中度过高

表现在半导体、船舶、汽车等 5 个主要产品的出口增加额占整个出口增加额的 50.8%，产品依存度过高。

另外，韩国还存在通货膨胀压力增加、金融体系仍然脆弱、就业率低下、家庭储蓄率下降等宏观结构问题。

3. 韩国产业结构转型战略与产业动向

从 20 世纪 60 年代到 80 年代，韩国积极把握国际产业转移的机遇，先后承接了劳动密集型的纺织工业、资本密集型的重化工业，以及资本技术密集型的电子、化工和运输机械等产业，顺利完成了工业化进程，确立了今天以汽车、半导体、造船业在国际市场上的优势地位。[①]20 世纪 90

---

① 张琴、蒋瑛：《韩国承接国际产业转移的经验及启示》，《经济纵横》2009 年第 8 期；厉以平、厉帆：《官—企—研共同推进产业升级：韩国应对危机的经验》，《广东行政学院学报》2010 年第 4 期。

年代后期，韩国开始了向服务业转型的进程，金融、保险、不动产、运输仓储与通信等服务业逐渐发展起来。

（1）为服务业提供融资支持、税收优惠

对属于服务业的中小企业提供低息贷款，信贷额度为 GDP 的 0.5%—1.5%。产业银行和企业银行对知识密集型服务业提供每年 10 亿美元的资金。提高对服务业的信用担保基金额度。对属于服务业的中小企业实施税收减免。

（2）支持研发活动，鼓励新兴产业发展

2008 年李明博总统制定了"科学技术基本计划 577 战略"，计划到 2012 年将国家研发预算提高到 GDP 的 5%。将韩国发展成为世界第七大科学技术强国。

2002 年至 2009 年，韩国政府的研发预算年均增加 10.5%，大大高于同期政府预算总额的年均增长率。2009 年提出《云计算全面振兴计划》，促进云计算服务的发展。2009 年出台了《物联网基础设施构建基本规划》把物联网作为新的经济增长动力。2010 年出台推动射频识别（RFID）技术发展，以扶持物联网技术。2011 年，韩国研发投入总额将超过 50 万亿韩元。

（3）产业多元化，注重新兴产业的发展

以造船业为例，为了规避造船行业周期性冲击，现代重工从最初的造船企业转变为拥有造船、海洋、工程项目设备、建设机械装备、电机电子、柴油机、绿色能源七大业务部门的综合重工企业。2010 年现代重工总销售额 22.4 万亿韩元中，非船业务占 64.7%，造船部门下降到 35.3%，未来计划将非船业务比重提高到 70%—80%，相应造船业务下降到 20%—30%。STX 集团从单一造船企业发展成为包括造船、海运、机械通信、国际贸易、工程建设、矿产能源开发等制造加服务的综合企业，计划到 2020 年造船业务将只占业务总量的 10%。大宇集团提出要降低对造船业务的依赖度，发展成为世界水平的综合性重工集团，重点发展风电设备、太阳能、陆地工程项目设备、油气资源开发、二氧化碳回收处理设备等，预计到 2020 年非船业务将占 70% 左右[①]。

---

① 柏晶茂：《"脱造船风潮"刮向韩国大型船企》，《中国水运报》2011 年 5 月 1 日第 7 版。

（4）大力支持文化产业

亚洲金融危机后，前总统金大中提出了"文化立国"战略，韩国文化产业获得了蓬勃发展。本轮金融危机对韩国文化产业也造成了冲击，投资减少。但韩国政府依然把文化产业作为扶持的重要对象，2009 年韩国政府制定文化产业为绿色增长产业，为经济增长的重要动力。2010 年文化产业振兴院计划完成 200 个项目，政府预算 2000 亿韩币。2011 年，韩国文化部预算为 33709 亿韩元，比 2010 年增加 6.2%。值得注意的是，随着网络游戏产业的发展，沉迷游戏也日益成为社会问题，韩文化部将防止沉迷游戏的预算从 2010 年 5 亿韩元增加到 23 亿韩元。①

三、澳大利亚产业发展规划与政策取向

澳大利亚的农牧业、采矿业是其传统产业，近年来，制造业和高科技产业发展迅速，服务业已经成为国民经济主导产业，2009 年服务业占 GDP 比重为 69%。②

1. 矿产资源税的推出将对矿业投资产生负面影响

全球金融危机的爆发使澳大利亚也遭受了冲击，澳大利亚政府推出的经济刺激政策加重了财务赤字。为了平衡财政，澳大利亚政府 2009 年 5 月 2 日宣布拟从 2012 年 7 月 1 日开始向本地资源类企业征收税率高达 40% 的资源租赁税，这意味着矿产企业必须将其开采矿产资源所获利润的 40% 作为税收上缴。由于澳大利亚矿业对于国民财富来源的重要地位，该税种的推出将对澳大利亚经济乃至全球采矿业产业链都有较大的影响。

澳大利亚矿产巨头力拓、必和必拓和铁矿石出口商 FMG 均表示将有可能暂停新投资项目，中国的宝钢、鞍钢、中国中钢等企业也都表示需要重新评估在澳投资铁矿项目，因此从长远看，该国铁矿石的生产与投资将可能受到负面影响。③

---

① 蒋林：《韩国文化产业"名利双收"新一轮"韩流"蓄势待发》，《广州日报》2010 年 7 月 13 日。

② 世界银行报告：《2011 世界发展指标》，2011 年 6 月，第 65 页。

③ 陈赞：《浅析澳大利亚"资源租赁税"对钢铁业的影响》，《钢铁行业月度分析报告》，国研网报告 2010 年 5 月 27 日。

2. 加速清洁能源发展，考虑发展核能保障能源安全

澳大利亚政府承诺 2020 年该国温室气体排放量将比 2000 年下降 5%—15%。[①] 为了实现这一目标，澳大利亚政府陆续推出一系列政策，鼓励企业和家庭节能减排。2011 年 12 月，澳大利亚能源部长弗格森在发布能源白皮书草案时指出，政府要通过资助和补贴扶持太阳能发电、潮汐发电和地热发电等清洁能源行业。同时，他指出，核能始终是澳大利亚的选择之一，如果清洁能源成本过高，那么"核能将成为澳大利亚的新的能源"。[②] 白皮书称，今后 20 年，澳大利亚需向电力和天然气等能源产业投资 2400 亿澳元，以保障能源的生产、输送和供应。

3. 制定科学国际化战略，促进科技外交和经济可持续发展[③]

2010 年澳大利亚科学院发布了《澳大利亚科学国际化》报告，分析了国际科技合作对澳大利亚科技进步和科学外交的战略意义，提出了科学国际化战略。该报告指出，科学国际化对澳大利亚的科学外交和经济可持续发展具有重要意义，从科研与经济方面看，可以汲取各国最新科学思想和科技；利用国外先进科研设施和数据资源；促进澳大利亚科研人才培养；吸引各国科技人才；确保澳大利亚科研处于高水平；保护澳大利亚生态系统；促进澳大利亚科研成果转化和产业化。从外交方面看，通过科学外交可以实现澳大利亚外交政策目标；通过国际合作扩大澳大利亚的国际影响；通过科技援助，扩大澳大利亚的国际影响力；通过国际科学合作，增进澳大利亚外交关系。有鉴于此，该报告建议政府在产业政策上应该将澳大利亚产业界及国外产业界纳入国际合作的对象范围，以加强科学界和产业界在研究和创新过程中的合作联系。如果澳大利亚政府在今后的政策制定中对该报告的建议予以采纳，则必将对澳大利亚的科学合作、创新战略、产业发展等方面产生影响。

---

① 袁镔、宋晔皓、林波荣、张弘：《澳大利亚绿色建筑政策法规及评价体系》，《建设科技》2011 年第 6 期。

② Department of Resources, Energy and Tourism, Draft Energy White Paper–Strengthening the Foundations for Australia's Energy Future, Australia: The Department of Resources, Energy and Tourism, 2011.

③ 张世专：《从澳大利亚科学国际化战略看中澳科技合作》，《中国科学院院刊》2011 年第 2 期。

第四节　新兴经济体产业结构调整的动向、
　　　　战略与政策

　　新兴经济体指经济快速增长，并且政府致力于市场开放和完善市场经济制度的国家和地区。虽然这个群体的界定从理论上尚存争议，但是基于其经济总量和增长速度而被公认为世界经济增长进程中的重要力量，对于危机后全球经济复苏带来重大影响。世界银行 2011 年发布的《2011 全球发展地平线——多极化：新的全球经济》（Global Development Horizos 2011—Multipolarity: The New Global Economy）报告称，到 2025 年，六大新兴经济体（巴西、中国、印度、印尼、韩国和俄罗斯）将占全球经济增长总量一半以上。对于新兴经济体所涵盖的范围，一般认为二十国集团（G20）成员中的巴西、俄罗斯、印度、中国、墨西哥、印尼、沙特阿拉伯、韩国、阿根廷和土耳其十个国家是新兴经济体的代表，其中中国、印度、俄罗斯和巴西被称为"金砖四国"。除此之外，马来西亚、越南、泰国、南非等也是广受国际社会关注的新兴经济体。

　　在世界危机发生后，新兴经济体同样经由市场不景气而在贸易上遭受冲击，进而影响相关产业的总体产出。2011 年新兴经济体大多数成员都面临比较严重的通货膨胀压力，此外中东局势不稳定导致的国际市场油价上升，使得相关新兴经济体的投资活动增速趋于放缓，因此新兴经济体要维持原有的经济增长态势也是面临着不小的挑战。应该看到，危机对于新兴经济体加强产业升级和增长方式转型无疑是一次机遇，包括中国在内的主要新兴经济体都对传统产业升级和新兴产业发展予以财政和金融上的支持，以谋求长期的竞争优势。

一、新兴经济体产业结构调整的基本动向

　　危机发生后，新兴经济体面临的国际环境更加复杂多变，主要发达国家反思金融业的过度创新对经济的冲击，提出回归实体经济为取向的产业

振兴计划、推动经济长期复苏。对新兴经济体而言，尽管遭受的冲击相对较小，但从此次危机中认识到金融创新作为"双刃剑"对国民经济的影响，这对于处于金融深化进程中的新兴经济体而言是非常重要的。基于这个认识，新兴经济体认识到制造业升级在当前国际经济背景下的高度重要性，在危机引发的国际市场收缩的背景下，推进产业结构转型、提升产业创新水平对新兴经济体维持长期竞争力更为重要。

1. 将产业结构调整与本国经济发展模式转型相结合

由于大部分新兴经济体自身还处于工业化进程中期阶段，因此发展制造业提升产业创新能力，在产业战略还是处于核心地位。新兴经济体已经高度融入全球产业分工格局中，危机前新兴经济体依赖低成本资源和低端要素的投入推进参与整个贸易过程，新兴经济体处于全球产业分工价值链的低端，出口产品所含的附加值普遍偏低，而且还给本国带来了巨大的环境污染等负面影响。其结果是，新兴经济体通过资源消耗型产品的出口获得了微薄的利润而支付了较高的经济与社会成本，并被通过国际贸易渠道享用相关产品的发达经济体指责为破坏自然环境，进一步遭受发达经济体以此为名义的各类贸易壁垒，外部出口环境恶化。这种全球产业分工格局不仅造成了世界经济发展不平衡，而且使得新兴经济体所受冲击在此次危机后进一步放大，因此新兴经济体的经济发展模式转型势在必行。从新兴经济体自身发展进程来看，目前已经进入如何提高开放效益的深化阶段，其经济发展模式也存在转型的必要，如中国面临如何启动内需的挑战；俄罗斯借助能源优势为经济发展打下了基础，但总体生产能力和产品竞争力低下；印度把更多的资源投到服务业中，服务业成为拉动其经济增长的主要动力，但其农业和工业薄弱，制约了经济的进一步发展；巴西等新兴经济体依赖自然资源禀赋优势的发展模式也面临可持续问题。

近几十年来，以新兴经济体为代表的国家生产和出口中低端产品，发达国家进口及消费这些产品，在此分工格局下，新兴经济体依靠劳动力优势和各自的自然资源禀赋优势实现了出口拉动型的经济增长，成为世界经济的重要力量。危机后，这种产业分工格局面临挑战。一方面，受危机的冲击，以美国为代表的发达经济体消费动力不足，发达经济体开始审视国内经济结构与发展模式，纷纷进行产业结构调整。另一方面，新兴经济体的出口拉动型增长导致国内经济发展的不平衡，再加上资源和环境方面的压力，失衡的经济增长模式在危机后难以为继。在此背景下，基于危机前经济快速增长实现的资本积累，伴随着国内要素禀赋结构的提升，新兴经济体积极参与到全球技术和产业创新的进程中，调整自身产业结构，以谋求未来经济的可持续增长。

新兴经济体大都面临对外开放与对内发展的双重命题。在此背景下，新兴经济体产业结构的调整更注重与本国经济发展模式转型的结合，从短期目标看，其产业结构调整是反危机的举措，而从长期目标看，这些产业结构调整的举措是新兴经济体结合世界产业分工、技术创新、新产业发展趋势和本国经济发展阶段的战略安排，体现了短期措施和长期战略的平衡，其立意在于挽救被危机冲击的国内经济的同时，为经济持续发展提供坚实基础和持续动力。

2. 增大创新投入，加强产业创新能力基础

危机后继美国、欧、日出台国家创新战略之后，中、俄、印、巴西等新兴经济体也纷纷出台各自创新战略，加大研发投入。根据世界知识产权组织发布的《2011 年世界知识产权报告》（WIPO's 2011 IP Facts and Figures）显示，尽管高收入国家仍是全球研发支出的主体，但创新的地理区域已开始发生迁移，至 2009 年，新兴经济体和其他发展中国家在全球研发支出中所占份额增加 13% 左右。公司研发支出的变化同样反映了这一趋势。根据世界银行 2011 年发布的《2011 全球发展地平线——多极化：新的全球经济》提供的数据，从全球前 1000 位公司的研发支出看，来自新兴经济体跨国公司的研发支出所占份额由 2004 年的 6% 提高到 2009 年的 12%。

全球研发权威研究机构美国巴特尔研究所（Battelle Memorial Institute）预测，受益于危机前多年经济强劲增长，新兴国家研发投资的增长速度将明显高于发达国家。韩国、印度、俄罗斯和巴西等受国际金融危机影响较小，经济复苏较快，其政府对科技也高度重视。如韩国政府提出到 2012 年要将研发投资增至国民生产总值的 5%。近年来，印度、中国等新兴大国的研发投入也快速增加。《2010 年教科文组织科学报告》显示 2000 年至 2008 年，中国国内研发总支出年均增幅达 22.8%，其研发总支出占国内总产值的比例也从 2000 年的 0.9% 升至 2008 年的 1.54%。2010 年中

国科学技术支出 3250.18 亿元，比上年增长 18.4%，占全国财政支出的 3.6%。近年来，印度政府研发投入占 GDP 比重始终处于 0.8%—0.9% 之间，但考虑到 GDP 每年均以较快速度增长，加上政府对教育领域的投入，国内产业界及外国直接投资中的研发投入稳步增加，印度国内研发市场的实际投入超过 GDP 的 2%。俄罗斯 2010 年反危机计划中也非常强调加强技术创新，为此成立了由总统直接负责的经济现代化和工艺发展委员会。为实现委员会提出的技术创新建议，2010 年联邦预算储备 100 亿卢布支持创新活动。2011 年巴西研发投入也接近 GDP 的 2%。研发支出快速增长的结果是新兴经济体所获得的专利快速增长，创新能力与技术水平显著提升（见图 8—3），成为新兴经济体产业结构调整的有利条件。

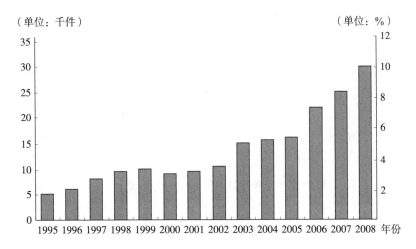

图 8—3　1995—2008 年世界范围内新兴经济体获得的跨国界居民专利

资料来源：世界银行《2011 全球发展地平线——多极化：新的全球经济》（英文版）。[①]

　　新兴经济体支持重大科技领域突破和加强产业技术创新的投入，目标在于提高开放部门的国际竞争力，并紧跟世界新兴产业发展动态，结合自身传统的优势产业，提高现代化制造业体系的总体水平。与此同时，主要新兴经济体大国出于国内就业压力和维持较高经济增长的需要，也积极推

① 　世界银行：《2011 全球发展地平线——多极化：新的全球经济》（Global Development Horizons 2011—Multipolarity: The New Global Economy），2011 年，第 77 页。

395

进产业结构调整与优化，大力发展现代服务业。主要国家的战略重心包含两个层面：一是促进传统制造技术和信息技术为主的新兴技术的结合，提升传统制造业的产品升级和制造模式的升级，使传统制造业焕发出新活力。如印度政府特别针对纺织业新增 140 亿卢比技术升级基金，将所有纺织手工艺品列为特别支持项目，鼓励纺织企业技术升级，[1] 增强出口竞争力。二是加大新兴产业领域技术创新投入的力度，扩展自身制造业体系的范围，结合自身的生产要素和国内经济社会的需要，培育新兴行业。由此可见，新兴经济体产业结构的调整力争改变目前在国际生产格局中处于低端环节的现状，拟通过加强技术创新提升产业的现代化水平。

3. 通过国际合作提升产业技术水平

在经济全球化和开放经济条件下，新兴经济体作为积极推进对外开放的活跃经济体，其产业发展战略考虑到了利用国外的先进生产要素以及创新平台，尤其是发达经济体的资本要素、知识要素和各种合作创新的平台，通过扩大国际合作，以多种方式吸纳国际创新资源，助推产业升级。

在近年来新兴经济体采取的产业结构调整举措中，可以看到新兴经济体对外合作的积极态势：一方面，新兴经济体积极寻求与发达经济体之间的合作。如 2009 年 7 月，俄总理普京签署政府令，批准出资 2.5 亿欧元参与欧洲新一代激光技术研究和应用项目，从而使俄罗斯成为继德国之后该项目的第二大投资国。而自 2010 年 6 月俄罗斯总统梅德韦杰夫在俄欧第 25 次峰会上宣布启动"现代化伙伴关系倡议"以来，俄欧加强了高新技术领域的合作。印度也开展了一系列国际技术合作。从 2009 年开始，印度和美国加强合作的领域包括：发展以可持续生物质为基础的生物燃料生产、第一代生物燃料转换技术及第二代生物燃料的新兴技术，促进技术转让，评估联合政策和商业模式等。印法合作方面，2009 年 7 月印度总理辛格访法，法国承诺到 2012 年注资 100 亿欧元，促进印法在医疗保健、制药、合作研发、电信、汽车、纳米和生物等高技术领域的合作。在航空产业领域，2009 年 4 月，中国与加拿大共同签署了促进民用航空产业合作的谅解备忘录。另一方面，新兴经济体之间也加强了国际技术合作。如

---

① 任佳：《印度制造业发展潜力大》，《亚非纵横》2010 年第 1 期。

强国策
——中国开放型经济发展的国际战略

近年来，印度和俄罗斯在军事、核能、基础研究等领域的合作继续深化，其中核能与军事技术合作成为新时期印俄科技合作的主要特点。巴西目前已建立拉美地区一体化科技合作机制，即由巴科技部科研项目信贷局、巴西经济社会发展银行和国家石油公司共同组成支持国家创新生产链，为拉美地区建立联合研发中心提供信贷支持。2009 年 9 月，中国和古巴两国之间签署了进一步加强中古生物技术合作的谅解备忘录，在不久的将来两国将积极推动生物技术合作，抗体药物、基因重组干扰素、血糖仪等技术和产品开发上的合作，已经取得初步进展。

4. 重视新能源产业，推进产业结构调整

新兴经济体将新能源的开发和产业发展作为重点产业予以扶持，是基于两个方面的考虑，一方面自身工业化进程进入中期阶段，对能源储备的需求无疑将继续扩大，这对中国为代表的人口大国而言尤其突出；另一方面，国际社会越来越关注以气候变化为主要代表的全球问题，对降低排放、节约能源的呼声日趋加大，在这个背景下新兴经济体必须在能源产业发展规划中充分落实环境保护和低碳理念。

新兴经济体提出新能源技术开发和产业推进战略的出发点包括如下几个方面：首先，经济危机发生后，世界经济发展步伐明显放缓，世界各国普遍加大新能源的投入，促使全球发展新能源的步伐加快。发达国家重视新能源的发展使得新兴经济体必须跟进这一产业调整的趋势才能避免在未来的全球竞争中处于被动地位。其次，随着过去几十年的经济快速增长，大多数新兴经济体面临能源短缺和环境保护等因素制约，一些自然资源禀赋丰富的新兴经济体也面临未来经济可持续发展的问题，开发新能源，维持能源储备成为影响国家经济安全以及完善工业化体系的关键主题。再次，新能源产业孕育着全球新的经济增长点以及国际竞争优势格局的影响因素，也是全球大国之间国际战略的制高点。因此，尽管主要新兴经济体自然资源禀赋、能源储备相对丰富，但是仍然将新能源产业作为未来重点发展的产业之一，其中最典型的就是巴西和俄罗斯。

二、新兴经济体产业结构调整的主要战略

新兴经济体产业结构调整的战略主要体现在四个方面，一是推进制造

业的升级，提升本国制造业的技术水平，完善自身的现代制造体系；二是紧跟全球特别是发达国家产业发展的趋势，在新兴产业，尤其是新能源产业中寻找未来可持续的经济增长点；三是谋求服务业更大的发展空间，根据本国具体情况有选择性地对具体的服务行业进行支持；四是将推进国内农业的发展置于重要战略的地位，以此作为夯实国民经济基础的长期策略，这在新兴大国近期产业结构调整中表现尤为突出。

1. 应对全球市场萎缩推动制造业升级

相比发达经济体，危机对新兴经济体的冲击相对较小，主要是通过国际贸易渠道影响相关经济体的出口，但是全球经济中长期增长放慢预期的持续，国际市场总体需求不振，成为新兴经济体无法回避的外部环境。在此情形下，主要新兴经济体纷纷扶植制造业的复苏与发展。

包括中国在内的经济增长较快的新兴经济体均结合自身的工业化发展阶段提出了助推本国制造业升级的措施（见表8—11）。相关经济体对制造业升级的举措主要体现为两个方面，一个方面是基于保持自身经济增长速度的考虑，加大对现有优势产业的国内投资，鼓励企业创新，扩大国内市场规模；另一方面是重视提升本国制造业的技术含量，延长在国际产业价值链中的本地环节，提高出口贸易的附加值。

表8—11　危机后主要新兴经济体发展制造业的战略

国别	主要战略
中国	出台了包括钢铁、汽车、船舶、石化、纺织、轻工、有色金属、装备制造、电子信息等产业的调整和振兴规划，其中支持企业自主创新，引导产业水平升级，推进产业结构优化是重点
印度	(1) 努力解决基础设施瓶颈制约，计划2012—2017年投资1万亿美元用于基础设施建设，兴建一批大型机场、公路、港口、铁路、电力、电信项目。(2) 加大对包括汽车、装备制造、出口加工等产业的国内投资，鼓励和支持工业制造业的发展，特别是利用低成本和高技术劳动力的优势发展技术密集型制造业。(3) 对引进外资政策进行了调整，不仅逐渐放宽外资持股比例，还放宽了外资准入的行业领域，吸引跨国公司进入印度设立加工生产基地，目前鼓励外资进入的领域主要集中在具有出口潜力、能大量雇佣劳动力、能引进技术及资本的制造业项目。同时，吸引跨国公司及本国公司参与一系列由政府支持的项目，其中包括建立一条孟买—新德里"制造业走廊"的计划，在一系列工业园中建立高科技工厂。(4) 在全国范围内建立一系列特别工业区。(5) 在国内，公司开展业务将享受到激励政策，尤其是在石化、纺织、皮件、食品加工及电子业等领域

国别	主要战略
越南	优先支持劳动密集型产业，大力发展消费品、建筑材料、机器制造、造船和化肥等行业及其产品；支持辅助性工业、制造业和石油化工等行业发展，充分挖掘和利用国内和原材料潜力，降低设备、原材料及燃料对外部的依赖
俄罗斯	支持实体经济，重点支持包括汽车制造业在内的重点行业，以此作为维护宏观经济稳定的重要主攻方向；制定了 295 个行业骨干企业名单，还制定了 1148 个企业组成的地方骨干企业名单进行重点扶持方式；修订国家扶持小企业计划，扶持重心转向生产领域和创新型公司
巴西	加强了对先进制造业的支持力度，希望利用其拥有的丰富自然资源和在新能源的领先技术，进入价值链的产品附加值更高的环节，同时，通过对汽车等关键行业进行扶持，实现整体的经济稳定
墨西哥	一方面利用毗邻美国的地理优势，推动针对美国市场的劳动密集型产品出口贸易，带动制造业发展，另一方面，改善国内投资服务环境以吸引外资，积极吸收外资带来的新技术和先进管理方法加快本国制造业发展
南非	启动了"新工业行动计划"，该计划的目标是改变经济增长模式，提升制造业生产力，创造就业，力争在未来 10 年创造 247 万份工作

资料来源：根据任佳：《印度制造业发展潜力大》，《亚非纵横》2010 年第 1 期；付宗平：《金融危机下印度经济刺激政策效应评价》，《南亚研究季刊》2010 年第 2 期；关雪凌、刘可佳：《后危机时代俄罗斯经济现代化探析》，《经济理论与经济管理》2011 年第 1 期等资料整理。

目前新兴经济体有关制造业的发展战略大多已开始实施，有些已取得了初步成效。如近年来，中国装备制造业，特别是工程机械产业发展突飞猛进，技术创新能力显著增强，部分产品不再依赖进口，国际地位和影响力明显提高，2010 年，行业总规模突破 4000 亿元，至此，中国成为全球最大的工程机械市场。2011 年 10 月 19 日至 20 日，全球工程机械产业大会暨 50 强峰会在北京开幕，对于中国装备制造业以及工程机械产业未来发展，中国工业和信息化部副部长苏波指出，力争到 2020 年高端装备制造产业销售收入在装备制造业中的占比提高到 25%，把高端装备制造业培育成为国民经济的支柱产业。

2. 发展新兴产业谋求未来经济发展的增长点

熊彼特认为，技术创新带动了世界经济从一个周期的衰落走向下一周期的繁荣；而从世界发展历史来看，每一次金融危机都同时酝酿着一次新的技术创新的浪潮，从而引发新一轮的产业变革，形成一批新兴产业，新兴产业在战胜重大经济危机的过程中孕育和成长，并以其特有生命力成为新的经济增长点，成为摆脱经济危机的根本力量，推动经济进入新一轮繁荣。当前全球新兴产业主要是指电子、信息、生物、新材料、新能源、海洋、空间等新技术的发展而产生和发展起来的产业部门，在这些产业上的研发投入和企业培育投入成为世界主要国家抢占产业竞争制高点的重要战略，也是新兴经济体应对危机，从根本上转变本国经济增长方式的突破点。主要新兴经济体纷纷采取各类激励政策，发展新兴产业，谋求长期竞争优势（见表8—12）。

表8—12   主要新兴经济体重点发展的新兴产业

国家	重点发展的新兴产业
中国	节能环保、新一代信息技术、生物、高端装备制造、新能源、新材料、新能源汽车
印度	软件产业，生态旅游、文化旅游和农业旅游，医疗旅游，医药产业，信息产业
韩国	新可再生能源、低碳能源、高质量水处理、LED 应用、绿色交通系统、高科技绿色城市、传播通信融合产业、IT 融合系统、机器人应用、新材料纳米融合、生物制药和医疗设备、高附加值食品产业、全球医疗服务、全球教育服务、绿色金融、文化创意、会展观光
新加坡	新能源汽车、绿色化工制药法、创新手机、电子产业研发
巴西	发展以乙醇为中心的产业、生物燃料汽车、风能、核能产业、电动汽车产业
智利	混合种植技术、生产和加工生物燃料、生产沼气
俄罗斯	通信技术、生物医药、空间技术、核能和能源节约
南非	清洁能源、环保产业、核工业、尖端材料行业、太空工业等

资料来源：郑雄伟：《世界新兴产业发展风起云涌各具特色》，新浪财经 2011 年 11 月 30 日。

中国在"十二五"经济和社会发展规划中明确提出培育发展战略性新兴产业，并于 2010 年 10 月颁布《国务院关于加快培育和发展战略性新兴产业的决定》，节能环保、新一代信息技术、生物、高端装备制造、新能源、新材料、新能源汽车等产业作为重点发展的新兴产业，将加快培育和发展战略性新兴产业作为推进产业结构升级、加快经济发展方式转变的重大举措，并明确提出新兴产业的发展目标：到 2015 年，战略性新兴产业形成健康发展、协调推进的基本格局，对产业结构升级的推动作用显著增强，增加值占国内生产总值的比重力争达到 8% 左右；到 2020 年，战略性新兴产业增加值占国内生产总值的比重力争达到 15% 左右，吸纳、带动就业能力显著提高。节能环保、新一代信息技术、生物、高端装备制造产业成为国民经济的支柱产业，新能源、新材料、新能源汽车产业成为国民经济的先导产业。2011 年 6 月中国发改委修订并发布的《产业结构调整指导目录（2011 年本）》，与 2005 年版相比，战略性新兴产业、环保与资源综合利用等内容成为新版目录的最大亮点，而其中新能源、城市轨道交通装备、综合交通运输、公共安全与应急产品等成为新增鼓励类的"关键词"。

印度从满足国家经济和社会发展需要方面重点加大了农业、医药、能源环境以及绿色制造技术投入，从提高印度企业国际竞争力方面加强了纳米技术在农业和医学上的应用，以及生物能源、生物材料、干细胞、基因组学、新型制造工艺等研究。

作为"金砖四国"之一的巴西也大力推动新兴产业。在得天独厚的自然条件下，巴西政府因地制宜，着力发展生物能源、风能和核能等新能源产业，鼓励发展灵活燃料汽车，制定发展生物燃料的发展规划和产品标准。通过 Proinfa 立法（对可替代资源发电项目的鼓励计划），制定了管理风电场发展的政策，已拥有"安格拉 1 号""安格拉 2 号"两座核电站，巴西政府计划 2030 年前再建设 4 座核电站，每座发电能力为 1000 兆瓦，目前正在东北部沿海地区筹建第三座。此外，巴西利用激励机制推动本国制药业的发展，希望在全球制药市场上占据一席之地，并拟定多项计划，增进其空间行动规划的竞争力。

在 2010 年反危机计划中，俄罗斯政府将创新和以现代技术为基础的经济现代化作为优先发展方向。2010 年 3 月，梅德韦杰夫总统宣布，将在莫斯科州的小城斯科尔科沃建立一个现代化的高技术研发和商业化中心。俄罗斯试图复制美国硅谷的成功经验，推动俄罗斯在通信技术、生物医药、空间技术、核能和能源节约这 5 个重点领域的现代化进程。在能源节约领域，明确可再生能源国家政策重点，大力发展核能。2009 年，俄政府批准了"2020 年利用可再生能源发电的国家政策重点方向"，确定了利用可再生能源的宗旨、原则和措施，提出到 2020 年将可再生能源发电占发电总量的比例提高至 4.5%。

此外，韩国政府将低碳与绿色发展作为重要主题，综合推进新兴产业发展。韩国政府制定《新增长动力规划及发展战略》，将绿色技术、尖端产业融合、高附加值服务三大领域共 17 项新兴产业确定为新增长动力。规划拟通过政府研究与开发资金，向 26 个商业项目共投资 1550 亿韩元，以支持促进经济发展的新兴产业。在此投资计划下，韩国的大型企业将和中小企业共同在生物制药、机器人技术、脱盐设备、发光二极管、新型半导体、绿色轿车等领域获得政府研究与开发资金支持。如三星打算组成生物技术公司，SK 能源和浦项打算开发天然气和洁净煤，LG 则打算研究电池等。

南非结合本国人均温室气体排放量高于全球平均水平，也高于其他中等收入发展中国家的情况，将清洁能源的开发作为南非新能源战略和产业转型的主要方向，而于 2010 年 4 月正式启动的"新工业行动计划"着眼于发掘南非核工业、尖端材料行业、太空工业的发展潜能，为这些高精尖产业制定长远发展目标。

3.谋求服务业更大的发展空间

危机后国际商品、资源等市场的需求萎缩给一些对外部市场依赖程度较高的新兴经济体造成较大冲击，而作为扩大国内市场需求、吸纳就业和产业结构高级化发展方向的服务业受到新兴经济体的重视，谋求服务业更大的发展空间。新兴经济体在努力保持或提升服务业在国民经济的比重的同时，也根据本国具体情况，有选择性地对具体的服务行业进行支持。

中国在"十二五"发展规划中明确提出把推动服务业大发展作为产业结构优化升级的战略重点，营造有利于服务业发展的政策和体制环境，拓展新领域、发展新业态、培育新热点，推进服务业规模化、品牌化、网络化经营，不断提高服务业比重和水平。规划涉及的服务部门重点领域包括两大类行业，首先是加快发展生产性服务业的发展，相关鼓励性政策包括：有序拓展金融服务业、大力发展现代物流业、培育壮大高技术服务业、规范提升商务服务业；其次大力发展生活性服务业，具体包括优化发展商贸服务业、积极发展旅游业、鼓励发展家庭服务业、全面发展体育事业和体育产业。

经济危机发生之前，印度一直是新兴经济体中服务业国际转移的最大受益者，以软件制造和业务流程外包为主的信息技术服务产业是印度最为成功的支柱产业。危机的发生对这些行业造成了较大冲击。为此，印度政府对受影响比较突出的 IT 服务与新技术领域，因国际资本支持影响而形成的资本需要给予财政支持。同时，印度不断完善相关法律，加强知识产权保护，打击盗版。2009 年 2 月，印度又通过《信息技术法 2008 修正案》进一步加强对有关犯罪的打击。

俄罗斯则重点支持运输业，具体做法包括①：建立国家运输租赁公司，解决运输企业设备更新能力不足的问题，并由联邦预算向租赁国产民用飞机的公司提供补贴，比例最多可达租赁费的 3/4。对于进口先进民用飞机的企业，可延期 6 个月缴纳关税。加快发展交通基础设施，提高联邦投资比例，同时把地方政府最低投资比例由 20% 降至 5%。

危机后墨西哥政府非常重视发展服务业，主要包括：一是对服务业发展进行规划。主要包括：优先发展旅游业，提高旅游业的竞争力和服务质量，推动旅游产品多样化，加强对游客的安全保卫工作；同时巩固金融市场的发展，保证银行和各个金融机构有充分的资金和空间来运作。二是对重点部门给予支持。墨议会于 2009 年 2 月通过了十项旨在促进经济发展和保持稳定的改革议案，涉及服务业部门的有：增强各商业银行的竞争力，对墨国家发展银行的信贷和担保业务实行弹性化操作，督促各种社会保障的落实，鼓励对旅游业的投资。三是对服务业企业提供支持。墨西哥政府于 2009 年 4 月制定了《企业经济重振紧急扶助项目》。该项目向企业提供总额达 110 亿比索的扶持资金，支持的企业包括从事旅游、酒店、餐饮、娱乐业的中小企业以及发展航空业。这是近十年来墨政府投入应对紧急事态数额最大的一笔资金，且企业对该项资金的申请无需提供不动产抵押，手续简便，可保证资金快速到账，解决企业的燃眉之急。四是墨西哥政府于 2009 年 4 月出台了专门针对旅游业和航空企业的援助计划。

此外，一些经济结构较单一的新兴经济体也重视服务业的发展，如沙特阿拉伯通过积极引进国外的先进技术设备，大力发展服务业等非石油产业，以改进依赖石油的单一经济结构。

---

① 《俄罗斯 2009 年应对经济危机的方向和措施》，《中国经贸导刊》2009 年第 11 期。

4. 夯实农业的基础地位

危机后，随着世界经济向实业回归，包括新兴经济体在内，各国更加重视农业的基础地位，这在新兴大国的产业结构调整中表现尤为突出。危机后，中国高度重视农业的发展。中国加大对农民的补贴，支持农业生产，加快推进农村公共事业建设，推动农村改革与发展。根据中国财政部提供的数据，2010 年中国财政用于"三农"的支出合计 24213.4 亿元，比上年增加 4170.8 亿元，增长 20.8%。着力保障和改善农村人民的生活。印度农业劳动力占总人口一半以上。危机后印度也加大了对农业的投入，尤其是加大了对农业灌溉系统、生物基因工程的投资，还尽可能地免除农民的债务，补贴种子、肥料的采购金，以减轻危机对农村的冲击，支持农业发展。2011 年印度政府出台的十二五规划提出满足农业、基础设施和健康产业的巨大需求，以帮助上述产业"在未来较长时间内持续发展"。俄罗斯 2009 年反危机计划明确提出了支持农业发展的战略，为农业发展提供专用资金，保护国内农产品市场，鼓励农产品出口。越南在农业方面，主要实施三项支持农业措施，包括支持农民发展多种生产和经营，创造就业岗位和增加收入；支持农民对良种、物资、化肥、水利和预防病虫害的投资，增加农业和农村基础设施建设投资，并提高投资效果；支持农业服务供应体系和农产品出口基地建设。针对农业部门，巴西政府直接拨款 64.7 亿美元，用于农田水利设施建设，2009 年对农业部门的放贷额度在 2008 年基础上增加 20%；同时鼓励加强农业合作社之间的合作，弥补可能出现的资金缺口。[①]

总之，新兴经济体内部各个国家（地区）之间的差异非常大，在经济总量、工业化发展阶段、国内市场发展等各个层面都不具备共同点，但是这个经济体作为有较高增长率和参与全球分工相对活跃的群体，在全球产业竞争的新动向和新态势下，都采取了非常积极的态度，顺应科技创新和主流趋势及新兴产业的动向，制订了各类鼓励性政策。目前这些政策以及相关的项目投入还处于规划启动阶段，尚未有明显的产业化成果问世，还需要假以时日考察进行跟踪研究。

---

① 岳云霞、孟群：《巴西的反危机经济政策调整及其效果》，《经济学动态》2010 年第 3 期。

三、新兴经济体承接国际产业转移的新态势

主要新兴经济体在工业化初期都经历过以承接发达国家产业转移为本质的外向型高技术产业成长道路，新兴经济体在高技术领域的赶超具有时代背景。20 世纪七八十年代以 IT 产业为代表的高技术产业在当时的亚洲"四小龙"的投资和当地生产构建起来的产业，在与国际资本合作过程中获得了美国等主要发达国家跨国公司在当地投资所带来的资本与技术的推动力。

目前，这个国际产业转移在当前的国际生产格局下被赋予新的含义和形态。不能说跨国的产业转移已经不复存在，而是以新形态实现转型。

这个转型与第三次科技革命突破引发的产业化进程有着因果关系，首先，新兴高技术产业群不同于前两次科技革命，不再是个别发达国家在某一个领域实现重大技术突破并推进产业化，而是呈现地域上的高度分散态势，以及多门类技术的交叉融合趋势。其次，技术突破的领域不是局限于某一特定产业部门，而往往是几个相关产业领域的交叉领域有重大创新成果，产业技术的升级与变革表现出"多点突破、彼此交叉"的格局，即实现技术突破的领域由早先的集中于单个领域转变为相对分散的多个领域并进。最典型的行业案例就是在互联网、通信、半导体和新兴材料领域交叉技术的创新，相关创新项目大多是信息技术、电子通信、互联网技术在分支层面上多项技术的合作创新，涉及跨学科的研发合作。在创新中取得成功的企业，其核心竞争力也往往超越单纯的技术层面，而是由技术层面延伸至技术和商业模式创新相结合的层面，呈现综合性的竞争态势。技术创新的形成从启动伊始就与商业模式创新高度融合，尤其在互联网技术领域，整合了所有的共同推进，跨越多个层次的综合创新优势往往是企业取得市场成功的关键。相应地，新兴经济体在全球知识密集型产业内参与产品（服务）专业化分工的广度和深度日趋扩大，部分产品和服务上已经具备国际竞争力，市场声誉和创新价值提升很快。

在此背景下，水平型的产业转移取代垂直型转移，成为国际产业转移的主要形态。发达国家向中国以单个项目、企业为载体进行的产业转移形态正发生变化，新的产业态势特征是产业上下游关联度比较强的多个产业同时向新兴经济体转移，而且相关项目的前沿技术应用与商业模式在母国

与东道国之间的差距越来越小。在国际产业转移的格局上我们也可以看到不少新特点：首先，发达国家、新兴工业化国家和部分新兴市场国家都成为向外进行产业转移的力量。随着各国技术进步和产业结构水平的提高，韩国、新加坡等新兴工业化国家在产业升级的同时将原有传统产业转移到更低产业梯度的国家，不仅如此，中国、东盟等也纷纷加入到向海外进行产业（生产基地）转移的行列中。其次，国际产业转移的行业层次也呈现高度多元化特征，进入技术密集型、资本密集型、劳动密集型产业转移并存的阶段。在以跨国公司为载体的国际产业转移中，虽然垂直型产业转移仍占主导，但水平产业转移也日趋增多。一些著名汽车制造商开始把设计开发部分转移到发展中国家，一些微电子公司也把部分研究开发工作转移到发展中国家，如微软公司、IBM 公司等相继在中国设立研究院，对中国产业升级形成有利条件。再次，新兴经济体当地企业承接外商投资的方式也日趋多元化，当地本土企业除了通过 FDI 纽带与外资跨国企业结成经营实体，也以承接外包为载体实现非股权关联的国际生产纽带，以多种方式实现外部知识资源、市场网络资源等稀缺要素向本地产业的导入，在国际化生产经营过程中获得积极的技术转让和技术外溢效应，对当地产业带来积极的产业升级效应，对于产业国际竞争力的提升是正面的推动力。

产业升级格局的整体突破无疑是以重大科技突破为源头，过去十年来，主要发达国家以及若干重要新兴经济体在多个高科技领域获得重大技术突破，但是全球对于影响未来世界经济增长的核心产业群尚无定论，知识密集型的新兴产业增长虽然势头迅猛，但无一能构成经济增长的主要推动力。无论是产业界还是理论界对于决定未来全球经济增长的产业领域的争论一直在持续。而当前一些新技术领域的成果能否转化为持续的生产力也有诸多不确定性。在此背景下，各国都在积极探索技术创新的应用以及竞争优势的培育，这个态势构成了新兴经济体目前产业结构升级的国际环境。

2007 年全球经济危机后主要发达国家提出"再工业化"战略，目前新兴产业发展还处于规划阶段，推出的产业投资与激励政策尚未落实。发达国家高度重视本国新型工业化体系的再造和创新模式的变革，谋求在未来国际产业竞争中取得领先地位。产业发展规划部门引导和鼓励投入进入战略性新兴产业领域，政府也积极为产业技术研发项目提供各类支持，重点领域集中于节能环保、新能源、信息、生物等新兴产业快速发展。但是我们也应该看到，虽然战略性新兴产业的国际竞争日趋激烈，但是当前很少国家的战略性新兴产业发展成为本国的优势产业和先导产业，战略性新兴产业对一国传统产业发展的带动作用和国际竞争力提升的促进作用就目前而言还不明显。

四、新兴经济体产业结构调整的政策及其手段

落实产业结构调整战略需要配套的政策与手段来保障。新兴经济体主要从资本、技术和市场三个方面入手，通过一系列政策与手段来落实产业结构调整的战略。资本方面的政策和手段主要包括为相关产业和企业发展提供资本支持的金融政策和财税政策，技术方面的措施主要是对科技政策的调整，而市场方面的政策主要包括开拓国外市场的出口支持政策和培育国内消费市场的收入分配政策。

1. 金融政策

危机后，包括新兴经济体在内，世界各国普遍实施宽松的货币政策，向市场注入流动性，尽管这些政策出台的初衷并不一定是特别针对产业结构调整，但增强资本市场流动性，一方面刺激经济复苏，为产业结构调整与发展提供了良好的宏观经济环境，另一方面客观上也为产业发展提供宽松的货币环境，尤其是一些高技术的新兴产业需大量资本投资，在危机后市场陷入流动性紧缩的环境下，宽松的货币政策无疑有利于产业调整所需的资本投入。

为应对危机，主要新兴经济体如金砖四国、菲律宾、印尼、马来西亚等都实施了非常规货币政策，放松银根，为市场注入流动性，这些政策包括降息、降低存款准备金率、央行公开市场操作等。[①] 此外，主要新兴经济体还针对相关产业和企业直接提供融资支持。如针对45%的工业产值来自中小企业的现实，危机后印度通过向银行增资、提供信贷担保等方式

---

① 苗子青：《应对危机：中国等新兴经济体的非常规货币政策及其效果分析》，《中国商界》2010年第9期。

加强了对中小企业融资的支持力度。俄罗斯2009年反危机计划确定的应对危机的主要方向和措施中，除健全金融体系、增加市场流动性外，还扩大了对企业的支持，如敦促银行向企业贷款，央行向获得政府资金支持的商业银行派出全权代表以实施现场监督，监督内容包括向实体经济的贷款等。

2. 财政政策

新兴经济体支持产业结构调整的财政政策主要包括：一是扩大政府投资，增加政府支出。如2008年中国出台总额高达4万亿的经济刺激计划，意在提出促进经济增长的十项具体措施，加快自主创新和结构调整，其中明确提到要支持高技术产业化建设和产业技术进步，支持服务业发展。二是通过财政成立专项基金。如巴西政府专门建立了总金额为175亿美元的"中小企业担保基金"，主要为了满足中小型企业因购买资本品所产生的融资需求。三是减税政策。如印尼在2009年通过"政府承担税务"的方式，为包括食品与饮料、电器、电器零配件、机动车辆及其零配件、遥控电子、轮船零配件、化学工业、钢铁工业、重型工具以及小型蒸汽发电站零配件在内的10种工业给予税务津贴，以减轻工业的生产费用；俄罗斯自2009年1月1日起企业所得税由24%降至20%，对于实行简化税制的企业，税率按5%—15%执行，获得科研成果的机构可获税收优惠，企业用于职工培训的支出将全部免税。对引进国内不能自产的先进技术和设备将免除增值税。四是减费政策。如中国财政部、国家发改委决定自2009年1月1日起，在全国统一取消和停止征收100项行政事业性收费，意在为企业减负。

3. 科技政策

危机后，结合产业结构调整和国内经济转型的需要，主要新兴经济体调整了本国的科技政策。中国科技政策调整注重科技技术在产业创新和产业结构调整中的作用，重点是支持和引导各类要素向加强自主创新集聚，围绕产业振兴加强科技攻关，主要包括：一是实施国家重大科技专项，加大财政投入力度。调整科技经费投入结构。积极创新重大科技专项组织方式，发挥骨干企业的带动作用，强化产学研用结合，促进更多的中小科技企业参与重大专项的实施。二是加强自主创新基础能力建设，重点推进重大科技基础设施、科技基础条件平台、知识创新、技术创新等工程建设，开展重点领域关键技术集中攻关，建设行业共性技术开发基地，支持企业技术研发机构建设。三是大力推广应用先进技术和产品，结合重点产业振兴，推广应用一批能够有效促进产业升级、技术改造和节能减排的自主创新技术。同时，建立人才和创新的有效激励机制，实施海外高层次人才引进计划，吸引海外高层次人才回国创业。

俄罗斯科技政策调整的目的是发展关键性的高技术部门和基础设施。近两年来俄罗斯主要采取了四大举措[1]：一是总统亲自领导督促国家科技创新工作，推动科技尽快向生产力转化。二是突破禁锢，允许国有科研、教育机构创办科技型企业。三是促进非国有科研机构发展，2009年11月俄议会通过了《科学和国家科学技术政策法修正案》。修正案规定，任何组织只要具备一定数量的科研设备、科技人员和专家，其科技工作及研究成果得到国际社会承认，均可获得政府授予的国家科学中心的地位。四是通过《共有技术转让法》，促进科研成果转化为生产力。

印度政府制定新科技政策与计划的主要方向体现在五大方面：一是可再生能源领域。根据印度政府的规划，到2010年生产可再生能源1.4万兆瓦，可再生能源发电量占总发电量的比例达到10%以上，实现180亿卢比的产值。二是建筑物节能。印度政府规定未来新建筑设计必须有节能功能，并制定了最低节能标准，计划使新建筑物实现节能20%—40%。自2010年7月开始，印度对冰箱、空调、日光灯和变压器实施强制能效标准，向全社会推广普及节能材料。三是生物技术领域。2008年11月，为缓解生物技术企业因为金融危机而面临的资金紧张的困境，并扶持中小型生物技术企业，印度政府又出台了35亿卢比的生物技术产业伙伴计划，该计划涉及农业、健康、生物能源与绿色产品制造等产业领域，所资助的产业具有范围广、产业基础脆弱、既能提升未来产业竞争力又能解决就业压力等特点。四是制定科学人才创新计划。主要目的是吸引、培养人才和激励更多年轻人从事科学研究事业。五是鼓励产学研相结合。2009年3月，印度政府批准了由科学和工业研究部提交的有关鼓励发明和创新发展

① 《未来科技：俄印巴西新兴之路》，《经济参考报》2010年6月2日，第6版。

及商业化的提案，允许研究人员在机构从事专业研究的同时，在科技型企业中拥有平等股权；允许科学机构在企业内投资建设知识基地，作为平等资产；鼓励科学机构建立孵化中心；为研究人员在企业和科研单位之间流动提供便利。

2010年，巴西联邦政府斥资412亿雷亚尔用于实现巴西《2007—2010年科学、技术和创新行动计划》所规定的目标。该计划的主要战略目标是巩固、加强全国科学、技术与创新体系；推进企业技术创新；推进战略领域的生产、开发与创新以及以科学技术和创新推进社会发展。该计划的实施建立了巴西技术体系，以支持工业企业中的技术研发，其中包括推进创新发展，提供技术服务，推广新技术，进行技术转移和技术支持等，大幅度提高了巴西在大飞机制造、通信、半导体、制药等产业领域的国际竞争力。2011年巴西的迪尔玛新政府在科技方面提出将巴西建成科技大国的战略目标，将生物技术、纳米技术、机器人、新材料、信息和通信技术、医疗卫生、医药、生物燃料、可再生能源、农业、半干旱地区科研、核科学、空间科学、海洋资源和海洋保护等，定为重点发展科研领域。

4. 收入分配政策

在危机冲击下，外部市场需求大幅萎缩，而随着发达经济体开始重视实体经济的发展，新兴经济体产业结构的调整与发展更需要国内市场支撑，作为扩大内需政策的重要组成部分，调整收入分配被新兴经济体提高到重要的地位，期望通过改善收入分配培育产业发展的国内市场。中国从战略高度将收入分配作为重要建设内容。2009年在强调提高劳动报酬占国民收入的比重的同时，突出了政府的责任，并提出"增加政府支出用于改善民生、扩大消费的比重，增加对城镇低收入群众和农民的补贴"等具体措施。2010年将收入分配制度改革回归到制度层面，重新提出要坚持和完善按劳分配为主体、多种分配方式并存的分配制度，2011年重点采取综合性政策举措，如修改个人所得税法、健全职工工资正常增长机制、严格执行最低工资制度等。印度政府采取以扩大内需为目标的政策抉择，提高公务员与政府雇员工资以及企业工资等，提高最低生活标准，以改善福利，刺激消费。巴西通过扶持贫困群体、提高最低工资标准和最低生活标准、改善福利保障等措施拉动内需。

5. 出口支持政策

危机导致的国际市场需求萎缩给新兴经济体产业发展带来较大冲击，为此，各新兴经济体采取了多种政策措施支持出口。同时，新兴经济体也注重将支持出口的政策措施与本国产业结构调整与发展战略结合，拓展产业发展的国际市场（见表8—13）。

表8—13　危机后主要新兴经济体的出口支持政策

国别	主要政策
中国	密集调整出口退税，出口退税率调整集中于鼓励技术含量和附加值高的产品出口，抑制"两高一资"产品的出口，从而引导企业优化出口产品结构、加快产业升级转型
印度	加大出口税收优惠力度，放松或取消出口管制。主要体现在提高出口退税收入、减免出口税和用于出口的进口原材料关税、放松和取消部分产品的出口管制以及出口导向型的进口限制等措施上；为出口企业提供信用担保；优先对金融危机重灾行业如纺织、皮革等劳动密集产业和IT产业提供出口鼓励和帮助；通过恢复或提高进口关税、实行进口数量限制、滥用WTO所允许的贸易救济措施等实施贸易保护
印尼	为保护国内工业免受冲击，实施进口限制和鼓励消费国货的措施，涉及的行业包括食品饮料、鞋类、服装、玩具、电器、机械设备、电信设备和建筑材料等
越南	实行对外贸易多元化，努力扩大对受危机影响较小的国家和地区的出口；充分利用本国签署的自由贸易协定和对外合作协定扩大出口
俄罗斯	为支持企业出口，俄财政部将为企业贷款提供国家担保。向出口企业提供国家担保的外汇额度，以支持工业产品出口。此外，联邦预算还向出口企业提供贷款贴息
巴西	国家经济社会开发银行建立了特别信贷额，为出口企业提供资金保障。同时，政府延长了出口退税受益企业和外汇期货受益企业的受益期限，并出台了混合出口退税方案。2010年对用于生产出口产品的进口货物，免征关税、进口环节的社会一体化税和社会保障税，并对其工业产品税、社会一体化税和社会保障税实行零税率
阿根廷	对那些"国民经济较敏感部门"的产品加强控制（如纺织品、鞋、冶金产品、摩托车、家电等），实施参考价值，开征进口税，加速"不公平贸易"程序

资料来源：根据李好、戟梦雪：《金融危机下印度外贸政策的调整》，《亚太经济》2010年第2期；高静：《阿根廷和智利应对危机的对策分析》，《拉丁美洲研究》2009年第1期；林梅：《金融危机对印度尼西亚经济的影响及其应对危机的措施》，《东南亚纵横》2009年第4期等资料整理。

第九章　全球竞争新格局下中国产业升级的战略定位和政策选择

从中国自身的工业化进程看，经济总量规模上已经是全球第二大经济体，在经历了 30 年的经济制度改革和融入国际市场的产业全面开放进程后，继续维持高增长的前景受到重重挑战。中国虽然被划入中上等收入国家行列，但中国产业竞争优势的结构并没有转到中高技术产业占主导的阶段。中国未来能否成功解决好中国产业竞争力提升过程中面临的矛盾是走出中等收入国家陷阱的关键。

第一节　中国在全球产业分工格局与转型竞争中的地位

从中国的开放产业部门看，无论是劳动密集型产业还是高技术产业的国际竞争态势都面临来自国际经济新格局的影响，由此带来中国对外开放战略和产业竞争战略的转型。与此同时，全球科技领域的技术突破方式进入转型期，处于这个变化中的中国产业国际竞争力是否由此获得"弯道超车"式的历史机遇期，是值得认真探索的问题。

一、传统产业竞争力高但可持续性不强

长期以来，从出口角度看，劳动与资源密集型产业一直是中国国际竞争力最强的产业，2010 年这类产品的出口占中国全部出口比重的 34%，

相比 2007 年提高了 4 个百分点。从贸易竞争力的视角看，以服装、玩具为代表的劳动密集型消费品作为中国出口规模占比最大的贸易品，是中国在国际市场上最具贸易竞争力的产品，这是由劳动力成本优势所决定的。对比中国不同技术水平的产品贸易竞争力指数，我们可以看到，1995—2010 年间，中国低技术产品的竞争力始终高于中技术产品和高技术产品，是贸易竞争力最强的产品类。低技术产品贸易竞争力指数基本上在进入 2003 年以后呈现快速增长势头，中技术产品与高技术产品贸易竞争力基本上保持缓慢上升态势。但是在 2009 年，由于受全球经济危机的影响，低技术产品的贸易竞争力指数出现明显回落，而中技术产品和高技术产品则未受影响，表明低技术产品受市场波动影响较大的特征，但中技术产品和高技术产品的贸易竞争力指数基本接近于零，尚未进入到正的贸易竞争力指数阶段（见图 9—1）。

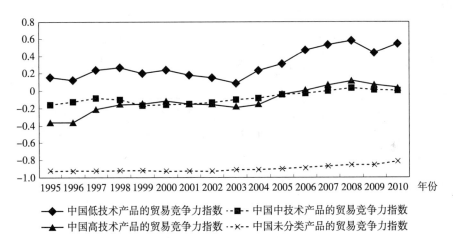

图 9—1　中国产品贸易竞争力指数

注：该分类标准来自联合国，联合国根据技术含量对贸易产品进行的分类，共分为高、中、低和未分类四类。
资料来源：中国产业竞争力数据库，转引自张其仔主编：《中国产业竞争力报告》，社会科学文献出版社 2012 年版，第 5 页。

从贸易竞争力的行业对比情况看，低技术产品的出口目前还是我国出口中最大的组成部分，竞争优势最强。现实情况也表明，中国对外开放伊始延续至今，以耐用消费品为主的低技术产品占出口总量最大的份额，也是中国获得国际贸易顺差格局最主要的源泉，相关产业也是出口依存度最高的部门。但是目前面临劳动力成本高企和生产环境恶化的种种制约，这类产业的国际竞争力不容乐观，其贸易竞争力受到来自东亚欠发达国家同类产品的挑战，而且后危机背景下发达国家市场需求的萎缩还将持续，使相关产品的出口面临非常严峻的挑战，其竞争优势的可持续性非常薄弱。

中国在改革开放的进程里，一直谋求高技术产业在生产规模和出口能力上的扩大，以此缩短与发达国家的差距。在高技术产业领域，中国在大量引进外资的基础上实现了产业规模在短时间内的"跨越式发展"，并以出口导向为产业国际化路径提升产业的开放度，成为承接相关产业跨国转移最重要的国家。而本土企业在高度开放的产业竞争环境中获得外资的外溢效应，提升了自身的技术创新水平和管理方式，实现更深程度地参与全球高科技产业的跨国分工格局。

在出口领域，以一般贸易形态出口的高技术类产品的比重提升较快，不仅在整个出口品中所占份额有很大提高，而且质量上的提高，使得相关产品在国际市场的出口优势稳步提高。该产业部门的国际化生产具有如下特征：

首先，从贸易规模上看，中国已经成为高技术类产品重要的出口国，占国际同类产品出口的比重从 2003 年开始就已经接近中国的低技术类产品比重，2006 年到 2008 年两者的差距虽有短暂扩大，但随后 2009—2010 年又开始缩小。其次，中国在高技术类产品贸易模式上同样是加工贸易为主体，在微观国际经营活动中也是"大出大进"的格局，通过进口大量零部件组装后出口，完成整个贸易过程，从而实现高技术产品的国际化生产。2011 年的 1 月至 8 月，中国在机电产品和高新技术产品上的出口同比增长 19.0%和 15.74%，而两个行业进口同比增长率则达到 42.3% 和 42.8%，[①]也体现出中国在高技术产业上进出口同时高度依存外部市场的国际化生产形态（见图 9—2）。

该部门国际化生产的企业主体基本上是外商投资企业，这类企业在中

---

① 张其仔主编：《中国产业竞争力报告 2012 年》，社会科学文献出版社 2012 年版，第 17 页。

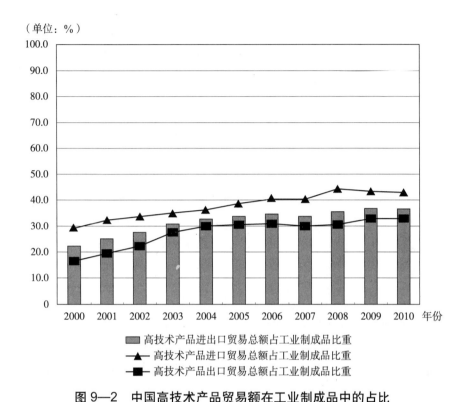

（单位：%）

图 9—2　中国高技术产品贸易额在工业制成品中的占比

资料来源：国家统计局、科学技术部：《中国科技统计年鉴 2011》，2011 年版，经笔者
　　　　对数据进行处理。

国沿海地区的高技术产业的产业链整合中占主导地位，对本地中小制造企业具有较强的议价能力。这个格局的背后是中国在跨国生产网络利益分配格局上的脆弱性。一方面，数量庞大的加工贸易企业依赖来自海外的核心零部件供应，很容易受到零部件供应市场波动带来的冲击，2011 年年底个人电脑组件价格的异常波动起因于泰国水灾而引发的核心零件供应断货，对在中国组装的下游产品出口和价格带来很大影响。另一方面，中国高技术产业受制于跨国公司主导的生产网络，尤其是分销体系，在积累创新和渠道资源过程中的主动性不强，现有的生产集群的升级与转型受制于外资企业的全球生产战略，在创新要素组织和技术升级路线上呈现被动特征。

　　由此可见，中国高技术产业虽然贸易规模大，但是核心竞争力并不强，受制于产业链上游环节的其他经济体，以 IT 产业为代表的开放部门整体上的竞争力不高。

中国开放部门具有出口价格竞争力的低端产业，因为中国目前面临发展模式的转型，而新兴产业在技术优势和市场开拓上又存在诸多不确定性，因此产业竞争力的整体状况是不容乐观的。在后危机时代，全球能源约束和生态环境脆弱程度的提高日益凸显，中国长期以来的产业国际分工格局面临要素禀赋相对不足的挑战，特别是劳动力资源由过剩转变为相对不足和结构性不平衡，目前沿海多个城市出现的"招工荒"都是劳动力市场转型的重要信号。我国劳动密集型产品的综合成本近年来加速提高，我国提出"十二五"期间要努力实现最低工资标准年均增长13%以上，职工工资增长 15%，对劳动密集型产业的维持产品的成本竞争优势带来巨大压力，这个趋势的持续无疑将导致产业在国际市场上的劳动力成本优势逐步削弱。不仅如此，国内开放部门长期以来的粗放型增长方式面临不可持续性，开放部门过去三十多年的出口导向下的发展是依托外资企业为主体的生产加工基地的转移而实现的，相关行业的外商直接投资带动的出口在外资激励政策的影响下付出了巨大的社会和生态成本，大量从事零部件加工处理和组装的生产基地是沿海城市外资企业集群的主要形态，对所在地区生态环境和原有生活风貌的破坏加剧了中国本已非常脆弱的生存环境，导致土地、淡水、矿产等资源更为紧缺，环境承载能力不断恶化，从这个意义上看，未来中国低技术产业的竞争优势的可持续性堪忧。

二、中国高技术产业的价值链分工格局

对中国高技术产业竞争力的判断离不开对相关产业的跨国生产格局的判断，作为高技术产业部分开放程度最大的行业，中国的 IT 产业在过去三十多年经历了出口的急剧增长。但是，该产业的国际化模式高度依赖由发达国家跨国公司主导的产业价值链，当地企业的出口长期以来以契约生产的微观形态依托跨国公司的销售网络来实现，属于非股权模式的国际化生产形态。其中以消费电子品的合同制造方式最为典型，在这一行业中，全球的龙头企业（一般是知名品牌商）凭借其相对于合同制造供应商强大

的议价能力，在合作过程中会挤压对方的增加值，导致那些面临更小边际的合同制造供应商创造的增加值不断下滑。

从行业对比研究的结果看，这个形态在整个电子消费品部门普遍存在，有鲜明的行业特征，与生产区位的国家特征关系并不密切。在诺基亚N95智能手机中，尽管具体的生产方式与要素投入可能有所不同，但无论该产品是在芬兰生产还是中国生产，制造环节所产生的增加值都只占全部增加值的2.1%。中国台湾的富士康集团作为美国苹果公司iphone手机提供组装的中国合同制造企业，其完成的手机组装活动所获的增加值在每件产品中仅占很小部分，大部分的增加值仍为日本、韩国以及其他一些苹果公司预先选定成为该公司全球价值链组成部分的国际供应链以及苹果公司及其销售商所获得。以最终目标市场所在地货币计价的产品全部价值中，合同制造企业收益占最终产品销售价格的比率非常小，在每部手机179美元（在美国市场零售价为500美元）的制造成本中，只有6.5美元为富士康公司所获得，而富士康集团在中国内地的工厂获得的增加值份额则更少，来源是产品最后组装以及相关的本地服务获得的佣金。

中国当地虽然承接了大量的合同制造的订单，但是并未形成一批有国际知名度的一级合同制造商，大量企业实体属于中国台湾和香港企业投资的大陆工厂。进入全球半导体行业十大合同制造与服务外包行业的中国大陆企业只有中芯国际（排名第五），在软件外包领域，相比印度企业好几家具有市场知名度的国际型企业，中国仅有中国通信服务公司进入该行业的前列，而在服装行业上，中国的雅戈尔公司则是唯一的重要合同制造企业（见表9—1）。

表9—1 2009年发展中国家/地区主要合同制造商与服务外包企业

（单位：10亿美元，千人）

企业名称	销售额	从业人数	企业名称	销售额	从业人数
电子			**服装**		
富士康（鸿海）	59.3	611	雅戈尔集团（中国）	1.8	47
伟创力	30.9	160	联泰（中国香港）	0.8	20
广达	25.4	65	聚阳实业（中国台湾）	0.4	21

企业名称	销售额	从业人数	企业名称	销售额	从业人数
电子			服装		
仁宝	20.4	58	亚联集团（中国香港）	0.4	15
纬创	13.9	39	达利国际（中国香港）	0.3	12
半导体			ITO-BPO		
台积电	9.2	26	塔塔咨询服务	5.2	160
华联电子	2.9	13	维普罗（Wipro）	4.2	108
卡特半导体（Chartered Semiconductor）	1.5	4	中国通信服务（中国）	2.7	127
中芯国际	1.1	10	桑达（智利）	0.9	9
东部高科	0.4	3	HCL（印度）	0.8	54

注：该数据为与跨国 NEM（非股权形式）活动相关的销售与就业数据。

资料来源：联合国贸易与发展组织（UNCTAD）：《2011 年世界投资报告：国际生产和发展的非股权形式》，经济管理出版社 2011 年版，第 165 页。

在过去三十多年来，来自中国台湾和中国香港的 IT 企业在所在行业国际生产网络内的角色发生了很大变化，这些企业在 20 世纪 80 年代为降低生产成本大量投资于大陆沿海地区，以加工贸易方式实现产品加工组装业务的转移，大量的投资构成了中国大陆地区的 IT 产业集群，这些台湾企业因而成为行业内外商投资企业的主体，发挥了连接产业内来自美国 IT 技术原创国家的高端环节与中国加工组装基地的低端环节的"中介者"作用。这些台湾企业在这个过程中积累了跨国生产和行销网络的生产组织经验和销售渠道的资源，而伴随着市场竞争环境的新形势，美国跨国企业以"制造服务化"为导向的战略转型日趋凸显。在此背景下，脱胎于早期供应商的台湾企业成长为具有强大的生产组织和管理能力的全球合同制造商，并且承载起越来越多的产品设计和外包管理的价值链元素。

目前，这类企业在整个东南亚地区范畴内安排所有的制造加工活动，进而影响当地的劳动力资源培育。以电子行业为代表的一系列台湾合同制造商整合了中国大陆各地的加工组装活动，控制了相关行业在中国内地地区的价值链区位的利益分配格局。从这个意义上，中国内地的加工企业虽然从形态上深度参与以电子行业为主的全球生产价值链，但是在贸易利益上高度受制于中国台湾和香港为主的跨国合同制造商。

三、中国产业升级的潜在空间

中国作为新兴经济体的领头羊，在多项重大技术领域的突破性成果令人瞩目，在多个领域获得具有世界前沿水平的技术创新成果，为构建新兴产业国际竞争力打下了良好的基础。危机后全球对于包括中国在内的新兴经济体成为全球经济增长动力的期盼日益提高，寄希望这些国家在重塑全球新兴产业发展动力格局中发挥更大作用。因此，创新要素总体水平的积累和创新需求格局转型为中国谋求产业竞争力奠定了良好的基础。

首先，在过去二十多年里，高技术应用的全球需求呈现结构性的变化，从整体态势看，相关需求出现从发达国家向新兴经济体转移的态势，全球50%以上的中产阶级生活在北美以外的地方，对下一代技术产品的高度需求不再来自北美或者西欧的消费者，而是来自亚洲、拉美和中东的消费者，从航空技术到海上风力发电技术直至核能技术，这些经济体的消费者往往都在利用当地的需求来创造市场和抢占先机，而美国近几年来的新产品开发也因为当地市场的疲软而不再针对本地市场开展设计，而是越来越多地考虑以亚洲为主的消费者的偏好，产品的销售从开始就积极推向国际市场。

其次，技术创新的主体不仅仅是主要发达国家的跨国企业，而且包括发展中国家，尤其是新兴经济体政府主导或者"产学研"合作模式下的创新主体，后者在产业新兴技术领域的突破进入前沿领域。与传统制造业相对"封闭"的创新方式相比，新兴产业的创新形态更体现"合作"和"跨界"特点，企业在前沿技术领域的创新活动对深入的国际合作提出更高要求。不同国家技术团队的联合创新项目日趋活跃，来自不同国家跨国公司合作建立的联合研发中心和技术联盟已经成为尖端技术研发项目最重要的主体。

最后，以中国、印度为代表的新兴市场大国在若干科技领域有突出创新成果。新兴经济体在一系列前沿技术领域向作为传统上创新大国的美国发起挑战，中国在先进电池、高速铁路、混合动力汽车、太阳能组件、海上风力电机、机床等领域形成对美国的追赶，相关的美国跨国公司在中国的分支机构正成为重要的创新成果增长点，中国科研团队的整体竞争力在跨国集团的整体创新资源中地位不断提高。虽然自从危机发生后，国际社会一致表示对美国正在丧失它的经济领袖地位的判断，一些资料也显示，美国那些大跨国公司对于创新项目的态度日趋保守，对于新技术孵化项目的投资热情不如从前。

第二节　中国产业结构升级进程面临的机遇与挑战

当前世界高科技产业面临竞争格局和运行模式的重塑期，中国将基于自身的后发优势和已有的工业化基础，抓住这个战略机遇期，力争在新兴高技术产业上赶上国际水平。中国沿海地区在多年工业化进程发展基础上，已经具备深度参与全球新型工业化体系的条件。虽然中国企业在高技术产业的国际分工地位上还是处于产业价值链的低端，但是从大量经验研究看，在国际生产体系中较低层的参与者通过"干中学"对生产过程中的方法改进和产品创新有非常大的贡献，在相关企业辅之以配套研发投入的情况下，本土企业的模仿创新和集成创新能力建设都有很大提高，是当地产业科技突破不可或缺的组成部分。

一、全球信息技术新一轮突破带给中国历史机遇

中国目前的产业竞争力结构存在明显缺陷，高技术产品虽然在市场上与全球接轨，但核心技术不足；在信息革命推进的产业化进程中，在产品技术应用以及加工组装活动出口中获得了后发优势，但是主流技术的突破一直受制于发达国家。中国过去 10 年的工业化进程中，充分利用了全球 IT 技术的先进成果，初步实现了国民经济信息化，现阶段中国面临一个全面的新型工业体系建设局面，其核心是以工业化与信息化的深度融合。从国际背景看，信息技术正以日新月异的速度改造工业产品、

工业制造方式与工业装备水平。在 21 世纪头十年内中国的国民经济信息化表现为 IT 技术广泛应用于生产制造过程，仅仅是工业化与信息化融合的初级形态，而当前工业化进程与信息化进程的融合则是 IT 及其衍生的信息技术渗透到企业运营和发展的各个环节，改变企业的业务流程、变革企业的机构，促进工业体系的变革，代表着工业化与信息化的深度融合。因此现阶段的"两化融合"对于目前中国工业体系的变革、构建新型工业化体系有着特殊意义。

目前我国新型工业化发展阶段包含的核心目标是工业装备的升级，包含两个层面，一个层面是"硬件装备"的升级，包括机床和大型工业流程化自动化设备，另一个层面是"软件装备"的升级，即现代 IT 和企业信息标准相融合的管理和经营系统的提升，后者包括新型的研发系统和新的供应链电子商务系统。后者所包含的知识密集型服务、标准规范设计和现代企业管理是支撑工业改造的重要元素。由此催生的新兴产业包括云计算、移动互联网、物联网产业、光电产业等，从这个意义上，我国将经历一次"再工业化"进程。目前，我国部分产业在这个进程中已经跻身全球先进行列，实现了创新竞争力的升级。

在高技术产业整体研发能力有所提高的基础上，未来 10 年是中国实现新型工业化加速发展的阶段，这个进程不仅依赖较大的公共研发投入支持前沿技术的探索，也依赖一批有创新精神的企业家对新技术进行产业化的探索。

中国在"十二五经济发展规划"中明确提出培育发展战略性新兴产业，并于 2010 年 10 月颁布《国务院关于加快培育和发展战略性新兴产业的决定》，节能环保、新一代信息技术、生物、高端装备制造、新能源、新材料、新能源汽车等产业作为重点发展的新兴产业，将加快培育和发展战略性新兴产业作为推进产业结构升级、加快经济发展方式转变的重大举措，并明确提出新兴产业的发展目标：到 2015 年，战略性新兴产业形成健康发展、协调推进的基本格局，对产业结构升级的推动作用显著增强，增加值占国内生产总值的比重力争达到 8%左右；到 2020 年，战略性新兴产业增加值占国内生产总值的比重力争达到 15%左右，吸纳、带动就业能力显著提高。节能环保、新一代信息技术、生物、高端装备制造产业成为国民经济的支柱产业，新能源、新材料、新能源汽车产业成为国民经济的先导产业。2011年6月国家发展与改革委员会修订并发布了《产业结构调整指导目录（2011年本）》，与2005年版的目录相比，战略性新兴产业、环保与资源综合利用等内容成为新版目录的最大亮点，其中新能源、城市轨道交通装备、综合交通运输、公共安全与应急产品等成为新增鼓励类产业的"关键词"。

"十二五"经济发展规划提出的战略性新兴产业规划，不仅涉足全球科技革命前沿领域的新兴产业，也是针对我国日益严重的生态与资源约束的属于传统升级型的产业，这些产业的应用面覆盖传统工业的基础产业，也涉及城市化进程下智慧城市发展的需求以及电子信息技术与互联网技术的全面融合。在我国居民收入提高和城市化进程深化的背景下，相关产业在工业部门和社会服务领域具有非常广阔的应用空间。在我国经济增长模式转型压力不断加大、城市化进程加速以及互联网应用广泛渗透于国民经济的背景下，经济增长方式的转型对各个领域战略性新兴产业发展提出了要求，在这些领域，国家亟须给予技术与商业模式创新的激励政策，实现创新成果的产业化转化的有利条件。

二、产业升级进程存在不确定因素

在中国虽然对科技经费投入力度持续加大，科研机构的研发设备配置水平有了很大提高，但是产业创新的活力和效率仍然与美国等发达国家有很大的差距。现存的差距除了技术创新投入本身，一个重要的因素是服务业相对落后，在知识密集型服务业领域的发育滞后很大程度上制约了创新技术的产业转化。在信息技术领域的创新应用，相应的现代服务的提供和配套尤其重要。在互联网产品和电子信息技术产业上中国的开发能力和应用科技创新的能力在提升，在某些领域可能会有跨越赶超的机会，但产业综合国际竞争力还是落后于包括美国在内的发达国家，原因在于产业整体创新"竞赛"中，中国尚未形成一支庞大的、多元化的队伍，这个队伍不仅需要科技人员也需要一批包括行销、金融、工业设计、企业管理等的专业服务企业，这些企业的培育和人员的培养需要花费很长时间。日本无疑是一个典型的案例，日本从19世纪60年代后期启动了经济现代化的进程,经过数十年努力,在高技术产业、教育系统和军事实力方面实现了根本转变,如今,这个国家高度发达的经济为科技进步做出了巨大贡献。虽然现代化进程至今已经将近 150 年,但是从平均生产力数据来看,日本在开发和应用创新方面的整体能力仍然落后于美国,主要原因是日本相对落后的金融制度和微观创新机制。因此,未来的产业创新必然更多的在技术、商业和管理多元要素综合而成的社会经济制度环境下诞生和发展。这个现状反映了美国至今仍然享有全球最佳的创新环境。

表 9—2　不同领域在欧盟专利局的专利申请（截至 2009 年）

(单位: %)

国家	与 ICT 相关的技术专利所占比重	国家	生物技术专利所占比重	国家	纳米技术专利所占比重	国家	新能源专利所占比重
美国	30.2	美国	42.5	美国	36.2	美国	22.13
日本	23.0	德国	11.9	日本	22.9	德国	11.87
德国	13.4	日本	11.2	德国	11.7	日本	9.59
法国	5.6	英国	5.7	法国	5.4	西班牙	5.90
英国	5.0	法国	4.8	英国	4.5	丹麦	5.22
荷兰	4.2	加拿大	2.7	韩国	3.2	英国	4.53
韩国	2.9	荷兰	2.4	荷兰	2.6	中国	4.26
芬兰	1.8	澳大利亚	1.8	瑞士	2.1	韩国	4.13
瑞典	1.7	意大利	1.5	意大利	1.4		
意大利	1.7	瑞典	1.5	瑞典	1.3		
加拿大	1.7	比利时	1.4	加拿大	1.3		
中国	0.5	韩国	1.1	比利时	1.2		
		中国	0.6	中国	—		

资料来源: OECD, Science, Technology and Industry Scoreboard 2011。

转引自张其仔主编,《中国产业竞争力报告 2012 年》,社会科学文献出版社 2012 年版,第 11 页。

　　中国虽然在科技投入总量上有大幅度提高,但是前沿技术领域内的核心创新能力仍相对落后。从专利申请的情况看,在 ICT 技术、生物技术、纳米技术和新能源技术四个对未来产业格局有重大影响的科技领域，中国与发达国家还存在较大的差距。在上述四类技术领域，中国专利申请落后于欧美发达国家，与作为亚洲强国的日本与韩国相比，总体上也存在着差距。而在四个新兴技术领域之间的比较中，新能源技术上获得的专利占比是相对最高的，中国排名第七，在韩国之前。可见，相比其他技术领域，中国在新能源技术领域的创新成果相对领先，其背景是中国面临不断加深的资源环境约束，在低碳经济导向下各类可替代能源研究受到高度重视。这些专利成果作为技术储备的组成部分，是中国构建相关产业国际竞争力的良好基础（见表9—2）。

三、建立新型工业化体系的发展规划

在后危机时代，中国产业结构的转型升级需要立足于全球生产网络的新态势和新兴技术创新方案，将中国的产业升级问题放到全球大产业格局中进行系统谋划。既要抓住国际产业转移新格局中的新机遇，也要谋求在新兴产业领域的先发优势，寻求产业竞争优势的重构。以不断进军先导性产业的积极姿态，增强科研和综合创新的竞争力，主动抢占全球产业发展的制高点。

新能源的开发和应用作为全球产业技术开拓的新领域，启动于全世界有关气候变化和应对全球能源危机的大背景，世界各国开始关注和开始投入的时间都不是很长，相比其他领域，中国与发达国家之间在相关技术研发上的差距不是很大，中国与美国等主要经济体致力于新能源项目开发的时间几乎相当，没有明显的"时滞"。不仅如此，新能源作为国家重点产业之一，在资金上获得国家的强有力的支持，研究机构开展新能源技术开发的动力也非常强。国家通过"十二五重点产业发展规划"等一揽子规划对于相关行业的投资和创新项目给予倾斜，在资金、人力资源和研发资源上的投入强度还在增加。因此，中国在各类新能源开发以及国际合作项目推进上取得了非常显著的成果（见表9—3）。

表9—3　中国在主要类型新能源的技术创新特征、产业化方向与竞争力

新能源的类型	技术创新	产业化方向	国际竞争力
太阳能	实现光伏发电，取代传统发电模式，以及开发太阳能电池，同时在光伏发电所需的多晶硅的合成、还原、尾气回收、氢化等技术环节均取得突破	2010年线性菲涅尔式中高温热发电站在山东德州"中国太阳谷"举行开工仪式，是亚洲最大的兆瓦级太阳能热发电站	2008年我国太阳能光伏发电总装机容量达到140兆瓦，太阳能电池产量达到2.5吉瓦，占世界太阳能电池总量的37%
风能	初步具备风电机组设计能力，多兆瓦级（大于2兆瓦）风电机组研制上取得突破，自主研发生产的5兆瓦级永磁直驱式风力发电机开发成功	我国全年风力发电新增装机达1600万千瓦，累计装机容量达到4182.7万千瓦，首次超过美国，居世界第一；2010年，我国最大的海上风电场——上海东海大桥100兆瓦海上风电场全部机组并网发电	2010年4家中国企业进入世界风电装备制造业十强，以广东中山明阳风电产业集团和湖南湘潭电机集团为代表的中国企业开发的风电机组具有世界领先水平，产品开始出口海外，与欧洲已在试运行的几种同功率等级的风力发电机组比较，具有结构优化、可靠性强、轻量化和维护便捷等优势
核能（核电开发）	在核电开发上，中国原子能科学研究院自主研发的第一座快中子反应堆，中国实验快堆（CEFR）首次临界，代表我国第四代先进核能系统技术实现突破，中国是世界上第8个拥有快堆技术的国家	中国核工业集团公司开发出具有自主知识产权的百万千瓦压水堆核电机组，具有安全性、成熟性、经济性的优点	2010年，中国第一重型机械集团公司承制的中国首台国产化AP1000反应堆压力容器，三门核电2号机组压力容器开工制造，是中国制造企业首次尝试制造成套的第三代核反应堆压力容器

资料来源：中国科学院编：《2011高技术发展报告》，科学出版社2011年版，第25—48页。

　　新一轮信息技术革命的产业化转化集中表现为"工业化"与"信息化"两化融合。互联网技术与信息技术之间更加广泛与深入的融合，这个融合趋势推动现代工业化进程迈向新阶梯，工业化和信息化相互融合提升了制造业发展效率以及现代生产体系专业化分工的深化，实现了全球先进生产模

式的再度飞跃。信息技术发展带来的渗透与衍生效应，带动了一批知识密集型服务业的发展，传统产业以提升信息化程度为路径谋求新的增长方式和经营模式，其创新方式高度依赖于各类知识密集型服务业。因此，融合先进信息技术手段的先进制造业与知识密集型服务业成为新型制造体系的两大支柱，是各国推进国际竞争力的关键点，成为当前全球产业竞争的重心，也是推动新兴产业发展的主要动力。

在战略性新兴产业领域，政府出台了明确的产业发展战略和政策安排，产业的初期投入在技术领域和投入力度上是明确而强有力的，产业发展亟须的人力资源培育培养工作也受到高度重视，我国本土企业为主体的产业创新成果在规模上呈现持续增长态势，形成赶超世界主要发达国家相关产业的巨大潜力。与此同时，中国企业积极推进在海外开拓市场并利用国际市场进行资本运作，从而谋求在国际市场上获取稀缺要素并打造国际经营网络，对提升产业竞争力带来积极作用。

在这个背景下，对于利用外资战略的基本理念亟须从单向引进外资到中国转变为促进国际资本在中国的双向流动，即同时利用国外资金以及在海外进行资本运作，将两个方向的资本流动高度结合，服务于本地产业的竞争力战略。在这个理念下，一方面需要积极地引导外资参与中国新兴产业的成长。我国已经在"十二五规划纲要"中明确提出要引导外资更多地投向农业现代化、高新技术、先进制造、节能环保、新能源、现代服务业等领域，鼓励投向中西部地区。另一方面需要在投资方式上给予外资企业更大的灵活性，鼓励外资以参股、并购等方式与境内企业兼并重组，促进外资股权投资和创业投资的发展。

第三节　后危机时代中国产业结构转型的战略定位

本次全球性金融危机深刻地改变着世界经济整体格局和国际产业竞争内在结构。一方面，受危机的影响，世界发达经济体的传统产业受到严峻冲击，发达国家与新兴国家之间的产业实力对比发生了重大变化。另一方面，伴随着新一轮技术革命引发的新兴产业的快速发展，世界各国纷纷将投资新兴产业作为摆脱危机的重要政策方向，新兴产业成为世界产业技术边界中最为活跃的产业类别，国际产业竞争日趋激烈。

在后危机时代，中国的产业结构转型升级就是要适应世界产业格局出现的新变化，同时根据中国改革开放三十多年来传统产业结构转型升级的内在需求，以科学发展观为指导，以危机后世界范围内产业要素的分化与重组为契机，通过探索中国对外开放战略的理念与政策创新，引领中国开放型产业体系的重塑与转型，进而形成适应全球经济新格局，并且与中国不断上升的国际经济地位相匹配的新型产业体系，进而提升中国参与国际产业竞争的竞争优势与竞争能力。

一、基于国内发展方式转型的开放型产业结构升级

改革开放以来，中国的经济发展取得了巨大成就，经济总量占世界经济的比重不断上升，当前已经发展成为继美国之后的全球第二大经济体。但是，中国传统的粗放型经济增长模式是以大量使用廉价劳动力和自然资源、出口低附加值的劳动密集型产品为主要特征，对外需的依存度很高。同时，中国产业技术发展水平还远远落后于国际前沿水平，创新能力不强，中国产业位于国际垂直分工体系和产业链的末端，从全球产业分工中获益有限。在后危机时代，中国产业结构的转型升级首先是基于国内发展方式转型的自身发展战略调整，其核心要义在于根据中国对外开放战略内涵的新界定，持续提升中国利用外资改造本国产业体系的质量与水平，同时拉升中国本土产业发展的结构层次。

1. 中国开放战略的新阶段，确立开放型产业升级的任务目标

对外开放作为中国的一项国策已经走过三十多年的发展历程。当前的这场全球性金融危机深刻地改变了中国对外经济发展的战略环境，面对国际经济形势和发展环境的新变化，中国对外开放的战略内涵与政策重心也必然要进行重新调整，这种调整实质上是中国在对外开放进入新的历史阶段后，在新的战略高度上重新规划中国与世界的经济关系，重新界定中国在世界经济新一轮全球化发展进程中的地位与作用。

与中国对外开放战略内涵的历史性变化相适应，中国的开放型产业体

系必然要进行相应的升级与调整。对外开放的初期，"对外开放"主要表现为"打开国门""引进来"。中国作为后发展国家，要加快经济的发展，就要善于借力，善于借重国外资金、技术等力量来发展自己，因此，积极利用外资也就成为中国对外开放初期最为重要的政策目标，相应地，中国的开放型产业体系也主要是围绕引进外国资本，建设出口加工基地，带动本国产业发展的思路展开。把利用外资与国内经济结构调整、国有企业改组改造相结合曾经是中国一个阶段开放型产业发展的成功经验。

后危机时代，伴随着中国的对外开放的战略升级与内涵变化，传统的以"引进来"为基调的开放型产业体系面临转型升级的内在需求。积极实施"走出去"战略，坚持"引进来"和"走出去"相结合，充分利用国际国内两个市场、两种资源，积极推进全方位、多层次、宽领域的对外开放，在更大范围、更广领域和更高层次上参与国际产业技术合作和竞争，成为中国在对外开放新阶段提升开放型产业发展水平的核心目标任务。从长期看，中国经济降低对外依存度，提升国内市场导向的经济结构建设水平是中国宏观经济长期发展目标，这一产业结构最终能够形成一种自我循环、内部消化的经济发展模式，实现经济从外向型到内外均衡型的战略转型。在这个目标下，中国开放经济亟待转型，从原先的出口导向推动产业规模最大的取向转向以国内市场需求为主要导向的对外发展型经济。在这个主旨下，在产业战略上需要更具不同开放属性的产业进行规划。

2. 推进经济发展方式转型，重塑中国开放型产业体系结构

转变经济发展方式是贯彻落实科学发展观，实现国民经济又好又快发展的一个重要战略举措。金融危机的爆发使中国转变经济发展方式问题更加凸显。国际金融危机对中国经济的冲击表面上是对经济增长速度的冲击，实质上是对经济发展方式的冲击。当前，中国的 GDP 总量已经达到世界第二，成为世界经济大国，但要推动经济大国向经济强国转变，就必须创新开放型经济发展思维，重新定位中国的开放型产业体系的结构特征，在加快转变经济发展方式的进程中，实现开放型产业体系的结构升级与功能重塑。

改革开放以来，中国选择了一条发挥劳动力资源优势、以市场换技术、循序开放的发展战略道路，取得举世瞩目的经济发展成就，但与此同

时，中国的资源、环境、生态、人本身的可持续发展问题日益突出。中国粗放型发展方式根源除了受工业化特定发展阶段的影响外，另一根源还在于外源性的经济发展模式，即随着中国对外开放程度的不断提高，发达国家在推行本国产业发展集约化、粗放产业环节国际化的过程中，以制造业为主导的外资大规模进入中国，这些外向型产业大多以发展劳动力和自然资源密集型产业及生产环节为主，出口低附加值产品。尽管外向型产业转移促进相对落后发展中国家更多融入全球工业化进程，客观上也给中国提供了复制发达国家模式实现产业升级的机会，但这种依靠外需并刺激投资共同拉动经济增长的方式，也使中国难以摆脱高投入、高消耗、低回报、对外依赖性强的粗放发展方式，并积累起日益严峻的生态环境与社会协调发展问题，这种外源性的粗放发展方式无疑是不可持续的。

当前，加快经济发展方式转变本质上就是适应全球需求结构和产业布局的重大变化，以新型产业体系抢占后国际金融危机时期国际产业竞争的制高点，逐渐形成中国参与国际经济合作竞争的新优势，不断增强中国经济抵御国际风险和可持续发展的能力。最近两年，由于全球金融危机引发的全球消费需求大幅缩减，中国出口行业出现大面积亏损，珠三角和长三角地区众多加工贸易企业倒闭，中国的经济增长速度趋缓，就业压力加大。严酷的现实再次证明：经济追赶不能建立在基于资源和劳动力的比较优势之上，必须以动态的技术变迁和产业升级为基础，积极参与经济全球化的战略大转型，并逐步建立起中国作为一个世界经济大国的产业竞争优势。

3. 破解经济要素禀赋瓶颈约束，推动中国开放型产业结构升级

中国开放型经济的发展是基于自身的区位优势和要素禀赋特点，集聚国际要素资源发展起来的外向型经济体系。在这一体系中，廉价劳动力资源曾经是中国吸引外资形成本国开放型产业体系的重要因素。后危机时代，中国开放型经济面临的要素禀赋约束日益明显，特别是劳动力资源发生方向性变化，出现了所谓的"刘易斯拐点"，劳动力成本在近年来有逐渐提高的趋势，人口红利趋于消失。面对后危机时代中国经济要素禀赋的新变化，需要开放型产业体系树立新的发展理念，寻求新的发展路径，在结构上进行升级和调整。

根据巴拉萨（Balassa, 1981）和钱纳里（Hollis B. Chenery, 1996）等

人提出的开放型经济的发展阶段理论，一个国家的开放经济发展过程中，各国的比较利益在不断变化。一国在发展初期，总是将出口集中于劳动密集型产品上，但随着经济发展、有形资本的积累增加、教育的普及促进人力资本的改善等原因，该国的比较利益就将转移到有形资本和人力资本较多的产品上来，而原来产品则由后进国家承接。一国的开放经济体系一般经历三个发展阶段：劳动力输出阶段、资本输出阶段和技术输出阶段。一个国家在不同发展阶段依据本国的要素禀赋结构特征参与国际合作竞争，并伴随着要素禀赋优化提升，不断提升国际竞争地位。

当前，中国处于要素禀赋逐步升级及开放型经济转型的过渡阶段，开放型产业发展面临着一系列要素禀赋的瓶颈约束。由于劳动力供给日益紧张，传统开放型产业发展的低成本优势难以持续。首先，随着经济持续发展，国民收入、最低工资标准以及劳动保障水平的逐步提高，中国劳动力价格不断提升，与周边国家如泰国、越南、印度、印尼等相比，劳动力成本优势不再。其次，在成本及市场导向下，外资大量进入中国，把生产价值链的加工制造环节转移到中国，使得中国成为资源消耗中心及环境污染地区，土地、淡水、矿产等资源更为紧缺，生态环境承载能力更为脆弱。最后，近年来，中国出口尤其是纺织服装、IT、机电及高新技术产品的国际市场份额逐年提升，但同时遭遇的贸易摩擦也随之增加。在国际需求疲软、保护主义抬头以及周边发展中国家低成本的挤压下，中国出口面临的国际市场约束将更为明显。

在生产成本提升、资源供给趋紧、生态环境破坏、国际需求下降的背景下，中国开放型产业发展的低成本优势不再明显，发展空间日益有限，迫切需要通过产业结构升级实现开放型经济转型，推动要素禀赋升级，培育开放型经济发展的新动力、新优势。

中国现在面临的新型工业体系的建设是以工业化与信息化充分融合（两化融合）为基本推动力，背景是信息技术正以日新月异的速度改造工业产品、工业制造方式与工业装备水平。在21世纪头十年内中国的国民经济信息化表现为，以IT技术广泛应用于生产制造过程，是工业化与信息化融合的初级形态，而目前工业化与信息化的融合是IT及其衍生的信息技术渗透到企业运营和发展的各个环节，实现了工业化与信息化的深度融合，对于目前中国工业体系的变革，构建新型工业化体系有着特殊意义。目前我国新型工业化发展阶段包含的核心目标是工业装备的升级，包含两个层面，一个层面是"硬件装备"的升级，包括机床和大型工业流程化自动化设备，另一个层面是"软件装备"的升级，即现代 IT 和企业信息标准相融合的管理和经营系统的提升。由此催生的新兴产业包括云计算、移动互联网、物联网产业、光电产业等，从这个意义上，我国将经历一次"再工业化"进程。

4. 推进国内区域经济布局调整，优化中国开放型产业区位格局

中国的对外开放是从创办经济特区开始的。1980 年和 1988 年，在邓小平同志的倡议下，中国先后成立了深圳、珠海、汕头、厦门和海南经济特区。经济特区是中国对外开放的前沿，是中国利用外资、引进先进技术、走向国际市场的一个特殊渠道。早期的经济特区主要担负中国对外开放的"窗口"作用，成为国际资本和国外先进技术进入中国的桥头堡，有力地促进了其他地区的经济发展，有效发挥了示范、辐射和带动作用。从 1988 年至 2002 年，中国共设立了 49 个国家级经济技术开发区（其中东部沿海地区 27 个，中部地区 10 个，西部地区 12 个）。这些经济技术开发区已成为所在地区经济发展的新增长点和吸收外商投资集中的热点地区，并在扩大开放、发展外向型经济、调整产业结构等方面起到了窗口、辐射、示范和带动的作用。进入 20 世纪 90 年代，中国对外开放的区域开始由沿海向内地转移。实现这一具有战略意义转移的第一大决策，是开发开放上海浦东。1990 年 4 月 18 日，中共中央、国务院同意上海市加快浦东地区的开发。这一重大决策的目的是以浦东新区为龙头，进一步开放长江沿岸城市，带动长江三角洲和整个长江流域地区经济的新飞跃。进入 21 世纪后，伴随着中国成功加入 WTO，中国进入全面对外开放的新阶段。至此，中国对外开放经历了由东到西、由点到线、由线到面，由沿海到内地逐步推进的过程，形成了全国性的由沿海开放地带、沿江开放地带、沿边开放地带和内陆省会城市为代表的多层次对外开放格局。

金融危机之后，伴随着从外向内的发展战略的转变，中国的区域发展和对外开放格局也发生了深刻的变化。过去 30 年一直作为中国经济增长第一梯队的沿海省份经济增速回落，中部地区经济发展和对外开放呈现

"弯道超车",西部和东北部地区的产业发展亮点颇多,中国整体区域经济增长点正在由南向北、由东向西转变,东、中、西区域经济的梯队位次正在重新确立新格局。与此同时,国家"十二五"发展规划也明确提出,在新一轮对外开放中,中国要坚持扩大开放与区域协调发展相结合,协同推动沿海、内陆、沿边开放,形成优势互补、分工协作、均衡协调的区域开放格局的构想。具体来说,一是深化沿海开放,全面提升沿海地区开放型经济发展水平,加快从全球加工装配基地向研发、先进制造和服务基地转变。二是扩大内陆开放,以内陆地区中心城市和城市群为依托,以各类开发区为平台,发挥资源和劳动力比较优势,积极承接国际产业和沿海产业转移,加快发展内陆开放型经济。三是加快沿边开放,发挥沿边地缘优势,制定和实行特殊开放政策,加快重点口岸、边境城市、边境(跨境)经济合作区和重点开发开放试验区建设,加强基础设施与周边国家互联互通,发展面向周边的特色外向型产业群和产业基地,不断提升沿边地区对外开放的水平。

二、基于国际产业发展新趋势的开放型产业结构再造

此次全球性金融危机是继 1929 年大危机以来对全球产业体系冲击最大的一次。金融危机将带来全球产业体系的革命性重构。一方面,在经济全球化和区域经济一体化交互作用下,国际产业体系转型呈现全球化、知识化、服务化和生态化的趋势。另一方面,危机发生之后,全世界都期望用新兴产业带动经济发展,很多国家都制订了新兴产业的发展计划,但目前看来,新兴产业的发展水平还不足以支撑世界产业大局,低碳经济还停留在理念阶段,革命性技术创新还没有形成。另外,在美欧经济萎靡不振、发达经济体普遍出现就业危机和债务困难的情况下,国际贸易环境恶化,国际产业竞争加剧,所有这些都迫切需要中国通过产业结构的转型升级进行应对。

在经济全球化持续深化发展的世界经济体系中,中国的产业结构调整既是全球产业结构变动的重要组成部分,同时也是基于自身的产业比较优势和产业发展战略目标定位,因应世界经济环境发展变化作出的策略性回应。在后危机时代,中国产业结构的转型升级就是要在客观分析全球产业

体系发展转型呈现出的一些新趋势特征的基础上，将中国的产业升级问题放到全球大产业格局中进行系统谋划，危中求机，迎难而上，以不断进军先导性产业的积极姿态，主动抢占全球产业发展的制高点，以全球视野开创中国开放型产业发展的新模式。

1. 把握国际产业转移新趋势特征，提升中国产业国际分工地位

对外开放以来，中国日益融入国际产业转移的浪潮之中。30年前，中国把握住了承接发达国家国际产业转移对推动我国"产业跨越"的机会，充分发挥中国要素禀赋优势，大力发展以加工制造业为主的外向型制造体系，成功地融入世界生产体系网络，进而带动开放型产业体系的持续完善与发展。可是，今天我们面对着完全不一样的世界，在后危机时代，有必要深入研究国际产业转移的新特点和新趋势，准确把握新时期国际产业转移的新规律，进而探索中国开放型产业结构升级的新路径。

金融危机深刻地影响着国际经济格局，对国际产业转移的方向和结构带来重大变化，国际产业转移呈现出一些新的趋势特征。一是国际产业转移出现结构高度化的趋势。长期以来，国际产业转移主要发生在制造业领域。危机发生之后，由于受到国际竞争压力和发展中国家产业基础提升的影响，国际产业调整转移日益向高新科技化方向发展，以信息技术和生物技术为核心的高新技术产业正在成为国际产业结构调整转移的重心。二是国际产业转移方向出现分散化趋势。一方面，以跨国公司为主导的国际生产制造业出于追逐更低生产成本和规避风险的考量，在产业转移布局上向更多的发展中国家进行分散化投资。另一方面，以美国为代表的发达国家出于创造就业的考量，积极游说本国企业将生产制造环节回迁，企图重建本国新型制造业体系。三是以服务业为代表的第三产业投资将成为国际产业转移的新热点。多项国际报告显示，在"后危机时代"，发达国家将进一步设法降低成本，放宽对服务业对外转移的限制，从而使更多的服务业向外转移的可能性增加。

后危机时代国际产业转移的新变化为中国通过"蛙跳"战略实现开放型产业体系的跨产业链升级提供了可能。危机之后，全球经济遇冷，传统经济大国实力下降，全球重启新一轮产业分工的博弈，原材料资源、智力资源、市场范围，一切全凭实力说话。面对变局，中国开放型产业结构调

整首先要延续原有产业路径，努力做好传统产业链升级，提升中国在全球生产网络中的国际分工地位。其次，要做好本国产业体系的优化调整，特别是做好开放型经济体系的国内区域布局规划，不断拉长国内产业链条，形成尽可能完整的国内产业体系。最后，中国要紧紧抓住国际服务业转移的机会，在金融资本、现代管理、先进技术、品牌文化等"高级生产资源"上加大投入，制定更有效的措施加快吸收服务业的国际转移，推动国民经济向以高附加值的创新导向的服务型经济转变。

2. 应对新兴产业技术竞争，积极推动战略性新兴产业国际化发展

金融危机之后，发展战略性新兴产业成为世界主要国家抢占经济和科技发展制高点，实现新一轮经济突破的共同战略目标。美国决定在今后10年内投入1500亿美元，重点发展新能源、宽带网络和生物工程产业，保持航空产业的国际领导地位；欧盟计划在2013年前，投资1050亿欧元用于绿色经济发展；日本则将重点发展环境能源与健康产业，到2020年创造100万亿日元的新资产。

面对战略性新兴产业的国际竞争，中国国务院于2009年正式确定了信息技术、生物技术、高端装备制造、新能源、新材料和新能源汽车等7个产业为战略性新兴产业，并于2010年出台了《国务院关于加快培育和发展战略性新兴产业的决定》，决定指出中国人口众多、人均资源少、生态环境脆弱，又处在工业化、城镇化快速发展时期，面临改善民生的艰巨任务和资源环境的巨大压力。要全面建设小康社会、实现可持续发展，必须按照科学发展观的要求，抓住机遇，明确方向，突出重点，加快培育和发展战略性新兴产业。

战略性新兴产业以创新为主要驱动力，辐射带动力强。加快培育和发展战略性新兴产业，有利于加快经济发展方式转变，提升开放型产业体系层次，使中国在未来国际产业竞争中占据有利地位。中国要在全球新兴产业技术竞争中取得先机，必须以国际化视野培育和发展本国的战略性新兴产业。具体来说，就是要充分把握经济全球化的新特点，逐步深化国际合作，积极探索合作新模式，在更高层次上参与国际合作，从而提升战略性新兴产业自主发展能力与核心竞争力。

3. 因应国际贸易环境新变化，力促开放型产业体系结构升级

中国开放型产业体系的快速发展得益于日益开放的国际贸易环境。改革开放以来，中国政府顺应时代潮流，以经济建设为中心，实行改革开放，发展与世界各国的经济技术合作，积极合理有效利用外资，充分发挥比较优势，促进了国际产业链分工的深化，为对外贸易发展创造了有利条件。据中国商务部综计，2010年，中国货物进出口总额达到29740亿美元，比1978年增长了143倍，年均增长16.8%。其中，出口总额15778亿美元，年均增长17.2%；进口总额13962亿美元，年均增长16.4%。中国出口总额和进口总额占世界货物出口和进口的比重分别提高到10.4%和9.1%，连续两年成为世界货物贸易第一出口大国和第二进口大国。

但在金融危机之后，中国面临的国际贸易环境发生了急剧的变化。一方面，金融危机重创了世界经济，虽然世界各国相继出台了一系列稳定金融、刺激经济的激进政策，世界主要经济体之间也加强宏观政策协调，但世界经济形势持续恶化之势头并没有根本性改观，美欧日经济积重难返，中国产品的外部市场需求严重萎缩，对外贸易环境面临严峻复挑战。另一方面，在世界经济持续低迷，国际贸易增速放缓，主要经济体失业率居高不下的背景下，国际社会经贸问题政治化的倾向明显，贸易保护主义再度抬头。据国际货币基金组织（IMF）2011年9月20日发布的《世界经济展望》报告，2011年上半年，全球新发起的贸易保护措施多达463起，比2010年下半年上升了61%，受新的贸易保护措施影响的贸易额增长了一倍。随着贸易保护主义的再度抬头，中国成为世界上出口贸易摩擦最频繁的国家。据中国商务部统计，2011年1—9月，中国遭受贸易救济调查案件已有50起，涉案金额达30亿美元。

贸易摩擦频繁、国际贸易环境不确定性增大对中国商品出口造成了巨大的影响。面对日益复杂严峻的国际贸易环境，努力调整中国开放型产业结构和贸易出口的商品结构，加快外贸发展方式转变才是唯一可行的出路。当前中国的对外出口增长主要依赖资源、能源、土地、劳动力和环境等要素投入及耗费，科技、管理、创新等要素投入不足，外贸发展与资源能源供给和环境承载力的矛盾日益突出，外贸增长的质量和效益有待进一步提高。未来中国开放型经济发展需要从粗放型发展向集约型发展转变，

在努力保持现有出口竞争优势的同时，加快培育以技术、品牌、质量和服务为核心的新优势，促进开放型产业转型升级，延长加工贸易增值链，提高产业和产品的竞争力和附加值。

4. 适应跨国公司全球战略调整，持续增强本土产业自主性发展

中国开放型产业结构与跨国公司对华直接投资战略具有直接关系。跨国公司拥有强大的技术优势和全球性的营销网络，对东道国的技术进步和产业结构调整发挥着重要影响。从中国开放型产业体系发展进程来看，跨国公司的直接投资对我国特别是沿海地区产业结构调整发挥了重要推动作用，中国一些外向型产业竞争力的增强也更多地表现为该产业内跨国公司投资规模与产业能级的提升。可以说，中国现行开放型产业体系本质上就是在全面接受国际产业转移基础上形成的跨国公司在华产业投资布局，其特征是核心产业及产业的关键环节由跨国公司主导，中国只凭借廉价劳动力获得产业链条中加工环节的部分利益。

金融危机之后，跨国公司作为趋利避害的理性经济主体，在产业方向、技术提升、区域选择等方面进行战略调整，战略布局出现一些新的发展趋势。一是一些跨国公司基于世界经济形势日趋恶化的现实考量，进行有针对性的战略收缩和战略转移。近两年来，在经济发展前景不明和资金链吃紧的压力下，多数跨国公司开始实行战略性收缩，以期回笼资金，抵御国际金融危机的冲击。二是强化创新战略，加大研发投入，以期在经济复苏阶段抢得先机。麦肯锡的一项调查显示，有1/3的跨国公司计划通过"推出新产品和服务"来应对危机。三是借机进行投资战略布局调整，实现全球价值链重塑。一些跨国公司通过策略性撤资行动，进一步实施归核化战略，向核心产业或者产业的核心环节收缩，以提升企业在全球产业发展中的掌控能力。四是跨国公司的组织结构进一步网络化。随着全球价值链的重塑和整合，跨国公司改变过去以所有权关系和垂直一体化为特征的传统组织模式，以归核战略为指导、外包战略为手段、内外部契约为纽带，将本来是垂直一体化的各价值链环节进行分解，外包附加值较低的模块，集中力量于企业的核心能力，更加深入地控制世界市场。

对于中国开放型产业体系而言，跨国公司全球战略调整既是挑战，同时也孕育着难得的机遇。一方面，跨国公司的全球战略调整对中国已经形成的开放型产业体系稳定发展必然会带来一定的影响。不管是跨国公司战略收缩，还是战略转移，其预示着自 20 世纪 90 年代以来以制造业为主的跨国公司对华投资浪潮的终结，中国依托跨国公司大规模对华投资发展外向型经济的时代也将随之结束，中国开放经济产业发展也将随之进入一个调整阶段。另一方面，跨国公司全球战略调整也为中国开放型产业独立自主发展提供了可能。在危机之前，每当跨国公司向中国进行大规模投资或者并购中国企业，总会引发国人对于跨国公司影响中国产业安全的质疑。在后危机时代，跨国公司全球战略收缩调整给予中国开放型产业独立自主发展的难得机会。经过数十年的发展，中国民族产业已经具备独立发展的产业实力。一些大型企业可以利用金融危机的机会，通过对外投资或者跨国并购，不断发展壮大自己，摆脱对跨国公司的产业依赖和低附加值生产环节的"产业锁定"。

第四节　中国参与全球产业竞争的政策选择

本次全球性金融危机发生之后，世界经济形势发生了重大变化，国际产业竞争格局出现了一系列新趋势、新特点。与此同时，中国自身的经济发展与产业升级也面临迫切的内在需求。在对外开放的新阶段，中国作为一个经济实力和国际影响力日益提升的经济大国，应充分利用全球新一轮经济结构调整期的机遇，以全球化视野重新审视自身开放型产业体系的发展战略，在新的历史条件、国际格局和发展水平上，以更加积极的姿态参与全球产业竞争。同时，通过自身的体制转型与对外开放上的战略谋划，实现由一个经济大国向世界经济强国的历史性跨越。

一、积极参与全球经济治理，谋求产业发展规则的国际话语权

金融危机之前，中国产业参与国际竞争主要是依据比较优势原则，以出口导向战略发展低附加值的生产制造业，以低成本优势"融入"全球产业链，与全球产业进行"接轨"。在这种国际产业格局中，中国长期

处于国际分工体系和价值链的低端地位，只能凭借低工资、廉价土地资源、能源和沉重的环境代价，向发达国家提供廉价产品，拿到全球价值链的利润的零头。但在金融危机发生之后，一些西方国家却指责中国的廉价产品出口破坏了世界经济结构均衡，导致西方国家的经济危机。中国产业在国际上遭受的无理"指责"，固然与其所处在国际产业分工地位有关，另一方面也与中国在国际产业竞争中的话语权不够密切相关，致使中国产业参与国际竞争受到种种不公平的待遇。因而，在后危机时代，中国参与国际产业当务之急就是要积极参与全球经济治理，解决产业发展国际话语权问题。

　　一般来说，影响一国产业国际竞争力的国际规则主要有三个方面，一是国际贸易规则，二是国际技术标准，三是国际环境规则。在国际贸易规则方面，中国虽然成功加入WTO，但由于传统的贸易规则大都是由发达国家主导制定的，对于中国等发展中国家相对不利。欧美等发达国家利用既有国际贸易规则，频频对中国的产业发展设置种种贸易障碍。在国际技术标准方面，欧美等发达国家，更是千方百计垄断国际标准制定的话语权，通过技术专利化、专利标准化、标准许可化强化自己对产业链的控制。在国际环境规则方面，西方国家利用所谓的"低碳"理念，要求发展中国家的产业发展负责更多的减排义务，并且通过制定低碳战略，用"碳关税"、"碳交易"、"碳排放权"等措施谋求本国产业发展的有利国际地位。在其他领域，如在世界港航界，欧美国家也长期控制着"游戏规则"的制定权。虽然中国已经成为世界集装箱港口吞吐量的第一大国，但迄今为止，中国在该领域参与制定的国际标准还非常少，严重制约了中国航运和集装箱产业的发展。

　　中国要谋求产业发展的国际话语权，唯一的渠道就是通过积极参与全球经济治理。现行的国际体制及其各项规则是由发达国家主导、在过去半个世纪中形成的，在许多方面不适合发展中国家的发展和新兴经济体的崛起。危机过后，全球经济体系面临再一次重建，国际规则需要在新的历史条件下与时俱进。随着以中国为代表的新兴经济体崛起，这些国家在全球治理体系中地位的上升已是不争的事实。中国应当把握这次难得的历史机遇，仔细研究框架的机制，明确自身的权益与利益，以积极的姿态参与全球经济规则谈判，利用中国作为世界第二大经济体和最大发展中国家的地位，充分发挥发展中国家的整体优势，代表广大发展中国家努力争取平等的产业发展的公平国际规则环境，为中国产业参与国际竞争保驾护航。

二、深化涉外体制机制改革，破除中国产业发展的制度性约束

从根本上说，国际之间的竞争归根到底是国家体制机制的竞争。合理的经济制度是提高全社会经济效率和一国产业国际竞争力的前提，只有更具竞争性和弹性的体制机制，才能孕育出更具有国际竞争力的产业。虽然先进的技术是产业生产力提升的必要条件，但合理的制度安排可以为产业发展创造宽松的环境和条件，进而降低生产成本和市场交易成本，从而提升产业国际竞争力。因此，提高一国产业国际竞争力的根本出路在于深化体制改革。

中国的对外开放历程也表明，正是由于持续不断的体制机制改革和创新，中国的开放型产业体系的国际竞争力才能够不断增强，并且逐渐发展壮大。从中国改革开放之初设立经济特区，到浦东开发，再到加入WTO后的全面对外开放，中国每一阶段的对外开放和开放型经济发展取得的成就都与体制机制的改革与创新密切相关。金融危机发生之后，世界各国纷纷出台救市政策，但效果不同。学者们认为，世界各国应对危机实际上是一场世界性的经济模式竞争和经济发展体制、机制的优选过程。只有那些拥有既适应本国国情，又能够提升本国产业国际竞争力制度的国家，才能在应对金融危机中最终胜出。

在后危机时代，中国要更加关注具有长期影响的体制改革和政策环境优化问题。未来中国要建立和维护更开放和更有效的市场竞争秩序，要使各类企业处于公平竞争的地位，要使企业的经营环境更有助于企业自主的适应性调整，防止其僵化而损害企业群体（产业）的国际竞争力。

三、大力发展战略性新兴先导产业，以创新引领传统产业升级

在后危机时代，全球经济竞争格局正在发生深刻变革，科技发展正孕育着新的革命性突破，世界主要国家为了在未来国际产业竞争中取得

领先地位，纷纷加快在战略性新兴产业领域的战略部署，不断加大投入力度，推动节能环保、新能源、信息、生物等新兴产业快速发展。但是，我们也应该看到，虽然战略性新兴产业的国际竞争日趋激烈，但是当前很少国家的战略性新兴产业发展成为本国的优势产业和先导产业，战略性新兴产业对一国传统产业发展的带动作用和国际竞争力提升的促进作用还不明显。

在经济全球化的条件下，国际间的产业竞争实质上就是国家优势产业和先导产业间的竞争。所谓优势产业，是指一国具有较强市场竞争力和国际竞争力，对本国经济发展起着重要支撑作用的产业。所谓先导产业是指在国家产业体系规划中发挥导向性和带动性作用的产业。这类产业一般具有三个特点：一是带有全局性和长远性，对国民经济未来发展走向起着方向性引导作用，代表着技术发展和产业结构演进方向；二是产业关联系数大、技术连带功能强，可以带动其他产业发展；三是国际竞争力强，相对于其他国家具有产业竞争优势。

从历史经验上来看，19世纪中期，美、英等国以电气为先导产业，成功实现资本主义初期经济发展的跃升。第二次世界大战之后，日本充分利用微电子、新材料、新能源等先导产业实现经济高速增长，完成产业立国大业。20世纪70年代世界经济低迷之时，美国以网络和IT技术为核心的产业革命，带动世界经济新一轮的经济增长。本次全球性金融危机之后，西方发达国家也在寻求新的先导产业，纷纷启动以先导产业为主导的跨越式、跨产业的新技术革命和新产业革命。其中，美国大力开发新能源产业，欧盟诸国着力发展低碳产业和可再生能源产业，日本和韩国则积极探索绿色经济和本国产业的低碳增长战略。

在后危机时代，中国应当从战略高度上重视这场先导性产业竞争，密切跟踪世界新一轮产业发展方向，以战略性新兴产业领域的先导产业为突破，与世界主要工业国家站在同一起跑线上参与国际竞争，抢占先机和产业制高点，确立中国在未来世界产业体系中的战略定位。

四、强化产业体系内在关联，推进开放型产业集群的转型发展

在经济全球化的今天，产业集群化发展已成为全球性的经济发展潮

流，产业集群构成了当今世界经济的基本空间构架。改革开放以来，中国东部沿海地区在跨国公司对华直接投资的带动下，逐渐形成了一批以中小企业为主体、以劳动密集型产业为支柱的产业集群。这些产业集群为中国的开放型经济发展注入了新的活力，对中国产业国际竞争力的提升有着深远的影响。可以说，开放型产业集群既是中国开放型产业体系国际竞争力的重要体现，同时也是进一步提升中国产业国际竞争力的重要载体。

当前，中国的开放型产业集群主要依托跨国公司的全球生产网络，利用中国廉价劳动资源和政策优势，通过生产比其竞争对手更廉价的产品体现其国际竞争力，而真正体现集群竞争力的专业化分工与集聚效应作用并不明显。具体来说表现在以下四个方面：一是产业集群的高度不够。中国的开放型产业集群在全球产业链上处于低端，往往是作为西方国家产业集群的生产配套基地而存在的，在国际产业分工链条中的产业地位不高，面对风险时规避空间狭小。二是产业链较短。目前中国大多数产业集群还仅是制造业的扎堆，制造环节特别发达，上游的设计、研发以及下游的品牌、营销网络等发展严重滞后，集群内产业链条短。一些专家甚至认为中国的许多开放型产业集群并不是真正的产业集群，仅仅是"横向发展有余、纵向配套不足"的"块状经济"。三是集群内企业离散化。企业离散化主要是由于集群内专业化分工不成熟，集群内部各个企业自行独立完成产品生产的各道工序，企业之间基本上不存在产业链的上下游分工，产品同质性程度高，企业间竞争大于协作。四是集群的学习效应不强，黏合度不高。集群内部企业之间相互学习和相互合作的氛围不高，大大影响了区域学习效率，造成产业活动的"黏着力"不强。

本次全球性金融危机敲响了中国开放型产业集群发展的警钟。在后危机时代，面对日益激烈的国际竞争格局，中国需要在强化本国开放型产业集群的内在关联性上采取积极措施，努力规避跨国公司对于中国产业集群的"路径锁定"，推动产业集群向全球价值链两端的高价值环节攀升，不断提升中国开放型产业集群能级和国际竞争力。产业集群竞争力是宏观维度（国家、政府层面）、中观维度（集群层面）与微观维度（群内企业层面）这三个维度各方面因素相互作用的结果。在宏观维度上，政府要为开放型产业集群的发展提供稳定的宏观经济环境，同时采取积极的产业政策和外资政策，引导本地产业集群升级。在中观维度上，要大力强化产业集群内部的空间集聚性和产业关联性，进而提高集群内部生产专业化程度和网络学习效应，提升集群的产业"黏着力"和根植性。在微观维度上，要积极鼓励企业进行自主技术创新，为产业集群整体国际竞争力的提升贡献企业的技术竞争优势。

五、努力培育内需市场，以规模经济带动外向型产业结构转型

从历史经验来看，一国产业国际竞争力的形成和持续提升与本国市场的开发与发展密切相关。一般来说，国内企业往往比国外的企业更早发现国内市场中的客户需求，而国内市场的形成与发展直接拓展本国企业产品的市场空间，并且成本比国外企业更低。若一个国家在某一产业内存在着先发性市场需求，则会刺激国内企业先于竞争对手进行产业技术创新，逐渐形成产业规模，进而在国际产业竞争中赢得先发优势。迈克尔·波特（Michael E. Porter）也认为一国的国内市场需求对其产业国际竞争力提升具有直接影响，这种影响主要通过扩大产业规模、形成相关支撑产业、完善产业组织等机制来实现。

与传统经济理论和西方发展国家产业国际竞争力的形成机制不同，中国的开放型产业体系是在对外开放的大潮中逐渐发展壮大起来的，中国产业国际竞争力的形成更多与国际市场需求相关，特别是欧美等发达国家的市场需求是中国开放型产业发展壮大的主要动力来源。但是，我们也应该看到，中国建立在外部市场需求之上的产业竞争力基础并不牢固。本次席卷全球的金融危机造成世界范围内的经济衰退和需求萎缩，中国一些传统优势产业面临国际市场需求不足与国内原材料和劳动力成本上升的双重挑战，现有的产业国际竞争优势受到很大冲击，未来恢复到危机前水平的希望不大。

面对外部市场环境的剧烈变化和国际需求急剧萎缩，中国必须将提升本国产业国际竞争力的政策重心转向培育国内市场，满足国内市场需求上来。一是以满足国内市场需求为导向进行产业布局与政策促进。中国的产业发展要树立为中国国内市场的坚定理念和信心，以中国国内市场为产业发展的基石，进而拓展国际市场，提升产业国际竞争力。二是立足国内市场开展产业技术进步和创新，形成大企业的内部范围经济和产业外部范围

经济，促使大企业生成并形成大企业竞争主导的、与中小企业合作共生的国内产业市场格局。三是要进一步推动中国的市场化改革，以构建国内统一的产品市场和要素市场，降低地区贸易的成本，推动市场一体化的进程。

六、积极实施"走出去"战略，大力培育中国自己的跨国企业

改革开放以来，中国产业参与国际竞争主要通过引进国际资本和对外贸易体现中国产业的国际竞争能力。在一定意义上，中国产品在世界市场上的份额大小也就成为中国产业国际竞争力具体体现。但在金融危机之后，国际市场萎缩，发达国家对中国出口商品进行种种贸易限制，这在一定程度上制约了中国产业国际竞争力的发挥。在后危机时代，中国应以全球化的视野重新规划本国产业的国际竞争，通过实施企业"走出去"战略，积极参加全球性的资源配置，实行国际化经营，在全球范围内开拓和利用市场，争取在全球产业竞争中掌握主动。

早在对外开放之初，中国就曾经提出，中国要积极发展同世界各国平等互利的经济合作，中国企业要勇敢迈向世界的构想。但在后来对外开放进程中，由于政策重心和工作重点放在引进外资和发展对外贸易方面，中国企业"走出去"的步伐并不大。党的十七大之后，中央明确提出把"引进来"和"走出去"更好地结合，积极鼓励和支持有条件的企业"走出去"的号召，中国企业"走出去"的步伐开始加快。金融危机之后，世界经济面临大洗牌，国际产业面临大重组，中国企业应该抓住这次难得的历史机遇，积极实施"走出去"战略，到国外进行产业竞争，体现中国产业的国际竞争力。

实施"走出去"战略离不开中国自己的跨国公司，或者说实施"走出去"战略的目标就是培育形成一批具有国际竞争力的中国跨国企业。跨国公司是一国参与国际产业竞争的"航空母舰"，直接体现着该国对世界产业的影响力、控制力和凝聚力，其国际化经营能够带动本国优势产业的形成，决定着本国产业的国际竞争力。当然，培育中国的跨国公司除政府层面上的政策支持外，还需要本国具有雄厚的产业基础以及从事跨国经营的企业具有强大的国际经营能力，这不仅对企业长期学习提出要求，也是竞争力渐进过程。

第十章 从经济大国到经济强国：中国发展新阶段的国际比较与战略内涵

在中国成功跃上了世界第二经济体的地位以后，从一个经济大国走向一个经济强国的历史进程也就开始了。

历史事实证明，今天世界上任何一个发达国家的崛起都不是一蹴而就的，而是经历了几个不同的历史发展阶段。不同国家建成经济强国的过程既有内在规律上的相似性，又有各自国情与环境的特殊性。经济增长的规律与发展的原理决定了阶段性推进的必然性，一国所处的国际环境决定了发展的外部条件，而制度文化等本国国内因素则决定了发展路径的特殊性。因分析的视角或研究的问题不同，对一国发展所经历阶段的划分方法也不同。然而发展的阶段性规律却同样深刻地启示着发展的战略选择。一个国家的发展战略总是基于自身特定发展阶段与所处特殊国际环境所形成的。世界上不存在一个普遍适用的发展战略选择，更不存在一个可以不随国际环境变化而变化的战略选择。

近年来，世界主要新兴经济体普遍取得了显著的发展成就。但是，随着国际环境的变化与发展目标的提升，各国广泛探索发展战略的调整与优化。这一趋势为中国提供了借鉴，反映了开放型发展战略调整的普遍性。关注新兴经济体的发展动态对中国开放战略升级有着重要意义。

三十多年的对外开放战略取得巨大成功，从根本上改变了国家的经济状况，提升了国家的国际经济地位，也随之提出了国家新的发展目标与任务。从国家长期发展的阶段性推进上，从对外经济关系发展的战略升级上探索从经济大国走向经济强国的内涵与要求，是当前对外开放战略探索的核心与重点。

第一节　发达国家崛起的国际经济环境与
发展的历史阶段

一、发达国家崛起过程的历史阶段及主题变迁

1. 规模大国——美国的崛起历程

美国是近现代历史上，唯一一个近似于"和平崛起"的西方发达国家。第二次世界大战前，美国基本依靠其国内资源、贸易体系、外交手段以及均衡的经济结构，实现了从规模性大国向世界经济强国的转变。在体制建构上，美国提出的反殖民主义、区域合作、国际经济合作等国际经济规范原则，对瓦解世界殖民体系，构建新的国际经济体制有着重要的意义。第二次世界大战后，美国推动、主导建立的国际经济秩序，其影响作用一直延续至今。

（1）崛起初始阶段——独立与初步繁荣："西进运动"与"门罗主义"的交互作用

在发展初期，人口与土地空间的扩张成为北美殖民地的主题。在独立之前的1607—1776年，北美13块殖民地的人口，从120人增长至250万人，增长2万余倍。在经济结构方面，北美殖民地的商品生产与交换从一开始就呈现较为发达的状况。同时，北美殖民地的贸易地位十分重要，该地区在独立前夕已成为英国对外贸易中仅次于欧洲的重要贸易对象，英帝国1/3的船运从事美洲殖民地的贸易。

"西进运动"的内向扩张。美国独立之后，其国家主体目标转入向北美大陆的全面扩张阶段。"西进运动"成为从18世纪末延续到19世纪中期的发展主题。西进运动不仅是领土扩张，更包含着经济开发、交通建设、工商业发展、城市化等诸多内容。美国通过半个多世纪的西进运动，使自身的领土疆界从大西洋沿岸横越北美大陆，抵达太平洋畔，真正成为两洋国家。同时，国内的劳动力布局更为均衡，并吸引了巨大数量的国际

与国内移民。在西进的垦殖中，美国创建工业化国家的现代化农业、资源、交通运输等基础得以奠定，国内统一市场得到建立。

"门罗主义"的孤立倾向。在这一时期，美国的对外交往方面呈现出广泛交往基础上的孤立主义特征。1823年，詹姆斯·门罗总统与国务卿亚当斯提出的"门罗主义"，典型地显示出美国的对外政策，也在相当长时间内影响了美国的对外关系。门罗主义的内容可归纳为三个基本原则，即不再殖民原则、"不干涉"原则和"美洲体系"原则。门罗主义体现出美国排斥外部干涉，也无意深入干涉外部事务的孤立主义倾向，同时也反映出自身对于周边事务主导权的争夺意愿。应当注意到，门罗主义并不排斥美国同欧洲发展贸易关系，对与美洲其他国家的经济往来有重要的期待。

在对外经济关系方面，美国的南北矛盾中隐含了这一领域的争端。美国南部的种植园经济体系下，棉花与工业原料输往英国，并从英国输入大批廉价工业品。因此南方要求降低关税、保持贸易自由。而北方为保护工商业利益，则要求保护关税，反对自由贸易。因此，南北矛盾也使得美国的对外经济战略在这一时期显得有所游移。但值得注意的是，即便在南北经济相对分割的19世纪上半期，美国的工业发展也取得了长足进步，在1860年内战前，美国的工业生产总值已经占世界的17%，仅次于英国的36%。

(2) 崛起准备阶段——"镀金时代"：内生发展与保护主义

1865年内战后，美国进入高速发展的阶段，奴隶制的废除、《宅地法》的实施与西部的开发提供了广阔的国内市场，农业资本主义发展的"美国式"道路为美国工业经济发展提供了重要基础，同时，第二次工业革命使美国迅速完成了近代工业化。从1865年到19世纪末20世纪初被称为美国的"镀金时代"。

以工业化为核心的内生性快速发展。在经济上，美国借助第二次科技革命，国家经济实力及工业发展急速提升。国民生产总值从1873年的67.1亿美元，上升到1901年的179亿美元。特别应当关注的是美国工业生产在世界所占的比重从1860年位居英国之后的17%，在30年内就超过英国，达到31%，成为世界经济第一大国。同时，19世纪中期以后，美国的铁路建设对于国家的领土与经济扩张起到了重要的带动作用。内战后仅 30 年间，美国修建了 5 条横贯大陆的铁路，1860 年到 1900 年，美国建成的铁路就从 3 万英里增长到约 26 万英里，增长近 9 倍。

对外贸易迅速增长与保护主义的主导政策。在这一时期，美国对外贸易的总量不断提高，但其出口量占国民生产总值的比率仍然保持 6%—7% 较低的程度。这一方面由于美国国民生产总值的增长速度使然，另一方面也由于西进运动中，美国大陆内部的资源得到利用，而几乎不需要进口异国产品。[①] 国际贸易的比例以及南北战争结束后工业化力量的一统天下，使得保护主义大为加强，美国成为当时世界上贸易限制政策最为严格的国家，其关税收入与可征税进口商品价值之比，在 1870 年至 1900 年间基本保持在 40%—50% 之间。同时，1900 年，美国的出口产品仅仅部分完成了从森林、田地、矿产部门向制造业部门的历史性转移。初级产品仍然占所有产品和服务出口的 2/3。制造业出口仅占美国全部出口品的 31%，这些制造业出口还大量使用了美国本土的原材料。相应，1900 年前后，美国主要从热带地区进口食品和原材料，从英国大量进口制造业产品和服务。[②]

（3）崛起关键阶段——崛起与扩张的年代："门户开放"与保护主义并行

19 世纪末 20 世纪初至第二次世界大战前，是美国从世界经济首位大国向国际影响力强国转变的关键时期。在这一阶段，美国的经济实力完全超越英国，成为无可争议的全球首位，并一直延续至今。同时，美国在经济力量登顶的同时，逐渐转变孤立主义为主导的对外经济政策，开始积极介入世界经济、政治事务。

"门户开放"与对外扩张。19 世纪末，美国的经济实力已经超越了欧洲列强，但其国际影响力与实力相比并不匹配。同时，随着西进运动进入尾声，美国国内的"边疆"消失，国内经济扩张告一段落。因此，美国的

① ［美］乔纳森·休斯、路易斯·P. 凯恩：《美国经济史》，邸晓燕、邢露译，北京大学出版社 2011 年版，第 419 页。

② ［英］斯坦利·恩格尔曼、罗伯特·高尔曼等：《剑桥美国经济史：(第三卷)》，高德步、蔡挺、张林、李雅菁等译，中国人民大学出版社 2010 年版，第 301 页。

注意力开始逐渐转向海外。1898 年的美西战争，是美国进行海外利益争夺的一次关键行动，这场战争仅进行了三个月，但使美国获得了菲律宾、关岛等太平洋上一系列岛屿，并获得古巴海军基地使用权，从此，美国在两洋力量的延伸获得了基础。同时，1899 年、1900 年、1905 年，美国针对中国提出了"门户开放"政策，体现出美国式的新殖民主义政策，即在经济上排除一国独占中国，通过自由竞争以争夺在华优势。在外交上，注重对华经济扩张和政治渗透，而对列强在华行动不予干涉。

国际事务影响力的渐次提升。1914—1918 年的第一次世界大战，使美国于 1917 年在内战后首次进入战时中央管制经济时期，为本国直接参战和欧洲国家战争需求进行的军事支出使生产规模迅速扩大，黄金也从欧洲流入美国。几乎在一夜之间，美国就变成了一个"到期的债权国"。第一次世界大战的参与及战胜，使美国以"理想主义"的姿态首次以主导者的身份参与到国际事务中去。

但巴黎和会的结局，显示出美国对于国际经济政治事务的影响力仍然有限。这点在美国的对外投资量比例充分显现：1913 年，美国对外投资量占其总财富量的约 2%，英国这一数值是其国民总财富的 1/4，德国约为7%，法国约为 17%。[①] 在对外贸易方面，1860—1914 年间，美国出口额增长了 7 倍以上。而为了有效地保护国内市场，进口量只增加了 4 倍。有学者认为，从 1861 年到 1933 年，美国与俄罗斯的贸易政策是世界上主要国家中最具有保护性的。[②]20 世纪 20 年代"柯立芝繁荣"过程中，经济增长和孤立主义重新成为美国主导性的内外经济战略。

1929—1933 年的大危机，终于凸显了美国金融市场的全球影响力，尽管这一影响力是以重创了美国与西方世界的讽刺性形式表现出来。罗斯福的"新政"以凯恩斯主义的果断进行了干预，但从根本上重启美国经济的是第二次世界大战。第二次世界大战从根本上改变了美国在国际体系中的地位，也使美国最终全面介入世界经济事务。到第二次世界大战结束时，

---

① Jonathan Hughes: *Industrialization and Economic History*, New York : McGraw Hill, 1970.pp. 150-152.

② [英] 斯坦利·恩格尔曼、罗伯特·高尔曼等:《剑桥美国经济史：第三卷》，高德步、蔡挺、张林、李雅菁等译，中国人民大学出版社 2010 年版，第 332 页。

美国凭借其强大的政治、经济和军事实力，成为世界上唯一的超级大国，彻底颠覆了传统的以欧洲为中心的国际关系格局。"杜鲁门主义"和"马歇尔计划"的出台，标志着传统的欧洲大国在政治、经济上被纳入以美国为主导的世界体系之中。

以经济手段为核心的对外发展模式。值得注意的是美国在崛起阶段中，其对外发展的特点与传统西方大国不同。美国的扩张并不以占领殖民地为手段，而是注重商业等经济手段实现对外扩张。通过在全球范围内的经济扩张，以国内、国际经济的主导权力获取世界霸权。通过经济扩张建立门户开放式的商业帝国，是第一次世界大战前后美国对外发展的主要模式。

美国的国际投资结构在这一时期发生了重要变化，在"一战"前成为净资本输出国。随后的世界大战进一步强化了美国在国际投资领域的强势地位。从表10—1可以看出，1924年，美国海外投资额几乎是国外在美投资额的6倍。同时，美国对海外的贷款也大幅增加。国际金融地位的提高，大大增强了美国对国际经济事务的影响力。20世纪20年代，美国政府除了利用对外投资、贷款等形式调节国际经济关系外，更主要通过关税实现对外经济互动。这一时期美国提出将"最惠国待遇"扩展到全球领域，进而扩大美国在国际经济事务中的影响力。这一阶段美国对外贸易的目标是各国间相互贸易中的平等准入，这与自由贸易仍有一定差别。在最惠国待遇问题上，到1929年，美国与其他国家签订了8项相关的条约和12项具体执行协议。①

表10—1　1900—1950年美国国际投资状况

（单位：百万美元）

年份	美国海外投资的市场价值	外国在美国投资的市场价值
1900	910	3251
1912	3950	6792
1914	4820	4670

---

① 余志森主编：《美国通史（第4卷）：崛起和扩张的年代：1898—1929》，人民出版社2002年版，第512—513页。

年份	美国海外投资的市场价值	外国在美国投资的市场价值
1919	12207	3658
1924	23135	4115
1927	23411	8176
1929	35146	10737
1933	14265	3337
1939	35267	13061
1943	48466	16231
1950	72598	20851

资料来源：Eighengreen, Barry, and Carolyn Werley, "New Estimates of the Net Interntional Investment Position of the United States, 1900-1950", University of California at Berkeley, 1991。

（4）全面崛起阶段——全球霸权时代：自由贸易、金融流动与全球经济的主导者

第二次世界大战后，美国在国际经济体系中真正开始扮演主导者的角色，其标志便是布雷顿森林体系的建立。战后国际经济秩序的主要原则——自由贸易与金融流动，都是在美国的倡导下进行的。

美国主导建立的国际货币基金组织、国际重建和发展银行，以及GATT（关税与贸易总协定），成为世界经济协调管理的主要机构。以贸易为例，第二次世界大战后美国完全转向自由贸易方向。美国政府对待战后国际贸易的基本思想是多边自由贸易，其核心内容是：国际贸易中的非歧视待遇，目标是实现普遍的最惠国待遇，取消帝国特惠制和排他性经济集团；降低关税和非关税贸易壁垒，目标是多边关税减让和制定非贸易壁垒条款。[①] 在美国主导下，自由化的国际贸易机制得以确立。在布雷顿森林体系时期，国际贸易机制主要由美国进行管理，从而对国际贸易的开放做出了重要的贡献。同时，美国还积极推动西欧国家之间的贸易自由化，并

---

① 舒建中：《关贸总协定的建立与美国对外政策》，《世界历史》1999 年第 2 期，第 33 页。

通过马歇尔计划、欧洲复兴计划等方式，提供资金支持。直到20世纪60年代，美国仍通过向日本产品开放本国市场，同时接受日本的贸易保护政策来帮助其恢复和发展经济。

（5）美国崛起各阶段发展主题演进的特点

美国崛起的历程中，国家发展主题呈现出明显的从内向发展到对外发展的螺旋式上升趋势。从建国初期的门罗主义、孤立主义，到崛起阶段的门户开放、经济扩张，直至第二次世界大战后的全球性主导，美国国家发展各个阶段的特点较为鲜明。这种"自内而外"的清晰战略路径之所以能够形成，与美国发展历程中独特的要素条件以及所处的国际经济环境有重要的关联。

美国自建国之后，基本处于国内和平与相对稳定的阶段。同时，美国得天独厚的优越地理位置及邻国条件，使其拥有长时间的对外和平环境。因此，近代美国长期实行对欧洲和世界事务的中立与孤立主义政策。而这种政策与国内优越的和平发展环境一道，使美国对外经济活动的重要性处于较低的层面，从而影响美国介入国际经济事务的积极性。

当然，美国的发展与崛起，绝非单纯闭关锁国、依靠本国要素的"孤立"式崛起。若从劳动力这一经济发展的关键性要素方面看，美国从殖民地时期就高度依赖外部移民，从某种意义上说，美国从建立之初起就是高度"国际化"、高度依赖外部要素的经济主体。美国对外贸易不断增加的重要地位、对外政策中重视经济竞争的门户开放特征、以商业扩张为核心的对外扩张方式，都体现出该国在崛起过程中重视外部环境、获取外部要素的战略取向。另一方面，美国崛起过程中，其对外经济互动方式更侧重私人、企业的非政府行为。特别是20世纪20年代，一大批美国国内企业成为跨国公司之后，通过企业海外业务的拓展，便以新的形式实现了该国对外经济互动的目的。例如，20世纪20年代末，通过私人账户进行的附加外债和直接投资的净资产总额达到80多亿美元。[①] 因此，美国崛起过程中的孤立主义，也并非完全孤立于国际社会之外，而是强调在国际事务

---

① 余志森主编：《美国通史（第4卷）：崛起和扩张的年代：1898—1929》，人民出版社2002年版，第506页。

中独立行动的自由，因此更侧重对国际事务的有限度参与。

2. 中等规模国家的崛起历程

（1）案例一：荷兰

荷兰的国土、人口规模均为中等，自然资源禀赋条件也较为有限。然而，荷兰在16—18世纪之间，凭借航运、金融等行业的快速发展，在全球范围内建立并维系了较为长期的政治、经济影响力。"海上马车夫"的称谓，形象地表现出荷兰在国家崛起过程中，以航运发展作为牵引形成全球影响力的重要特征。

①崛起准备阶段——外向型经济发展推动民族国家建立

荷兰的兴起过程，与其国家的独立密不可分。1579年荷兰独立成为共和国，是该国在近代迅速崛起的重要转折点。考察荷兰发展的进程，不仅应分析荷兰在16世纪之后的迅速发展，也应思考该国独立之前的政治经济发展特征与外部环境。

优越的对外经济基础。在荷兰独立之前，尼德兰区域的弗兰德斯、布拉班特是北欧最繁荣的地区。这两个地区大量从事高附加值出口品的国际交易，在毛纺等行业具有重要优势。同时，上述两个区域以外的荷兰北部省份则拥有较为发达的农业、造船业、渔业体系。在荷兰独立前夕的16世纪60年代，荷兰已经拥有欧洲最大的商业船队。1570年，荷兰商船的载运量大约相当于法国、德国和英国船只运载量之和。① 南方的中心城市安特卫普，已是当时世界上最重要的商业和金融中心之一。同时，捕鱼业、运输业及劳动密集型的水利工程，则为农村富余劳动力提供了就业机会。

外向型经济催生独立需求。经济的迅速发展与对外贸易优势，使尼德兰地区的民众对于西班牙的经济掠夺、高压控制、残酷镇压产生强烈反弹，并倾向于建立独立的政权。查理一世时，西班牙国库的年收入一半以上来自尼德兰，而被宗教裁判所处死的新教徒却达5万人之多。腓力二世继位后，经济控制变本加厉，使尼德兰的金融体系遭受巨大损失。因此在某种程度上，经济社会，特别是外向型经济的发展，推动形成了荷兰发展

---

① ［英］安格斯·麦迪森：《世界经济千年史》，伍晓鹰、许宪春等译，北京大学出版社2004年版，第69页。

的最初战略诉求——独立。

②崛起关键阶段——发挥航运优势建立世界性贸易网络

17—18世纪是荷兰崛起的关键阶段，该国在独立之后，依托传统的航运、贸易优势，迅速构建起庞大的国际贸易网络。这种以外向型经济发展作为强国构建基础的特征，也使荷兰获得了"海上马车夫"的称谓。

航运与贸易优势的发挥。独立之后的17世纪初期，荷兰已经具备了国家发展的许多要素，其国内经济繁荣，社会稳定，陆军训练有素，海军实力雄厚，地理位置也为其对抗西班牙提供了天然屏障。① 荷兰的发展摆脱了西班牙的束缚，将其在航运与贸易方面的优势发挥到了极致。17世纪上半期，人口不足200万的荷兰拥有全欧商船总吨位的3/4，是英国的4—5倍，法国的7倍，相当于英、法、葡、西四国的总和。荷兰的商船队不仅将传统的欧洲贸易纳入其商业网络之中，还积极拓展欧洲以外的市场。在30年间，荷兰人取代了葡萄牙人，主导了欧洲对亚洲的贸易。

世界范围贸易与殖民地网络的构架。在17—18世纪，荷兰的国家发展战略从在欧洲取得贸易优势，转为在世界范围构建贸易与殖民地网络。荷兰在非洲、亚洲、美洲均建立了较为稳固的投资、贸易、殖民网络。其中，该国在亚洲的贸易殖民体系一度达到了垄断的状态。荷兰还通过公司形式强化在亚洲地区的贸易垄断权力，1602年建立的荷属东印度公司，不仅享有贸易垄断权力，甚至被授予建立海外军事基地以及与外国统治者谈判的权力。东印度公司的模式在之后被英国、法国等国家所模仿，成为此类国家在亚洲殖民扩张的重要工具。

③崛起后阶段——国力规模制约导致逐渐衰落

荷兰在崛起为具备全球影响力的贸易大国后，也因维持这一体系的巨大成本，逐渐走向衰落。17—18世纪，在争夺海外殖民地与贸易主导权过程中，荷兰与英格兰、法国进行了一系列战争。在这种状况下，荷兰国家规模较小、要素集聚程度有限、过于依赖对外贸易的劣势便凸显出来。同时，荷兰也未能抓住18世纪工业革命的契机，其工业化水平处于较低水平。这些不利作用的叠加，使该国的国际影响力和扩张速度逐步下降，

---

① ［美］保罗·肯尼迪：《大国的兴衰》，陈景彪译，求实出版社1988年版，第103页。

最终失去了在全球性的主导权。

④荷兰崛起各阶段主题演进的特点

荷兰崛起于葡萄牙、西班牙主导的"大航海时代"之后，但其发展路径与后者有较大的不同。该国虽未在对外拓殖方面领风气之先，却构建了近代第一个稳定，且具有可持续性的国际性经济网络，即以贸易体系作为核心的经济交往网络。与西班牙、葡萄牙"控制—殖民—掠夺"的竭泽而渔式扩张不同，荷兰在建国之初就明确了以航运优势谋求贸易权力的主要战略。

从崛起准备期起，荷兰就着力建立一个以外向型经济为主体的国家经济体系，这与荷兰在航运、商业方面的比较优势以及该国相对贫乏的国内资源有关。在崛起的关键阶段，荷兰充分发挥了对国际资源的控制能力，不仅在商业贸易方面独执牛耳，而且在国际金融制度、海外公司、殖民形式等制度层面进行了改革，从而以相对有限的国家规模支撑起国际经济的主导性权力。

（2）案例二：英国

英国的国土面积有限，人口规模也属中等。但该国具有得天独厚的地缘优势，同时，在 17—19 世纪中，该国借助资产阶级革命、工业革命、欧洲均势战略以及对全球殖民地的控制，担当起全球经济网络核心枢纽的作用，创建了以自身为主导的"日不落"帝国。

①崛起初始阶段——成长准备期：资本原始积累与贸易保护

1588 年英国击败"无敌舰队"至 1688 年"光荣革命"，是英国大国崛起的第一个时期。在这一阶段，英国在海上抵御了最为强大的外敌进攻，并通过三次英荷战争，打击了当时的全球性主导国家——荷兰，从而保证了国家发展的外部环境。直到第二次世界大战为止，与欧洲各国相比，英国的本土基本处于较为安全的相对"隔绝"状态。

资本主义经济发展方式的形成。在政治上，1640 年后，英国通过数十年的资产阶级革命，建立了适应国内经济发展要求的内阁制，结束了君主专制制度，使王权消失，国王彻底附属于议会。在经济上，英国通过"圈地运动"等形式，基本完成了国内资本主义发展的原始积累。12 世纪，随着英国资本主义经济的萌芽，圈地运动就已经出现，但是规模很有限。随着海外贸易的发展，从 15 世纪 30 年代开始，圈地运动越来越频繁，圈地面积一直在扩展，1455—1607 年，共圈占土地约 516673 英亩，其面积约为总面积的 2.76 %。[①] 通过圈地运动，近代英国改变了原有土地所有制度，把农民从土地上解放出来，有利于人员、资本、商品在英国境内的流通，促进了资本主义在近代英国的发展。

贸易保护政策的实施。在对外经济方面，贸易保护措施成为这一时期英国发展的主要保障。到了 17 世纪，荷兰成为英国谋求海外贸易和扩张的主要敌人。通过 1640—1649 年议会与王权的较量而掌握大权的克伦威尔，把矛头指向了跟英国矛盾最为突出的荷兰。1651 年，英国议会为保护海外贸易利益通过了针对荷兰的《航海条例》，规定"一切在欧洲、非洲和美洲生产的商品，只有在英国船员管理的英国船上才能运入英国领土，欧洲国家的商品或用英国船或用生产该商品国家的船才可以运到英国领土。"英国各港口的渔业进出口货物以及英国国境沿海贸易的货物，完全由英国船只运送。这些规定排挤了荷兰在国际贸易中的作用，危及荷兰的海上利益，导致 1652 年的第一次英荷战争。《航海条例》的颁布对荷兰的商业霸权是沉重的打击，最终两国由于利益纠纷导致了三次英荷战争，英国击败荷兰，使得海上优势转移到英国手中。

②崛起准备阶段——快速崛起期：重商主义与对外扩张

"光荣革命"之后，英国基本完成了国内的政治重组与经济积累，对外殖民扩张成为这一时期主要的国际战略。从 17 世纪末至 18 世纪后期，英国积极参与了同欧洲各国争夺世界霸权的斗争。从 1689 年至 1763 年，英国同荷兰、西班牙、法国等国在美洲、亚洲的殖民地不断较量，并建立、维持了欧洲最为强大的海军，其商业触角延伸向全球。至英法战争结束时，英国已建立了以北美殖民地为核心的庞大殖民地网络，其自身成为世界主要的殖民帝国，为英国成为"世界工厂"提供了广阔的外部市场。

近代经济金融体系的构建。这一时期，英国在对外经济扩张的同时，逐渐完善了经济的组织与制度体系。1671 年和 1683 年，英国分别把关税和效法荷兰开征的消费税收归国家管理。1694 年，英国成立英格兰银行，它的主要目的是为了协助销售战争期间的国债，以及通过贷出新发行的银

---

① 王章辉：《英国文化与现代化》，辽海出版社 1999 年版，第 45 页。

行券获利。到 19 世纪 20 年代，私人银行的数量增加到一百余家。英国所建立的充满生机活力、行之有效的公私信贷体系使它成为 18 世纪欧洲金融最发达的国家。①

对外经济中的晚期重商主义策略。这一时期英国的主要战略是晚期重商主义，或称"重工主义"，即在保证更多财富进入本土的前提下，强调手工业的发展，强调以生产为基础的商业扩张。同时，"重工主义"还与排他性的殖民扩张相结合，一方面，建立以英国为生产国、殖民地提供原料、接受产品的双向贸易体系，同时通过贸易保护政策，以及扩张战争，确保海外殖民地的唯一权属。重商主义的批评者亚当·斯密论及英国的殖民政策时写道："英国统治殖民地的主要目的，或更确切地说唯一目的，一向就是维持独占……此种独占即是此等殖民地隶属我国的标志，亦是我国从这种隶属所得的唯一果实，英国一向用以维持这种隶属的费用，其实都是用来维持这种独占。"②

海外贸易公司的建立与经济制度创新。1600 年，英国成立了东印度公司。作为历史上第一个股份公司，东印度公司不仅为英国的海外经济扩张提供了新的体制框架，而且对国际性企业制度的形成具有引领作用，此后的股份公司都按照它的标准成立。1708 年，东印度公司的总资产达到 320 万英镑，有大约 3000 名股东。东印度公司一直持续到 19 世纪。正是这些贸易公司的出现，促进了英国海外贸易的稳步发展，据资料表明，1697—1802 年，英国的出口增长速度为年均 115 %。同时，英国于 1635 年建立了退税体制，商品再出口时不必负担双重关税，从而使再出口贸易迅速发展。③ 在近代英国经济领域中，还包括现代企业制度的发展和行会改革等等，这些经济制度的变革进一步推动了近代英国技术变革和经济增长，导致了工业革命的发生，也促进了近代英国的崛起。

---

① 张旭东：《从制度变革角度看近代英国的崛起》，《当代世界与社会主义》2007 年第 2 期，第 19 页。

② ［英］亚当·斯密：《国民财富的性质和原因的研究》，郭大力、王亚南译，商务印书馆 1983 年版，第 185 页。

③ D. B. Quinn, A. N. Ryan: *England's Sea Empire 1550 -1642*, London, 1983, p.187, 转引自赵秀荣：《17 世纪英国海外贸易的拓展与转型》，《史学月刊》2004 年第 2 期，第 87 页。

③崛起关键阶段——全球主导阶段：从重商主义向"自由贸易"演进

这一阶段是以 18 世纪中期勃发于英国的工业革命为起点的。工业革命促进了英国生产力的巨大发展。从技术变革、工厂制、社会变革等多方面急剧提升了英国的经济实力以及对外经济控制力。英国凭借率先进行工业革命带来的生产力优势，以及海上力量的绝对优势，构建了全球性的经济互动体系。在这一体系的建设和维系过程中，英国最为关键的战略，在于放弃重商主义的排他性政策，转向通过"自由贸易"手段进行外部经济互动。

重商主义的扬弃与自由贸易政策的主导。18 世纪末，重商主义的垄断独占特性受到了前所未有的挑战。1784 年 8 月，法国王室颁布敕令，全部放开法属西印度的 6 个港口，允许自由贸易。与此同时，重商主义的贸易垄断公司在欧洲各国及其殖民地遭到了普遍的声讨。在此背景下，葡萄牙政府于 1780 年取消了垄断巴西贸易的两大公司；1785 年，西班牙政府解散了垄断委内瑞拉、墨西哥贸易的加拉加斯公司，同时大大削减了加迪斯在殖民地贸易中各种垄断特权，由其余城市、港口共同分享。①

进入 19 世纪后，自由贸易作为国家对外经济政策逐渐成为主流，英国逐渐放弃了对殖民地的贸易垄断，走上贸易自由化道路。1808 年，英国部分海外殖民地允许英国或美国船只将某些商品运往印度，这一政策是对《航海条例》的突破。同时，1813 年，英国政府彻底废除了东印度公司对印度的贸易垄断权。1849 年，《航海条例》被取消，1860 年，所有贸易和关税限制被单边取消。这一贸易自由化政策一直持续到 1931 年。

对国际经济体系的主导。从 19 世纪 30 年代英国工业革命逐渐完成到维多利亚时代中期，英国迎来了历史上最辉煌的时刻。在自由贸易与生产力优势的相互促进下，英帝国在 19 世纪中期达到了对全球经济体系控制力的顶峰。面积仅相当于中国一个中等省份的国家，殖民地遍及亚洲、非洲、美洲、大洋洲所有大陆板块，到第一次世界大战爆发前，英帝国拥有

---

① 陈雄章：《美国革命与重商主义的衰落》，《广西师范大学学报》1995 年 12 月，第 75 页。

3290 万平方公里的土地和 4.31 亿人口，占当时全球总人口的 1/4 和全球总面积的 1/4，而英国本土只有 24 万平方公里。

在 19 世纪中期，英国工业生产能力比全世界的总和还要大，其对外贸易额超过了世界上其他任何一个国家。直到 1914 年第一次世界大战爆发时，英国的商业船队仍是世界上最大的船队。同时，英国也成为世界上最大的债权国，它在海外的投资数占国际投资总数的 41%，而海外投资数占世界第二位的法国则不到英国的一半。^① 英国的先进生产力通过强大的海上势力传播到全世界。英国的价值观念、文化理念、坚船利炮等连同廉价商品共同支撑着英国全球霸权。

表 10—2 第一次世界大战前世界工业出口比例

（单位：%）

年份	美国	德国	日本	英国
1899	12	17	2	35
1913	14	20	3	32

资料来源：[美] 托马斯·麦格劳：《现代资本主义：三次工业革命中的成功者》，赵文书、肖锁章译，江苏人民出版社 1999 年版，第 79 页。

④崛起后阶段——"跨大西洋"的权力转移

发端于英国的工业革命也为它树立了强劲的竞争者。到 19 世纪 70 年代伴随着第二次工业革命的发端，英国实力的相对地位开始发生变化。美、德两国借助第二次工业革命的成果，经济迅速发展，逐渐赶上并超越英国。直到 1914 年第一次世界大战的爆发结束了"不列颠治下的和平"，同时它也揭示了一个不可逆转的趋势：权力中心的跨大西洋转移。

⑤英国崛起各阶段主题演进的特点

英国的崛起与发展与其独特的地缘政治环境相关。英国是一个岛国，与欧洲大陆仅隔一狭窄的英吉利海峡，又扼住北海要冲，地理位置十分优越。国内资源丰富，尤其是实现工业化必不可少的煤铁资源储量丰富，为

---

① 陈祖洲：《试论 1900—1914 年的英国经济》，《史学月刊》1998 年第 1 期，第 82—83 页。

该国工业化的后勤工作省了很多麻烦。英国的岛国属性，使其得以相对超脱欧洲大陆各国间的纷争，专心于经济事务。孤悬海外的特征，使英国的发展从崛起的准备阶段就具有国际化的特征，这一特征一直持续至今。近代以来，英国的国内发展更多是为对外发展服务的。

同时，英国从崛起的关键阶段开始，直至大萧条时期，一直奉行自由贸易政策。这与这一阶段其他强国实行贸易保护主义形成鲜明对照。这种自由贸易战略，不仅与英国在这一时期的强大生产能力有关，更多是英国对于形成全球性经济体系的需求和建构使然。英国在这种自由贸易体系和世界经济环境中也受益颇多。英国的大量海外殖民地为该国提供了广阔的海外市场，相应的海外贸易则在国民经济中占据重要份额。因此，自由贸易与外部资源的稳定供应，使英国在一个较长的时间段中，保持了国家对于世界经济的主导权。

(3) 案例三：德国

德国是近代西欧国家中的后起强国。该国的崛起建基于德意志民族的统一与民族国家建立，几乎在国家形成的同时就已构建起强大的近代经济体系。由于地缘战略地位的限制，以及所处历史阶段的制约，德国始终处于"战略追随者"的赶超地位。在"两起两落"的曲折中，德国最终以欧洲一体化为依托，成为以实体经济为依托，具有强大经济影响力的西欧强国。

①崛起准备阶段——民族国家的统一之路：工业化、关税同盟与"创业年代"

德意志的崛起建基于独特的分裂特性。德意志地处欧洲中央地带，东西两面均无天然地理屏障，易于遭到外部入侵，这种特征使该地区的政治、经济板块长期处于分散格局。欧洲17世纪著名的"三十年战争"确立了威斯特伐利亚体系，但却讽刺性地使德意志分裂成1789个拥有主权的独立政权混合体。

经济发展促进统一需求。构建具有权威的民族国家核心，成为与经济发展同样重要的任务。德意志地区的工业化开始于19世纪30年代，当时，德国还没有统一。因此，初期进展缓慢。19世纪50年代的克里木战争，大量的军事订单促进了德意志军事工业的发展，以此为契机，普鲁士的重工业和化学工业迅速发展起来，19 世纪五六十年代被称为"创业年代"。经济的发展更加促进了统一的必要性，最终引致了普法战争的爆发。这一战争，严重打击了法国的欧洲地位，而使德意志得以统一。

关税同盟的一体化作用。在统一的过程中，关税同盟的建立对德意志经济的一体化起到重要的支撑作用。在李斯特保护工业思想的影响下，1834 年，在普鲁士领导下建立了德意志关税同盟，从 19 世纪 40 年代起，关税同盟为保护自身的工业，对内部采取自由贸易，对外部和外国采取一定的保护关税。这也被称为"相对的自由贸易"政策。关税同盟大大增强了德意志区域各邦国的经济实力，1834—1842 年，关税同盟成员国的人均收入每年提高 5%。这一成果成为关税同盟克服邦国分立主义的有力武器。[①]1867 年在北德联邦和南德诸邦之间再次缔结了协定，规定共同的关税措施和贸易措施，形成了一个共同的关税议会。

②崛起关键阶段——工业化时代：强国的构建与经济空间扩张

1871 年之后的大国发展都是寻求稳定的历史，美国关心战后重建，日本关心明治维新，这些国家都不是世界体系的核心部分。而普鲁士统一德意志后，欧洲更加成为世界体系的中心。而德国在俾斯麦的指引下，迅速崛起为欧洲，乃至世界经济体系中的重要成员。

工业体系的迅猛发展。1871 年德国统一以后，德国的工业化发展出现高涨的局面，发展十分迅猛，到 1910 年工业总产值就已经超过英国，居世界第二位。德国的工业化有以下几个特征：首先，德国实现工业化正值第一次工业革命后期，第二次工业革命迅猛发展的时期，德国迎头赶上第二次工业革命，在政府影响下优先发展重工业。政府发展军事工业和造船工业的迫切需要，使以钢铁工业为首的重工业迅速发展起来，因此，重工业优先发展成为德国工业化发展的特征。其次，铁路的铺设对德国工业的发展起到很大的作用。德国的铁路铺设速度很快，到 1850 年前后已经形成了一个全国规模的铁路网，德国统一以后，铁路建设加速进行，铁路的修建在 40 年间不断的刺激重工业、机械工业和建筑业的发展。据统计，1850—1890 年间，德国铁产量有一半供给铁路的需要。最后，德国的国

---

① 徐健：《关税同盟与德国的民族统一》，《世界历史》1998 年第 2 期，第 55 页。

家资本主义很发达，如普鲁士对铁路修建实行国营和私营并举的方针，1848 年普鲁士政府开始修建国有铁路，到 1878 年已有 22 条国有铁路通车。德国国家资本主义比英法发展早，而且数量多，这是其工业化道路的重要特点。

对外经济影响力的迅速扩张。19 世纪末 20 世纪初，仅通过半个世纪的努力，德国已经崛起为欧洲大陆最强盛的国家，其国力超过了法国，已经与英国差距不大。德国的经济发展不仅表现为人口与经济规模的优势，而且表现为经济的质量，在电力、化学、光学等新兴工业方面，德国都极具竞争优势。工业的发展迅速扩大了德国的对外经济规模。1890—1913 年，德国的出口增加了 2 倍，使德国接近全球头号出口国英国，并成为世界第二大商船拥有国。1913 年，德国的对外贸易占世界贸易总额的 13%，仅次于英国的 15%。同时，德国对外投资的提升速度也异常迅猛。1913 年，德国的国外投资为 300 亿马克，而外国在德国的投资仅为 50 亿马克。1913 年，德国在世界贸易、银行、保险和航运方面都成为英美的主要竞争对手，德国马克也成为英镑的主要竞争者。[①]

在对外经济迅速发展的背景下，德国在这一时期对海外领土扩张的需求也到了狂热的程度，"阳光下的地盘"论调不断出现。但由于德国"天生被包围"的地缘特性，其对外扩张必然导致侵入其他大国势力范围，包括在欧洲扩张的努力。这种状况最终也使德国进入两次世界大战的悲剧。

③再度崛起阶段——两落两起：经济一体化之下的复兴

第一次世界大战爆发前后，至 20 世纪 70 年代的 60 年间，德国的发展经历了戏剧性的两次沉重打击，但同时又发生了奇迹般地两次迅速崛起。因此，有学者指出，100 年中，德国经济连续三次成为欧洲经济发展的"发电厂"。

雄厚经济基础上的再次复兴。德国拥有欧洲最发达的基础设施，以及丰富的国内资源，同时国民受教育程度高。战后该国大企业、银行的恢复，使德国的出口迅猛增长，很快成为世界出口贸易中仅次于美国的国家。联邦德国国民生产总值，在 1952 年只有 320 亿美元，10 年之后

---

① 吴友法：《德国现当代史》，武汉大学出版社 2007 年版，第 15—16 页。

就跃居欧洲第一，达到 890 亿美元，20 世纪 70 年代末就超过了 6000 亿美元。

与欧洲一体化结合的崛起之路。第二次世界大战后，在总体经济战略上，联邦德国将经济发展与欧洲一体化紧密结合，一方面补充战后德国由于分裂而失去的东部经济区，另一方面全面参与国际经济大循环。德国签署了 1958 年元旦生效的欧洲经济共同体条约，积极参与组织欧洲共同市场。此外，德国的社会市场经济制度的经济自由原则不仅作用于国内经济，也作用于对外经济关系。在战后联邦德国重建后，联邦议会和联邦政府便致力于实现对外经济往来自由化，并于 1961 年颁布了《对外经济法》，规定商品往来、劳务往来、资本往来、黄金外汇和同国外经济地区的类似经济往来原则上都是自由的。

德国外贸发展一个最显著的特征就是其贸易地理流向以区域性贸易为主，即主要集中于欧盟内部贸易。作为欧盟的主要创始国，德国积极推动欧洲一体化建设，利用区域内不受限制或较少限制的贸易政策实现其外贸的强劲发展是很明智的选择。通过欧洲统一市场的建立，德国既迅速扩大了其进出口贸易总量又削弱了美国、日本等区域外大国在西欧市场的地位，可谓一箭双雕。

④德国崛起各阶段主题演进的特点

德国在近现代历史中，上演了"三次崛起"的活剧。这三次崛起的核心目标，都是德国国家的建立或重建。从这一角度上看，德国的崛起总是略带着悲剧色彩。而在德国的建立—崛起—重建的循环中，国外资源的获取、与国际经济体系的关系，往往成为比国内经济发展更为重要的主题。

德国强大的工业体系和技术基础，使其能够迅速成为制成品出口领域的强者。但在第二次世界大战前，德国相对有限的国内市场、不利的地缘战略地位、后起国家的特性，使该国在当时的国际经济体系中，始终处于配角或挑战者的地位，从而无法充分利用国际经济互动获取国家发展的所需资源。这种矛盾也在该国走向军国主义扩张的道路上起到了推波助澜的作用。

第二次世界大战后，德国抓住了国际经济环境变化的有利契机，彻底调整对外经济发展的战略，以欧洲经济一体化为战略推手，积极参与区域与国际经济体系的建设与维护，从而实现了迄今为止最为稳定的再次崛起。从上述变化来看，德国崛起过程中，从不缺少国内发展的动力和要素基础，决定崛起成败与否的关键更多在于对外发展的策略选择。

(4) 案例四：日本

日本是资本主义列强中唯一的东亚国家，同时，其现代化进程也是列强中最短促的。其工业化从 19 世纪 80 年代，仅用了 50 年左右的时间，就迅速完成了工业化，速度之快，令人咋舌。在一个多世纪的过程中，日本在全球政治经济体系中的地位经历了两次起落，成为重要的西方经济强国。

①崛起准备阶段——"明治维新"：经济、产业上的"脱亚入欧"

1868 年的"明治维新"，拉开了日本国家迈向近代化道路的序幕。在 19 世纪 70—80 年代中，日本提出了"殖产兴业"、"富国强兵"、"文明开化"等政策体系，从对内和对外两个方面迅速开展近代化改革，初步建立了以西方体制为样板的社会经济体系。

国内经济的"殖产兴业"战略。在国内发展方面，日本进行了社会经济改革，以西方式的政治管理体制进行社会管理改革，废除了等级制、行会、职业限制与国内人口流动限制。为国内经济的一体化发展奠定了基础。在经济上，明治政府大力施行"殖产兴业"政策，主要采取"官营示范主义"和"技术移植主义"，即大力兴办官营企业，由国家出资引进西方先进技术设备，以此向私人企业"示范"。为此，日本政府投入了大量的国家资金，从明治政府建立至明治 18 年（1885 年）止，投资总额约 2.1 亿日元，这期间日本政府的正常财政支出约为 10.8 亿日元。[①] 通过上述措施，日本的国内企业基础得到建立，培养出一批人才，为日本的经济近代化打下了初步基础。

"全面西化"的开放策略。在对外发展方面，日本主要采取迅速扩大开放的措施，加速引进西方的经济体制。明治政府开支的 2% 被用于雇用外国专家，来自 23 个国家的 2400 名外国专家来到日本，传授西方的组织、

① 李益彬：《明治政府'殖产兴业'政策探析》，《历史教学研究》，1999 年第 6 期，第 36 页。

管理和生产方式。[①] 同时，日本还采取了利用西方技术发展本国企业的"进口替代"方针，在引进外部技术的同时增强本国企业的竞争力。如在轻工业方面，日本利用西方技术创办了千住呢绒厂、关口呢绒厂、新町纺纱所（绢丝）和富冈制丝所等近代化工厂。兴办这些事业的目的，主要是为了"振兴输出，防遏输入"，即发展近代棉毛纺织业以抵制外国纺织品的大量涌入。

②崛起的关键阶段——全面扩张：政府主导下的经济强国建构

19 世纪末至 20 世纪 30 年代，是日本全面崛起的时期。19 世纪 80 年代后，日本在明治维新近代工业基础之上，利用第二次工业革命的契机，在 20 年中，实现了经济起飞。1890—1910 年间，日本的工业产量以年均约 5% 的速度增长，增长速度甚至超越了同期的美国。[②] 经济发展的同时，日本走上了对外扩张之路，其经济、军事的影响范围涵盖了整个亚太区域，由原本的半殖民地国家彻底成长为新兴帝国主义国家。

国家干预下的工业体系建设。在国内经济方面，日本建立了以财阀为核心的企业集团体系，形成了具有日本特色的产业组织体系。日本的现代商业组织也随之建立，到 20 世纪 20 年代，众多财阀已经构建起一个无所不包的商业王国，其经营范围涵盖金融、运输、贸易、矿业以及制造业等领域。在产业领域，日本企业利用产业技术革命的成果，迅速改变了原本以纺织业为龙头的传统产业结构，在造船、钢铁等重工业领域取得长足的进步。国家在经济方面的主导和积极干预，是这一时期日本经济崛起的重要特征。日本政府直接参与了工业层次的提升战略，促使制造业转向资本密集及高技术生产。明治政府采取关键措施，扭转了经济上供需双方的关系，促进了国内私营重工业企业的发展。在经济危机后的 20 世纪 30 年代，日本政府对工业进行前所未有的干预，进行钢铁等企业的合并重组，并强化对制造业产业的控制。

对外扩张与产业保护并重。在对外经济方面，日本采取了对外扩张与

---

① ［美］托马斯·麦格劳：《现代资本主义：三次工业革命中的成功者》，赵文书、肖锁章译，江苏人民出版社 1999 年版，第 498 页。

② ［美］安德鲁·戈登：《日本的起起落落：从德川幕府到现代》，李朝津译，广西师范大学出版社 2008 年版，第 117 页。

产业保护并重的手段，迅速提高了对外经济影响力。在空间与资源拓展方面，日本基于本国资源贫乏、孤悬海外的特性，极力进行对外资源的攫取。在与西方列强修改不平等条约的基础上，日本与英国结盟，构建了重要的国际战略伙伴。同时，在19世纪末20世纪初，通过中日战争、日俄战争，使朝鲜与中国台湾成为殖民地，确立了在东亚区域的主导权，从亚洲的边缘国家，成长为地区强权。

这一阶段，日本积极推进与外部世界的贸易。第一次世界大战提供了日本工业经济对外发展的重要机遇。利用欧洲竞争者无暇他顾之机，日本工业产品的出口值在1914年至1918年间，从14亿日元增长到68亿日元。同期日本出口货物的构成也发生巨大变化，由原本50%的原材料、30%成品，转变为35%原材料与50%的成品。[1]20世纪30年代世界经济危机后，日本通过日元贬值等手段再次推动日本出口的剧增。1930—1936年，日本产品对外输出额增长近一倍，[2]日本产品大举进入美国及亚洲市场。日本对外经济的快速发展，与其采取的保护关税政策也有重要关联。日本自1911年获得关税自主权后，就主动运用关税保护特定的产业。1925年，日本还通过法律强制特定产业形成出口卡特尔。

日本积极对外扩张，与其经济发展对外部要素的严重依赖有着重要关系。日本的本土经济资源匮乏，生产乃至生活要素均需从国外进口。对进口依赖的增长使该国在崛起过程中高度重视对外部资源的获取。20世纪30年代，日本各个殖民地提供日本国内所需粮食的15%，朝鲜和台湾地区提供零售市场上1/3的稻米。1915年，12%的朝鲜稻米都进入了日本，到了20世纪30年代初期，这一比例超过了50%！日本工业发展需要的铜、煤、石油、废钢铁也高度依赖进口。1932年，日本消耗的石油80%来自进口。[3]因此，可以说，正是日本的不断崛起使其越发依赖世界经济体系。

① [美] 托马斯·麦格劳：《现代资本主义：三次工业革命中的成功者》，赵文书、肖锁章译，江苏人民出版社1999年版，第509页。

② [美] 安德鲁·戈登：《日本的起起落落：从德川幕府到现代》，李朝津译，广西师范大学出版社2008年版，第236页。

③ [美] 康拉德·托特曼：《日本史（第二版）》，王毅译，上海人民出版社2008年版，第384—386页。

③再次崛起阶段——"经济奇迹"：融入世界经济的高速发展

20 世纪 50—70 年代，是日本经济以惊人步伐前进的阶段。战后日本以政治地位的丧失作为代价，在美国主导的"重建"体系下，以本土原有的要素条件为基础，迅速实现了国家的高速发展。这一魔术般变化的背后，其关键点在于该国对国际经济环境及外部要素资源的成功利用。

"产业政策"引导下的经济复兴。在国内经济方面，第二次世界大战后，日本在美国的战后改革方案影响下，集中本国的经济资源，优先重建了煤炭、电力、钢铁、造船等关键部门。同时，构建了具备竞争力和创新能力的企业体系。日本政府则在宏观经济方面保持高积累、控制通货膨胀的基础上，通过"产业政策"等引导方式干预微观经济，推动了日本产业结构的调整。在诸多因素的共同作用下，日本国家经济增长迅猛。1950—1973 年间，日本 GNP 平均以 10%以上速度增长，1955—1970 年，日本的资本形成速度年均超过 22%。①

"贸易立国"与"技术吸收"并重。日本战后奇迹的出现，与该时期"贸易立国"的战略密不可分。而这一战略源自此阶段特殊有利的国际环境。20 世纪 50—60 年代，全球经济的整体增长十分迅速，同时在发达国家主导下构建了较开放的贸易体系。战后日元对美元长期稳定在 360:1 的兑换比率，也使日本具备了重要的出口优势。日本充分利用了国际经济环境的这一重要变化，大力发展国际贸易，其"贸易立国"的战略方针取得积极成效。日本在 20 世纪 50—70 年代，采取"扩大、鼓励出口"、"限期逐步开放战略"，以及有限保护政策，综合利用关税、非关税壁垒、外汇政策等手段，推动了贸易的长足发展。1957—1981 年间，日本进口贸易年平均增长 11.6%，出口贸易平均增长 14.2%。② 1965 年之后，日本长期保持贸易顺差，使其外汇储备大增。随着日本在国际贸易领域的地位不断提升，大量的外汇盈余也使其在国际投资领域得以大展身手。1960 年，日本的 FDI 数额不过 10 亿美元，1975 年就达到 150 亿美元，1968—1979

① [美] 安德鲁·戈登：《日本的起起落落：从德川幕府到现代》，李朝津译，广西师范大学出版社 2008 年版，第 305 页。

② IMF, International Financial Statistics, 1982.

年日本海外直接投资累计额由 20 亿美元增长至 318 亿美元。[1]

在通过贸易利用国际市场发展本国经济的同时，日本在这一阶段极其重视引进国外技术，以及对国外技术的消化与再开发。日本在 20 世纪五六十年代实施了"技术吸收战略"，为其在"贸易立国"阶段后实施的"技术立国"战略打下坚实基础。1945 年后至 20 世纪 90 年代，日本与外国企业间签署的技术协议数量达到数万个。"通过技术引进，日本以几百亿美元的代价获得了价值数千亿美元的技术，迅速实现了技术自主化"。[2]

④日本崛起各阶段主题演进的特点

日本的崛起历程，带有强烈的"追随"特征。日本近代的发展，从经济体系、技术结构、人才培养、对外经济，直至主要战略，都显出浓厚的"拿来主义"特征。在崛起的准备阶段，日本主要依靠借鉴西方模式，建设近代化的经济体系，乃至国家架构。而随后的第二次工业革命，以及西方殖民模式从商品输出到资本输出的重大调整，成为日本迅速崛起的重要外部条件。日本很好地利用了上述契机，通过工业的发展与对外扩张，填补了东亚区域的经济空间，较为成功地实现了向经济强国的转变。

日本在崛起关键期战略选择的问题与德国相似，未能实现与当时国际经济体系的良好同步，特别在国际资源获取的途径上，采取赤裸裸的扩张与攫取手段，从而直接损害了西方列强与殖民地自身的根本利益，最终走向国家的彻底悲剧。战后的日本，在发展战略方面，高度重视对外部经济环境的利用，提出了"贸易立国"的战略，从而实现经济的高速增长。日本在第二次世界大战前后的一成一败，鲜明地体现出国际经济环境对强国的塑造作用。

二、发达国家崛起历史的阶段性特征及其内涵

综观英、美、日、德、荷等发达国家的崛起历程，不难发现，相关国

---

① 池元吉等：《日本经济》，人民出版社 1989 年版，第 420—421 页。

② Richard Samuels, *Rich Nation, Strong Army: National Security and the Technological Transformation of Japan*, Ithaca, NY: Cornell University Press, 1994. pp. 46-48. 转引自：乔万尼·阿里吉、滨下武志、马克·塞尔登主编：《东亚的复兴：以 500 年、150 年和 50 年为视角》，社会科学文献出版社 2006 年版，第 280 页。

家在成为世界经济强国的过程中，在各个历史阶段中，发展主题和战略中心各有不同，国家战略随发展态势而呈现阶段性推进的特征。同时，西方发达国家在"由大变强"的崛起关键期中，均高度关注国际经济环境的作用。各国往往通过贸易和投资政策的调整，强化资源供给与外部市场的稳定，营造有利于自身发展的国际经济体系和体制规则。

1. 世界经济强国的构建是国家的"物质性"成长与"机制性"成长的有机统一

大国的成长，是一个十分复杂的过程。其成长的表现，绝非仅以经济体量、国土规模、财富数量等"显性"要素的线性增长便能衡量。总体上看，一国的崛起，是自身变量和外部认同二者综合作用的结果。有学者曾将之概括为"物质性"成长与"社会性"成长的统一。[①] 借鉴这一框架，可将强国的成长，归结为"物质性"成长与"机制性"成长的互动。物质性成长，主要指与本国实力相关的要素与综合运用能力。而机制性成长，则指与国家外部环境相关的外部环境、制度、资源拓展、集聚与辐射能力。

在强国崛起的过程中，上述两类成长并非齐头并进，而是在不同阶段有所侧重。从西方大国的发展历程来看，国家的崛起一方面必然以基于自身实力的"物质性"成长作为基础，但同时，与外部世界的"机制性"互动也至关重要。一般而言，国家的崛起首先强调自身的"物质性成长"，以取得国家发展的内生动力，这一主题往往在国家崛起的初期阶段占据主流，而在国家崛起的中后期，"机制性"成长则逐渐成为国家长远发展的重要战略选择。这种阶段性的战略变化趋势，不仅反映出强国崛起过程的复杂性，也凸显了国家成长过程中发展策略因时、因势及时调整的必要性。

2. 规模差异性影响国家崛起对外经济关系的战略路径选择

国家体量规模，是国家崛起的基础性条件，而规模的差异，也对各国战略路径的形成影响巨大。特别在对外经济关系方面，由于国家体量、

---

① 郭树勇：《大国成长的逻辑：西方大国崛起的国际政治社会学分析》，北京大学出版社 2006 年版，第 50 页。

要素状况与经济规模的不同，不同类型国家对国际经济环境的依存度存在较大的差异，从而也导致各国在相同发展阶段采取迥然不同的对外战略。

发达国家崛起的经验表明，美国等规模庞大的经济体，在国家崛起的前期和中期，更为重视内生发展，对于国际经济环境的参与度和参与积极性较为有限。但在崛起的关键阶段，由于庞大的经济体量亟须与之相对应的外部资源和市场，必然导致与外部经济环境的频繁互动，以及对稳定的国际经济体制的需求。而荷兰、英国等中等规模国家，在国家崛起的进程中，由于国内要素、市场条件的制约，从初始阶段就高度重视外部经济环境的作用，往往采取积极的进取战略，主动营造外部经济条件，形成与国际经济主体的频繁互动。

3. 经济规模是国家崛起的必要条件，但绝非充分条件

从西方国家崛起的历程可以发现一个较为普遍的规律，即国家经济规模的成长、世界经济份额的提升，与国家的全球经济影响力提升阶段并不同步，而是往往具有滞后性。这点在美国崛起的过程中表现得最为突出。从表10—3、表10—4中可见，美国的人口、生产能力在19世纪末就已超越英国，并在最后的30年间呈现加速发展的态势。但经济规模的登顶并未立刻带来国家在世界经济中的领导地位。英国仍然处于国际政治经济体系中的核心地位。

美国著名国际政治学家乔治·莫德尔斯基（George Modelski）指出，强国的经济主导型不仅因为经济规模大，或富裕程度高，更在于技术创新的条件下主导性产业部分生产旺盛，并能积极参加世界经济，有足够的支持其履行作用的巨额财力。特别在制定国际贸易、投资、金融方面的规则上起决定作用。这一观点较好地概括了经济规模与国家崛起之间的关系。经济规模的地位提升与份额变化，对于国家的崛起只具有基础性作用。而参与国际经济的程度、对国际经济机制的影响能力，与经济规模形成合力，才是一国构建国际经济主导权的关键所在。

表 10—3　1890—1938 年各大国的总人口

(单位：百万人)

年份	1890	1900	1910	1913	1920	1928	1938	排名
俄国	116.8	135.6	159.3	175.1	126.6	150.4	180.6	1
美国	62.6	75.9	91.9	97.3	105.7	119.1	138.3	2
德国	49.2	56.0	64.5	66.9	42.8	55.4	68.5	4
奥匈	42.6	46.7	50.8	52.1	—	—	—	
日本	39.9	43.8	49.1	51.3	55.9	62.1	72.2	3
法国	38.3	38.9	39.5	39.7	39.0	41.0	41.9	7
英国	37.4	41.1	44.9	45.6	44.4	45.7	47.6	5
意大利	30.0	32.2	34.4	35.1	37.7	40.3	43.8	6

资料来源：[美] 约翰·肯尼迪：《大国的兴衰》，陈景彪等译，国际文化出版公司 2006 年版，第 192 页。

表 10—4　1890—1938 年各大国的钢铁产量

(单位：百万吨)

年份	1890	1900	1910	1913	1920	1928	1938	排名
美国	9.3	10.3	26.5	31.8	42.3	41.3	28.8	1
英国	8.0	5.0	6.5	7.7	9.2	7.4	10.5	4
德国	4.1	6.3	13.6	17.6	7.6	11.3	23.2	2
法国	1.9	1.5	3.4	4.6	2.7	9.4	6.1	6
奥匈	0.97	1.1	2.1	2.6	—	—	—	
俄国	0.95	2.2	3.5	4.8	0.16	5.7	18.0	3
日本	0.02	—	0.16	0.25	0.84	2.3	7.0	5
意大利	0.01	0.11	0.73	0.93	0.73	1.7	2.3	7

资料来源：[美] 约翰·肯尼迪：《大国的兴衰》，陈景彪等译，国际文化出版公司 2006 年版，第 194 页。

4. 外部资源与战略通道是大国崛起关键阶段的重要利益

发达国家的崛起历程表明，在国家由"大"向"强"转变的关键阶段，外部资源与战略通道的获取，是支撑一国可持续发展的重要条件。由于快速崛起阶段国家经济发展对外部要素的需求迅速提升，因此西方大国对于外部经济资源的获取往往不遗余力，特别关注战略性资源、外部市场与战略通道的有效保障。

在这一方面，英国的发展历程最为典型。英国的崛起过程中，从发展初期就异常关注海洋为主的外部通道控制，英国的海军规模大大超过陆军。而在迅速崛起的关键时期，英国以多种手段获取的海外利益为该国的国际地位提升奠定了坚实的基础。在巅峰时期，英国的海外殖民地面积超过本土 100 余倍，该国还控制了直布罗陀海峡等重要战略通道，这些都成为该国崛起的最重要保障。英国殖民地大臣张伯伦在阐述英帝国的经济意义时提出，"外交部和殖民部主要致力于寻找新市场，守住旧市场。战争部和海军部的要务则是随时准备捍卫这些市场，并保卫我们的商业……因此，认为商业关乎所有政治利益中最重要的利益也不为过，而在拓展贸易并为之奠定牢固基础方面，做得最多的政府，也是应该得到最广大人民支持的政府"。对英国人而言，"我们大多数人都依赖于与殖民地臣民的商品贸易"，因此，他们都算是帝国主义者。①

三、发达国家对外经济关系的规律性特征

发达国家尽管崛起路径不同，在不同阶段采取的战略侧重点也各有差异，但在对外经济关系的处理方面仍存在共同的规律性特征。主要发达国家在崛起成为世界强国后，均对国际经济体制进行更多关注与积极参与。相关国家在推动贸易投资自由化、国际规则制定与多边合作方面往往不遗余力。

1. 发达国家崛起后高度重视国际经济体制的构建与变革

发达国家在崛起为世界性大国之后，往往着力构建稳定的国际经济互动机制，从而保证自身主导权的合法性。这是由于参与国际经济体制的构建，有助于相关国家协调与外部力量的经济关系，并形成对于国际经济体系的主导权，进而在机制上确保本国对外经济的根本利益。英国在成功崛起后，一方面着手建立海外殖民地体系，另一方面则扮演欧洲均势的"平衡者"角色。即便其有能力进入欧洲谋求领土和财富，英国也从不越雷池一步，而只将注意力置于海外殖民地。从崛起的历程来看，英国就是国际

---

① ［美］尼尔·弗格森：《帝国》，马丹译，中信出版社 2012 年版，第 218 页。

经济制度的融入者与创新者，其自身本身就是国际社会构建时期成长起来的大国。其融入国际经济体制的有利条件是，这一体制本身就是在其成长的过程中建立起来的。英国的对外经济发展历程表明这样的一个逻辑，发达国家往往是国际经济秩序的参与者或建立者，因此也是这个秩序的受益者，因此，也必然成为这个秩序的基本守护者。

即便是曾经最具孤立主义特征的美国，在崛起的关键期，也高度重视参与对国际经济体制的构建。1884—1885 年冬，世界各大国在柏林举行会议，主要就西非、刚果的边界、贸易、航海等问题进行协商。这次会议被视为旧欧洲在全球事务中居统治地位的巅峰时期的象征。令人关注的是，美国这个在非洲事务方面基本没有利益相关性的国家，也出现在这次会议上。尽管这一时期美国仍在国际舞台之外，但由于华盛顿认为会上讨论的贸易和航海问题与其国外利益有关，因此仍积极进行参与。[1] 在崛起之后，美国在第一次世界大战后推动建立国联的努力、美国在第二次世界大战后积极构建布雷顿森林体系，更鲜明地体现出该国对参与国际经济体制构建的重视和不遗余力。

2. 发达国家在从"大国"向"强国"跨越的历史阶段，大多以推动经济贸易自由化作为主要发展手段

绝大部分发达国家的崛起过程中，其对外经贸战略均经历了从"保护主义"到"自由贸易"的转变过程。从发展战略的阶段性特征来看，尽管由于发展环境与特性的差异，各国在不同阶段的战略指向各有侧重，但在对外经贸战略方面，基本都体现出一条相似的演变路径，即从"保护主义"为核心的排他性对外经济战略向以"自由贸易"为代表的开放性经济战略转变。在这一过程中，国家对于外部经济要素的获取手段，逐渐从单一的占有和攫取，转向竞争性的共享与互动。在某种程度上，从"保护主义"到"自由贸易"的变化，正是经济大国向经济强国转变的对外战略缩影。

英国崛起的历程就清晰地反映出贸易自由化对于国家实力提升的重要

---

① [美] 约翰·肯尼迪：《大国的兴衰》，陈景彪等译，国际文化出版公司 2006 年版，第 188 页。

作用。该国从 19 世纪中期起，废除了《航海法》等重商主义政策，取消了几乎所有贸易和关税限制。同时，英国于 1860 年与曾经的死敌法国签署了《科布登—雪弗利尔条约》，使两国之间实现了自由贸易，法国随后与比利时、意大利、西班牙和瑞士签署了类似的条约。这些条约中规定的最惠国条款也意味着双边贸易自由化可以同等地适用于所有国家。这种对于贸易自由化的推进，使英国得以通过覆盖全球的贸易网络充分发挥本国的生产力优势，迅速进入世界各地的市场，进而取得当时全球经济的主导权。

3. 国家崛起所处的历史阶段对其国际经济关系战略选择有重大影响

从发达国家的发展历程来看，其崛起时期的历史阶段特征，高度影响相关国家的崛起路径与对外经济发展方式。英国、荷兰等老牌资本主义国家，崛起于"跑马圈地"过程中的自由资本主义初期，在 17—19 世纪中，主要以海外殖民与海外市场简单划分等粗放型发展方式作为主要对外经济手段。而美国、德国、日本等后起国家，其崛起过程已进入海外殖民地瓜分殆尽的由自由资本主义向帝国主义阶段过渡的历史时期，因此，其对外发展路径呈现出打破原有秩序的机制破坏性成长与内生发展为主的孤立主义主导两种大相径庭的发展方式。

在第二次世界大战后，由于存在一个较为自由的国际经济体系，包括自由的国际市场，以及较少的对贸易和资本流动的限制，因此有利于新兴强国通过国际交往与相互依存实现国家的和平崛起（见表 10—5）。德、日两个国家的再度崛起就采取了高度依托国际经济体系，以出口导向推动国家发展的新对外经济战略，在不直接挑战主导性经济力量的前提下实现了国家的复兴与发展。

表 10—5　1850—1971 年世界贸易指数（1913 年为 100）

年份	指数	年份	指数
1850	10.1	1938	103
1896—1900	57.0	1948	103
1913	100.0	1953	142

年份	指数	年份	指数
1921—1925	85	1963	269
1930	113	1968	407
1931—1935	93	1971	520

资料来源：[美] 约翰·肯尼迪：《大国的兴衰》，陈景彪等译，国际文化出版公司 2006年版，第408页。

四、发达国家崛起道路的启示

在英、美、日、德崛起后的整个 20 世纪，再无一个后发国家崛起为世界经济强国。这种状况表明，新的历史时期对于国家崛起产生了不同以往的制约和要求。而发达国家的崛起，其至关重要的经验之一，便在于顺应当时国际环境变化的需求，选择有利于自身发展的国际经济战略。以是观之，在国际经济环境发生重大变化的当代，简单复制发达国家成长的路径，无异于刻舟求剑。在吸取发达国家崛起规律性经验的同时，一个规模性大国在向强国转变的进程中，应当高度关注新的历史阶段的不同条件，采取具有针对性的对外发展战略，方能实现自身的稳定与可持续发展。

1. 遵循时代变迁的"通行规则"

第二次世界大战后，开放性的世界经济体系的形成，以及国际和平的较稳固维系，使得大国在崛起为强国的过程中，必须遵循国际通行的经济、政治规则，以秩序建立者和维护者的身份参与博弈。原本通过武力或强制手段直接改变国际经济机制，强行获取外部资源的发展方式，已成为国际社会共同抵制的行为。特别是联合国等国际组织的建立和成熟，对于获取外部资源的手段具有更强大的约束力。因此，对于国际经济机制的参与和建设，已成为主要国家实现崛起的主要措施。通过对世界经济体系的融入，各国得以获得对国家崛起至关重要的资源与技术，同时增加与其他经济主体的交流与互动，避免或减少与主导性力量的直接对抗。

以欧洲列强为例，战后欧洲的复兴之路与战前西欧列强的零和博弈形成了鲜明的对照。在殖民地经济主导时期，欧洲各国的经济发展在对外争夺中，陷入"相互封锁、自给自足、自然经济和损人利己"的恶性循环中，其经济无法获得真正充分的发展。第二次世界大战后，在殖民体系瓦解与美国马歇尔计划的扶持下，欧洲国家转向建立共同市场，并积极参与国际经济治理体系的构建与协调，从而实现了新的复兴。

2. 关注制度性成长的"进入障碍"

如前文所述，世界性强国的构建，必然是物质性成长与制度性成长的统一。而在目前的世界经济格局中，西方国家构建的经济体系，是有利于该群体自身发展的制度性安排。发达国家在取得制度优势的情况下，无论出于维护自身利益，抑或出于维护体制稳定的考虑，均不愿新兴国家过快成长，从而挑战该体系的既有架构。因此，新兴大国在由弱变强的过程中，将遭遇远较近代西方国家更高的"进入障碍"。

当前的国际经济机制，包括 IMF、WTO 等机制的执行机构，基本由西方发达国家所构建，其制度设定当中，较少考虑发展中国家与新兴经济体的利益。在权利份额的比例方面，也对新兴国家十分不利。因此，后起国家在当前较为完善的制度架构中，若想切实提升自身的影响力，获得与自身地位相匹配的地位与份额，必须在体制规则下与传统强国进行艰苦的博弈，进行必要的利益交换。

3. 突破物质性成长的"空间约束"

在经济全球化向纵深发展的今天，世界经济拓展的"边疆"早已消失殆尽。全球资源与发展空间的有限性更为凸显。一个后发大国的物质性成长，不可避免地占用国际共同关注与开发的发展空间。尽管在当前全球经济互动日益频繁的背景下，由于大国物质性成长带来的合作共赢机遇不断增长，但由于全球资源的有限性，大国向强国迈进的物质性成长，必然带来对其他经济主体的空间挤压，从而引发相关的反应和限制。因此，大国物质性成长的"空间约束"已非 19 世纪"跑马圈地"的扩张时代所能比拟。

由于全球化的发展，一国通过贸易、投资等手段获取外部资源的能力与效率大为提升。但这一优势并非单一国家所垄断，而是为各国所共享。近代靠军事、政治力量完全控制战略节点，独占国外资源的情况已一去不返。多国共享的公平竞争态势，更容易带来对国际经济资源的共同关注和互动。新兴国家的物质性成长，则增加了这一带有"零和博弈"性质互动的复杂性。新兴大国面临的成长空间状况，越来越带有约束性，即便在有限的增长空间内，也面临着与既有大国之间的互动乃至角力。因此，如何通过积极参与国际经济治理体系，通过与现存世界经济主体的协调互动，扩大发展的外部空间，是新兴规模性大国必须关注的重要议题。

4. 协调相互博弈的"竞争压力"

与西方发达国家崛起的历史环境相比，当代大国的崛起，面临同等级竞争主体的数量空前巨大。以往大国崛起过程中不同竞争主体在不同时期分别崛起的线性"替代"过程，在当今已经演变为多主体在同一时间、空间激烈竞争的"博弈"过程。在这种情况下，大国向强国的发展，不仅受到既有经济体系主导国家压制的"垂直"压力，也要经受同等主体共同崛起过程中相互竞争的"水平"斥力。

进入 21 世纪以来，特别是全球金融危机爆发后，新兴经济体的群体性快速成长使国际政治经济格局发生重大变化。特别是以"金砖五国"（包括巴西、俄罗斯、印度、中国、南非）为代表的新兴大国，成为世界经济增长的重要推动力量。这种新兴规模性大国大量在同一时段快速发展的局面，是近现代历史所罕见的。大量新兴国家的同步崛起，带来了共同发展的机遇，也隐含着相互竞争加剧的风险。由于前述成长的"空间约束"限制，新兴经济体之间在发展过程中，更容易因有限资源的分享而相互碰撞和冲突。这种新兴国家之间因同步崛起而导致的横向竞争，也使一国崛起中需要面对的外部环境空前复杂。因此，在崛起过程中，新兴规模性大国需要具备与多层次主体的利益协调能力，通过"参与治理"达到共赢、发展的目标。

第二节　外部条件变化下新兴经济体的战略升级

进入 21 世纪以来，世界经济面貌发生着深刻的变化，其中最突出的变化当属新兴经济体的崛起。新兴经济体的崛起首先源于经济全球化的驱动。要素的全球流动促进了全球产业的转移和整合，推动了全球产业链的形成，而一些具备了必要的资源条件的新兴经济体，顺应经济全球化趋势，对内进行制度改革，对外推行开放政策，从而成为接纳全球产业转移的合适场所，实现了经济的快速增长。其对外经济关系发展战略的核心是通过大量引进外资承接国际产业转移，扩大出口促进经济增长。这种发展战略助力新兴经济体从封闭走向开放，实现了经济腾飞，但也有其历史局限性，突出表现在这种发展战略主导下的国内经济的规模困境和结构困境上。另一方面，由于这种战略对外部国际条件具有较强的依赖性，而此次危机深刻改变了国际环境，给新兴经济体带来了发展战略转型与升级的压力与动力，主要新兴经济体，尤其是一些新兴大国纷纷结合国内经济发展阶段探索新的对外经济关系发展战略，以此提升国家的国际竞争力。

一、新兴经济体对外经济关系发展战略的局限性

新兴经济体抓住了全球化的机遇，积极推行对外开放，大力引进外资，承接国际产业转移，普遍推行以出口导向为主的对外经济关系发展战略，助力新兴经济体从封闭走向开放，实现了经济腾飞，促使新兴经济体群体性崛起。然而，这种战略也具有一定的局限性，突出表现在这种发展战略主导下的国内经济的规模困境和结构困境上。

1. 新兴经济体对外经济关系发展战略的规模困境

新兴经济体出口导向型发展模式的直接结果是外资流入与对外贸易的高速增长，张幼文等（2007）将其定义为粗放的开放模式，[①] 这种模式尽管带来了 GDP 的高速增长，也使得新兴经济体陷入出口与外资的规模困境。

（1）出口粗放增长的规模困境

进入 21 世纪以来，新兴经济体成为世界出口的主导力量，新兴与发展中经济体在世界贸易中的份额已经从 1990 年的 16%上升至目前的 40%以上，这一上升趋势主要由包括中国、巴西、俄罗斯等在内的新兴大国推动。出口规模的快速增长使得新兴经济体的出口依存度普遍较高（如图 10—1 所示），新兴大国中，虽然印度和巴西的出口依存度相对较低，但

---

① 张幼文等：《新开放观——对外开放理论与战略再探索》，人民出版社 2007 年版，第 12 页。

（单位%）

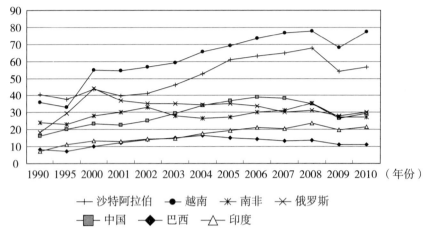

图 10—1　1990—2010 年主要新兴经济体出口依存度

资料来源: 世界银行历年《世界发展指标》。

印度的出口依存度已由 1990 年的 7.1% 上升至 2010 年的 21.5%，巴西虽上升较慢，但以农产品和矿产品为主的初级产品出口对巴西经济有重要拉动作用，而以越南和沙特阿拉伯为代表的新兴小国出口依存度则更高，如越南目前高达 70% 以上。较高的出口依存度无疑加大了对外部市场的依赖性，使得经济增长更易受世界经济周期性波动的影响。

　　然而"大"并非就"强"，新兴经济体在国际分工中的地位与其巨大的出口规模极不相称。在商品贸易领域，新兴经济体主要出口两大类商品，一是农产品、矿产、能源等原材料，主要出口国以俄罗斯、巴西、南非、沙特阿拉伯等为代表，出口以初级产品为主，附加值低。危机前后农矿产品价格的剧烈波动冲击了这些经济体国内经济的稳定。二是工业制成品。尽管大量出口工业制成品改善了新兴经济体的出口结构，但是存在两个问题。首先，出口以外资主导的加工贸易为主，贸易利益主要为外资获得。新兴大国中比较典型的是墨西哥，20 世纪 90 年代后半期，加工贸易成为墨西哥发展速度最快的经济部门，被认为是经济发展的核心动力，其加工贸易居于主导地位的制造业出口主要被少数几家外资大企业寡占，其中将近一半的制造业出口是由跨国公司在墨西哥建立的组装工厂创造。① 新兴小国以越南为代表，自 1986 年改革政策开始实施以来，越南的经济增长模式很大程度上建立在外资投入以及原油、大米、咖啡等农产品和纺织品、鞋类等的出口上，越南经济的 60% 都依赖出口和外国投资。其次，由于位于全球产业价值链的低端，出口附加值低。在产业链的"微笑曲线"中，制造环节大多在新兴与发展中经济体，研发和销售等通常被发达经济体控制，新兴经济体出口所获得的附加值很低。来自日本著名智库亚洲开发银行研究院两位日本专家的研究显示，以 178.96 美元的苹果 iPhone 手机为例，按价值贡献率计算，日本占 34%，德国占 17%，中国只占 3.6%。②

商品贸易领域的窘境同样体现在服务贸易领域。有研究表明③，同发达国家相比，作为新兴经济体的代表，"金砖四国"（巴西、俄罗斯、中国、印度）在服务贸易领域尚未形成类似商品贸易领域的优势。甚至，比照发达国家的代表美国来看，"金砖四国"中除印度之外的其他三国在服务贸易领域完全没有竞争力。针对服务贸易的 RCA 指数分析真实反映出了这一点，除印度的 RCA 指数大于 1.5 并呈逐渐上升趋势之外，其他三国的 RCA 指数都远远落后，且印度服务贸易主要集中在 IT 产业领域，结构单一。

（2）外资粗放增长的规模困境

进入 21 世纪以来，新兴经济体是全球 FDI 流入的主要目的地，外资大量流入对新兴经济体的经济增长与发展有积极促进作用，与此同时，新兴经济体大量引进外资也带来了规模困境。

FDI 的大量流入造成了国内资源与环境的压力。引进 FDI 激活国内闲置的或未得到充分利用的生产要素是新兴经济体实施出口导向发展模式的初衷，然而 FDI 大量的进入也意味着国内资源大量消耗，环境压力与日俱增。世界范围内环境保护呼声高涨，发达经济体实施更加严格的环境法规，作为全球化驱动下国际产业转移的承接方，新兴经济体成为钢材、焦

① 殷秀玲：《中国与墨西哥加工贸易比较分析》，《亚太经济》2011 年第 2 期。
② 新浪网：《外媒分析 iPhone 供应链：富士康贡献率仅 3.6%》，2010 年 12 月 15 日。
③ 陶明、邓竞魁：《新兴市场服务贸易比较研究——以"金砖四国"为研究对象》，《国际贸易问题》2010 年第 3 期。

炭、铝材、水泥、化学药品、皮革、纸张等产品的主要生产者，所有这些产品的共性都是高耗能。由卡内基梅隆大学研究人员开展的调查发现，如果美国在1997—2004年间进口的全部商品都由自己制造，美国碳排放量会高出30%。[①]

外资在促进国内技术方面不尽如人意。FDI被视为集技术、组织和管理于一体的复合"资产包"，可以产生技术外溢，因此促进国内技术进步是新兴经济体引进外资的重要战略目标。但由于主导全球FDI流动的跨国公司的逐利性与东道国政策初衷存在一定的背离，且FDI的技术溢出效应受东道国企业消化与吸收能力等因素的影响，外资在促进国内技术进步方面不尽如人意，大量研究也证明，FDI对新兴经济体的技术溢出效应有限。

过度鼓励外资大量进入易对国民经济安全造成威胁。按产业控制理论，外资和东道国对产业的控制是一种"零和博弈"，一旦某一领域的外资在东道国市场份额中占据了相对优势，则本国企业就将失去话语权；产业安全的程度，本质上取决于两种力量的对比。一般认为，外资在国家产业中的份额超过20%即为安全警戒线，随着FDI规模的日益扩大和向经济核心领域的延伸，其弊端日益显著，威胁东道国产业安全。如东欧新兴经济体在完成私有化转型后，形成了国内企业和银行被外国大资本持有和控制的局面。[②]

2. 新兴经济体对外经济关系发展战略的结构困境

由于以出口导向为对外经济关系发展模式重规模增长，轻结构改善，因此也给新兴经济体带来结构困境。

（1）国内产业结构不合理

实行出口导向型发展战略时，新兴经济体通常根据各自的资源禀赋优势，选择发展相应的产业作为通过出口拉动经济增长的突破口，国内要素优先服务于出口产业，导致国内产业结构不合理。以"金砖国家"为例，

---

① 约瑟夫·卡恩、马克·兰德勒等：《中国：既是世界工厂，也是世界烟囱》，《纽约时报》2007年12月21日。

② 张慧君、黄秋菊：《后危机时代转型国家的治理模式变革与经济发展》，《社会科学研究》2010年第3期。

中国以制造业，特别是劳动密集型产业为支柱，大量引进外资，发展加工制造业，出口劳动密集型产品，成为"世界工厂"；俄罗斯拥有丰富的石油和天然气等能源资源，能源产业为其支柱，石油、天然气出口是经济增长的主要来源；印度以服务业，特别是以服务外包作为其支柱，与其他新兴经济体相比，印度服务业发展迅猛，其占 GDP 的比值远高于第二产业，目前印度已拥有 65% 的世界离岸信息服务业和 46% 的世界外包业；[1] 巴西经济以农业和自然资源，特别是农牧业为其支柱产业，大宗农产品出口是巴西出口创汇的主要来源，2009 年，农产品占巴西出口比重更是上升至42.3%。

(2) 加剧区域经济发展不平衡

缪尔达尔（Gunnar Myrdal）认为，发展中大国一般都存在着"地理上的二元经济结构"，即经济发达地区和经济欠发达地区并存。由于历史原因，以"金砖国家"为代表的新兴大国也存在区域经济发展不平衡的问题。在推行出口导向的发展战略过程中，外资通常率先进入经济发展基础好、区域优势明显以及受政策支持的地区。有研究显示[2]，事实上存在"两个巴西"，一个是现代化程度非常高的沿海巴西，主要集中在东南部的狭长地带，一个是落后的拥有巨大腹地的内陆巴西，其经济发展举步维艰。从 20 世纪 90 年代开始的经济转型和地区间的结构性调整，使俄罗斯的地区差异呈现不断扩大之势。印度发达地区主要分布在印度半岛沿海的边缘地区、主要铁路干线走廊地带，欠发达地区则分布在半岛内陆腹地、喜马拉雅山区等。随着对外开放的推进，一些新兴小国区域发展差异也明显加大，如越南除西贡和河内这两个增长极快，农村城郊地区经济明显落后。

(3) 国民收入分配在不同经济部门和阶层之间因开放程度不同而不同，加大贫富差距，制约内需增长

尽管与封闭状态相比，开放使得新兴经济体总体国民收益增加，但效率优先并不能必然保证每个国民的福利同步同等程度的增加。由于开

---

① 田春生、郝宇彪：《新兴经济体的崛起及其差异比较与评述》，《经济社会体制比较》2011 年第 5 期。

② 杜振华等："金砖国家区域发展比较"，参见林跃勤、周文主编：《金砖国家经济社会发展报告（2011）》，社会科学文献出版社 2011 年版，第 330 页。

481

第十章 从经济大国到经济强国：中国发展新阶段的国际比较与战略内涵

放进程与程度的差异，国民收入分配在不同部门和阶层之间呈现较大差异，导致了新兴经济体贫富差距进一步扩大。根据世界银行提供的数据，印度的基尼系数从 2003 年的 0.32 上升到 2009 年的 0.41，俄罗斯从 0.39 上升到 0.44，南非从 0.57 上升到 0.61，尽管巴西在减少贫困差距方面做得比较成功，但 2009 年基尼系数仍高达 0.55，远超 0.4 的国际警戒线。贫富差距的加大制约内需增长，进一步增加了经济增长对外部市场的依赖性。

新兴经济体发展战略的国内困境意味着新兴经济体过去那种简单的争相引进外资、不遗余力推动出口的对外关系发展战略不可持续[1][2]，需要转型升级，其内涵需要更加充实。事实上，过去简单的开放战略所带来的困境也引起了新兴经济体的重视。以巴西为例，危机暴露出巴西经济增长依赖农矿产品出口的弊端。近 20 年，矿业和农业等初级产品领域的发展成为巴西经济增长的领头羊，铁矿石、大豆等农矿产品或半成品的出口几乎占巴西总出口的一半。随着巴西东南部沿海石油储量的重大发现，这种增长方式有愈演愈烈之势，与此同时，制造业面临停滞甚至萎缩的境地，巴西政府担心，过度依赖初级产品会导致整个经济脱离对高新技术的研发。如针对巴西过度依赖初级产品出口的问题，巴西总统迪尔玛·罗塞夫表示，必须加快经济转型，使增长建立在更稳固的基础之上。特别是危机后新兴经济体对外经济关系发展战略面临的外部环境发生了深刻变化，新兴经济体对外经济关系发展战略的转型与升级更是刻不容缓。

二、危机后新兴经济体发展战略面临的外部环境

在以出口导向为特征的对外经济关系发展战略主导下，通常外资涉入国内经济程度较高，产品供给依赖外资，产品需求依赖国际市场，相应地，这种发展战略受世界经济周期波动影响大，这也反映了这种发展战略对外部国际条件的依赖性，然而此次危机深刻改变了新兴经济体对

---

① Kai Guo and Papa N'Diaye："Is China's Export-Oriented Growth Sustainable?" IMF Working Paper，WP /09 /172，2009.

② 欧余定、陈维涛：《出口拉动型增长方式是可持续的吗》，《世界经济研究》2012 年第 3 期。

外经济关系发展的外部环境。无论从世界经济增长前景与增长模式，还是从世界产业发展趋势，抑或是从新兴经济体国际地位的变化以及全球创新地理区域的迁移来看，危机后外部国际环境都发生了显著的变化，给新兴经济体带来了冲击，形成其对外经济关系发展战略转型与升级的压力和动力。

1. 从世界经济增长前景来看，世界经济进入一个持续多年的不平衡的低速增长的趋势明显，推动新兴经济体经济增长的外部需求动力减弱

随着危机的不断扩散以及区域政治局势动荡和各类突发事件的冲击，从中期来看，世界经济进入一个持续多年的不平衡的低速增长时期的趋势明显，新兴经济体面临外部市场需求萎缩的挑战。2009 年全球经济经历了"二战"后首次产出负增长后，2010 年世界经济开始步入复苏期，但进入 2011 年之后，随着各国大规模经济刺激政策的效果逐渐减退，特别是欧债危机愈演愈烈，世界经济形势严峻，全球经济复苏步伐明显放缓，2012 年世界经济将面临更多的不稳定和不确定性，全球继续维持低速增长的可能性很大。根据 IMF 预测（见表 10—6），2012 年和 2013 年世界产出与贸易都将面临低速增长。尽管危机后南南贸易增长较快，但受制于新兴经济体整体经济增速放缓，对世界贸易的拉动作用有限。

表 10—6　IMF 对世界经济增长前景的预测

（单位：%）

	年度同比				与 2011 年 9 月预测相比	
			2012 年 1 月预测			
	2010	2011	2012	2013	2012	2013
世界产出	5.2	3.8	3.3	3.9	−0.7	−0.6
发达经济体	3.2	1.6	1.2	1.9	−0.7	−0.5
新兴和发展中经济体	7.3	6.2	5.4	5.9	−0.7	−0.6
世界贸易总量（货物和服务）	12.7	6.9	3.8	5.4	−2.0	−1.0

	年度同比				与2011年9月预测相比	
			2012年1月预测			
	2010	2011	2012	2013	2012	2013
进口						
发达经济体	11.5	4.8	2.0	3.9	−2.0	−0.8
新兴和发展中经济体	15.0	11.3	7.1	7.7	−1.0	−1.0
出口						
发达经济体	12.2	5.5	2.4	4.7	−2.8	−0.8
新兴和发展中经济体	13.8	9.0	6.1	7.0	−1.7	−1.6

资料来源：IMF《世界经济展望》，2012年1月。

世界经济需要较长期的调整才能走出危机阴影，而与危机相伴生的贸易保护倾向在短期内难以根本扭转，新兴经济体贸易环境恶化。WTO的统计显示，贸易保护主义势头正在上升，近年来全球已实施的保护主义措施中80%来自二十国集团（G20）国家（见表10—7）。

表10—7　G20成员采取的贸易限制措施情况

（单位：起）

贸易限制措施类型	2010年5月中旬— 10月中旬	2010年10月中旬— 2011年4月	2011年5月—10月中旬
贸易救济	33	53	44
边境措施	14	52	36
出口措施	4	11	19
其他措施	3	6	9
合计	54	122	108

资料来源：WTO秘书处，《G20国家贸易限制措施报告》，2011年10月25日。

世界经济增长放缓压缩了新兴经济体的外部市场空间，贸易保护主义抬头恶化了新兴经济体贸易环境，而不少新兴经济体在自然禀赋、生产技术水平、国际市场辐射、出口商品结构以及出口市场结构方面都有同构与相似之处。此外，随着新兴经济体普遍走强，未来新兴经济体之间对国际市场的争夺更加激烈。如美国布鲁金斯学会 2011 年 3 月的报告认为，从长远看，中国与巴西在贸易关系以及 FDI 方面竞争将日趋激烈。[①] 这对大多数依赖外部市场的新兴经济体来说是严峻的挑战。

2. 从世界经济增长模式来看，危机后发达经济体转变与调整经济增长方式，大多数新兴经济体出口导向型经济发展模式难以为继

危机后世界经济增长模式深刻转变的核心，是发达经济体过度依赖虚拟经济，高负债、高消费的发展方式已经难以为继，发达经济体不得不转变与调整经济增长方式，一些国家提出了世界经济"再平衡"、"再工业化"以及贸易逆差国扩大出口等政策设想及目标。虽然经济全球化的长期趋势难以逆转，但这代表着新兴经济体出口导向型经济的外部发展环境的主要参数已经发生重大变化，对新兴经济体出口导向发展战略影响深刻。

新兴经济体的高增长与美国等发达经济体高负债、高消费的增长模式直接相关，因为这种模式直接支持了新兴经济体的出口增长，而出口是新兴经济体经济增长的重要因素。出口拉动的特点在"金砖四国"中最为明显。中国以劳动密集型产品出口为主，加工贸易是主要出口形式，使中国多年来保持了加工贸易顺差。俄罗斯是世界能源出口大国，能源产业产值对于俄罗斯 GDP 增长的贡献每年在 30% 左右。巴西的出口产品主要是农产品和矿产品等。印度经济虽不能算做出口导向型经济，但软件和信息服务业对印度经济增长的贡献在 1%—2% 之间，这些部门的增长又主要是通过出口来实现，出口对印度经济增长的贡献不容低估。危机后，发达经济体"去杠杆化"趋势明显。以美国为例，美国居民储蓄率已由 2005 年的最低点 1.5% 上升至 2011 年的 4.4%（见图 10—2），尽管目前趋于稳定，但中期内持续下降可能性较小，这将打破原有国际经济循环，由此加大了新兴经济体转变发展战略的紧迫性。

---

① 美国布鲁金斯学会：《巴西与中国：南南合作还是南北竞争（Brazil and China：Southe-South Partnership or North-South Competition）》，2011 年 3 月。

3.从世界产业发展趋势看，发达经济将新兴产业作为未来产业发展的重点，世界产业发展趋势要求新兴经济体调整与优化国内产业结构，提升在全球产业分工格局中的地位，同时新兴经济体之间发展新兴产业的战略重点存在相同之处，预示着未来竞争更加激烈

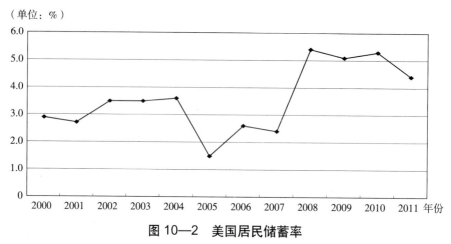

(单位：%)

图 10—2　美国居民储蓄率

资料来源：《2011 美国总统经济报告》(Economic Report of the President: 2011)，第 8—10 页。

在世界现代经济发展史中，每一次重大经济危机都孕育着新兴产业发展的机遇。此次危机冲击下，发达经济体为了走出危机阴影，更加寄希望于新兴产业。一方面加大了研发投入，为新兴产业大规模发展建立技术基础，美国、日本和欧盟 2011 年 R&D 支出占 GDP 的比重分别达到 2.7%、3.3% 和 1.7%，同时期中国和印度占比则分别为 1.4% 和 0.9%；另一方面，加大了对新兴产业的投资力度。如美国 2011 年 2 月颁布的《美国创新战略：促进经济增长和繁荣》中提出，加速生物、纳米和高端制造技术发展，推动空间技术研发和应用实现突破，推动健康技术突破性发展。世界产业结构调整的新趋势对新兴大国形成倒逼压力，跟随发达国家产业结构调整的步伐，主要新兴大国均选择了自己重点发展的新兴产业领域（见表 10—8）。通过比较不难发现，新兴大国与发达经济体之间以及新兴大国之间发展新兴产业战略存在重构之处，这对新兴大国来说至少意味着两个挑战：首先，由于目前全球产业分工格局中新兴大国主要位于全球产业链低

端，技术创新的先发优势和马太效应意味着新兴大国在与发达经济体的竞争中有可能难有大的突破。其次，新兴大国选择发展的新兴产业存在相同之处，如大部分新兴大国均将新能源作为重点发展的领域，这是顺应世界产业结构调整趋势之举，也意味着在未来产业发展过程中新兴经济体之间也存在激烈竞争，如何吸纳全球创新要素，实现新兴产业突破发展是新兴大国对外经济关系发展考虑的重点。

表 10—8　主要发达经济体与新兴经济体重点发展的新兴产业

国家	新兴产业重点发展领域
美国	新能源的开发和利用；混合动力汽车；生物医药；航天；海洋开发；信息和互联网；气候变化应对
欧盟	健康；食品、农业及生物工程；纳米科学、纳米工程，材料和新产品技艺；信息和传媒工程；能源；环境；运输；安全；空间
日本	信息通信；纳米材料；系统新制造；生物及医疗护理；环保型汽车；能源；软件；融合战略
中国	节能环保、新一代信息技术、生物、高端装备制造、新能源、新材料、新能源汽车
印度	软件产业；生态旅游、文化旅游和农业旅游；医疗旅游；医药产业；信息产业
巴西	发展以乙醇为中心的产业；生物燃料汽车；风能、核能产业；电动汽车产业
俄罗斯	通信技术、生物医药、空间技术、核能和能源节约
南非	清洁能源、环保产业、核工业、尖端材料行业、太空工业等
智利	混合种植技术；生产和加工生物燃料；生产沼气

资料来源：根据媒体资料整理。

4. 从国际地位的变化来看，进入 21 世纪以来新兴经济体国际经济地位持续上升，危机更凸显这一趋势，有助于新兴经济体主动参与全球经济治理，为自身发展创造有利的外部条件

危机后世界经济的剧烈变化带动世界格局也随之发生相应的变化，其中的变化之一是新兴经济体国际地位的凸显和显著提升。新兴经济体国际地位的提升首先在应对金融危机为全球经济增长做出贡献上体现出来。①

---

① 张幼文：《中国国际地位的提升与开放战略的升级》，《文汇报》2011 年 6 月 13 日。

危机发生以来，新兴经济体保持了高速增长，而以美国为代表的发达国家增长低迷乃至出现负增长，新兴经济体成为拉动世界经济复苏的重要力量，2010年新兴和发展中经济体对全球经济增长的贡献高达70%。[①] 尤其是新兴大国正在成为世界经济增长的主要动力，2010年仅中国、印度和俄罗斯三国对全球经济增长的贡献超过一半。[②] 世界银行（2011）更有预测称，到2025年，六大新兴经济体（巴西、中国、印度、印尼、韩国和俄罗斯）将占全球经济增长总量一半以上。

危机后随着新兴经济体国际经济影响力持续上升，发达经济体让渡全球经济治理权的意愿在增加，国际经济地位的提升推动新兴经济体主动参与全球经济治理，为本国对外经济关系发展注入新内涵。无论是G20地位的上升，金砖国家领导人峰会影响的扩大，还是IMF配额与投票权的变化，以及世界银行投票权的变化，均反映了新兴经济体参与全球经济治理，为自身发展主动创造有利的外部条件的意愿在增强。

5. 从全球创新的区域分布来看，创新地理区域向新兴经济体迁移，新兴经济体具备对外经济关系发展战略转型的技术基础

危机后中、俄、印、巴西等新兴大国纷纷出台各自创新战略，加大研发投入。根据世界知识产权组织发布的《2011年世界知识产权报告》显示，尽管高收入国家仍是全球研发支出的主体，但创新的地理区域已开始向新兴经济体发生迁移，公司研发支出的变化同样反映了这一趋势。根据世界银行（2011）提供的数据，从全球前1000位公司的研发支出看，来自新兴经济体跨国公司的研发支出所占份额由2004年的6%提高到2009年的12%。全球研发权威研究机构美国巴特尔研究所预测，受益于危机前多年经济强劲增长，未来新兴国家研发投资的增长速度将明显高于发达国家。

新兴大国是推动这一趋势转变的主导力量。近年来印度、中国等新兴大国的研发投入也快速增加。《2010年教科文组织科学报告》显示2000年至2008年，中国国内研发总支出年均增幅达22.8%，占GDP的比例从2000年的0.9%升至2008年的1.54%。近年来，印度国内研发市场的实

---

① 朱民：《世界经济结构深刻变化和新兴经济的新挑战》，《世界经济导刊》2012年第 1期。

② 根据国家统计局《金砖国家联合统计手册（2011）》提供的数据计算所得。

488

际投入超过 GDP 的 2%，俄罗斯制定的系列反危机计划中均通过了一系列支持创新活动的决定，2011 年巴西研发投入也接近 2%。研发支出快速增长的结果是新兴经济体所获得的专利快速增长，创新能力与技术水平显著提升。根据世界知识产权组织的数据，"金砖国家" 2010 年 PCT 专利申请件数合计为 15010 件，占世界总量的 9.16%，比例显著提升，成为新兴大国对外经济关系发展战略升级的技术基础。

危机后国际环境的变化说明新兴经济体过去那种简单的开放战略难以为继。新的国际环境要求新兴经济体普遍进入由大变强的经济发展新阶段后，不能再仅限于过去简单开放战略下争外资、争市场的开放，而应探索内涵更丰富的发展战略。事实上，危机后主要新兴经济体已着手对外经济关系发展战略转型与升级的实践探索。

三、新兴经济体对外经济关系发展战略升级的新探索

新兴经济体对外经济关系发展战略所带来的国内困境，以及危机后国际环境的变化促使新兴经济体着手探索对外经济关系发展战略升级。以俄罗斯等为代表的新兴大国，以越南等为代表的新兴小国，普遍结合国内经济结构转型需要，探索更适合本国经济发展新阶段的对外经济关系发展战略。

1. 俄罗斯

危机冲击下，俄罗斯认为在保持经济规模的同时摒弃资源型增长模式，必须依靠创新型经济发展模式实现经济现代化，因此俄罗斯对外经济关系发展战略转型与升级是围绕经济现代化战略而展开的，同时它也是俄罗斯努力推进经济现代化的核心内容之一，包含国家创新战略、产业结构调整战略、经济一体化战略等。

（1）推行国家创新战略，促使俄罗斯从依赖能源和原料出口的发展道路转向创新发展道路

2008 年 2 月 8 日，俄罗斯总统普京在国务委员会扩大会议上做了《俄罗斯 2020 年发展战略》的报告，这是俄罗斯历史上第一次正式确立了国家的创新发展战略，实际上这是一个把俄罗斯从保守的依赖能源和原料的发展道路转向创新发展道路的政治决定，这一战略包含了以科技进步和生

产效率的大幅度提高以及其他社会发展目标为基础的广泛的内容。其战略目标是最终把俄罗斯经济转向创新发展的道路，走上以先进技术为基础的快速和稳定增长的轨道。2008年11月普京作为政府总理批准了《2020年俄罗斯联邦社会经济长期发展构想》等一系列相关文件，根据这些文件的设想，在2012年前主要是为经济转型创造条件；2012年至2020年，国家开始发展创新型经济，到2020年俄罗斯应在5—7个高科技行业达到世界领先水平。2010年5月，俄罗斯政府出台了庞大的经济现代化创新计划：俄罗斯将在未来3年内耗资8000亿卢布，实施38个现代化创新项目。2011年12月下旬俄罗斯政府最终批准了《2020年前俄罗斯创新发展战略》，为推动俄罗斯向创新型社会发展模式转变提出了明确的发展目标、优先项目、国家创新政策和激励机制。

（2）促进国内各产业协调发展，致力于扩大出口的同时改善出口商品结构

2012年俄罗斯经济发展部召开部务扩大会议提出争取2020年前俄罗斯非能源出口增长160%。为改善出口商品结构的产业结构调整战略主要包括以下内容：

一是紧跟世界新兴产业发展趋势，确立发展的支柱产业。2009年5月，梅德韦杰夫总统宣布成立由他亲自负责的俄罗斯经济现代化和技术发展委员会，将节能、核技术、航天通信、生物医疗和战略信息技术确立为发展俄罗斯创新型经济的五大支柱产业，尽快推动俄罗斯走上创新发展之路。

二是打造"俄版硅谷"，加快高新技术研发及其产业化进程。2010年3月，梅德韦杰夫总统宣布，将在莫斯科州的小城斯科尔科沃建立一个现代化的高技术研发和商业化中心。俄罗斯试图复制美国"硅谷"的成功经验，充分利用2006年在斯科尔科沃成立的莫斯科工商管理学院，把科技园区未来的科技研发和商业推广紧密结合起来，推动俄罗斯在通信技术、生物医药、空间技术、核能和能源节约这5个重点领域的现代化进程。2010年5月，梅德维杰夫总统向国家杜马提交了《斯科尔科沃新经济中心法案》，标志着"俄版硅谷——斯科尔科沃"的建设进入立法阶段。截至2011年，已有300多家从事创新研究和设计的公司在斯科尔科沃创新

中心落户，并与多家跨国公司签订伙伴关系协议，吸引这些公司在斯科尔科沃建立研发中心，重视外资在国家创新体系中的积极作用。

三是重视能源产业外的其他产业的发展，注重产业的协调发展。在制造业领域，制定 2020 年前重型机械制造业发展战略，提升本国技术水平是核心，制定 2020 年前轻工业发展战略，逐步发展新型工艺基地，并以此为基础进一步发展现代化的低能耗无废料的技术装备；支持农业发展，俄罗斯 2009 年反危机计划明确提出了支持农业发展的战略，为农业发展提供专用资金，保护国内农产品市场，鼓励农产品出口；制定了 IT 产业三个优先发展的方向，即建立俄罗斯超大型计算机、实施俄罗斯"电子政府"计划，以及在新一代互联网技术的基础上发展文化教育普及系统。

（3）引进外资的同时加强对战略产业的保护

在引进外资方面，俄罗斯开始注重对战略产业的保护。2008 年 5 月 5 日，由普京签署了《有关外资进入对国防和国家安全具有战略性意义行业程序》的联邦法。俄罗斯对外资进入涉及国家命脉的行业一直保持相当谨慎的态度，曾实施数条临时法律条例，但一直缺乏统一的立法进行调节，已有的法律并不具有系统性。此次新法律出台，第一次明确列出了外资需要获得特别批准的 42 个行业名录，使对外资调节有了一个统一的标准。入世后，俄必须履行承诺，市场对外开放程度将会进一步提高，外资将以多种途径在更广泛的领域进入。这部法律的指导思想是按照国际惯例尽量符合 WTO 需要，同时考虑国内产业结构调整需要，尽量符合国家利益。新法律规定的行业和领域已为外资设限，将成为抵御外资冲击俄罗斯国内相关行业的市场保护措施之一。

（4）大力推进经济一体化，围绕经济现代化开展对外交往

俄罗斯经济一体化战略主要有两个着力点：一是在前苏联地区推行区域经济一体化战略。目前在前苏联地区实际有三个俄罗斯主导的一体化计划，即俄罗斯和白俄罗斯联盟国家，由俄罗斯、白俄罗斯、哈萨克斯坦、吉尔吉斯斯坦、塔吉克斯坦参加的欧亚经济共同体，以及有俄罗斯、白俄罗斯和哈萨克斯坦参加的关税同盟。从 2011 年 6 月 1 日起，白俄罗斯、哈萨克斯坦和俄罗斯的关税同盟全面启动，在独联体框架内签订的自由贸易区协定也于 2012 年开始启动。从 2012 年 1 月 1 日起，俄罗斯、白俄罗

斯和哈萨克斯坦的统一经济区开放，除商品自由流动外，服务、资本和劳动力都可以自由流动，目的是到 2015 年建立欧亚经济联盟。二是积极参与多边经济一体化。标志性事件是 2011 年 12 月 16 日，结束了长达 18 年的入世谈判历程，世界贸易组织第八次部长级会议在日内瓦正式批准俄罗斯加入世贸组织，这是俄罗斯融入世界经济一体化的新阶段，入世同样也是俄罗斯摆脱过度依赖能源、原材料出口的经济发展模式，建设创新经济、实现经济现代化的必由之路。

在对外关系方面，事实上，正如梅德韦杰夫在 2011 年国情咨文中所坦承："我国对外政策更加务实，以国家现代化为目的。"俄罗斯认为，其经济现代化所需要的技术和资本在西方，因此，危机后俄罗斯积极改善与欧盟和美国的关系并不令人感到意外。目前俄罗斯与欧盟成员国已签订了以现代化为目的的 23 份伙伴关系协议，就几十个具体项目达成协议。俄罗斯同样把发展与美国的经济关系提到了重要地位。2010 年 6 月，梅德韦杰夫总统访问美国的主要目的，就是推动俄美两国经济关系的进一步发展。俄罗斯试图坚定地与美国构建互利平等合作的有效模式，挖掘利用美国的技术和高新技术转让的潜力。

2. 印度

印度产业结构的特点是服务业较发达，而制造业实力相对比较薄弱，这也限制了印度国内就业及国际竞争力提升。针对经济过度依赖服务业的现状，印度以发展国内制造业为核心进行对外经济关系发展战略升级，试图实现"使所有人受益的增长"。

（1）推出国家制造业政策，提升印度制造业的全球竞争力

2011 年 10 月 25 日，印度内阁正式批准了印度第一份国家制造业政策。根据这份政策文件，到 2022 年，印度将把制造业占国内生产总值的比重从当前的 16% 至少提高到 25%，从而创造 1 亿个新工作岗位。目标包括增强印度制造业在全球的竞争力、提高国内产业附加值、拓展技术深度和促进经济增长的环境可持续性。

（2）鼓励外资进入制造业领域，借力外资推进产业升级

针对危机后外资大量撤离的状况，印度主动调整，采取了更加开放的外资政策，继续扩大外资股权比例和行业领域。目前，除禁止、限制和强

制实行生产许可证的领域外，绝大多数行业中，外商投资者都可以较高比例进入印度。同时，印度政府还放宽了外资准入的行业领域，对外开放的领域逐步增多。当前，印度政府鼓励外资进入的领域主要集中在基础设施、农业综合开发和具有出口潜力、能大量雇佣劳动力、能引进技术及资本的项目，这些领域外资股权比例大多是100％，一般采取自动审批程序。此外，为实现国家制造业政策提出的战略目标，吸引跨国公司及本国公司参与一系列由政府支持的项目，其中包括建立一条孟买—新德里"制造业走廊"的计划，在一系列工业园中建立高科技工厂。

（3）提高出口产品的技术含量，助推印度制造走向全球

2009年8月27日印度商业和工业部外贸总局公布了《2009—2014年对外贸易政策报告》，报告提出，印度力争2011—2014出口额年增长25％，到2020年，使印度在全球贸易中的份额翻一番。2011年5月3日印度商业和工业部正式公布了振兴出口战略文件，计划用三年时间使出口额从上一财年的2460亿美元提高到5000亿美元。印度计划加大高技术产品出口，大力拓展制剂药出口市场，新建电子产品工厂，升级汽车零部件制造，并促进智能工程产品、环保绿色产品和技术以及航空电子等高端产品出口，提高出口产品的附加值和技术含量，并为印度产品品牌形象推广提供支持。

（4）加强国际技术合作，积极参与全球经济治理

印度对外经济关系交往有两个重点，一是积极参与全球经济治理，二是加强国际技术合作。

危机后，印度对外经济交往非常活跃，努力争取成为世界经济多极化的格局中重要的一极，主动为印度发展创造外部条件。首先，积极参与全球治理，积极参加G20及金砖国家峰会，推动国际经济体系、治理体系的改革。其次，重视发展与其他新兴大国的经贸关系。2009年8月，东盟与印度在曼谷签署《货物贸易协议》。协议规定，从2013年到2016年，东盟成员国和印度之间将实现对80%以上的交易产品取消进口关税。2010年12月，温家宝总理访问印度期间与印度总理辛格达成共识，同意建立中印战略经济对话机制，对话的宗旨是加强宏观经济政策协调，促进交流互动，共同应对经济发展中出现的问题和挑战，加强经济合作。2011

年 9 月 26 日，中印战略经济对话首次会议在北京举行。

软件产业、医药产业和信息产业等是印度重点发展的产业，为提升产业技术水平，印度加强国际技术合作，以多种方式吸纳国际创新资源，助推产业升级。从 2009 年开始，印度和美国加强合作的领域包括：发展以可持续生物质为基础的生物燃料生产，第一代生物燃料转换技术及第二代生物燃料的新兴技术，促进技术转让，评估联合政策和商业模式等。印法合作方面，2009 年 7 月印度总理辛格访法，法国承诺到 2012 年注资 100 亿欧元，促进印法在医疗保健、制药、合作研发、电信、汽车、纳米和生物等高技术领域的合作。新兴经济体之间也加强了国际技术合作。如近年来，印度和俄罗斯在军事、核能、基础研究等领域的合作继续深化，其中核能与军事技术合作成为新时期印俄科技合作的主要特点。

3. 越南

危机前巨额的外资给越南带来迅猛的经济增长，越南也成功地确定了东南亚生产基地的地位。危机给越南高度依赖出口的经济增长模式造成较大冲击。以 2011 年 1 月召开的越共"十一大"为契机，越南开启革新开放事业的新时期。越南对外经济关系发展战略升级核心是强化高附加值产品生产，着眼未来竞争力提升。

（1）确定以增长为核心的经济政策

根据该战略，2011—2015 年间，越南 GDP 平均增长 7.5%—8%，人均 GDP 达到 2100 美元。力争 2020 年 GDP 达到 2010 年的 2.2 倍，人均 GDP 达到 3000—3200 美元。

（2）加快经济结构调整

继续保持宏观经济稳定，加快经济结构调整，使工业和服务业占 GDP 的比重达到 85%。城市化比例在 45% 以上，全国一半以上的乡镇达到新农村的标准。确定了到 2020 年越南成为现代化的工业国家的战略目标。

（3）提升出口商品附加值

强调越南应摆脱纯粹的低工资生产基地地位，集中强化高附加值产品的生产，以保证在未来的竞争力。

4. 巴西

危机的冲击暴露出巴西现行经济模式的一些问题，特别是经济增长多依托于初级产品领域的发展，国内制造业则处于停滞或萎缩状态，因此巴西对外经济关系发展战略升级的重点是促进国内经济增长由依托初级产品领域向高附加值领域转变。

（1）将"创新"提高到国家战略高度

2010年，巴西联邦政府斥资412亿雷亚尔用于实现巴西《2007—2010年科学、技术和创新行动计划》所规定的目标。该计划的主要战略目标是：巩固、加强全国科学、技术与创新体系；推进企业技术创新；推进战略领域的生产、开发与创新，以及以科学技术和创新推进社会发展，并在财政、税收等方面予以特殊扶持。2011年迪尔玛新政府在科技方面提出将巴西建成科技大国的战略目标，将生物技术、纳米技术、机器人、新材料、信息和通信技术、医疗卫生、医药、生物燃料、可再生能源、农业、半干旱地区科研、核科学、空间科学、海洋资源和海洋保护等，定为重点发展科研领域。

（2）提升出口商品的国内附加值

政府除继续对进口工业品维持一定关税之外，还在政策层面提出一些应对措施，如在法律上限制外商对铁矿石、石油等行业的投资，鼓励它们投资于制造业并要求技术转让。此外，加强对炼钢厂、石油精炼厂、农副产品加工业的投资，使初级产品的出口实现增值。

（3）发展先进制造业，力图进入全球产业链高端

危机前，除航空工业外，巴西的制造业主要侧重于商品生产和低科技产品出口。危机之后，巴西加强了对先进制造业的支持力度，希望利用其拥有的丰富自然资源和在新能源的领先技术，进入价值链的产品附加值更高的环节。[1] 作为"金砖四国"之一的巴西也大力推动新兴产业。在得天独厚的自然条件下，巴西政府因地制宜，着力发展生物能源、风能和核能等新能源产业，鼓励发展灵活燃料汽车，制定发展生物燃料的发展规划和产品标准。

---

① 德勤会计师事务所：《2010全球制造业竞争力指数报告》，2010年6月，第4页。

（4）奉行多元化的对外经贸战略

对外经济交往方面，巴西奉行"多元化"战略。近年来，巴西积极参与各种重大和重要的国际会议，推动国际政治民主化和国际经济新秩序的建立。巴西作为地区大国，在推进拉美经济一体化方面的"协调"和"领导"作用越来越突出，巴西国会也力排众议批准了委内瑞拉加入南方共同市场，为扩大新成员开辟了道路。国际金融危机的爆发也使巴西看到了与发展中国家加强经贸关系的潜力和重要性。巴西积极扩大与其他新兴经济体的经贸关系。2009 年巴西同新兴国家的贸易额约占巴西外贸总额的 60%，比 2008 年提高了 4 个百分点。巴西与新兴国家贸易额也首次超过巴西与欧美国家的贸易额。另外，中国首次超越美国成为巴西最大的贸易伙伴及巴西产品最大的出口市场。

5. 南非

南非对外经济关系发展战略升级主要目标是促进国内产业全面发展，改善出口结构，加强对外经贸合作，拓展外部市场空间。

（1）鼓励出口高附加值产品，改善出口商品结构

南非虽然是非洲大陆的经济大国，但贸易产品结构单一，主要依赖矿产品和金属制品出口。为了改变出口结构单一状况，南非政府大力鼓励矿山机械、汽车及零部件、建材、食品和高技术产品等出口，希望出口高附加值产品。

（2）促进国内产业全面发展，改变经济增长依赖矿产品出口的现状

2010 年 10 月，南非政府发布"新增长框架"发展战略，南非将在未来 5 年内投资约 152.6 亿美元用于新经济增长项目，其中重点发展采矿和选矿、制造业、农业及农产品加工业、旅游业、创意产业行业，并计划在未来 5 年内吸引外资 1000 亿美元，促进矿业、制造业、交通业、农业、旅游业、绿色产业、金融业、高新技术产业等行业的全面快速发展。

（3）开拓对外经济交往新空间，积极加强与其他新兴经济体的经贸合作

在对外经济关系交往方面，南非过去较重视与欧盟和美国等传统贸易伙伴的关系，危机后南非积极加强与其他新兴经济体的经贸合作。金砖国家峰会第三次会议正式吸收南非，然而，近年来，南非与中国、印度、巴西、俄罗斯等新兴发展中国家贸易迅速增加，尤其是受金融危机影

响，南非与欧盟的贸易额大幅下降，而与上述四国的贸易却经受住了考验。2006—2010 年间，南非与四国贸易在南非对外贸易中的比重快速提升。其中，总贸易额由 913.8 亿兰特增加到 2036.1 亿兰特，占南非总贸易的比重由 10.8% 上升到 17.4%；出口额由 224.3 亿兰特增加到 880.9 亿兰特，占比由 5.8% 上升到 15.1%；进口额由 689.6 亿兰特增加到 1155.2 亿兰特，占比由 14.9% 上升到 19.7%。而中国与南非全面战略伙伴关系的确立，不仅进一步夯实了两国经济合作基础，同时也提升了合作层面。2010 年底，中国正式超过美国成为南非最大出口市场，两国间投资额近 70 亿美元。

6. 墨西哥

墨西哥的加工贸易居于主导地位的制造业出口高度集中，主要被少数几家外资大企业寡占，其中将近一半的制造业出口和超 20% 的制造业附加值是由跨国公司在墨西哥建立的组装工厂创造，外资对本国经济涉入较深。由于路径依赖以及毗邻美国的地理优势，墨西哥推动对外经济关系发展战略转型与升级的主攻方向主要是利用外资推进本国产业现代化，积极推进区域经济一体化。

（1）利用外资推动制造业升级

为推动制造业升级，首先利用毗邻美国的特殊地理位置优势，结合本国制造行业的低成本优势，大力发展出口创汇产业，推动产业升级。其次，通过改善国内投资服务环境以吸引外资，拓宽外资来源和渠道。利用外资带来的新技术和先进管理方法加快本国制造业的发展，特别是鼓励技术转让和国内消化吸收。

（2）积极促推区域经济一体化

在发展外向型经济和贸易自由化道路上，墨西哥积极促推区域经济一体化，借力一系列双边自由贸易协定，使自身对外经济关系步入稳健发展轨道。墨西哥是世界上签订自由贸易协定最多的国家之一，2011 年 11 月 22 日，墨西哥与中美洲萨尔瓦多、洪都拉斯、危地马拉、尼加拉瓜、哥斯达黎加 5 国签署自由贸易协定，以取代现行的哥、尼及中美洲北三角（萨、危、洪）与墨分别签署的自贸协定，该自贸协定将给中美洲与墨西哥的双边经贸往来注入新的活力，有利于增进墨西哥对外经济一体化进程。

从以上来自亚洲、欧洲、拉美、非洲等各区域代表性新兴经济体探索对外经济关系发展战略转型与升级的实践可以看出，新兴经济体结合各自国内具体情况进行对外经济关系发展战略的调整与转型，各具特色，各有侧重，但也体现出一定的共同趋势。

四、新兴经济体对外经济关系发展战略升级的趋势

新兴经济体在对外经济关系发展战略升级的实践探索中仍坚持了对外开放的战略，表明对外开放仍是主旋律，同时其战略升级具有系统性和综合性，提升开放质量和获取更多开放利益是主要诉求，对外经济关系的内涵更加丰富，说明新兴经济体发展对外经济关系的主动性增强。

1. 对外开放仍是主旋律

从主要新兴经济体对外关系发展战略升级的实践可看出，尽管危机中新兴经济体也受到了不同程度的冲击，但相关经济体仍坚持了对外开放的发展道路，这也折射出它们对经济全球化前景持乐观态度。

2. 战略升级具有系统性和综合性

在后危机时代新的国际环境下，新兴经济体进入新的发展阶段后，其对外经济关系发展战略升级的实践探索不是传统意义上的外资与外贸战略的升级，而是综合了国内经济发展与对外经济关系发展的系统的战略探索与战略安排，注重国内经济与对外经济的协调发展。如大部分新兴经济体均顺应世界产业发展趋势，调整本国产业结构，在新兴产业领域寻求战略突破，以此作为增强国内产业竞争优势、加快国内经济结构转型、提升国际分工地位的突破口，其主旨是将对外经济关系发展战略纳入国内经济转型与升级的总体战略中，通过协调国内经济和对外经济的发展，最终实现国家综合实力的提升。

3. 提升开放质量和获取更多开放利益是主要诉求

危机后新兴经济体进行的对外经济关系发展战略升级中，开放的广度和深度都有所提升，其战略升级探索不是过去简单的争外资、争市场的战略的延续，而是根据本国出口导向型发展模式带来的具体问题，有针对性提升开放质量，反映了获取更多开放利益的诉求，这是新兴经济体对外开放进入深化阶段的必然要求，体现了新兴经济体由大变强的战略意图。典

型例子是俄罗斯，其对外经济关系发展集中体现了通过开放实现经济现代化的战略意图。2012年5月17日俄罗斯总统普京签署《关于落实俄罗斯联邦外交方针措施的命令》中提到：发展与欧盟关系，促进"现代化伙伴关系"计划的有效落实；在亚太地区，更广泛地参与地区一体化进程；与美国关系的重点是经贸合作出现质的增加。这项由普京签署的命令责成俄罗斯外交部在2012年年底前提交新的外交政策构想草案，要求构想为俄罗斯长期发展、经济现代化以及俄罗斯在国际市场地位的巩固创造有利的外部条件，并在多中心国际关系体系日益形成的条件下确保俄罗斯利益。

4. 对外经济关系的内涵更加丰富

新兴经济体有关对外经济关系发展战略升级的实践探索显示，与过去相比，其对外经济关系发展的内涵更加丰富，不再是过去简单的争外资、争出口的开放战略，而是包括通过外资与外贸战略调整来改善引资与出口结构、发展战略新兴产业、自主创新、全球治理等新内容，这反映了新兴经济体正在努力走出过去简单的出口导向型发展模式的规模困境与结构困境，着眼未来竞争力的提升与经济的可持续发展。

5. 发展对外经济关系的主动性增强

危机后新兴经济体发展对外经济关系的主动性在增强，反映了新兴经济体主动创造有利的外部发展条件的意愿，这从侧面反映了新兴经济体开始认识到，危机改变了过去的开放战略所依赖的外部条件，危机后国际环境的变化意味着新兴经济体要主动创造未来进一步发展的条件。典型例子是巴西。危机后巴西积极以新兴大国的姿态走向世界，其对外经济关系发展非常活跃。[1] 除保持与欧美发达经济体传统经济关系外，巴西积极拓展新的对外经济关系。首先，巴西立足拉美，在推进地区经济一体化方面的"协调"和"领导"作用越来越突出。其次，积极推动与其他新兴经济体的经贸关系。2009年，巴西同新兴经济体的贸易额约占巴西外贸总额的比重高达60%。此外，巴西还积极发展同中亚和中东国家的对外经贸合作关系。

---

① 吴志华：《巴西篇：以新兴大国姿态走向世界》，《人民日报》2009年12月29日第13版。

毫无疑问，其他新兴经济体对外经济发展战略的转型与升级可为中国提供有益的借鉴。值得注意的是，新兴经济体发展实践表明开发战略即有效利用国际经济条件的重大意义，然而，这些理论与经验又并不表明只要坚持开放就必然获得发展。在开放中实现发展的关键在于，国际经济环境所能创造的条件与一国该阶段上的发展主题相一致，该国能利用这些条件实现发展。然而，当危机后国际经济环境发生变化，一国进入新的发展阶段后，在什么意义上利用外部条件以有利于本国新阶段上的发展目标就成了一个全新的课题。对中国等新兴经济体来说，在很大程度上完成了开放型经济体系的建设和经济规模的扩大后，由大变强的发展道路必须结合新的国际环境与条件，探索新的对外经济关系发展战略，在开放中实现新的发展。

第三节　中国开放型经济发展的新阶段

回顾三十多年来中国开放型经济的形成与发展的过程使我们看到，中国经济的总量逐一赶上和超过了世界诸多发达国家，中国在国际经济中的地位显著提升，中国经济以跨越一个时代的变化走过了一个重要的历史发展阶段，一个贫穷落后甚至未解决温饱的国家已经上升为世界第二经济大国。这一发展成就也就意味着发展的新的历史阶段的开始。

一、对外开放与新中国经济发展的历史阶段

新中国 60 年的辉煌成就为世人所震惊。无疑，前后两个 30 年经历了不同的发展道路。分析在对外经济关系上所确定的目标和选择的道路，既使我们看到两个 30 年的联系与区别，也使我们认识从今天所处的位置走向未来 30 年的战略要求。

1949 年中华人民共和国成立以后的 30 年，是中国经济发展的第一阶段。从对外经济关系这一角度看，这一阶段的发展特点是强调独立自主自力更生，在依靠自身力量的基础上实现"四个现代化"。有限的对外贸易

与苏联的援助是对外经济关系的主要内容。实行这一基本不开放战略的历史原因是冷战的国际背景。国内原因是摆脱半殖民地落后命运的强烈愿望和对计划经济作用的认识局限。30年的努力初步建成了一个独立的国民经济体系。但是由于封闭型发展的低效率和政治运动的干扰，新中国的发展成就并不尽如人意。国际环境的变化和对片面执行独立自主发展战略的反思使中国改变了发展道路。

1978年末确定的对外开放国策开启了中国经济发展的第二个历史阶段。进入这一阶段的国际条件是"和平与发展"时代的到来，而对外开放战略正是对这一时代机遇的准确把握。国内条件是政治稳定，全国上下对"发展是硬道理"普遍认同，对开放有利发展达成共识。在改革中扩大开放，以开放促进改革，中国经济的外向度迅速提升。外资大量流入中国，外资外贸成为中国经济增长的重要动力。2010年第二季度中国GDP超过日本成为世界第二经济大国，是对外开放后三十多年发展的成果的标志。无可争辩的是，中国在这一阶段上的发展成就是建成了一个经济大国。

对外开放三十多年后的今天，加快推进对外经济发展方式的转型升级已经成为中国发展的一个新的战略性主题。这一主题的提出首先和直接的原因在于中国自身发展的阶段性，同时，由于始于2008年的这场世界经济危机所带来的世界经济格局的重大变化使转型变得必要、紧迫和具体。实践已经充分证明对外开放基本国策的正确性。经历了三十多年的发展，中国已经站到了一个新的历史起点和国际方位，这就是在经济大国基础上建设经济强国。

二、新阶段中国对外经济关系发展的战略优势

世界主要经济强国都有其不同的发展道路，今天中国建设经济强国也有其特殊性。从对外经济关系意义上讲，前30年中国抓住了难得的历史机遇，发挥了优势，为长期发展赢得了先机，确立了基础。分析今天的国际环境及其与中国的关系，可以发现在未来数十年中国对外经济关系的发展有着新的战略优势。发挥优势是新阶段上战略推进的关键。

1. 参与全球经济运行协调使中国获得了更大的战略空间

中国的国际经济地位在这场金融危机中得到了历史性的提升。国际社会认识到，不仅中国的经济规模迅速扩大，而且中国经济对世界其他国家的重要性日益增强，拉动了各国的增长，提供了各国一个潜力巨大的市场，中国资金充裕，实体经济稳健而发展空间巨大。中国经济的重要性又使得中国在国际经济协调中成为关键的重要一极，世界需要中国发挥更积极的作用，开始逐步承认中国的话语权。

国际经济地位的提升为中国的未来发展开辟了新的战略机遇期。经济全球化的发展和金融危机的冲击使世界各国更认识到国际经济协调与合作的重要性，危机发生以来20国集团在世界经济协调中的作用尤其体现了中国的重要地位。发达国家已经认识到一个基本事实：在今天的世界经济中没有中国的参与任何协议都是没有意义的。如果说过去的30年中国对外开放经历了一个如何适应世界的过程，那么今天已经出现了中国与世界如何相互适应的问题，在有效协调中实现共同发展是世界的一大主题。中国在发展战略的选择上具有了更大的主动性，可以提出自己的政策主张以营造更有利的发展环境，而不再是一切简单接受被动适应。巨大而迅速提升的经济实力也为国家广义上的战略选择提供了空间，经济合作战略将在与政治外交关系的互动中发挥积极作用。中国在国际事务与政策协调中的话语权和影响力将不断提高，从而为国家的长期全面发展创造更有利的外部环境。

2. 参与全球治理发挥大国作用有利于中国改善发展环境维护合法权益

全球经济治理议题的广泛提出既对中国构成了压力与挑战，也将成为中国发挥大国作用的有利条件。国际社会需要中国全面参与各全球治理议题的国际谈判与规则制定。因为诸多议题与中国密切相关，离不开作为一个大国的中国的主张与承诺，这也就使中国有可能通过参与这些议题的国际谈判为自己营造一个更合理的发展环境。

以世界银行、国际货币体系和世界贸易组织为代表的现行的国际经济体制是发达国家在第二次世界大战后建立的，在某些方面适合于发达国家而不适合于发展中国家和新兴经济体的崛起，近年来这一体制暴露出的矛盾更要求进行改革。作为一个有影响力的大国，中国的参与是必然的。中国发展到今天，正需要更合理的国际经济体制与机制，参与制度建设是中国为未来发展营造更有利外部条件的重要途径。与此同时，深入参与经济全球化后的中国开始面对一系列新的国际摩擦与矛盾，其中如碳排放和初级产品价格等许多问题都是由全球化与世界发展格局的调整所产生的，成为中国实现可持续发展的障碍。全球经济治理的推进有利于经济全球化朝着均衡、普惠、共赢方向发展，有利于改变新兴经济体与发展中国家的相对不利的环境。中国应在与各国协商合作中共同解决经济全球化带来的各种难题，构建合适的体制机制安排，有利于世界各国，也有利于维护自身的合法权益。参与全球经济治理意味着，中国将从长期以来一个国际规则的接受者开始向一个共同制定者转变，自身的需要和利益有条件在制度建设中得到更好的反映，从而更有利于未来的发展。

3. 新兴经济体普遍崛起有利于在国际事务中的立场协调

21世纪世界经济格局的历史性变化表现为多极化的显著特征，新兴经济体，尤其是其中的一些大国分别成为世界经济新格局中的重要成员。由于新兴经济体的普遍崛起，世界经济体制机制改革也日益成为共同的需要，而不再只是个别国家的主张。

新兴经济体的普遍崛起也改变了中国国际经济合作的外部环境。除了前30年与发达国家合作实现了经济转型外，未来中国还可能通过开辟与新兴经济体的双边或多边合作营造新的发展条件和发展模式，其中尤其是在金砖国家之间的合作，包括项目合作、技术合作与资源开发合作等，既能为中国创造投资机会，促进技术进步，又能有利于资源瓶颈的突破，形成发展的新机制。新兴经济体之间的合作也特别表现在体制机制建设的国际谈判中立场的协调上。由于这些国家在崛起中对国际环境需求的相似性，对现有国际体制改革的共同利益，对全球治理的各类问题有相近的利益诉求，立场协调有较大的可能和必要。新兴经济体的这种立场协调对全球经济协调与体制建设非常关键。这种协调也将有利于中国减小在某些问题上来自于发达国家谈判方的压力。

4. 全球产业结构大调整使中国有可能重建在国际分工中的地位

全球产业结构大调整乃至形成一场新的产业革命是各国应对危机的重

大战略性举措，也是各国在国际分工中地位的一次大调整。以信息革命成果的深化运用和低碳经济环境产品发展等为特征的这场结构调整是一次历史性的大变革，在某种意义上说，各国都处于同一起跑线进行着发展竞争。这就在很大程度上改变了此前几十年中发展中国家通过传统产业转移参与国际分工，依靠跨国公司部署价值链参与国际分工从而处于低端地位的格局。

实现国际分工地位的提升正是中国进入新阶段后发展的历史性课题，面对这一课题中国可能获得发展新机遇的重要条件就在于前 30 年的发展基础。在前 30 年中，中国实现了大规模的城市化、基础设施建设，走过了传统工业化阶段，并形成了政府积极有效推动经济发展的体制机制，这为国家在新一轮全球产业大调整中抓住机遇创造了极为有利的条件。一方面，国内体制机制与市场需求规模为战略性新兴产业的发展创造了他国不能比的有利条件，使跨国公司在新产业的全球布局中可能把中国作为主要选择；另一方面，国内市场潜力与企业的发展，以及政府制定规划运用政策组合各类资源的优势等都为战略性新兴产业的发展准备了条件。在各种条件的综合作用下，中国有可能推进基于创新要素作用的新型工业化战略，以自主创新为基础建立起战略性新兴产业，提升在信息技术开发制造与服务的高端环节分工中的地位，从而完成产业结构升级的历史性任务。

5. 充裕的资金与外汇为发展战略选择创造了坚实基础

30 年前，当中国走上改革开放道路的时候，资金外汇资源严重短缺、体制机制问题广泛约束、国际市场参与度十分有限等等这些条件对发展战略的选择形成了明显的制约。为解决就业与资金、外汇等问题，在与外商谈判中处于相当不利地位，发展战略的选择空间有限，以至于不得不接受低价格出口、低端分工，承受巨大的环境、资源和政策成本。30 年后的今天，中国的客观条件已经根本不同了。无论是市场经济的体制建设，对外开放的机制运转，还是国内外市场的全面开发，国家的发展潜力巨大，尤其突出的是全社会的资金积累与国家的外汇储备，各个方面的变化都为新的战略选择提供了有利条件，创造了坚实的基础。

有效充分利用各种有利条件实现新的发展目标是新阶段上推进发展战略的关键之一。在提高引进外资质量水平的同时努力用好国内资金，有利于自主技术创新与产业创新目标的实现。在注重政府战略导向与企业投资机制完善这两个关键环节下，中国的资金优势将有效转变为技术与产业进步的战略优势。在这一过程中注重与外资的合作则将创造开放型经济发展的新模式。巨大的外汇储备提供了扩大进口的可能，通过进口先进技术与重大装备，中国有条件走出一条二次创新、集成创新和引进吸收再创新的产业进步模式，而这正是前一阶段发展成果在新阶段上发挥作用的体现。中国要在国内改变政策体系，变单纯鼓励出口为同时有目标地发挥进口的作用；对外打破发达国家的技术出口限制，消除障碍，使中国的外汇优势得到使用，从而在产业结构大调整中赢得先机。同时，中国也有条件通过跨国并购方式获得国外技术或品牌型企业，实现技术和品牌向国内的回流。在国际市场不景气的情况下，充分利用国内地区发展差距留下的发展空间，通过产业向内地转移在沿海地区创造新产业发展空间也是中国发展的新机遇，有着巨大的发展潜力。

三、从经济大国到经济强国：新阶段的发展内涵

今天摆在国人面前的一个重大课题是：继续按照前 30 年的发展模式推进经济规模的扩展，在经济大国的道路上继续前进，还是需要适时提出"经济强国"的新目标，根据新目标推进开放型经济发展战略，走上国家新的发展阶段？正确回答这一问题，除了基于上述对国家发展阶段规律性的认识和对国际条件变化的认识外，那就是必须清醒认识今天中国发展已经取得的成就的内涵以及继续现有发展模式所面对的障碍。

1. 客观清醒认识经济大国的发展成就

1978 年来中国开放型经济的发展，走过了这样的一条发展道路：以渐进式的开放进行探索，从而实现以开放促进改革，走上全面开放的道路。对原有计划经济体制的改革形成了中国特有的体制优势，在廉价劳动力、资源土地与国内大市场等优势下形成了中国经济的国际竞争力。中国抓住了国际贸易投资自由化等环境的有利条件，以外资的持续大规模流入推动了经济规模的迅速扩展，以高速发展出口迅速提升了国民生产总值和经济规模，从而建成了一个经济大国，完成了国家崛起的规模扩张阶段。在完成了这一发展历程后，如何建设一个经济强国的任务已经尖锐地摆到了国

经济强国与经济大国的首要区别在于科学技术水平以及在此基础上的产业结构，在全球化经济条件下这又构成在国际分工中的不同地位。中国要实现从经济大国向经济强国的跨越，就要努力实现在国际经济的地位从垂直分工低端向高端和水平分工的转变。三十多年来中国实现了世界经济中最令人瞩目的发展，但是我们也要看到这样一个重要事实：在国民经济和出口贸易结构中，具有创新意义的高端产业和著名品牌都属于外资企业所有，企业及其生产存在于中国但不属于中国，为我所用但不为我所有。问题在于资本、技术与品牌的所有权决定了经济发展收益的归属，低端劳动力的收益是有限的，土地资源的供给是最终要枯竭的。外资流入拉动了中国土地、劳动力投入生产使用，创造了财富，扩大了中国的经济规模，提高了出口能力，同时也掩盖了中国自身技术、创新和高端产业投资能力的不足。出口贸易中一半以上是加工贸易，这表明中国巨大的出口本质上是在出口低端劳动力和环境土地资源。中国不可能继续长期依靠土地、劳动力的投入，走低端制造业的发展道路。

在经济全球化的今天，我们不能再简单地从一国出口的结构看该国的国际分工地位，而要从国际直接投资中各国提供的生产要素的结构看一个国家在国际经济体系中的地位，因为正是生产要素的不同性质决定了各国的收益分配关系。同时，我们也不能仅仅从产业存在的意义上看一国的经济发展成就，因为这只是跨国公司的全球生产布局，虽然东道国获得了就业与 GDP，但土地与劳动力收益并不与 GDP 规模相一致。

2. 粗放型发展模式在对外开放中的表现

在经济增长取得了巨大的发展成就的同时，从长期可持续发展即建设经济强国的要求看，中国开放型经济也存在着一些值得重视的重要问题。概括而言，与国内经济发展相似，粗放型、数量型的发展模式同样存在于对外开放之中。

粗放型开放模式的表现之一是对外贸增长的数量追求。三十多年来，我国外贸保持高增长，增长率远高于国内生产总值。出口高增长是发展模式的重要特征。从中央政府制定的出口退税政策，到地方政府的大量出口鼓励措施，都集中到对出口的数量追求。较低的人民币汇率水平也是一种偏向出口鼓励的政策安排。

出口的高速增长对于中国经济的发展是完全必要的，尤其是在赢得初期启动发展所需外汇，解决巨大的劳动力就业问题等方面，出口增长起了极其关键的作用。以出口拉动经济增长是许多发展中国家的成功之路，也是中国经济成功的关键之一。外贸的长期顺差是中国经济发展现阶段的重要条件。积极参与经济全球化的国际分工，将是中国应长期坚持的发展战略。

近年来人们经常从外贸依存度的高低上讨论中国外贸规模是否合理，其实这并不是我国问题核心所在。一方面，在外贸依存度计算中 GDP 的美元值受人民币汇率水平的影响，结论不确定从而不能准确说明问题；另一方面，外贸规模本身并不能体现外贸的效益，或者对企业有效而对国民经济整体不一定有效。

分析外贸效益需要着重考虑的是两个方面的问题，一是外贸出口的增加值规模，二是出口总规模中由中国国内要素所提供的比重。中国已经初步形成了一个开放型经济体，在外贸上的主要表现是出口主体形式的多样化和贸易方式的多样化。在主体形式上，有中资企业与各类三资企业；在贸易方式上有一般贸易和加工贸易。但值得注意的是，出口的一半以上是由外商投资企业提供的，这既证明了外资企业对出口和经济增长的贡献，在一定程度上体现了开放政策的成功，又证明了国内企业在出口发展上的相对落后。然而通常使用的出口总量增长却掩盖了这一结构中的问题。同时，中国出口的一半以上是加工贸易，加工贸易的基本特点是中国提供劳动力。因此，整体出口规模的扩大所反映的主要是跨国公司对中国廉价劳动力的利用，体现的主要是中国劳动力的价格优势，而不是产业结构提升和发展意义上中国国际竞争力的提升。即使就中资企业出口而言，总量的迅速增长所体现的主要也仍然是由劳动力低成本而形成的产品价格优势，而不是产品的技术优势或企业的竞争力。

必须高度关注开放型经济发展的可持续性。中国地域广阔，目前主要发展起来的是沿海地区。现实的情况是，仅仅沿海地区以劳动力密集产品为主外向型战略的初步发展已经使中国成为"世界工厂"，许多产品的供给已经主要来自于中国，并且大量形成与世界市场的贸易摩擦，如果整个国家继续沿着这一道路走下去，发展空间是值得认真思考的。除了中国的发展外，何况还有更多后起的发展中国家也同样开始从劳动密集型产品起步，中国与各国在劳动力密集型产品上的贸易摩擦必然会扩大，这就对目前发展模式的可持续性提出了严峻的问题。

必须高度关注开放型经济发展的全面协调性。以出口的发展带动国民经济整体结构进步是发展经济学"出口导向"战略的要点。以中国今天的发展要求看，我们需要追求的正是以出口拉动经济的结构性进步。但是，在很大程度上中国的出口与国内经济是相分离的。一方面，加工贸易两头在外，由于国内含量小，出口产业的前向联系很弱，起不到对国内产业进步的拉动作用，甚至连产值的拉动作用都很小；另一方面，加工贸易发展模式的核心是低劳动力成本，这些劳动力主要来自于内地向沿海的流动。接受出口加工低工资的主要是内地流出来的劳动力，除了其积极意义以外，劳动力外流也使内地发展差距的缩小更加困难，使国家发展中的地区协调形成新困难。

粗放型开放模式的表现之二是对外资引进的数量追求。连续多年中国引进国际直接投资的规模处于世界前一二位水平，原因在于国家鼓励引进外资的战略定位和政策力度，也在于各地政府把引进外资作为主要的发展指标。

外资的引进是中国经济高速增长的重要原因和基本条件。外资在增加劳动就业、提升产业结构、促进市场竞争、改善企业管理、优化资源配置和推动体制创新等各个方面都起了不可替代的作用。积极引进外资将长期是我国开放战略的基本点。

近年来对外资的讨论部分集中在数量是否太多上，这其实把问题简单化了。数量问题是相对的，不是绝对的。所谓相对，指相对于中国经济的整体规模、内资利用等等而言，而不能只看在世界上第几位。数量是否太多也要相对于效益而言。外贸数量只是问题之一，但不是问题的全部，更不是问题的核心。从增长对外资的依赖性中可能使我们看到问题的另一面，那就是中国经济自身增长的能力并非如直接统计数字所体现的那样高。

问题的重要性在于，外资数量本身不是发展的成就指标，更主要的是经济的开放度指标。当中国从封闭经济中突破，致力于以开放政策引导经济走上发展道路的时候，能否大量引进外资反映了开放政策是否有效实施，这时，外资的数量及其增长是开放政策成功的标志。今天，开放的必要性和开放的成就已经不需要再继续证明，更需要关注和证明的已经转变为外资引进的效益和影响，而效益与影响是不能用外资数量来体现的。

外资对中国经济的增长与发展做出了重要贡献。但同时这也说明，如果不能区分国民经济增长来自于外资的部分，那么也就不能明白来自于中国资本的部分，不能明确中国资本在增长中贡献的下降，从而不能认识经济增长成就与国家经济实力提高的真实情况。问题的关键恰恰在于，大量外资企业不仅获得了国家统一的减免税优惠期，而且在地方上又获得了追加的优惠期。即使这样，大批外资企业仍然通过转移价格等各种方法构造了不盈利甚至亏损，从而更加减少了其税收义务。外商投资企业仅在工业中的增加值比重就远远高于其在总税收的比重，加上外资企业在中国获得更好的社会与公共服务，其应有的赋税义务是未充分履行的。

国内生产总值是以地理意义上的国家为基础的一年的产出量，其并不区分这些产出来源企业及其各种生产要素的国民属性，从而模糊了一个国家本国企业及其生产要素的真实产出能力。对于中国来说，由于大量引进外资，极少对外投资，因而GDP中的外资提供比重高，而海外的要素收益很小，因此从本国的生产能力上说GDP是大大扩大了的。

"以人为本"这一发展理念决定了，发展成就的衡量和检验标准应当是国民真实福利的提升，而不是其他任何间接指标的上升。外资的引进是对外开放以来我国就业扩大的重要因素，这是不应否认的。但同时我们也看到，在强烈的外资需求下，地方政府弱化了对外资企业中劳动者权益的保护，超时劳动、超低工资、严重损害劳动者健康的生产环境，以致严重侵犯劳动者人权等现象并非偶然。这里既包括外商不守法的原因，也包括我国的体制原因。由于外资的数量指标被提到不合适的高度，以致政府在抓外资目标中放松了对保护劳动者权益的监管责任。

3. 开放战略需回答的新课题

对外开放的巨大成就是中国抓住经济全球化历史机遇的结果，也与一定阶段上世界经济的结构特征相联系，因此，今天的中国在获得发展成就的同时也开始面对着世界新发展的问题。

随着中国国力的持续提升和在国际经济体系中地位的根本性变化，中国继续发展所面临的问题也出现了变化。三十多年前中国外汇严重匮乏，外贸规模极小，外资尚未进入，这些问题是 30 年前开放政策设计的主要指向。30 年后的今天，中国外汇储备不再短缺相反过多，出口在许多产业中竞争力显著引起各国反响，外资在国民经济中已经举足轻重但却不尽如人意，这一切表明，当前中国开放战略的主要政策指向应当开始考虑如何与当年有所不同。换言之，把坚持和扩大开放简单地理解为加大现有政策的力度并不能有效地把对外开放的基本国策推向前进。

从开放战略实现的国内发展模式来看，在注重发展外贸参与国际分工的过程中忽略了外贸产品出口结构的提升和贸易方式的优化，过度地依赖于低端产品出口和加工贸易，忽略了通过国内产业进步提升在国际分工中的地位；在注重引进外资外企促进产业发展的过程中忽略了自主技术进步和国内企业、产业的发展，过度地依赖于存在型的技术进步和外资对增长规模的拉动，忽略了国内资本的运用和投融资机制的发展；在注重出口创汇促进外汇储备增长中忽略了有效使用外汇，进口先进技术促进二次创新和集成创新，进口先进装备建立本国现代产业。这些问题的存在并不是现行开放政策所能够解决的，相反，如果一般地坚持现有的激励型政策结构还可能使问题更加严重。必须注意到，现行的开放政策是实现一个封闭经济向开放经济转型的政策体系，这一政策体系并不具有在开放条件下实现一个低端结构经济向高端结构经济升级的功能。

优化体制是提升开放经济效益的关键。尽管对外开放的国内体制战略成功地将一个封闭型经济推进到了一个开放型经济，但是，体制战略仍然有着其优化开放的任务。依赖外资流入的增长模式显示了国内投融资机制的不成熟，依赖加工贸易的出口结构显示了国内有竞争力产业发展的局限，依赖优惠政策显示了国内发展动力的不足，等等，这一切都反映了国内企业家队伍的严重短缺和市场机制的明显不成熟。政府依然是发展的主角，政策依然是发展的主要动力。这一切不仅造成了经济的扭曲和发展效益的流失，而且也是不可持续的。因此，在完成了向开放型经济转型以后，国内体制战略还承担着开放型经济成长和效益提升的历史使命。

要改变有出口无产业的状态。外资企业特别是独资企业为主的出口结构表明，中国的贸易竞争力主要来自于外资企业，出口结构并不是中国具有比较优势产业的体现。

要改变有产业无技术的状态。引进高新技术产业外资表面上呈现产业结构出口结构进步，但实际上技术为外资企业所有，间接"技术溢出"相当有限。鼓励高技术含量外资进入所实现的产业结构进步只是"存在"意义上的，而不是中国自己"拥有"意义上的产业结构进步。贸易结构与产业结构呈现优化现象，并不等于中国的结构进步。民资、国资企业的技术进步面对更大压力，我国高新技术产业发展面临的更大困难。

要全面认识外资的积极作用及其历史变化。外资流入拉动了土地、劳动力投入使用，扩大了经济规模与出口，同时也掩盖了中国自身技术、创新和高端产业投资能力的不足。外资对国民经济的作用随经济发展阶段而异。改革开放初期有利于启动发展，弥补中国投资能力不足。但中国发展起来后的今天，外资流入推动发展的同时也挤出了中国企业投资，对中国企业高新技术产业发展构成进入障碍与竞争压力。在中国资金实力增大、企业主体成长后的今天，要构建内外资平等竞争共同发展格局。

要通过提升开放水平实现战略性新兴产业的发展。危机后世界产业结构调整与布局呈现新趋势，结构调整成为各国战略重点。规模型发展转向结构进步型发展关键在于突破自主创新环节。战略性新兴产业的发展要避免单纯外部引进式，注重自主创新式，注重采用国内外企业合资合作形式。从引进资本为重点转向引进人才、专利技术为重点，推动自主创新。

要调整引资重点优化引资政策。引资中鼓励技术转让。主动到发达国家去寻找有投资前景的新技术。注重外资企业加强本地联系实现本土化的需求，对现有外资企业推进本地企业与其合作深化与投资新项目。引资政策更多鼓励合资合作，鼓励与中资企业共同开发。实现从依靠土地劳动力收益向更多依靠资本收益的转变。从本地发展战略出发规划引资产业重点。创新引资方式，依靠市场规模和配套服务能力创造引资新优势，避免政策竞争。

要提高引进外资的质量水平。鼓励外资投向高端制造业、高新技术产业、现代服务业、新能源和节能环保产业。鼓励中外企业加强研发合作，支持外资企业与内资企业、研究机构合作申请国家科技开发项目等共同发展。对西部地区外资企业实行税收优惠政策。对东部地区外商投资企业向中西部地区转移，要加大政策开放和技术资金配套支持力度。支持外资企业境内公开发行股票及融资。加强投资促进，针对重点国家和地区、重点行业加大引资推介力度。坚持以我为主、择优选资，促进"引资"与"引智"相结合。

要把握跨国公司全球布局的机遇引进外资。战略性新兴产业将是危机后投资热点，跨国公司将进行全球布局战略调整。顺应世界产业结构调整，建立新型制造业体系、新能源开发以及与相关工业品制造业。我国应努力占据产业链高端要素，以提升"知识含量"为重点，推进基于创新要素作用的"新型工业化"战略。如着重提升信息技术开发制造与服务的"高端环节"的领导地位。

4. 对外经济关系发展的转型升级

在新的发展阶段上，中国对外经济发展战略需要关注一系列新的课题，其中包括：获取外部资源能源，转移过剩生产能力，建立更有利的高端国际价值链，吸收最新技术产业化，建立中国企业自己的外部市场网络，突破现行国际经济体制障碍，等等。

从开放战略面临的国际发展条件来看，随着中国贸易竞争力的不断增长，贸易摩擦相应增多，针对中国的贸易保护主义不断蔓延，特别是在经济危机的条件下更为严重。中国低成本高质量的劳动力和有效生产管理等形成的巨大生产能力面对的是有限的市场空间。国际金融动荡、美元汇率下降和国际货币体系的缺陷开始对中国构成冲击与障碍，增加了中国开放型经济发展的不确定性。巨大的贸易顺差、持续的外资流入和不断增长的外汇储备使中国被看做世界经济不平衡中的重要一极，消除不平衡的压力直接挑战着中国对外经济关系发展结构。这些问题同样不是激励和扩张意义上的开放政策所能够解决的。

战略的单向性不能适应国家新发展的要求。现行对外开放政策注重扩大出口，引进外资，总体来说是单向的。政策未鼓励进口用好外汇资源，对外投资初步发展但并没有真正形成当今世界普遍采用的跨国公司经营方式。一个出口量世界第一、GDP 世界第二的国家采用的基本上还是一般发展中国家的激励型开放模式。

上述这些问题的存在要求我们适时实现开放战略的转型升级，以真正提高开放效益，适应国家发展新阶段上的要求。中国需要从"打开国门"请进来意义上的开放战略上升到全面平等地以大国身份参与国际经济合作的对外经济发展战略。

　　从对外经济关系讲中国需要实现五个意义上的转型与升级：一是从注重出口和引进外资的单向开放向同时注重合理进口和对外投资的双向开放转型升级，二是从政策型开放向制度型开放转型升级，三是从注重规模扩张性的外向型经济发展向注重结构进步型的开放型经济转型升级，四是从依靠土地资源与廉价劳动力向依靠科技创新与体制优势转型升级，五是从与各国的竞争性发展向注重包容性发展转型升级。这五个方面的转型是经济强国战略在对外开放中的表现。

第十一章　对外开放中的国际经济战略

　　起源于 2008 年的这场国际经济危机对世界经济的影响是深远的、历史性的。这不仅是由于危机的严重性和持续性，而且还由于危机的发生本身就是世界经济历史性变化所导致，危机是这些历史性变化所导致的矛盾的集中表现。这些历史性变化就是世界经济发展的不平衡。因此，危机后的世界经济面对的根本问题就是如何在这种不平衡发展的条件下实现发展。对于与世界经济的这种不平衡发展密切相关的中国来说，从不平衡的现实出发，从世界应对不平衡的转型出发探索自己未来的发展道路，是发展战略探索的出发点。

　　从整体结构上讲，对外开放基本国策包含两大战略主题，一是改革国内体制机制参与经济全球化，二是改善国际经济环境优化发展的外部环境。前一战略在过去的三十多年中实现了有效的推进，新阶段上的主要任务在于提高开放效益。后一战略的必要性已经尖锐提出，在新阶段上需要全面推进。推进后一战略的现实性与紧迫性在于，随着中国在国际经济体系中地位的变化，中国经济发展与世界经济运行的关系也出现了新的变化。探索在新的国际经济格局中中国对外经济关系的战略特点已经是摆在我们面前的新课题。从国家经济发展战略讲，对外开放的战略升级有了新的内容与要求，必须高度重视对外开放战略中的新课题。

第一节　中国对外经济关系发展面临的新课题

这场金融危机在很大的程度上改变了世界经济格局，改变了中国的国际经济地位，也构成了中国未来一个较长时期中发展的外部环境，向中国的未来发展提出了一系列新的课题。分析与认识外部环境中的这些新课题，是中国未来一个较长时期内对外开放战略选择的依据。

具体而言，金融危机后的世界经济向中国提出了以下十个方面的新课题：

一、金融危机持续经济长期低迷要求中国改变增长结构与发展动力

这场危机的持续时间是出乎预料的，世界经济增长处于长期低迷状态已为许多研究机构与专家学者所认同，联合国在 2012 年的预测中甚至认为世界经济正处于又一次大衰退的边缘。危机的严重性与影响度是否会类似于 1929—1933 大危机并非无端的猜测与过度的担忧。

世界经济这一增长前景对今天全球化时代的所有国家都将十分不利，而对中国来说尤其在增长结构与发展模式上构成了挑战。中国经济在前 30 年的高速增长中，外部市场起了关键的作用，是增长的一个重要动力。中国出口对世界各国尤其是对发达国家有着较高的依存度，发达国家增长率的下降直接降低了对中国的进口需求从而减小了中国的增长动力。危机发生后中国迅速采取了扩大内需的战略，在很大程度上降低了危机的冲击，但是短期性的政策调节并没有从机制上改变增长的动力结构，不能有效应对世界经济的长期低迷。外资引进是前 30 年发展的另一主要动力，发达国家金融系统的风险与恢复增长的需要也将影响跨国公司的对外投资，从而降低中国外资流入对增长的拉动力，进而又降低外资拉动下的出口，形成对增长外部动力的双重影响。成功发展的外向型经济在新的外部环境下面对挑战，要求中国探索新的增长结构与发展动力。

二、世界经济调整实现再平衡要求中国参与国际政策协调改变发展模式

世界经济中的三大不平衡被认为是这场危机形成的基础，即发达国家与新兴经济体之间贸易的不平衡，虚拟经济发展与实体经济发展之间的不平衡，以及经济发展需求与自然资源供给之间的不平衡。危机发生以来，实现世界经济的再平衡成为各国政策协调的一个重点与方向，其中尤其是贸易不平衡的减少与消除。危机后几年中发达国家贸易逆差大幅减少，但为应对金融冲击，发展中国家的外汇储备却大幅度增加，这些金融资源又以主权债务的形式回流到发达国家。因此，世界经济的不平衡可能是长期的，从而对不平衡调节的国际协调的需求也将是长期的。

对中国来说，贸易顺差从而高外汇储备在国际社会相当瞩目，危机以来倍受指责。从国际协调以恢复平衡的政策需求看，中国需要以扩大内需、增加进口等来缩小对外不平衡。但是中国当前的发展模式是外贸外资巨大的双顺差，特别是外贸出口一半以上为加工贸易，必然形成巨额顺差。因此，世界经济实现再平衡的国际协调意味着要求中国改变这一带有根本性的发展模式，不能继续如此大规模的搞加工贸易出口，或者必须大规模地扩大进口以平衡贸易顺差，大规模对外投资以平衡外资流入，这对中国经济来说在短期内都是不可能的。中国可能通过扩大内需等政策在应对世界经济危机的国际协调中发挥积极作用，但国际社会实现平衡的要求却是对现行发展模式的重大挑战，人民币没有快速大幅升值的空间，即使升值也改变不了这一格局，为此中国将继续承受来自国际上的压力。

三、经济迅猛崛起后面对更多大国责任要求中国具有更高的能力水平作出科学的战略部署

从长期发展看，这场危机是中国国际经济地位提升的一个历史性的转折点。2010年中国国内生产总值超过日本名列世界第二，按汇率计算达到美国的40%，按购买力平价计算达到美国的70%，成为世界第二大经济体是这一转折的标志。由于规模大但发展水平低，中国的每一个进步都以不同方式影响着世界，其中包括着有利不利两方面的影响。如果说过去30年的改革开放在于中国如何适应世界的话，那么今天突然出现了世界如何适应中国的新问题。中国的发展开始面对着基于现行发展战略和影响未来发展战略的所谓"战略性压力"。

中国已经在对世界贫穷国家的发展援助中发挥了越来越大的作用，通过增持欧元债券、推动中欧经贸投资合作等一系列措施在欧洲应对主权债务危机中提供了力所能及的帮助。但是，作为一个人均国民收入仍然低于世界平均水平一半的国家，中国在这方面的能力是有限的，能够提供的财力是有限的，与国际社会的高期待是有差距的，一个大国与世界各方面对大国责任的要求之间存在着矛盾。一些国家一方面享受着中国提供的廉价产品的利益，另一方面又对中国制造业发展和整体经济增长对世界资源价格、产品市场等的影响严重关切，甚至抱怨中国的发展。作为世界第二大的经济体，中国确实不可能再简单延续偏重规模的粗放型发展模式。然而要完全消除中国增长对其他国家的不利影响，增强积极影响，却取决于中国发展战略的根本性调整与发展水平的全面提升，从而增强与各国的互补性，而非出台一两个政策所能实现。因此，在未来一个较长时期内，中国将面对国际社会要求中国增大积极作用、减少不利影响的各种压力。

四、亚太地区周边环境出现新形势要求中国坚持和平发展推动区域合作

近年来，因世界贸易组织多边谈判的困难，区域与双边自由贸易区迅速发展。然而亚太地区包括中国与周边国家的双边自由贸易区的发展却相对缓慢。由于中国同该地区一些国家领海岛礁争端的矛盾被一再挑起，区域经济合作的推进受到明显干扰，难以推进。中国坚持走和平发展道路实现经济发展，但周边国家总有一些人鼓吹"强国必霸"，影响了地区合作的深化。与此同时，美国的跨太平洋合作伙伴（TPP）重返亚洲的战略明显针对中国，又对本地区的合作增加了不利因素。

因此，中国在未来的经济发展中面临着如何改善周边环境的新课题。应对这一课题一方面是政治与外交方面的战略与对策问题，另一方面也是如何排除障碍推进区域经济一体化与双边合作的问题。从中国自身而言又有一个经济发展方式转型的问题。中国要坚持和平发展，就需要推进包容性发展，减少和消除自身发展对其他国家特别是周边国家的不利影响，减

x

少资源消耗和环境损害，而这些目标的实现从根本上取决于中国以科学发展观转变经济发展方式的成功推进。只有成功实践科学发展观，才能最有效地减少自身发展对其他国家的负面影响。同时随着周边国家进一步进入世界市场，与中国的同构竞争将会加剧，改变这一局面的根本在于中国自身结构的多样化，这符合中国的自身利益，但却又是一个十分艰巨的战略转型。

五、全球经济治理提出广泛议题要求中国作出战略选择增强能力建设

经济全球化的发展日益将一些事关世界经济可持续发展和人类共同利益的重大问题摆到了世界各国的面前，这场危机的发生又使其中某些问题显得尤其突出亟待解决，"全球治理"（这里指经济治理）的必要性与紧迫性已成为各国的共识，各个议题不断被推上国际论坛与对话之中。这些议题广泛涉及国际货币体系改革、国际金融风险监管、服务贸易自由化、温室气体排放、环境产品与低碳经济、大宗商品价格、粮食安全、国际技术转让、竞争政策、世界贸易组织改革等世界经济发展的各个领域。

全球治理议题领域相当广泛，涉及诸多新领域的国际合作，这一问题的复杂性远远超出了中国前30年对外开放主要解决国内体制机制问题的范围，关系到全球性体制机制问题并最终将要求各国分别承担义务。由于这些问题大部分随着经济全球化的深化而日益凸显，因而与利用经济全球化发展起来的中国密切相关，不可回避。更为重要的是，在某些国际舆论看来，其中有些问题（如温室气体排放和资源产品价格等）尤其因为中国的发展模式而变得严重，中国需要承担更大的责任和义务。面对国际社会的压力，中国不仅要在舆论上作出回应，更需要在未来的国际谈判与制度安排上明确原则立场，提出清晰主张，作出正确选择，以有效地维护国家利益和未来发展的国际条件。在积极优化自身发展方式的同时，努力减小未来国际制度安排中可能的束缚。作为一个新崛起的大国，既要为自己营造一个更宽松的发展环境，又要承担起应尽的大国责任。由于这些问题在经济技术上的复杂性，仅有大胆和坚定的战略决心是不够的，所有战略选择都需要建立在对可能的制度安排影响的深刻的经济技术分析预判之上，即

需要以参与全球治理和维护国家利益的能力建设为基础，同时形成能适应未来全球制度与机制需要的国内发展能力和国际参与能力。这一问题完全不同于前30年中国市场开放适应外部竞争意义上所曾面临的各种问题。

六、国际金融风险增大要求中国参与监管合作并在扩大开放中实现金融稳定

这场金融危机以严酷的事实告诉人们当代世界经济的风险性。全球化下巨大的国际资本流动和过度膨胀的虚拟经济不仅使风险增大，而且使风险的全球传播性也显著增大。危机发生以来的国际合作并没有真正消除导致危机的原因，形成预防危机的机制，相反主权债务危机的日益严重又形成了一个新的风险源威胁着世界经济的稳定。主权债务危机失控并导致金融系统的损失与金融机构的破产，进而带来又一场崩溃式的全面冲击，这一局面的出现并非没有依据的过度担忧。欧美主权债务问题已经成为国际金融中一个长期的不稳定因素。应对金融风险的国际合作已经成为最紧迫的问题之一。

尽管中国成功抵御了这场金融危机的冲击，但各种潜在的国际金融风险依然继续威胁着中国，参与国际金融市场的监管合作，支持欧美国家应对主权债务危机都是中国不可回避的主题。对于一个国内金融还很不发达的国家来说，中国要掌控变幻莫测的国际金融市场动态并在国际合作监管中发挥作用，抵御风险，是一个很大的难题。不开放可以更好保护自己，但这不可能作为中国的一个长期选择，而开放可能带来的风险又因为国际金融中的潜在问题而增大。今天中国有着前30年辛苦积累起来的相当规模的资金实力与外汇资源，然而在复杂的国际金融与外汇市场中却完全可能因管理经营不善而缩水或流失。既要一个弱小的金融体系在扩大开放中发展并在国际上发挥作用，又要使这个体系承受风险日益增大的国际冲击，防止财富流失，中国面临的战略选择是复杂的。

七、经济大国实现货币国际化的目标要求中国科学部署应对外部冲击

这场金融危机对世界经济所带来的影响再次暴露出现行国际货币体系

的根本缺陷：以美元一国货币充当世界货币的不利性。国际货币体系改革的必要性再次成为国际社会的共识。对未来的国际货币体系有多种方案，显然有利于世界经济的稳定与增长是一个基本原则，同时体现世界经济格局变化和各国相对实力变化的要求也应当是国际货币体系改革的方向。

对中国来说，参与国际货币体系的改革与实现人民币国际化已经成为密不可分的两个主题。作为经济贸易大国，实现人民币的国际化是稳定经济发展和维护国家利益的必要条件，也是实现人民币在未来国际货币体系中合理地位的前提。但是，推进人民币国际化既要在对外金融系统中有效防范资本项目可兑换的风险，又要在国内经济运行中有效调控货币供应量，其中的困难是明显的。从实际推进过程看，人民币的国际化意味着在国际贸易投资和各国外汇储备中人民币的使用，也就要求在一个时期中大量人民币的净流出，这对一个已经有着巨额外汇储备压力的国家来说是一个难题，贸易与投资双顺差的发展格局在近期还不会改变，因而形成了与人民币国际化推进的矛盾。近年来人民币一直承受着升值的国际压力，当年日元升值后出现日本经济长期不振，如何防范这一局面的出现是中国的重大战略课题。从国际货币体系的改革方案看，制定经常项目收支余额的量化指标作为一国汇率调整的依据是多种改革方案中的一种，这种方案对以双顺差为特点的中国来说是相当不利的，在这种制度下汇率升值将成为一种国际义务。可见，积极参与国际货币体系改革推进一个有利于各类国家公平发展的国际货币体制环境对中国来说十分关键。

八、世界产业结构酝酿历史性大调整要求中国提升自主创新能力实现产业结构升级

在认识了虚拟经济与实体经济发展的不平衡以后，以产业创新走出危机已经成为各国的重要战略取向。世界产业结构正在酝酿着一场历史性的大调整，信息革命的成果在更广泛领域中的采用，战略性新兴产业的大发展将出现一个高潮，新能源、低碳经济、环境产品、信息技术运用的深化等将成为新一轮工业化的标志。在这一过程中，主要发达国家和一些新兴经济体都高度重视，制定了重要的政策措施与制度安排，新一轮产业结构调整的国家战略竞争已经开始。

中国前30年高速发展的一个重要特点是利用了国际产业转移的历史机遇，一大批传统产业转移到中国既推动了经济的高速增长，又提高了中国的出口能力。然而，这场产业国际转移的历史进程已经基本结束，全球传统产业的生产能力在相当程度上已经过剩，中国基本上已不再可能继续以这种方式推进未来的发展。然而中国现行的机制、政策与生产要素结构特征等都仍然停留在这一发展模式上，与新一轮产业创新不相适应。新一轮产业结构大调整的基础是创新，包括技术创新、产品创新与市场创新等，这些创新要素与机制在中国是严重缺乏的。尤其是前30年外资引进在实现了推动发展的同时，也增加了对中国企业技术进步的竞争压力与人才竞争，对新一轮发展构成困难。中国所熟悉的引进外资的发展模式如何在战略性新兴产业的发展中优化调整，形成有利于自主创新的中外资企业共同发展的新模式，是中国在这一轮世界产业结构升级中面临的一个重大课题。

九、处于产业链低端国际分工的不利地位要求中国加快探索转型升级道路

中国走上对外开放道路的前30年，正是经济全球化大发展年代。在对外开放中实现发展的中国经济实现了在国际分工体系中地位的变化。从探索发挥劳动密集型产业比较优势的国际分工出发，中国最终形成的是一个"要素合作型的国际专业化"：发达国家资本、技术、产品、品牌、销售渠道与中国土地、资源、廉价劳动力等的结合。按产业链分工超越按产品分工的全球化进程促成了这一结果。这种要素合作型的国际专业化典型地表现为两种形式，一种是加工贸易，即中国通过较低的劳动力成本承担产品的加工组装环节；另一种是产业向内转移，即通过引进外资将跨国公司产品引入，同样是中国依靠低成本劳动力优势，而跨国公司则掌握着产品的品牌、技术与国际市场。

上述开放型的经济发展模式在扩大经济规模、创造就业等方面产生了积极的影响，然而中国在这两种模式中的分工中的利益却相对较低，资源消耗相对较高，这已日益为国人所认识。改变这种利益有限的发展模式成为发展新阶段上的中心任务。然而，转型必须从发展的现状出发，寻找一

第十一章　对外开放中的国际经济战略

521

条稳定渐变的道路，而不可能抛弃现行格局从头开始。以提高加工贸易国内成分比重来改进加工贸易的路径，以国内创新逐步替代完全靠外资引进的路径，是转型的现实道路。对于熟悉前30年外资外贸发展模式的各级地方政府来说，这些是全新的课题，其可能性有待艰难的实践探索而绝非轻而易举。

十、从经济大国向经济强国的战略升级要求中国突破进入障碍与路径依赖

以2010年经济规模跃升世界第二为标志，中国建成了一个经济大国，同时也意味着向一个经济强国发展新的历史进程的开始。经济强国有一系列重要特征，至少包括更先进的科学技术，在国际产业分工中居于更高的地位，以及在国际经济政治各项事务中有更大的影响力。由大走强是中国自身崛起的需要，也是世界脱贫事业和共同发展的需要。

但是，这一巨大战略转型的道路不可能是平坦的。中国是一个大国，而不是一个小国，中国的由弱变强会产生重大的国际影响，会产生较大的国际反响。在由大走强进程中，中国所面对的困难是以下几个意义上的。一是进入障碍：已有世界列强不愿接受格局的改变，必然要维护自己在经济技术与国际事务中已有的优势和主导地位，从而不利于中国地位的进一步提升。二是空间约束：中国的趋强将继续改变世界经济格局，既会提供他国发展机遇，也在一定意义挤占他国的发展空间，带来摩擦与矛盾，中国能否突破这种发展空间是对中国战略提出的新课题。三是竞争压力：当前世界一批新兴经济体崛起，普遍进入了由弱变强阶段，发展需求有相似性，使中国从科学技术进步到分工地位提升都面临着激烈的竞争。四是路径依赖：中国必须从现有开放格局出发，从产业外资主导与贸易低端分工出发开辟走强之路，而不可能理想化地在封闭经济中搞创新。面对这些新课题，从总体上讲，中国需要走一条"以大求强"的崛起之路，即依靠"大"这一现实基础和规模优势构建走"强"的战略与模式。这是一个全新的战略主题，与前30年的战略任务有着显著的差异，挑战之新之大是显而易见的。

在中国未来的道路上更多的新课题不意味着中国发展环境恶化，而是

表明中国发展进入新时期新阶段，要求我们以应对挑战的清醒意识进行战略调整，同时以抓住机遇的紧迫行动用好有利条件，推进从经济大国向经济强国的发展进程。

第二节　推进国际经济战略，全面贯彻对外 开放基本国策

新的国际环境与国际地位下发展面临的新挑战，决定了中国在未来发展的新进程中面对的新课题。在未来的发展中，在坚持对外开放基本国策中，除了继续以体制战略培育一个更加成熟的开放型经济外，需要积极有效地回答由上述挑战所提出的新课题。这些新课题的内容与特点表明，中国需要一个不同于前 30 年以国内改革推进对外开放的"国内体制战略"，全面推进"国际经济战略"。推进国际经济战略是发展新阶段的需要，也体现了全面坚持对外开放基本国策的要求。

一、开放型经济全面协调可持续发展的需要

三十多年来，中国在国际政治经济体系中的地位发生了历史性的变化。综合国力的提升和开放型经济的建立，已经使中国成为世界经济中的一个重要成员。中国已经是世界经济的一个重要组成部分，中国的发展与世界经济的运行相互作用，相互影响。在这一新的历史条件下，争取一个有利于进一步发展的国际经济环境已经成为中国发展的首要主题。这就要求中国探索广义上的对外经济关系发展战略。这是一个关于开放型经济全面协调可持续发展的国家战略。

国内外基本条件的重大变化是在贯彻对外开放基本国策中推进国际经济战略的客观依据。从国内看，三十多年改革开放的成功基本上完成了一个封闭经济向开放经济的转型，坚持转型的成果与在较高水平上深化改革扩大开放是继续发展的根本。但是中国面临的新情况是，国内生产能力迅猛发展后显示出来的资源短缺和市场局限，产品流出和资本流入的单向

性，都使中国的发展战略不能只限于基于国内规划。这也是世界上所有先进国家发展所走过的道路和所显示的规律。从国际上看，新兴经济体的崛起深刻改变着世界经济格局，金融危机严重冲击了世界经济的增长结构和各国的发展模式，20国集团等新的国际合作机制日益影响着各国的政策选择，第二次世界大战后建立起来的国际货币体系等不断显示出与现实世界发展的不适应性。一系列历史性的变化使中国既直接面临着持续发展和国际竞争的全新环境，又不断被赋予国际重大事务的大国责任。在参与国际事务，从国际规划中推进自身的发展道路已经成为中国在新历史阶段上的战略出发点。

在对外开放基本国策中推进国际经济战略是实现开放型经济可持续发展的需要。中国的可持续发展面临多个问题，需要国内发展战略的调整，也需要国际层面的改革相适应。在国际产业大转移，中国成为世界工厂以后，资源能源的短缺成了中国可持续发展的最大瓶颈。中国的产业结构本身是经济全球化国际产业重新布局的结果，无疑需要世界各国的平等开放与相互合作，这是经济全球化题中应有之义。但是，当中国以正常规范的市场手段致力于获得他国矿山和油田时，却受到了各种指责和抵制。无疑，这种抵制与贸易保护主义的性质是一样的。现代开放透明的市场不应当有这种保护，经济全球化的发展需要消除各种保护主义，中国需要以经济发展的国际战略去解决这些发展的瓶颈问题。

中国国际经济政治地位的深刻变化要求中国承担更多的国际责任，发挥一个大国在人类进步与全球均衡可持续发展中的积极作用。近年来，越来越多的重要国际事务需要中国参与，越来越多的有识之士认识到中国作用的重要性，没有中国的参与许多问题得不到有效解决。中国更多承担国际责任真正开辟了中国应当对人类做出较大贡献的时代，这本来就是中国发展的目标之一。

中国的发展同对国际事务的积极参与日益紧密地联系在一起。大国的责任与大国的发展路径、发展模式是一致的。作为一个依然低收入的发展中国家和作为一个近年来整体经济规模迅速提升的新兴经济体，中国能够代表广大发展中国家和新兴经济体的要求，促进国际经济体制朝着更加合理的方向发展，为所有发展中国家、新兴经济体也为自己开辟更宽的和可持续的发展道路。

国际战略的推进有利于中国突破发展障碍，实现中国的可持续发展，并为世界各国共同繁荣做出更大的贡献，为中国在国际事务中发挥更大作用创造条件。然而我们也必须看到，中国国际经济战略的推进必然会引起一些国家的抵制和阻挠，这些国家欢迎中国的投资机会和廉价产品，但却不愿意看到中国的强大和国际影响力的提高，不愿意改变自己在现行国际经济体系中的有利地位。因此，中国推进经济发展的国际战略必然会遇到来自某些国家的种种阻力，需要我们通过全面的外交战略去突破。

二、国际经济战略与国内体制战略的联系与区别

一个国家的发展战略是由该国的发展水平决定的，开放型发展战略的具体定位和战略要点同时也取决于一国的相对国际地位。三十多年来的对外开放使中国既改变了自身的发展水平，也改变了自己在国际经济政治体系中的地位。因此，一个开放型经济的对内发展战略向对外发展战略即国际经济战略的延伸与拓展是一个必然的趋势。

如果说前 30 年对外开放的重点是通过国内体制改革建设市场经济，发展起与世界各国广泛的外贸外资关系，那么在新的国际经济环境下中国面临的新课题就是改善开放型经济发展的外部环境，并在一个全球化的经济体系中发挥一个经济大国应有的积极作用与广泛影响力。

推进国际经济战略是全面贯彻对外开放基本国策的要求。1978 年起实施的开放战略是一个封闭经济打开国门的战略，战略主题是实现体制转型、贸易发展和外资流入，并从抓住机遇和应对挑战意义上参与经济全球化。在三十多年成功发展后今天中国需要从一个开放型经济走向世界，战略主题是从全球视野出发规划自身持续发展，推进与各国的资源、市场和技术合作，推动国际经济体制改革和经济全球化公平合理规则的制定，履行大国的国际责任。在对外开放基本国策中推进国际经济战略并非忽略国内进一步优化各项开放政策，而是国家在发展新阶段上的战略延伸或曰战略性升级。国际经济战略不同于打开国门意义上的开放，而是致力于改善与利用外部条件的新的意义上的开放型经济发展战略。

国际经济战略是对外经济关系体制战略的延伸与拓展，是中国对外经

济关系发展的新阶段。在以开放国策促进对外经济关系发展的前30年，中国只能是国际经济体制机制与规则的被动接受者，由于国力所限，对国际体制的不合理性只能无条件接受，最多只能对其进行理论上的批判和道义上的谴责。为了启动发展，战略的重心放在改革国内体制机制上，开放政策中的优惠政策、激励机制、简政放权等等，都是为了实现自己体制的转型和与国际经济体制的接轨。今天在很大程度上可以说中国已经迈过了这样一个历史阶段，虽然在体制上还有不少问题有待解决，但本质上这些问题属于培育市场机制和市场主体，而不是最初意义上的打开国门和消除自身体制障碍。中国的商品贸易开放度并不低；服务贸易市场准入也不落后，某些部门暂未开放也在世界惯例之中，或是具体部门操作性问题而非全局性体制问题；投资领域的开放更是竞争性的高度激励。因此，进一步扩大开放的战略重点不在于国内战略，而在于国际战略。

当前摆在中国面前的主要问题是，现行的国际经济体制规则与作为一个新兴经济体特别是一个大国的发展不相适应。现行的国际经济体制规则基本上是在发达国家主导下建立的，是以发达市场经济的原则为基础的，即使其中逐步纳入了一些对发展中国家有利的特殊安排，其基本性质仍然没有变化。随着新兴经济体的崛起，国际经济体制的内在矛盾日益明显。

推进国际经济战略并不排斥坚持国内体制战略，优化对外开放的政策结构与体制机制仍然是发展对外经济关系总战略的基础，当然其重点已经不只是决心或力度，而是其有效性、协调性和可持续性了。从长期讲，在完成了从封闭型经济向开放型经济的转型后，开放政策应当减少地区特殊性和项目特殊性，提高政策的透明度和规范性，从而减少地区间的过度竞争，减少政策引致性扭曲和不必要的利益流失。同时要注重市场机制的整体建设以减少对外部市场与技术的依赖性。这些任务都与前一阶段根本不同，但却是新阶段上贯彻对外开放基本国策的核心。重要的是，减少乃至消除国际经济中不利于新兴经济体崛起的体制机制已经上升为中国继续高速发展的重要环节。国家需要更加注重参与各种政府间组织、进行双边与多边谈判、建立区域自由贸易区等多种发展对外经济关系的形式，拓展出口产品的市场空间，打破进口技术与重要装备的限制，保护企业对外投资的利益，开辟短缺资源产品的稳定供给，等等，这些新主题构成了国际战略的基本内容。

推进国际经济战略就是国家战略在整体上从三十多年前"打开国门""请进来"意义上的开放推进到"融入世界""走出去"意义上的开放，即全面平等以大国身份参与国际经济合作，以承担更多国际责任提升国家形象与国际地位；在全球范围创造国家新阶段上发展的条件；参与国际经济体制机制改革，突破国际经济体制机制上不利于中国发展的障碍；实施体现国家整体经济规模实力要求的对外发展战略，等等。推进国际经济战略需要统筹三个方面：一是优化国内开放政策实现更高效益，二是缓解中国发展与各国的竞争与摩擦，三是体现大国对国际与人类长远利益的关注与责任。

因此，在对外开放的基本国策中推进国际经济战略是对外开放战略的延伸、拓展与升级。在对外开放基本国策内外战略整体部署中，对内要继续完善经济体制，改进优惠政策，优化发展指标，提高国民收益，平衡战略布局，促进自主创新。对外要积极参与全球治理，优化发展环境，缓解国际摩擦，维护合法权益，构建发展包容，承担大国责任。在理论上讲，就是在"对外开放基本国策"上要倡导"对内提高开放效益，对外优化发展环境"的"新开放观"。

三、推进国际经济战略的基础与前提

在对外开放基本国策中推进国际经济战略是一个关系到国家长期发展的重大战略升级，需要全方位部署实施。战略推进的核心是根据新阶段上的发展要求调整现有的政策指向，而不是简单地以扩大开放的部门或市场，强化现行政策的力度。

实现发展观念的转变和利益分配机制的改革。在中国的现行体制下，地方政府对发展战略的实施十分关键。实施战略升级首先要使地方政府认识到其必要性和相关要求，认识到现行开放格局的单向性和战略升级的必要性。尤其是实施国际战略在某些方面与国家整体利益相关而与地方利益不直接相关甚至矛盾的能有合理的机制去调节。例如，在本地经济发展与利益密切相关的体制下，"走出去"战略的推进动力不足；地区间竞争性发展导致国家整体过度出口，产生贸易摩擦和国家整体利益受损；地方发

第十一章 对外开放中的国际经济战略

527

展模式如何与国家参与全球治理承担义务相结合；引进外资的方式更易实现快速发展甚至提升产业结构而走自主创新道路则困难重重；在建设经济强国总战略中各城市功能如何实现差别化定位，等等。在许多情况下推进国际经济战略需要改变对地方经济发展成果的评价指标，改变现行的发展利益分配规则。

加强部门协调与国家战略的顶层设计。国际经济战略是一个国家战略，必然要求各部门之间的相互配合与协调，以形成国家的整体战略优势。随着中国国力的增强，对世界经济的影响力日益提高，其中有与各国互利共赢的，也有形成对其他国家市场、资源与就业压力的。中国已经从一个如何使自己适应于世界发展的国家，转变为一个需要让世界适应自己发展的国家。为此，外交上需要为国家发展开辟道路，包括积极参与全球治理，应对双边多边经济贸易摩擦，维护企业的海外利益，扩大建立双边合作关系帮助企业向外发展，消除中国企业向外发展中的政治障碍，营造持续发展的和谐的国际环境，等等。随着中国经济规模的持续增大，市场潜力日益成为一个巨大的优势，有利于我国对外谈判与利益交换。但在这一过程中，各部门利益得失往往会有差异，有时为了以某些开放条件去交换国外对我国的某种承诺国内某个部门利益会受损。未来中国的开放越来越多的情况将不再主要采用前30年方式即引进外部资金、技术等推动自身发展，而是以开放某领域给予他国某种利益以换取我国的国际发展空间。这就要求在推进国际经济战略中以国家利益最大化为原则，构建有效的利益协调与国家决策机制。

增强国际政治经济战略综合性研究，培养经济外交人才。通过前30年的开放，我国各级领导与研究工作者比较熟悉的是如何以政策激励引进外资发展外贸，但是在维护国际贸易投资领域中的合法权益、在开展跨国经营、在国际组织与全球合作中提出中国的主张等问题仍然缺乏认识基础与实践能力，与推进国际经济战略的需要不相适应。简单地说我们比较善于引进来，但还很不善于走出去。我们迫切需要推进国际经济组织、国际经济法和外交战略的综合性研究，以适应国际经济战略的需要。我们需要一批独立的国际战略的综合性研究机构以进行对外战略的综合协调。在国际经济组织和全球经济治理的各个问题的谈判和国际合作上，既涉及大量经济技术知识，又需要高超的策略与外交才能。我们需要一批懂技术的经济外交人才，需要在各个部门中建立对外合作战略研究机构，以支撑各具体领域的国际参与和政策制定。

第三节　国际经济战略的实施路径与目标指向

面对国际经济新格局与国家发展新目标，推进国际经济战略实施已经十分迫切，认识这一战略下的实施路径与目标指向，是建设经济强国的核心问题，也是全面贯彻对外开放基本国策的现实课题。增强国际合作以推进全球治理是应对发展中的新问题、改善国际体制的根本路径，构建包容性发展实现世界共赢是国际合作的根本目的，坚持和平发展道路是一个负责任大国的根本选择。

一、增强与新兴经济体的合作推进全球经济治理

积极参与和推动全球治理（这里主要指的是全球经济治理）是中国发展新阶段上的重大主题，也是推进国际经济战略的根本路径，关系到中国如何与各国共同应对全球化发展中的新问题。在参与全球治理中与新兴经济体加强合作是一个重要的战略基点。

全球治理要回答的是一系列人类社会共同面临的重大问题。如控制排放应对全球气候变暖问题，防止环境污染与生态破坏问题，全球金融货币制度如何防范金融危机问题，缩小全球发展不平衡问题，等等。毫无疑问，这些问题的有效解决关系到全人类的生存，是世界各国的共同利益。这些问题只有在各国的合作特别是大国发挥积极作用下才能找到解决的办法。

参与全球治理已经成为中国国际地位提升后直接面对的新主题。经济全球化的发展使日益多的问题成为需要国际社会合作应对的课题，要求各国应依据公认的国际法准则，在相互尊重、集体决策的基础上，加强全球治理。改革和完善全球经济治理，其中包括增加新兴市场国家和发展中国

家的发言权和代表性，有利于实现世界的持久和平、共同繁荣。这就决定了全球治理是中国不可回避的重大课题。

经济实力的增强和各类全球性新问题的出现决定了中国必须高度关注全球治理。在抵御这场金融危机冲击中，中国以积极有效的应对战略既减轻了危机对本国经济的影响，也为整个世界做出了贡献，中国的积极作用得到了世界的普遍认可，国际地位得到了显著的提升。从这场危机中，国际社会不仅看到了中国经济的实力与活力，而且看到了中国作为一个负责任大国的形象。人们日益发现，这场危机将成为一个历史转折点，形成了中国国际地位继续提升的新主题，也开启了中国作为一个负责任大国在国际政治经济格局中发挥作用的新的历史阶段。

积极参与全球治理是中国不可回避的战略选择。中国国际地位的提升既为国人带来了巨大的自豪，也不可避免地在国际社会产生强烈的反响，伴随着国际上战略性的压力。这种战略性压力就是对一个规模不断扩大、实力持续增强的中国将会对世界各国产生什么样影响的关切。人们不仅看到中国巨大市场给各国提供的机会，优质廉价的商品给各国带来的福利，而且看到中国在迅速提升的实力基础上在国际社会所发挥的积极作用。国际社会开始体会到，重大的国际问题没有中国的参与是没有意义的；全球性问题很难由美国或中国单独或在不合作下解决。国际社会对中国在国际事务中发挥积极作用有着很高的期待。中国的国际地位也将在参与全球治理中获得新的提升。

全球治理是世界发展的需要和国际合作的新领域。在新中国六十多年的发展历程中，中国通过发展援助帮助了一些落后国家的发展，也在许多重大国际事务中发挥了建设性的作用。但是由于国力所限，援助在数量上是有限的；经济的封闭性也限制了发展对其他国家的积极影响。中国的外交政策在维护世界和平推动国际合作中也发挥了重要作用，但是由于时代不同，国际事务的主题不同，当时一个大国所能起的作用是与当时的国际格局和主要矛盾相联系的。

重要的是，今天世界的发展已经提出了一系列新的主题，国际合作有了新的内容与新的目标，为应对世界发展中新问题的全球治理已经被严峻地提了出来并获得了广泛的认可。以国际合作实现全球治理成为国际社会的共识。在世界进入这样一个新的历史阶段的时刻，大国的责任和所能发挥的作用已与以往明显不同。"和平与发展"的时代背景为"全球治理"创造了基本条件和强烈需求。这一历史性的变化恰恰发生于中国国际地位取得了持续提升之后，中国以新兴大国的作用参与和推动全球治理，既有了前 30 年发展的基础，又有了世界新发展的需要。

对于全球经济治理中国已经明确了基本原则：全球经济治理的根本目标是推动经济全球化朝着均衡、普惠、共赢方向发展；全球经济治理应该由世界各国共同参与；全球经济治理需要各国通过协商合作共同解决经济全球化面临的各种难题；全球经济治理需要合适的机制安排。[①]

作为一个新兴经济体，许多地区和许多领域的发展水平还具有一般发展中国家的基本特征，中国参与全球治理将更直接反映广大发展中国家的利益和诉求。与其他新兴经济体一样，中国的发展日益紧密地与世界的发展联系在一起。这就决定了承担国际责任也就是优化发展国际环境的需要，这是新兴经济体国家的共同要求。

中国要与新兴经济体等国家合作，逐步影响和改善国际经济规则，使之朝着有利于新兴市场经济的方向发展；积极参与，变被动为主动，体现建设性而非破坏性作用，促进全球经济机制有利于中国的技术进步。中国需要从三十多年来"打开国门"请进来意义上的开放上升到全面平等以大国身份参与国际经济合作的对外经济发展战略。中国需要以承担更多国际责任提升国家形象与国际地位；在全球范围营造国家新阶段上发展的条件；参与国际经济体制机制改革，突破国际经济体制机制上不利于中国发展的障碍。

今天的全球治理与以往的国际对话谈判不同，其核心不是一种利益的交换和平衡，而是共同应对与解决人类社会所共同面对的，其中有些关系到整个人类生存的问题而不是不同类型国家的发展问题。因而共同利益居于更重要的地位。作为一个负责任大国，中国需要从人类社会的共同利益和可持续发展出发，进行国际合作，推进全球治理规则的形成。自身发展

---

① 吴绮敏、史克栋、张磊：《戴秉国代表国家主席胡锦涛出席并阐述中方原则立场》，《人民日报》2009 年 7 月 10 日第 1 版。

需要和人类社会共同利益之间的一致性，是负责任大国在参与全球治理中的一个基本原则。

解决自身发展中的问题与参与全球治理也是一致的。中国自身依然有着严峻的发展任务，目前面对的是一个大矛盾：作为一个经济总量排名世界第二，不少指标甚至世界第一的中国，所采用的却依然是发展中国家的发展模式与政策体系，大量生产出口低端产品，短期内无法改变高消耗格局，使国际社会难以承受。作为一个负责任大国，首先需要致力于改变自身的这一局面。中国需要通过自身发展模式的优化使自己的发展与世界更加和谐，最大限度地减少摩擦与矛盾。中国整体规模巨大，而人均收入很低，地区发展差距显著；整体上是一个崛起中的新兴经济体。因此，如何在国际事务中承担与国力和发展水平相称的义务，发挥大国的作用，往往存在着较大的矛盾。中国需要在发展方式的创新中寻找新的发展空间，赢得国际社会的更高认可。

在参与全球治理过程中，中国的国际地位将得到新的提高，一方面是因为中国自身在减少排放等问题上所作出的努力对世界具有重要意义，另一方面也因为在推动制度与机制创建中中国将发挥重要的建设性的作用。

二、改革国际经济规则，推动公平合理的体制建设

全球经济治理一方面面临着由经济全球化带来的一系列新问题，另一方面也面临着已有国际规则与世界经济的新发展不相适应的问题。现行的国际体制及其各项规则是由发达国家主导在过去半个多世纪中形成的，在许多方面不适合发展中国家的发展和新兴经济体的崛起。世界贸易组织新议题的谈判，国际货币基金组织的改革等，都体现了在新的历史条件下国际规则应与时俱进的要求。全球治理不可能回避世界变化后对现行规则提出的变革要求。本次金融危机发生以来国际社会在全球治理上的一些进步正体现了世界经济格局的历史性变化，如发展中国家和转型经济体在世界银行的投票权的增加，国际货币基金组织份额的调整，这些积极的变化以后还会继续。

第二次世界大战以后的世界经济发展史，是以大国为主导的国际经济体系成长史。GATT 这一国际贸易体制，是以美国为主导的发达国家建立

自由竞争世界市场的标志。IMF 这一国际货币体制，同样是以美国为主导的发达国家建立稳定的国际货币关系需要的产物。以规则为基础的多边自由贸易体制和以美元为中心的国际货币体制为美国经济在第二次世界大战后获得在世界经济中的特殊地位和利益起了根本性的作用，与历史上不同的是，向世界推行这两个体制的是美国作为大国的经济与政治实力。同样值得注意的是，由于落后国家的发展日益成为发达国家发展的条件，这一体制在其发展中不但必须考虑落后国家的利益，而且日益需要把落后国家纳入到这一体制之中。世界银行的发展援助体制体现了这一点，从 GATT 到 WTO 大批发展中国家参与这一体制也体现了这一点。即使这样，仍然没有改变现行世界经济体制更适合发达市场经济要求的本质特征。

世界经济发展史表明，一个大国的发展离不开广泛的国际条件。随着其发展进程的推进，必然要求一个与之相适应的世界经济体制机制环境。

现行国际经济规则中的一个重要方面是贸易保护的合法性。这一规则明确，如果一国产业因受到进口的实质性损害则该产业可要求政府抵制进口，实行保护政策。不论发达国家、新兴经济体还是发展中国家都可以运用这一保护的权利，这一表面上公平的规则却在实际上并不公平。发达国家传统产业向发展中国家的转移是经济全球化的一个基本特点和客观要求。由于这一转移，传统产业在发展中国家建立起来，在发达国家中衰落下去是一个必然的过程和合理的趋势。国际分工由此深化，对各国都带来利益。但是，由于这些传统产业本来在发达国家中长期存在，当发达国家的利益集团需要维护自身利益时，就可以损害为由要求政府进行保护，抵制进口，经济危机时期尤其会发生。现行国际贸易规则的基本点就是承认这一做法的合理性、合法性，并以有效操作这种保护为内容。国际分工扩大的另一面是新产业新产品在发达国家研发、生产，向全世界销售。然而与前一种情况不对称的是，当这些产品出口到发展中国家和新兴经济体时，后者却无法按现行国际经济规则要求保护，因为这些产业从来就未在这些国家存在过，不可能按现行规则通过所谓受损害证明抵制进口的必要性和合理性，因此在这些经济体国内就永远没有条件发展起这类新兴产业。

相似的情况也发生在国际贸易谈判中。发达国家的一些利益集团会通过政府要求发展中国家开放市场，另一些利益集团又会要求对某些产业进行保护，为谈判桌上的政府代表提供依据，从而发达国家在进攻与防守两个方面都能获得利益。但是，发展中国家仅有一些低端产业要求发达国家开放市场，而高端产业尚未形成，没有产业集团能提出要价和出价，甚至因为企业联合组织不发达，诉求表达机制不通畅，即使低端产业也未能由企业组织提出要价。因此，发展中国家和新兴经济体在贸易谈判中总是处于被动地位。

不合理的国际规则与发展中国家发展间存在着矛盾，尤其是与新兴经济体的发展存在着矛盾。现行国际经济体制机制是在发达国家主导下长期发展中形成的，对发展中国家存在着诸多不合理性。例如，知识产权保护是现代国际经济关系中的一个重要规则。毫无疑问，我们应当尊重知识产权，这有利于人类的进步。但是，如果知识产权保护规则在时间上和程度上是过度的，技术上是过于苛刻的，那么显然就会大大加重发展中国家的使用成本，并形成对发达国家技术上的依赖性，也限制发展中国家的技术进步。

又如反补贴问题。现行国际规则强调市场经济原则，反对政府补贴从而造成对其他国家的不合理竞争。但是需要看到，由于现有技术水平低、企业和社会经济机制不成熟等原因，发展中国家和新兴经济体要实现产业结构的升级特别是高新技术产业的发展，在很大程度上需要政府政策对企业的扶持和帮助，包括提供资金和税收优惠等。但是在这些政策措施下的出口产品却因为反补贴规则而可能导致发达国家的限制。

再如，在应对气候变暖减少碳排放问题上，应当实行共同的但又是有差别的排放义务。由于发展中国家与发达国家处于不同的产业和经济发展阶段，技术水平不同，碳排放对生产和生活的意义显著不同，同样的减排对发达国家可能意味着减少奢侈性消费，而对发展中国家却可能意味着脱贫步伐的放慢，这显然也是不公平的。发达国家既要通过向外转移高排放产业，又对发展中国家提出种种严格要求，显然是不合理的。

此类问题还有很多。这些问题构成了中国发展相对不利的外部体制环境，通过参与治理中国要逐步地改善这一环境。

经济全球化大发展使发展中国家在世界经济中的地位越来越重要，特别是其中一批国家成功进入新兴经济体行列更增强了其在世界经济中的地位。但是，作为相对稳定的国际经济体制并不能及时地体现世界经济格局的这种变化，于是，新兴经济体一方面从现在体制中实现了发展，另一方面也发现现存体制与其进一步发展之间的不相适应性。

现行国际经济体制的完善应当是渐进的，中国的国际战略应当是建设性的。国际经济体制机制不可能跳跃式发展，其完善的过程必然是不同国家间的利益调整过程。中国的发展需要一个稳定的国际环境，建设性的参与，渐进式的改革是中国国际战略的基本原则，这与中国的和平发展道路是一致的。合作型的创新、互利性的调整是国际经济体制完善的基本要求，这与当今世界所处时代的特征也是一致的。

三、构建包容性发展，形成和谐共赢的发展环境

中国的发展日益紧密地与世界的发展联系在一起。构建包容性发展既有利于实现世界共赢，也符合中国自身实现可持续发展的需要。构建包容性发展是中国国际经济战略的重要内容之一，是负责任大国与建设经济强国内在要求的统一。

2011 年 4 月，博鳌亚洲论坛在我国海南举行，论坛的主题是"包容性发展：共同议程与全新挑战"，中国国家主席胡锦涛在论坛上作了主旨演讲。博鳌论坛使"包容性发展"这一理念以其高度的现实性与深刻的思想性得到了各国与会人士的广泛认可。[①] 中国作为当今世界高速发展的负责任大国，如何推进包容性发展对于世界特别是亚洲地区如何进一步增强合作、共享繁荣关系重大，意义深远。构建发展包容是中国推进国际经济战略的一个重要内容。

1. 发展的"包容性"：经济全球化时代的新课题

"包容性发展（inclusive development）"概念的形成可以追溯到 2007 年由亚洲开发银行提出的"包容性增长（inclusive growth）"。亚行注重发展中国家经济社会的全面发展，"包容性增长"明确了一国在实现经济增长的同时，要实现教育、医疗、社会保障等各种社会发展进步目标，提高

---

① 新华网：《博鳌亚洲论坛 2011 年年会开幕倡导包容性发展》，2011 年 4 月 15 日。

社会公平的程度，即经济增长对其他各项社会进步目标的包容。在一些发展中国家，经济增长的成就不能公平地由社会各阶层共享，经济实现了增长但社会矛盾更加突出，因此增长的包容性问题被提出并受到高度关注。

在经济学意义上，"发展"与"增长"既有联系又有区别。"增长"是指一定时期内产出（一般指国民生产总值）的增加和经济规模的扩大，而"发展"则首先是指经济与技术结构的进步，同时包括摆脱贫困落后，消除文盲，改善卫生健康状况与自然环境等多个方面。

从"包容性增长"到"包容性发展"，"包容"的对象也不同。除了要求在发展进程中实现社会公平等目标外，包容性发展还特别注重一国发展不损害其他国家的发展，不对其他国家构成不利。这是因为一国经济的发展既会为其他国家创造贸易投资机会，也会因其竞争力的增强、战略与政策的负外部性而对其他国家形成各种不利影响，导致其他国家发展的困难。所以世界需要寻找各国共同发展、共享繁荣的道路。

因此，包容性发展是在经济全球化时代各国普遍追求发展条件下促进国际合作的一个重要理念与发展思路。实现包容性发展就是要各国共享发展机遇实现互利共赢。当前金融危机后的世界经济需要建立更为合理的发展格局，重建平衡，避免类似美国金融泡沫式的发展导致世界灾难的重演，这是所有国家的共同愿望。各国政策与战略之间的相互包容已经成为当代世界的一大主题。

在经济全球化加速推进中，一批国家特别是亚洲地区经济体走上了发展的道路，其中有的成为发展明星。这一地区的增长在全球领先，即使在这场经济危机中仍然保持了高速。但是区域发展中的协调与合作也日益成为共同面临的新课题。在今天的亚洲，发展这个主题普遍被放在优先位置，然而各国之间的发展竞争也相应更为激烈。尽管区域合作也已经在不断推进，但各国的发展政策对其他国家的不利影响未受到足够的关注，因此以包容性发展实现各国的共同繁荣已成为区域合作的共同要求。

2. 构建包容性发展：国际经济合作的新领域

实现包容性发展的关键在于国际经济合作，其中既包括各国国内发展战略与政策的协调，也包括推进国际经济合作机制的形成与制度的建设。各国的战略与政策选择要努力减少对其他国家的负面影响，同时还要通过国际合作构建规则，增强协调。包容性发展旨在构建世界各国机会均等、合作共赢的发展模式，与传统合作单纯强调的市场开放和国际竞争相比，包容性发展更注重发展机制的兼容性、发展成果的共享性与发展条件的可持续性。

今天的发达国家当年走的大都是一条不包容的发展道路。在其工业化进程中，大量破坏性地开采发展中国家的资源，工业排放制造了严重的环境损害，迄今依然影响着发展中国家的发展。近几十年来世界一大批国家走上工业化道路以后，传统产业生产能力明显过剩，资源的过度消耗与竞争，环境的严重污染已经成为世界的严峻难题。值得注意的是，这种情况在很大程度上形成于全球化进程中的产业转移，通过国际投资，发达国家本身结构提升，环境改善，但发展中国家却在接受产业转移中同时接受了污染和高消耗。虽然两类国家都实现了发展，但是从全球角度看，资源消耗和环境污染等问题并没有改善，因此这种转移式的发展并不是包容性的。我们不能简单只看接受投资国家经济规模的扩大，产业转出国家与转入国家在实现包容性发展上有着共同的责任。可见，包容性发展既需要国内发展战略与政策的提升，同时也需要加强国际的合作。发展中国家在接受产业转移时要注重技术进步，发达国家则不应当只是简单地将产业向外转移，而应当同时对接受转移的发展中国家进行技术帮助。

亚洲地区各经济体要特别注重包容性发展。亚洲国家有着相似的发展任务，今天又是世界最具活力的一个地区。从发展的特征来看，各国都高度注重外部市场，发展中存在着激烈的市场、资本与资源竞争；从发展的阶段来看，在传统工业化基础上实现产业结构升级有着相似的任务。因此，亚洲国家需要超越文化差异，通过地区合作深化分工减少摩擦，减少一国发展对其他国家的不利影响，形成合作发展、共同发展的机制。亚洲地区多个国家已进入新兴经济体行列，出口结构提升，然而却又出现新的竞争局面。在实现了多年高速增长后，新兴经济体需要一种共同发展的国际环境，构建共享式发展机制。战略升级、地区合作和经济一体化以及在此基础上的政策协调，是实现地区包容性发展的根本途径。

包容性发展需要通过全球治理的改善来实现。第二次世界大战以后的半个多世纪中，国际社会更多注重的是市场开放与竞争所可能带来的利益，世界也确实从各国的各自发展走向了共同发展。但是，在纯粹竞争中的发展并不能保证各类国家经济发展与社会目标的实现。这里除了有各国的历史原因和发展战略原因外，很大程度上也是一国发展与外部环境的矛盾与协调问题。国际社会为后进国家的发展创造了不少有利的条件，特别是发展的援助，但各国经济发展内在机制的相互包容性问题依然存在。单有市场开放与自由化是不能完全解决问题的。全球治理的构建不同于一般的国际谈判，其核心不是利益交换和平衡，而是共同应对与解决人类社会面临的问题，其中有些关系到整个人类生存而不是单个国家的发展问题。因而全球治理的重要意义就在于实现包含性发展。各国应当通过在全球治理中的合作寻找自身发展需要和人类社会共同利益之间的结合点。

3. 推进包容性发展：中国国际经济战略的主题之一

包容性是中华文化的底蕴与传统，也是中国最新提出的发展理念，与负责任大国的指导思想是完全一致的。这表明，中国将扩大与各国的交流与合作，应对共同挑战，推进共同发展。

实现包容性发展首先要对各国发展道路的多样性包容。要尊重世界各国文明的多样性，尊重各国各自选择的发展道路和在经济社会发展实践中的探索，在此基础上促进国际合作，并且把各国文明与发展道路的多样性转化为深化合作的活力与动力。

实现包容性发展要求各国转变发展方式，以科技进步实现经济的结构升级，发展绿色经济。包容性发展要求各国经济社会各个方面发展的兼顾与互动。实现实体经济与虚拟经济的平行发展，国内市场与国际市场的均衡发展，经济发展与民生改善的紧密结合，以及经济发展与社会发展的相互协调。

各国要通过包容性发展共享发展机遇，也共同应对发展中的挑战。随着经济全球化与区域一体化的发展，各国经济的相互依存日益深化，经济政策的协调日益重要。各国不仅在政策选择上不能以邻为壑，而且还要相互帮助，大国帮小国，富国帮穷国，使所有成员方都能共享全球化和一体化的成果，使各国人民的生活都能得到改善。

实现包容性发展要求各国求同存异，实现共同安全。冷战结束迄今已经多年，在当代条件下，世界各国的安全应当建立在各国之间的互信互利平等协作的共同安全基础之上，国家之间的矛盾要通过对话协商而不是对抗来解决，从而更加有利于各国之间的安全合作与和平发展。

中国要通过国内发展的战略调整推进包容性发展。要以科学发展观指导发展，致力于建设资源节约型、环境友好型社会，既有利于自身的发展可持续，又有利于世界各国的共同发展。中国经济的投资拉动、外需拉动要向消费拉动、内需拉动转变，这一变化将有利于世界尤其是亚洲各国获得更多的国际资本与更大的商品市场。在国内全面实践科学发展观是国际上推进包容性发展的基础。

四、维护和平的发展环境，承担维护和平的大国责任

在迅速崛起的发展道路上，中国一再重申坚持和平发展道路的方针，这既是一个负责任大国的庄严承诺，也是建设经济强国国际战略的根本选择。抓住和平机遇实现发展是中国的经验，在与世界合作共赢中实现发展是中国模式的关键，维护和平的环境是中国可持续发展的需要，也是一个大国应承担的国际责任。

1. 抓住和平机遇实现发展是中国崛起的历史经验

20 世纪 70 年代末中国走上了改革开放道路，这是当代中国实现发展奇迹的历史起点与根本原因，而选择改革开放道路又与对当今所处时代的科学判断有着深刻的内在联系。正是由于邓小平关于"和平与发展"时代的判断，使中国抓住了时代的机遇实现了发展，这是今天中国崛起的历史经验。

"和平与发展"的时代判断，体现了中国要紧紧抓住和平机遇实现自身发展的紧迫意识。同时，中国又在自己的发展中努力维护世界和平。重要的是，邓小平从根本上改变了当时我国长期坚持的关于"战争与革命"的时代判断。"和平与发展"这一时代判断首先是客观的，是对我们所处的国际环境与历史条件的具有根本性意义的重新认识。邓小平关于时代科学判断的目的在于要让全党全国人民更加清晰认识我们所处的外部环境，教导全党全国人民要认识和平的国际条件，从而抓住机遇实现经济发展，同时又要认识世界各国普遍的发展潮流，从而把国家的战略重点从对外抓紧"备战"和对内搞"阶级斗争"迅速转移到国家经济建设上来，解决温

饱,脱贫致富。这与邓小平所指出的"发展是硬道理"是完全一致的。

当代中国高速发展的起点在于抓住和平这一难得的历史机遇,这也就决定了中国需要以维护世界和平来维护自己的发展环境即国际条件。因此,关于和平与发展时代的判断既是对发展条件的准确把握,也是对和平与发展二者关系的深刻揭示,从一开始就使中国的发展与世界的和平事业紧密地联系在了一起。

2. 在融入世界经济体系中促进和平实现发展

抓住和平机遇是当代中国发展的经验,维护和平是中国实现长期可持续发展的关键,维护和平发展道路的一个重要方式就是融入世界经济体系,形成与各国合作共赢的发展格局。这是中国前 30 年的发展特征,也是未来国际经济战略选择的重要依据。

1979 年改革开放以来,从发展的目标、道路到发展的理念,都清晰地表明中国所走的是一条通过融入世界经济体系实现发展的道路。这条道路决定了,中国越是发展,中国与各国的经济联系就越是紧密,共同利益就越大,世界和平就越是得到维护和促进。三十多年来,大量外资进入中国,中国的产品走向了世界,形成了中国与世界各国高度紧密的相互依存关系。在这样的关系下,中国与世界构成了一个利益共同体,维护稳定持续的发展环境成为共同的需要。中国越是发展,就越是需要世界市场,各国企业在中国的机遇也越多,这就从经济上进一步增强了世界和平的基础。这是中国发展对世界和平的贡献方式,也是中国维护发展环境的战略道路。

中国不仅通过开放融入经济全球化的发展潮流,而且通过加入国际经济组织融入世界经济体制。接受而不是挑战已有体制规则建立了中国与世界各国的和谐关系。现行的国际经济体制与规则基本上是第二次世界大战以后在发达国家主导下形成的,其基于市场公平竞争的原则更适合于发达国家而不利于发展中国家。虽然国际社会日益重视对发展中国家的援助,但发展中国家不能靠援助代替发展。作为后起的发展中国家,中国不是首先致力于改变国际经济体制,相反首先接受这一体制,通过融入推进自己的市场化道路,通过增强外部竞争压力来促进自身发展。加入世界贸易组织是这一道路的最典型的表现。在改革开放后不久的 1986 年,中国就提出了入世的申请。在此后 15 年的努力中，中国在国内市场开放与规范化建设上作出了大量承诺，不断推进国内体制改革以符合世贸规则。中国入世大大增强了世贸组织的代表性，其在这一组织中遵守规则履行义务则增强了这一组织的权威性。中国以自己的发展道路维护了世界经济的运行秩序，也维护了自己的发展环境。

近年来，中国以国际通行方式保障资源供给，改变了大国获得资源的战争历史。经过三十多年的发展中国成为"世界工厂"，为世界各国提供大量制造业产品，特别是传统制造业产品。加上国内经济规模大、现代化任务重，使中国对资源能源的需求日益增长。在世界历史上，大国在其工业化道路上为获得资源能源往往采用战争方式，战争是大国争夺殖民地从而控制资源供给的基本途径。然而当中国成为世界工厂从而发生资源不足以后，所采用的却是当代世界通行的跨国并购方式，通过产权市场而不是炮火战场解决供给问题。与此同时，中国还注重发展与相关国家政府的合作。国际上的有些不友好言论称中国搞所谓"新殖民主义"，把中国在全球化条件下互利共赢的发展模式与当年殖民主义掠夺式开发混为一谈，是完全没有道理的。中国的发展模式既是和平方式的，又是促进共同发展的，是全球化条件下合理的发展模式。

3. 维护世界和平体现大国责任

中国在抓住世界和平的历史机遇中实现了发展。在未来的道路上，既要为继续发展维护和平，又要利用自己的发展成果承担起一个大国维护世界和平的责任。负责任大国是中国建设经济强国的题中应有之义。

作为一个负责任的大国，中国的目标并不只限于自身的发展以解决本国民众脱贫致富和实现 960 万平方公里土地上的繁荣昌盛。中国要在世界与人类的共同事务中发挥作用，这是中国在发展新阶段上的主题，也是未来国际地位进一步提高的主要内容和实现路径。在未来的发展道路上，中国无疑将继续积极推进本国的社会经济发展，从而国际政治经济地位持续提升。作为一个有着深厚文化传统和宽阔国际视野的开放型大国，中国将更多地参与全球事务。中国的发展目标要从实现本国的发展进一步延伸到有利于实现世界的共同发展。

对中国要承担更多"国际责任"的呼声，对中国现行发展模式形成了压力，也给中国对外发展提供了新的机遇。通过对全球问题与各国发展承担更多的责任，中国的国际地位将得到更大的提升。正确推进发展援助等战略有利于企业走出去，更好突破资源与市场约束，形成国家整体的对外战略布局。这曾经是发达国家走过的道路。全面意义上的对外经济发展战略既是中国自身持续开放型发展的需要，也是回应国际社会中国责任论上升的需要。

从历史上看，先进国家在其发展的进程中都通过国际战略的推进实现发展空间的拓展。早期殖民主义者通过海外扩张为自己打开发展空间。工业革命后，英国开拓海外市场，适应了工业产品的迅速增长和对原材料不断提高的需要。德国的崛起和主要工业国家发展的不平衡，导致了重新分割世界市场的需要和第一次世界大战的爆发。必须指出，这些国家以战争为自己建立殖民体系与国际分工体系是一部血腥的历史，是以政治侵略、不平等交换和掠夺式开采等为特征的，人类将永远不会允许这种国际战略重演，更不会被作为中国的榜样。

4. 以大求强: 发挥大国战略优势实现强国发展目标

与国家的整体发展目标一样，对外开放战略在于建设一个现代化的世界经济强国。对于已经实现了经济大国发展阶段的中国来说，发挥经济大国的战略优势以实现经济强国的发展目标即"以大求强"是新阶段上对外开放战略的核心与基点。所谓"以大求强"就是充分利用"大"这一现实基础和规模优势构建走"强"的战略模式与实施路径。"以大求强"战略需要结合国际经济战略与国内发展战略全面推进。

以经济大国的规模优势实现在全球经济治理中的话语权和决策权。全球经济治理的一系列议题已经被提上日程，现行国际经济体制的改革也已成为国际合作的重点。从历史上看，在广大发展中国家没有能力参与国际事务的情况下，国际经济规则与体制安排历来是由少数几个发达国家主导的。今天，当越来越多的发展中国家特别是新兴经济体有能力参与国际经济事务的情况下，以多边谈判实现各国利益的平衡和全球经济的可持续发展是推进全球治理的基本机制。由于中国的经济规模和与各国经济的紧密联系，中国的参与和承诺对于这一机制的运行具有决定性的意义，世界已经承认没有中国的参与任何规则的制定都是没有意义的。这既构成了对中国在全球治理新规则中承担国际义务的压力，也为中国在国际谈判中的主张得到重视构成了重要的基础。中国的话语权来自于经济规模，通过制度建设中国的主张将转化为在新体制中的规则。经济大国的地位使中国改变了原来既有制度被动接受者的地位，转而成为未来国际制度的一个重要建设者。因此，中国应当以这种经济大国的身份在国际制度建设中发挥积极作用，以在体制建设决策中的参与权反映新兴经济体崛起的现实和广大发展中国家发展对全球治理的要求，防止少数发达国家主导全球治理规则制定的现象，改革现行国际经济体制机制中的不合理安排。这既体现一个大国在世界体制建设中的积极作用，也将为中国自身的长期发展构建更合理的外部环境。

以经济大国的市场规模优势扩大广泛的国际合作，拓展国际发展空间。经济强国的一个重要标志是在世界经济中的影响力和主导性。在国际经济协调中地位的提升是中国从经济大国到经济强国地位提升的一个重要环节。在全球应对危机实现持续稳定增长中，中国宏观经济政策选择对世界经济的影响日益增大，国际政策协调越来越离不开中国。中国国内调控政策与发展战略的选择已经成为影响世界经济的重大因素。对全球经济不平衡的调整一方面形成了对中国的压力，另一方面也使中国的发展战略选择具有更为关键的国际影响。在实现全面协调可持续发展的目标中，中国需要高度关注自身发展与世界经济的互动，要更多关注自身发展道路的外部影响，也要更多创造对自身发展有利的国际条件。巨大的国内市场为中国与各国建立双边或多边自由贸易区创造了更大的吸引力。中国主张平等的国际合作，但由于经济规模的因素，中国必然会在这类合作中体现主导性作用和更大的影响力，显示大国的积极作用。中国要利用自身的规模优势，扩大合作的共同利益，排除各种障碍，推进与周边国家的广泛合作和区域自由贸易区建设。中国要综合利用经济规模优势为政治与外交战略的推进开拓更广阔的空间，赢得更大的主动权。要以经济力量支持文化等各个领域的国际交流，提升中国文化的国际影响力。

充分利用贸易竞争优势与外汇储备优势推动技术进步，实现国际分工地位的提升。经济强国的另一个重要标志就是更先进的科学技术水平和产业发展水平。通过三十多年来的引进式发展道路以后，今天中国开始更多注重自主创新发展道路的开辟，体现了经济强国的目标指向。实现自主创新的重点是自主研发，但从对外经济关系讲也不排除以国际并购方式获得国际先进企业及其品牌技术。中国的出口能力和外汇储备水平为这一战略的实施提供了可能。中国可以在继续注重出口发展的同时，有目标有重点地发展进口，通过贸易方式进口先进技术进行二次创新和集成创新，加快由中国企业主导下的技术进步。当然在这里的关键之一是需要突破各种政治障碍。巨大的国内市场是中国突破障碍推进战略的重要谈判优势，中国要善于把国内市场的对外开放与打破少数国家对我国的不公平政策有效结合起来。中国要继续用好外汇资源和产业发展能力积极推动发展援助，把发展援助与国家整个国际战略有效结合起来，实现发展援助的双赢和多赢。

充分发挥市场优势和资金优势，发展战略性新兴产业，实现产业结构升级。现代意义上战略性新兴产业的发展将是未来经济强国的一个新标志。中国有多种途径可以推进战略性新兴产业的发展。在扩大开放引进外资中，中国的市场潜力与产业配套能力将有积极意义。这种经济大国地位使我们能够在政策选择中更有条件采用与外商共同投资共同发展的模式，使我们能够避免单纯引入式发展和价值链低端分工格局的重现。这是在新阶段上以大求强战略的一个重要方面。在关注部分引进式发展的同时，更要充分用好中国经济资金充裕投资能力强的现实优势，把自主投资作为战略性新兴产业发展的主要路径，只有这样才能真正发展起属于中国的新产业。在这一战略推进中要有效利用进口能力，通过进口一批战略性新兴产业的关键装备，加快这些产业的自主式发展速度，改变中国的产业结构与出口结构。要利用资金优势把引进人才为我所用作为战略推进的重点，以此实现以我为主的产业发展。

改变劳动力数量优势的利用方式，发展现代服务业与智力密集型产业，优化产业结构。先进的产业结构和相应的国际分工地位是经济强国的重要标志。在前30年的发展中，中国的劳动力数量优势主要通过成本低廉体现，使中国形成了低端加工的国际分工地位。劳动力数量多将仍然是中国作为大国经济的基本特点，但在教育培训充分发展的情况下这一优势将不再表现为低端加工的成本优势，而可能上升为现代服务业和智力密集型产业发展的优势，从而实现产业结构的优化，改变中国的国际分工地位。实现这一转变的关键是教育与培训的加强和普及，现有的财富积累与发展资源要充分引导到这一领域以实现这一转变。

注重全国发展规划的协调，形成地区间功能互补和国家整体竞争力的提升。改革中央与地方的关系，通过调动地方积极性实现发展曾经在我国前30年的发展中具有十分积极的意义，体现了一个大国的经济发展模式，也形成了中国的体制优势，即地方政府的强大的经济发展职能。同时也要指出，在某些方面这一体制也形成了地区间的发展竞争，在一定程度上导致了效益损失，特别是在对外经济发展中优惠政策竞争导致的利益流失和政策引致性扭曲。在一个经济大国成为经济强国的进程中其产业的发展将是多层次的，既需要代表国家水平参与国际分工的高端产业，也需要服务于本地市场基本生产生活需求的传统产业；既需要以服务业为主体的国际经济贸易功能集聚的中心城市，也需要以制造业为主体的不同特色的现代工业集聚区，地区间的功能分工有利于提升整个国家的综合竞争力，在以大求强的过程中尤其需要搞好这种国内区域分工战略规划。作为一个大国东中西部的地区差别反映了发展的艰巨任务，同时也意味着巨大的国内投资消费需求潜力，经济大国的发展战略就在于把这种差距转变为强大的内需，构建持续增长的国内动力，从而减少外部波动的冲击。

实现国家由大走强是几代中国人不懈的追求。今天中国发展的现实条件以及由此形成的中国与世界新的相互关系为"以大求强"战略提供了现实的可能，这一战略是未来数十年中各领域具体政策设计的依据。

主要参考文献

1. [美] 安德鲁·戈登：《日本的起起落落：从德川幕府到现代》，李朝津译，广西师范大学出版社 2008 年版。

2. [英] 安格斯·麦迪森：《世界经济千年史》，伍晓鹰、许宪春等译，北京大学出版社 2004 年版。

3. 安积敏政：《急剧变动的亚洲经营战略》，《南洋资料译丛》2011 年第 1 期。

4. 白雪洁：《塑造沙漏型产业结构：日本新一轮产业结构调整的特征与趋势》，《日本学刊》2011 年第 2 期。

5. 柏晶茂：《"脱造船风潮"刮向韩国大型船企》，《中国水运报》2011 年 5 月 1 日第 7 版。

6. 毕马威（KPMG）：《世界级的梦想——中国企业对外投资现状和反思》，研究报告，2010 年 10 月 25 日，毕马威网站发布。http://www.kpmg.com/CN/zh/IssuesAndIn-sights/ArticlesPublications/Pages/china-outbound-investment-201010.aspx。

7. 波士顿咨询集团（BCG）：《腾飞中的挑战者：快速发展经济体的新星企业正在重塑全球行业格局》，研究报告，2011 年 1 月 29 日，波士顿咨询公司网站发布。

8. [美] 伯纳德·霍克曼、迈克尔·考斯泰基：《世界贸易体制的政治经济学》，刘平等译，法律出版社 1999 年版。

9. 布雷顿森林机构改革研究课题组：《布雷顿森林机构的产生与演变》，《经济研究参考》2006 年第 49 期。

10. [美] 布鲁斯·瓦瑟斯坦：《大交易——兼并与反兼并》，吴全昊译，海南出版社 2000 年版。

11. 蔡拓：《全球治理的中国视角与实践》，《中国社会科学》2004 年第 1 期。

12. 蔡拓：《和谐世界与中国对外战略的转型》，《吉林大学社会科学学报》2006 年9 月第 5 期。

13. 蔡拓：《国际秩序的转型与塑造》，《外交评论》2009 年第 4 期。

14. 蔡拓：《全球主义与国家主义》，《中国社会科学》2000 年第 3 期。

15. 曹广伟、张霞：《G20 机制的构建及其在后危机时代的角色定位》，《国际展望》2010 年第 6 期。

16. 曹红辉、周莉萍：《国际货币体系改革方向及相关机制》，《国际金融研究》2009 年第 9 期。

17. [美] 查尔斯·盖斯特：《百年并购——20 世纪的美国并购和产业发展》，黄一义等译，人民邮电出版社 2006 年版。

18. [美] 查尔斯·金德尔伯格：《1929—1939 年世界经济大萧条》，宋承先等译，上海译文出版社 1986 年版。

19. 陈炳才：《我国外汇储备资产运用战略》，《金融与经济》2012 年第 3 期。

20. 陈雄章：《美国革命与重商主义的衰落》，《广西师范大学学报》1995 年第 12 期。

21. 陈赞：《浅析澳大利亚"资源租赁税"对钢铁业的影响》，国研网《钢铁行业月度分析报告》2010 年 5 月 27 日。

22. 陈祖洲：《试论 1900—1914 年的英国经济》，《史学月刊》1998 年第 1 期。

23. [日] 池元吉等：《日本经济》，王滨江译，人民出版社 1989 年版。

24. [英] 丹尼·罗德里克：《新全球经济与发展中国家——让开放起作用》，吴江译，世界知识出版社 2004 年版。

25. 德勤年度报告：《2011 大中华海外并购焦点项目——无穷无尽无国界》。

26. 丁敏：《日本产业结构研究》，世界知识出版社 2006 年版。

27. 丁敏哲：《稳健经营审慎监管——加拿大成功抵御国际金融危机冲击的经验与启示》，《中国城市金融》2010 年第 1 期。

28. 林跃勤、周文主编：《金砖国家经济社会发展报告（2011）》，社会科学文献出版社 2011 年版。

29. 冯昭奎编著：《日本经济》，高等教育出版社 1998 年版。

30. 龚伟、赵春珍：《二十国集团——21 世纪全球治理中心?》，《当代世界》2008 年第 6 期。

31. 管涛：《国际金融危机与储备货币多元化》，《国际经济评论》2009 年第 3 期。

32. 郭树勇：《大国成长的逻辑：西方大国崛起的国际政治社会学分析》，北京大学出版社 2006 年版。

33. 国家统计局、中国科技部编：《中国科技统计年鉴 2011》，中国统计出版社 2011 年版。

34. 何帆：《人民币国际化的现实选择》，《国际经济评论》2009 年第 4 期。

35. 贺晓琴：《全球金融危机背景下的贸易保护主义及中国对策》，《国际关系研究》2009 年第 2 期。

36. 贺晓琴：《全球金融危机背景下的中国企业"走出去"战略》，《国际关系研究》2010 年第 2 期。

37. 黄海洲：《人民币国际化：新的改革开放推进器》，《国际经济评论》2009 年第 4 期。

38. 黄静波：《国际贸易政策的新自由主义发展趋势》，《中山大学学报（社会科学版）》2003 年第 1 期。

39. 黄梅波、熊爱宗：《特别提款权与国际货币体系改革》，《国际金融研究》2009 年第 7 期。

40. 黄烨菁：《信息技术产业的国际化发展》，上海社会科学院出版社 2009 年版。

41. 黄益平：《国际货币体系变迁与人民币国际化》，《国际经济评论》2009 年第 3 期。

42. 姜跃春：《新兴经济体崛起及其对世界经济格局的影响》，《国际问题研究》2011 年第 6 期。

43. 张幼文等：《金融危机后的世界经济：重大主题与发展趋势》，人民出版社 2011 年版。

44. [匈] 卡尔·波兰尼：《大转型：我们时代的政治与经济起源》，冯刚、刘阳译，浙江人民出版社 2007 年版。

45. [美] 康拉德·托特曼：《日本史（第二版）》，王毅译，上海人民出版社 2008 年版。

46. [美] 拉尔夫·戈莫里、威廉·鲍莫尔：《全球贸易和国家利益冲突》，文爽、乔羽译，中信出版社 2003 年版。

47. [美] 劳伦·勃兰特、托马斯·罗斯基：《伟大的中国经济转型》，罗技译，格致出版社、上海人民出版社 2009 年版。

48. 李安方：《跨国公司在华投资与中国外向型产业集群的发展》，《世界经济研究》

2008 年第 12 期。

49.李东阳、周学仁:《中国企业"走出去"的战略选择》,《光明日报》2008 年 11 月 13 日。

50.李向阳:《国际金融危机与国际贸易、国际金融秩序的发展方向》,《经济研究》2009 年第 11 期。

51.李扬:《国际货币体系的改革及中国的机遇》,《新金融》2008 年第 7 期。

52.李益彬:《明治政府"殖产兴业"政策探析》,《历史教学研究》1999 年第 6 期。

53.李自杰等:《中国企业海外并购的特征、问题及对策研究》,《东北大学学报》2010 年第 7 期。

54.厉以平、厉帆:《官—企—研共同推进产业升级:韩国应对危机的经验》,《广东行政学院学报》2010 年第 4 期。

55.联合国贸易与发展组织(UNCTAD):《2011 年世界投资报告:国际生产和发展的非股权形式》,经济管理出版社 2011 年版。

56.[马来西亚] 林华生:《东亚经济圈》,世界知识出版社 2005 年版。

57.刘刚、白钦先:《基于 SWOT 分析的金融强国战略研究》,《经济问题》2010 年第 1 期。

58.刘宏松:《中国参与非正式国际制度:以 APEC 和 ARF 为例》,《国际展望》2009 年第 1 期。

59.刘绍坚、姜荣春:《扩大境外投资:需政府扶上马送一程——"十二五"期间我国境外直接投资的机遇、挑战及思考》,《中国经济导报》2010 年 3 月 12 日 。

60.刘雪莲:《论全球治理中和谐世界的构建》,《吉林大学社会科学学报》2006 年 9 月第 5 期。

61.刘志云:《新自由主义思潮下的国际立法》,《世界经济与政治》2007 年第 8 期。

62.陆晓红:《"和谐世界":中国的全球治理理论》,《外交评论》2006 年第 6 期。

63.[美] 罗伯特·O.基欧汉:《局部全球化世界中的自由主义、权力与治理》,门洪华译,北京大学出版社 2004 年版。

64.[美] 罗伯特·基欧汉、约瑟夫·奈:《权力、相互依赖与全球主义》,何曜等译,《战略与管理》2002 年第 4 期。

65.[美] 罗伯特·吉尔平:《全球政治经济学:解读国际经济秩序》,杨宇光、杨炯译,上海人民出版社 2006 年版。

66. [美] 罗伯特·基欧汉:《霸权之后:世界政治经济中的合作与纷争》,苏长和、信强、何曜译,上海人民出版社 2001 年版。

67. 吕有志:《论"金砖国家"的国际影响力及其制约因素》,《国际展望》2011 年第 3 期。

68. 马煜婷:《巴塞尔协议 III:跨入"后危机时代"的国际金融监管新时代?》,《经济》2010 年第 11 期。

69. 梅平主编:《东亚合作还是亚太合作——亚太地区合作的机制与方向研究》,世界知识出版社 2010 年版。

70. 苗子青:《应对危机:中国等新兴经济体的非常规货币政策及其效果分析》,《中国商界》2010 年第 9 期。

71. 奈瑞·伍茨:《全球经济治理:强化多边制度》,《外交评论》2008 年第 6 期。

72. 耐革尔·伍兹、安瑞塔·纳利卡:《治理与责任的限度:世贸组织、国际货币基金组织与世界银行》,《国际社会科学杂志(中文版)》2002 年第 4 期。

73. 南希·伯索尔、弗朗西斯·福山:《世界进入后"华盛顿共识"时代》,《参考消息》2011 年 4 月 5 日。

74. [美] 尼尔·弗格森:《帝国》,马丹译,中信出版社 2012 年版。

75. 欧余定、陈维涛:《出口拉动型增长方式是可持续的吗》,《世界经济研究》2012 年第 3 期。

76. [美] 帕特里克 A. 高根著,《兼并、收购与公司重组(第三版)》,王志强译,机械工业出版社 2010 年版。

77. 潘德:《有效的多边主义与全球治理》,《世界经济与政治》2010 年第 6 期。

78. 潘晓娟:《中国企业"走出去"更重合资与合作》,《中国经济导报》2010 年 4 月 3 日。

79. 庞中英:《和谐世界:全球治理的中国主张》,《国际先驱导报》2005 年 12 月 29 日。

80. 庞中英:《霸权治理与全球治理》,《外交评论》2009 年第 4 期。

81. 庞中英:《效果不彰的多边主义和国际领导赤字——兼论中国在国际集体行动中的领导责任》,《世界经济与政治》2010 年第 6 期。

82. 庞中英主编:《中国学者看世界:全球治理卷》,新世界出版社 2007 年版。

83. 平力群:《日本经济危机对策与产业结构调整》,《日本学刊》2011 年第 2 期。

84. 朴英爱：《危机后韩国经济面临的困境与出路》，《东北亚论坛》2011 年第 5 期。

85. [美] 乔纳森·休斯、路易斯·P. 凯恩：《美国经济史》，陈平译，北京大学出版社 2011 年版。

86. [美] 乔万尼·阿里吉、滨下武志、马克·塞尔登主编：《东亚的复兴：以 500 年、150 年和 50 年为视角》，乔安、王淑文译，社会科学文献出版社 2006 年版。

87. 秦亚青：《国际体系的延续与变革》，《外交评论》2010 年第 1 期。

88. 曲博：《金融危机背景下的中国与全球经济治理》，《外交评论》2010 年第 6 期。

89. 任佳：《印度制造业发展潜力大》，《亚非纵横》2010 年第 1 期。

90. 日本主要网站：日本经济研究中心、亚洲经济研究所、经济产业研究所、野村综合研究所、日本综研、综合研究开发机构（NIRA）、东京都政府。

91. 赛迪顾问股份有限公司：《中国光伏产业发展策略分析》，研究报告，2010 年 5 月。

92. 原英资：《21 世纪式危机的冲击与世界变革》，《外交论坛》2008 年第 21 期。

93. 史丹：《国际金融危机之后美国等发达国家新兴产业的发展态势及其启示》，《中国经贸导刊》2010 年第 3 期。

94. 舒建中：《关贸总协定的建立与美国对外政策》，《世界历史》1999 年第 2 期。

95. [美] 斯蒂芬·D. 克莱斯勒：《结构冲突：第三世界对抗全球自由主义》，李小华译，浙江人民出版社 2001 年版。

96. [美] 斯坦利·恩格尔曼、罗伯特·高尔曼主编：《剑桥美国经济史（第三卷）》，高德步、蔡挺、张林、李雅菁等译，中国人民大学出版社 2010 年版。

97. 宋玉华：《欧元区主权债务危机形成原因及传导效应研究》，浙江大学硕士学位论文，2011 年。

98. [英] 苏珊·斯特兰奇：《国际政治经济学导论——国家与市场》，杨宇光等译，经济科学出版社 1990 年版。

99. 苏长和：《全球公共问题与国际合作：一种制度的分析》，上海人民出版社 2000 年版。

100. 苏长和：《中国的软权力：以国际制度与中国的关系为例》，《国际观察》2007 年第 2 期。

101. 孙立行：《后危机时代的全球金融监管》，《国际关系研究》2011 年第 2 辑。

102. 孙伊然：《开放与再分配——补偿假说之因果机制初探》，《世界经济研究》

2011 年第 3 期。

103. 孙伊然：《全球化、失衡的双重运动与"内嵌的自由主义"——基于微观层面的探讨》，《世界经济与政治》2010 年第 5 期。

104. 唐晋主编：《大国崛起》，人民出版社 2006 年版。

105. 陶明、邓竞魁：《新兴市场服务贸易比较研究——以"金砖四国"为研究对象》，《国际贸易问题》2010 年第 3 期。

106. 田春生、郝宇彪：《新兴经济体的崛起及其差异比较与评述》，《经济社会体制比较》2011 年第 5 期。

107. 涂菲：《国际关键货币的条件》，中国社科院博士学位论文，2011 年。

108. [美] 托马斯·麦格劳：《现代资本主义：三次工业革命中的成功者》，赵文书、肖锁章译，江苏人民出版社 1999 年版。

109. 王国兴、成靖：《G20 机制化与全球经济治理改革》，《国际展望》2010 年第 3 期。

110. 王杰：《全球治理中的国际非政府组织》，北京大学出版社 2004 年版。

111. 王信：《金砖四国国际金融实力提升对国际金融及其治理的影响》，《国际经济评论》2011 年第 1 期。

112. 王永中：《金砖国家经济利益的交汇与分歧》，《亚非纵横》2011 年第 3 期。

113. 王玉梁：《中国：走出去》，中国财政经济出版社 2006 年版。

114. 王章辉：《英国文化与现代化》，辽海出版社 1999 年版。

115. 吴梅兴：《和谐世界：全球治理的中国诠释》，《暨南学报（哲学社会科学版）》2007 年第 4 期。

116. 吴晓灵：《解读社会融资规模加快金融改革步伐》，《科学发展》2012 年第 4 期。

117. 吴兴唐：《"全球治理"的置疑性解读》，《当代世界》2007 年第 12 期。

118. 吴兴唐：《众说纷纭的"全球治理"》，《红旗文稿》2010 年第 12 期。

119. 吴友法：《德国现当代史》，武汉大学出版社 2007 年版。

120. 夏斌、陈道富：《国际货币体系失衡下的中国汇率政策》，《经济研究》2006 年第 2 期。

121. 夏斌：《外汇储备应"藏汇于民"》，《中国企业家》2012 年第 8 期。

122. 夏志琼：《巴塞尔协议 III 迈出银行监管新一步》，《改革与开放》2010 年第 11 期。

123. 谢贞发：《产业集群理论研究述评》，《经济评论》2005 年第 5 期。

124. 徐健：《关税同盟与德国的民族统一》，《世界历史》1998 年第 2 期。

125. 徐明棋：《国际货币体系缺陷与国际金融危机》，《国际金融研究》1999 年第 7 期。

126. [英] 亚当·斯密：《国民财富的性质和原因的研究》，郭大力、王亚南译，商务印书馆 1983 年版。

127. 严佳佳：《人民币周边化问题研究》，《福建金融》2012 年第 1 期。

128. 杨宏山：《经济全球化与政治发展——以合法性为视角》，黑龙江人民出版社 2003 年版。

129. 杨洁勉：《新兴大国群体在国际体系转型中的战略选择》，《世界经济与政治》2008 年第 6 期。

130. 杨涛：《外汇储备管理需要战略转型》，《中国金融》2011 年第 12 期。

131. 杨长湧：《美国重振制造业战略对我国可能的影响及我国的对策研究》，《国际贸易》2011 年第 2 期。

132. 姚大庆：《对欧元区共同边界效应的检验——兼论欧元区是否满足最优货币区的条件》，《世界经济研究》2012 年第 5 期。

133. [日] 野口悠纪雄：《日本经济改造论》，徐晓川译，东洋经济新报社 2005 年版。

134. 叶江：《"全球治理"与"建设和谐世界"理念比较研究》，《上海行政学院学报》2010 年第 2 期。

135. 殷秀玲：《中国与墨西哥加工贸易比较分析》，《亚太经济》2011 年第 2 期。

136. 余永定：《国际货币体系改革和中国外汇储备资产保值》，《国际经济评论》2009 年第 3 期。

137. 余永定：《中国如何摆脱"美元陷阱"?》，《金融时报》2011 年 8 月 8 日。

138. 余振：《东亚区域贸易安排：福利效应与中国的参与战略》，科学出版社 2010 年版。

139. 余志森主编：《美国通史（第 4 卷）：崛起和扩张的年代：1898—1929》，人民出版社 2002 年版。

140. 俞可平：《和谐世界与全球治理》，《中共天津市委党校学报》2007 年第 2 期。

141. 俞正梁、陈玉刚：《全球共治理论初探》，《世界经济与政治》2005 年第 2 期。

142. 元惠平：《国际货币地位的影响因素分析》，《数量经济技术经济研究》2011年第 2 期。

143. 袁镔、宋晔皓、林波荣、张弘：《澳大利亚绿色建筑政策法规及评价体系》，《建设科技》2011 年第 6 期。

144. [美] 约翰·肯尼迪：《大国的兴衰》，陈景彪等译，国际文化出版公司 2006年版。

145. 约瑟夫·施蒂格利茨：《中国为未来创造价值》，《法兰克福评论报》2009 年 3月 23 日。

146. 詹小洪：《走在抗击金融危机前列的韩国》，《领导文萃》2011 年第 5 期。

147. 张慧君、黄秋菊：《后危机时代转型国家的治理模式变革与经济发展》，《社会科学研究》2010 年第 3 期。

148. 张季风：《挣脱萧条：1990—2006 年的日本经济》，社会科学文献出版社 2006年版。

149. 张健：《西班牙房地产泡沫破灭的教训》，《国际资料信息》2010 年第 6 期。

150. 张其仔主编：《中国产业竞争力报告 2012 年》，社会科学文献出版社 2012年版。

151. 张琴、蒋瑛：《韩国承接国际产业转移的经验及启示》，《经济纵横》2009 年第 8 期。

152. 张世专：《从澳大利亚科学国际化战略看中澳科技合作》，《中国科学院院刊》2011 年第 2 期。

153. 张舒英等主编：《冷战后的日本经济》，社会科学文献出版社 1998 年版。

154. 张旭东：《从制度变革角度看近代英国的崛起》，《当代世界与社会主义》2007年第 2 期。

155. 张幼文：《包容性发展：世界共享繁荣之道》，《求是》2011 年第 11 期。

156. 张幼文：《中国国际地位的提升与开放战略的升级》，《文汇报》2011 年 6 月13 日。

157. 张幼文等：《金融危机冲击下的世界经济格局》，上海社会科学院出版社 2010年版。

158. 张幼文等：《金融危机后的世界经济——重大主题与发展趋势》，人民出版社2011 年版。

159. 张子麟：《国家是企业"走出去"的坚强后盾》，《中国经济导报》2010 年 4 月 30 日。

160. 赵海娟：《金砖四国再会晤：推进全球治理结构改革》，《中国经济时报》2010 年 4 月 15 日。

161. 赵海月、王瑜：《全球治理与和谐世界》，《理论与改革》2010 年第 5 期。

162. 赵瑾：《G20：新机制、新议题与中国的主张和行动》，《国际经济评论》2010 年第 5 期。

163. 赵隆：《试析议题设定对全球治理模式的影响》，《国际展望》2010 年第 3 期。

164. 赵秀荣：《17 世纪英国海外贸易的拓展与转型》，《史学月刊》2004 年第 2 期。

165. 中国国务院新闻办公室：《中国的和平发展》，人民出版社 2011 年版。

166. 中国科学院：《2011 高技术发展报告》，科学出版社 2011 年版。

167. 中国可再生能源办公室：《中国及海外太阳能光伏产业发展报告》，研究报告，2012 年 6 月。

168. 钟伟：《布雷顿森林机构 60 年：冲击与重构》，《中国外汇管理》2005 年第 1 期。

169. 周小川：《关于改革国际货币体系的思考》，中国人民银行网站，2009 年 6 月。

170. 周宇：《试论国际金融体系改革》，《世界经济研究》2009 年第 5 期。

171. [美] 朱迪斯·戈尔茨坦、罗伯特·O. 基欧汉编：《观念与外交政策：信念、制度与政治变迁》，刘东国、于军译，北京大学出版社 2005 年版。

172. 朱杰进：《非正式性与 G20 机制未来发展》，《现代国际关系》2011 年第 2 期。

173. 朱杰进：《国际制度设计：理论模式与案例分析》，上海人民出版社 2011 年版。

174. 朱立南：《战后日本的对外开放》，当代中国出版社 1993 年版。

175. 资中筠：《从美国历史的角度认识金融危机》，《国际经济评论》2010 年第 2 期。

176. 邹加怡：《国际经济关系中的中国理念》，《世界经济与政治》2003 年第 7 期。

177. 邹佳怡、莫小龙：《从世界银行政策变化看全球化的矛盾和发展援助的职能》，《世界经济与政治》2002 年第 1 期。

178. 佐利克：《G20 必须放眼布雷顿森林以外》，《金融时报》2010 年 11 月 1 日。

179. 博鳌论坛秘书处：《博鳌亚洲论坛亚洲经济一体化进程 2012 年度报告》，对外经济贸易大学出版社 2012 年版。

180.《国际条约集（1945—1947）》，世界知识出版社 1959 年版。

181. 杨洁篪：《杨洁篪畅谈中国外交大话题》，《参考消息》2012 年 3 月 7 日。

182. 中华人民共和国国务院：《中华人民共和国国民经济和社会发展第十二个五年规划纲要》，人民出版社 2011 年版。

183. Aiyar, Swaminathan S. Anklesaria: "An International Monetary Fund Currency to Rival the Dollar?" Washington: Cato Institute, 2009.

184. Ali-YrKK, Jyrki, Petri Rouvinen, Timo Seppala and YI-Anttila, "Who Captures Value in Global Supply Chains: Case Nokia N95 Smartphone", *Journal of Industry, Competition and Trade*, May, 2011

185. Atkinson, Robert D. Atkinson, Scott M. Andes: "The Atlantic Century: Benchmarking EU and U.S. Innovation and Competitiveness", The Information Technology & Innovation Foundation, http://www.itif.org/publications/.

186. Baldwin, Richard: "The Spoke Trap: Hub and Spoke Bilateralism in East Asia", NCCR Trade Working Paper, No 2009/28, May 2009.

187. Bardhan, Pranab K. Awakening Giants, *Feet of Clay: Assessing the Economic Rise of China and India* NJ: Princeton University Press,2010.

188. Berger, Axel, Matthias Busse, Peter Nunnenkamp, and Martin Roy: "More Stringent BITs, Less Ambiguous Effects on FDI? Not a Bit!" Working Paper 1621, Kiel Institute for the World Economy, Kiel, Germany, 2010.

189. Bergsten, CoFo: "The Dollar and the Euro", *Foreign Affairs* 76, July/August, 1997.

190. Bergsten, Fred: "The Dollar and the Deficits: How Washington Can Prevent the Next Crisis", *Foreign Affairs*, November/December 2009.

191. Birdsall, Nancy and Fukuyama, Francis: "The Post-Washington Consensus", *Foreign Affairs*, Vol. 90, No. 2, 2011.

192. Chitu, Livia Eichengreen, Barry and Mehl, Arnaud J.: "When did the Dollar Overtake Sterling as the Leading International Currency?" NBER Working Paper, No. 18097.

193. Cooper, Richard N: "The Future of the Dollar", Peterson Institute for International Economics, Number PB09-21, 2009.

194. Davidson, Carl Steven J. Matusz and Douglas R. Nelson: "Can Compensation Save Free Trade?" *Journal of International Economics*, Vol. 71, No. 1, 2007.

195. Eichengreen, B. and M. Flandreau: "The Federal Reserve, the Bank of England and the Rise of the Dollar as an International Currency, 1914-39", BIS Working Papers, No.

328, 2010.

196. Eichengreen, Barry and Marc Flandreau: "The Rise and Fall of the Dollar, or When Did the Dollar Replace Sterling as the Leading International Currency", NBER Working Paper, No. 14154, 2008.

197. Eichengreen, Barry: "The Dollar Dilemma", *Foreign Affairs*, September/October 2009.

198. Eichengreen, Barry, *Exorbitant Privilege: The Rise and Fall of the Dollar and the Future of the International MonetarySystem*, New York: Oxford University Press, 2011.

199. Evenett, Simon J: "Did WTO Rules Restrain Protectionism During the Recent Systemic Crisis?" Global Trade Alert (GTA) Paper, No. 8687, Centre for Economic Policy Research, 2011.

200. Evenett, Simon J., Global Trade Alert (GTA): "Broken Promises: A G-20 Summit Report by Global Trade Alert", Centre for Economic Policy Research, 2009.

201. Fernandez, Raquel: "Returns to Regionalism: An Evaluation of Non-Traditional Gains from RTAs", NBER Working Paper, No.5970, March 1997.

202. Findlay, Ronald, and Kevin H. O'Rourke: *Power and Plenty: Trade, War, and the World Economy in the Second Millennium*, NJ: Princeton, 2007.

203. Forbes, K.: "International monetary reform", panel discussion at the AEA Annual Meetings, Chicago, 7 January 2012.

204. Gardner, Richard N.: "The Bretton Woods-GATT System After Sixty-Five Years: A Balance Sheet of Success and Failure", *Columbia Journal of Transnational Law*, Vol. 47, No. 1, 2009.

205. Ghosh, A., J. Ostry and C. Tsangarides: "Exchange Rate Regimes and the Stability of the International Monetary System", IMF Occasional Paper, No. 270, 2011.

206. Greenwald and Stiglitz: "A Modest Proposal for International Monetary Reform", 2008.

207. Grieco, Joseph M: "Anarchy and the Limits of Cooperation: A Realist Critique of the Newest Liberal Institutionalism", *International Organization*, Vol.42, No.3, 1988.

208. Guo, Kai and papa N'Diaye: "Is China's Export-Oriented Growth Sustainable? " IMF Working Paper, WP /09 /172, 2009.

主要参考文献

209. Heywood, Andrew, *Global Politics*: New York: Palgrave Macmillan, 2011.

210. Hughes, Jonathan: *Industrialization and Economic History*, New York : McGraw Hill, 1970.

211. IMF: "New Growth Drivers for Low-Income Countries: The Role of BRICs", Washington, DC, 2011.

212. IMF: "BIS and FSB Guidance to Assess the Systemic Importance of Financial Institutions, Markets and Instruments: Initial Consideration", Report to G20 Finance Ministers and Governors, 2009.

213. IMF: "Asia is Moving into a Leadership Role in the World Economy", Finance and Development, 2010.

214. Kawai, Masahiro and Ganeshan Wignaraja: "The Asian'Noodle Bowl: Is It Serious for Business?" ADBI Working Paper, No.136, April 2009.

215. Khorana, Ajay and Mark Zenner: "Executive Compensation of Large Acquirers in the 1980s", *Journal of Corporate Finance* 4, 1988.

216. Kirton, John, Larionova, Marina and Savona, Paolo: "Making Global Economic Governance Effective: Hard and Soft Law Institutions in a Crowded World", Ashgate, 2010.

217. Kose, M.Ayhan and Eswar S. Prasad: *Emerging Markets: Resilience and Growth amid Global Turmoil*, Brookings Institute Press,2010.

218. Krasner, Stephen D.: "Structural Causes and Regime Consequences: Regimes as Intervening Variables", *International Organization*, Vol. 36, No. 2, 1982.

219. Krugman, Paul: "Vehicle Currencies and the Structure of International Exchange", *Journal of Money, Credit and Banking*, Vol.12, 1980.

220. Lardy, Nicholas R.: "Sustaining China's Economic Growth After the Global Financial Crisis", Peterson Institute for International Economics, Washington D.C. 2012.

221. Lettieri, Mario: "Brics Drive Global Economic Recovery", July 22, 2009, http://www.imf.org.

222. Lin, Justin Yifu: "New Structural Economics: A Framework for Rethinking Development", Policy Research Working Paper 5197, World Bank, Washington, DC,2010.

223. Mattoo, Aaditya, and Arvind Subramanian: "Crisscrossing Globalization: The Phenomenon of Uphill Skill Flows", Annual World Bank Conference on Development Eco-

nomics 2009, *Gobal: People Politics, and Globalization*, Ed. Justin Lin and Boris Pleskovic, Washington, DC: World Bank,2010.

224. McKinnon, Ronald: "The Transfer Problem in Reducing the U. S. Current Account Deficit", *Journal of Policy Modeling* 29(5), 2007.

225. McMillan, Margaret S., and Dani Rodrik: "Globalization, Structural Change, and Productivity Growth", Unpublished paper, Harvard Kennedy School, Cambridge, MA, 2011.

226. Menzie, D., Chinn, Frankel, Jeffrey, A: "The Euro May Over the Next 15 Years Surpass the Dollar as Leading International Currency", NBER Working Paper, No. 13909,2008.

227. Mona, Haddad and Ben Shepherd: *Growth after the Crisis*, Ed. Mona Haddad and Ben Shepherd, 119-34. Washington, DC: World Bank.

228. Moss, David and Cisternino, John (eds.): *New Perspectives on Regulation*, Cambridge, MA: The Tobin Project, 2009.

229. Myrdal, Karl Gunnar: *Rich Lands and Poor: The Road to World Prosperity*, New York, Harper & Brothers, 1957.

230. Nooruddin, Irfan and Nita Rudra: "Are Developing Countries Really Defying the Embedded Liberalism Compact?" Paper presented at Duke Workshop on Social Policy in Developing Countries, Department of Political Science, Duke University, May 7-8, 2010.

231. Ogawa, Eiji, and Yuri Nagataki Sasaki: "Inertia in the Key Currency," *Japan and the World Economy*, Vol.10, 1998.

232. O'Neill, Jim, and Anna Stupnytska: "The Long-Term Outlook for the BRICs and N-11 Post Crisis", Global Economics Paper 192, Goldman Sachs, 2009

233. Rodrik, Dani: "Why Don't We Hear a Lot More about SDRs?" Debate: Macroeconomics, a Global Crisis Debate, VoxEU.org, 4 February, 2009

234. Rodrik, Dani: "Has Globalization Gone Too Far?" Washington, D.C.: Institute for International Economics, 1997.

235. Rodrik, Dani: "Feasible Globalizations", NBER Working Paper, No. 9129, September 2002.

236. Roll, Richard: "The Hubris Hypothesis of Corporate Takeovers", *Journal of Business* 59, No.2, April 1986.

主要参考文献

559

237. Rosen, Daniel H. and Hanemann, Thilo: "An American Open Door? Maximizing the Benefits of Chinese Foreign Direct Investment", Center on U.S.-China Relations, Asia Society and Kissinger Institute on China and the United States, Woodrow Wilson International Center for Scholars.

238. Rosen, Daniel H. and Hanemann, Thilo: "China's Changing Outbound Foreign Direct Investment Profile: Drivers and Policy Implications", Peterson Institute for International Economics, PB09-14, June 2009.

239. Ruggie, John Gerard (ed.): *Embedding Global Markets: An Enduring Challenge*, Aldershot: Ashgate Publishing Limited, 2008.

240. Ruggie, John Gerard: "Globalization and the Embedded Liberalism Compromise: The End of an Era?" Working Paper, 97/1, 1997, Cologne, Germany: Max Planck Institut für Gesellschaftsforschung.

241. Ruggie, John Gerard: "International Regimes, Transactions, and Change: Embedded Liberalism in the Postwar Economic Order", *International Organization*, Vol. 36, No. 2, 1982.

242. Saggi, Kamal and Halis Murat Yildiz: "Bilateralism, Multilateralism, and the Quest for Global Free Trade," *Journal of International Economics* 81(1), 2010.

243. Slund, A.:"Implications of the Global Financial Crisis for Eastern Europe", *Development & Transition* 13, 2009.

244. Stein, Arthur: "Coordination and Collaboration Regimes in an Anarchic World", *International Organization*, Vol.36, No.2, 1982.

245. Stigler, George J.: "Monopoly and Oligopoly by Merger", *American Economic Review*, May 1950.

246. Stiglitz, Joseph E.: *Making Globalization Work*, New York: W.W. Norton & Co., 2006.

247. Subramanian, Arvind: "Is China Having It Both Ways?" *Wall Street Journal*, 25 March, 2009.

248. Wang, Jing, and John Whalley: "China's Trade and Investment with the South: Pre- and Post-crisis", *In Managing Openness: Trade and Outward-Oriented Growth Afur the Crisis*.

249. Wibbels, Erik: "Social Insurance and the Sustainability of Dual Transitions", Paper presented at Duke Workshop on Social Policy in Developing Countries, Department of Political Science, Duke University, May 7-8, 2010.

250. Wilkins, Thomas: "Australia and Japan, Allies in the Making", East Asia Forum, July 30th, 2001.

251. Williamson, John: "Why SDRs Could Rival the Dollar", Peterson Institute for International Economics, PB09 - 20, Sep., 2009.

252. World Bank: "Global Development Horizons 2011—Multipolarity: The New Global Economy", 2011 , http://www.worldbank.org.

253. World Bank: "Synthesis Paper: New World, New World Bank Group", DC2010-0002/1, April 25, 2010, http://web.worldbank.org/.

主要参考文献

策划编辑：郑海燕

责任校对：张　红

封面设计：吴燕妮

图书在版编目（CIP）数据

强国策：中国开放型经济发展的国际战略／张幼文　等著 .
　 －北京：人民出版社，2013.9

ISBN 978－7－01－011864－2

I. ①强…　　II. ①张…　　III. ①对外开放－经济政策－研究－中国
　 IV. ① F125.1

中国版本图书馆 CIP 数据核字（2013）第 052590 号

强　国　策

QIANG GUO CE

——中国开放型经济发展的国际战略

张幼文　等著

人民出版社 出版发行

（100706　北京市东城区隆福寺街 99 号）

北京市文林印务有限公司　新华书店经销

2013 年 9 月第 1 版　2013 年 9 月北京第 1 次印刷
开本：710 毫米 × 1000 毫米 1/16　印张：36
字数：530 千字

ISBN 978－7－01－011864－2　定价：74.00 元

邮购地址 100706　北京市东城区隆福寺街 99 号

人民东方图书销售中心　电话：（010）65250042　65289539